과학수사 길라잡이

저자 | 이봉한

도서출판 그린

서 문

과학수사는 거의 모든 사건에서 해결의 열쇠를 쥐고 있다. 대구지하철 방화와 삼풍백화점 붕괴 참사, 개구리소년 실종사건에서의 신원확인, 경기도 서남부 연쇄살인사건의 범인 검거를 보면 수긍이 된다. 과학수사는 범죄수사에 물리학, 화학, 공학, 의학, 생물학뿐만 아니라 심리학, 사회학 등 다양한 분야의 지식이나 기술을 응용하는 합리적 수사방법이다. 예를 들어 로카르드의 교환법칙은 디지털 포렌식에도 적용되고 있다.

그런데 우리가 놓치지 말아야 할 점이 있다. 먼저 과학이라는 진실도 다른 용도로 사용한다면 언제든지 왜곡될 수 있다는 점이다. 과학은 거짓을 이야기하지 않는다. 다만 사람들이 거짓을 숨기기 위해 진실인 과학을 나쁘게 이용할 뿐이다(법과학의 매춘). 그리고 과학수사는 비록 수사의 중추를 이루고 있긴 하지만 그 자체로 완결본이 될 수 없고 '사회적 지문'을 통한 수사 등 다양한 수사활동이 동반되어야 완성된다는 점이다. 마지막으로 '범죄 과학, 그날의 진실을 밝혀라'라는 책에서 지적했듯이 현장에 남겨진 증거를 토대로 범인을 추적해가는 과정에서 수사관의 기량에 따라 결과는 천차만별이라는 점이다.

오늘날 과학수사가 중요성을 갖게 된 원인은 무엇인가. 인권보장의 강화와 증거의 엄격성 및 신뢰성 요청이 주된 원인이다. '자백은 증거의 왕'으로 여겨지는 신문 위주의 증거확보는 한계에 이르게 되었다. 적법절차를 준수하면서도 법관의 합리적 심증을 형성할 수 있는 최선의 길은 과학적이고 객관적인 증거의 확보를 통해서 가능하다. 당연한 일이지만 우리는 과학수사의 발전을 통해 미제사건 해결을 시도하고 있다. 대한민국에서 살인 사건의 공소시효가 폐지되게 만든 사건이 있다. 바로 1999년 대구 어린이 황산테러사건이다. 범인이 7세 아동의 얼굴에 황산을 뿌리고 도주하였고 피해아동은 전신의 40~45%에 3도 화상을 입고 실명한 후 사경을 헤매다 49일 만에 사망하였다. 어린이를 대상으로 저지른 끔직한 테러임에도 사건은 미제로 남아 있다.

과학수사의 1차적 목적은 사건 해결이다. 피해자 시각에서는 '억울하게 죽은 피해자들과 사랑하는 사람을 한순간에 잃은 유족들을 위로하는 것'이 최후의 목적일 것이다. '제주도 오픈카 사망사건'은 초기에는 단순한 사고로 처리되었지만, 정밀한 과학수사를 통해 피해자의 억울한 죽음을 밝혀낼 수 있었다. 수사관들은 고인을 대신하여 현장을 설명하고, 실체규명을 책임지며 사건이 해결되었을 때 보람을 느낀다. 우리가 과학수사를 배우고자 한다면 단순히 수사이론과 과학기술을 습득하는 과정만이 아니라 범죄자 검거와 범죄 예방, 이를 통한 안전한 사회 만들기를 함께 생각해야 한다. 피해자 및 사회의 안녕 차원에서 범죄는 그 어떤 것도 가볍지 않으므로 범죄의 무거움과 검거의 절실함은 공동체 모두가 느껴야 한다.

이 책을 쓰게 된 과정을 고백하지 않을 수 없다. 1985년 처음으로 윤중진 교수님의 법의학 강의를 들으면서 한 학기가 즐거웠던 기억이 지금도 생생하다. 그 후 1991년 FBI 아카데미 연수와 서울대 이정빈 교수님 강의를 통해 깊이를 더해가는 중에 직업적 변화가 왔다. 2006년에 교수가 되면서 가르쳐야 하는 입장이 된 것이다. 敎學相長, '가르치는 것이 배우는 것이다.'는 교육 이론은 틀리지 않았다. 가르치면서 배운 내용들이 질적으로 무르익으면서 이를 안내서로 출간하는 것을 고민하다가 오늘에 이르렀다. 한편 과학수사를 이해하기 위해서는 기본적인 수사절차나 법률용어를 아는 것이 매우 중요한데 예를 들어, 배심원재판을 거친 상주 농약 사이다 사건의 경우 제3자에 의한 범행설은 일반 상식과 과학적 사실에 위배되며, 형사재판에서 '간접증거'를 근거로 유죄를 인정할 때 그 간접증거들이 종합적 '증명력'이 인정되면 범죄사실을 인정할 수 있다는 것을 보여준다. 이러한 내용을 반영한 과학수사 기본서가 드물다.

이 책이 나오기까지 여러 분들의 도움이 있었다. '증거 스스로 말하게 하라'는 의미를 깨닫게 해준 한면수 교수는 전문분야인 유전자분석 외에도 인체증거물 채취방법과 감정에 대한 자료를 주셨다. 나의 학문적 동지인 김재민 교수는 수사이론과 실무를 정리할 수 있게 해주셨다. 정교래 과학수사계장은 현장감식 경험을 공유해 주셨다. 학구파 경찰서장 이윤 박사는 수사심리학 전문가로서 특히 진술증거에 관한 귀한 자료를 제공해 주셨다. 치밀한 논리의 형사법이론가인 박노섭 교수는 증거법 분야에 눈을 뜨게 해주셨다. 그리고 열정적인 과학수사요원 박성수 석사는 지문감식 분야의 모든 의문을 해소해 주셨다. 이 책이 과학수사 역량을 높이는 데 도움이 되는 책으로 평가 받는다면 순전히 이 분들의 덕분이다. 깊이 감사드린다.

이 책은 14장으로 이루어졌다.

제1장 범죄와 과학수사 /법과학 유형 /현장감식
제2장 손상 /사인별현상 /자·타살감별
제3장 지문
제4장 혈흔 /총기감정 /문서감정
제5장 진술증거 /PEACE 모델 /인지면담기법
제6장 피의자신문 /진술분석·행동분석 /리드테크닉

제7장 거짓말 탐지 /최면수사 /자백심리
제8장 프로파일링
제9장 인체구성물 채취방법 /혈흔·타액감정 /정액·모발감정
제10장 DNA생물학과 과학수사
제11장 족흔적 /모발·섬유증거 /위험증거
제12장 법의곤충학 /법의중독학 /마약류
제13장 법과학실험 /법치과학 /법인류학
제14장 동물검사관 /법과학사진 /디지털증거

강의의 편의와 적절한 학습을 위해 각 장마다 3개의 주제로 모듈을 나누었다. 그리고 수사 현장의 목소리를 〈현장에서〉에 담았다. 또한 장별로 들어가 있는 CASE는 대부분 국내에서 발생한 주요 사건들이며 국립과학수사연구원의 감정 사례, 수사사례, 언론의 심층 분석 사례가 포함되어 있다. 심화학습의 효과가 있음을 확신한다.

이 책은 다양한 분야의 종사자에게 도움이 된다. 형사사건과 관련하여 감식·감정의 정확성을 판단해야 하는 수사와 재판 담당자에게 필요한 과학지식을 제공한다. 소방공무원에게 현장의 화재진압시 현장보존의 중요성을 인식하게 하고, 교정공무원이 마약류사범 심리치료 프로그램을 운영하면서 약독물을 이해하는데 도움이 될 것이다. 징계혐의자의 행동분석으로 적정한 징계양정의 기초를 얻을 수 있다. 그 외에도 탐정업이나 문예창작 지망자, 과학수사 강의자에게도 이 책은 유용할 수 있다. 범죄피해자에게는 피해현장과 증거물을 어떻게 보존하고 관리해야 하는지 알려주는 역할도 한다. 피해자 개개인이 흉폭하고 지능화된 범죄들을 효과적으로 대처하기가 쉽지 않다는 의미에서 그렇다. 건강한 사회를 지탱하고 있는 사람들의 과학수사 지식은 피해예방이나 피해중지, 범인검거에 크게 기여할 것으로 믿는다.

이 책은 제목과 같이 길라잡이의 역할에 머물고 있다. 주제의 심화 영역으로 들어가려면 해당 분야의 전문서적을 찾아야 한다. 이 책이 갖는 한계이고 부족함을 인식하는 것은 나중의 성장을 기약하는 것이라 여긴다. 그저 독자의 관심분야가 과학수사의 범주 안에서 다른 분야와 어떤 식으로 상호작용하는지 이해하는데 도움이 될 수 있다면 대성공이다. 아무쪼록 독자 여러분의 많은 성원을 기대한다.

2022년 8월
이봉한 씀

차 례

제1장

범죄와 과학수사 /법과학 유형 /현장감식

Ⅰ. 범죄와 과학수사

Ⅱ. 법과학의 유형

Ⅲ. 현장감식

제1장 범죄와 과학수사 /법과학의 유형 /현장감식

"경찰관, 당신은 소방관의 푸른 카나리아가 아니다"

I. 범죄와 과학수사

"범행현장에는 사람과 사람끼리 또는 사람과 물건 간에 반드시 증거가 교환된다."
에드몽 로카르(Edmond Locard, 1877~1966)

1. 과학수사의 기초

역사적으로 수사기관은 우선 피의자를 검거한 후 그로부터 자백을 받아내는 데 수사력을 집중하고, 그 자백을 기초로 각종 증거를 수집해 나가는 경우가 많았다(자백은 증거의 여왕). 지금도 자백획득은 수많은 사건을 처리해야 하는 수사기관으로서는 강렬한 유혹이자 형사절차라는 열차를 진행하는 편리한 방법임을 부인하기 어렵다. 그러나 자백배제원칙[1]이 더욱 엄격하게 적용되면서 더 이상 자백에 의존하는 수사는 한계에 이르

1) 자백배제법칙은 임의성이 의심되는 자백은 증거능력을 배제하는 원칙이다. 피고인의 자백이 고문·폭행·협박·구속의 부당한 장기화 또는 기망 기타의 방법에 의하여 자의로 진술된 것이 아니라고 인정될 때는 증거로서의 자격을 박탈한다.

렀고, 이에 따라 특히 피의자 또는 피고인이 범죄사실을 다투는 경우에는 과학적 증거의 수집이 중요하게 되었다.

과학수사는 과학의 특성인 객관성과 확실성 및 효율성이 반영된 수사로서 전통적인 진술과 신문위주의 수사에 대응하거나 그 한계를 극복하는 수사방법을 지칭하기도 한다.[2] 과학수사는 단순히 범죄의 감정(鑑定)·감식(鑑識)을 의미하는 것이 아니라 과학적 방법을 이용하여 행하는 모든 수사를 의미한다.(감식과 감정의 구분은 13장 1절 참조)

과학수사를 바탕으로 지능화, 국제화되어가는 범죄수법형태와 음주운전 범죄, 과속 차량범죄, 유해식품, 수질, 대기 폐기물, 소음진동 환경오염, 컴퓨터 범죄 등 이슈사건을 해결해 나가고 있다.

1-1 수사와 과학수사(Scientific Investigation)

(1) 개념

수사(Investigation)라 함은 형사사건에 관하여 범죄의 혐의유무를 명백히 하여 공소의 제기와 이를 유지·수행하기 위한 준비로서 범죄사실을 조사하고 범인 및 증거를 발견·확보하고 수집·보전하는 수사기관의 일련의 활동을 말한다.[3]

과학수사(Scientific Investigation)는 이러한 수사의 목적을 달성하기 위해 과학적 지식과 과학기재 및 시설을 활용하여 합리적·조직적으로 범죄를 수사하는 방법을 의미한다. 경찰청 과학수사관리실(과학수사담당관, 범죄분석담당관)이나 국립과학수사연구원에서 현장감식과 감정을 통해서 범죄의 물적 증거자료 제시, 범행사실증명, 허위신고, 가족간의 범행, 인간방패사건 등을 밝혀내고 있다. 현장에 남은 물적 증거 수집은 수사방법의 과학화, 즉 과학수사의 첫걸음이기 때문이다. 증거의 채취와 분석을 통해 범인이나 피해자를 확인하는 것은 과학수사의 기본이다.

과학수사는 (1) 법과학을 이용한 수사와 (2) 수사절차의 과학화(범죄수법분석, 용의자 조사 시 신문기법 활용)를 모두 포괄하는 개념으로 봐야할 것이다. 과학을 이용한 수사는 화학, 물리학, 생물학, 의학 등 모든 분야를 포함하며, 지문감식, 화재감식, 사체감식, 거짓말탐지기의 이용, 혈액·타액·정액·유전자 등의 감정, 총기·탄알 등의 감정, 필적감정 등 모든 감식기술을 이용하여 이루어진다. 과학수사의 중추는 감식이라고 말하는 이유이다.

---

2) 이종주, 검찰의 과학수사, 한국법과학회 추계학술대회 발표집, 2002
3) 또 이러한 활동의 법적 규제절차를 수사절차라 하며, 이러한 절차를 포괄하여 수사라 부르기도 한다.

과학수사의 발전으로 말미암아 과거에 놓쳤던 범인들을 다시 검거할 수 있을 뿐 아니라 영원히 풀지 못할 것 같은 미제사건(cold case)들을 해결해가고 있다.

화성 연쇄살인사건

과학수사가 해결한 대표적인 장기미제사건은 1986년부터 1991년까지 경기도 화성군 태안읍에서 10명의 부녀자가 강간 및 살해당한 '화성 연쇄살인사건'이다. 이 연쇄살인사건은 경찰이 연인원 200만명을 투입했지만 끝내 검거에 실패하면서 '개구리소년 실종사건', '이형호군 유괴사건'과 함께 국내 3대 미제 사건으로 남아 있었다. 2019년 수사관들의 집념과 과학수사의 발달로 실마리를 잡고 용의자 이춘재를 특정했으며, 그의 자백을 받아 해결하였다. 현재는 '이춘재 연쇄살인사건'으로 불리고 있다.

수사관들은 0에서 1을 만들어내는 사람들이다. 범죄가 행해지는 과정을 CCTV처럼 직접 관찰한 것이 아니므로 이미 발생한 범죄현장을 기초로 범죄를 재구성한다(범죄현장은 증거의 보고). 범죄현장에는 물리적 증거 및 목격자, 피해자정보, 기타 무형의 유류물이라고 하는 수법(手法) 등이 남아있다. 피해자 공격, 절취할 물건 물색, 범행 후 행동, 도주로 선택 등 범인의 모든 범죄적 의사 결정은 범죄 현장과 무관하지 않다. 현장에서 얻을 수 있는 모든 정보를 토대로 범죄사건을 재구성하기 위해 과학적 지식과 기술이 요구되는 것이다.

(2) 현장재구성과 행위분석

가. 현장재구성

현장재구성은 "과학적 방법론, 물리적 증거, 연역과 귀납 추론, 그리고 상호관련성을 활용하여 사건과 연관성 있는 일련의 행위에 대한 정보를 도출하는 기법"이다. 범죄현장에서 구체적으로 어떤 일들이 어떤 순서로 일어났는지를 아는 것은 사건수사뿐만 아니라 공판중심의 사법제도 하에서 용의자의 허위 진술을 밝히고 배심원에게 신뢰성 있는 설명을 하는데 매우 중요한 역할을 한다. 현장 재구성은 간단한 절도 사건에도 적용되는 수사에 있어서 가장 기초적인 과학수사 분야이지만 행위분석(event analysis)을 이용하면 보다 효율적으로 재구성이 가능하다. 이런 관점에서 현장 재구성 분야 중 특수하게 발달된 분야에는 혈흔형태분석(Bloodstain Pattern Analysis, BPA), 프로파일링, 화재조사, 교통사고조사 등이 있다.

나. 행위분석

행위분석은 사건현장분석에서 과학적 방법을 적용한 특별한 방법으로, 사건현장에서 수집된 근거증거들을 분석하여 세부행위(event segment)를 판단하고, 관련성 있는 일련의 세부 행위를 행위(event)로 그룹화한 다음, 사실증거를 바탕으로 행위와 세부행위를 시간순서대로 배열하는 것으로 현장재구성의 방법론이라고 할 수 있다.('행동분석'과는 다른 개념이다. 6장 2절 행동분석 참조)

행위분석은 1) 문제 정의, 2) 근거증거 수집, 3) 근거증거 분석, 4) 근거증거에 따른 세부행위 판단 5) 세부행위들 간의 시간적 순서 추정, 6) 가설로써 현장 전체의 행위 설명, 7) 가설이 현장 전체의 흔적들과 일치하는지 검증, 8) 검증된 가설 선택의 절차로 행해진다. 플로우 차트(flow chart)를 사용하면 재구성한 내용을 시각적으로 볼 수 있다.

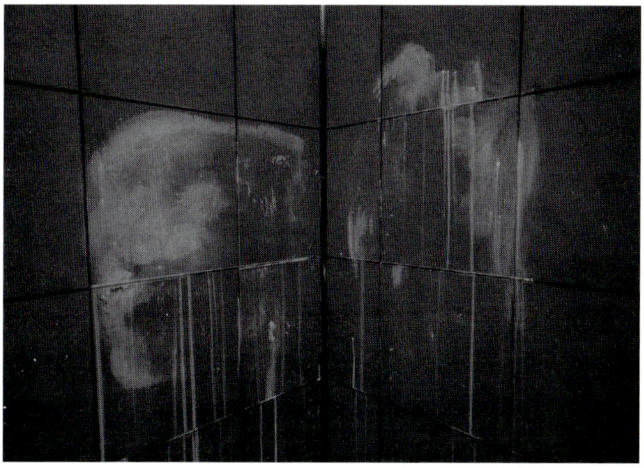

[그림 1-1] 화학방법을 통한 혈흔 채취(Detecting Blood Through Chemicals - FBI)

1-2 법과학과 과학수사

(1) 법과학의 역할

법과학(Forensic Science)은 화학, 물리학, 생물학, 의학, 약학, 전자공학, 전기공학, 광학, 영상학 등의 자연과학과 심리학, 사회학, 논리학, 통계학, 회계학 등 인문과학 중에서 범죄수사와 재판 등 법적 문제의 해결과 관련된 학문들을 뜻한다. 더 나아가 광물학, 토양학, 섬유학, 식품가공학, 염색학, 양조학, 용용화학, 기상학, 약리학, 건축학, 기계공학 등의 전문분야별 지식도 요구되고 있다.

다시 말하면 법과학은 자연과학과 사회과학이 종합적으로 응용된 분야로 사법제도에 사용되는 모든 과학을 의미하며 과학적 방법론을 통한 연구과 분석을 의미한다.[4] 법과학에는 법의혈청학, 법치의학, 법의곤충학, 임상법의학, 법의독극물학, 법의컴퓨터학, 법의병리학, 법인류학 등이 있는데[5] 크게 일곱 가지 영역으로 나누기도 한다. 즉 법의병리학, 법공학, 법치의학, 법심리학, 법화학, 법인류학, 법생물학을 법과학의 하위개념으로 본다. 한편 협의의 법과학(Criminalistics)은 자연과학의 방법론을 통해 물적 증거들을 인지, 식별, 개별화, 평가하는 활동을 의미한다. 섬유, 혈액, 정액, 혈흔, 법판단에 도움을 주고자 하는 마약, 알코올, 페인트, 유리 식물 토양, 무기, 총알 등 미세증거를 조사하고 감정한다.(이에 대해서는 2절 참조)

(2) 법의학과 과학수사

법의학(Forensic Medicine)은 법과학 보다 역사가 깊다. 사인규명, 사망일시 판단 등 의학적 지식원리를 체계화하여 법과학보다 먼저 사법에 응용하였다. 중국 〈의옥집〉에 의하면 1248년 중국에서 의사(縊死, Hanging, 액사로 표현되기도 함), 교사를 구별하였다.[6] 고려시대에는 중국의 법의학지식을 활용하였고, 법의학을 활용한 기록들이 세종 〈신주무원록〉, 영조 〈증수무원록〉 등에 남아있다.

과학수사의 시작을 규정하는 색다른 견해로, '과학은 문학에서 시작되었다'는 의견이 있다. 과학수사를 시작한 인물이 셜록 홈즈라는 것인데, 그는 추리소설 작가 코난 도일이 1887년부터 1905년까지 집필한 소설의 주인공이다. 코난 도일은 실제로 의학박사(에딘버러 대학)로 소설 속 인물인 셜록 홈즈를 통해 미세한 먼지, 흙, 금속 파편 등을 감정해 사건을 해결하는 과학수사의 방법을 제안한 바 있다. 셜록 홈즈가 가상현실 속의 과학수사를 실행했다면, "모든 접촉은 증거를 남긴다"는 말을 남긴 에드몽 로카르드는 현실 속에 이를 구현한 사람이라 할 수 있다. (그는 프랑스 리옹대학에서 최초로 법과학 감정소 설립한 프랑스 범죄학자로 셜록 홈즈의 실사판이라 할만큼 작은 단서들로 사건들을 해결하였다.)

---

4) Forensic Science의 Forensic은 '법정의, 재판에 관한'의 의미를 가지고 있다.
5) 과학수사는 앞에서 서술한 바와 같이 과학을 이용한 수사뿐 아니라 수사방법의 과학화까지 포함된다.
6) 교사(絞死, Ligature strangulation)란 끈으로 목을 감고 사람의 손으로 끈을 잡아 당겨 조르게 되어 사망하는 것을 말한다. 한편 액사(扼死, Manual strangulation)란 그냥 사람의 손으로 목을 졸라 살해하는 것인데 거의 타살이므로 액살이라는 용어가 쓰인다.

2. 과학수사의 실제

(1) 과학수사의 중요성

법원은 과학적 수사에 의한 물적 증거를 요구하고 있다. 사실의 인정은 증거에 의하여야 한다(증거재판주의). 과학수사는 범행사실을 증명할 뿐 아니라, 있어야 하는 증거가 없다는 것을 밝히는 것도 또 다른 사실을 증명할 수 있다. 침입흔적, 족적 등이 없는 경우 허위신고이거나 가족 간의 범행임을 입증할 수 있다(연고감수사). 증거물 수집 등 과학수사과정을 피해자에게 제시함으로써 치안만족도 향상에도 기여하고 있다. 또한 인간방패사건을 입증할 수 있다. 인간방패사건이란 인간방패(Human Shield)를 고용, 범행현장에 주범이 아닌 인간방패의 지문을 남기고, 그 후 인간방패가 자수하여 단독범이라고 주장하는 경우를 말한다. 실제 범인이 2명 이상이라는 사실을 족적의 수나 현장의 담배꽁초 확인 등 과학수사를 통해 확인할 수 있으며, 신문기법과 병행하여 주범을 검거할 수 있다. 억울한 용의자의 결백함을 증명할 수 있다.

(2) 범죄수법(Modus Operandi)의 예

범죄수법의 종류는 다양하다. 강도나 절도, 위조 수법에 한정하여 예를 들면 다음과 같은 것들이 있다.

- 디지털 도어락을 드릴로 구멍을 내고 침입하는 절도 수법
- 택배 배달원을 가장, 부동산매매를 가장하여 침입하는 강도 수법
- 백지에 지문 또는 도장만 찍어 주었는데, 상대방이 나중에 차용증, 계약서 등으로 변조하는 수법(수법과 서명의 차이는 262p 참조)

(3) CSI 효과(CSI Effect)의 의의

CSI 효과란 TV드라마는 과학수사기법의 효과를 지나치게 과장하고 멋지게 포장해서 보여준다. 이것은 일반 대중의 인식에 영향을 미치고, 다시 재판에도 영향을 끼쳐 한편으로는 '드라마처럼 명확한 법과학 증거'와 '드라마처럼 극적인 법과학 증거의 제시'가 이루어질 것을 기대하게 만들고, 다른 한편으로는 '법과학 증거는 드라마처럼 완벽할 것'이라는 믿음을 갖게 만드는 효과를 일컫는다.

전문 과학수사 드라마를 많이 본 배심원의 경우, 스스로 범죄수사 절차와 과학수사 기법에 대해 잘 안다는 자신감을 갖게 되며, 더 비판적인 태도로 증거와 증인을 분석하고 판단하고, 유무죄를 판결하는 데 자신감을 가질 수 있다. 절차를 준수해 충분한 증거

를 수집했어도 현실적으로 증거물이 없는 경우이거나 증거물 채취가 매우 힘든 경우, CSI 수준의 증거가 법정에 제시되지 않았다는 이유로 무죄판결을 내릴 수 있다.

3. 과학수사 시스템

(1) 수사자료통합검색시스템

1964년 이후의 1,600여건의 중요사건 기록을 관리하고 있다. 미국 FBI에서는 cold case management system(미제사건관리시스템)을 관리하고 있다.

[출처] http://www.smpa.go.kr/home/homeIndex.do?menuCode=www

(2) 과학적 범죄분석시스템(SCAS)

SCAS는 경찰 과학수사요원, 프로파일러, 검시관이 현장에 출동하고 피해자를 면담한 후 임장일지, 사진, 증거물, 프로파일링 자료 등을 입력하고 관리하는 시스템이다. 과학수사장비, 피복 등 자원관리 기능도 추가되어 있다.(271p 참조)

[출처] Scientific Crime Analysis System

(3) 전자수사자료표 시스템(E-CRIS)

지문 및 수사자료표 등에 관한 규칙(경찰청 훈령)

- 지문 DB자료 및 라이브스캐너로 신원을 확인하고 필요사항을 전산입력하는 등 수사자료표를 전자문서로 작성, 실시간 경찰청에 전송 관리하는 시스템을 말한다.
- 라이브스캐너(생체지문인식기)는 지문을 전자적으로 채취하는 장비다.

[출처] Electronic Criminal Record Identification System

(4) 지문자동검색시스템(AFIS)

AFIS: Automated Fingerprint Identification System

- 범죄수법자료의 하나로서 개인의 인적 사항 및 십지지문 등이 채취되어 있는 주민등록증발급신청서를 고속의 대용량 컴퓨터에 이미지 형태로 입력하고 필요 시 단말기에 현출시켜 지문을 확인하거나 변사자 인적 사항 및 현장유류지문 등을 지문 Data와 자동으로 검색하여 비교 대조, 동일인 여부를 확인하는 체계이다.

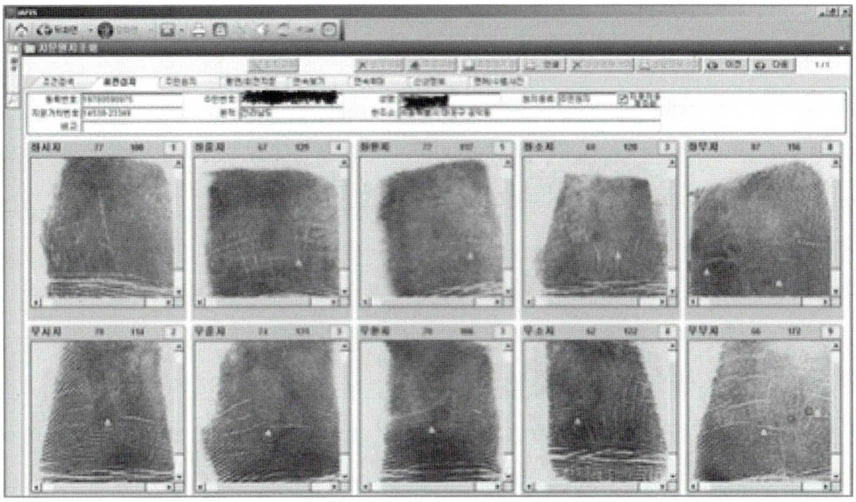

[그림 1-2] 지문원지조회

[출처] http://www.iafisgroup.com

지문의 활용

범죄현장에서 문양이 선명한 지문을 채취하였다. 지문자동검색시스템(AFIS)을 활용하여 지문을 감정하였으나, 신원확인을 할 수 없었다. 그 이유는 무엇일까?

이유는 여러 가지가 있는데 대표적으로는 다음과 같다.

- 범인이 외국인일 경우
- 미성년자일 경우
- 주민등록번호는 있으나 주민등록증을 발급하지 않은 경우
- 간첩일 경우

(5) 족윤적검색시스템(FTIS)

FTIS는 Footwear impression & Tire imprint Identification System의 약자이다. 현장 유류 족적을 데이터와 대조, 용의자 신발을 특정하는 등의 기능을 한다.

[출처] 표창원, 한국의 CSI, 2011

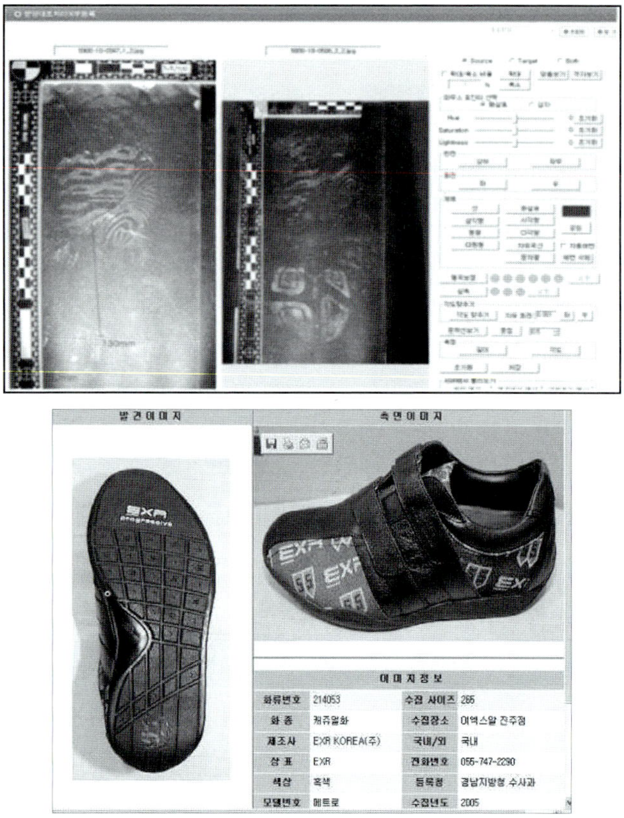

[그림 1-3] 족윤적검색 시스템

(6) 몽타주시스템

Montage는 '조립한다(monter)'라는 불어에서 유래하였으며 피해자나 목격자의 진술을 토대로 범인의 모습과 비슷한 눈, 코, 입 등 얼굴의 각 부분별 자료를 합성하여 범인의 모습과 유사하게 특징을 잡아서 그린 얼굴 사진이다.(13장 3절 법인류학 참조)

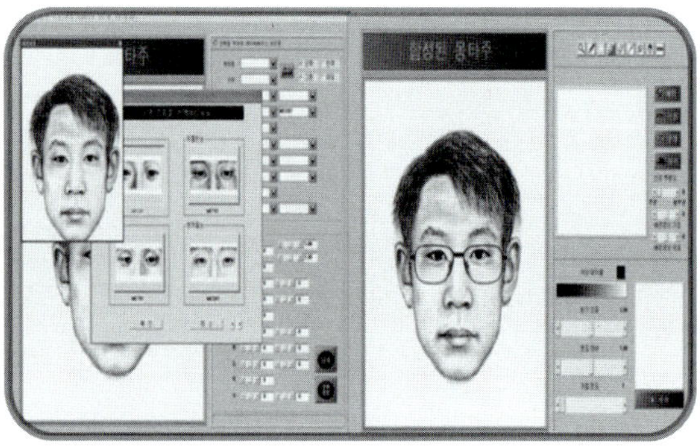

[그림 1-4] 몽타주시스템

(7) 거짓말탐지기

Polygraph, Lie Detector라고 하며 호흡파나 혈압, 맥박파 등 생리반응 측정, 거짓말 여부를 확인하는 장치이다. (7장 1절 허언탐지 참조)

II. 법과학의 유형

법치의학, 법공학, 법인류학 등과 같이 '법(Forensic)'이라는 용어가 갖는 의미는 무엇일까? 또한 법과학(Forensic Science), 범죄감식과학(Criminalistics), 법의학(Forensic Medicine)의 차이점은 무엇인가?

1. 법과학 개관

1-1 법과학의 의의

(1) 법과학(Forensic Science)의 개념과 목적

가. 법과학의 개념

법과학은 화학, 물리학, 생물학(곤충학 등), 의학, 약학, 전자공학, 전기공학, 광학, 영상학 등 자연과학 뿐만 아니라 심리학, 사회학, 논리학 등 인문과학 중에서 범죄수사나 재판 등 법적 문제의 해결과 관련된 학문들을 일컫는다. 즉 과학수사는 이러한 법과학을 이용한 수사와 수사절차의 과학화(범죄수법분석, 용의자 조사 시 신문기법 활용)를 모두 포함한 개념이다.

- 자연과학 + 사회과학
- 사법제도에서 사용되는 모든 과학
- 과학적 방법론을 통한 연구분석 - 사법판단을 도움

나. 법과학의 목적

- 형사목적 달성
- 현장감식요원 증거의 발견과 수집

- 법과학전문가 증거의 분석과 감정
- 감정서 · 법정증언 증거의 법정제출

(2) 협의의 법과학(Criminalistics)

협의의 법과학은 일반적으로 범죄행위와 관련된 증거물의 수집 및 분석을 포함하는 법과학의 한 분야이다. 이는 약물, 총기 및 공구흔, 지문, 혈액 및 인체분비물, 족적 및 미세증거물과 같은 것들을 포함한다. 미세증거물에는 화재 및 폭발 잔사물, 유리, 토양, 모발, 섬유, 페인트, 플라스틱 및 다른 중합체, 나무, 금속, 그리고 화학물질 등이 포함된다. 즉 자연과학의 방법론을 통해 법적 중요성을 지닌 문제의 물적 증거들을 인지, 식별, 개별화, 평가하는 활동을 의미한다.

(3) 법의학(Forensic Medicine)

협의의 법과학보다 일찍 체계화되었으며 의학적 지식 원리를 사법에 응용하여 사인 규명, 사망 일시 판단 등의 기능을 수행한다.

1-2 법과학의 유형

(1) 법공학(Forensic Engineering Sciences)

법공학은 공학기술과 과학을 법의 목적을 위해 활용하는 것을 의미한다. 법공학자는 건축물의 자재와 시공 하자를 조사하는 데 중요한 역할을 할 수 있다. 법공학자는 교통사고의 재구성에도 깊게 관여하고 있다. 그들은 주행 경로, 방향, 속도, 운전자의 특성과 형태 그리고 충돌의 종류를 결정한다.

- 공학기술과 과학을 법의 목적을 위해 활용하는 것을 의미
- 교통사고 재현, 화재폭발의 원인과 출처 찾기
- 건설과 제조의 질에 대한 평가

(2) 법치의학(Forensic Dentistry), 치과법의학, 법치과학

법치의학은 신원미상의 인체 잔류물이나 치흔에 대해 물리학과 생리학적인 치아증거들을 이용해서 식별하는 치의학의 법과학적 응용분야이다. 법치의학은 법과학의 많은 분야에 적용된다. 치아 분석을 통해 대량재난사고 희생자의 신원을 확인할 수 있다. 에나멜은 몸이 만드는 가장 딱딱한 조직으로 현장에서 자주 발견된다. 치아의 X-선 사진을 비교하고 치흔의 동일성 여부를 확인하는 것을 통해 가능하다.

- 신원미상의 인체 잔류물이나 치흔에 대해 물리학과 생리학적인 치아증거들을 이용해서 식별하는 치의학의 법과학적 응용분야

(3) 법의병리학(Forensic Pathology)

법의병리학은 임상병리 및 해부병리 분야에서 특별한 훈련을 받은 의사인 검시의(medical examiner)가 의심되거나 원인을 알 수 없는 사망사건의 원인을 밝히는 분야이다. 사망 원인확인을 위해 시신의 부검 및 검시를 실시하며 독성학자, 인류학자, 곤충학자, 방사선학자와 협력한다. 검시의는 가끔 사후경과시간의 측정을 포함한 예비조사를 위해 사건현장에 가기도 한다. 법의학 가운데 가장 오래되고 중요한 학문이다. 병리학, 의학의 원리들을 법의 요구에 응용하며 자연사, 사고사, 자살, 타살 등 사망의 종류와 원인을 밝혀내기 위해 부검(剖檢)을 실행하기도 한다. (2장 2절 사인별 현상 참조)

- 병리학과 의학의 원리들을 법의 요구에 응용하는 학문영역
- 사망의 원인을 밝히기 위한 부검의 실행
- 자연사, 사고사, 자살, 살인 등 사망의 종류와 원인 규명

(4) 법심리학(Forensic Psychology)

법심리학은 범죄에 관한 심리적 정신의학적 분야를 다룬다. 법행동과학자(법정신학 및 법심리학)들은 범죄의 심리학적 프로파일을 만들어 수사관과 법병리학자들을 돕기도 한다. 범인들은 일반적으로 예측이 가능하거나 비슷한 방법으로 범행을 한다. 이들의 특징적인 행동은 범인을 특정할 수 있는 실마리가 될 수 있다. 행동과학자는 용의자를 인터뷰하거나 심문하는 데 도움을 줄 수 있고, 비행기를 납치할 가능성이 있는 테러리스트의 프로파일을 만드는 일에 참여할 수 있다. (8장 프로파일링 참조)

- 범죄에 관한 심리적 정신의학적 분야를 다루는 학문영역

(5) 법화학(Forensic Chemistry)

법화학은 약독물, 마약, 미세물질의 화학성분을 감정한다. 독성학은 인체분비물 또는 조직에서 약물이나 독극물의 검출 여부를 화학적 분석방법으로 실험한다. 독성학자는 이런 물질들을 사람이 복용했을 때 그 사람에게 어느 정도, 어떤 영향을 미치는지 결정할 수 있다. 법독성학자는 법병리학자와 협력해서 일하기도 한다. 법독성학자가 조사하는 사건의 반 이상은 음주운전 사건으로 혈액 또는 호기에서 알코올 농도를 측정하는

것이다.

- 약독물, 마약, 미세물질의 화학성분 감정

(6) 법생물학(Forensic Biology)

법생물학은 모발, 혈액, 정액, 타액, 소변 등을 분석해 혈액형, DNA 등을 특정한다.

- 모발, 혈액, 정액, 타액, 소변 등 분석, 혈액형, DNA 특정
- 법곤충학, 법식물학 등을 통해 범죄발생시기와 장소 추정

(7) 법인류학(Forensic Anthropology)

법인류학은 인간과 그들의 조상을 연구하는 형질인류학의 한 분야이며 인류학적 지식들을 법과학에 응용하는 학문분야이다. 법인류학은 지문과 같은 연조직의 특징을 이용해 개인식별을 할 수 없는 사람의 신원을 확인한다. 특히 법인류학자는 사망한 사람의 나이, 성별, 키 그리고 사회적 경제적 지위와 같은 특징을 결정하기 위해 유골을 분석한다. 만약 신원확인을 위해 유골의 특징을 실종자와 비교하려면 X-선 사진촬영 등 추가적인 방법을 사용해야 한다. 폭발이나 비행기 사고와 같은 집단사망사건에서 피해자의 개인식별 및 사건재구성을 위해 법인류학자의 역할이 중요하다. 법인류학자는 병리학자, 치과의사 그리고 다른 분야의 전문가와 긴밀하게 협력하면서 일반적인 방법으로 신원을 확인할 수 없는 경우에 신원확인을 한다.

- 인체골격(특히 두개골)을 통해 개인식별
- 신체구조에 대한 자료를 통해 성별, 인종, 연령, 신장 식별

2. 법과학의 역할과 법과학자의 임무

2-1 법과학의 역할

(1) 범행동기 규명

- 발생한 범죄의 종류
- 범인의 존재와 신원
- 범죄사실 은폐, 위장

[표 1-1] 살인의 동기와 특징

재물	재물을 동기로 하는 것은 강도살인이 대부분이다. 금전 필요사유는 여러 가지가 있을 수 있으며 살해 행위는 대개 처음부터 계획된 것은 별로 없다. 단 보험목적 살인은 다르다. 범죄의 특징은 금품이 목적이기 때문에 금품이 보관되어 있을 만한 장소를 물색한 흔적을 볼 수 있는 것이 일반적이나 금품을 물색할 시간적 여유 없이 범행을 감지 당하여 살해 후 도주할 때에는 별로 물색의 흔적을 찾을 수 없는 경우도 있다. 재물 목적의 범죄현장상태는 참혹하지 않은 점이 그 특징이다. 현장상황으로 보아, 원한과 잘 구분되지 않는 경우가 있는데 이런 때에는 침입과 도주로 · 유류품 · 범행수단과 방법 등을 기준으로 식별한다. 원한관계는 피해자에 대한 면식과 사전지식을 가지고 있으므로 다른 사람이 도저히 알 수 없는 통로로 침입한다든지 도주하는 사례가 있어 구별할 수 있다.
원한	원한에 의한 살인사건의 원인은 여러 가지가 있으나 그중 중요한 것을 열거하면 남녀관계, 경제관계, 고용관계, 모욕 · 치욕관계, 복수관계 등이 있으며 수사시에는 피해자의 이러한 관계들에 대해서 면밀히 조사해 보아야 한다.
치정	남녀관계에 있어서 치정을 동기로 하여 사람을 살해한다는 것은 흔히 볼 수 있다. 이러한 범죄의 특징은 그 수단방법이 원한의 경우와 같이 '잔혹성이 있고, 간음, 기타 시체에 성적 흔적'이 남게 된다.
분노	분노가 동기가 되어 사람을 살해하는 경우는 많이 있다. 특히 성격에 과격성 · 충동성이 있는 자는 여러 사람 앞에서 모욕을 당하거나 부녀자들 앞에서 멸시를 당한 사소한 원인으로 분개하여 언쟁을 하다가 돌이나 몽둥이 등으로 순간적으로 살해하는 경우가 있다. 뿐만 아니라 일단 그 현장을 떠났다가 다시 흉기를 가지고 와서 살해하는 경우도 볼 수 있다. 대부분 범인은 일시적 충동으로 살해행위를 하였으나 범행직후 뉘우치고 자수한다든지 또는 현장에서 도주하여 자살하는 경우도 있다. 그러므로 범행방법은 대개 공공연하여 범인판단은 용이하나 자살의 우려가 있으므로 적절한 조치를 취하여야 한다.
범죄은폐	범죄은폐를 위한 살인은 중대한 다른 범죄를 감행한 것을 알고 있는 자를 살려 두었다가는 언젠가 그 범죄가 발각될지 몰라 불안한 상태에서 발각을 두려워하여 살해하거나 타인에게 범죄현장을 발각 당하여 그 목격자를 살해하는 경우이다. 특별히 잘 아는 집에 강 · 절도 목적으로 침입했다가 그 면식이 발각되어 현장에서 살해하는 사례가 있다. 이러한 행동은 극히 충동적이기 때문에 그 범행방법은 계획성이 없다. 그러므로 현장에 시체를 방치하는 경우도 있고 때로는 시체를 알아볼 수 없도록 하거나 은닉 또는 불태우는 경우도 있다.
미신	미신이 살해 동기가 되는 것은 인체의 일부분이 불치병의 특효약이라는 그릇된 믿음에서 비롯되는 경우가 많다. 이런 종류의 수사는 그 범위가 어느 정도 국한되어 있으므로 치밀하게 계획을 세워서 수사하면 추정이 가능하고 시체의 일부분이 사라진 흔적이 있거나 집단 살해 또는 자살의 경우 미신에 근거한 살인으로 보고 수사하는 것이 좋다.

(2) 범죄수법 규명

- 범행 수법(Modus operandi: MO) 파일의 작성 - 수법원지의 작성 - 절도 강도 사기 등
- 범죄자 프로파일링 -연쇄살인범 동기

범죄수법, 수법원지, 수법수사

범죄수법은 반복적인 범인의 범행수단·방법 및 습벽에 의하여 범인을 식별하려는 인적특징의 유형기준이다. 범죄수법의 특성은 19세기 말엽 오스트리아의 형사학자겸 판사인 '한스 그로스'가 학문적으로 이론화하였는데 그는 범죄 수법의 특성으로 반복성, 필존성을 들고 있다. 범죄수법은 개인적인 습성 내지 특징을 가진다. 상습범의 범죄 행위는 일정한 정형으로 고정되는 경향이 있다. 범죄수법을 위장하려고 한다면 위장 그 자체가 수법이 되고 만다.

수법원지는 수법범인의 인적사항, 인상특징, 수법내용, 범죄사실, 직업, 사진, 지문, 필적등을 수록한 기록(전자기록)을 말한다.

수법수사는 반복성범죄의 검거피의자 및 발생사건의 현장 등에서 채집한 모든 인적 특징을 수사자료화(수법원지)하여 차후 발생한 반복성범죄의 현장 및 검거피의자로부터 이를 대조함으로써 발생한 사건의 범인 또는 검거한 범인의 여죄를 발견하기 위한 과학적이고 종합적인 범인식별수사 체제이다.(수법과 서명 또는 표식의 차이는 제8장 1절 참조)

(3) 증명력의 확보

- 전문지식과 기술과 경험을 가진 감정인
- 증거물의 양호한 보존
- 공인된 표준검사기법을 통한 감정
- 감정결과의 기록 보관

[출처] 유영찬, 〈법과학과 수사〉, 2002.

과학적 방법론의 단계

과학적 추론과 비과학적 추측은 다른 것이다.

Q 과학수사는 과학적 방법론을 활용하여 행해진다. 과학적 방법론은 어떠한 단계로 이루어지는 것인가?

A 과학적 방법론은 자료수집 및 관찰(collection, observation) – 추측 및 가설의 설정(conjecture, hypothesis) – 검증(testing) – 최종결론(conclusion)의 단계를 거친다.

2-2 법과학자의 임무

법과학자는 두 가지 중요한 임무가 있다. 증거물을 분석하는 것과 민형사 소송에서 전문가증언을 하는 것이다.[7] 법과학자들은 특정 분야에 사용된 일반적이거나 특별한 분석기술에서 과학적인 방법과 조건에 정통해 있어야 한다. 또한 법과학자는 증거법 및 재판과정을 잘 알아야 한다. 법과학자가 되려는 이유는 증거물을 분석하기 위한 것이다. 중요한 것은 증거물 분석을 어떻게 분석하느냐이다.

(1) 증거물 분석

가. 증거물 관리체계

범죄현장에서 만들어지는 가장 중요한 서류는 증거물관리체계이다. 법과학자는 증거물 관리체계의 요구사항을 항상 인식하고 있어야 한다. 관리체계에 결격사유가 있다면 증거물로서 인정되지 않을 수 있다.(Case 9-1 O.J. 심슨 사건의 교훈 참조)

증거물이 어느 곳에 있었는가? 누가, 언제 그것을 다루었는가? 가장 나중에 그것을 소지하고 있었던 사람은 누구인가? 시간적인 차이를 메울 수 있는가?

증거물이 단계별로 옮겨질 때 각각의 변화를 기록하는 것은 번거로운 일이지만 법과학 감정결과가 법정에서 받아들여질 수 있는 기초가 된다.

나. 증거물 보관 및 훼손방지

법과학자는 모든 사건에서 증거물을 잘 보관하였고 증거물이 훼손되거나 망실되지 않았음을 확인하는 의무를 갖는다.

다. 증거물 채취

증거물채취에서 문제가 되는 경우가 많다. 이것은 수백 또는 수천의 유사한 형태를 보이는 경우에 종종 일어난다. 혈흔, 섬유 또는 어떤 형태의 증거물도 유사할 수 있다.

라. 감정서

모든 연구소가 감정서를 작성하는 프로토콜을 가지고 있지만 통일된 형태가 없다. 법과학분석의 보고서는 과학적 감정서이며 완벽해야 한다.

---

7) 전문가증언(expert testimony)이란 일반인 증언과 달리 경험, 교육, 전문지식에 근거해 재판에서 증언하는 것을 말한다. 한국의 감정인 제도와 전문심리위원 제도가 있다.

(2) 전문가 증언

법과학자는 법정에서 그들이 확인한 것을 설명할 수 있어야 한다. 이것이 법과학 분야의 경력자와 다른 과학 분야의 경력자를 구별하는 하나의 핵심요소이다.

III. 현장감식

1. 현장감식과 범죄현장

1-1 현장감식 개관

(1) 현장감식의 개념

가. 범죄감식의 의의

과학적인 기술과 지식을 이용하여 수사자료를 발견·수집하고, 이를 조직화된 자료 및 감식시설을 활용하여 검사함으로써 범인을 발견하며 범죄를 입증하는 수사기관의 활동으로서 수사의 합리화, 적정화를 실현하기 위하여 중점적으로 추진하는 과학수사의 중추를 이루는 것이다. 범죄감식은 증명력 판단의 근거가 되며, 증거능력은 형사소송법규를 토대로 법관이 판단하게 된다. (5장 1절 진술증거 참조)

한편 현장감식(Crime Scene Investigation, CSI[8])은 범행현장에서의 감식활동으로서, 범행흔적·유류물 등 범죄현장에서 범죄와 관계되는 모든 유형적·무형적 자료를 발견·수집하여 이를 과학적 방법 등으로 검사·감정함으로써 범인의 신체·생리적 특징, 범죄수법 등을 파악하여 범인추정에 필요한 자료를 제공하며, 범죄의 진상을 밝히고 증거를 보전하는 활동을 말한다. 감식이 진행되면 현장의 모습은 파괴되기 시작한다. 현장에서 발견된 품목에 대해서는 실험실에서 재구성 할 수 있는 수준으로 모든 정보, 위치, 상황 등이 기록되어야 한다.

---

8) CSI라는 단어는 1915년 설립된 국제감식협회(IAI) 등에서 세계적으로 사용되었던 일반 용어로, 2000년 CBS에서 시작한 드라마를 통해 일반인들에게 널리 알려졌다.

현장감식
• 현장에 출동하여 증거물을 채취하고, 발견된 증거물의 최초 상태 등을 기록, 보존 • 현장을 재구성하고 증거물을 감정기관에 의뢰하는 업무를 모두 포함

나. 현장감식의 중요성

최근 자백의 신빙성에 대한 엄격한 해석과 철저한 증거주의가 중시되고 있으므로 현장감식을 통해 더 많은 수사자료를 수집·분석·감정하는 것이 중요하다. 현장감식의 가치는 ① 수사방침을 제시, ② 범인의 발견 또는 진범여부의 판별, ③ 공소유지의 법정증거물로 활용되므로 증거재판주의에 부합하기 위한 수사의 기본이다.

[표 1-2] 수사자료의 가치

공판에서 증거로 제출시	법관에 의해 범죄사실의 진위를 밝히는 증명자료
사실의 소명자료로 제출시	구속영장 신청시 구속사유를 소명하기 위한 소명자료
수사목적의 달성에 제공시	범인이나 재물의 소재발견 등을 위한 참고자료

범죄현장은 법과학의 핵심으로 모든 후속 분석의 출발점이자 기본이 되는 곳이다. 현장감식은 사건 전체를 해결하는 데 영향을 미친다. 이 과정에서의 단순한 잘못 일지라도 사건 전체의 수사와 많은 사람들에게 영향을 줄 수 있다. 완벽한 현장 보존이란 있을 수 없다. 현장 감식을 시작하는 순간, 현장은 훼손되기 때문이다. 그리고 그렇게 훼손되기 시작하는 현장에 대해서 대부분의 경우에 두 번 감식할 기회조차 주어지지 않으므로 실수는 용납되지 않는다.

'잘못된 가설을 배척하지 못할 경우와 절차의 생략이 있는 경우'에는 앞으로의 수사환경을 악화시키게 되므로 최초 출동시부터 과학수사 절차에 따른 현장감식은 매우 중요하다. 그리고 증거물 분석을 위해 채증, 수집, 분석의뢰 등 일련의 과정을 절차에 맞게 실시를 하여야만 현장의 재구성으로 실체적 진실을 밝혀내는데 성공요인이 된다.

1-2 범죄 현장 수사의 기초

범죄 현장 수사는 단순히 범죄 현장을 처리, 기록하거나 물적 증거를 수집하는 것에 그치지 않는다. 그것은 모든 범죄행위에 대한 법과학적 수사에 있어 첫 단계이자 가장 중요한 과정이기도 하다. 과학수사의 성패는 현장 수사관이 물적 증거가 크건 작건 간에 찾아내고 그 중요성을 인식할 수 있는 능력에 따라 좌우된다고 해도 과언이 아니다.

그런 다음 물적 증거를 확인하고, 그 증거의 출처를 찾아내는 개별화의 과정이 이루어진다. 적절한 범죄 현장 수사는 이미 발생한 범죄사실을 재구성하는 과정, 즉 범죄 현장 재구성의 출발점이 되는 것이다. 물론 전술한 범죄 현장 처리와 기록, 물적 증거의 수집 역시 범죄 현장 수사와 전체 수사과정에 있어 매우 중요한 부분임을 부인할 순 없다.

(1) 범죄 현장 유형

가. 범죄 현장의 분류

범죄 현장을 분류하는 방식은 다양하다. 범죄가 발생한 장소를 기준으로 하는 방법이 있고, 현장의 경계와 현장에서의 행위를 기준으로 하는 방법도 있으며, 현장의 크기나 상태를 기준으로 하는 방법도 존재한다. (살인사건의 경우 피해자가 공격을 받은 장소가 제1현장이면 피해자가 피를 흘리며 이동한 후 사망한 장소는 제2현장이 된다. 또한 피살된 후 이불 등에 싸서 유기한 장소도 제2현장이 된다.)

범죄 현장은 거시적 관점과 미시적 관점으로 구분될 수 있는데, 거시적 관점은 장소뿐만 아니라 피해자의 신체, 용의자의 신체, 주거지, 차량 등을 모두 포함한다. 거시적 관점은 하나의 범죄 현장 내에 존재하는 다양한 크기의 현장들을 모두 중시하며 철저히 조사한다. 미시적 관점은 범죄와 관련된 특정 물건이나 물적 증거들 하나하나를 범죄 현장으로 간주한다. 예를 들면 시체에서 발견된 교흔이나 매듭, 섬유, 머리카락, 손톱, 담배꽁초, 자국, 끈 등이 미시적인 범죄 현장으로 간주되어 모두 조사 대상이 된다.

위와 같은 방법 외에도 범죄 현장 분류는 범죄유형(살인, 폭행, 강도 등), 장소(실내, 실외), 현장상태(정돈, 난잡), 범죄행태(적극, 소극) 등을 기준으로 이루어질 수 있다.

범죄 현장과 수사의 모든 요소들을 충족시킬 수 있는 하나의 유일한 분류 방식이란 존재하지 않는다. 현장 수사관은 얼마나 많은 그리고 어떤 유형의 범죄 현장이 사건과 관련되어 있는지 분석하고 추론하는 능력을 반드시 개발해야 한다.

나. 현장결정후 절차

범죄 현장의 경계가 설정되면 그곳은 철저히 보존되고 규정에 따라 처리되어야 한다. 범죄 현장에서의 모든 행동은 법적, 과학적 기준과 요구에 부합해야 한다. 정확한 현장 경계가 언제나 잘 설정되는 것도 아니고 때로는 수사가 진행됨에 따라 변하기 때문에, 범죄 현장 수사관은 범죄 현장이 다수 그리고 다양한 형태로 존재할 수 있다는 것을 이해하고 있어야 한다. 일단 현장들이 결정되면, 일련의 범죄행위 과정이 재구성되고 각 현장에서 수집된 물적 증거를 인식하게 되는데, 이리하여 범죄 현장 수사와 법과학적 절차가 시작된다.

(2) 물적 증거

가. 정의

물적 증거는 물리적 상태, 범죄유형, 증거의 특성, 구성 물질, 해결해야 할 문제 유형 등 다양한 기준에 의해 분류될 수 있다. 각 분류 방식은 범죄 현장 수색이나 기타 수사 행위에 도움이 되는 유용한 아이디어와 수단을 제공해준다. 증거물은 사실 또는 주장을 위해 수사에서 얻는 개인진술, 문서 또는 물건에 관한 정보로 정의된다. 물적 증거의 내용으로 보면 인공산물은 사람이 생산한 물질 또는 물건이다. 유기물질 또는 자연 산물은 동물 뼈나 식물 잔해 그리고 토양 및 침전물과 같이 사람이 만들지 않은 자연적인 물질들이다.

족적의 가치

① 족적의 크기(신장추정 등)는 용의자를 용의선상에서 제외하거나 남겨둘 수 있어 수사에 중요한 단서로 이용될 수 있다. ② 상이한 유형을 가진 족적들의 수는 현장에 있었던 사람들의 수(공범의 수)를 알려줄 수 있다. ③ 족적들의 위치(현장물색과 동선 등)는 현장에서 일어난 사건의 일련 과정을 유추할 수 있다. ④ 족적들의 상태(까치발 보행 등)는 어떤 행위가 발생했는지를 보여준다.

감식요원은 다양한 증거물의 채취를 생각하여 채취를 위한 충분한 비품이 있는지 확인하여야 한다. 중요한 것은 현장 수사관이라면 물적 증거의 가치뿐만 아니라 한계에 대해서도 잘 알고 있어야 한다는 것이다. 더불어 다양한 범죄 현장 분류 방식들간의 상호연관성이라든지, 증거물 전이에 관한 이론, 거시 현장 내에 숨겨져 있는 미시 현장을 찾아내는 좋은 방법들에 대한 지식도 필요하다.

범죄 해결에 도움이 되는 결정적 단서들은 대부분 현장에서 수집된 물적 증거물이다. 따라서 범죄 현장 수사관은 물적 증거에 대한 지식을 최대한 활용하여 범죄 현장을 인식하고 분류하며 정의하는 등 수사의 효율성을 높여야 한다.

또한 경험 많은 범죄 현장 수사관은 예상치 못한 일이 언제든 발생할 수 있다는 사실을 잘 알고 있으며, 따라서 범죄 현장을 분류하고 정의하는 것이 효과적인 수사를 위해 꼭 필요한 절차라는 것을 이해하고 있어야 한다.

나. 현장수사와 증거조사

범죄현장수사의 목적은 현장에 남겨진 물적 증거를 인식하고 수집하며 해석하고 재구성하는 것이다. 물적 증거를 조사하는 것은 범죄를 해결하는데 유용한 정보를 제공해주기 때문이다. 따라서 '과학적 범죄 현장 수사'의 토대는 바로 범죄현장수사의 목적과 물적 증거 조사의 목적이 적절히 조화를 이루는 데 있다고 할 수 있다.

물적 증거를 인식하고 실험실에서 분석하는 것은 수사의 효율성을 높이는 데 매우 유용하다. 모든 물적 증거가 용의자와 직접 연관되거나 신원 확인에 결정적 역할을 하는 건 아니지만, 수사에 필요한 간접적인 정보나 단서를 제공할 수 있다. 이것이 바로 범죄 현장에서 물적 증거를 수집해야 하는 이유이다.

다시 말해, 모든 현장에서 명백한 증거나 목격자를 확보할 수는 없지만, 하찮아 보이는 물적 증거라 해도 수사관에게 유용한 정보를 제공할 수 있는 것이다. 예를 들면, 뺑소니 사건을 수사할 때 피해자의 신체에서 다섯 겹으로 된 페인트 조각을 발견하면 용의 차량의 수사와 종류를 좁혀갈 수 있게 된다.

또한, 증거물의 채취는 단순한 '포장과 표식' 그 이상이다. 물론 처음에는 쉬운 지역에서 감식을 시작하지만 나중에는 찬장, 깔개, 카펫 밑, 서랍과 같은 애매한 지역으로 이동한다.

다. 범죄재구성

물적 증거를 이용해 범죄를 재구성하는 것 역시 법과학적 조사 과정의 일부이다. 많은 범죄 현장 수사에 있어 물적 증거를 확인하고 개별화 하는 것이 중요하긴 하지만 수사의 초점이 되진 않는다. 더욱 중요한 것은 증거가 어떻게 만들어졌는지를 판단하고 결국 어떻게 그러한 범죄 현장이 생겨났는지를 결정하는 것이다. 즉, 범죄 현장 분석과 물적 증거 조사는 결국 재구성하기 위한 정보를 획득하는 과정으로 볼 수 있다.

과학적 범죄 현장 수사는 과학적 방법을 기초로 하기 때문에 체계적이고 방법론적인 접근을 해야 한다. 이는 범죄 현장에 최초로 임장하는 시점을 기준으로 개시되며, 현장 보존, 현장에 대한 개괄적 조사, 현장 기록, 물적 증거 인식, 물적 증거 시각화와 증강, 물적 증거 수집·포장·보존, 물적 증거 분석, 범죄 현장 분석 및 프로파일링 그리고 마지막으로 범죄 현장 재구성까지 이어진다.

더 나아가 체계적인 범죄 현장 수사를 위해서는 전이 이론, 기초적인 논리 분석, 물적 증거를 분석하는데 필요한 과학적 지식이 수반되어야 하며, 이러한 요소들이 적절히 결합하였을 때 궁극적으로 범죄를 해결할 수 있게 된다.

2. 현장감식의 내용

범죄 현장 수사는 발견의 과정이다. 범죄 현장 감식 요원은 현장에서 범행의 특성, 패턴, 현장과 관련된 다양한 물적 증거, 심지어는 범행과 현장에 관련된 방대한 양의 사실과 같은 범죄 행동의 흔적을 찾는다. 예를 들어, 검시를 통해 사망의 원인이나 종류, 사망 추정시각, 사망자의 신원, 병력, 용의자의 신원, 그리고 가능하다면 현장이 발견되기 전에 피해자가 무슨 행동을 했는가와 같은 사실들을 알 수 있다.

범죄 현장은 반드시 조직적이고 체계적으로 조사해야 한다. 이 조사는 적절한 방법으로 해야 하며, 정해진 순서에 따른 많은 단계들로 구성되어 있다. 이 단계 중 어느 한 단계를 생략한다면 가치 있는 증거가 간과될 수 있고 법적이나 과학적인 요건을 충족시킬 수 없게 된다.

2-1 현장 감식절차

(1) 현장감식의 절차

가. 감식책임자의 조치

감식책임자는 현장에 들어가면서부터 지문, 장문, 족흔적 기타 유류물품이 있거나 있을 것으로 인정되는 개소에 백묵 기타 방법으로 보존표시를 하여야 하며 채증활동 개시 전에는 일체 현장이 멸실, 훼손되지 않도록 하면서 대강만 관찰한다. 감식책임자와 현장 수사반과의 협조 아래 사진촬영 및 비디오 촬영을 한다.

나. 수사요원의 관찰

수사요원의 관찰은 원칙적으로 현장사진 촬영 종료후 수사책임자의 지시에 의하여 될 수 있는 대로 신속히 현장자료 등을 손상, 멸실하지 않도록 세심한 주의로써 행한다. 채증활동에 있어서 수사를 촉진시키기 위하여 피해자의 신원확인, 피해품 또는 유류품에 관계있는 장소를 먼저 행한다. 기타 증거품 등의 채취에 있어서는 반드시 사건 담당자 및 참고인을 참여시키고 행한다. (이는 증명력 확보, 즉 증거물의 실질적 가치 확보에 매우 중요하다.) 그리고 범죄수법의 검토가 이루어진다. 침입구, 도주구 기타 범행수법에 있어서는 수법 공조반의 의견을 들어서 행한다.

다. 현장감식상의 유의사항

- 냉정 침착하게 행동할 것
- 예단이나 선입감에 사로잡히지 말 것
- 범죄현장은 될 수 있는 대로 널리 종합적으로 관찰할 것
- 외곽으로부터 중심부로 관찰할 것
- 면밀하고 객관적인 관찰을 할 것
- 모순, 불합리한 점 발견에 힘쓸 것

- 제삼자에 의한 현장 변경이 있을 때에는 그 원인을 규명할 것
- 감식요원이나 수사요원은 필히 장갑을 끼고 현장에 임할 것

라. 현장에 있어서의 유의사항

- 보존선 내에서는 필요 이외의 자를 절대 들어오지 못하게 할 것
- 불을 피우거나 흡연을 금할 것
- 함부로 돌아다니거나 현장물건에 손을 대지 말 것
- 현장상태와 물건 등의 위치를 부득이 변경할 때는 백묵으로 원위치를 표시할 것
- 현장자료는 사진 촬영 후 채취할 것
  현장사진은 범행직후의 사물의 상태를 정확히 촬영하여 둠으로써 사건 발생의 동기 및 경위 등을 명백히 하여 수사자료 또는 증거자료로 제공한다.(14장 법과학 사진 참조)
- 사건내용과 현장모양을 누설하거나 기타 잡담을 금할 것
- 현장자료의 수집은 현장자료 수집요령에 의하고 기술을 요하는 것은 전문요원으로 하여금 행하게 할 것

마. 증거물 채취

- 범죄현장감식은 조직적이며 일정한 형식으로 수행해야 한다. 형식의 선택은 사건현장의 위치, 크기, 상태에 따라 선택한다.(직선형, 나선형, 격자형)

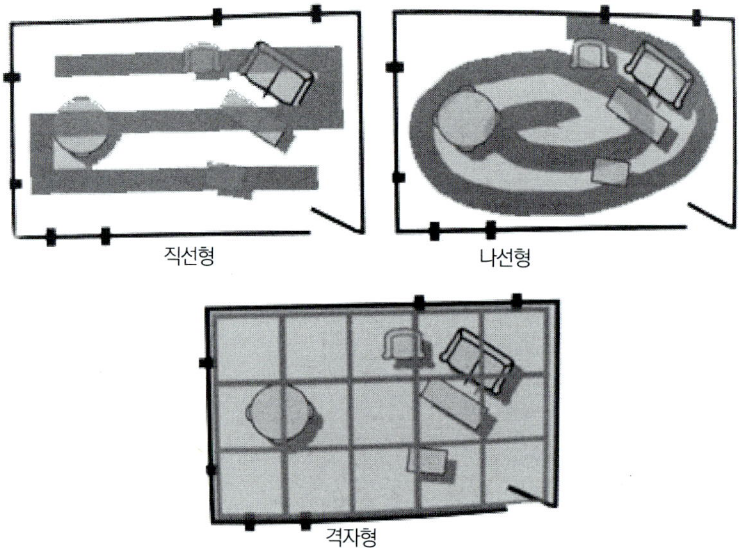

[그림 1-5] 직선형, 나선형, 격자형

- 증거물 채취는 가능하면 책임자 한 사람이 체계적으로 관리할 수 있게 해야 한다. 가능하면 두 사람이 증거물을 관찰하고 꼬리표를 사용하여 증거물에 직접 표지(標識, 표시나 특징으로 어떤 사물을 다른 것과 구별하게 하는 것)해야 한다. 지문이 남지 않도록 일회용 장갑을 착용해야 한다. 모든 증거물은 범죄현장에서 봉인테이프로 봉인해야 한다. 섬유 및 카펫의 채취와 같이 대조시료가 필요한 경우 대조시료를 채취한다. ※ 삼각측량은 세 점을 선택해서 삼각형을 만들고 한 변의 길이와 두 끼인각을 측정해서 삼각법에 따라 다른 두 변의 길이와 꼭짓점의 위치를 구하는 측량법이다.

바. 현대과학 등의 응용

- 사체의 관찰, 해부 기타 현장에 있어서의 과학적 검사가 필요할 때에는 과학수사 연구원 관계기술요원 또는 현지 검사시설이 있는 병원, 연구소 기타 전문요원으로 하여금 검사하게 하여 그 결과를 수사자료로 활용할 것

사. 자료 등의 취급

- 취급할 자료에는 채취대나 용기에 사건명, 품목, 채취년월일시, 장소 기타 참고사항을 기입한 지편을 첨부할 것
- 채취에 있어서는 자료가 파괴되지 않도록 주의해서 취급하여야 하며 파손 등의 우려가 있을 때에는 채취에 앞서 스케치하거나 또는 그라프지 등을 이용하여 형상, 특징, 거리 등을 명확하게 하여 사진촬영할 것

아. 입증상의 조치

- 될 수 있는 대로 경찰관 이외의 제3자를 참여시켜 확인을 받을 것
- 자료 발견 연월일시와 장소명 등을 기입한 지편 또는 줄자를 놓고 사진을 촬영할 실시할 것

(2) 사체관련 감식

가. 사망판정과 관찰

사망판정은 의사가 하여야 하고 사체의 관찰은 참여의사 등 전문가의 의견을 참고하여 판단한다.

나. 신원확인의 조치

신원불상의 사체 기타 필요한 때에는 변사자의 지문 및 특징 등을 채취하여 신속히 신원 확인 조치를 강구한다.

다. 사체의 해부

해부의 참여자는 부검결과 중요한 개소의 사진을 촬영하고 집도의사로부터 사인, 추정 사후경과시간, 위내용물, 식후의 소화상황, 중요한 창상, 추정흉기, 기타 중요한 사항 등 개요를 청취 기록한다.

라. 해부 참여자의 유의사항

해부참여자 등은 집도의사에 대하여 범죄개요 또는 수사경과 등 예단을 줄 수 있는 언동을 피하고 해부 소견 등에 의심나는 점은 이해할 수 있는 데까지 질문하여 해명하여야 한다.

(3) 최종검토 및 증거물 의뢰

현장감식이 종료되고 최종적으로 조사한 모든 결과를 다시 검토하여야 한다. 감식한 것을 논의하고 서로 질문을 한다. 최종검토를 위해 서류를 꼼꼼하게 읽는다. 현장의 마지막 상태를 촬영한다. 범죄현장은 최종 검토 후에 개방될 수 있다. 이 과정은 개방 날짜와 시간 그리고 누구에게, 누구에 의해 개방되었는지를 포함하여 문서에 기록해야 한다.

채취된 증거물은 기관의 담당자(연구소 직원), 범죄현장감식관, 경찰관에 의해 실험실에 보내질 것이다. 의뢰서는 무엇을 의뢰하는지, 사건개요는 어떠한지, 누가 증거물을 의뢰하는지, 의뢰 요구사항은 무엇인지 자세하게 기입해야 한다.

2-2 최초 현장대응 요원의 역할

현장에 처음 출동하는 사람은 대체로 경찰관이나 응급 구조 요원, 소방관들이다. 현장에서 이들의 활동은 사건을 성공적으로 해결할 수 있는 토대를 마련한다. 초동 경찰관은 범죄 현장의 최초 상태를 볼 수 있는 유일한 사람이기도 하지만, 종종 현장의 원형을 변형시키거나 의도치 않게 바꾸는 사람이기도 하다. 물론 이들은 자신의 맡은 바 최선을 다해야 하고, 그들이 범죄 현장과 피해자, 목격자, 궁극적으로 용의자와의 연결고리의 시작점이 될 것이라는 사실도 잊지 말아야 한다. 범죄 현장이 훼손되면 이 연결고리를 찾지 못하게 될 수도 있다. 그래서 현장에 출동하는 어떤 초동 결찰관이든 훈련과 교육, 경험은 필수적인 요소이다.

현장감식의 성패는 대부분 수사관이 현장에 도착한 후 첫 몇 분 동안에 좌우된다. 사건현장은 사진처럼 고정되어 있고 천천히 파괴되어 간다. 한번 증거물이 옮겨지면 원래의 상태 그대로 되돌릴 수 없다. 이로 인해 해석이 부정확 해질 수 있다. 범죄현장에서 현장감식관의 중요한 업무는 현장을 보존하고 증거물의 망실과 훼손을 막는 것이다. 임장 즉시 현장 보존 상황을 점검하고 필요에 따라 출입금지 또는 제한표시를 부착한다. 현장감식관은 용의자 체포, 필요한 사람에게 의학적 도움의 제공, 현장 증거물의 훼손 및 오염 방지, 인가된 사람 외의 현장 접근 엄격 차단의 임무를 수행한다. 현장감식관은 전문가가 도착 할 때 까지 출입을 막고 일단 현장이 보존되면 감식관이 현장을 확인하고 평가한다. 범죄현장의 경계를 정하고, 현장을 관찰하며 감식계획을 수립한다.

(1) 피해자 구호

현장에 도착하면 최초 대응 요원과 현장 감식 요원은 앞서 설명한 것처럼 항상 상황을 판단하고 현장을 보존해야 한다. 그러나 만일 부상자가 현장에서 발견되고 응급처치가 요구된다면, 그 부상자를 구호하고 응급처치를 시행하는 것이 매우 중요하다. 이러한 구호임무는 우선적인 것이다. 구호임무를 수행하면서 발생하는 범죄 현장의 변동은 당연히 상세히 기록되어야 한다.

(2) 용의자 수색과 체포

용의자에 대한 체포는 모든 법집행기관 요원들의 가장 기본적인 임무이다. 그러나 용의자에 대한 수색과 체포를 하는 과정에서 용의자와 범죄 현장을 연결하는데 사용되는 잠재적인 증거를 훼손해서는 안된다. 예를 들면, 총격 사건 수사에서의 용의자가 총기발사 잔사가 남아 있을지 모르기 때문에 절대로 자신의 손을 씻게 해서는 안된다. 둔기나 예기에 의한 상해 사건과 관련된 용의자 의복은 즉시 사진으로 기록을 남기고 수집해야 한다.

만일 용의자가 현장으로부터 먼 곳에서 체포된다면 절대 현장으로 다시 데리고 와서는 안된다. 피해자와 목격자는 조금이라도 더 안정된 환경에서 용의자를 잘 식별할 수 있다. 현장으로부터 용의자를 격리하는 가장 중요한 이유는 용의자가 현장으로부터 격리되면 용의자와 현장을 연결해줄 현장 물적 증거가 더 명확해지기 때문이다. 즉, 현장 물적 증거가 목격자나 피해자에게 확인시키기 위해 용의자를 다시 현장에 데려온 시점에 만들어진 것이 아닌 범행 당시에 용의자가 남긴 것으로 증명해줄 것이기 때문이다.

(3) 현장 보존

증거 훼손을 방지하기 위해서 현장이 반드시 보존되어야 한다는 점을 인식하고 현장 접근을 통제하여야 한다. 물리적 경계선의 사용은 제한 구역을 표시하는데 유용하게 사용될 수 있다. 여러 가지 방법이 있는데 로프나 경찰 통제 테이프 등이 주로 사용된다. 소방 차량이나 경찰 차량도 테이프를 사용하기 어려운 고속도로나 거리, 넓은 야외 현장에서는 요긴하게 사용된다. 경계의 위치는 통제의 범위를 의미하기 때문에 매우 중요하다. 하지만 그것이 한번 결정되었다고 절대 변하지 않는 것은 아니다. 수사를 진행하는 과정에서 얼마든지 변경 할 수 있다. 경계 영역의 변동은 수사과정에서 통제 영역을 더 넓게 또는 더 좁게 할 수도 있다.

현장을 통제하는 경찰관은 현장을 진입하려고 하는 모든 사람에 대해서 통제를 해야 한다. 살인사건과 같이 중요한 현장에서는 시체가 있는 곳 또는 사건에서 가장 중요한 영역의 주변에 2차적인 현장 통제소를 설치하는 것이 도움이 될 수 있다. 현장에 대한 통제는 순찰 경찰관과 수사관, 소방관, 목격자, 피해자의 가족, 이웃, 행인, 심지어 언론 관계자에 이르기까지 현장 수사를 위한 불필요한 모든 구성원을 대상으로 이루어져야 한다.

현장 감식 요원에 대한 출입 기록도 유지되어야 한다. 범죄 현장에 대한 교통의 적절한 통제를 물적 증거의 훼손을 최소화하는데 도움이 될 수 있다. 숙련된 현장 감식 요원들에게는 증거의 유지를 위해서 현장에 대한 엄격한 통제가 필요하다는 것이 쉬운 개념이겠지만, 대부분의 높은 계급을 가진 간부들이 이해하기에는 가장 어려운 개념일 것이다. 사진촬영이나 비디오 녹화는 이러한 유형의 사람을 다루는데 큰 도움이 될 수 있다.

(4) 현장 조사

현장이 한번 통제되면 현장 지휘관이나 감식팀장은 형사와 함께 현장에 대한 기초 조사를 수행해야 한다. 이러한 기초 조사는 통상적으로 현장을 '둘러보는' 방식으로 이루어진다. 이것은 최초 대응 요원과 현장 감식 요원이 함께 한다면 훨씬 효과적으로 수행할 수 있을 것이다.

최초 대응 요원은 현장의 원래의 모습과 어떤 것들이 변동되었는지에 대한 직접적인 지식을 갖고 있기 때문에, 이 시점에서 이들에 대한 면담 조사가 이루어져야 한다. 기초 조사를 하는 동안 사진 촬영하는 것은 기초 사실 기록에 있어서도 매우 좋은 방법이 될 수 있다.

(5) 현장 기록

가. 현장 기록의 중요성과 방법

범죄수사에서 현장은 제일 중요한 부분이다. 하지만 현장은 시간과 장소의 한계로 인해 현장을 출입하는 수사관들에게만 제공이 되고, 또한 시간이 지나면서 현장이 훼손이 되므로 최초 현장을 기록하고 사진촬영 하는 것은 매우 중요한 감식 절차 중 하나이다. 현장을 기록하는 방법에는 현장감식결과보고서, 현장사진, 현장비디오, 현장 스케치 등이 있다. 현장촬영의 임무를 맡은 사람은 사진을 찍고 정리한다. 사건현장의 스케치를 맡은 사람은 복잡한 현장과 다양한 사람들에 대해 사건을 재구성할 수 있도록 스케치 할 것이다. 현장에서 증거물을 채취할 경우 적절하게 표지하고 포장한다.

나. 자료 수집상황의 기록화

각종 중요 범죄사건 현장에 임할 때에는 반드시 현장자료 수집 일람표를 휴대한다. 현장자료의 유형별 수집 항목에 의거, 각종 현장자료의 상태를 광범위하고 세밀하게 수집 관찰하여 누락여부를 검토하고 현장자료의 상태를 그대로 기록한다. 여기에는 실황조사[9)]가 포함된다.

범죄현장 기록의 핵심은 현장감식을 한 사람들의 기록 문서들이다. 모든 범죄 현장은 전체적으로 필기, 사진, 스케치, 비디오 등으로 기록되어야 한다. 사진, 비디오, 스케치는 피해자의 위치나 외형, 물적 증거와 그들 사이의 공간적 관계 등에 대한 시각적인 기록을 제공한다. 녹음기가 현장 기록에 사용되기도 한다. 기록 방법들은 현장 상황에 대한 현장 수사관의 법정 증언을 뒷받침 할 뿐 아니라 현장 재구성과 사건 분석을 위한 중요한 정보를 제공한다. 범죄현장에 도착한 과학수사요원은 현장에 대한 이해를 하고 감식계획을 수립하고 현장을 보존하며 현장 도착 일시·장소, 사건개요, 증거물 채취 관계, 감식 소요시간 등을 기록하고 현장 사진촬영을 하며 스케치를 통해 현장을 명확하고 다른 사람들도 읽기 쉽게 기록하여야 한다.

(6) 범죄 현장 수색

현장 수색은 현장 주변 지역과 핵심 지역 등 모든 곳에 관련되어 있다. 현장 수색의 기본적인 목적은 물적 증거의 발견과 수집이다. 현장에 있을지 모를 잠재 증거가 발견되지 않거나 수집되지 않는다면 아무리 법과학 기법이 발전해도 쓸모가 없을 것이다. 다시 말해, 법과학적 과정의 첫 번째 단계인 증거의 발견이 이루어지지 않으면, 모든 과정에 영향을 미치게 되고 현장 수사는 실패하게 될 것이다. 그리고 사건은 해결되지 않은 상태로 남겨질 것이다.

또한, 현장 수사관에게는 증거수집의 임무가 주어진다. 증거수집의 임무를 수행하는 현장 수사관은 현장에서 발견된 물적 증거의 수집, 표시, 보관과 포장을 책임진다.

---

9) 실황조사(實況調查)란 수사기관이 강제력을 사용하지 않고 범죄현장 기타 범죄 관련 장소. 물건. 신체 등의 존재 상태를 명확히 하는 것이다. 범죄현장의 상황을 일목요연하게 알 수 있도록 실황조사서를 작성한다.

(7) 초기 단계에서의 현장 재구성

현장 재구성은 현장에서 얻은 정보의 분석, 현장 패턴의 해석, 물적 증거의 검사 등과 관련되어 있다. 범죄 현장은 모든 가능성을 열어두고 여러 가지 다른 각도에서 관찰되는 것이 좋다. 현장에 존재하는 물적 증거와 그것에 대한 검사 결과, 간단한 논리의 적용과 연역적 또는 귀납적 추론 등은 우리에게 현장에서 어떤 일이 일어났으며, 언제, 어디서, 누가, 어떻게 한 것인지에 대한 답을 줄 것이다.

다양한 물적 증거들은 이러한 현장 재구성에 있어서 매우 중요한 역할을 하게 될 것이다. 예를 들면, 총격사건 현장에 대한 수사과정에서 발견된 현장의 혈흔 형태나 유리의 파손 패턴, 족적과 총기발사 잔사 등은 범죄 현장 재구성에 일반적으로 사용되는 것들이다.

2-3 현장기록

〈현장에서〉 현장사진의 중요성

과학수사 활동의 중요성은 아무리 강조해도 지나치지 않다. 잘못된 증거수집, 사진촬영, 현장 훼손 등 어느 하나라도 발생할 경우 실체적 진실 발견의 어려움은 물론 이후 재판 과정을 무죄로 이끄는 사례들은 현재까지도 전 세계에서 발생되고 있는 실수이다. 그 중에서도 강력사건인 살인사건에서는 어떠한 범죄 현장에서보다 철저한 감식이 진행되어야 한다. 특히 다시는 마주할 수 없는 범죄 현장을 기록으로 남기기 위하여 현장 사진 촬영이 기초가 되어야하는데 살인사건 현장에 임장했던 과학수사요원이 촬영한 사진을 확인하던 중 현장 상황과 맞지 않는 사진이 있어 그 사례에 대하여 이야기하고자 한다.

피의자는 지인인 남성, 여성과 술을 마시며 이야기를 하던 중, 지인 사이에 시비가 발생하였고 지인들이 서로 몸싸움을 하며 다투자 이를 말리던 피의자가 다투던 여성에게 폭행을 당하였고 순간 화가 나 식칼을 가져와 폭행을 했던 여성의 목, 가슴 부위를 수회 찔러 여성은 사망하게 되었다. 그 과정에서 남성이 식칼을 빼앗아 현장에서 이탈하였고 112에 신고하여 출동한 경찰관에 의해 체포되었다. 그리고 과학수사팀 임장을 요청하여 현장에 출동한 과수요원이 현장 외부에서부터 내부로 차근차근 현장 모습을 카메라에 담았다. 사건은 잘 마무리되었고 시간이 흐른 뒤 당시 현장에 출동했던 과수요원이 촬영한 사진들을 살피던 와중 범행도구로 사용되었던 식칼의 모습에서 특이한 점을 발견하게 되었다. 당시 피의자의 지인인 남성이 식칼을 빼앗아 현장에서 이탈하였다고 확인되었으나 과수요원이 촬영한 사진에서는 피해 여성의 주변에서 멀지 않은 곳에 놓인 채 사진이 촬영되어 있어 상황과 맞지 않는 모습이 관찰

되었다. 마치 현장에서 식칼이 발견되었고 사진 촬영과 함께 증거로 수집되어진 것 마냥 오해를 불러일으킬 수 있는 사진으로 보여졌다.

나중에 당시 출동했던 과수요원에게 확인한 결과 지인인 남성이 식칼을 빼앗아 이탈한 것이 사실이고 식칼은 출동경찰관이 수거 후 담당 형사에게 맡겨졌다가 이후 감식을 모두 마친 과수요원이 잠시 사진을 촬영한다며 식칼을 놓고 촬영한 것이었다. 사진상으로는 현장에 놓여있는 것처럼 보였지만 전후 과정을 살펴보니 사진과는 전혀 다른 사실인 것이다. 현장 사진을 본 사람들에게 오해를 불러일으킬만한 사진이 남게 된 것이다. 물론 사건은 잘 마무리 되어졌지만 사진만 본다면 현장 상황과 맞지 않아 궁극적으로는 감식 활동에 있어서 심각한 현장 및 증거 훼손이 발생한 것처럼 보여진 것이다.

이 사건을 통하여 범죄현장, 특히나 강력사건에 있어서 현장 사진의 촬영이 얼마나 중요한지 다시 한 번 깨닫게 되었고 단 한 장의 사진이 법정에서 유·무죄를 판가름 할 수도 있다고 생각되어졌다. '나의 사촌 비니(My Cousin Vinny, 1992)' 라는 영화에서는 무심코 촬영해둔 사진 한 장, 한 장이 법정에서 결정적인 증거로 채택되어 피고인들을 무죄로 이끌어 가는 장면이 나온다. 영화에서도 이렇듯 현실에서도 당연하게 과수요원은 누구보다도 범죄현장에 있어서 실체적 진실 발견을 위한 철저한 감식활동과 증거 수집을 하고 그 과정에 있어서 어떠한 훼손, 조작 등이 없어야 한다고 생각한다.(과학수사요원, 2016)

(1) 비디오

가. 중요사건 촬영 및 보존

중요사건에 대하여 사진촬영 이외에 비디오 촬영을 실시하여 범죄현장이 변경된 후에도 수시로 촬영화면을 관찰하여야 한다. 이를 통해 증거자료의 발견 및 현장상황을 파악하고 공소유지 및 재판과정에서 정황증거 등 보강증거자료로 활용할 수 있다.

촬영대상은 수사본부 설치 또는 설치가 예상되는 사건과 기타 강력사건 등이다. 담당직원은 촬영대상장소에 최우선으로 임장하여 원상 그대로 촬영하여야 한다. 촬영에 앞서 사건 개요의 파악, 유류품의 소재확인, 현장변경 유무 등을 확인한 후 촬영한다. 그리고 수사책임자는 촬영목표, 범위, 위치와 각도, 방법 및 시간 등 구체적인 지시를 하여 촬영이 실패하는 일이 없도록 지도 점검을 한다.

나. 디지털카메라 촬영 기초

1) 촬영 자세

카메라가 흔들리지 않도록 카메라를 양손으로 감싸 쥐고 최대한 흔들리지 않고

불편하지 않도록 바른 자세로 촬영

2) 카메라의 위치와 각도

일반 대중의 눈높이에서 사람이 바라보는 위치에서 사람이 바라보는 듯한 상태로 최대한 자연스럽게 촬영한다.

3) 빛의 방향활용

빛의 방향에 따라 정면광, 역광, 측면광, 사광 등이 있고 빛에 따라 결과물이 달라지므로 현장에 맞게 빛을 활용하는 것이 중요하다.

4) 야간 촬영

빛이 충분하지 못한 야간이나 실내에서는 후레쉬의 사용이 필수적이며, 카메라 내장 후레쉬 및 외장 후레쉬(스트로브)를 활용하여 빛이 부족한 현장에서 적당한 밝기의 사진을 촬영하는 것이 중요하며, 조리개와 셔터스피드, ISO 등을 적절하게 활용하여야 한다.

5) 장비의 보관과 취급

디지털 카메라는 정밀회로에 의해 작동되는 민감한 기계장치이므로, 먼지, 습기 등에서 사용시 주의를 기울이며 지나치게 높거나 낮은 온도에서 보관을 주의하며 사진촬영 종료후 먼지 및 습기 등을 잘 제거해 주는 것이 좋다.

(2) 현장 스케치

가. 스케치의 중요성

현장사진만으로는 현장을 정확하게 묘사하기에는 부족하므로 현장 스케치와 함께 사진의 부족한 부분을 보완할 수 있다. 사진 상으로 파악하기 힘든 현장 및 구조에 대한 이해를 돕기 위해 현장을 스케치하여 기록에 남겨야 한다. 그러기 위해서는 스케치함에 있어 현장을 보다 쉽게 이해할 수 있도록 그림으로 표현하고 강력사건일 경우 현장의 구조물 및 변사자, 유류물 등 꼼꼼한 스케치가 필요하다.

[표 1-3] 현장 스케치의 필수 요소

제목	스케치를 그린 목적을 기재
그림	현장과 중요한 증거물을 시각적으로 표현
범례	그림에 사용한 표식이 무엇을 뜻하는지 표시
요약표	사건현장명, 주소, 스케치한 사람, 일시 등을 적시
축척과 방향	스케치에 방위표와 축척을 기재

증거물의 위치를 표시하여 추후에 채취된 장소를 알 수 있다. 증거물이 크다면 축소한 그림을 그려야 하고, 일정한 비율로 축소하기 위해 측정을 해야 한다.

단순히 수첩이나 종이에 그림을 그려 스케치를 하는 경우도 있으나, 컴퓨터 프로그램을 이용하여 2D 또는 3D 스케치를 통하여 현장을 재구성하여 보는 사람의 입장에서 이해도를 높인다. 한 예로 임장한 범죄 현장이 2개의 층으로 나뉘어져있어 현장 사진 촬영 시에 구분을 지어 촬영하였지만 간혹 사진 상으로는 현장을 완벽하게 이해할 수 없는 부분들이 발생하여 보는 사람의 입장에서 의문점이 생기는데, 스케치와 함께 사진을 보면 보다 쉽게 이해할 수 있는 효과가 있다.

스케치상에 증거물 위치를 표시하고 각 증거물에 대한 메모를 해야 한다. 스케치를 할 때 간단한 기하학은 물건이 어느 곳에 위치하는지 표시하는 것을 도울 것이다. 항상 최소한 두 위치에서 측정해야 한다. 이것은 거리를 측정하고 나중에 삼각측량을 하는 데 도움을 준다.

나. 현장 스케치의 종류

- 전개도, 입면도, 3차원 스케치

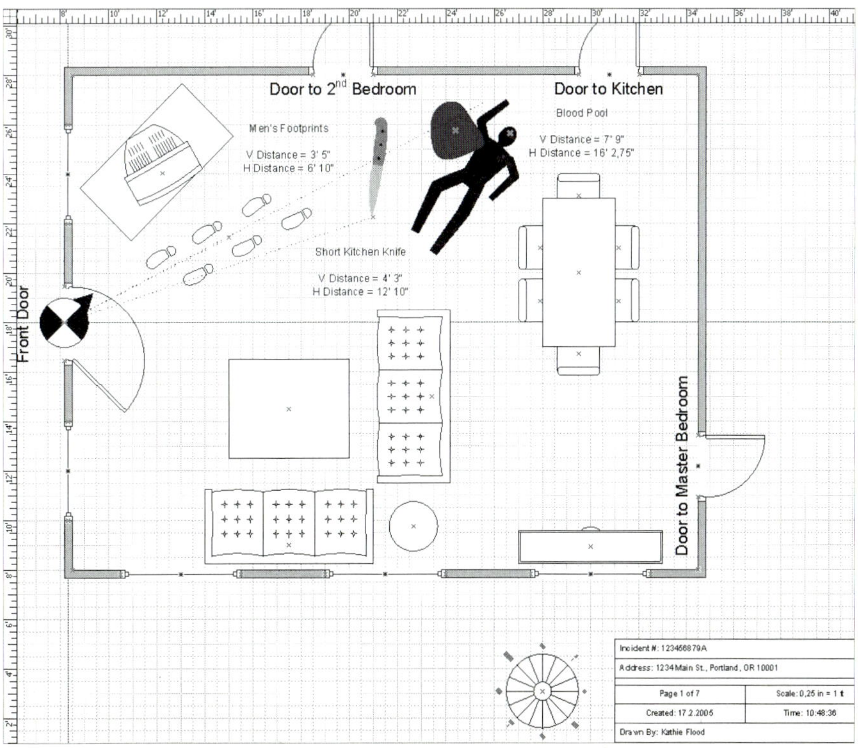

[그림 1-6] 현장 스케치

[출처] http://titanforensic2012.blogspot.com/2012/10/wed-oct-10-2012.html

감식절차

1단계(신고출동) → 2단계(현장주변 정보수집) → 3단계(현장진출) → 4단계(사체주변조사) → 5단계(가시적 증거 수집) → 6단계(잠재 증거 수집) → 7단계(현장정리) → 8단계(증거물 분리 및 감정의뢰) → 9단계(기초 감정) → 10단계(보고서 작성) → 11단계(수사회의참석) → 12단계(증거물 관리센터 입고)

○ 참고문헌

박기원 (2019). 「범인은 반드시 흔적을 남긴다」 해드림출판사.

정희선 (2015). 「보이지 않는 진실을 보는 사람들」 알에이치코리아.

최상규 (1998). 「과학수사 이론과 실제(법의 혈청학과 유전자지문)」 법문사.

표창원·유제설 (2011). 「한국의 CSI」 북라이프.

브라이언 이니스 (2006). 「모든 살인은 증거를 남긴다」 Human & Books.

경찰청 (2017). 「과학수사 기본규칙」

경찰청·한국CSI학회 (2020). 「과학수사 I」, 「과학수사 II」 에스엠북(SMBook).

EDWARD RICCIUTI (2010). 「SCIENCE 101 법과학(과학 수사)」 유제설(역) 이치사이언스.

E.J. 와그너 (2007). 「셜록홈스의 과학」 이한음(역) 한승.

마르크 베네케 (2008). 「모든 범죄는 흔적을 남긴다」 알마.

Ronald P. Fisher·R. Edward Geiselman (2011). 「인지면담(수사면담 시 기억 향상법)」 김시업(역) 학지사.

Curt R. Bartol and Anne M. Bartol (2008). *Introduction to Forensic Psychology: Research and Application*, Sage Publications, Inc; 2nd ed.

Emma C. Barrett, *Psychological research and police investigations: does the research meet the needs?* Forensic Psychologist's Casebook willan Publishing Edited by Laurene Alison 51.

Gardner Thomas J. & Anderson, Terry M (2007). *Criminal Evidence : principal and cases*, 6th ed. Belmont : Thomson Inc..

Lyman, M. D. (2004). *Criminal Investigation : The Art and The Science*, 4th ed., New Jersey: Pearson Education, Inc..

제2장

손상 /사인별현상 /자· 타살감별

Ⅰ. 손상의 종류

Ⅱ. 사인별 현상

Ⅲ. 자· 타살 감별

제2장

손상 /사인별현상 /자·타살감별

2011년 5월 1일 18:00경 경북 문경시 농암면 궁기2리 둔덕산 8부 능선 바위 위에 변사자가 팬티만 입은 채 나무로 만든 십자가에 묶여 있는 채로 나일론 줄을 목에 걸고 양손 바닥에는 대못이 박혀 있고 양 발등에도 대못이 박혀 있는 상태로 사망한 것을 발견하였다. 자살인가 타살인가?

I. 손상의 종류

1. 손상의 의의

1-1 손상의 개관

의학에서는 손상이 그 원인이 무엇이든 조직의 정상적 구조가 형태학적으로 파괴되는 것을 의미하는 데 반해, 법의학에서는 물리력에 의한 형태학적 파괴만 손상이라 하며, 외상과 동의어로 쓴다. 성상물체에 따라 둔기에 의한 손상, 예기에 의한 손상, 총기에 의한 손상, 교통사고에 의한 손상 등으로 구분할 수 있다.

(1) 손상의 구분

가. 둔기에 의한 손상은 끝부분이 둥근 사람의 주먹, 발, 곤봉, 석괴, 병 등에 의해 생긴 손상이다. 표피박탈(찰과상), 피하출혈(타박상, 좌상, 멍), 좌창, 열창, 내장파열, 단열과 좌쇄, 골절, 두개강내 손상(뇌진탕, 뇌좌상, 뇌출혈)등이 있다.

나. 예기에 의한 손상은 날이나 뾰족한 끝이 있는 물체로 생긴 상처이다. 예기손상에는 자창, 절창, 할창이 있다.

다. 총기에 의한 손상은 총기, 탄환, 화약의 종류와 발사거리 등에 따라 손상상태가 달라진다. 총창에 대해서는 종류, 사입구와 사출구의 감별, 발사방향, 발사거리, 사용실탄의 종류, 자·타살의 감별 등을 증명하여야 한다.

라. 교통사고에 의한 손상은 외력의 정도가 매우 강하고 신체의 여러 부위가 동시에 연속해서 손상을 입는 다발성 손상이다.

(2) 창상(創傷)의 구분

창은 개방성 손상(열린 손상), 상은 닫힌 손상을 의미한다. 개방성 손상은 아래와 같이 명칭을 부여한다.

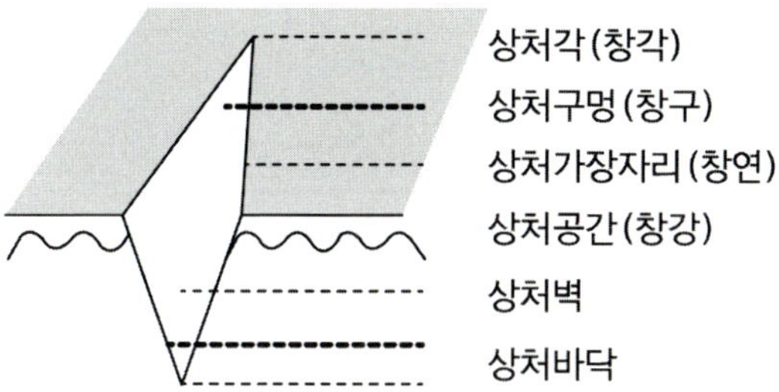

[그림 2-1] 창상의 성상

1-2 예기손상의 종류

[표 2-1]

예기 손상의 종류		
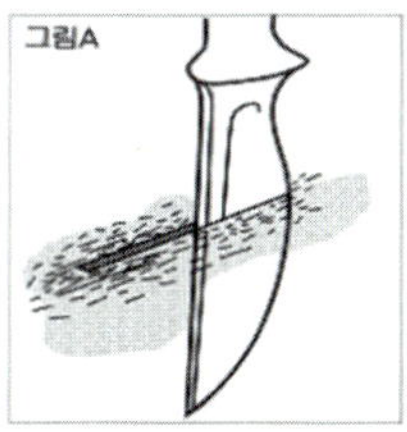	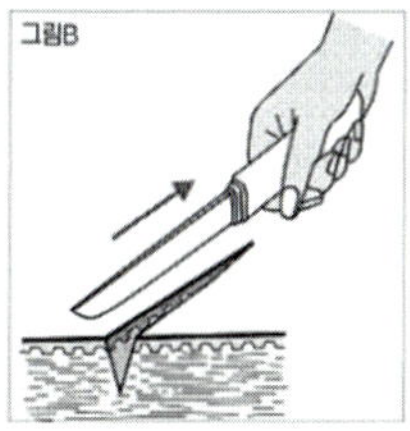	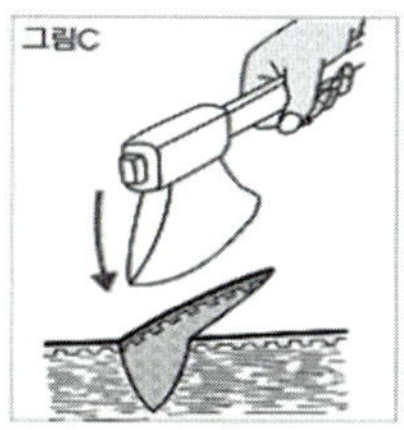
자창	절창	할창
길고 날카로운 흉기 찔려 피부의 연속성이 끊어진 것 창구를 비롯한 창의 모양이 흉기의 성상에 따라 달라지므로 흉기의 추정에 좋은 근거가 됨	베인상처 인기의 예리한 날 또는 유사한 예리한 부분이 있는 물체가 체표면을 누른 채 장축 방향으로 끌어당기거나 밀릴 때 피부의 연속성이 끊어져 생긴 손상	무거우면서 날이 있는 인기에 의해 체표면을 찍어서 생긴 손상 어느 정도 무게를 가지고 있는 흉기이기 때문에 연부조직, 근육을 지나 뼈까지 손상 받는 경우가 허다

[그림 2-2] 예기손상의 종류

[출처] http://img.seoul.co.kr/img/upload/2011/06/14/SSI_20110614174226_V.jpg

(1) 자창, 찔린상처(刺創)

① 끝이 날카로운 물체로는 송곳, 얼음송곳(아이스 픽) 처럼 날은 없고 끝만 있는 것, 과도처럼 날도 있고(유인) 끝도 뾰족한 것, 끌이나 드라이버처럼 끝에 날이 있는 것이 있다. 날도 있고 끝이 뾰족한 것은 다시 한쪽에만 날이 있는 것과 양쪽 모두 날이 있는 것으로 나눈다.

② 자기가 들어간 부위를 자입구, 관통하여 뚫고 나간 부위를 자출구라 하며, 창강을 자창관이라 한다. 자창관이 체내에서 끝나면 맹관자창, 자출구가 있으면 관통자창이라 한다.

③ 보통 칼처럼 한쪽에만 날이 있으면 칼날 쪽에 예각인 창각이 생기고 칼등 쪽에 각진 창각이 생겨 어느 쪽이 칼날인지 구별할 수 있다. 구별하기 힘든 경우 창연을 붙이거나 조직을 고정하면 구별을 할 수도 있다.

④ 칼에 의한 자창에서 창구의 길이는 대개 칼의 너비와 같거나 그보다 길다. 그러나 자창이 벌어진 창구에서는 짧을 수도 있다. 칼등으로 생긴 각진 창각의 폭은 칼등의 두께나 모양을 추정하는데 매우 요긴하다.

창상을 분석한 사례[그림 2-3]

- 피부개방 시 약 6.5cm×2.0cm, 폐쇄 시 약 6.5cm
- 주변 혈액을 닦은 상태에서 창상 확인
- 우측 부분이 날카롭고 좌측은 예각이 없는 상태
- 칼면의 두께와 한쪽날 칼 사용 추정 가능

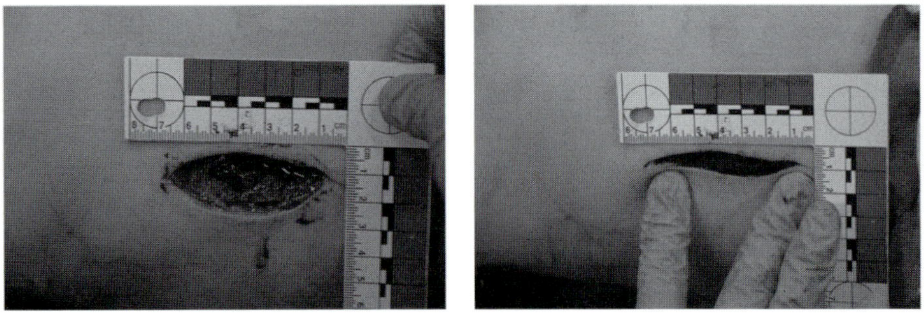

[그림 2-3] 창상(자창의 예) [출처] OO청 과학수사대

(2) 절창, 벤상처(切創)

① 창구의 모양은 방추형이나 직선형이며, 절창 방향이 피부 장력 방향과 평행이면 적게, 직각이면 창구가 넓게 벌어진다. 창연은 완만한 곡선이거나 직선이며, 주변에 표피박탈은 없다. 창각은 양쪽 모두 뾰족하다.

② 절창은 벌어진 그대로 모양, 창구의 길이(창의 장경), 벌어진 너비(단경)를 재서 기록한다. 그리고 창연을 맞대어 형태를 관찰하고, 창연의 길이를 잰다. 창연이 말라 있으면 물을 축여 관찰한다.

③ 절창과 감별할 필요가 있는 손상으로는 열창(裂創), 할창(割創), 자창(刺創)이 있다. 열창은 창강에 가교상 조직[10]의 유무로, 할창은 창각의 모양으로, 자창은 깊이로 감별할 수 있다. 때론 창연이나 창각을 확대경으로 자세히 관찰하지 않으면 구별하지 못할 때도 있다.

(3) 할창, 큰칼상처(割創)

① 비교적 중량이 있는 칼날 도끼, 식칼, 손도끼류를 피부면에 내리쳐서 생기는 창상으로 대부분 시신에 할창이 있으면 거의 타살이다. 창구는 성상물체의 모양이나 작용 부위에 따라 다르다. 날이 길고 얇은 칼은 절창처럼 방추형의 절창을 만들고, 날이 짧고 두꺼운 것은 직사각형 또는 삼각형의 창구를 만든다. 창연은 원주형 또는 직선이고, 열창에 비해 반듯하지만 절창보다는 덜 반듯하다. 창연 주위에 표피박탈이 있을 수 있고, 창면도 열창보다는 평탄하고 반듯하지만 절창보다는 덜 반듯하다.

② 절창과 좌열창의 특징이 혼합된 양상을 보이며 날의 폭이 좁고 가벼울수록 절창과 유사하며, 날의 폭이 넓고 무거울수록 좌열창과 유사한 성상을 보인다.

③ 거의 전부 타인에 의한 것이며 직접적인 사인은 큰 혈관의 손상으로 실혈사하는 경우가 많으며 간혹 척수의 손상으로 사망할 수도 있다. 또는 머리의 할창은 뇌좌상을 수반하여 두개강내 출혈로 사망할 수 있다.

---

10) 찢어진 상처에서는 벤 상처와 달리 두부에는 연조직보다 저항이 비교적 강한 신경, 탄력 및 결합조직, 혈관으로 이루어진 다수의 섬세한 조직 가닥이 양쪽 창면을 연결하고 있는데 이를 가교상 조직(架橋狀 組織) 또는 가로지른 조직이라고 함.

1-3 둔기손상의 종류

(1) 피부까짐(표피박탈)

피부의 맨 바깥층인 표피만 벗겨져나가 진피가 노출되는 현상이다.

(2) 좌상(挫傷), 타박상

둔력에 의하여 피부는 파열되지 않고 피하조직이 좌멸되고 주로 모세혈관, 정맥 등이 파열되어 일어나는 출혈(=피부밑출혈)이다. 좌상의 넓이나 깊이는 터진 혈관의 종류, 외력의 세기, 손상 부위의 조직, 출혈 경향 등에 따라 다르다.

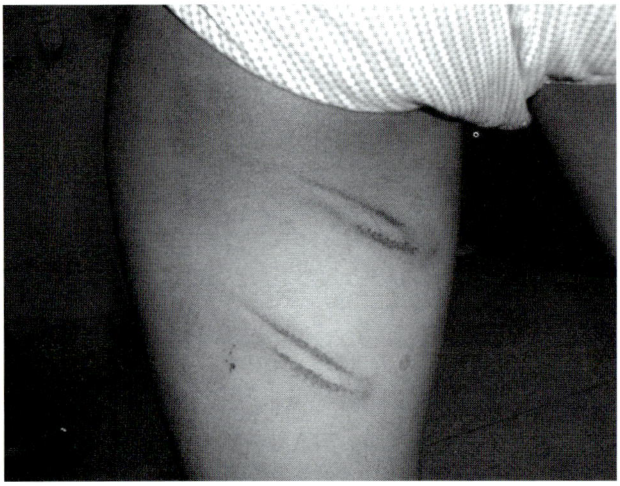

[그림 2-4] 중선출혈(tramline bruise)

[출처] https://mlt.gov.np/post-mortem-examination/external-examination/

(3) 열창, 찢긴상처(裂創)

둔체가 신체를 강타하여 그 부위의 피부가 극도로 긴장되어 탄력성의 한계를 넘어 피부가 외력방향에 따라 파열된 손상이다. 주로 머리나 정강이처럼 피부 바로 밑에 뼈가 있는 연부조직의 층이 얇은 부위에서 잘 일어난다.

(4) 좌열창

좌창 + 열창의 형태로 멍이나 피하출혈이 찢어진 상태를 의미하는 것이다.

2. 생활반응

2-1 생활반응의 의의

생활반응(vital reaction)이란 사망전 인체에 어떤 외인, 예를 들어 물리적 또는 화학적 인자가 작용하면 생체는 반드시 반응하고 이 반응의 결과는 사후에도 소실되지 않고 남아 있는데 이러한 생체적 변화를 말한다. 활력반응이라고도 한다. 특히, 사후에 가하여진 외인자에 대하여는 그 반응이 나타나지 않기 때문에 외인이 생전 것인지 또는 사후의 것인지를 감별하는 기준이 된다. 예를 들면 시체얼룩은 사후현상인데 반해 피부밑 출혈은 생활반응으로 이는 사인을 구별하는 좋은 증거가 될 수 있다. 문제가 된 시체에 대해 이 반응이 있는지 없는지를 확인하고, 어떠한 상해 또는 다른 문제가 된 것들이 생존했을 때 가해진 것인지 아닌지를 판정한다. 부검시 어떠한 생활반응이 있었는지 혹은 부합하는 여러 반응이 있는지 비교 분석하는 것이 매우 중요하다.

2-2 생활반응의 종류

생활반응에는 국소적 생활반응과 전신적 생활반응이 존재한다.

(1) 국소적 생활반응

가. 출혈및 응혈(凝血)

출혈은 가장 대표적인 생활반응으로 혈관이 파열되면 그 속에서 흐르던 피가 혈관 밖으로 나오게 되는 것을 말하며 출혈된 혈액이 조직 내로 스며들면 혈액의 섬유소가 조직과 치밀하게 결합하게 되어 응혈을 만들게 된다. 일반적으로 출혈은 피가 흐르지만 응혈은 응고되어 연한 젤리의 느낌을 갖게 되는 것이다. 또한 사망전에 생긴 출혈은 씻거나 닦아도 제거되지 않으므로 중요한 반응중의 하나이다. 이런 점에서 생전형성 여부를 감별할 때 출혈이 가장 확실하다. 만일 외견상으로는 출혈이 드러나지 않으면 피부를 절개(incision)하여야 한다.

나. 딱지(가피)

상처가 생기면 우리 몸에서는 자체적으로 치유기전이 발생하여 딱지가 생기고 새살이 돋게 되는데 이것도 생활반응 중 하나이다.

다. 홍반 및 수포

세포가 살아있는 상태에서 화상으로 인해 생긴 홍반(紅斑)이나 수포등도 생활반응에 속한다.

라. 중선출혈

회초리나 막대기로 때리는 경우 신체에 중선출혈이 생기며 이러한 국소적 빈혈 또한 생활반응으로 볼 수 있다 ([그림 2-4]).

마. 기타

이 외에도 국소적 생활반응에 창구의 개대(開大) 및 창연(創緣)의 외번, 압박성 울혈, 흡인과 연하 등이 존재한다. 연하(嚥下)는 음식물이 구강에서 인두를 거쳐 식도를 지나 위의 분문에 이르는 것으로 근육의 복잡한 반사운동이 합쳐져 행해지며 그 운동의 중추는 연수에 있다.

(2) 전신적 생활반응

가. 전신적 빈혈

사망하기 전에 손상이나 질병으로 혈관이 파탄된다면 심박동에 의해 피는 계속 혈관으로 공급되게 되어 파탄된 부분을 통해 피가 체외나 체강내로 빠져나가게 되는데 이로 인해 전신적으로 피가 모자라는 전신적 빈혈이 일어날 수 있다. 전신적 빈혈은 심박동과 혈액순환이 되어야 가능하므로 사후에는 발생하기 힘든 현상이다.

나. 속발성 염증

시간이 상당히 지난 후에 발생되는 생활반응으로 몸에 염증이 발생될 수 있는 질환이나 사유가 있어서 전신적으로 염증이 나타나는 생활반응이다.

다. 색전증

색전증은 혈관 속에 공기, 지방 및 조직 등에 의해 색전(塞栓)이 발생하는데 이 색전은 혈액순환이 있었다는 증거이므로 생전에만 일어나는 생활반응 중 하나이며 양수색전 및 이물색전 등도 있다.

라. 외래물질의 분포 및 배설

체내의 전신장기에 부유미생물이 분포한다면 물에 빠져 사망하는 동안 호흡 및 순환이 있었다는 근거가 되는 생활반응이다. 부패가 된 경우라면 이는 부정확한 생활반응이 될 수도 있고, 전신장기에서 알콜성분이 있거나 약물이 나온다면 이것 또한 전신적 생활반응으로 볼 수 있다. 또한 화재 등으로 인한 일산화탄소 중독시 일산화탄소 헤모글로빈 등 혈색소가 전신적으로 변하는 것도 생활반응에 속한다.

Ⅱ. 사인별 현상

1. 사망 일반

1-1 사망의 개념

인간의 사망을 어느 시점으로 볼 것이냐에 대한 논의는 법률적, 윤리적, 종교적, 의학적으로 대단히 중요한 만큼 다양한 견해가 있다. 현행 법의학적 죽음의 정의는 심폐기능정지설로 심장과 폐운동 및 인체가 지니는 각종 반사운동의 영구적인 정지를 죽음으로 규정짓는 학설이다. 실제 임상에 있어서는 심폐운동이 정지된 후 30분이 경과하였음에도 불구하고 어떤 인공적인 소생술에 의하여도 그 운동의 정지가 불가역적이라면 죽음을 선고한다. 사망에는 내인사, 외인사, 불명사, 변사가 있다.

사망원인(cause of death)은 질병이나 부상과 같이 사망을 야기하게 된 조건이고, 사망방식(manner of death)는 검시관이나 법의관에 의해 판정된 사망분류형태이다. NASH[11] 분류체계에 따르면 사망종류는 자연사, 사고사, 자살, 타살 또는 미상의 네 가지 형태로 구분된다.

(1) 내인사(內因死, natural death)

사망이 내적 원인에 의한 죽음으로 질병에 의한 사망, 과로사 및 자연사 등이 이에 속한다. 내적인 원인이라는 것이 주로 질병을 의미하기 때문에 질병으로 인해 죽은 것을 병사라고 한다. 부검에 의해 사망에 이를 만한 질병이 발견되지 않는다고 할지라도 외부에 의한 요인이 작용하지 않았다면 내인사의 범주로 볼 수 있다.[12]

(2) 외인사(外因死, unnatural death)

죽음이 외적 요인에 의해서 야기된 것으로 외부의 단독 요인에 의해 죽음이 발생되거나 질병이 있는 상태에서 외인이 작용한 죽음을 의미한다. 죽음에 이르게 한 행위자 및 행위의사에 따라 자살, 타살, 사고사, 불상사로 나뉜다.

---

11) NASH는 natural, accident, suicide homicide의 약자이다.

12) 내인성급사는 특이체질이나 잠재된 질병이 있는 자에게 경미한 유인이 가해지거나 특별한 원인 없이 돌연히 발병하여 사망에까지 이르는 것이다.

(3) 불명사(unknown death)

사망원인이 내인사인지 외인사인지 구별할 수 없는 경우를 말한다. 주로 부패가 된 시신의 경우 약물검사, 알코올검사, 병리학적 검사를 하더라도 감정이 불가능한 경우가 많고 장기 등이 많이 소실되어 사인을 유추하기가 어려운 것을 의미한다.

(4) 변사(unusual death)

외인사와 내인사를 불문하고 그 사망원인이 확정되기 전까지의 모든 죽음을 의미하는 법률용어이다. 형사실무에서는 변사자 또는 변사의 의심있는 사체를 변사체라고 한다.[13)]

1-2 사인별 현상

(1) 손상사

신체의 조직이나 장기가 외부의 힘으로 파손하는 것을 손상이라 하고, 이러한 손상으로 사망하는 것을 손상사라 한다.

(2) 질식사

호흡에 의한 생리적 가스교환이 멈춰 숨이 막히는 상태로 이 상태가 지속되어 사망하는 경우를 말한다. 질식사한 사체에 나타나는 대표적인 징후는 일혈점(점상출혈), 암적색 유동성의 혈액, 실질장기의 울혈이다.

가. 의사(hanging)

끈을 목 주위에 두르고 양끝을 높은 곳에 고정시켜 끈에 자기의 체중을 가해 경부압박으로 질식사하는 것이다. 의사의 대부분은 자살이다. 방안에서 의사로 자살한 사람, 베란다 밖으로 의사한 사람, 화장실 문고리에 끈을 걸어 의사한 사람 등 다양한 방법으로 의사하는 경우가 있다.

끈이 전경부에서 갑상연골과 설골 사이에 걸려 좌,우 대칭으로 후상방을 지나 이부후방을 우회하여 후두부에서 상방고정점에 달하고 발이 지면에서 떨어져 있는 상태를 정형적 의사라 하며 그렇지 않은 경우를 비정형적 의사라 한다.

나. 교사(strangulation by ligature)

끈을 목 주위에 감고 체중 이외의 힘을 가하여 질식사하는 것이다. 사인이 의사인 경우 경부에 출현되는 색구(끈의 흔적)를 의흔, 교사인 경우를 교흔이라 한다. 양자의

13) 사체와 시체는 구분되어 사용된다. 사체는 사람을 포함한 모든 주검을 말한다. 시체는 주검 또는 송장을 말하며 사람의 사체를 지칭한다. 시신은 시체를 높인 말이다.

차이는 [표 2-2]와 같다.

[표 2-2] 의흔과 교흔

구분	의흔	교흔
방향	결절부위로 사상향	목과 수평방향
연속성	연속성이 있다	불연속성
규칙성	규칙적	불규칙적
교차성	거의 없다	흔히 있다
결절부성	뚜렷이 나타난다	뚜렷이 나타나지 않는다

다. 액사(throttling)

경부를 손이나 팔로 압박하여 질식사하는 것이다. 의사와는 반대로 거의 타살이다. 액사는 목 부위에서 반항흔적이 현저히 나타난다. 액흔은 주로 손톱자국이고 이로 인해 경부의 내부에는 장기의 근육간 출혈, 설골골절, 갑상연골 골절, 설근부 울혈종창, 안면부 울혈종창 등이 나타난다. 액사는 가해자와 피해자 사이에 힘의 차이가 클 때 가능하므로 피해자는 신생아, 아동, 여성 등이 대부분이다. 특히 여성의 액사는 강간사건에서 많이 발생하므로 질액에서 정자검출을 함께 한다.

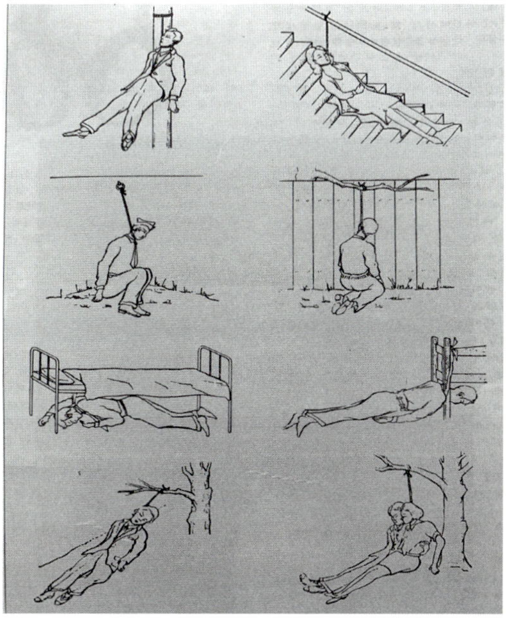

[그림 2-5 불완전 의사 [출처] 윤중진 법의학

라. 익사(drowning)

액체를 기도에 흡입하여 일어나는 질식사인데 익수를 흡입하여 사망하는 경우를 습성익사라 하고 경과시간은 4-5분 정도이다. 익사체는 차가운 물속에 있었기 때문에 피부의 아피와 수족피부의 팽화에 의한 표모피(漂母皮)가 나타난다. 이것은 사망한 후에 물속에 버려진 사체에서도 발생한다. 익사체에서 특징적으로 나타나는 징후는 익사폐의 변화이다. 익사폐란 물의 침입으로 공기가 뒤쪽에서 압박하여 폐장 표면의 가장자리가 부풀어 기종상이나 수종을 이루고 폐실질내 출혈을 일으켜 늑막면에 담적색의 익사반이 나타나는 것을 말한다. 익수는 십이지장 이하까지 들어가는 것이 보통이므로 익수가 함유하고 있는 플랑크톤을 통해 알아낼 수도 있다.

익사는 거의가 자살이나 과실사이다. 사람이 물에 뛰어 들 때 인위적인 노력 없이 물속으로 빠질 수 있는 깊이는 355㎝이하이다. 따라서 입수장소(入水場所) 추정을 위한 플랑크톤 검사시 수표층을 비롯한 350㎝이내의 것을 대조수(對照水)로 채취하여야 한다. 살해 후 물에 던진 경우에는 익사에서 발생하는 외부소견을 볼 수 없다. 수중시체가 익사로 인해 사망하였다는 것은 거품덩이(포말괴), 이물장악(異物掌握) 또는 각 기관내 플랑크톤의 증명으로 확인할 수 있다. 사후투수(死後投水)일 경우에도 폐와 위장관에 물이 들어갈 수 있으며 위장내에는 음식물 중에 함유되어 있던 플랑크톤(plancton)이 검출될 가능성이 있다.

마. 저산소증 Hypoxia로 인한 질식사

과학적인 이론과 실험에 따르면 10,000ft 이상의 고도에서 오랜 시간동안 머물게 되면 정신적으로나 육체적으로 권태현상을 나타내다가 급기야는 졸도까지 하게 되는데 이런 현상을 저산소증(hypoxia)이라 한다. 저산소증 현상은 비행고도가 높으면 높을수록 아주 짧은 시간 내에 유발된다. 건강한 사람이 저산소증을 일으키지 않고 거의 무한정 오래 견딜 수 있는 고도는 10,000ft로 알려져 있고 미국 연방항공국(FAA)에서는 높은 고도를 비행하는 항공기에 대하여 순항고도에서 객실 내의 압력을 고도 8,000ft에 상당되는 기압인 10.92psi로 유지할 수 있는 여압 계통을 구비할 것을 형식증명의 조건으로 하고 있다.

또한 어떤 불의의 사태로 여압 계통의 작동이 원활치 못할 때라도 객실고도는 15,000ft를 초과하지 못하도록 되어있고 그것이 불가능할 경우에 대비하여 승무원과 승객을 위하여 100% 산소를 호흡할 수 있게 마스크를 비치하여야 한다고 규정하고 있다.

바. 기타 질식사

비구폐쇄로 인한 질식사, 이물로 인한 기도폐쇄질식사, 흉복부 압박으로 인한 질식사가 있다.

(3) 온도이상으로 인한 사망

온도이상 사망의 종류에는 동사, 화상사 및 화재사, 일사병사 및 열사병사가 있다.

가. 동사

체내외 기온이 떨어져 체온조절 중추기능이 마비되고 체온방산이 체내 열생산보다 지나치게 심하여 체내의 생리현상이 멈추어 사망하는 것을 말한다. 동사의 판정은 사체가 동사할 수 있을 만큼 찬 장소에 있었다는 점, 내장 각 장기의 울혈과 좌우심실의 혈액의 색조가 다르다는 점, 음주한 흔적이 있는 점, 기타 사인이 될 만한 외상이나 병변이 인정되지 않는 점 등에 의한다. 외계의 기온에 의해 체온이 체온조절기구의 한계를 넘어서 저하되어 신체의 생활 현상이 정지되고, 마침내 사망하는 것을 말한다. 적당한 보온장치가 있으면, 사람은 -50~-40℃에도 견딜 수 있지만, 어린이나 노인, 영양이 저하했을 때, 굶거나 피로할 때, 수면 중, 음주를 한 경우 등은 0℃ 전후에서도 동사할 수 있다.

나. 화상사

화상(火傷)이란 넓은 의미로는 고열이 피부에 작용하여 일어나는 국소적 및 전신적 장애를 말하며, 좁은 의미로는 화염, 뜨거운 고체 및 직사광이나 복사열에 의한 손상을 의미한다. 화상사(火傷死)는 대부분 사고성으로 화재에 의한 화염 또는 뜨거운 물에 데어 발생한다. 화상의 4단계는 다음과 같다.

① 1도 화상: 물집(수포)는 형성되지 않으나 표피가 벗겨질 수도 있으며, 홍반성화상이라고 한다. 이는 표재성으로 표피에 붉은색 반점(紅斑)만 보이는 현상이다.

② 2도 화상: 물집이 형성되고 물집주위에 붉은색 반점을 볼 수 있으며, 특히 이를 물집성(水疱性) 화상이라 한다.

③ 3도 화상: 조직이 응고성 괴사(壞死)에 빠지며 외견상 건조하고 회백색을 띠며 물집을 형성하지 않으며, 전신의 1/3 정도의 3도 화상을 입으면 약 50% 정도가 사망하는 것으로 보고 있다.

④ 4도 화상: 피부 및 그 하방의 조직이 탄화되는 것으로 뜨거운 액체로 인한 화상의 경우에는 나타나지 않는다.

다. 화재사

소사(燒死)란 원래 화재로 인한 화상과 더불어 일산화탄소나 유독가스에 의한 질식 등이 합병되어 사망하는 것을 말한다. 따라서 단지 화상만 작용하는 화상사와 엄격히 구별된다. 소사체(燒死體)란 단지 탄 채 발견된 시체로서 사인이 소사인 시체라는 것과는 다르다. 즉 소사체라 하면 사인이 소사인 것을 비롯하여 다른 원인으로 사망한 후 탄 시체도 포함된다. 그러나 비록 화재현장에서 발견되었다 하더라도 타지 않은 경우는 포함되지 않는다.

소사체에 있어서는 사후에 열이 계속적으로 가해져서 근육이 응고되어 수축되면 열경직이 강하게 일어나 팔다리의 관절은 [그림 2-6]과 같이 반쯤 굴곡된 채 고정된다. 이러한 자세가 마치 권투하려는 자세와 비슷하다하여 권투가 자세 또는 투사자세(fighting position)라 한다. 투사자세는 활력반응이 아니므로 이러한 자세를 취한다 하여 반드시 화재사(火災死)로 사망하였다고 단정할 수 없다.

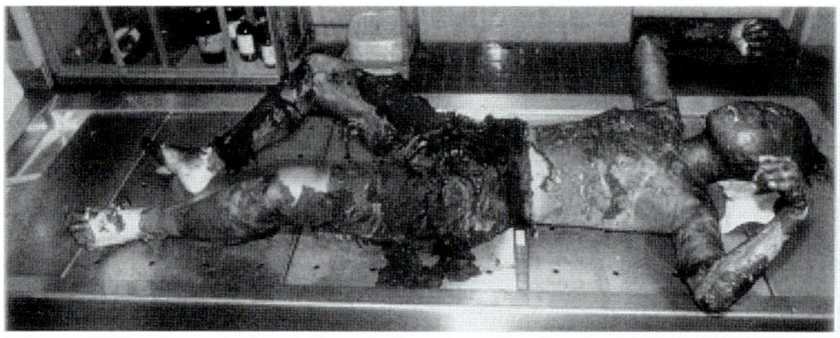

[그림 2-6] 투사자세 [출처] 윤중진 법의학

라. 일사병사, 열사병사

일사병사, 열사병사는 체내에서 생산된 열을 적절하게 방산시키지 못하여 고체온증이 일어나 죽음에 이른 것으로, 강렬한 태양 광선이 직접 인체에 작용하여 생기는 일사병사와 기온이 높고 다습한 곳에 장시간 노출되어 체온조절에 장애가 생겨 일어나는 열사병사가 있다.

(4) 전기로 인한 사망

가. 감전사

감전사는 인체에 대한 전류의 최저한계는 직류의 경우 500volt, 교류의 경우는 300volt라고 한다. 직류이거나 교류이거나 200volt가량 되면 위험하다. 특히 심장질환, 신장염, 동맥발육부전 등이 있거나 흉선임파선 체질인 사람은 전기저항력이 약하다. 감전에 의한 사망의 진단은 전류의 흐름으로 생긴 피부의 유입구, 유출구에서 전기에 의한 괴사성 변화, 즉 전류반을 보는 것이다. 전류반 주위의 홍반이나 전류가 흐른 경로를 나타내는 체표부위에 황갈색을 띤 수지상문(나무가지 모양)의 피부변색이 생겨 오랫동안 남는 경우도 있다.

나. 낙뢰사(落雷死)

벼락을 맞아 사망하는 것이다.

(5) 영아사, 기아사

가. 영아사

분만 직후의 신생아나 젖먹이 아기가 사망하는 것으로 영아살을 일반 살인과 구별하는 것은 가해자가 산모일 경우 분만 당시의 정신상태나 육체상태가 정상이 아니므로 법률상 정상참작을 하기 위함이다. 사산 여부는 폐부유실험을 통해 판별할 수 있다.

나. 기아사(飢餓死)

영양물을 전혀 섭취하지 않아 사망하는 완전기아사와 영양물의 섭취가 부족하여 사망하는 불완전기아사로 나뉜다.

(6) 중독사

중독사는 약독물, 음식물, 가스중독으로 사망하는 것이다. 자살에 의한 경우가 많지만 타살에 이용되기도 하고, 약물오남용에 의한 사고사의 경우도 있다.

2. 시체 현상과 부검

2-1 시체 현상

(1) 조기와 만기 시체현상

사람이 죽음과 동시에 생명활동이 정지되면서 자연의 법칙에 따른 여러 가지 변화가 나타나는데 이를 시체현상이라고 한다. 초기에 나타나는 현상들은 체온하강, 혈액침하, 시체경직, 건조 등 주로 물리학적 변화로서 이를 조기시체현상(또는 초기시체현상)이라 한다. 조기시체현상이 물리학적 변화로서 시체의 형태는 유지되는데 반하여 만기시체현상(또는 후기시체현상)은 물리학적 변화와 더불어 미생물학적, 효소학적 및 화학적 변화에 의하여 시체가 분해 또는 붕괴되는 현상이다. 만기시체현상은 자가용해와 부패로 구분한다.

그러나 초기시체현상이 충분히 발현되기 전에 만기시체현상이 시작되는 경우도 많으므로 양자를 시기적으로 명확하게 구분하기는 어렵다. 시체를 냉동시키면 부패가 일어나지 않는다. 특수한 조건하에서는 정상적인 분해가 일어나지 않고 미이라화, 시랍화,

시태침연 등 특수한 시체변화가 일어날 수 있는데 이를 이상시체 현상이라고 한다. 시체 현상은 사후경과시간 추정을 비롯하여 사인을 밝히는데 도움을 주지만 여러 가지의 간섭현상이 동반할 수 있으므로 그 해석에 주의를 요한다.

(2) 시체현상의 종류

가. 체온하강(Cooling 냉각)

시체가 놓여있는 환경이나 개인차에 따라 체온이 하강하는 정도가 달라진다. 온도가 가장 큰 영향을 미치며 습도가 낮을수록, 통풍이 잘 될수록 수분이 빨리 증발되므로 체내온도는 빠르게 하강한다. 대체적으로 사후 10시간 이내에는 시간당 1℃ 씩, 그 후에는 매시간당 약 0.5℃~0.25℃ 정도씩 하강한다.

체온은 항문에 검온기를 삽입하여 곧창자 즉 직장直腸내 온도를 측정한다. 또한 강이나 시체가 놓여있는 바닥의 온도에 의해서도 영향을 받는다. 연령, 성별, 영양상태 및 착의의 상태 등에 의해서도 좌우된다. 어린이나 노인은 청장년보다, 남자는 여자보다, 마른 사람은 비만한 사람보다, 옷을 적게 입은 사람은 많이 입은 사람보다 빨리 하강한다. 결핵·암 등의 만성 소모성 질환으로 사망한 경우는 건강자에 비하여 냉각속도가 빠르다.

나. 혈액침하 및 시반(Postmortem Lividity)

생전에는 적혈구가 혈류를 따라 순환하나 사후에는 혈액순환이 정지됨에 따라 적혈구도 정지한다. 따라서 사후에 일정한 자세를 계속적으로 취하고 있으면 미세한 적혈구도 중력에 의해 혈관을 따라 점차 낮은 곳으로 흘러내려 시체 아래쪽의 모세혈관에 모인다. 시체하부의 압박되지 않은 피부가 암적갈색으로 변화하는 현상을 혈액침하라 한다. 혈액침하는 시체의 외표 및 내장에 모두 일어나며 외표에서 보이는 것을 특히 시반이라고 한다. 유동혈이 많은 급사나 질식사의 경우 흐르는 피가 많아 적혈구 이동성이 크기 때문에 시체얼룩은 빠르고 강하게 나타난다. 주위온도가 높을수록 시체얼룩은 빠르게 나타난다.(그림 12-3 참조)

시체얼룩은 사후 30분~1시간 경과 후부터 나타나기 시작하여. 사후 2~3시간 후에는 현저해 지고 14~15시간에 최고조에 이른다. 4~5시간 후에는 지압으로 완전히 퇴색된다.

사후 10시간이 경과하면 자가용해가 시작되어 적혈구가 혈관벽을 통과하여 주위조직으로 침입하게 되는 데 이를 침윤성(浸潤性) 시체얼룩이라 한다. 침윤성 시체얼룩이 형성되었더라도 남아있는 흐르는 피에 의하여 변경된 체위의 아래쪽에 새로운 시체얼룩이 형성된다(시체얼룩의 재형성 再形成).

동시에 이미 형성된 침윤성 시체얼룩은 사라지지 않고 그대로 남게 된다(시체얼룩의 고정 固定). 따라서 외견상으로는 연속되어 같은 시체얼룩으로 보이는 것이지만 지압을 가하여 보면 퇴색되는 시체얼룩과 되지 않는 시체얼룩의 이중의 시체얼룩(이중시반)을 보는 수가 있는데 이것은 시체의 이동 또는 체위변경을 의미하는 것이다.

다. 시체경직(시강, 시체굳음, Rigidity)

사망직후에는 근육의 긴장이 전면적으로 소실되므로 인체는 일시적으로 이완된다. 그러나 일정한 시간이 경과하면 근육이 경직되어 관절이 고정되므로 시체는 뻣뻣해지는데 이러한 현상을 시체경직 또는 시강이라 한다. 사후에는 근육수축의 에너지원인 ATP가 생성을 중단해서 완전히 소실되면 근육내 actin과 myosin이 영구히 결합하여 actomyosin을 형성함으로써 근육의 경직이 일어나는 것이다.

턱관절에서 경직되기 시작하여 사후 12시간 정도면 전신에 미친다. 근육발달이 양호한 사람일수록 강하게 나타난다. 특히, 시체굳음은 그것이 시작된 순서에 따라 풀리고 재경직되는데, 다만 저체온사체(低體溫死體) 또는 시체를 냉동실내에 유치시켰을 때에는 완해되었던 경직이 동결됨으로 인하여 마치 정상적인 경직처럼 나타나는데 이것은 본래의 시체굳음과는 구별되어야 한다. 급사체는 경직의 지속시간이 길다. 노인·소아·쇠약자는 약하게 나타나고 속히 완해된다.

라. 건조(Drying)

사후에는 수분이 공급되지는 않고 증발은 계속되므로 피부에 대한 수분보충이 정지되어 몸의 표면은 습윤성을 잃고 건조해진다. 환경에 따라 다르기는 하나 수 시간이 지나면 시체는 점차 건조되기 시작한다. 피부·입술·항문 등 외부에 노출된 부위의 피혁상화(皮革狀化)가 특징이고, 손가락과 발가락의 끝이나 안면부의 피부가 건조로 인하여 위축되면 손발톱이나 수염이 마치 사후에 자란 것처럼 보인다.

마. 각막 혼탁

사후 12시간 전후 흐려져서 24시간이 되면 현저하게 흐려지고 48시간이 되면 불투명해진다. 동공은 24시간이 지나면 흐리게 된다.

바. 자가용해(또는 자가융해, Autolysis)

세포가 사망하면 세포를 구성하는 성분은 세포내 자가효소에 의하여 혐기적 분해가 일어나는데 이를 자가용해라 한다. 단백질 및 탄수화물복합체가 좀 더 단순한 화합물로 분해되므로 세포나 조직은 변성되며 세포간 결합은 이완되어 조직은 연화된다.

즉 사후에는 미생물의 관여 없이도 세포 가운데의 자가효소에 의하여 분해가 일어나 세포구성성분은 분해되어 변성되고 세포간 결합의 붕괴로 조직은 연화된다. 자가효소가 풍부한 장기일수록 자가용해가 빨리 일어난다.

사. 부패(Putrefaction)

부패는 세균의 작용에 의하여 일어나는 질소화합물의 분해이다. 부패균은 주로 혈관 내 혈액 중에서 번식하며 자기가 발생시킨 가스의 압력에 의하여 전신으로 이동한다. 시체에서 부패될 때 나는 특이한 냄새는 부패가스, 특히 황화수소가스와 암모니아가스 때문이다. 부패망, 부패수포를 볼 수 있다.

시체의 부패는 공기 중에서 가장 빠르고, 물 속 또는 흙 속에서는 느리다. 대기 중에 1주일간 있던 시체의 부패정도는 물 속에서는 2주일간, 땅 속에서 8주일간 경과된 것이나 거의 같다. 즉, 공기 : 물 : 흙 속의 비율이 1 : 2 : 8로 된다는 것을 'Casper 부패법칙'이라 한다.

부패의 3대 조건으로는 ① 공기의 유통이 좋고 ② 온도는 20~30℃ ③ 습도는 60~66%일 때 최적이 있다. 공기의 유통이 없으면 부패가 느리고 너무 좋아도 건조현상이 부패현상보다 선행되어 부패가 진행되지 않는다. 온도는 20~30℃사이일 때 가장 속도가 빠르고 온도가 낮을수록 부패속도가 느리다. 그러나 온도가 30℃ 이상이면 수증기 증발로 건조현상이 와 부패속도가 다시 느려진다.

아. 백골화(Skeletonization)

뼈만 남는 상태를 백골화라고 하며 소아는 사후 4~5년, 성인시체는 7~10년 후 완전 백골화된다.

(3) 이상시체현상

가. 미이라화(Mummification)

시체에서 수분이 급속히 소실되면 부패는 정지되고 시체는 건조되는데 이러한 현상을 미이라화라 하며 그 시체를 미이라라고 한다. 고온건조지대에서 시체의 건조가 부패·분해보다 빠를 때 생기는 시체의 후기현상이다. 미이라는 기온이 높고 건조하며 통풍이 좋을수록 잘 형성된다. 부패가 어느 정도는 같이 진행되므로 부패삼출액이 잘 제거될 수 있는 환경에서 잘 형성된다. 시체 및 모든 장기는 크기와 중량이 모두 극도로 감소한다. 피부는 갈색 또는 흑갈색을 띠며 건조로 인하여 단단해지고 주름이 잡힌다.

나. 시랍화(Saponification)

시체의 중성지방이 시체에 존재하는 지방분해효소 또는 세균의 효소에 의하여 가수분해되어 고형의 지방산 또는 그 화합물을 형성함으로써 비누와 같은 불용성의 시랍을 형성한다. 피하지방에 가장 흔히 형성되나 지방이 있는 조직이면 모두 형성될 수 있다. 지방이 가수분해되어 일어나므로 통풍이 되지 않고 수분이 풍부한 수중이나 습한 흙속에서 잘 형성된다. 시랍은 피하조직에 주로 형성되기 때문에 피부가 탈락될 때가 많다. 회백색을 띠며 미끈미끈하나 시간이 지나면 단단해진다. 시랍이 완전히 형성된 시체는 부패과정이 정지되므로 상당히 오래 보존된다.

다. 시태침연(Fetal maceration)

태아가 자궁 내에서 사망하였으나 배출되지 않으면 자궁 내는 무균상태이므로 부패는 일어나지 않고 자가용해만 진행된다. 이러한 현상을 시태침연이라 하며 그 태아를 침연아라 한다. 태아는 혈액과 양수에 의해 침윤되어 피하에 수포를 형성하며 수포 내에는 암갈색의 혈성액이 차 있으나 가스의 발생은 보지 못한다. 침연아에서는 좋지 못한 냄새가 나고 미끈미끈하여 부패된 것같이 느껴진다. 피부는 박리되고 적갈색을 띤다. 드물기는 하나 침연아에 석회가 침착되면 화석태아, 탈수로 점차 위축되면 지상태아가 형성된다.

(4) 사후경과시간의 추정

가. 사망한지 얼마 지나지 않은 시체

헨스게표 온도에 의한 사후경과시간 추정방법, 모리츠공식 온도에 의한 사후경과시간 추정방법, 자코스(Zsako's)반응을 이용한 방법(시체의 무릎을 고무망치 등으로 두드렸을 때 다리가 튀어 오르는 반사반응), 전기 자극에 의한 방법(얼굴에 전기 자극을 주어 안면이 찌그러지는 정도를 이용하여 사후경과 시간을 추정), 약물에 의한 홍체의 변화를 이용한 방법 등이 있다.

나. 부패가 진행되는 등 후기시체현상이 나타나고 있는 변사체

야산에서 신원이 확인되지 않는 변사체가 발견되었을 때 부패의 정도를 관찰해서 사후경과시간을 추정 할 수 있다. 특히 사천왕 현상[14] 및 부패변색이 있는 상태에서 사후경과시간 추정 방법으로 가장 적합하다.

14) 피하조직 및 근육에 부패가스가 많이 축적되어 전신이 거대해지는 현상. 거인양 외관이라고도 한다.

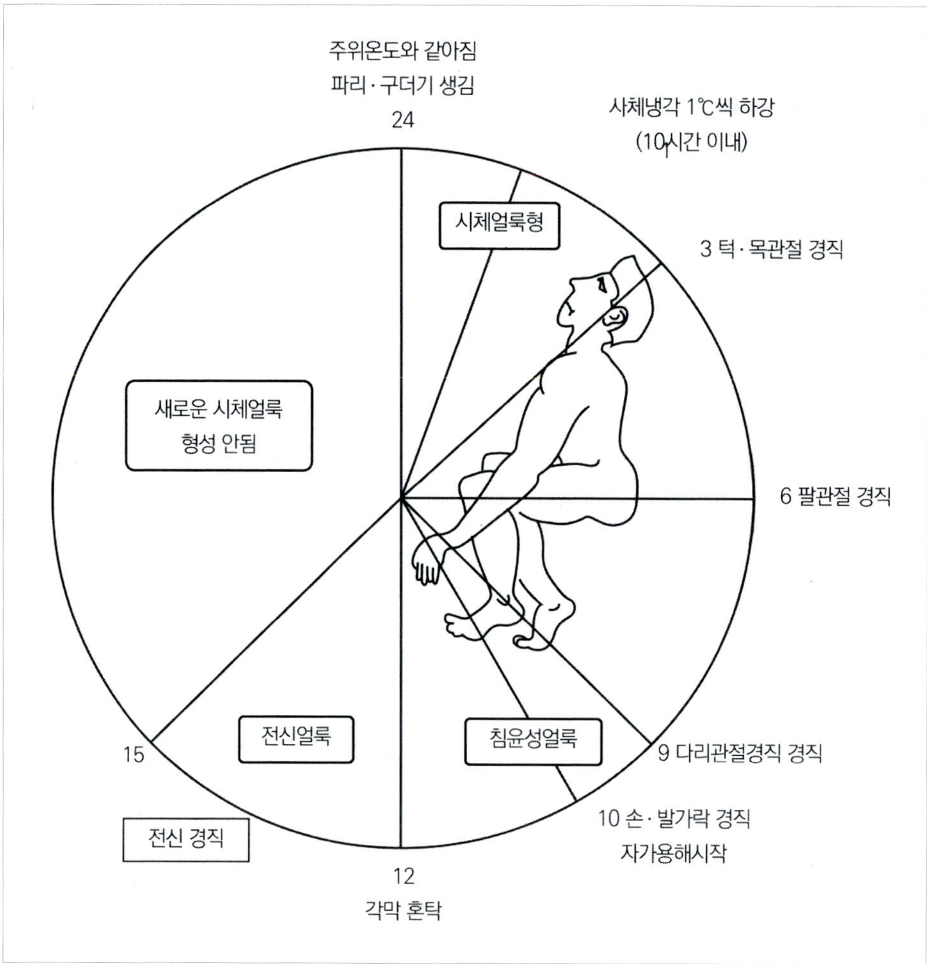

[그림 2-7] 사체 시계(Corpse Clock) 〈이봉한 그림〉

2-2 부검

(1) 부검의 역사

과학수사의 역사를 되짚어보면 과거에는 주로 사인(死因)을 밝히는 목적의 법의학이 주류를 이루었다. 특히 '부검'은 죽음의 인과관계를 밝혀 망자를 죽음에 이르게 한 중요한 증거를 찾아내는 매우 중요한 방법이다. 하지만 죽음의 원인이, 특히 살인 사건의 경우는 더더욱 범인의 흔적을 찾기는 어려웠고, 그 때문에 용의자의 자백에 의존하는 경우가 많았다.

법의학이라는 말은 '재판과 관련이 있는'이라는 수식어를 연상시킨다. 법의학 초기에 법정에서 전문가 의견을 증언한 사람들은 대부분 자격을 갖춘 개업 의사들이었다. 그리고 20세기에 들어서면서 법의학이라는 말은 '의학과 관련이 있는'이라는 의미로 구체화되었다. 죽음이 자연사가 아닐 경우, 관련된 증거들은 일차적으로 병리학자나 검시관이 부검을 통해 밝혀낸다. 병리학자는 사체의 체액과 살 조직의 표본 등을 수사팀에 제공하고, 나아가 총기로 인한 살인 사건일 경우 중요한 증거가 되는 탄환까지 사체에서 찾아내어 수사팀에 제공한다. 독극물 전문가나 혈청학 전문가 혹은 탄도학 전문가 등은 병리학자가 이 모든 일을 끝낸 뒤 필요한 경우에만 투입된다. 초기의 법의학 병리학자들은 인접 학문들에 많은 기여를 했다. 이들은 사체 검시 작업뿐만 아니라 피살자나 범죄현장에 남아 있는 증거를 분석하고 추론하여 범인의 유죄판결을 이끌어내는 데에도 결정적인 역할을 했다. 생물학과 화학 등 자연과학 분야가 발전하면서 법의학 관련 연구소들이 설립되었고, 관련 전문가들이 전문적인 훈련을 받고 배출되어 범죄 수사에 지대한 공헌을 하게 되었다.

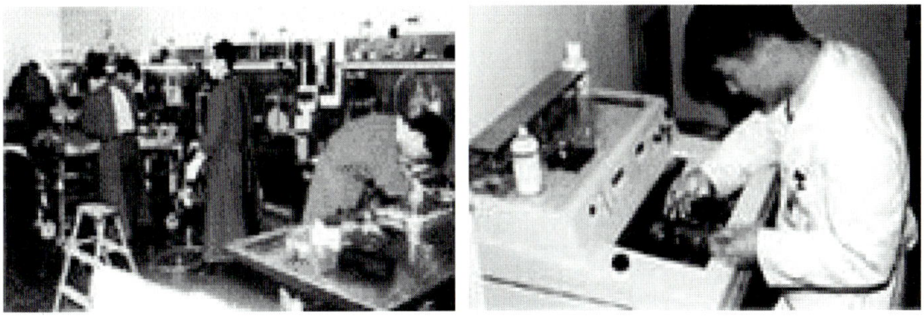

[그림 2-8] 과학수사 연구원에서 이루어지는 부검과 증거분석 모습

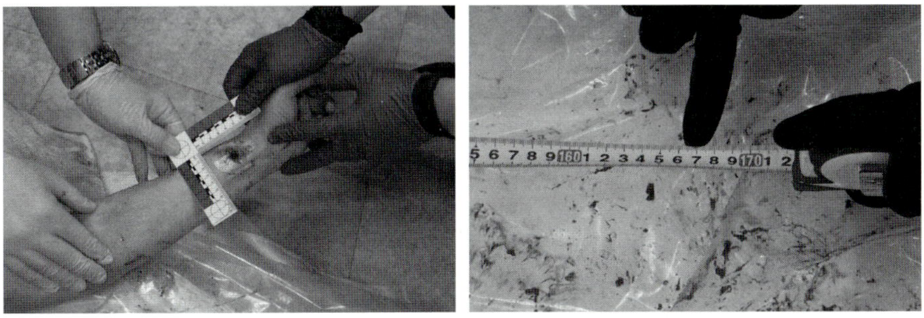

[그림 2-9] 변사자 검시 사진 [출처] OO해양경찰서

(2) 검시의 구분

가. 검시(檢屍)의 구분

검시는 검안(檢案)과 부검(剖檢)으로 나누어진다.

[표 2-3] 검시(檢屍)의 구분

검 안		사망을 확인하고, 개인식별을 하기 위하여 시체를 손괴함이 없이 시행되는 시체검사
부 검	병리해부(病理解剖)	질병에 의해 사망한 경우 그 사인을 확실히 하기 위해 시행되는 부검
	행정해부(行政解剖)	범죄와 관련되지 않은 것이 확실한 변사체 특히 행려사망, 전염병, 재해사고로 인한 사망의 경우 그 사인을 알아내기 위하여 실시
	사법해부(司法解剖)	범죄와 관련되었거나 또는 관련되었을 가능성이 있는 변사체에 대한 부검으로 법의부검이 이에 해당

수사관들은 부검을 통해서 사체의 신원, 사인, 사망방식, 사망형태, 사망시각을 정확히 결정할 수 있다. 사체에 대한 정보수집에는 여러 가지 방법이 있고, 때에 따라 필요한 자료 수사방법을 사용하지만 부검보다 정확한 방법은 없다.

나. 심리부검

심리부검이란, 한 사람이 자살에 이르게 된 원인을 주변인들의 심층면접을 통해 분석하고 밝혀내는 것을 의미한다. 즉, 전문검사관이 주변인들의 진술을 통해 고인의 사망 전 일정기간 동안의 심리적 행동양상 및 변화 상태를 재구성하여 높은 가능성을 지닌 자살의 원인을 추정하는 것이다. 이 용어는 Edwin S. Shneidman이라는 심리학자가 처음 사용하였는데 고인의 삶에 대한 방식을 재구성해야 하고, 갑자기 사망에 이르는 순간에 대해 특별한 관심을 가져야 한다고 주장하면서 심리부검은 자살의 원인도 찾지만, 유가족에게 고인이 자살한 이유를 이해시키고 이들의 상실감을 줄여주면서 트라우마를 없애주는 목적도 있다고 한다. 또한 심리부검 자료가 쌓이게 되면 어떤 심리에 처한 사람이 자살 위험이 높은지 어떤 시점에서 자살을 시도하는지 등을 파악하여 실질적인 자살 예방 대책을 마련할 수 있게 된다고 한다.

- '자살자의 상태를 모르고 만드는 예방책은 무용지물이다.' 래니 버먼
- 심리부검은 자살의 원인을 조망해 보고 예방책을 탐색하는 데 목적이 있다. 심리부검은 부분적으로는 유족들의 아픔을 치유하는 과정이기도 하다.
- 대략 750개 가량의 유서에서 가장 자주 사용된 내용어는 단연코 "엄마"였다. 그 다음으로 많이 사용하는 단어순으로 열거하자면, "죄송합니다, 미안하다, 아들, 열심히, 살어, 좋은, 여보, 싶다, 행복하게, 간다, 사함, 용서, 세상을 혼

자, 화장해서, 사람이, 할머니, 오래, 힘들게, 아빠를, 눈물이, 마세요, 바랍니다, 세상이, 죄를, 죽으면, 형, 힘들다. 고맙다. 공부, 길이 동생, 부모님, 살아야 생각하면, 집, 돈도, 사랑하고, 슬퍼하지, 인간, 자신, 자식, 죽고" 였다.
[심리부검] 서종한, 학고재 2015

심리부검 기본방법

- 면담대상자의 파악
- 심리부검 목표 설정
- 사망자에 대한 공식자료 요청 및 수집
- 면담대상자들에게 제시할 구체적 질문 작성
- 면담대상자들에게 심리부검 면담 안내문 발송
- 사망자를 가장 잘 아는 면담대상자들부터 안내 시작
- 면담대상자들에게 전화로 후속 안내
- 면담 일정 조율(날짜와 장소확정)
- 피면담자에게 동의서에 서명을 받고 면담 실시 및 녹취
- 면담내용을 기록하고 자료를 안전하게 저장
- 피면담자에게 사망자에 대한 기타 필요한 자료요청
- 연락이 되지 않는 면담대상자들에게 후속 연락조치
- 심리부검 자료 검토 및 정리
- 여러 가지 연구방법(군집분석, 핫스팟 분석 등)으로 자료 분석
- 보고서 작성

자살 이유를 누군가에게 구구절절 설명하고 자살하는 사람은 거의 없지만 자살사망자의 4명 중 3명은 자살의도에 대한 신호를 주변 사람들에게 보내는 것으로 나타난다(Joiner, 2005). 자살협박을 하는 사람 중 60% 이상이 자살을 시도하거나 자살로 사망하는데 대부분은 죽음에 대한 양가감정(ambivalence)을 드러냈다. 그들 중 일부는 자살시도 후 구조되기를 바랐다.

조이너(2010)는 잘못된 신념, 즉 자살이 '손쉬운' 도피수단이고, 복수를 위해 행해지며, 한번 마음먹으면 절대 막을 수 없고, 성인만 할 수 있다는 신념이 사회적으로 널리 퍼져 있음을 발견했다. 자살사망자 4명 중 1명만 유서를 남기고(소수만 자신의 죽음에 대해 설명함), 4명 중 3명은 확실한 사전 단서를 제공했다.

슈나이드먼의 네 가지 자살 위험성 요소(1981a)

- 적대감 증가(자기혐오)
- 심각한 심적 동요(걱정, 불안, 심리적 극통)
- 인지적 수축 증가
- 삶의 중단을 해결책으로 인식(사망수사 심리학 Katherine Ramsland 이미정 역)

Case 2-1 심리부검, 자살자의 마음을 열다

'심리부검, 자살자의 마음을 열다.' 내 아들의 자살, 그 이유가 궁금하다.

삼척 23사단에서 하사관으로 복무 중이었던 김진수(당시 21세)씨, 그는 입대한 지 1년이 채 되지 않은 2011년 11월 20일, 부대 내 휴게실에서 싸늘한 주검으로 발견되었다. 부검 결과는 자살, 부대회식 중 진수씨의 말실수로 교육 차원의 구타가 있었고, 그 때문에 자살을 했다는 것이 수사 결과였다. 그러나 진수씨의 어머니는 아들이 자살한 이유를 납득할 수 없었다.

자살한 김진수씨에 대해서 그의 어머니는 "우리 애는 진짜 안 우는 애거든요, 아무리 맞고 힘들어도 우는 애가 아니예요"라고 말했고, 그의 동료도 "무슨 일이 있더라도 긍정적으로 하고 어떻게든 해내려는 그런 모습을 많이 보였어요. 포기하려는 건 없었고."라고 말하면서 그의 자살에 대한 의구심을 품었다.

진수씨의 죽음이 이해되지 않는다는 사람은 어머니뿐이 아니었다. 주변 사람들은 하나 같이 입을 모아 그가 구타만으로 자살을 선택 할 사람이 아니라고 말했다. 그렇다면 무엇이 진수씨를 자살하게 만들었는가?에 대한 답을 찾아야 했다.

심리부검의 창안자인 에드윈 슈나이드만의 "자살에 대한 가장 큰 오류는 자살이 왜 일어났는가에 대한 단 하나의 직접적인 해답이 있다는 믿음에 있다."라는 말에 따라 tv 시사프로그램 최초로 심리부검을 시도한다.

김진수씨의 자살 원인을 본격적으로 살펴보기 위해 그의 삶 속으로 들어가 보기로 했다. 제작진은 진수씨의 형, 친구들, 부대동료, 학교 담임선생님과 심층인터뷰와 진수씨가 쓴 편지와 일기 등 그가 남긴 흔적을 수집한다. 그렇게 진수씨의 일생을 재구성해 심리부검에 착수했다. 그의 인생 속에서 벌어졌던 의미 있는 사건들을 추출해 분석한 후, 그를 자살하게 만든 원인을 추적하여 밝혀낸다. (추적 60분)

Case 2-2 스마트폰, 휴대폰에 의한 감전사

1) 사례 1 : 감전사의 원인은 충전기?

스마트폰의 출력 전압은 3~5V로 최소한 36V에서 충격을 받는 사람이 스마트폰에 충전 중에 충전기를 통해 220V의 전압이 스마트폰에 전달이 되어도 3~4V로 낮아진다고 한다. 충전기가 정품이 아니거나 불량품일 경우 충전기를 통해 스마트폰으로 전달되는 220V의 전압이 그대로 인체에 전달되어 사고가 일어날 수도 있다고 한다. 또 정품이 아닌 불량 충전기를 사용하다가 감전이 되어 10일째 혼수상태인 중국인 남성에 대한 뉴스도 있다.

http://news.khan.co.kr/kh_news/khan_art_view.html?artid=201307191343311&code=970211

2) 사례 2 : 정품이 아닌 휴대폰에 의한 감전사

인도에서 일어난 중국 짝퉁 물건이 사람을 감전시킨 사고이다.

http://www.etnews.com/201106170045

3) 사례 3 : 목욕 중에 스마트폰을 만져 감전사

러시아 모스크바에서 14세 소녀가 목욕 중 스마트폰을 만지다가 감전사가 되었다.

http://www.fnnews.com/news/201602260846095023

4) 사례 4 : 셀카를 찍다가 감전사

기차 위에 누운 자신의 모습을 셀카로 찍으려다 감전사한 러시아의 18살 소녀의 사례다. 2015년 4월. 사고 여성은 특별한 셀카를 찍어 페이스북에 올릴 생각으로 한 친구와 기차 위로 올라가 사진을 찍으려다 그만 2천 7000볼트의 고압선을 발로 건드려 그대로 감전사하였다.

http://news.heraldcorp.com/view.php?ud=20150515000047&md=20150515073427_BL

Ⅲ. 자·타살 감별

1. 일반적 감별

1-1 자·타살 일반

병사 이외의 모든 죽음에는 원인이 있다. 그 죽음의 원인을 밝히기 위해 법의병리학은 꼭 거치는 단계중 하나이다. 의학에서는 몇 개의 가능한 병명을 두고 어느 것이 더 타당한 진단인지 구분하는 것을 감별, 감별진단이라고 한다.

(1) 자살

가. 자살 요인

통계학상으로 보면 자살은 주로 건강한 자보다는 질병보유자가, 경제적으로는 여유 있는 자보다 어려운 자가, 기혼자보다는 미혼자, 독신자, 이혼자가, 유년기보다는 중년기(남성은 45세 전후, 여성은 55세 전후)에 실직, 무력감 등에 의한 심리적 요인으로 이뤄지는 경우가 많다.

나. 자살 유형

자살의 유형은 그 원인에 따라 자기부정적 자살, 잠재적 자살, 종결자살, 정신병적 자살, 자동적 자살로 나눌 수 있다.

(2) 타살 일반

타살 요인은 여러 가지가 있으나 주로 재물강취목적살인, 원한이나 분노에 의한 살인(남녀관계, 경제적 이권, 고용관계, 모욕, 복수심 등에 기인), 치정살인(짝사랑, 변심, 의처증 등에 기인), 정신병적 살인(과대망상증, 의처증 등에 의함), 미신에 기인한 살인 등을 들 수 있다.(1장 2절 표1-1 살인의 동기 참조)

1-2 일반적 감별방법

(1) 성상

좌상이나 좌열창과 같은 둔기손상은 타살이나 사고사이며, 예기손상 중 할창은 거의 타살이다. 자창과 절창은 자, 타살 모두에서 보지만, 그 정도가 깊거나 크다면 타살로 보아도 좋다. 타살에서는 자기로 찌르거나 뺄 때 상하좌우로 당겨지므로 대개 절창을 동반하며 변형되는 경향이 있다. 또한 창각에 이어진 표재성의 절창 또는 선상의 표피박탈을 보는 경우가 많다.

(2) 부위

자살에서는 가해하기 쉽고 대량의 출혈로 빨리 죽을 수 있는 심장부, 경부, 손목관절 내면이 선호된다. 타살에서는 일정한 부위가 없다. 스스로 가해할 수 없거나(목덜미 등) 매우 부자연스러운 체위를 취해야 가해할 수 있는 부위에서 손상을 본다면 타살이 의심된다. 그러나 때로 스스로 둔기로 두정부나 후두부를 강타하는 경우도 있으며, 이는 정신질환자에게서 주로 본다.

(3) 치명상의 수

치명상이란 생명유지 장기의 손상 또는 대혈관의 손상에 의한 실혈을 말한다. 자살에서는 대체로 하나이며, 다수의 손상이 밀집해 있을 때도 둘 이상인 경우는 드물다. 타살에서는 치명상이 둘 이상인 때가 흔하다.

방향을 기준으로 보면 여러 개의 손상이 있을 때 자살에서는 서로 평행상을 보이는 것이 일반적이며, 타살에서는 방향이 제멋대로인 경우가 많다.

(4) 착의와의 관계

자살에서는 가해 부위를 확인하기 위해 옷을 걷어 올릴 때가 있다. 타살에서는 옷을 걷어 올리고 찌르는 법은 없으나, 옷을 입은 채 찔렀다 하여 반드시 타살을 의미하는 것은 아니다.

(5) 손상 이외의 사항

자살에서는 흉기가 시체 주변에서 발견될 때가 많으며, 사망자의 병력, 자살시도의 기왕력, 자, 타살의 동기, 유서 등을 종합한다.

1-3 특수한 손상

(1) 미수손상

자살에서 보는 특징적 소견으로 치명상 이외에 죽음에 이르지 못한 다양한 형태의 손상을 일컫는다. 주저흔 또는 주저손상이라고도 한다. 대개 인기에 의하면 한 부위에 수개 내지 수십 개의 절창이 집중적으로 형성된다. 각각의 절창은 얕고 미세하며 대부분

서로 평행하므로 피부를 톱으로 썬 것 같이 보인다. 미수손상은 손목관절 및 경부에서 흔하고, 드물게 팔굽관절 및 발목관절 내측에서도 본다. 대개 마지막에 형성되는 치명상은 미수손상의 가운데나 그 주위에서 보게 되며, 큰 혈관 또는 기관이나 후두부를 절단한다. 그러나 이러한 부위에 손상을 가하다가 죽음에 이르지 못하고 심장부를 찌르거나 추락, 투수, 음독 등의 방법으로 사망하는 경우도 있다. 미수손상이 첨기에 의한 자창으로 나타날 때도 있으며, 드물게 둔기에 의해서도 형성된다. 이때에도 대개 일정한 방향성을 보이는 것이 상례이다.

(2) 방어손상

방어의 기전에 의해 생기는 손상을 말한다. 예기로 가해 받을 때는 얼굴이나 가슴 같은 부위를 보호하기 위해 흉기를 잡거나 막기 때문에 상지(上肢), 특히 전완부나 손바닥 또는 손가락의 내측에서 절창 같은 손상으로 가장 흔히 나타나며, 때로 자창으로도 나타난다. 둔기에 의하여 전완부나 손등에 표피박탈, 좌상, 좌열창 등으로 나타날 수 있다. 주먹으로 맞을 때 머리를 감싸 손등에 생기는 피하출혈을 볼 수 있다. 넘어지거나 누워 있는 상태에서 다리로 방어하면 하지, 특히 정강이나 발에 형성될 수도 있다. 이는 여성에게서 많이 보며, 성범죄와 관련될 때가 많다.

(3) 저항손상 및 억압손상

방어손상 외에 저항손상 또는 억압손상이 발견되는 경우도 타살을 의심할 수 있다. 억압손상이란 상대방을 제어할 목적으로 외력을 가하여 형성된 손상이다. 즉, 얼굴을 때리거나, 팔, 다리를 묶거나 또는 입을 틀어막아 발생된 손상을 보면 타살을 의미한다.

2. 유형별 감별

2-1 총창의 자·타살 감별

(1) 직업

우리나라는 총기의 소지가 규제되어 있으므로 총기는 군인이나 경찰 등 특수 직종에 있는 사람들만 사용한다. 따라서 총창은 이러한 직종 또는 이들과 관련된 사람에게서 많이 본다. 때로는 불법소지자에 의한 총기 사용 또는 엽총을 사용한 자살이나 타살, 사고사도 있다. 따라서 이러한 범주에 들지 않는 사람이 총창으로 사망하였다면 일단 타살로 보아야 할 것이다.

(2) 사입부

자살에서는 측두부, 전두부 등 두부, 측정부, 하악부, 구강내, 심장부 등을 쏠 때가 많다. 자살에서 발사방향은 인체에 직각 또는 이와 가까운 각도로 쏘는 것이 통례이다. 따라서 발사방향이 예각을 이루었다면 타살이 의심된다. 발사거리에 있어서, 자살은 접사 또는 근접사이다. 근사라면 타살이 의심되며, 원사라면 타살이다. 총기가 확보되었을 때는 추정되는 거리에서 스스로 발사할 수 있는지 검토하는 것이 중요하다. 일정한 거리의 기준은 없으나, 타살의 경우 통상적으로 권총은 15cm 이상, 장총인 경우는 60cm 이상이면 타살의 의심이 있다고 본다. (4장 2절 총기감정 참조)

(3) 주변상황

자살에서는 총기를 손에 쥐고 있거나 주변에 떨어져 있을 때가 많다. 그러나 총기를 주워 가거나 고의로 감출 때도 있으므로 주의를 요한다.

(4) 총기의 감별

탄환과 탄피에는 총기에 따른 특이한 발사흔이 형성되므로 시사(試射)를 통하여 그 탄환이 유류된 총기에 의하여 발사된 것인지를 검토한다.

(5) 사수의 감별

자살에서는 발사한 쪽의 손이나 의복, 특히 옷소매에 그을음이나 화약성분이 부착되는 때가 많다.

2-2 질식사의 자·타살 감별

(1) 의사의 위장판별

의사는 대부분 자살이지만, 때로는 다른 방법으로 살해한 후에 의사로 위장하는 경우가 있다. 차이점은 다음과 같다.

[표 2-4] 의사의 위장판별

소견	자살	타살
색흔	끈과 일치되는 성상이며, 색흔내에 이물 등이 없다	끈과 일치되지 않는 성상이며, 이물이 색흔 내에서 발견됨
안면의 울혈	완전형, 전형적일 때가 많다	심한 경우가 많다

소견	자살	타살
시반의 부위	손등, 발등, 하지부 등 시체 하방부	하방부와 일치되지 않는 곳
손상	별로 없거나 목을 매달 당시 일시적인 전도, 추락 때문에 발생될 수 있다	손상이 동반되는 경우가 많고 손상이 직접사인인 경우가 있다
배설물	시체 직하에서 보는 경우가 많다	직하에서 못 보는 경우가 많다
색흔의 탄력섬유	정연하고 규칙적	불규칙이며 단열상임

(2) 교사의 자·타살 감별

교사는 타살이 많지만, 자살(예, 자교사)도 종종 있으므로 감별되어야 한다.

[표 2-5] 교사의 위장판별

소견	자살	타살
사용된 끈	자기가 일상 사용한 끈 또는 피부에 닿아 아프지 않은 것	튼튼한 끈을 주로 사용
매는 방법	몇 번이고 감을 수 있으며, 제일 먼저 감는 것이 가장 강함	한번 세게 감는 것이 보통이다
결절의 위치 및 강도	전경부 제1절이 강함	전경부는 드물며, 나중의 결절이 강함
보조물의 이용	때때로 본다	거의 없다
저항흔	없다	있는 경우가 많다
끈과 색흔 사이의 이물	거의 없다	머리카락, 낙엽, 모래, 흙 등의 이물을 본다

2-3 중독사의 자·타살 감별

음독자살에서 사용독극물은 손쉽게 구할 수 있는 것이어야 한다. 근래에는 독극물의 입수가 한결 쉬워지고 있고, 치사량도 적은 양으로도 가능하게 되었다. 주로 농약(파라치온, 그라목션 등)이나 청산염을 많이 사용하고 있다.

음독타살을 위한 타살용 독극물은 무색, 무미, 무취로서 극소량으로도 치사 가능한 독성물이다. 주로 아비산, 청산염 등은 음식물, 알코올, 약 등과 혼합하여 투여하는 경우가 많다.

2-4 예기손상에서 자·타살 감별

[표 2-6] 예기손상의 자·타살 감별

예기손상에서 자·타살 감별 기준		
구분	자살	타살
사용흉기	쓰인 흉기는 거의 하나 몸 가까이에서 발견	2개 이상의 흉기에 의한 벤상처 흉기가 멀리 떨어져있는 경우
손상부위	목, 가슴, 복부, 손목관절 등 급소에 있는 것이 보통 전신 늘 쓰는 손의 반대 측에 나타남	신체 어느 부위에도 가능 특히 목덜미, 등, 뒷머리 등
손상 수	얕은 창이 많음 치명상 수는 1~2개에 불과	깊이는 다양 중·치명상의 수 여러 개
손상방향	손상이 비교적 집중 상호 평행한 방향 취함 (규칙적)	손상들 불규칙 여러 방향을 이루는 경우가 많음
손상형태	절창, 자창이 많음 날이 있는 도구 사용	여러 상처가 섞여 있음 절창, 자창, 표피박탈, 좌상, 할창 등 유인기 뿐만 아니라 둔기 사용도 많음
주저흔, 방어흔	잘 쓰이는 손에 혈액 부착 창상 주변에 주저흔 발견 저항 흔적이 없음	손, 손가락, 팔뚝에 방어흔이 있는 경우 능동적 방어흔 : 적극적 방어 수동적 방어흔 : 피하다가 생김
착의	옷에는 손상의 흔적이 거의 없음	옷에 손상이 있거나 이불 등으로 덮여 있음

2-6 총기사망의 자·타살 감별

[표 2-7] 총기사망의 자·타살 감별

자살(自殺)	타살(他殺)
총기는 사자의 손 또는 주변에 있다. 총알상처는 대개 급소부위에 있다. 접사가 보통이다. 사자의 손, 소매 등에 화약 잔재가 묻어있다.	사용된 총기의 위치는 일정치 않다. 창상은 급소에 한하지 않는다. 근사, 원사인 것이 보통이다. 사자이외의 물체에도 탄흔이 남아있다.

Case 2-3 화재 현장 변사자의 사인 규명

화재 현장에서 발견된 타살로 오인된 목맴자살

□ 사건개요

사건 당일 (2014.2월) 05:30분경 OO빌라에서 펑하는 폭발음과 함께 문이 반쯤 열리면서 흰 연기가 올라와 거주자들이 119에 신고함. 출동한 소방관이 화재를 진입하던 중, 29세의 미혼여성인 변사자가 앉은 상태로 불에 탄 채 사망한 것을 발견. 증언에 따르면 남녀 간 다투는 소리가 들렸다고 하며, 검안의가 변사자 목 근처에서 끈졸림(교사)의 가능성이 있는 흔적을 제시하여 부검이 의뢰됨

□ 의뢰관서 및 의뢰일자: 부산연제경찰서(2014.2.26)

□ 의뢰내용: 변사자의 사인 규명

□ 감정사항: 외표검사, 내부검사, 조직검사

□ 감정결과

투사형 자세를 보이는 사체로, 전체적인 신체 연부조직이 소실되었고 사전화상이나 선홍색 변화를 발견할 수 없었으며, 앞 목 삼각과 오른목 빗근 부위에 걸쳐 U자 모양의 끈 자국(ligature mark)이 남아 있었음. 방패 연골의 왼위뿔에서 생활반응이 없는 골절이 있었고 인두에서 적은 양의 검댕이 확인되었으나 기도와 기관지에서는 확인되지 않음

약독물 검사 결과, 비만증 치료용 약물이 감지되었으며, 혈중에서 에틸알코올 성분이 검출되었으나 치료농도 범위 이하로 판명되었고, 혈중 일산화탄소-헤모글로빈은 음성 반응을 보임

심장, 허파, 간, 지라, 콩팥에서 자가용해를 확인함

□ 증거물 사진

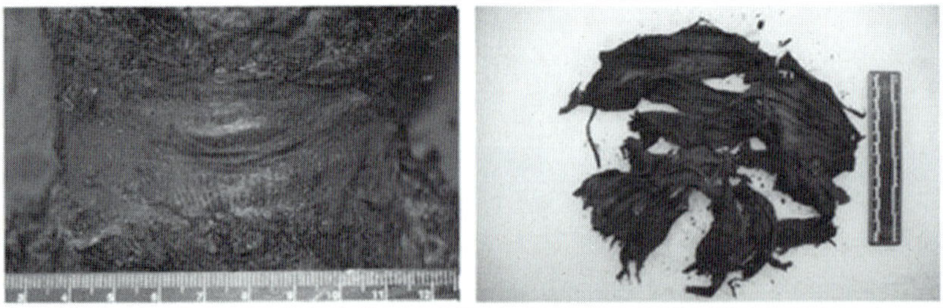

▹ **비교적 탄화가 덜 된 부분의 재질 및 가장자리의 봉합 형태를 근거로 일반적인 형태의 목욕 수건으로 추정**

[그림 2-10] 탄화사체와 목맴자살(부산과학수사연구소 법의학과)

□ 결론 및 의의

부검과정에서 기도 및 기관지 내 검댕 부착을 볼 수 없었던 점과 혈액 내 일산화탄소-헤모글로빈이 음성반응인 점, 내부 장기에서 전반적인 자가용해를 보인 점 등을 종합하여 감안할 때, 변사자는 화재가 일어날 당시 이미 사망해 있었을 것으로 판단됨.

화재가 일어나기 전 사망을 가정하고 상황 추론 시, 체중 약 52kg의 변사자가 가스 배관에 목을 맨 후 시간이 흘러 하중에 의해 가스 배관의 고정부로부터 배관이 탈거되어 가스 배관이 파열된 것으로 유추됨.

본 사례와 같이 타살 후 방화로 오인될 수 있는 가능성을 염두에 두고, 특히 이런 사망 사례에서는 부검소견 외 사건 정황에 대한 주의 깊은 수사와 현장 상황에 대한 면밀한 조사가 사인 및 사망의 종류를 판정하는데 중요한 요소로 작용할 수 있음을 명심해야만 함.

Case 2-4 거여동 밀실 살인사건

2003년 서울시 송파구 거여동에서 일어난 사건으로 일명 '거여동 여고 동창 일가족 살해사건'이다. 이 사건은 남편을 제외한 아내와 아들, 딸 총 3명이 살해당한 밀실 살인사건으로, 현재로써는 대한민국에서 있었던 최초의 밀실 사건으로 알려져 있다.

아내는 얼굴에 치마를 덮어쓰고 주황색 빨랫줄에 목이 걸린 채 축 늘어져 있었다. 빨랫줄은 거실과 작은 방 사이 방문위에 걸려 있었다. 그 옆에는 10개월 된 딸이 얼굴에 비닐봉지가 씌워진 채 죽어 있었고, 작은 방에는 3살 난 아들이 보자기가 감긴 채 숨져있었다.

이 사건은 피해자들의 집 안에서 일어난 사건으로, 현관문이 잠겨 있었는데 열쇠는 아내의 핸드백 안에서 발견되었고, 외부인의 것으로 보이는 족적도 남겨져 있지 않았다. 창문은 닫혀있었고 방범 창살이 훼손되지도 않았으며 아파트 7층에 집이 위치하고 있었기에 외부의 침입은 불가능하다고 판단되었던 것들로 보아 자살 사건 현장으로만 보였다.

시신에 대한 초기 검안에서도 외력에 의한 살해를 의심할 흔적은 없었다. 무엇보다 숨진 아내의 몸이 외견상 자살이라 말하고 있었다. 이유는 타살이라면 당연히 보여야 할 저항흔이나 방어흔적이 보이지 않았기 때문이다. 빨랫줄이 매달린 방문 위 틀에도 타인의 외력을 의심할 만한 흔적이 없었고, 피해자를 빨랫줄로 끌어올릴 때 생기는 마찰흔도 발견할 수 없었다.

교살(목조름)되었다면 피해자가 반드시 손으로 가해자를 긁거나, 자신의 목에 감긴 줄 등을 잡기 위해 자신의 목을 심하게 긁는다. 또는 가해자의 손등을 긁게 된다. 하지만 피해자의 손은 아무런 흔적이 없었다. 그러나 유서도 없었다는 점, 우울장애 등 정신질환 같은 것도 없었다는 점, 또 식사를 준비하던 현장이 그대로 남아 있었기 때문에 타살일 가능성이 높았다.

결국은 당시 담당 형사가 면식범의 소행에 가능성을 두어 주변인에 대한 조사를 착수, 자주 그 집에 놀러 오던 아내의 여고 동창생(이씨)을 참고인으로써 조사하던 중 이씨의 손에 줄 자국처럼 나 있는 상처가 있었고 그것을 계속 감추려는 이씨의 행동이 증거가 되어 담당 형사의 추궁 끝에 자백을 받아낸 사건이다.

아래의 사례들은 부검을 통해 사고사, 자살로 위장된 변사사건 피해자의 사인을 밝혀냄으로써 사건 해결의 실마리를 주었던 사건들이다.

Case 2-5 주요 자·타살감별 사례

사례 1

http://www.seoul.co.kr/news/newsView.php?code=seoul&id=20110511012006

운전면허를 딴 지 얼마 되지 않았던 한 여성이 남편 소유의 차를 몰다 낭떠러지로 추락한 것으로 보였던 사건이다. 부검 결과 피해자의 목에는 옅은 끈 자국이 있었고, 눈꺼풀 결막과 구강 내 점막에서는 질식의 증거인 일혈점이 나타났다. 얼굴 주변에서는 사고과정에서 생겼다고 보기 어려운 울혈이 나타났으며 목 안쪽 근육에서도 출혈이 나타났다. 부검 소견은 액사, 즉 손으로 목을 졸려 질식사 한 것이었다. 운전에 미숙한 피해자의 과실로 인한 사고사로 결론 내려질 뻔 했으나 현장감식과 부검이 남편의 범행임을 밝히는데 큰 역할을 했다.

사례 2

http://www.seoul.co.kr//news/newsView.php?code=seoul&id=20110820023003

2006년 5월 25일 새벽 4시 경기 시흥시 신천동의 한 아파트, 주부였던 피해자가 사망한 채 발견되었다. 최초 발견자였던 남편의 증언에 따르면 실내 철봉에 끈을 묶어 목을 매 공중에 5cm 가량 떠 있었다고 했다. 자살로 보이는 모습이었다. 남편은 자살 동기를 자신과의 부부싸움 중 맞은 것에 대한 분함으로 추측했다. 사인에 대한 1차 판정 역시 자살이었으나 담당 부검의가 제시한 의문점들-전형적 완전의사에 반하는 일혈점과 울혈들, 신체에 남은 전류반으로 의심되는 상처들-로 수사는 타살에 무게를 두게 되고, 결국 남편의 범행임을 밝혀냈다.

사례 3

http://www.seoul.co.kr/news/newsView.php?id=20110706023002

2010년 5월 16일, 경기 파주시의 한 주택에서 화재 사건이 발생했다. 화재 현장인

주택에 거주하던 노인이 까맣게 탄 시신으로 나왔다. 현장감식반은 시신의 콧속에 빨대를 끼운 후 그 속으로 면봉을 밀어 넣어 화재가 났을 당시 사망자가 호흡을 하고 있었는지 아닌지를 가리는 간이 검사를 진행했다. 기도 안으로 들어갔다 나온 면봉에는 그을음이 묻어나지 않았다. 화재로 사망한 사람의 기도에 매연이 없다는 것은 이미 죽거나 죽임을 당한 뒤 화재를 만났다는 얘기다. 단순 화재 사망으로 처리될 뻔했던 시신은 국립과학수사연구원으로 넘어갔고, 부검 결과 목이 졸려 질식사 했다는 흔적들이 발견되었다. 이 사건은 전과 3범이었던 피해자의 아들이 평소 자신의 행실에 대해 훈계하는 피해자에게 앙심을 품어 범행을 저지른 후, 증거를 인멸하기 위해 시신과 집에 방화 한 것으로 밝혀졌다.

○ 참고문헌

리처드 플랫 (2005). 「범죄의 현장」 해나무.

유영찬 (2002). 「법과학과 수사」 현암사.

양태규 (2004). 「과학수사론」 대왕사.

국립과학수사연구원 홈페이지, 뉴스레터 http://news.nfs.go.kr/

경찰청·한국CSI학회 (2020). 「과학수사 I」, 「과학수사 II」 에스엠북(SMBook).

박기원 (2019). 「범인은 반드시 흔적을 남긴다」 해드림출판사.

정희선 (2015). 「보이지 않는 진실을 보는 사람들」 알에이치코리아.

최상규 (1998). 「과학수사 이론과 실제(법의 혈청학과 유전자지문)」 법문사.

표창원·유제설 (2011). 「한국의 CSI」 북라이프.

브라이언 이니스 (2006). 「모든 살인은 증거를 남긴다」 이경식 (역) Human & Books.

EDWARD RICCIUTI (2010). 「SCIENCE 101 법과학(과학 수사)」 이치사이언스.

E.J. 와그너 (2007). 「셜록홈스의 과학」 이한음 (역) 한승.

마르크 베네케 (2008). 「모든 범죄는 흔적을 남긴다」 알마.

서종한 (2015). 「심리부검」 학고재.

Katherine Ramsland (2022). 「사망수사 심리학」 이미정 (역) 학지사.

제3장

지문

I. 지문의 구분

II. 지문감식

III. 지문채취 방법

제3장

지문

검문대상자가 소지한 주민등록증상의 지문과 그 신분증을 소지한 자의 지문이 일치하는지 여부를 쉽게 판별해 볼 수 있는 방법은 어떤 것인가?

I. 지문의 구분

1. 지문의 특징

1-1 지문(finger print)의 의의

지문이란 사람의 손가락 끝마디(指頭)의 안쪽면 피부에 융기한 선 또는 점으로써 형성된 각종 문형 및 인상을 말하며, 융기한 선 또는 점을 융선이라 한다. 지문은 손가락에 위치한 땀샘(汗腺, sweat gland)이 위로 솟아올라 부드러운 선 모양을 이루어 연결된 것으로 땀샘이 어떤 것과 연결되는가에 따라 그 형태가 매우 다양하게 나타난다. 지문은 본래 손가락에 형성된 융선을 말하는 것이지만 실무상으로는 지문 그 자체뿐만 아니라 종이나 기타의 물건에 인상된 것도 포함된다. 지문은 임신 11주 전후에서 피부가 발생할 때 표피능선에서 유래하며 완벽한 지문이 만들어지는 시기는 생후 23~29주 정도이다.

지문의 모양은 외형적으로 융선(ridges)과 고랑(furrow)으로 구성되는데 융선은 손가락 피부의 돌출된 부분을, 고랑은 융선 사이의 홈이 생겨 들어간 부분을 각각 일컫는다. 지문에는 점, 단점, 분기점, 고립점, 돌출점, 교차점, 연결점, 짧은 융선 등이 있다. 갈톤은 융선의 시작과 끝, 분기점, 고립점, 도형선의 네가지의 지문의 특징을 정의하였다.

지문을 통해 특정인의 신원 및 범죄경력의 확인, 변사자의 신원확인, 범죄현장지문에 의한 범인의 신원추정이 가능하다. 오늘날 유전자지문이 폭넓게 이용되고 있어도 지문의 유용성은 계속 유지될 것이다.

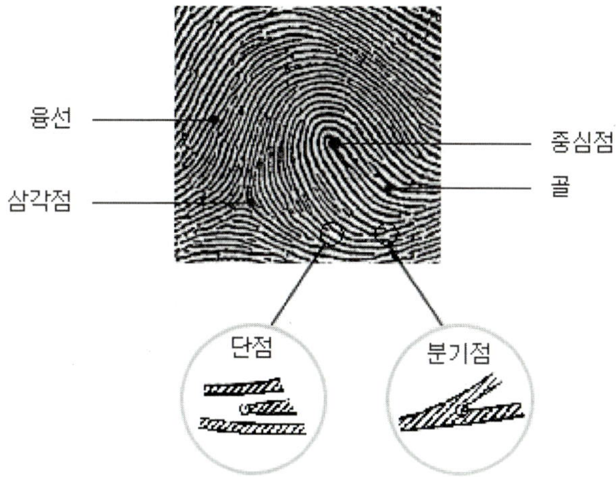

[그림 3-1] 지문의 특징점

1-2 지문의 특징

(1) 만인부동, 종생불변

가. 만인부동(萬人不同)

지문은 일란성 쌍둥이를 포함하여 각 사람마다 그 모양이 다르고, 동일한 지문을 가지고 있는 사람은 세계적으로 단 한사람도 존재하지 않는다. 이러한 지문의 특성 때문에 개인식별방법에 이용되며 지문이 범죄수사에 이용되는 가장 큰 이유이다.

나. 종생불변(終生不變)

지문은 사람의 일생을 통하여 변하지 않는 특성을 지니고 있다. 신체의 성장에 따라 그 크기는 변하지만 그 특징은 언제나 불변이다. 작은 상처는 지문의 구조를 바꾸지 않으며, 새로운 세포가 자라면서 다시 이전과 동일한 지문을 형성한다.

이러한 특징을 통해 수사의 초기단계에서 지문을 통한 본인여부 확인, 진범검거, 조사나 유치장 입감 과정에서 성명모용 방지를 할 수 있다. 최근에는 각종 언론보도와 드라마를 접한 수많은 사람들이 "만인부동, 종생불변"의 지문의 특성을 알고 있고 범죄자는 현장에 지문의 흔적을 남기지 않는 경향이 있다.

(2) 지문관련 용어

가. 사회적 지문

범죄는 사회와 자연환경 속에서의 인간의 행동이기 때문에 범죄에 수반하여 내적, 외적 현상을 나타내는데 이를 범죄징표라고 한다. 수사기관이 접촉하게 되는 범죄의 흔적의 형태에 따라 수사방식의 형태가 결정되며, 구체적인 수사방침의 수립을 용이하게 하므로 범죄의 징표는 중요하다. 범죄징표는 범행시 범인이 관계한 여러가지 대상에 찾을 수 있는데 그중 중요한 것은 범인의 생물학적 특징에 의한 징표, 범인의 심리적 특징에 의한 징표, 범인의 사회관계에 의한 징표, 자연현상에 의한 징표 등이다. 인간은 마치 지문의 형태와 같이 그가 살고 있는 사회와 연대관계를 갖고 있다. 즉 과거의 사회관계인 종적 사회관계와 현재의 사회관계인 횡적 사회관계로서 연결되고 있다. 이를 "사회적 지문"이라고 하는데, 그 요소로는 성명, 가족, 주거, 경력, 직업 등이 있다. 지문은 생물학적 특징에 의한 징표이지만 사회적 지문은 사회관계에 의한 징표로서 그 중요성이 인정되고 있다.

나. DNA지문

사람이 가지고 있는 DNA중 다형성이 매우 심한 초변이성 일부만을 DNA증폭기술 등을 이용하여 선택적으로 증폭하여 개인간의 유전자형의 차이를 알아내 신원을 확인하는 것을 DNA지문감식이라고 한다. 이것은 지문처럼 사람마다 서로 다른 DNA모양을 형상화하는 기술로서 일란성 쌍둥이를 제외하고는 모든 사람들이 자신만의 유일한 DNA염기서열을 갖기 때문에 신원이 확실히 구별된다.

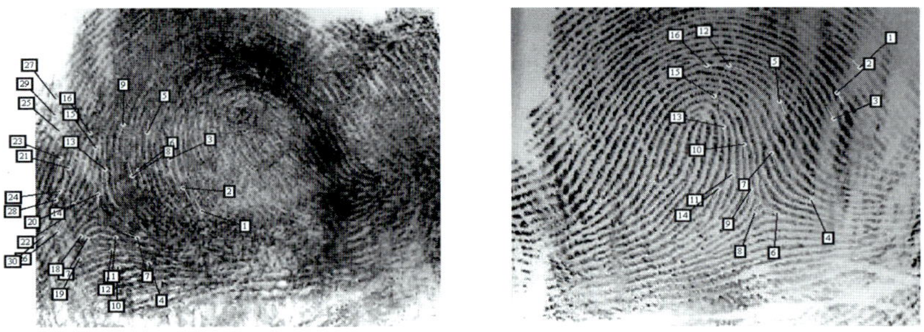

[그림 3-2] 지문을 통한 신원확인

2. 지문의 효용

2-1 지문의 다양한 기능

지문은 매우 다양한 기능을 가지고 있다. 피의자나 변사자의 신원확인, 피의자의 범죄경력의 확인, 현장지문에 의한 범인의 신원판명, 실종아동 친자확인, 미아방지 지문등록, 포렌식 수사 활용 등이다.

(1) 신원 및 범죄경력의 확인

지문채취대상 범죄의 피의자로서 체포된 경우 지문을 채취하게 되며, 수사기관에서 지문을 채취한 사람이 재차 죄를 범하여 체포된 때에는 보관자료와 대조함으로써 그 피의자의 범죄전과 · 성명 · 생년월일 · 등록기준지 등을 밝혀낼 수 있다.

(2) 피지명수배자의 발견

지명수배된 피의자에 대하여 채취한 지문이 보관된 경우 지문자료에 지명수배중 임을 기입해 놓음으로써 추후 그 피의자가 다른 사건으로 체포되었을 때 은폐목적으로 성명이나 신원을 묵인하거나 위명 또는 허위의 인적사항을 진술한다 하더라도 곧 지명수배된 자라는 사실을 확인할 수 있다.

(3) 신원불명 사망자의 신원판명

살인사건의 피해자 기타 신원불명의 변사자가 있는 경우에 그 사망자의 지문을 채취하여 조회함으로써 생전에 지문자료가 작성 · 보관되어 있는 한, 그 지문에 따라 신원을 확인할 수 있다.

(4) 범죄현장지문에 의한 범인의 신원판명

범죄현장에 유류되어 있는 지문을 보관중인 지문자료와 대조하여 범인여부를 확인 특정할 수 있는데 피의자의 지문자료가 보관되어 있는 한, 범인이 누구인가를 쉽게 확인할 수 있다.

(5) 지문자동식별시스템의 활용

여성청소년과에서는 아동, 치매노인 등에 대하여 지문사전등록을 통해 사후 길을 잃었을 때 찾아주는 용도로 이용하고 있으며, 민원실에서는 면허증 교부시 별도 신분증 미소지자에 대해서는 지문자동식별 시스템 등 기기를 통한 본인 확인을 하고 있다. 지문의 특성과 가치번호, 분류법 등 기본을 안다면, 실물대조로 확인할 수 있는데 만일 현장상황이 어수선하고 융선의 숫자를 잘못 세었다고 해도 한두개 차이가 날 뿐 본인 여부를 확인하는 데는 전혀 지장이 없다.

(6) 적용범위

초기 지문은 주로 인장(印章), 범죄수사의 단서나 개인식별 등의 제한된 분야에서 사용되었으나 최근에는 지문이 보안산업과의 밀접한 관계를 형성함으로써 다양한 개인인증 보안시스템에 활용이 되고 있다. 그 해당 분야는 출입통제시스템, 전자뱅킹서비스, 전자카드, 출입국카드, 핸드폰 잠금장치, 범죄수사시스템, 지문열쇠 등으로 적용범위가 빠른 속도로 넓어지고 기타 여러 분야에 적용됨으로써 관련 기법이나 산업이 나날이 발전하고 있다.

Case 3-1 타인의 인적사항 도용

피의자가 신원이 밝혀질 것을 두려워 타인의 인적사항을 도용한 경우이다. 전자수사자료표 시스템(e-CRIS)을 이용하여 피의자 지문번호를 확인한 결과 78777-78898로 회시되었다. 우수 무지는 분류번호 8번 와상문이나 피의자의 우수 무지는 육안으로 확인한 결과 삼각도 없는 전형적인 궁상문 1번으로 나타났다.

이를 토대로 추궁한 결과, 피의자는 자신이 별건 사기죄로 체포영장이 발부된 상태였기에 이를 숨기기 위해 사촌 형님의 인적사항을 도용하였다며 자백에 이르게 되었다.

※ "수사자료표"란 수사기관이 피의자의 지문을 채취하고 피의자의 인적사항과 죄명 등을 기재한 표(전산입력되어 관리되거나 자기테이프, 마이크로필름, 그 밖에 이와 유사한 매체에 기록·저장된 표를 포함한다)로서 경찰청에서 관리하는 것을 말한다(형의실효등에관한법률 제2조 제4호).

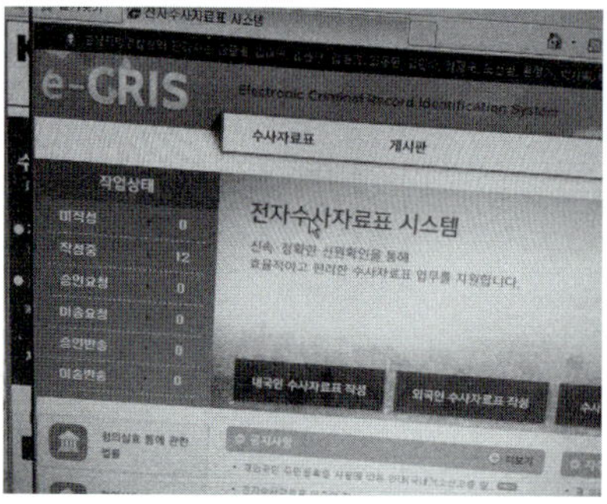

전자수사자료표 작성

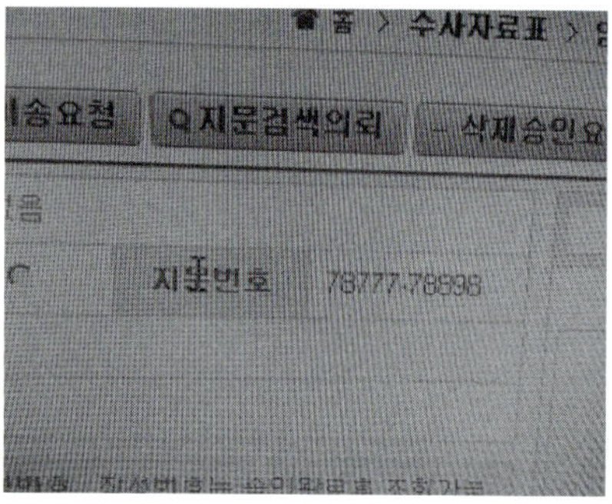

피의자의 지문번호(우수무지, 와상문)

2-1 현장지문(現場指紋)

(1) 현장지문의 의의

현장지문이란 '범죄현장에서 채취한 지문'을 말한다. 즉 범죄현장의 여러 가지 물건에 인상된 잠재) 또는 현재의 지문을 그대로 또는 가공 검출시켜 채취한 모든 지문을 말한다. [표 3-1]에서 보듯이 현재지문은 지두의 분비물 이외의 유색물질로 입체적으로 인상되어 가공을 하지 않고서도 육안으로 볼 수 있는 지문이다. 잠재지문은 지두의 분비물에 의해서 인상되어 가공·검출하지 않으면 육안으로 보이지 않는 지문이다.

[표 3-1] 현장지문의 종류

<table>
<tr><th colspan="3">종류</th><th>정의</th></tr>
<tr><td rowspan="3">현장지문</td><td rowspan="2">현재지문</td><td>정상지문</td><td>혈액·잉크·먼지 등이 손가락에 묻은 후 물건에 인상된 지문 이므로 무인지문과 동일</td></tr>
<tr><td>역지문</td><td>먼지쌓인 물체, 연한 점토, 마르지 않은 도장 면에 인상된 지문을 가리키는 것으로 이 경우 선의 융선이 반대로 현출됨.</td></tr>
<tr><td>잠재지문</td><td colspan="2">인상된 그대로의 상태로는 육안으로 식별되지 않고 이화학적 가공을 하여야 비로소 보이게 되는 지문</td></tr>
<tr><td colspan="3">준 현장지문</td><td>피의자 검거를 위하여 범죄현장 이외의 장소에서 채취한 지문</td></tr>
<tr><td colspan="3">관계자지문</td><td>현장지문 또는 준현장지문 중에서 범인 이외의 자(피해자, 현장출입자)가 남긴 것으로 추정되는 지문</td></tr>
<tr><td colspan="3">유류지문</td><td>현장지문 또는 준현장지문 중에 관계자 지문을 제외하고 남은 지문으로 범인지문으로 추정되는 지문</td></tr>
</table>

(2) 현장지문의 보존

범행현장에서는 범인이 무의식중에 만지는 경우가 많아 흐린 지문, 겹친 지문, 첨단 지문 등 여러 가지 부정확한 지문이 유류되는 경우가 많다. 강력사건의 범행에 사용된 칼이나 범인이 마신 술병과 컵, 각종 협박편지, 예금 청구서, 수표 등은 하나의 감정물에 지문감식과 필적, 혈흔감식이 병행하게 되는데, 이때의 순서는 눈에 보이지 않는 잠재지문이 필적 및 혈흔 감정 과정에서 멸실·변경되지 않도록 반드시 지문을 먼저 채취하여야 한다.

유류지문이 손상되지 않게 범죄현장을 잘 보존하는 것이 중요하다. 현장에 유류된 지문은 범인의 신원확인의 중요한 수단이 되고 입증상의 절대적 가치를 가지고 있기 때문이다. 지문은 다른 현장자료에 비해서 눈으로 보이지 않으며 손이 닿기 쉬우므로 파괴 또는 멸실되지 않도록 특별한 주의가 필요하다. 그러므로 임장자는 책임자의 통제에 따라 행동하여야 하며 설사 장갑을 낀 경우라도 현장의 물체에 함부로 손을 대면 안된다.

또한 범죄현장에서 채취한 지문이 임장자의 지문과 일치하는 경우(관계자 지문)가 허다하다. 이러한 경우 유류지문으로 취급되어 보관자료와 대조하게 되면 많은 시간과 노력이 무위로 돌아가고 수사상 차질이 발생한다.

범인이 만진 부위가 손가락의 연결 부분이면 주의해서 채취하여야 한다. 그리고 현장 지문의 융선 수가 많다고 지문 감정이 용이한 것은 아니다. 보는 각도에 따라 지문의 형태가 다르게 나타나므로 주의해서 감정하여야 한다.

Ⅱ. 지문의 유형

1. 지문감식

1-1 지문분류

지문감식의 효과면에서 3대요소라 하면 지문의 분류, 보관정리, 대조발견을 들 수 있다. Henry식 분류법은 주로 영미계에서 사용하며 세계적으로 가장 널리 사용되고 있다. 헨리 지문 패턴에는 지문의 융선을 기초로 한 분류로 궁상문, 와상문, 제상문으로 분류되며 제상문은 우제상문과 좌제상문으로 세분되고 궁상문은 솟은 궁상문으로 추가 분류가 된다. 함부르크식 분류법은 Hamburg경찰청에 근무하던 Theoder Rosher가 창안한 분류방법으로서 융선 흐름을 기초로 하여 중심점과 삼각주 사이의 융선 수에 따라 지문의 종류가 세분화 되어 있다. 한국의 십지지문분류법은 함부르크식을 기본으로 하여 우리 실정에 맞도록 세부적인 것은 수정 보완하여 사용하고 있다.

지문 및 수사자료표 등에 관한 규칙상 지문은 ① 궁상문 ② 제상문 ③ 와상문 ④ 변태문의 4가지로 나눌 수 있다. 세계 어느 나라 사람의 지문도 모두 위와 같이 4가지로 나누게 된다.

1-2 지문의 분류(함부르크식 분류법)

(1) 궁상문(弓狀紋)

지문 융선(隆線)이 좌측 또는 우측으로부터 흐르기 시작하여 그 형상이 활모양 또는 파도모양(波狀)을 형성하고 그와 반대쪽으로 흐르는 융선으로 형성된 문형을 궁상문이라 한다. 즉 융선이 좌측이든 우측이든 한 쪽에서 흐르기 시작하여 다른 쪽으로 흘러 빠진 것으로서 지문의 모양이 활이나 파도모양을 이루고 있는 지문을 말한다.

(2) 제상문(蹄狀紋)

좌측 또는 우측으로부터 흐르기 시작하여 마제형(馬蹄形 : 말발굽모양)을 형성하고 그 시작한 방향으로 되돌아 흐르는 융선으로 형성된 문형을 말한다. 제상문은 중심부로부터 보아서 좌측이든 우측이든, 기울어진 쪽에 반드시 1개의 각(角)이 있게 된다. 제상문이 나타났을 때에는 각의 위치를 확인한다.

가. 갑종제상문

만일 우수(右手)의 우측, 좌수(左手)의 좌측에 각이 있으면 갑종제상문이다. 즉 좌수의 지문을 찍었을 때 삼각도가 좌측에 형성되어 있거나 우수의 지문을 찍었을 때 삼각도가 우측에 형성되어 있는 지문이다.

나. 을종제상문

중심부로부터 보아서 우수일 경우 각이 좌측에, 좌수일 경우 각이 우측에 있는 제상문은 을종제상문이 된다.[15)]

(3) 제상문 분류시 내단 지정의 일반적 기준

우선 갑종 제상문이 아닌가 살핀 다음 분류한다. 가상직선에 접촉되지 않는 선은 셈에서 제외하고 가상직선 상하로 연결된 점선을 셈한다. 첫째, 제일 높은 것, 둘째, 각(외단)으로부터 먼 것, 높이가 같은 것은 우선 가운데 것 중에서 외단으로부터 먼 것이 내단이다.

---

15) 갑종제상문과 을종제상문의 분포비율을 보면 갑종제상문이 드물고 을종제상문이 대부분이다. 경찰청 통계에 의하면 갑종 대 을종이 1:16 정도라고 한다.

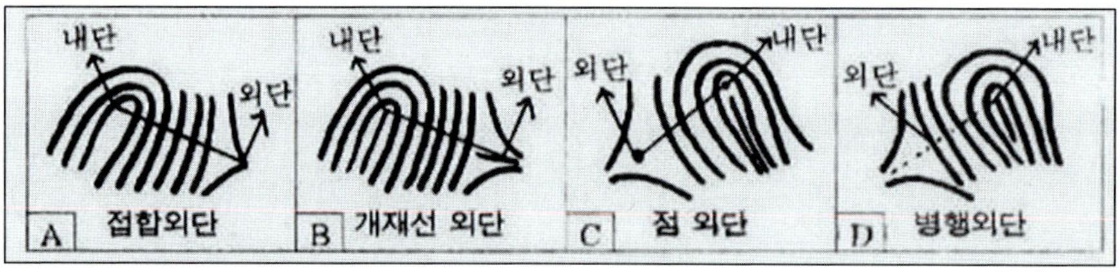

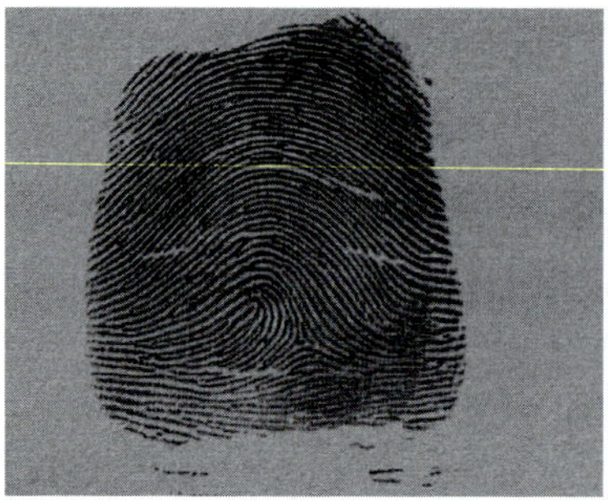

융선수 • 7개 이하 ···· 3 번
• 8 -11개 ···· 4 번
• 12-14개 ···· 5 번
• 15개 이상 ···· 6 번

[그림 3-3] 좌수무지 을종제상문

(4) 와상문(渦狀紋)

가. 와상문의 정의

지문의 중심부가 한 바퀴 이상 돌아가는 와상선, 원형으로 생긴 환상선, 말발굽 같은 제상선 혹은 기타 융선이 독립 아니면 혼합하여 형성되고, 좌측과 우측에 각각 1개씩 각을 가진 문형을 와상문이라 한다. 지문 중 중심부 형태가 빙글빙글 돌아가는 형상(소용돌이 와)이고, 좌·우 양쪽에 각이 있는 것은 모두 와상문이다.

- 1회 이상 좌우로 회전하는 선
- 원, 타원형, 말발굽 모양이 독립하거나 혼합되어 구성
- 2개 이상 삼각도를 이룸.
- 우측 표준점, 추적선, 종점의 개념

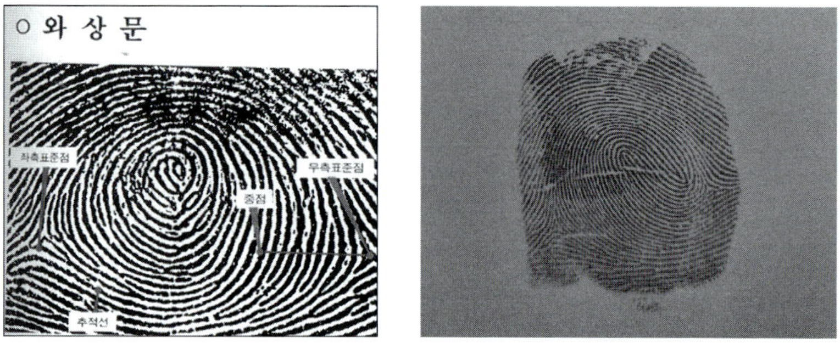

[그림 3-4] 와상문의 용어(좌)와 이중제상문(하류와상문 9번)

나. 와상문의 분류

상류와상문 - 추적선 내측, 융선 4개 이상이면 7번을 부여한다.

중류와상문 - 내측, 외측 불문하고 융선 3개 이하이면 8번을 부여한다.

하류와상문 - 추적선 외측, 융선 4개 이상이면 9번을 부여한다.

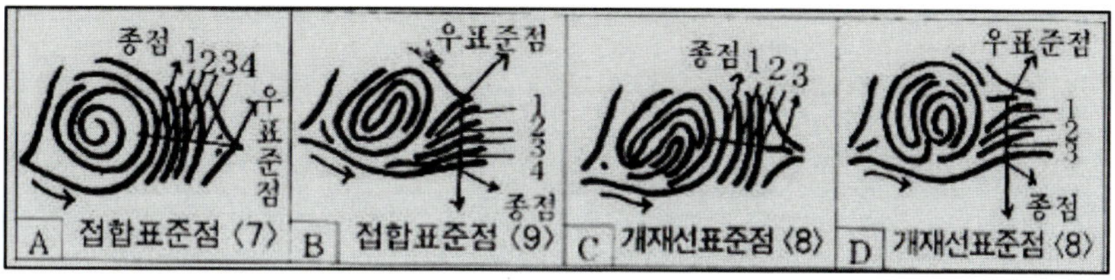

[그림 3-5] 와상문의 분류

(5) 변태문(變態紋)

선천적으로 지문이 나타날 손가락 전체가 점이나 단선 또는 기타 융선으로 형성된 변태적인 문형으로서 궁상문, 제상문, 와상문 중 어느 문형에도 속하지 않는 지문이다.

[표 3-2] 십지지문의 분류

문형	궁상문	제상문					와상문			지두절단	손상지문	변태문
		갑종	을종									
번호	1	2	3	4	5	6	7	8	9	0	0 (안에점)	9 (안에점)
융선수	활모양	※	7↓	8~11	12~14	15↑	내측 4↑	내외측 3↓	외측 4↑			

2. 십지지문과 융선 수

2-1 십지지문채취요령

(1) 채취순서

지문 및 수사자료표 등에 관한 규칙에 손가락 명칭이 모두 통일되어 있으므로 수사경찰관은 통일된 명칭을 사용하여 혼동을 일으키지 말아야 하며, 지문을 채취할 때에도 순서대로 채취하여야 과오를 범하지 않게 된다. 순서가 바뀌면 신원 확인이 불가능하다. 지문채취 순서는 좌수의 시지에서 우수의 무지의 순서가 된다. 즉 좌수의 시지, 중지, 환지, 소지, 무지 순서로 채취한 다음 우수도 시지, 중지, 환지, 소지, 무지 순서로 채취한다.

(2) 지문채취방법

가. 채취하기 전 조치사항

손을 깨끗이 닦고 수분을 완전히 제거한다. 무좀이나 기타 피부질환, 허물이나 물집이 생겼을 때에는 핀셋 등으로 꺼풀을 완전히 제거하여 융선을 현출시킨다. 지두절단 및 손상 또는 기타의 사유로 지문채취가 불가능할 때는 해당란에 절단·손상 연월일과 그 사유를 기재한다.

나. 채취시 유의사항

지문잉크를 고르게 칠하고, 잉크를 칠할 부분에 먼지 등 오물이 부착하지 않았는가를 확인한다. 압날하기 전에 지문의 문양·각의 위치 등을 확인하고, 손가락을 좌측으로부터 우측으로 180도 이상 회전시켜 양쪽 각이 모두 현출되도록 회전압날한다. 지문에 힘을 주지 않도록 하며, 자연스러운 상태로 채취한다. (너무 힘을 가하면 융선의 특징과 거리가 달라지게 된다.)

평면 압날시는 가급적 지간문(손가락 상반마디와 손바닥 사이)이 현출되도록 손가락을 회전시키지 않고 4개의 손가락을 꼭 붙여서 채취한다.

좌수 / 우수

5	5	7	7	7	-	5	7	9	6	6
시지	중지	환지	소지	무지	-	시지	중지	환지	소지	무지

[그림 3-6] 십지지문의 순서

2-2 지문의 종류(지문 및 수사자료표 등에 관한 규칙 별표1)

[표 3-3] 지문의 종류

지문의 종류	설 명	형 태
(1) 궁상문(弓狀紋)	가. 궁상문의 정의 • 활(弓)모양의 궁상선으로 형성된 지문	궁 상 선 
	나. 궁상문의 종류	
	① 보통궁상문 • 평탄하게 흐른 활모양의 궁상선으로 형성된 지문	보통궁상문 
	② 돌기궁상문 • 돌기한 활모양의 궁상선으로 형성된 지문	돌기궁상 문 
(2) 제상문(蹄狀紋)	가. 제상문의 정의 • 말(馬)발굽(蹄)모양의 제상선으로 형성되고 융선이 흐르는 반대측에 삼각도가 1개 있는 지문	제상선 
	나. 제상문의 종류	
	① 갑종제상문 • 좌수의 지문을 찍었을 때 삼각도가 좌측에 형성되어 있거나 우수의 지문을 찍었을 때 삼각도가 우측에 형성되어 있는 지문	갑종제상문  좌수 우수
	② 을종제상문 • 좌수의 지문을 찍었을 때 삼각도가 우측에 형성되어 있거나 우수의 지문을 찍었을 때 삼각도가 좌측에 형성되어 있는 지문	을종제상문  좌수 우수

지문의 종류	설 명	형 태
	가. 와상문의 정의 • 와상선, 환상선, 이중제상선, 제상선 기타 융선이 독립 또는 혼재되어 있는 2개 이상의 삼각도가 있는 지문. 단, 유태제형(有胎蹄形)와상문은 삼각도가 1개	
	나. 와상문의 종류	
	① 순와상문 • 와상문의 중심부 융선이 와상선으로 형성된 지문	순와상문 
(3) 와상문 (渦狀紋)	② 환상문 • 와상문의 중심부 융선이 환상선으로 형성된 지문	환상문 
	③ 이중제형 와상문 • 와상문의 중심부를 형성한 1개 또는 2개의 융선이 이중으로 제상선을 형성한 지문	이중제형와상문 
	④ 유태제형(有胎蹄形) 와상문 • 제상문중심부에 거꾸로 형성된 제상선이 있거나 거꾸로 형성된 호상선이 2개 이상 있는 지문	유태제형와상문 
	⑤ 혼합문 • 2개 이상의 문형이 혼합하여 1개의 문형을 형성한 지문	혼합문 
(4) 변태문 (變態紋)	• 궁상문, 제상문, 와상문에 속하지 않아 정상적으로 분류번호를 부여할 수 없는 지문	변태문 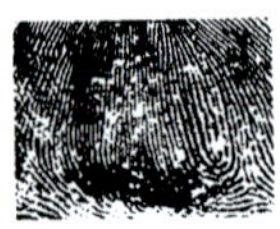

지문이 발견되기 전에는 어떻게 범죄자신원을 확인했을까?

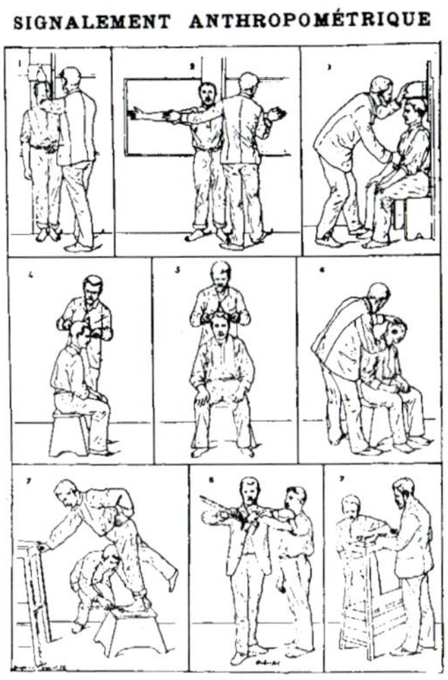

지문이 발견되기 전, 경찰은 재범을 저지른 범죄자들의 행방을 추적하는 데 어려움을 겪었다. 또 다시 범죄를 저지른 사람에게 더 무거운 형량을 선고하기 위해서는 전과자들의 신원을 파악할 방법이 필요했다. 그러던 중 수흐떼의 법과학자 알퐁스 베르틸롱이 정교한 방법을 개발해 낸다.

이는 죄수의 키, 왼쪽 팔꿈치에서 중지 끝까지의 길이, 머리둘레, 귀의 길이 등을 측정하는 방법이었다. 측정 부위가 너무나도 다양해서 두 사람이 같은 치수를 지닐 확률은 2억 8천 6백만분의 1에 불과했다. 드디어 베르틸롱 측정법, 즉 베르틸로나쥬(Bertillonage)의 시행이 시작된 것이다.

베르틸롱 측정법은 시행 첫해부터 다른 방법으로는 놓쳤을 상습적 범죄자 3백 명의 신원을 밝혀냈다. 그리고 이 시스템은 전 세계 범죄 수사 기관으로 퍼져 나갔다.

[출처] 범죄과학, 그 날의 진실을 밝혀라

III. 지문채취 방법

현장 감식 업무에 있어서 지문 채취는 살인, 강도, 절도 등 강력 범죄에 있어서 용의자를 특정하기 위해 가장 많이 사용되고 있다. 범인들은 자신의 유류지문으로 인해 검거될 것을 잘 알고 있기 때문에 검거를 모면하기 위해서 지문을 남기지 않으려 한다. 범인의 동선을 파악하고 유류지문의 발견과 채취를 통해서 범인의 윤곽을 확인할 수 있고 그 지문이 결정적인 증거로 이용되고 있기 때문에 지문 채취는 범인 검거 못지않게 중요하다.

"접촉하는 두 개체는 서로의 흔적을 주고 받는다." 이 법칙은 프랑스 법의학자 로카르드 교수가 제시한 것으로서, 범죄가 발생하면 반드시 가해자와 피해자가 존재하고 그 피해자와 가해자 사이에서는 반드시 부딪힘을 동반하게 되어 두 사람 모두에게 피할 수 없는 흔적을 남긴다는 것이다. 그중에서 눈에 잘 보이지 않는 지문들을 어떤 도구로 찾아낼 수 있는가? 그리고 찾아낸 지문들을 어떤 방법으로 채취해서 증거로 쓸 수 있을 것인가?

Case 3-2 시아노아크릴레이트법 활용

9년 전 저지른 특수강도 범행으로 재판에 넘겨져 혐의를 일체 부인해온 30대 남성이 당시 흉기에 남은 '지문'이 덜미가 돼 실형에 처해졌다.

(중략)

재판부는 흉기에 남겨진 왼쪽 지문이 A씨의 지문과 일치한다는 경찰청 소속 감정관의 소견, 당시 지문채취방법이 '시아노아크릴레이트법'으로 이뤄졌는데 A씨의 주장대로 만졌다면 시아노아크릴레이트법으로 지문이 채취되기 어려운 정황 등을 근거로 A씨의 주장을 받아들이지 않았다.

시아노아크릴레이트법은 순간접착제성분의 증기가 공기 중의 수분과 반응하는 점을 이용해 지문을 채취하는 방법이다.

"흉기 남아있던 지문에 덜미"…9년전 특수강도 혐의 30대 실형(인천=뉴스1)

https://www.news1.kr/articles/?4074152

1. 현재지문의 채취법

1-1 전사법(轉寫法)

전사법은 평면체로부터 검출된 지문채취에 사용한다. 전사판의 대지(臺紙)를 벗긴 다음 점착면을 지문이 검출된 부분을 향해서 한쪽 끝에서부터 가만히 덮어 붙인다. 이때 기포가 생기면 지문현출이 잘 되지 않으므로 기포가 들어가지 않도록 주의하여 붙인다. 전사판으로는 지문전사용 젤라틴지(gelatine 紙)가 주로 사용된다.

1-2 실리콘러버법

실리콘러버에 의한 지문채취법은 부패한 변사체의 지문이나 공구흔 채취에 주로 활용되며 검체가 구면체(球面體) 또는 요철면체(凹凸面體)일 때 전사에 적합한 방법으로,

실리콘러버법으로 채취한 지문을 합성수지 피막제액을 도포한 다음 굳은 후에 떼어내서 (이때 떼어낸 실리콘러버는 역지문이므로) 지문잉크를 바른 후 전사법으로 지문을 채취한다.

2. 잠재지문의 채취법

잠재지문은 먼저 그것을 육안으로 식별할 수 있도록 한 다음 사진촬영 또는 전사하여 채취한다. 잠재지문의 검출방법은 고체법, 액체법, 기체법, 강력순간 접착제법, 오스믹산용액법, 진공금속지문채취법(VMD), 화염법 등이 있다.

1-1 고체법(분말법)

(1) 의의

고체법은 미세한 분말을 지문이 인상되었다고 생각하는 물체에 뿌려 분비물에 부착시켜서 잠재지문을 검출하는 방법이다. 분말법은 19세기초부터 지문 채취법으로 사용되고 있으며, 지문 융선에 남아 있는 수분이나 기름성분 등에 분말을 부착시켜 지문 채취하는 방법이다. 이 방법은 사용이 간단하고, 지문검출 결과를 바로 얻을 수 있는 장점 때문에 현장에서 가장 많이 사용하는 방법이다. 다만 분말성분 중 일부 성분(납, 망간, 수은, 티타늄 등)은 독성이 있어 인체에 해롭고, 지문 채취 시 붓에 의한 지문의 손상이 있을 수 있는 단점이 있다.

가. 대상 및 조건

분말법은 표면이 평평한 유리, 도자기, 칠기, 금고 혹은 자동차 차체 등 주로 표면이 비교적 편편하고 매끄러우며 비다공질 물체상에 유류된 잠재지문에 적당하다. 접착성이 있는 물체는 지문분말이 흡착되므로 사용해서는 안 된다. 지문이 유류되어 있는 물체의 색채에 따라 사용하는 분말의 색채를 결정한다. 분말의 종류에는 흑색분말, 백색분말, 회색분말, 알미늄분말, 탄산납분말 등 수십 종이 있다. 만일 피사체가 흑색 또는 어두운 색일 때에는 백색 또는 밝은 색의 분말을 쓰고, 피사체의 색채가 백색일 경우에는 흑색분말을 사용한다. 그러나 실무에서는 은색분말(알미늄 분말)은 흡착력이 너무 강해 잘 사용하지 않고 흑색분말을 주로 사용한다. 분말색은 지문이 현출된 표면과 최대한 대비가 되도록 선택해야 한다.

나. 분말 부착 방법

쇄모법(刷毛法)은 일반적으로 사용되는 방법으로서 붓을 이용하여 분말을 물체위에 바르는 방법이다. 롤(Roll)법은 물체위에 분말을 적당히 뿌린 후 물체를 기울이거나 돌리거나 하는 방법으로 분말을 물체 전면에 닿게 하는 방법이다. 분사(Spray)법은 분말용 분무기를 사용하여 분말을 뿜는 방법이다.

다. 분말법(쇄모법)에 의한 지문채취 방법

1) 지문이 있을 것으로 추정되는 곳을 육안으로 찾는다.
2) 지문을 채취할 장소나 물체를 사진 촬영한다.
3) 지문 채취에 적합한 분말과 붓을 선택한다. 선택하기 어려우면 지문과 관련이 없는 곳에 적당한 분말과 붓으로 시험적으로 칠해본다.
4) 가능한 한 적은 양의 분말을 일정한 용기에 덜은 후 분말을 모필 끝에 묻혀 가볍게 털고 검체의 한쪽에서부터 가볍게 쓸면서 잠재지문을 검출한다.
5) 과도하게 분말이 칠해진 경우 부드러운 붓으로 지문이 최적으로 보일 때까지 털어낸다.
6) 전사(轉寫)하기 전에 필히 사진 촬영을 한다.
7) 전사판(백색, 흑색)의 대지(臺紙)를 벗겨 현출된 지문을 전사한 후 대지의 한쪽으로 부터 가만히 붙인다.

(2) 일반분말 및 자성분말법

분말을 지문에 전달하는 것은 붓이며 유리섬유, 탄소섬유, 동물 털 등 소재가 다양하다. 추가 처리를 하지 않아도 잘 보이는 일반적인 유색 분말과 특정 파장이 광원을 사용하여 작은 흔적에도 쉽게 반응하는 형광성 분말, 붓에 의한 압력으로 인해 생기는 지문의 훼손을 최소화하기 위해 자석봉을 사용하도록 만든 자성 분말 등이 있다.

분말법이 적용되지 않는 현장, 예를 들어 비가 와서 젖은 차량의 문 손잡이에서 지문을 채취해야 한다거나, 피해자를 묶을 때 사용한 천연 테이프 접착면에서 지문을 찾아내야 하는 경우가 있다. 분말이 지문에만 묻혀야 하는데, 검체의 표면이 물 같은 이물질에 젖거나 테이프의 접착면같이 끈적일 경우에는 지문이 없는 표면에도 분말이 묻기 때문이다. 이러한 문제를 해결하기 위해 지문에 반응하는 분말을 액체에 섞어 놓은 소립자 시약(SPR), 염색제인 크리스털 바이올렛 등의 약품을 사용한다. 이 밖에 코팅하지 않은 목재나 종이처럼 검체의 표면이 분말 입자에 비해 매끄럽지 않은 경우도 분말로는 지문을 보기 힘들다.

(3) 형광분말법

유기(형광) 분말은 입자의 크기가 큰 유기물질들을 운반체로 하며 형광을 내는 미세한 입자를 가진 분말이며, 주로 표면에 색이 있거나, 무늬가 있을 때 형광을 이용하여 표면과 지문 간의 대조를 좋게 하기 위해 활용하는 분말이다. 유기(형광)분말을 사용하여 검체에 유류된 지문을 현출한 후, 적절한 파장이 광원과 차폐 필터를 사용하게 되면 배경은 어둡고 지문은 밝게 나타나는 좋은 대조비의 지문을 얻을 수 있다. 470nm 파장의 가시광선을 비추어주면 더욱 선명하게 촬영 가능하다.

1-2 액체법

(1) 의의

액체법이란 지두의 분비물 중의 염분, 단백질 등에 화학적 반응을 일으켜서 지문을 검출하는 방법으로 닌히드린 용액법과 초산은 용액법이 있다. 액체법은 지류(紙類) 등 흡수성 다공질에서 지문을 검출하는 경우에 사용한다.

(2) 닌히드린(ninhydrin)용액법(Kornilakis법)

가. 의의

닌히드린 용액법은 땀속에 함유되어 있는 아미노산에 0.5%의 닌히드린 용액(0.5%의 ninhydrin - acetone액)을 작용시켜 발색(發色)반응을 시키는 방법이다. 지문에 묻어 있는 아미노산 성분과 닌히드린 시약이 반응하여 자청색의 지문이 현출된다. 닌히드린법은 1954년 스웨덴 과학자 오덴(Oden)과 호프스텐(Hofsten)에 의해 개발 발전되어 현재까지 가장 많이 사용되는 지문 채취법이다.

나. 대상 및 방법

물체는 종이류와 같이 검체가 다공질(多孔質)인 경우에 주로 사용한다. 기재는 닌히드린 용액, 스텐레스용 기, 전기다리미, 핀셋 등이 필요하다. 닌히드린 용액은 닌히드린시약을 적당한 용매(아세톤, 에틸알코올 등)에 용해시켜 제조해야 한다. 용매의 종류에 따라 각각의 특성이 있기 때문에 용매의 선택이 무엇보다도 중요하다. 용매의 조건은 물에 잘 녹고 화학적으로 극성인 것이 적당하다. 아세톤은 인화성이 높고 유독성이다. 다공성 물질에 잘 흡수되고, 잉크에 잘 스며들어 잉크가 번지는 특성이 있지만 값이 싸고 일반적으로 가장 많이 사용된다.

다. 지문채취 방법

닌히드린 용액을 스텐레스 용기에 붓고 검체를 담가서 적신 후 2분이 경과되면 용액이 증발한다. 상온의 닌히드린은 고체 상태의 결정이다. 지문을 구성하는 단백질이 아미노산으로 분해되어야 닌히드린과 반응하여 '루히만 퍼플'이라는 자색(보라색) 지문이 나타나기 때문에 일정한 온도와 습도에서 약간의 시간이 필요하다. 현장에서는 빠른 결과를 보기 위해 스팀다리미로 검체를 문지른다. 전기다리미(100℃)나 자외선 램프로 약 1분간 가열하면 잠재지문이 검출된다. 닌히드린 용액은 인화성이 강한 약품이므로 라이터나 성냥불로 가열하여 검체를 태우는 일이 없도록 주의를 요한다.

지문이 자청색으로 검출되면 사진촬영을 하는데 전사법을 사용하지는 못한다. 닌히드린 제조시 오존 등 환경오염물질발생 방지 및 잉크가 번지는 것을 막기 위해 3M사에서 제조·판매하는 HFE-7100을 용매로 사용한다. 지문 현출 시간은 수일 또는 수주일 정도 시간이 걸리나 열과 화학적인 방법으로 지문 현출을 촉진시키는 방법이 있다.

(3) 초산은(또는 질산은) 용액법

가. 의의

초산은 용액법은 잠재지문에 묻어 있는 염소(Cl) 성분과 수은(Ag)이 반응하여 염화수은(AgCl) 화합물로 지문을 현출시키는 방법이다. 초산은 용액을 땀속에 함유되어 있는 염분과 작용시켜 태양광선에 쪼여서 자색(紫色)(보라색)으로 잠재지문을 검출하는 방법이다. 물체는 종이류 등(협박서신, 불온유인물) 다공질 물질에서 지문을 현출시 사용되고, 갈색 지문이 현출 된다. 닌히드린법과 병행 사용할 수 있으며, 닌히드린법을 먼저 작업한 후 초산은법을 사용해야 한다.

나. 지문 현출 방법

1) 용액에 지문 현출 대상물을 담근 후 완전히 말린다.
2) 말린 대상물을 햇볕이나 고감도 광원(사진램프 등)에 노출시켜 지문을 현출한다.
3) 현출된 지문을 사진 촬영한다.
4) 현출된 지문은 빛에 민감하여 손상될 수 있으므로 검정색 봉투나 암실에 보관해야 한다.

Case 3-3 감열지 지문현출

감열지란 열에 민감한 물질로 이루어진 층을 종이 표면에 코팅시킨 후, 열을 가해 필요한 이미지를 인쇄할 수 있도록 제조한 종이이다. 일반 닌히드린 용액을 사용하게 된다면 새까맣게 타버린다. 감열지용 현출시약으로는 써마닌, 요오드 훈증(燻蒸, fumigation), DMAC 등이 있고 닌히드린과 1,2-ind도 사용을 하지만 지문이 현출되어도 감열지는 새까맣게 타버리는 현상이 발생하여 원본 그대로의 모습은 되지 않는다. 1,2-ind의 감도를 일정 비율을 낮추어 개발해낸 감열지용 1,2-ind 시약을 사용한 결과이다.

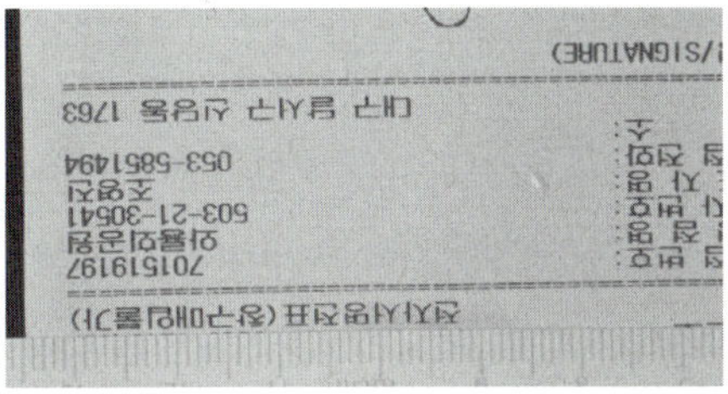

시약 실험 전 감열지

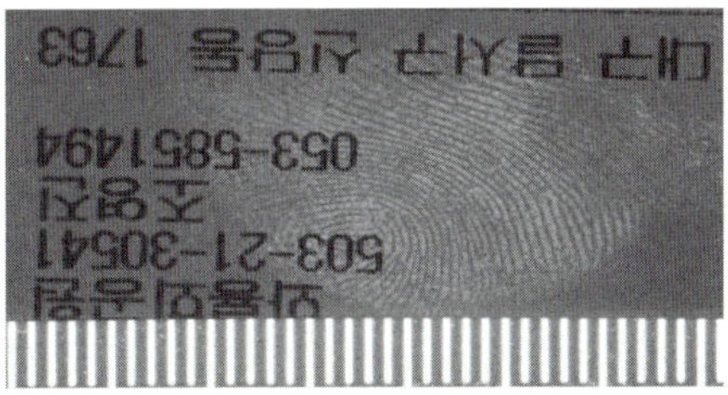

감열지용 1,2-ind 시약으로 지문현출
광원: 470nm, 오렌지 필터

[그림 3-7] 감열지 지문현출

1-3 CA법(Cyanoacrylate법, 강력순간접착제법)

(1) 의의

CA 지문 채취법은 1978년 일본 경찰청 지문 감식과에서 CA 증기로 인한 지문 현출법을 처음으로 고안하여 전 세계에 알려지면서 큰 각광을 받게 되었고, 최근까지 지문 현출법으로서 많이 사용되고 있다. 일본의 한 경찰관이 뚜껑을 닫지 않은 순간접착제 때문에 자신의 물건에 잘 지워지지 않는 견고한 지문이 하얗게 생겨난 것을 발견했다. 이렇게 탄생한 순간접착제법(superglue fuming 또는 그 성분명에 따라 cyanoacrylate,

CA법)은 1980년대 미국으로 건너가 눈부시게 발전한다. 이 기법은 분말이나 액체보다 더 미세한 기체가 직접적인 전달 물질의 압력 없이 지문을 만들어 낸다는 점에서 상태가 좋지 않은 지문도 훌륭한 결과물을 보여 준다는 장점이 있다. 순간접착제가 증발하며 공기 중 또는 검체의 표면에서 지문을 구성하는 물질과 반응해 하얗고 단단한 지문을 만들어 내는 기법이라, 표면적이 넓은 검체에도 적용하기 쉽고 눈에 보이지 않는 곳까지 구석구석 적용할 수 있다. 미국에서는 시체에 남아 있을지 모를 용의자의 지문을 찾는 데 이 기법을 적용한다.

시체에 투명한 비닐 텐트를 씌우고 순간접착제를 가열하여 만들어 낸 연기를 텐트 안으로 집어넣는다. 성폭행 살인 사건 등에서는 용의자와 피해자 사이에 강한 접촉이 있게 마련이기 때문에 시체의 피부에서도 지문이 발견되곤 한다. 차량의 지문 검색에도 적용되는데 이때도 텐트를 사용한다. 차량은 구조가 매우 복잡한 검체여서 사람 손으로 일일이 지문을 검색하기가 힘들다. 하지만 이러한 기체법을 사용하면 지문을 발견하기 쉽다.

플라스틱, 유리, 알루미늄, 금속, 니스 칠된 나무, 가죽류 등 표면이 매끄러운 비다공질 물질에 이용된다. 지문채취시 주의 사항으로는 작업시 공기가 통하지 않는 투명하고 밀폐된 유리관 안에서 해야 하고, 감정물의 모든 부분이 골고루 CA증기에 접촉되도록 해야 한다. 사용 용기로는 사용 후 폐기하기에 편리한 알루미늄 코일 등을 사용한다. 또 증기가 신체에 노출되지 않도록 보안경, 장갑, 마스크 등을 반드시 착용한 후 작업을 한다.

(2) 방법

가. 일반적 방법

일반적으로 유리관 안에 CA를 올려놓으면 자연적으로 증기가 조금씩 발생하여 지문이 현출되지만 시간이 상당이 오래 걸리기 때문에 열이나 화학적 촉진법을 병행하여 사용한다. 유리관 안에 지문을 채취할 대상물을 올려놓는다.

- 용기(또는 호일 등)에 CA 접착제를 몇 방울 떨어뜨린 후 유리관에 넣는다.
  최소 2시간 동안 기다린 후 대상물에 지문이 현출되는지 관찰 한다

나. 열 가속 방법

- CA 접착제에 열을 가해 증기를 신속하게 발생시켜 지문을 현출하는 방법으로 이 원리를 이용한 휴대용 가스분사기가 개발되어 사용 되고 있다. 유리관 안에 지문 채취할 대상물을 올려놓는다.
- 80도 이상 가열한 용기에 CA 접착제를 몇 방울 떨어뜨린 후 유리관에 넣는다.
- 10~40분 정도 기다린 후 대상물을 꺼내 지문을 채취한다.

다. 화학적 가속 방법

수산화나트륨(가성소오다)을 이용 CA 접착제와수산화나트륨을 반응시켜 증기를 발생시켜 지문을 현출시키는 방법이다.

(3) 지문 현출방법

- 지문 채취 대상물을 유리관 안에 올려 놓고 말린 수산화나트륨이 묻어 있는 탈지면에 CA 접착제를 몇 방울 떨어뜨린 후 유리관에 넣는다.
- 20~30분 후 대상물을 꺼내 지문을 채취한다.

Case 3-4 경찰도 검찰도 피의자 관리 구멍 뚫렸다

택시 무임승차로 기사와 승강이를 벌이다 부산의 파출소까지 가게 된 김모(30)씨가 벌금410만원과 징역형의 집행유예 기간중 가중처벌을 우려해 경찰의 신분확인 때 형의 주민등록번호와 주소를 불러주어 신분을 위장하였다. 김씨의 진술만 믿고 신원조회하면서 형의 범죄사실까지 말하자 별의심 없이 확인서를 썼고 경찰서와 검찰청을 거쳐 부산구치소에 수감되었으나, 이 과정에서 기본적인 지문확인 절차가 작동하지 않아 피의자가 신분을 속인 사실을 눈치채지 못하였다. 김씨의 행각은 형이 부산지검을 찾아가 벌금을 납부하는 과정에서 들통 났다(2013.1.17.부산일보 “경찰도 검찰도...피의자 관리 구멍 뚫렸다”).

○ 참고문헌

표창원·유제설 (2011). 「한국의 CSI」 북라이프.

경찰청 (2017). 「과학수사 기본규칙」

브리짓 허스 (2017). 「범죄과학, 그 날의 진실을 밝혀라」 조윤경 역 동아엠앤비.

경찰청 훈령 제878호(2018. 7. 27.), 지문 및 수사자료표 등에 관한 규칙

경찰청·한국CSI학회 (2020). 「과학수사 I」, 「과학수사 II」 에스엠북(SMBook).

김희수 (2020). 「분말법을 통한 잠재지문의 현출에 정전기가 미치는 영향에 관한 연구」 석사학위논문. 순천향대학교 법과학대학원

박화영 (2019). 「밀가루에 오염된 비다공성 표면에 유류된 잠재지문 현출에 관한 연구」 석사학위논문. 순천향대학교 법과학대학원

http://lg-sl.net/sl_image/LOGO/LOGO2017/LOGO201711/LOGO20140400010.gif

"흉기 남아있던 지문에 덜미"…9년전 특수강도 혐의 30대 실형 (인천=뉴스1) https://www.news1.kr/articles/?4074152

시아노아크릴레이트법 영상

https://www.fbi.gov/video-repository/ert-training-fuming-072021.mp4/view

http://titanforensic2012.blogspot.com/2012/10/wed-oct-10-2012.html

제4장

혈흔 /총기감정 /문서감정

Ⅰ. 혈흔

Ⅱ. 총기감정

Ⅲ. 문서감정

제4장

혈흔 /총기감정 /문서감정

"혈흔은 현장을 재구성하는 스토리텔러다!" - 서영일 박사

I. 혈흔

1. 혈흔과 범죄수사

1-1 개관

혈액은 인간 체중의 8%가량을 차지할 만큼 비중이 큰 요소 가운데 하나다. 온몸에 분포한 혈관을 돌며 산소와 영양소를 운반하는 생명의 원천이다. 성인 남성 몸속에는 5~6ℓ, 여성은 4~5ℓ 정도의 혈액이 존재한다. 혈흔(핏자국)에는 DNA정보도 있고 어떤 독극물이나 이물질을 섭취해서 피의 색이 변해서 사건 해결의 정보를 제공하기도 하고 피가 튀고 흐르는 방향을 보여줌으로써 어떻게 범행이 이뤄졌는지도 유추가 될뿐더러 증거로 사용할 수 있는 많은 것들을 가지고 있다. 현대의 범죄수사는 유전자감식 등 발달된 과학기술을 통해 범죄자의 특정이 매우 용이해졌다. 검거 사례도 TV 등 대중 매체를 통하여 자주 전파되어 이제는 DNA감식이 국민들에게 낯설지 않는 용어가 되었다. 유전자의 특정 염기서열의 반복수가 개인마다 다른 점을 이용하여 이를 지문으로 삼아 각각 범죄현장의 혈흔이나 세포조직 하나만으로 유전자 지도를 통해 해당인물을 특정하는 것이 가능해졌기 때문이다.

하지만 유전자 기술이 많이 발전되지 않았던 시대에는 혈흔을 통해 범인을 특정하기가 힘들었다. 범죄현장에서의 혈흔의 오염, 용의자를 특정하기에 턱없이 양이 부족한 미세 혈흔의 채취불가능 등의 제약 때문이다. 그러나 국립과학수사연구원의 연보 기록을 보면 범죄 현장에서의 대부분을 차지하는 혈흔증거를 법의학적으로 접근하는 개인식별의 중요성을 깨닫고 혈액형 판정법에 대해 연구하여왔다. 현재도 사용되고 있는

ABO식 혈흔판정에서부터 그 외에 MN식의 병행을 시도하려는 노력과 세제를 통해 세탁한 섬유를 통한 혈흔을 감정하는 fibrin평판법, 그 외에 Q기법, ELISA법 등은 여전히 중요하다.

오랫동안 중요한 증거로 사용되었던 다양한 형태의 혈흔은 오늘날 더욱 중요시 되고 있다. 과거에 혈흔은 중요한 단서를 제공은 하였지만 그것이 논란의 여지없이 명백한 증거는 아니었다. 2010년 DNA법이 실행되면서 검찰과 경찰이 강력범죄자의 DNA를 채취해서 보관하고 있기 때문에 이제는 적절하게 혈액을 채취한다면 혈액의 신원을 정확하게 밝혀 주는 DNA 검사를 통해 정확하게 신원을 밝힐 수 있다.

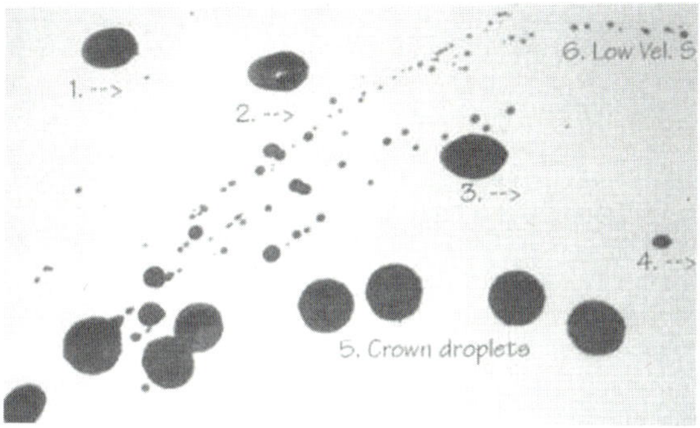

[그림 4-1] 혈흔형태

[출처] The Forensic Casebook: The Science of Crime Scene Investigation, Ngaire Genge

1-2 혈흔의 기능

(1) 혈흔의 중요성

가. 말없는 목격자

사건 현장이라면 당연히 있을 것 같은 혈흔일지라도 그 혈흔들은 수많은 형태의 이름으로 불려가며 사건현장 속에 중요한 증거로 존재한다. 그래서 혈흔을 '말없는 목격자', '죽은 자의 마지막 증언'이라고 하는 말이 있다. 사건현장에서의 혈흔 부착 형상, 인혈증명, MN식 혈액형, Rh식 혈액형 모두 중요한 증거가 된다. 혈흔으로는 혈액형, 성별, DNA분석 등이 가능하나 연령추정은 불가능하다.

혈흔을 현미경으로 관찰하면 여성혈흔에서는 남성혈흔에 거의 관찰되지 않는 돌기모양의 백혈구 세포액이 있어 남·녀 구분이 가능하다. 여성의 혈흔에는 백혈구 세포핵에 돌기모양, 드럼 스틱(drum stick)이 관찰되고 남성의 혈흔에는 남성 Y염색체가 키

나그린 염색액에 염색되어 형광현미경으로 관찰이 가능하다. 혈흔으로 알 수 있는 정보로는 범죄 장소, 사용된 흉기의 종류, 동물의 피 인가 사람의 피 인가의 여부, 피해자의 혈액형 등이 있다.

나. 혈흔의 형상, 크기, 분포

피의 흔적은 사건해결의 중요한 정보를 제공하며 피가 떨어진 방향을 추정할 수 있다. 혈흔 주위의 모양이 부채 모양 일 때 가장자리를 기준으로 거리를 측정한다. 핏방울의 형상은 떨어진 물체표면의 영향을 많이 받는다. 독립된 큰 혈흔과 미세 혈흔이 있을 때 미세 혈흔이 그 큰 혈흔으로부터 비산된 혈흔인지를 판별할 수 있어야 혈흔의 방향성을 쉽게 알 수 있다. 혈흔형상의 크기, 방향, 분포 등은 당시 사건의 상황을 그대로 재현할 수 있음은 물론 기타 사건 수사를 위한 많은 정보를 얻을 수 있다.

(2) 혈흔 검사

가. 검사 순서

1) 육안적으로 혈흔부착 여부 및 부착형상 등 관찰 - 출혈부위, 혈흔 경과시간 검사
2) 혈흔예비시험 - 루미놀 시험, 무색마라카이트 록 시험, 벤지딘 시험으로 혈흔인가 확인
3) 혈흔 확인시험 - 헤모크로모겐 결정체시험 실시하여 혈흔 확인
4) 인혈증명시험 - 침강반응 중층법, 한천겔 면역 확산법, 휘브린평판법 실시
5) 혈액형검사 - 해리시험법, 혼합응집반응법

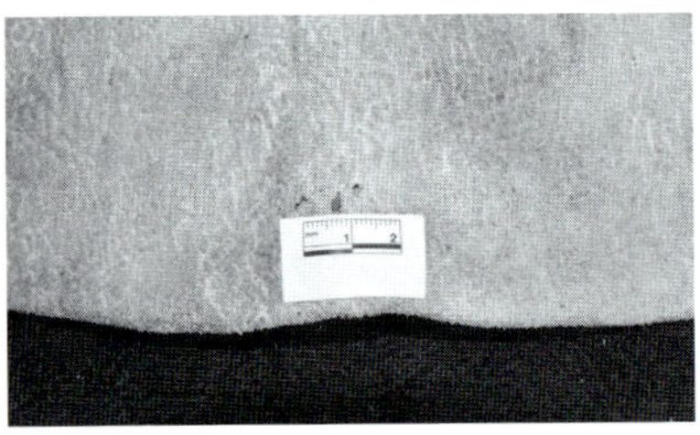

차량용 걸레 적외선촬영 혈흔반응

차량 운전석혈흔예비시약(L.C.V) 반응

[그림 4-2] 혈흔반응

(3) 혈흔채취방법

거즈에 생리식염수(혈흔을 알콜로 채취하면 감정을 할 수 없음)를 묻혀 혈흔의 농도가 짙게 채취하여야 한다. 혈액형 감정이 가능한 최소량은 혈흔 0.5㎎ 이상이며, 젖어있는 혈액은 통풍이 잘되는 그늘에서 건조시켜야 한다.

루미놀(luminol)시약은 혈흔예비시험단계로 햇볕이 차단된 상태에서 혈흔 예상 장소에 분무하면 형광 빛을 발한다. 그러나 루미놀 시약은 자체 발광반응뿐만 아니라 커피, 무, 감자, 유한락스 등에도 유사반응을 한다. 따라서 발광반응이 관찰된다고 하여 반드시 혈흔이 유류된 것이라 판단할 수 없고 감정기관에 의한 감정을 받은 후 판단하여야 한다.(9장 2절 혈흔감정 참조)

2. 혈흔과 현장재구성

2-1 혈흔의 형태

(1) 혈흔의 종류

- 모혈흔(Parent Stain): 자혈흔이 만들어진 원인이 된 혈흔
- 자혈흔(Satellite Stain/Spatter): 혈액이 표면에 충돌하면서 모혈흔이 형성될 때 만들어지는 작은 혈흔
- 낙하혈흔(Drip Stain): 중력의 작용으로 떨어져 생성되는 혈흔
- 낙하연결혈흔(Drip Trail): 두 지점 사이에 낙하혈흔을 생성하는 대상물이 움직이면서 생성되는 혈흔형태
- 고인혈흔(Pool): 표면에 혈액이 모여서 생성되는 혈흔
- 흡수혈흔(Saturation Stain): 흡수재질의 목표물에 혈액이 모여서 생성되는 혈흔. 옷에 묻어 굳은 혈액 등이 있다.
- 다량유출혈흔(Splash Pattern): 표면에 떨어지거나 쏟아진 다량의 혈액으로 생성되는 혈흔
- 이탈혈흔(Cast-off Pattern): 움직이는 물체에서 떨어져 나온 혈액으로 생성되는 혈흔형태
- 흐름혈흔(Flow Pattern): 중력이나 물체의 움직임 때문에 다량의 혈액이 움직임으로써 형성되는 혈흔형태
- 충격혈흔(Impact Pattern): 액체인 혈액을 충격하여 생성되는 혈흔
- 비산혈흔(Spatter Stain): 혈액에 외력이 작용하여 공기 중에 혈액방울이 퍼져나가 생성되는 혈흔
  1) 전방비산혈흔(Forward Spatter Pattern): 충격하는 방향으로 비행하는 혈액방울로 생성되는 혈흔

2) 후방비산혈흔(Back Spatter Pattern): 주로 발사체에 의한 사입구와 관련, 외력이 작용한 반대방향으로 비행하는 혈액방울로 생성되는 혈흔형태

- 묻힌혈흔(Swipe Pattern): 혈액이 묻은 물체가 혈액이 없는 표면에 닿아 움직이면서 혈액이 전이되어 형성되는 혈흔
- 전이혈흔(Transfer Stain): 혈액이 묻은 물체와 다른 물체와의 접촉에 의해 생성되는 혈흔 (예: 피묻은 발자국)
- 닦인혈흔(Wipe Patter): 마르지 않은 혈흔에 물체가 닿아 움직여서 변형된 혈흔형태
- 공간흔(Ghosting, Shadowing, Void): 전체적으로 혈흔이 부착된 목표물에서 혈흔이 보이지 않는 부위. 어떤 물체가 놓여있었고 그 물건이 치워지거나 없어진 다음에도 그곳에 물체가 있었다는 것을 추론할 수 있다. 치워진 물건은 사건 해결의 중요한 열쇠가 되기도 한다.

※ 줄연결법(String Method): 줄을 이용하여 발혈 부위를 찾는 기법

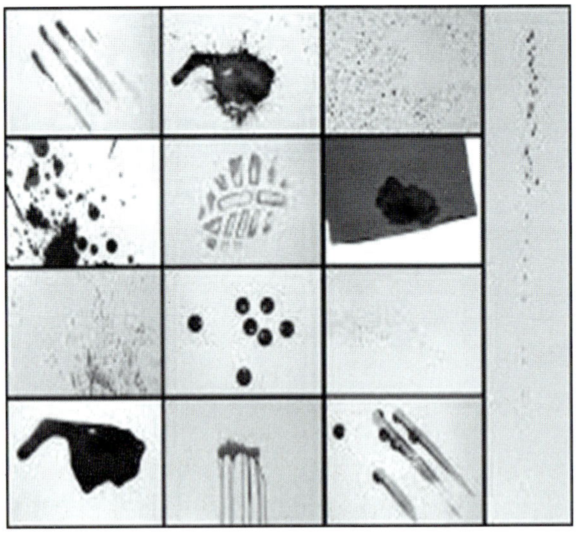

묻힌혈흔	낮은 속도의 충격 혈흔	공간흔	이탈혈흔
호기혈흔	전이(전사)혈흔	흡수혈흔	
중간 속도의 충격 혈흔	혈액방울	높은 속도의 충격 혈흔	
고인혈흔	선상분출혈흔	닦인혈흔	

[그림 4-3] 혈흔의 형태(상)와 명칭(하)

[출처] ttps://quizlet.com/270326070/forensics-blood-spatter-diagram/

(2) 기타

경사진 면에서 자유 낙하 혈흔이 형성된 경우 폭에 대한 길이의 비로 어느 정도의 각도에서 떨어졌는지 추정할 수 있다. 폭에 대한 길이의 비(L/W)가 증가할수록 충격 각도가 커진다.

바닥에 흘린 피의 색, 방향을 통해 주위환경과 범인의 이동방향을 알 수 있다.

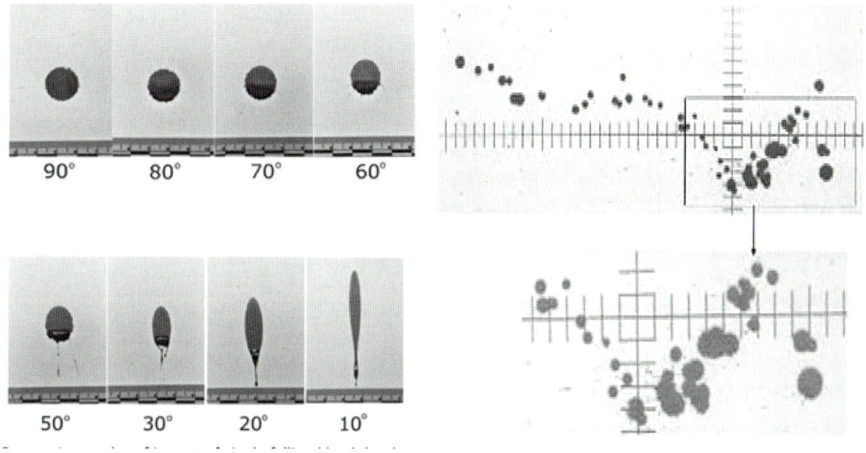

[그림 4-4] 자유낙하 혈흔(좌)과 이동방향

[출처] https://www.pinterest.com/pin/565061702993505l6

2-2 혈흔패턴

(1) 혈흔분석

사망자가 흘린 핏자국을 분석하면 움직이며 흘린 피와 움직이지 않은 상태에서 흘린 피의 구별이 가능하다. 움직이지 않은 상태에서 자유 낙하로 형성된 혈흔은 정원형의 모양에다 혈흔의 외곽에 형성된 작은 돌기 형태의 혈흔(위성혈흔)들이 고르게 퍼져나간다.

그러나 사망자가 저항하고 움직이면서 흘린 피는 움직인 방향으로 폭이 줄어들면서 긴 혈흔을 남기게 된다. 이때 움직인 속도가 빠를수록 폭에 대한 길이의 비가 증가한다. 만약 피해자 키 높이에 남아있는 자의 혈흔형태는 피해자가 서 있는 상태에서 찌른 것을 알 수 있고, 피의자의 옷에 분무된 형태의 혈액입자가 있고 타액 성분이 검출되었다면 피해자의 기관지에 들어온 피를 토해낸 것으로 판단할 수 있다.

혈흔 현장의 행위순서는 일반적으로 혈흔이 가장 적은 곳에서 가장 많은 곳으로 진행하게 된다. 왜냐하면 일반적으로 혈흔이 가장 많은 곳이 피해자가 사망한 장소일 가능성이 높기 때문이다. 혈흔이 가장 적은 곳은 사건이 시작한 곳으로 시간적으로 맨 앞이고, 혈흔이 가장 많은 곳은 사건의 종착점일 경우가 많다. 혈흔 분석을 통한 현장 재구성에서 가장 우선시 되는 원칙은 비산·낙하혈흔이 가장 많은 지점이 살인의 마지막 지점이며, 가장 적은 지점이 살인의 시작 지점이라는 것이다.

혈흔은 중력의 영향으로 자연스럽게 떨어지거나 흘러내리기도 하고 타격 등의 외력에 의해 멀리까지 튀기도 한다. 그렇기 때문에 법과학의 전문분야에 속하는 혈흔분석은 현장에서 혈흔이 있다면 글을 적거나 현장 스케치를 하든가 영상촬영, 사진촬영 등으로 상세하게 기록해서 현장수사관이 범죄를 재구성하는데 도움을 주는 역할을 하는 것뿐만 아니라 다른 사물과의 관계까지도 설명해 줄 수 있다.

혈흔을 통해 사건의 진실을 밝히는 혈흔 분석가는 혈흔을 통해 현장을 재구성하는데 용의자의 증언과 혈흔이 나와 있는 것을 비교하고 분석해서 용의자의 증언이 맞는지 확인하고 거짓인지 밝히는데 큰 역할을 한다. 혈흔형태의 분석은 객관적인 사건의 재구성과 미궁으로 빠질 수 있는 사건을 해결하는데 꼭 필요하다.

Case 4-1 핏자국이 그려낸 범인의 몽타주

❍ 혈흔형태감식을 통한 범죄현장의 재구성

2019년 6월 한 여성이 자신을 성폭행 하려던 전남편을 우발적으로 살해 했다고 주장하는 사건이 일어났다. 범행이 일어난 뒤 제주지방경찰청 과학수사팀은 사건이 일어난 펜션 안으로 들어갔고 흉기사건이 일어났다고는 생각하지 못할 만큼 깨끗하고 평범한 그곳에서 2mm 이하의 아주 미세한 혈흔을 발견하게 된다. 이미 사건발생 5일이 지난 후라 검붉은 점이 되어 버린 이 작은 혈흔은 고유정 전남편 살인사건의 잔혹성과 계획범죄를 밝혀내는 중요한 단서가 된다. 이렇듯 아주 미세한 혈흔이지만 한번 흔적으로 남은 혈흔은 크기나 형태 피가 튄 방향성 등에 따라 자연적인 현상으로 발생한 것인지 누군가가 흉기를 내리친 인위적인 가해로 생긴 것인지 추정할 수 있는 결정적인 단서가 되기도 한다. 이것이 바로 과학수사 기법중 하나인 혈흔형태분석이다. 외국에서는 1983년 매도널 박사에 의해 처음으로 국제 혈흔형태 분석전문가협회(IABPA)가 결성되었으며 한국은 지난 2008년 한국 혈흔형태 분석학회가 창립되었다.

(2) 상반진술과 혈흔형태감식

그렇다면 과연 이런 혈흔형태분석이 어떤 식으로 사건에 접목이 되는 것인지 '그것이 알고 싶다'에서 다룬 사건을 사례로 들어 살펴보겠다. 2012년 새벽 사주리에서 한남성이 참혹하게 살해당하는 사건이 발생한다. CCTV도 주변 목격자도 없는 상황에서 유일하게 사건 현장 속 존재하는 두 사람. 두 사람은 서로 다른 진술을 하며 자신은 그저 범행 사건에 존재했을 뿐이라고 주장한다. 경찰은 둘의 진술을 토대로 수사에 나섰다. 아무것도 남아있지 않는 사건현장에서 유일하게 그 당시의 진실을 알려주고 있는 핏자국들을 토대로 그날 사건의 진실을 밝혀낼 수 있었다.

1) 핏방울의 형태와 모양에 따른 사건현장의 재구성 [출처] 그것이 알고 싶다

<table>
<tr><td>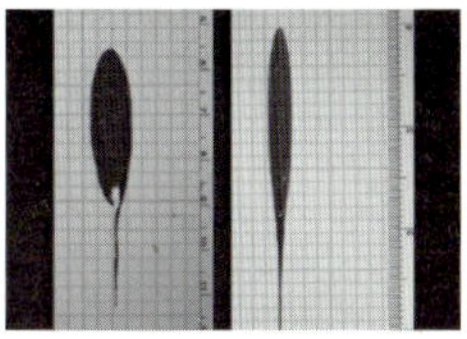</td><td>혈흔의 형태: 긴 꼬리가 하단부로 내려가는 패턴
위에서 아래로 휘두르는 형태의 공격이 가해짐.
서로 마주본 상태에서 몸싸움을 했을 가능성.</td></tr>
<tr><td>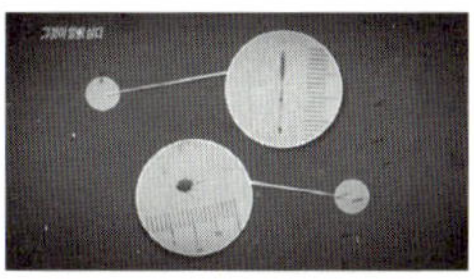</td><td>혈흔의 형태: 원형에 가깝고 짧은 형태의 꼬리
혈흔의 모양과 분포를 통해 날카로운 형태의 둔기를 사용했을 가능성.</td></tr>
<tr><td colspan="2">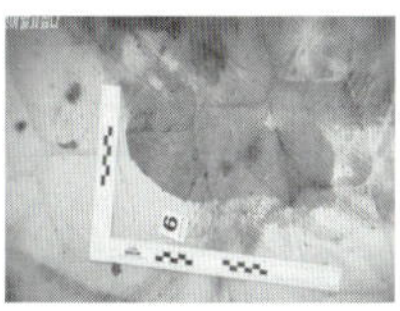 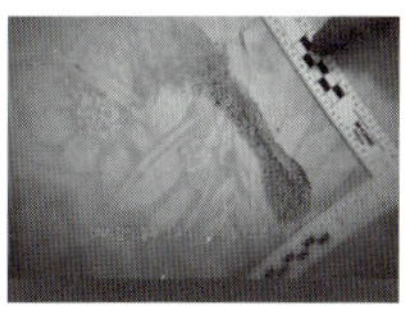 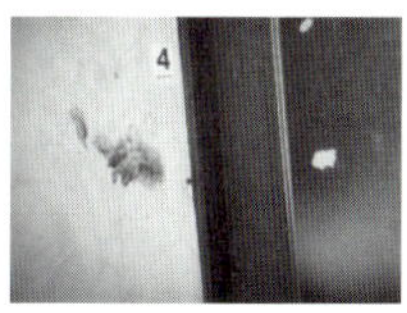 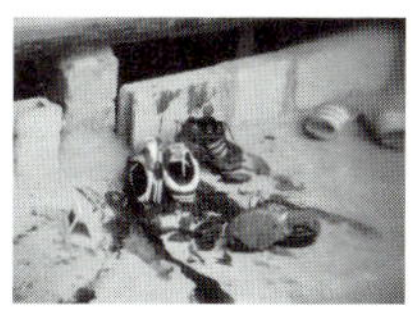</td></tr>
<tr><td colspan="2">혈흔족적과 혈흔족적이 찍힌 위치 방향을 통해 용의자2가 다리 한쪽을 다친 상태로 피를 흘리며 걸어나갔음을 알게 됨.</td></tr>
</table>

[그림 4-5] 혈흔형태에 따른 사건현장 재구성 [출처] 그것이 알고 싶다

이렇게 피의 방향성과 족적을 통해 범인과 피해자가 마주하고 있었던 위치가 어디쯤인지 범인과 피해자가 아주 가까운 거리에서 흉기를 겨누고 몸싸움을 했을 것이며 그 과정에서 범인은 왼쪽 다리를 다쳐 피해자를 사망에 이르게 한 뒤 다친 다리를 절뚝거리며 집 옆에 있는 좁은 벽틈 사이로 몸을 숨기고 있었음을 알아내게 된다. 그리고 이때 다른 한명의 용의자는 근처 지인의 집으로 달려가 사건 신고를 부탁했다는 것도 알아내게 된다. 서로 다른 진술을 하며 자신은 그저 싸움을 말리기 위해 같이 있었다고 말하는 두 명의 용의자.

혈흔이 말하는 증거 속에서 서서히 범인의 윤곽이 잡혀가던 순간 사건은 또 한 번의 의문점을 맞는다. 같이 흉기를 휘둘렀다는 다른 용의자의 자백. 피해자의 몸에서 발견된 자상은 총 14개. 그렇다면 두 명의 용의자 중에 피해자를 죽음으로 몰고 간 치명상을 남

긴 범인은 누구인가? 피해자의 몸을 관통한 총 14번의 자상. 그중에 치명상은 목을 찌른 자상으로 밝혀졌다. 그럼 이제 마지막으로 밝혀내야할 것은 과연 두 용의 자 중에 피해자의 목을 찔러 치명상을 입히고 피해자를 죽음으로 몰고 간 범인은 누구인가? 그 사실은 용의자 들이 입고 있는 옷에 묻은 혈흔의 형태로 밝혀지게 된다.

물보다 4배 정도 진한 점성을 지닌 혈흔은 충돌각도에 따라 폭과 길이가 다른 모양으로 남는다. 그중 특징이 뚜렷한 혈흔을 찾아서 축과 폭을 계산해 벽에 충돌한 각도를 찾고 그것을 통해 혈흔들의 교차점을 찾아 발혈 추정 지점을 찾는다. 뿐만 아니라 상대방에게 남아있는 핏자국을 통해 피해자의 앞 혹은 뒤에서 어떤 모습으로 흉기를 휘둘렀는지 알아낼 수 있었다. 결국 혈흔형태감식을 통해 알아낸 진실로 범인들은 징역을 받게 되었다.

2) 용의자들의 옷에 묻은 피를 통해 본 사건현장의 재구성 [출처] 그것이 알고 싶다

<table>
<tr><td>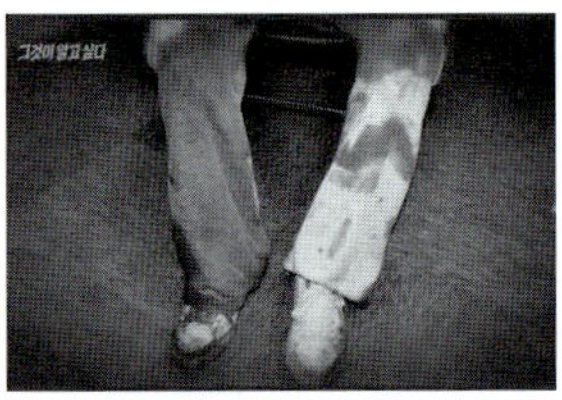
</td><td>용의자1)
혈흔의 형태: 바지에는 넓은 부위에 걸쳐 절여있는 핏자국. 티셔츠에는 큰 형태의 핏자국
피해자의 몸에서 나온 피를 그대로 흡수했을 가능성.
공격 형태를 추정할만한 핏자국은 발견되지 않음.
등이나 하복부에 다리가 대여 있었을 가능성.</td></tr>
<tr><td>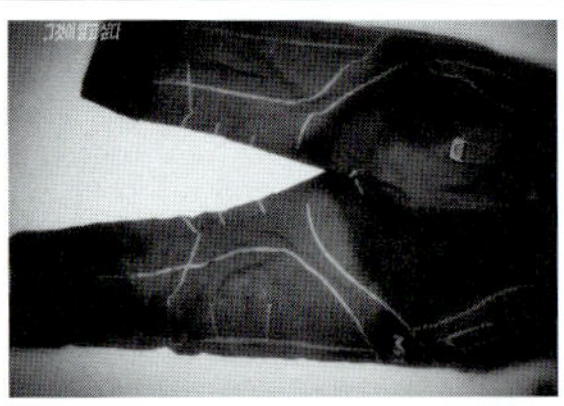
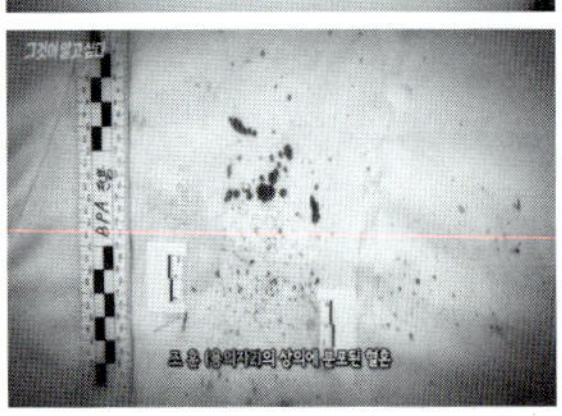</td><td>용의자2)
혈흔의 형태: 용의자1 과같이 바지 넓은 부위에 걸쳐 피가 묻어있음. 티셔츠 좁은 부위에 핏자국이 집중되어 있으며 섬유 올 사이 깊이 스며든 형태로 피가 튀면서 생겼을 가능성.
보통 이런 형태의 혈흔은 총기를 사용하거나 망치 같은 둔기를 사용해서 빠르고 강하게 내려칠 경우 혹은 호기 즉 호흡을 뱉을 때 튀어나오는 혈흔의 경우인데 목을 찔린 피해자의 목으로 피가 들어오고 호흡과 동시에 내뱉어진 혈흔이 티셔츠에 묻었을 가능성.</td></tr>
</table>

[그림 4-6] 사건현장 재구성 [출처] 그것이 알고 싶다

Ⅱ. 총기감정

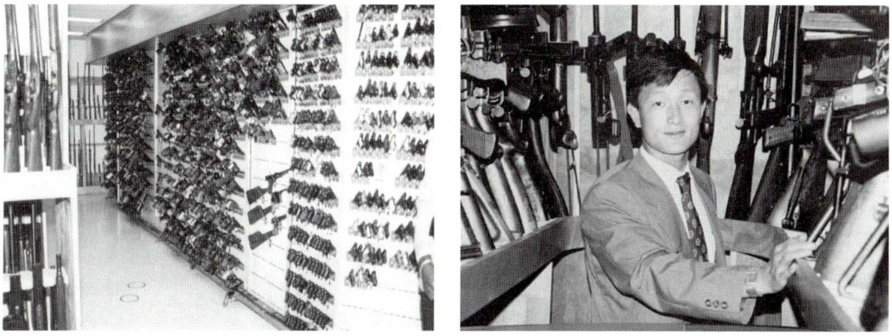

[그림 4-7] FBI 본부 총기저장실과 저자(1991)

1. 총기감정의 개관

1-1 총기범죄

(1) 총기범죄의 특징

총기범죄는 국내에서는 매우 생소한 편이다. 2022년 7월 4일 특정종교에 대한 원한을 가진 피의자(야마가미)가 아베 전 총리에게 총격을 가해 현행범으로 체포됐다. 당시 현장에서 압수된 수제총은 길이 약 40㎝, 높이 약 20㎝다. 범인은 경찰 진술에서 "2개의 금속 통을 묶어 목판과 접착테이프로 고정했으며 6개의 탄환을 담을 수 있는 캡슐을 통에 넣는 구조"라고 진술했다. 한 번의 발사로 1개의 통에서 6개의 탄환이 튀어나오는 방식이다. 초동수사를 행하는 경찰관들이 증거수집 과정에서 빈번히 실수하는 것이 총기사건이다. 또한, 총기 관련 사고 발생시 대응매뉴얼 자체가 미국의 사례를 참조하는 경우가 많은데, 이는 국내 사정과 맞지 않는 측면이 있다. 미국 경찰청 또는 과학수사국에서 규정하는 총기 범죄는 민간에서 종종 일어나는 총기난사, 강도, 암살, 테러 등에 맞추어 제정되었는데 아직 국내의 범죄환경은 미국의 범죄환경에 대비하여 양상자체가 다르기 때문이다.

미국의 총기 수사기법은 탄도학(ballistics)에 기반하여 역흡입(BlowBack) 등 총기가 발포된 위치나 각도 등에 집중하여 용의자를 신속히 체포하는데 주력하고 있는데, 이는 민간에서 총기 취급이 합법화되어 있는 미국의 특성을 잘 반영한다. 소지 자체가 불법인 국내와는 실정이 아주 많이 다르다. 그리고 총창(bullet wounds)에 기반한 수사도 미국 등과 같은 총기 합법 소지 국가에 비하면 데이터가 부족하여 그 정확도와 의료진, 수사관의 대응이 현저히 떨어지거나 실수의 가능성이 비약적으로 높은 것도 사실이다.

총기사건에 사용되는 총기는 대부분 군에서 사용하는 총기이거나 수렵용으로 사용되는 엽총에 의한 총기범죄가 일어나는 양상을 볼 수 있다. 2014년 22보병사단 총기난사 및 2015년 예비군 총기난사 사건에 사용된 총기는 K2소총이었다. 강선이 새겨진 총열을 지나 총구를 떠나는 총알의 속도는 초속 450m이다. 이 빠른 속도 때문에 꼬리가 흔들리는 현상(tail wag)이 일어난다. 강선수(腔線數)가 4개 이하는 군용소총류이고 5개 이상일 경우에는 권총류의 탄환이며, 강선수가 6조 우선이라면 M16 또는 K1, K2, K3소총의 경우이다. 강선의 꼬임이 좌선일 경우에는 사제총기류(권총은 좌·우선임)이고 우선일 경우와 구경이 0.30일 경우에는 군용소총류이다. 또한 탄환의 직경은 소구경(0.22~0.32)일 때 총기의 구경보다 0.003㎜, 대구경(0.35~0.45구경)의 총기에 있어서는 0.005㎜가 크다. 기존에 군용총기와 수렵용 엽총을 사용하는 것과는 다르게 2016년 10월에는 자신이 직접 제작한 총기를 가지고 저지른 범죄가 발생했다. 이미 인터넷에 총기를 제작하는 방법이 공개되어 있지만 이를 토대로 직접 제작하여 범행에 사용된 것은 처음 있는 일이다. 오패산 총기사건에 사용된 총기를 제작하기 위해 사용된 재료를 보면 나무와 파이프, 나사, 금속지지대, 폭죽, 쇠구슬과 같이 일상생활에서 손쉽게 구할 수 있는 재료로 아주 간단하게 제작한 것을 알 수 있다. 이것은 곧 제2, 제3의 총기범죄가 언제든지 일어날 수 있다는 것을 의미한다.

(2) 총기감정분야

가. FBI의 총기감정

- 총탄과 총열의 비교(Comparing bullets to barrels)
- 탄창과 총기비교(Comparing cartridge cases to firearms)
- 총기성능시험(Firearms function testing)
- 소음기 시험(Silencer testing)
- 발사거리결정(Gunshot distance determination)
- 일련번호복구(Serial number restoration)
- 오발사 결정(Accidental discharge determination)
- 방아쇠 당김측정(Trigger pull measurements)

• 방출 패턴 시험(Ejection pattern testing)

• 탄착군 검사(Shot pattern examinations)

나. 화기와 탄도

화기와 탄도 행진(marching)은 범죄수사에 중요한 역할을 한다. "모든 화기는 말을 한다(*every firearm tells a story*)". 이 이야기 묘사에 필요한 정보는 화기나 탄약의 내부와 외부 모두에서 얻을 수 있고 이것은 정보수집과 분석에 기여하는 수사의 진척과 기소에도 활용된다.

범죄현장에서 화기와 그 주위지역은 많은 증거를 제공한다. 이러한 범죄현장에는 피해자가 화기관련 손상을 입은 곳, 화기가 발포된 곳, 범죄에 사용된 것으로 또는 연계된 것으로 보이는 화기나 화기부품 또는 탄약 구성물 등이 발견된 곳, 화기나 화기부품, 탄약이 불법으로 제조되고 운반되고 시험 발사된 곳 등을 포함한다.

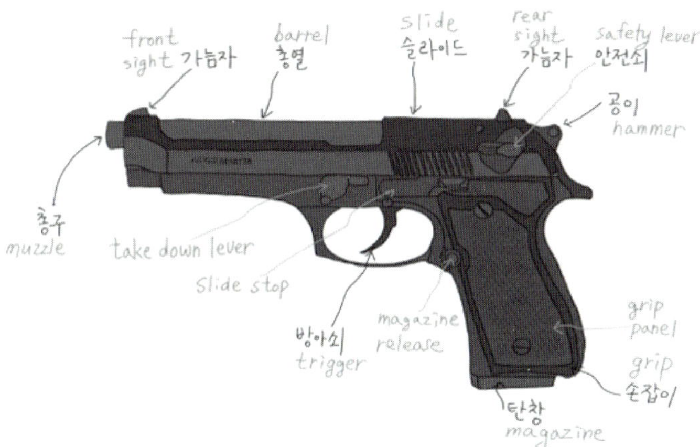

[그림 4-8] 권총의 식별(Firearms Identification)

[출처] https://www.unodc.org

다. 범행총기

'범행총기'는 불법으로 소지하는 또는 범죄실행에 사용된 총기를 말한다. 이들 항목을 잘 검사하고 추적하면 범죄수행 중 발사된 총격의 원천으로서의 무기를 확정 또는 제거할 수 있고, 이해관계자를 특정할 수 있으며, 관련범죄 간 연계를 알아내고 불법유통망의 증거를 알려주며, 불법제조의 증거를 알게 해준다. 화기관련 증거는 주요 범죄와 관련되어 사용될 수 있고 또한 국제 무기거래와 같이 매우 유사한 형사사건의 구축에 이르게 할 수 있다. 때로는 단편적인 증거가 두 수사를 가능하도록 돕는다. 예를 들어 탄도비교는 화기가 살인사건에 쓰였던 것 외에 다른 나라에서 행하여진 범죄에도 쓰였음을 확인할 수 있는데 이미 그 화기의 경로 지표를 보여준다.

화기와 탄도 그리고 화약이 제공하는 증거의 가치가 범죄수사과정에서 자주 간과되고 있다. 법집행작전은 압수 또는 회수의 시점에서 멈추고 만다. 여전히 압수되고 회수된 화기관련 항목들은 광범위한 여죄, 예를 들어 무기거래와 불법제조와 같은 추가 범죄에 대한 결정적인 증거를 제공할 수 있다.

1-2 총기 구조

(1) 권총 구조

가. 총구(muzzel)

강선흔(또는 탄조흔)을 파악하기 위해 총구는 중요하다. 탄은 강선(Rifling)에 의해 물려 발포되는데 이 강선에 미세한 차이가 있기 때문에 강선흔은 총의 지문이라 일컫는다. 동일 총기라 하더라도 수명, 사용강도, 사용방식, 보관방식, 부식도에 따라 상이하다. 또한 탄창과 함께 사용되는 총탄종류(무게, 구경, 크기, 폭발력 등)를 정확하게 파악하여 사용된 총기의 종류를 좁히는 중요한 과학수사과정과 직결된다. 그리고 화기에서 총탄(총알)이 발사될 때 가장 먼저 화학성분이 분출되는 부분으로써 초연반응을 정밀하게 포착하기 위한 단서가 된다.

나. 탄창(magazine)

총이 발포되기 전에 총 내부에서 총탄을 장전하는 공간이다. 탄창은 총의 특성에 맞춘 구경(round)을 충족하도록 사용되는 총탄에 맞게 제작된다. 총기에 사용된 탄환은 총기마다 다르므로 범행에 사용된 총기를 파악하는 직접적인 단서가 된다(만총부동). 총기의 발전으로 총알이 호환되도록 탄창의 카트리지 방식을 변동할 수 있는 화기도 개발되어 총기감식시 주의가 필요하다.

다. 총열(barrel)

총탄의 종류, 특정 화기의 살상력, 유효사거리를 화기전문 포렌식으로 역추적할 수 있는 중요한 단서 중 하나이다. 총열의 길이와 견고도 등은 제조사마다 다르며 동일 제조사, 동일 총기 내에서도 매우 미세한 차이를 지니고 있다. 탄환이 총열의 강선(腔線)을 통과하면서 강선흔이 남게 되는데 이 강선흔은 발사되는 총기마다 특성이 있어 용이하게 총기를 식별할 수 있다.

라. 방아쇠(trigger), 그립패널, 그립

사수(발포자)의 지문정보를 얻을 수 있는 가장 중요한 부분이다. 지문을 채취할 수 없는 경우에도 발포 당시 어떠한 상태(표면)에서 총을 쥐었는지 단서를 제공한다. 이외에도 발포자가 장기간 지속적으로 사용한 총기나 개조된 맞춤형 총기인 경우 발포자의 파지(총을 쥐는 방식)의 영향에 따라 미세한 마모가 있어 발포자가 누구인지 수사의 범위를 좁힐 수 있는 단서를 제공한다.

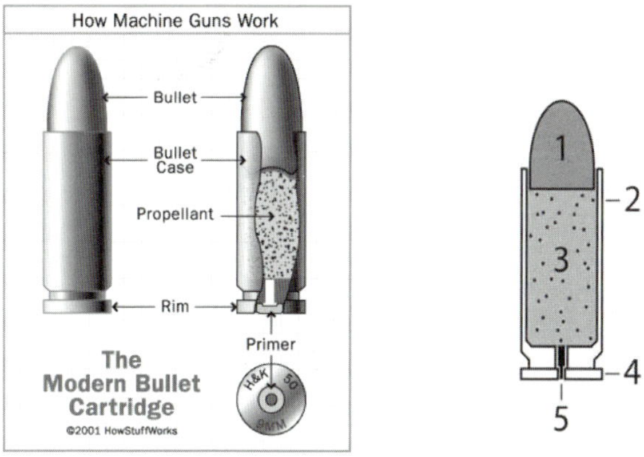

[그림 4-9] 총탄의 구조

[출처] http://stuff.dewsoftoverseas.com/machine-gun.htm

(2) 총기에 의한 파쇄유리의 감정

탄환의 끝이 뾰족하면 첨형의 상처를 내되, 탄환 끝이 둥글면 탄환구경보다 큰 타원형상을 남긴다. 탄환에 의한 파쇄유리의 특징은 방사선(放射線:자전거살 모양)과 동심선(同心線:고리모양)의 파쇄선을 볼 수 있다. 총알입구(射入口)는 비교적 깨끗하며, 사출구(射出口)는 분화구(噴火口)와 같은 형태를 이루어 분화구의 생성된 방향을 식별하여 탄환의 진행방향을 추정한다.

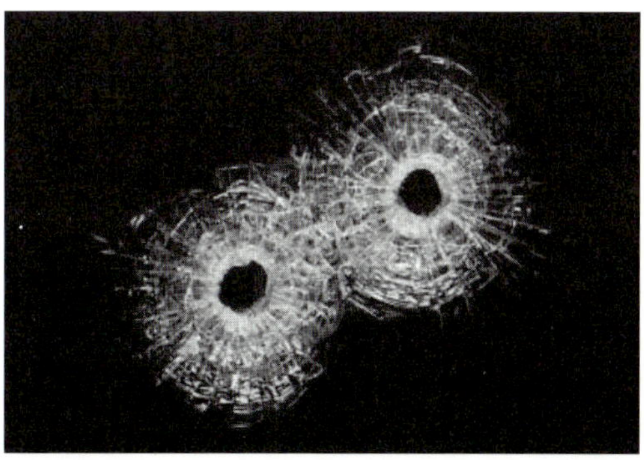

[그림 4-10] 파쇄유리 [출처] FBI 홈페이지

(3) 산탄총과 공기총

가. 산탄총창의 사입부

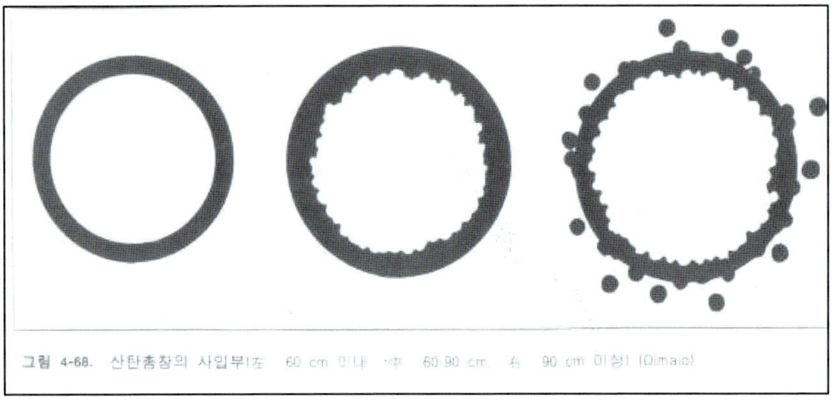

[그림 4-11] 산탄총창 사입부 [출처] 경찰청실무문제집

나. 공기총

공기총일 경우 화약의 폭발력에 의하여 탄환이 발사되는 것이 아니므로 화약가스에 의한 그을음부착(煤附着) 등을 볼 수 없어 발사거리를 추정할 수 없다.

(4) 발사거리와 사입구

가. 종류

- 접사 - 총구가 피부에 밀착된 상태에서 발사된 경우
- 근접사 - 피부에 밀착되지 않고 약 0.5~1㎝이내에서 발사된 경우
- 근사 - 권총은 약 30~45㎝, 장총은 1~2m 이내의 거리에서 발사된 경우
- 원사 - 근사이상의 거리에서 발사된 경우

나. 특징

근접사의 경우 접사와는 달리 폭풍이 피사체의 내부에 영향을 미치지 못하므로 상처가장자리가 파열되지 않으며 탄환에 의한 전형적인 상처구멍을 본다. 원사에 있어서는 폭열(爆熱) 및 탄연(炭煙)에 의한 변화를 보지 못하며 탄환 자체에 의한 변화, 즉 상처구멍에 오물고리와 까진고리(박탈륜, abrasion collar)만 본다. 박탈륜은 구멍이 작고 잘린 면이 깨끗한데 이는 총알이 피부를 뚫고 들어갈 때의 마찰열 때문이다.

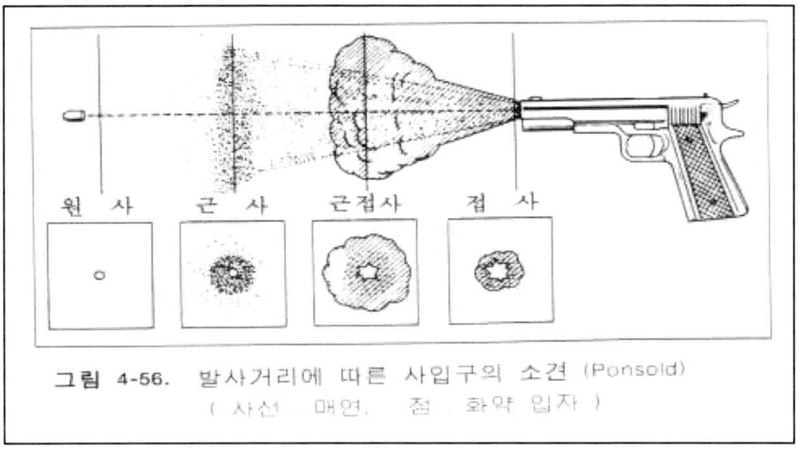

[그림 4-12] 발사거리에 따른 사입구 소견 [출처] 경찰청실무문제집

2. 총기감정 요령

2-1 총기범죄와 증거

(1) 증거확보

총기범죄는 보통의 범죄보다 더 많은 정보를 남기게 된다. 총에는 수많은 정보가 담겨져 있기 때문에 그 정보를 어떻게 찾아내고 활용할 수 있는지는 과학수사에 있어서 아주 중요한 열쇠가 된다. 우리나라는 총기소지가 자유롭지 못하기 때문에 일상생활에서 총을 보기 어렵고 총을 몸이나 가방에 숨겨서 다니게 되는데 이럴 경우에도 흔적이 많이 남게 된다. 소총이나 엽총의 경우는 총의 길이가 1미터 정도 되기 때문에 분리하지 않고는 긴 가방을 사용할 수밖에 없다. 예를 들면 낚시가방이나 스포츠 가방과 같은 길거나 큰 가방을 사용하게 되는데 정장에 낚시가방을 들고 있는 경우 일반사람들의 눈에는 어색하게 보일 것이다.

오패산 사건에서 쓰인 사제 권총도 마찬가지다. 권총의 형태로 휴대하기에는 용이하지만 총신에 심지를 심기위해 구멍을 뚫었기 때문에 총신의 화약이 가방 곳곳에 묻어있을 가능성이 높다. 또 총기를 만들거나 유통하기 위해서는 여러 사람을 만나거나 물건을 구입하거나 해야 하기 때문에 총의 경로를 파악하기가 쉽고 계획된 범죄를 증명하기에 좋은 증거가 될 것이다. 총기자체에 남아있는 지문이나 화약을 채취하는 것도 좋은 물적 증거가 된다. 현장에서 얻을 수 있는 증거가 가장 많고 직접적인 증거가 되기 때문에 현장에서 채취 할 수 있는 사소한 물건하나도 중요하다. 만약 범죄현장에서 총을 발견하지 못했을 경우에는 총에 대한 기본적인 지식과 특성을 알고 있다면 더 많은 증거를 수집할 수 있다. 특히 총에 맞은 부상자가 있을 경우에는 부상의 위치나 정도를 통해서 범죄에 사용된 총기를 대략적으로 유추해 볼 수 있다.

(2) 사수, 탄환 및 탄피 수거

용의자 또는 피해자의 손에 묻은 화약잔사물(Pb, Sb)은 면봉(綿棒)에 질산을 두방울 묻힌 후 좌, 우수의 손등, 바닥으로 구분하여 잘 닦아내어 시험관에 각 4개로 분리하여 넣어 감정의뢰한다. 질산(HNO_3)을 구하기 어려울 경우 시중 철물점 등에서 알미늄 테이프를 구입하여 잔사물을 부착시켜 수거한다.

탄피, 탄환의 수거시에도 위치를 촬영하고 약도를 작성해야 한다. 총기의 상태에 대하여 즉각적이며 상세한 기술을 해야 하며 총신내부에 불발탄약의 존재상태 등에도 주의해야 한다. 현장에는 되도록 많은 인원의 난입을 피하고 필요한 최소의 인원으로 침착하게 수색하여야 현장훼손을 방지할 수 있다. 특히, 피해자의 착의를 수거할 때에는 반드시 피가 묻은 것과 묻지 않은 것을 분리하여 포장해야 하며 함께 포장해서는 안된다.

수집, 채취된 탄환 및 탄피는 아주 작은 강선흔이라도 절대 오손되지 않도록 솜으로 포장하고 헝겊으로 재포장한다. 피의자가 소지한 총기나 압수된 총기는 감정이 끝나기 전에는 발사하거나 손질하여서는 안된다. 부검시 맹관(盲管)된 탄환을 채취할 경우 수술기구(핀셋, 메스)등을 절대로 사용하지 말고 손으로 채취하여야 한다.

2-2 증거물 수집 유의사항

(1) 총기수집시 금지사항(the Don'ts)

- 분명한 이유로 장착된 무기는 나르지 말 것
- 집을 때 연필이나 젓가락을 총열에 넣지 말고 방아쇠울 뒤쪽을 이용할 것
- 총기검사관과 상의 없이 어떠한 총도 지문채취를 하지 말 것
- 특히 시안화연기(cyano-fuming)는 증거변형을 일으키므로 사용을 금지할 것
- 탄창(cartridges)을 조작하지 말 것
- 어떠한 화약 또는 화약성분도 화학적으로 안전하다고 추정하지 말 것
- 용의자 손의 잔류화약검사를 위하여 파라핀시험을 하지 말 것
- 금속산탄, 무기, 탄창 또는 총알을 플라스틱용기에 봉하지 말 것

〈현장에서〉

총기로 인한 자살이나 총격사건의 경우 우리나라는 총기허가를 금지하고 있으므로 흔한 일은 아닙니다. 제가 12년간 과학수사업무를 하면서 권총강도사건과 공기총자살사건 2건을 취급하였는데 미국과 비교해서 총기감식은 그리 발달되지는 않습니다. 따라서 총기검사관이라는 보직을 갖고 총기감식에만 전문적으로 종사하는 전문가도 그리 많지 않구요. 국립과학수사연구원 본원에 김동환실장님께서 우리나라 총기관련 전문가 이시구요. 필리핀 한인피살 사건이 발생하였을 때도 필리핀에 파견을 나가서 감식을 실시하기도 했습니다. 텔레비전이나 인터넷기사 나와 있습니다. 한 예를 들어 예전 권총강도사건이 발생하였을 때 팔에 박힌 총알도 종합병원에서 쉽게 제거하지 못하더라구요. 총기사건은 감식뿐만 아니라 의료분야에서도 자주 접하는 부분이 아니다보니 쉽게 접근하기가 어려운 점이 있나봅니다. 총기검사관의 지시가 있기 전에 지문채취를 위해 함부로 하지 말아야 한다는 것도 총기전문가와 합의해서 총기에서 어떤 순서에 따라서 감식을 진행하여야 좋을지 모르기 때문에 섣불리 지문감식을 하지 말라는 이야기 같습니다.(과학수사요원, 2021)

(2) 총기사고시 증거물 수집보존요령

- 사진이나 약도로 총기나 모든 증거물의 위치를 기록한다.
- 바닥에 총기를 떨어뜨린 자국이 있거나 총강(銃腔)내에 흙이나 이물질이 들어 있으면 자살을 뒷받침하는 단서가 되며, 이와 같은 경우에는 총기에 표시가 남게 되고, 또한 총기의 탄피위치, 벽에 생성된 탄환 총알입구(射入口)도 사진과 약도로 기록하여야 한다.
- 총기의 표면, 탄창, 손잡이 부분에서 지문을 채취할 수 있도록 면밀히 관찰한다.
- 연필, 막대 등으로 총신의 흙을 턴다든지 집어넣는 행위를 하여서는 안된다.
- 자동권총의 실탄을 제거할 때에는 새로운 실탄이 약실에 들어갈 수 없도록 손잡이 속의 탄창을 내려야 한다.
- 탄환, 탄피의 발사흔을 손상치 않도록 특히 주의하여 송부하되, 절대 닦지 말아야 한다. 수술의 경우 해부후 탄환을 수집하고, 집도의사에게 발사흔이 손상되지 않도록 주의를 주어야 한다.
- 탄환발사시 용의자 손·옷 등에 납·안티몬 등 입자가 분포하므로, 용의자 손바닥을 질산(窒酸)으로 닦아 송부하고, 발사시 착용한 상의도 감정의뢰한다.
- 탄환·탄피가 절대 손상되지 않도록 솜으로 포장하고, 거듭 헝겊으로 재포장한다. 총기는 감정 전에 손질하거나 발사가 금지된다.

- 교환이 용이한 총기부속은 표식을 하고, 약실에서 필히 실탄을 제거하여야 한다.
- 방화살인시 소사체를 발견하였으면 X-ray를 촬영하여 총기사건과의 연관성을 확인한다.
- 현장은 되도록 많은 인원의 난입을 피하고 필요한 최소의 인원으로 침착하게 수색하는 것이 좋다.
- 총알입구와 사출구, 총의 악지유무 등을 정확히 확인한다. 보통 사출구가 총알입구보다 크나, 자살과 같이 접사(接射)의 경우는 총알입구가 사출구보다 크다.

[그림 4-13] 2016 오패산 사제총기 [출처] http://www.newsis.com

[그림 4-14] 2015 예비군 총기난사사건에 사용된 K2소총 [출처] naver 검색

생각해보기

⇒ 아래 두 개의 필적은 같은가?

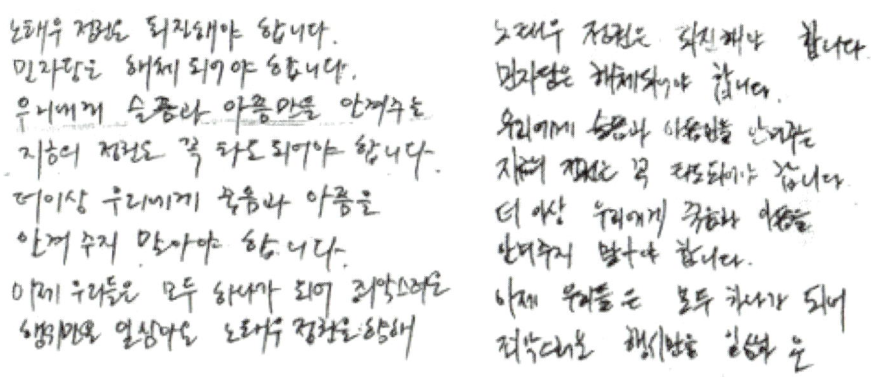

[출처] https://blog.naver.com/jiwoo1752/50180055036

1. 문서감정의 개관

1-1 문서감정의 개념

(1) 문서와 문서감정(文書鑑定, Document Examination)

문서란 문자 또는 이에 대신할 부호를 사용하여 영속할 수 있는 상태로 어떤 물체 위에 기재한 의사표시를 말한다. 문서감정이란 특정한 문서 또는 유가증권의 위·변조 여부, 작성자 등을 식별하거나 육안으로 판독이 불가능한 문서의 내용을 검출·해독하기 위해 필적, 필흔재생여부, 문자, 기호, 인영, 지문, 잉크성분, 기재시기, 지질 기타 필요한 사항을 과학적인 실험 및 관찰을 통하여 분석하는 것을 말한다.

예를 들면 줄기세포 논문 조작 사건 당시 무통장입금 확인서에 나타난 필적을 감정, 연구원 명의의 통장이 황우석 전 서울대 교수의 차명계좌라는 사실을 밝혀낸 것 등이다. 공문서, 화폐, 유가증권과 친필서명이나 인영 등이 명시된 영수증 계약서 등은 일상생활에서 영위하는 다양한 사실관계에 보편성과 객관성을 담보하는 법률적 효력이 있다.

(2) 필적 및 인영감정

필적의 진위여부와 필체에 나타난 모각의 특징, 잉크 색깔, 목재, 인쇄방법, 문서재질 등 물리적 화학적 기하학적 방법으로 조사가 이루어진다. 인영감정에서 진위여부를 확인하는 방법으로는 원본대조를 통한 사진검사, 현미경검사, 자외선검사, 중첩대조검사, 기하학적 작도검사 등이 있다. 현재 컬러복사 혹은 개인용 복사기 및 스캐너의 성능이 우수한 관계로 위조증권 위변조에 대한 관심도가 높다. 문서감정실에서 가장 많이 의뢰 받는 사건은 채권·채무 확인서나 사업 관련 서류의 위조 여부를 다루는 사건이고 이 중에서도 서명 위조 여부를 확인할 때는 1억원이 넘는 고가의 최첨단 장비가 이용된다고 한다.

문서감정의 목적에는 ① 수사방향의 설정을 목적으로 하는 감정, ② 절차를 위한 감정, ③ 사실입증을 위한 감정 세 가지가 있다.

1-2 문서감정 방법

(1) 인감 및 인영

인감도장의 위조 여부를 밝히려면 먼저 인영을 크게 확대해 육안으로 진본과 정밀 비교한다. 통상 종이에 찍힌 글자의 형태나 획의 굵기, 위치 등 적게는 10여 가지, 많게는 30여 가지까지 차이가 나는데, 이러한 확대 촬영기를 통해 최대 25배까지 확대해 보게 되면 도장에 새겨진 획의 모든 특징을 세밀하게 분석할 수 있다.

인주를 묻힌 양이나 각도, 그리고 인주에 기름기가 얼마나 포함돼 있느냐에 따라 획의 굵기나 형태가 찍을 때마다 달라지며, 도장을 찍을 때 얼마나 힘을 줬고, 뭘 받치고 찍었느냐에 따라서도 인영은 달라지게 돼 현미경을 이용하기도 한다.

[그림 4-15] 위조된 인영(우)

(2) 서명 감정

서명 감정은 필체와 필압(글씨를 쓸 때 종이를 누르는 힘), 그리고 글씨를 쓰는 순서 등으로 감정한다. 이런 과정을 통해 인감과 서명의 위·변조 여부가 가려지게 되지만, 명확한 차이가 발견되지 못할 경우 '판정 불가'가 나올 수도 있다.

특히 영문서명은 익숙하지 않은 한국인이 쓰게 될 경우 서명마다 달라질 수도 있어 판정이 더욱 까다롭다. 이와 함께 이면계약서처럼 프린트된 문건은 종이상태나 활자체 등 인쇄상태도 분석하게 된다. 이 경우에는 생산된 종이가 언제, 어디서 만들어졌는지, 또 당시 사용된 프린터는 어떤 기종인지까지 따져봐야 한다.

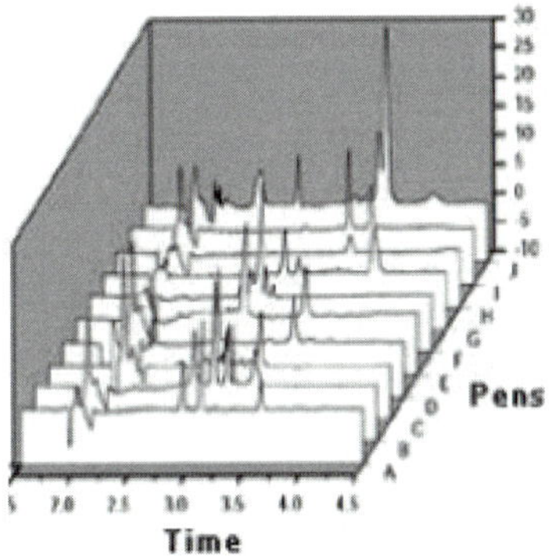

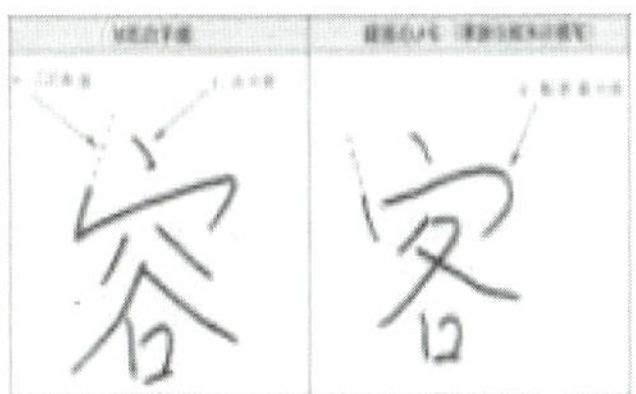

[그림 4-16] 문서감정예시 FBI(좌)와 일본 사례(우) [출처] https://search.yahoo.co.jp/

1-3 문서감정의 종류

(1) 필적감정

필적(Handwriting)은 개인에 따라 항상성과 희소성이 존재하며 이를 전제로 필적감정을 한다. 필적감정 방법으로는 자획구성과 형태, 필순, 필압, 필세(모방시 약하거나 속도가 느려지며 도중에 멈춘 곳이 있음), 배자, 오자를 본다. 진필과 위조된 모방필적을 구별하기 위해서는 유연성, 지속성, 주저흔과 미세한 떨림이 있는지 등을 살펴보아야 한다.

(2) 인영감정(印影鑑定) 증거물수집

인장(印章)을 받은 경우에는 그것을 대조자료로 사용한다.

인장을 받아 대조인영을 용지에 날인할 경우, 감정물과 동일한 용지를 수집해야 한다.

점도(粘度)가 높은 인주(印朱)를 준비한다.

인과(印顆)에 있는 이물질을 제거하지 말고 신축성 있는 받침대 위에 올려놓고 일정한 힘을 가하여 A4용지에 약 30회 정도 날인하고, 인과에 있는 이물질을 제거한 후에 일정한 힘을 가하여 A4용지에 약 30회 정도 날인한다.

인주의 부착이나 날인압(捺印壓) 등을 바꾸어서 반복 날인하고, 감정자료의 인영과 조건이 비슷한 것을 얻는 것이 필요하다.

자신의 인장을 다르게 변형하는 경우도 있다는 것에 유념해야 한다. 즉, 인과를 연마제 또는 칼 등으로 훼손시키는 사례도 있으므로 인감 인영(印鑑 印影)일 경우 관청에 등록된 인영을 수집해야 한다. [출처] 경찰청 수사실무문제집

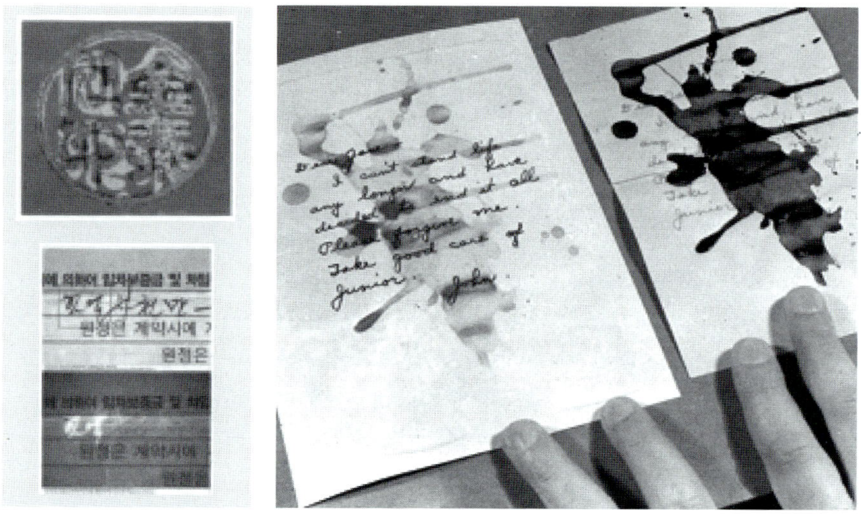

[그림 4-17] 감정예시(좌, [출처] 2020년 경찰백서)와 적외선 문서감정으로 자살판단한 사례(우, FBI사진)

2. 기타 증거물 수집요령

1-1 불명문자(不明文字) 감정

(1) 의의 및 검사방법

불명문자란 고의 또는 자연현상 등으로 육안으로 읽을 수 없는 상태로 된 문자를 말한다. 불명문자는 인위적으로 이미 쓰여진 문자를 다른 용도로 쓴 것이나, 삭제한 것, 자연적으로 퇴색에 의해 없어진 것으로 구분할 수 있다. 불명문자 검사방법은 적외선과 자외선에 의한 관찰 및 사진 등 많은 광학적 검사법과 약품을 사용한 화학적인 검사방법도 이용된다. 예를 들면 특수적외선 사진촬영기(Docucenter)를 이용하여 싸인펜으로 덧

칠된 스템프로 찍힌 이름을 판독하는 등 적외선 사진, 자외선 사진, 형광사진, X선 사진 등의 광학적 검사법으로 감정을 한다. 광학적 검사법으로 검출이 되지 않는 것은 약품을 사용한 화학적인 검사방법이 이용된다.

(2) 불명문자 증거물 수집요령

방화나 증거인멸 등에서 발생한 소실문자(消失文字)는 파손되기 쉬우므로 원형 그대로상자 등에 채취하고 조심스럽게 취급해야 한다.

공문자(空文字)나 요철문자(凹凸文字)는 습기와 압력에 따라 변형하는 일이 있으므로 취급에 특히 주의한다. 특히 지문검출로 인해 젖은 지편(紙片)은 요철문자가 없어지기 쉽다.

카본복사나 연필문자는 마멸에 의해서도 소실되므로 다른 것과 접촉하지 않도록 취급에 주의한다. 불명문자 검출의 경우는 자료를 오손해도 좋은지 아닌지를 명확하게 기록한다.

필흔 재생문자 감정은 필기구를 사용할 때 필압에 의해 생긴 필흔(筆痕) 문자를 재생시키는 것이다. 따라서 증거물이 굽혀지거나 접히지 않도록 유의해야 하고 또한 이물질에 오염되지 않도록 원형을 잘 보존해야 한다.

유가증권 및 문서의 위·변조에 대한 감정의뢰는 반드시 원본을 수집해야 하고 감정대상부분을 명확하게 지적해야 한다.

1-2 위·변조의 유형

(1) 가필(加筆), 첨기(添記)

수표, 약속어음, 차용증서 등에 기재된 원래의 문자에 어떤 문자나 숫자를 덧써서 금액이나 내용을 변조하는 수법

(2) 도말(塗抹) 또는 말소(抹消)문자 검출

어떤 문서에 기재되어 있던 원래의 문자를 이화학적 방법으로 지워서 금액이나 내용을 변조하는 수법

(3) 편집(編輯)문서

- 백지에 지문 또는 도장만 찍어 주었는데, 상대방이 나중에 차용증, 계약서 등으로 변조하는 수법

- 백지에 이름만 적어 주었는데, 상대방이 나중에 차용증, 계약서 등으로 변조하는 수법
- 다른 문서에 날인되어 있던 인영이나 지문을 전사(轉寫)하여 허위문서를 만드는 수법
- 2개 이상의 문서를 컴퓨터, 칼라복사기 등의 사무기기를 통해 편집하여 하나의 허위문서로 만드는 수법

(4) 선후(先後)관계 감정

도장만 날인된 문서에 서명 등을 임의로 기재하여 허위문서를 만드는 수법

1-3 필적감정을 위한 증거물 수집요령

(1) 평소필적 수집

- 피의자나 용의자가 기재한 것이 분명한 필적이어야 한다.
- 감정자료에 쓰여진 문자와 동일한 자체(字體)가 가능한 한 많이 있는 것을 수집한다.
- 감정자료와 동일 또는 유사한 용지, 필기구 등을 사용해서 기재한 것으로 방향(종서, 횡서)이 동일해야 하며 문자의 크기도 거의 같아야 한다.
- 감정자료 작성시기와 가까운 시기에 기재한 것일수록 좋다.

(※ 감정물은 반드시 원본이어야 하고, 대조자료는 시필(試筆)보다 자연스럽게 작성한 평소필적이 좋다.)

(2) 시필(試筆)

- 감정자료(증거물)와 동일한 필기구, 용지, 동일한 서체로 작성한다.
- 감정물과 동일한 내용 또는 유사한 문장을 만들어 직접 낭독해주고 꼭 복창(復唱)하면서 기재하도록 해야 한다. 인간의 뇌는 각기 다른 두 가지 동작을 하게 되면 뇌에 혼란이 와서 자연히 평소 습성이 나타나기 때문이다.
- 기재조건을 변경해서(서서, 앉아서, 엎드려서, 누워서 등) 받아야 한다.
- 필기자가 잘 모르는 문자가 있어도 지적, 정정하지 말고 본인이 자유롭게 문자를 기재토록 하며 오자(誤字)나 오용(誤用)을 정정하지 말아야 한다.
- 기재조건을 수시로 변경해서(서서, 앉아서, 엎드려서, 누워서)받아야 한다.
- 최소 A4용지 5매 이상 감정대상 내용을 반복하여 기재토록 할 것이며, 앞에 쓴 글자는 절대로 보이지 않도록 해야 한다.

• 필기는 일면(一面)으로 그치고 필기시 문장 및 문자는 사전, 사후를 막론하고 보여 주거나 읽히지 말아야 한다.

Case 4-1 소아과 의사 누명을 벗긴 고무인 감정 사례

가해자가 "소아과 의사로부터 자신의 아이가 진료 중에 강제추행을 당했다"고 경찰에 고소하면서 본 사건이 시작되었다. 고소 전에 가해자는 이미 인터넷상에 위와 같은 내용의 글을 게재하고, 강제추행 등 불법행위에 대해 수천만원대의 손해배상청구소송까지 제기한 상태여서 피해자는 악몽같은 나날을 보내고 있었다. 검찰은 건강보험급여 내역을 조회하는 등 본 사건을 철저히 수사하여 가해자의 딸이 강제추행을 당했다고 주장하는 일자에 해당 병원에서 진료를 받은 사실이 없음을 확인했으나 문제는 가해자가 제출한 '소아건강수첩'이었다. 수첩에는 피해자가 근무하는 병원 이름이 새겨진 스탬프가 가해자가 강제추행을 당했다고 주장하는 일자에 찍혀있었기 때문이다. 결국 수사팀은 스탬프가 위조되었을 가능성에 무게를 두고 대검찰청 문서 감정실에 정밀감정을 의뢰하였다.

위조여부를 밝혀야 하는 스탬프는 1개이나 이것이 위조된 것인지 여부를 밝히기 위해서는 같은 병원에서 같은 시기에 사용한 스탬프와 비교해야 하므로 가해자가 제출한 '소아건강수첩'과 유사한 시기, 다른 일자에 날인된 같은 병원스탬프 2개와 각각 비교감정하였다.문제는 이런 용도의 스탬프는 부드러운 고무재질을 사용하기 때문에 시간의 경과 및 사용방법에 따라 물리적 변형이 일어날 수 있고, 날인시의 압력 등 제반조건으로 인해 동일한 스탬프라도 나무나 플라스틱 도장처럼 동일하게 날인되지 않는다는 것이다.

이러한 물리적 변형에 대한 오차를 모두 감안하여 광학현미경을 이용한 글자체 대조관찰, 포토샵을 이용한 Superimpose 방법으로 감정한 결과, 문제의 스탬프가 다른 두 개의 비교 스탬프와 다른 것으로 판단되었다. 과학적 감정결과와 기타 증거를 토대로 한 수사팀의 치밀한 추궁 끝에 변호인 입회하에 가해자는 위조, 무고사실 및 기존의 소송사기 미수 사건을 모두 자백하였고, 이로써 피해자는 길고 긴 어둠의 터널에서 벗어날 수 있게 되었다.

[출처] 검찰 https://www.spo.go.kr/site/spo/02/10206030200002018100812.jsp

○ 참고문헌

YTN 사이언스 - 혈흔을 통해 진실을 밝히는 사람들 "혈흔 분석가" 2016.7.25. https://www.youtube.com/watch?v=nhBk5iLUQPc

EDWARD RICCIUTI (2010). 「SCIENCE 101 법과학 (과학 수사)」 이치사이언스.

과학나눔연구회, 정해상편저 (2018). 「과학수사와 범죄 - 모든 범죄는 증거를 남긴다」 일진사.

유영규 (2013) 「과학수사로 보는 범죄의 흔적」 알마.

YTN 사이언스 - 범죄 현장에서 증거를 찾는 과정 2020.9.1.

The Forensic Casebook: The Science of Crime Scene Investigation, Ngaire Genge

뉴시스 뉴스기사, 고승민기자, '오패산 총격전' 총기사진

http://www.newsis.com/ar_detail/view.html?ar_id=NISX20161019_0014461243&cID=10201&pID=10200

세계일보 뉴스기사, 남정탁기자, '화성시 총격사건' 총기사진

http://www.segye.com/content/html/2015/02/27/20150227004096.html

Firearms/Toolmarks - FBI

https://www.unodc.org/e4j/en/firearms/module-8/key-issues/firearms-as-evidence.html

검찰청 https://www.spo.go.kr/site/spo/02/10206030200002018100812.jsp

news1뉴스, 『고유정 거짓말 밝혀낸 2mm 혈흔…'침묵의 목격자'를 찾는 사람들』 2020.11.14, https://www.news1.kr/articles/?4117738

아시아경제, 『"고유정, 15차례 피해자를 흉기로" 혈흔을 알고 있다, 누가 범인인지 [한승곤의 사건수첩]』, 2020.02.10.

https://www.asiae.co.kr/article/2020020922272914318

마르크 베네케 (2008). 「모든 범죄는 흔적을 남긴다」 알마.

Association of crime scene reconstruction by-laws; 1995. p.1.

Bevel T, Gardner RM. Bloodstain pattern analysis with crime scene reconstruction. 3rd ed. CRC Press; (2008). p.149. pp.334-335.

이기응 (2011). 「범죄현장 재구성을 위한 혈흔형태분석 : 원칙과 사례연구」 석사학위논문 부산대학교.

제5장

진술증거 /PEACE 모델 /인지면담기법

제5장

진술증거 /PEACE 모델 /인지면담기법

면담(interview)과 신문(interrogation)은 어떤 차이가 있는가?

I. 진술증거

1. 진술증거의 법적 요건

1-1 증거의 종류

(1) 증거의 의의

형사절차의 대원칙에서 공통으로 요구하는 것은 증거이다. 형사소송법 제307조에는 '사실의 인정은 증거에 의하여야 한다.' 그리고 '범죄사실의 인정은 합리적인 의심이 없는 정도의 증명에 이르러야 한다.'라고 규정되어 있다. 모든 범죄에 대한 사실은 증거에 의해서만 증명할 수 있다는 증거재판주의 원칙에 따르고 있다. 또 동법 제308조는 '증거의 증명력은 법관의 자유판단에 의한다.' 라고 규정하여 증거가 범죄의 사실을 확실히 증명하는 것이라는 최종적 판단은 법관의 자유의사에 따른다는 자유심증주의 원칙을 담고 있다.

(2) 인적증거와 물적증거

- 인적증거는 사람의 진술내용이 증거로 되는 것을 말한다(구술증거).
  예) 증인, 감정인, 통역인, 번역인, 피고인의 임의의 진술
- 물적증거는 물건의 존재 또는 상태가 증거로 되는 것을 말한다(증거물).
  예) 범죄에 사용한 흉기, 절도의 장물, 지문
  ※범행 현장에서 발견한 증거물은 그 소유자 등을 확인해서 임의로 제출받거나 소유자등이 없을 경우 유류물(遺留物)로 보아 영치(領置)할 수 있다.

(3) 직접증거와 간접증거

증거는 요증사실(증명을 요하는 사실)과의 관계에 따라 직접증거와 간접증거로 분류한다.

- 직접증거는 요증사실을 직접 증명하는 증거를 말한다(예, 범죄사실을 직접 목격한 증인의 증언할 때).
- 간접증거(또는 정황증거)는 요증사실을 간접적으로 증명하는 증거를 말한다(예, 범죄현장에 있는 범인의 지문이나 족적).

예를 들어, 살해한 후 시체를 땅에 묻은 살인 및 시체유기사건의 경우, 살해한 것과 시체를 묻은 것은 직접사실이고, 범죄현장에서 혈흔이 묻은 칼을 발견한 것과 칼에 묻은 혈흔의 혈액형이 피의자 혈액형과 같은 것과 범죄의 자백으로 그가 가리키는 장소에서 시체를 발견한 것 등은 간접사실이다. 이러한 직접사실과 간접사실을 증명하는 증거를 각각 직접증거와 간접증거라고 하며 간접증거는 정황증거라고도 한다. 간접증거에 여러 감정방법을 이용하여 증명력을 불어넣는 과학수사의 중요성이 강조되는 이유가 여기 있다.

(4) 진술증거와 비진술증거, 전문증거

진술증거는 사람의 진술이 증거인 경우이며, 구두 또는 서면에 의한 진술(ex.자백, 자백이외 진술 등)이 있다.

- 비진술증거는 진술증거 이외의 서증과 물적 증거를 말한다.

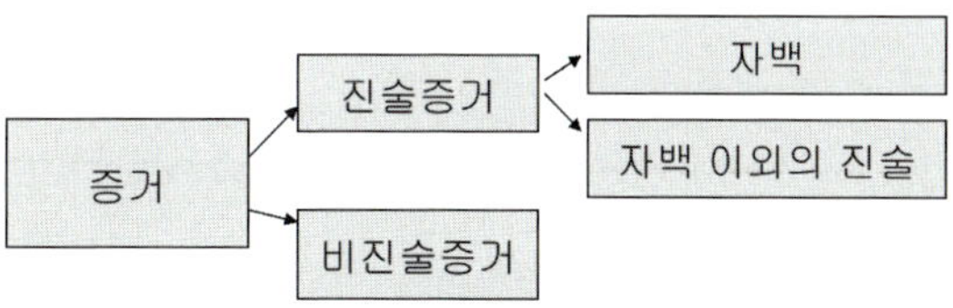

[그림 5-1] 증거의 종류

진술증거는 진술자가 직접 경험한 사실을 진술하는 경우와 타인으로부터 전문한 사실을 진술하는 경우로 나눌 수 있는데, 전자를 본래증거(本來證據) 또는 원본증거(原本證據)라고 하고, 후자를 전문증거(傳聞證據 hearsay evidence)라고 한다.

- 전문증거는 진술을 기재한 서류 또는 타인의 진술을 내용으로 하는 진술을 의미하

며 진술서, 진술녹취서 등 진술증거만을 의미한다.

예시) A가 B를 살해 > C가 목격 > D는 C로부터 들음 → C의 법정진술은 원본증거이나 D의 법정진술은 전문증거(hearsay evidence)가 된다.

전문증거는 증인 자신이 경험한 것이 아니고 타인으로부터 전해들은 사실을 진술하는 경우이므로 반대신문권이 보장되지 않으며 따라서 원칙적으로 증거능력이 없다. 다만 특정한 조건을 구비한 경우(형사소송법 제311조~제316조)에 한하여 증거능력이 인정된다.

> 범죄현장을 직접 목격한 증인의 진술은 인적증거, 직접증거, 실질증거이고 진술증거 중 본래증거(원본증거)에 속한다.

(5) 증거방법, 증거조사, 증거자료

- 증거방법은 사실의 인정에 이용될 수 있는 사람 또는 물건 등 유형물 자체를 말한다(예, 증인, 감정인, 증거물, 증거서류).
- 증거자료는 증거방법을 조사(증거조사는 증거방법으로부터 증거자료를 얻는 절차이다.) 함으로써 알게 된 사실인정의 자료(예 : 증인의 증언, 감정인의 감정, 물건의 존재 및 형상, 피고인의 진술, 서증의 내용 등)를 말한다.

(6) 증거서류

소송절차에서 법원 또는 법관의 면전에서 법령에 의하여 작성된 소송서류로서 증거로 되는 것을 말한다(서증).

예) 증인신문조서, 공판조서, 검증조서

※ 수사기관이 작성한 서류는 증거물인 서면에 해당한다.

1-2 증명

(1) 증거능력과 증명력

가. 증거능력

증거가 엄격한 증명의 자료로 사용될 수 있는 법률상 자격을 말하는 데 증거능력의 유무는 법률로 정하여지며 법관의 자유판단이 허용되지 않는다.

나. 증명력

어떤 사실을 입증할 수 있는 증거의 실질적 가치를 말하는 데 증명력에 대해서는 법관의 자유심증주의(형사소송법 제308조)가 적용된다. 즉 증명력은 증거능력 평가의 기준과 달리 법정되어 있지 않다. 따라서 공판정 이외에서의 진술을 더 신뢰할 수 있고 불리한 본인의 진술을 더 신뢰할 수도 있다. 그러나 법관은 증거능력 평가의 관문을 통과한 증거에 대한 증명력 평가를 논리와 경험칙에 합치하게 판단하여야 하고 증명력이 있는 것으로 인정되는 증거를 합리적인 근거가 없는 의심을 일으켜 배척하지 말아야 한다.

(2) 엄격한 증명과 자유로운 증명

현행 형사소송법은 엄격한 증명의 원칙(형사소송법 제 307조)과 자유심증주의를 천명하고 있다. 엄격한 증명이란 사실의 인정은 법률이 규정한 증거능력이 있는 증거와 증거조사방식에 의해서만 가능하도록 하자는 것이다.

자유로운 증명이란 어떠한 증거에 의하든지 증명만 하면 되는 것을 말한다. 엄격한 증명과 자유로운 증명이 구분이 되어 있는 것은 피고인의 보호와 소송경제의 조화 때문이다. 엄격한 증명과 자유로운 증명은 심증의 정도에 차이가 없다. 즉 엄격한 증명, 자유로운 증명 모두 합리적인 의심이 없는 증명(beyond a reasonable doubt)을 요구한다.

(3) 위법수집증거배제법칙(exclusionary rules)

위법수집증거배제법칙이란 위법한 절차에 의해 획득한 증거, 즉 위법수집증거와 그 증거를 원인으로 얻은 부수적 증거에 대해 증거능력을 부인하는 법칙을 말한다. 형사소송법 제308조의2는 '적법한 절차에 따르지 아니하고 수집한 증거는 증거로 할 수 없다'고 규정하고 있다.

위법수집증거배제법칙에 대하여는 ① 신용성 있는 증거를 상실하게 되고 ② 이를 보충하기 위하여 막대한 비용이 필요하며 ③ 명백한 죄인을 증거수집의 기술을 이유로 무죄 방면하는 것은 사법에 대한 국민의 신뢰를 침해한다는 비판이 제기된다. 따라서 사법정책적 관점에서 반드시 타당한 결과를 가져온다고 할 수 없다. 그러나 위법수집증거의 증거능력 제한은 절대적이므로 증거동의가 있더라도 증거능력이 회복되지 않는다. 별건구속은 본건의 구속기간에 대한 제한을 탈법적으로 우회하는 방편 또는 자백강요나 수사편의를 위한 방편으로 사용되기 때문에 영장주의에 반하는 위법수사이다(통설).

독나무의 열매이론(fruit of the poisonous tree-doctrine)이란 위법하게 수집된 제1차 증거(독나무)에 의해 발견된 제2차 증거(열매)의 증거능력을 배제하는 이론을 말한다. 이것은 1920년 미국 실버돈(silverthone)사건에서 확립되었다.

한편 형사소송법 제309조는 '피고인의 자백이 고문, 폭행, 협박, 신체구속의 부당한 장기화 또는 기망 기타의 방법으로 임의로 진술한 것이 아니라고 의심할 만한 이유가 있는 때에는 이를 유죄의 증거로 할 수 없다'고 규정하고 있다. 이와 같이 임의성이 의심스러운 자백의 증거능력을 부정하는 원칙을 자백배제법칙이라고 한다.

(4) 공판중심주의와 예외

이러한 진술증거는 사람의 진술이며 사건의 재구성을 도와주고 수사활동에 도움을 주며 재판에서도 피고인들의 형벌을 정할 수 있게 하는 중요한 증거중 하나이다. 이런 중요한 증거가 아무렇게나 적용이 된다면 악용이 될 가능성이 높고 억울한 피고인들이 속출하게 될 것이기 때문에 형법과 형사소송법에서는 정확성과 신뢰성을 확보하기 위한 여러 가지 요건과 절차를 만들어 놓았다.

공판중심주의에 따르면 재판부는 공판정에서 나온 진술 등 증거자료를 토대로 실체를 파악해야 한다. 하지만 형사소송법 314조는 '공판준비 또는 공판기일에 진술을 요하는 자가 사망 · 질병 · 외국거주 · 소재불명 그 밖에 이에 준하는 사유로 인해 진술할 수 없는 때에는 조서 및 그 밖의 서류를 증거로 할 수 있다'고 예외를 두고 있다. (예외 조항을 적용한 대표적인 사례가 '이태원 살인사건'이다. 당시 재판부는 무고한 한국 청년을 살해하고 미국으로 돌아간 범인의 친구를 증인으로 소환하기 위해 백방으로 노력했지만 소환에 끝내 실패했다. 그러자 재판부는 이들의 진술조서를 증거로 채택했다. 비록 재판정에 나오지 않고 수사기관에서 한 진술이지만 절차상 하자가 없는 만큼 증거능력을 인정할 수 있다고 판단한 것이다.)

2. 과학적 증거의 증거능력 논의

2-1 과학과 과학적 증거방법

(1) 과학적 증거의 증거능력 부여요건

가. 신빙성 인정 요건

과학적 증거가 신빙성을 얻기 위해서는 우선적으로 세 가지 요건을 충족하여야 한다. ① 근거하는 과학적 이론이 유효할 것, ② 그 이론을 적용하는 기술이 유효할 것, ③ 그 기술을 특정사건에 적절하게 사용해야 할 것이다. 이 중 어느 하나라도 오류가 개입되면 그 결과는 믿기 어려운 것이 되어 증거능력이 부정된다.

나. 과학적 증거

과학적 증거란 지문촬영물, 성문분석, DNA 분석결과와 같이 물건 증거(real evidence)에 해당하여 그 성상과 존재 자체를 사람의 말로는 부정하거나 변경할 수없는 증거를 말한다. 그 과학적 증거에 수록되어 있는 지문촬영물, 성문분석내용, DNA 분석결과 등의 내용이 물건증거에 해당하고, 나아가 그것을 취득하는 과정이 객관적으로 확립되고 검증가능한 과학적 기술, 방법에 입각하고 있는 것을 의미한다. 즉 과학적 증거는 ① 사실적인 측면에서 일정한 사상(事象) 또는 작용에 관하여 통상의 오감에 의한 인식을 뛰어넘는 수단과 방법을 사용하여 인지하고 분석한 것인 동시에 ②규범적인 측면에서 그와 같은 인지와 분석의 기초가 되는 원리로, 과학적 근거가 있으며 그 수단과 방법이 타당성과 신뢰성을 가지고 있어서 인지·분석에 의한 판단결과가 형사재판에서 증거로 허용되는 것으로서 이러한 점에서 사실을 판단하는 전제로서 엄격한 증명의 대상이 된다. 따라서 과학적 증거방법은 과학적 정당성에 기인한 추론의 방법에 의하여 증거로서 충분한 증거가치를 가져야 하며 그로 인하여 증거능력이 인정될 수 있고, 법관의 증명력 판단에 상당한 정도의 구속력을 가지게 될 것이다.

다. 증거능력 판단

형사소송법상 증거능력은 그 증거가 법원에 현출되어 사실인정을 받을 수 있는 증거로서의 자격을 갖추어야 한다는 것을 의미하므로, 증거능력이 없으면 원칙적으로 그 증거에 관한 증거조사는 허용되지 않는다는 점에서 증거능력은 '증거의 허용성'을 의미하고, 여기서 증거의 허용성의 범위는 일정한 증거가 진정한 것인 경우에만 인정될 수 있다. 그래서 증거능력을 판단할 때에는 자연적 관련성과 법률적 관련성을 동시에 고려하여야 하고, 과학적 증거는 전문가인 감정인의 증언을 통하여 그 증거가 과학적 원리에 의한 것이며, 그에 따라 사용된 과학적 기법이 신뢰할 수 있는 것이라는 점을 증명할 수 있어야 한다.

라. 미국 법원의 과학적 증거 판단기준

미국에서 과학적 증거의 증명력 평가는 배심원이 담당하는 만큼 법원은 증거능력에 대한 판단기준에만 집중해왔으며, 미국에서 사회과학적 증거의 증거능력 판단기준은 별도로 마련되어 있지 않다. 현재까지 대표적으로 적용되어 온 원칙에는 크게 ① 전제된 과학적 기술과 방법이 해당 과학계의 일반적 승인(general acceptance)을 받고 있는가를 기준으로 하는 프라이 기준(Frye Test), ② 과학적 타당도(scientific validity)를 법관이 여러 요소를 감안하여 판단할 수 있도록 하는 도버트 기준(Daubert

Standard), ③ 관련성(relevance)이 있는 증거의 증명 가치(probative value)와 편견 가능성(prejudicial value)을 종합적으로 심사하여 판단하는 관련성 접근방법(relevance approach)의 세 가지가 있다.

(2) 프라이 기준

프라이 기준(Frye Test)은 미국 연방 항소법원의 판결로서 1993년 도버트(Daubert) 판결이 있기 전까지 70여 년 간 과학적 증거의 허용성을 판단하기 위한 일반적인 기준으로서 보편적으로 적용되었고 현재까지도 일부 주에서는 이 원칙을 적용하고 있다. 이 판결[16]에서 제시한 기준은 거짓말탐지기 결과만이 아니라 성문감정, 권총 발사의 잔류물, 법최면, 모발감정 기타 법의학적 검사 등의 각 영역 입증을 위하여 감정인에 의한 일종의 거짓말 탐지방법인 "혈압 거짓말측정에 널리 적용되었다.

2급 살인혐의로 기소된 피고인 Fry는 심장수축혈압 거짓말측정(systolic blood pressure deception test)의 검사결과를 자신에게 유리한 증거로 제출하려고 하였다. 그러나 연방 항소 법원은 "과학적 원리나 발견이 실험의 단계에서 확증의 단계로 언제 이동하는가를 명확히 하는 것은 곤란하므로, 어느 중간영역에서 그 원리의 증명력이 인정되지 않으면 안 된다. 인정된 과학적 원리 내지 발견으로부터 연역된 전문가 증언을 허용하는 것은 사건해결에 도움이 되지만, 그 연역의 근거가 되는 사항은 그것이 속하는 특정 분야에 있어서 '일반적인 승인'을 얻은 충분히 확증된 것이어야 한다"고 하여 거짓말탐지기 검사결과에 대하여 허용성(증거능력)을 부인하였다.

이에 따르면 과학적 증거가 증거능력을 부여받기 위해서는 과학계의 일반적 승인이 있어야 하는데, 이에 대하여는 다음의 평가가 가능하다. ① 학계의 '일반적 승인'을 조건으로 하므로 증거의 신빙성을 확실하게 보장할 수 있지만 ② 구체적으로 '일반적 승인'이 무엇인지가 불분명하며 기준이 너무 엄격하여 새로운 원리나 기술을 쉽게 재판에 반영할 수 없는 문제가 생기는데 더하여 ③ 결국 과학적 증거의 허용성 판단을 법원이 아닌 학계에 맡겨 버렸다.

(3) Daubert 기준

일반적 승인기준은 과학적 증거의 허용성의 기준으로 받아들이기에는 너무 엄격하다는 생각이 지배적이다. 왜냐하면 과학적 증거의 사용이 날로 늘어가고 있는 상황에서 전문적인 신기술이 개발되고 있을 뿐 아니라 현존하는 기술 역시 거듭하여 새로워지고 있기에, 전문가의 증언에 의해 확인된 관련성 있는 결론을 다른 배제이유가 없는 한 허

16) Frye v. United States, 293 F. 1013(D. C. Cir. 1923).

용하기 위해서라도 Daubert 기준(Daubert Standard)이 필요하다.

프라이 판결 이후 1975년 미국 연방 증거규칙(Federal Rules of Evidence)이 제정될 당시 전문가의 증언을 규정한 제702조는 보다 많은 전문가 증언이 사실 인정자인 배심원들에게 폭넓게 검토될 수 있도록 하는데 중점을 두었다. 이로 인하여 전문가의 법정 증언이 매우 확대되는 결과를 낳았고 1986년 이후 특히 민사 재판에서 만연한 "쓰레기 과학(junk science)"에 대한 비판은 연방 증거규칙 제702조에 대한 개정 요구를 불러왔다. 이런 배경 하에서 Daubert 사건에서 논의된 것이 Frye 기준을 어느 정도 완화하여 과학적 증거의 타당성 판단과 당면 문제와의 관련성을 추정하는 완화된 기준이다.

연방 대법원은 Frye의 일반적 승인기준은 미연방 증거규칙의 제정에 의해 폐기되었음을 선언하면서, 특히 규칙 제702조상의 전문가에 의한 과학적 증언과 관련하여 이 사건의 쟁점인 Merrell Dow사의 임신 중 구역질 방지약인 Bendectin으로 인한 기형아 출산 가능성을 인정하는 감정 결과의 판단에 관하여 "판사는 규칙 제104조에 따라 그 증언의 핵심추론과 방법론이 과학적으로 유효하고 문제된 사건에 적절히 적용될 수 있는지 여부를 사전 판단해야 한다"고 하였다.[17]

즉, ① 문제된 이론이나 기법이 검증될 수 있고, 검증되었는지 여부 ② 동료의 검증(peer review)나 간행물(publication)에 발표되었는지 여부, ③ 특정 기법에 대한 오류가 높다거나 잠정적인 오류비율은 높은지 여부, ④ 이론이나 기법이 "관련 과학계(Relevant Scientific Community)"내에서 "일반적으로 수용"되고 있는지 여부 ⑤ 그 이론이나 결과가 명확하고 단순하게 설명 가능하여 법관 및 배심원이 그 의미를 충분히 이해할 수 있는지 여부 등을 판단해야 한다는 것이다. 이에 대하여 ① 구체적이면서 일반적으로 적용될 수 있는 기준으로서 바람직한 것이지만 실제 법정에서 적용되는 경우가 많지 않으며 ② 위 기준이 지나치게 획일적으로 적용될 경우 실증적 자료제시 또는 집단적 승인 이외의 형태로 존재 가능한 여러 의미 있는 과학적 증거들이 사장될 가능성이 있다는 평가가 가능하다. 특히 ③ 그 태생적 한계로 인해 실무에서 법원에게 넓은 재량을 부여하여 판단 시 일관성 없는 적용으로 이어진다는 점에서는 비판의 여지가 있다.

우리나라의 경우, 필적감정과 관련하여 1994년 대법원은 "전문가의 감정결과에 대하여 감정자료가 부족하다는 이유로 감정결과를 배척하는 것은 합리적이라 할 수 없다."라고 판시하여 한 명의 전문가의 감정에 의해서도 그 증거능력을 인정할 수 있는 요건이 충족된 것으로 보고 있다.

17) Daubert v. Merrell Dow Pharmaceuticals, Inc., 509 U.S. 579, 113S. Ct 2786, 125 L.Ed.2d 469(1993).

(4) 관련성 접근법(Relevancy Approach)

프라이 기준, 도버트 기준 이외에도 관련성 접근 방법 또한 과학적 증거의 증거능력 판단에 있어 유의미하게 취급되고 있다. 1954년 이후 맥코믹(McCormick)교수는 미국 연방증거규칙의 일반적 증거능력 규정인 제401조와 제 403조를 종합하여 증거능력을 결정하면 되고 이에 대해 별도의 심사가 불필요하다며 "증거가 요증사실의 입증에 도움이 되고 증거의 증명가치가 편견가치에 의해 상당한(substantially) 정도로 압도(overwhelmed)되지 않는 한 증거능력을 인정해야한다" 라고 주장하였다. 이 방법은 '증거의 증거가치 확인', '반대되는 위험에 대한 고려' 그리고 '이러한 위험에 대한 증거의 증거가치의 우위'라는 3단계의 분석을 증거능력 인정의 기준으로 제시하였다.

이에 따르면 기본적으로 일정한 사실인정의 개연성(probability)이 있는 증거에 대해 관련성이 있다고 보고, 제401조에 의한 중요성(materiality)과 제403조의 증명력(probative value)이라는 세부 기준에 따라 요증사실과 증거 간의 상관관계가 있는지 여부와 함께 증거가 발생시킬 수 있는 불공정한 효과(unfair prejudice)와 증거의 요증사실에 대한 증명력 간의 형량을 통하여 최종적으로 증거능력 인정여부를 판단하게 되는 것이다. 결국 이는 전문가의 증언이 사실인정 자에게 도움이 되면 그 증거능력을 인정하자는 연방증거규칙 제702조의 문언에 충실한 접근방법으로서 법관에게 매우 폭넓은 재량을 허용하는 것으로, 과학적 증거능력의 판단에 있어 도버트 기준보다 훨씬 완화된 기준에 해당한다.

2-2 국내의 과학적 수사 증거방법에 관한 논의

(1) 증거능력과 증명력

우리나라의 경우 과학적 증거의 증거능력에 관한 일반적 기준이 정립되어 있지 않고 법원이 개별 사건에 따라 판단해왔기 때문에 일관된 원칙에 따라 분류하기가 어려우며, 과학적 증거의 증거능력 여부에 대한 다툼이 미국과 같이 첨예하지도 않아 충분한 판례의 분석도 어렵다.

또한 대법원은 2007년 판례에서 처음으로 과학적 증거에 대한 일반적 정의를 내린 이후 후속 판례들에서 과학적 증거에 대해 보다 더 구체적으로 설명하고 있으나 그 기준들이 증거능력 인정과 증명력 판단 중 어느 것에 대한 것인지조차 명확치 않다는 비판도 있다.

(2) 과학적 수사 증거방법에 관한 판례의 태도

우리 법원은 과학적 증거를 인정함에 있어 개별 증거영역별로 차별적인 기준에 의하고 있다. 우선 유전자 검사결과의 증명력이 문제된 사안[18] 에 관하여 "유전자검사나 혈액형검사 등 과학적 증거방법은 그 전제로 하는 사실이 모두 진실임이 입증되고 그 추론의 방법이 과학적으로 정당하여 오류의 가능성이 전무하거나 무시할 정도로 극소한 것으로 인정되는 경우에는 법관이 사실인정을 함에 있어 상당한 정도로 구속력을 가진다."고 판시하여 과학적 증거방법에 적용될 수 있는 일반적인 기준을 설명하고, 그러한 조건이 충족될 경우 상당한 증명력을 갖게 된다는 점을 확인하였다.

이 외의 경우들을 증거능력 인정 기준의 강도 차원을 기준으로 분류할 경우 ① 거짓말탐지기, 유전자검사, 혈액형검사, 폐수수질검사의 경우 "전제로 하는 사실이 모두 진실"이며, "감정인이 전문적인 지식·기술·경험을 가지고", "공인된 표준검사기법으로 분석"한 경우와 같이 엄격한 기준에 기초한 평가를 거쳐야 하는 반면, ② 필적감정, 지문감정, 탄흔감정, 도구흔 감정, 모발분석의 경우에는 이러한 평가의 기준이 상당히 완화된다고 한다.

이에 대해 우리 법원의 태도는 과학적 증거를 증거능력이 아닌 증명력의 문제로 취급하는 것이며, 그 증거가 유죄의 증거로 사용될지 여부는 각 법관의 전문적 지식, 식견에 달린 문제로 과학적으로 검증되지 아니한 증거에 의한 유죄판결이 행해질 가능성을 원천적으로 차단하지 못한다는 점에서 비판의 여지가 있다는 견해(양종모, 2018)가 있다. 그 예로 거짓말탐지기[19]에 대한 증거능력의 판단 시 대법원이 요구하는 거짓말탐지기 검사 결과의 최소한도의 증명력, 정확성이라는 표지는 증명력에 관련된 것임에도 불구하고 이를 통해 증거능력을 배제하는 결론을 이끌어 낸 것은 극히 예외적이며 독특한 것으로 볼 수 있다고 한다.

18) 대법원 2007. 5. 10. 선고 2007도1950 판결.
19) 대법원 1983. 9. 13., 선고, 83도712 판결.

Ⅱ. PEACE 모델

1. PEACE 모델의 개관

1-1 PEACE 모델의 배경

(1) PEACE 모델의 의의

1984년 영국 경찰은 피의자신문과정에 인권침해 소지가 많다는 여론에 의해 신문과정을 모두 녹음하는 조항이 Police and Criminal Evidence(PACE) Act에 도입되었다. 녹음된 신문내용을 기초로 경찰실무자들과 John Baldwin 등 심리학자들이 중심이 되어 기존 신문방법을 비판하였다.

- 준비의 부족(lack of preparation)
- 총체적인 무능(general ineptitude)
- 빈약한 신문기법(poor technique)
- 유죄의 추정(assumption of guilt)
- 과도한 반복(unduly repetitive)
- 집요한 또는 무리한 질문(persistent or laboured questioning)
- 중요 요소 연결의 실패(failure to establish relevant facts)
- 너무 지나친 압력의 행사(exertion of too much pressure)

PEACE 모델은 수많은 오심 사례들과 다양한 수사상 문제점에 대한 인식을 계기로 새로운 신문방법에 대해 연구한 결과 개발되었다. 이 모델의 가장 큰 특징은 피의자로부터 자백을 받아내는 것이 주된 목적이 아니라 사건과 관련된 모든 이들, 즉 피의자나 피해자 그리고 목격자들로부터 그들이 알고 있는 중요하고 신뢰할 만한 정보를 획득하는 것이 목적이다. PEACE는 ① 계획과 준비(Planning&Preparation), ② 도입과 설명(Engage&Explain) ③ 답변, 명확화 및 추궁(Account, Clarification and Challenge), ④ 종료(Closure), ⑤ 평가(Evaluation)의 다섯 단계로 진행된다.

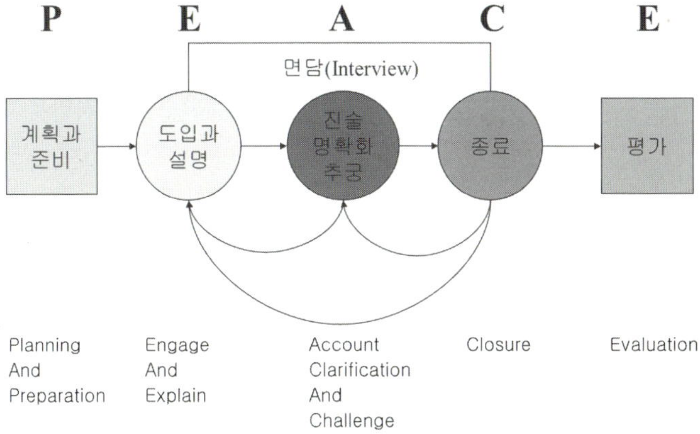

[그림 5-2] PEACE 모델

[출처] NCF(National Crime Faculty), A practical Guide to investigative interviewing 2000, p.25)

(2) 면담의 개념

가. 면담, 신문, 심문의 구분

- 면담(Interview)

자연스럽게 이끌어가는 흐름으로, 유죄를 추궁하지 않는 만남 또는 대화이며 정보를 얻기 위한 것이다. 피해자나 참고인에 대한 조사가 이에 해당한다.

- 신문(訊問 Interrogation)

통제된 환경 하에서 용의자를 추궁하는 상호작용이며, 용의자가 진실을 말하도록 설득하기 위해 계획된 것이다. 수사단계에서는 경찰이나 검사가 피의자를 조사하는 것이다. 재판단계에서는 증인이나 피고인을 상대로 반대신문을 한다.

- 심문(審問 a Trial, a Hearing, an Inquest)

심문은 자세히 따져서 묻는다는 의미이다. 법원이 당사자나 그 밖에 이해관계가 있는 사람에게 개별적으로 서면이나 구두로 진술할 기회를 주는 것, 즉 법원에서 피고나 영장발부 전의 피의자를 상대로 이것저것 물어보고 확인하는 것이다.

나. 면담과 조사, 신문

면담과 조사, 신문은 서로 엄격히 구분되는 것이라기보다는 일정 부분 중첩되거나 어느 하나가 다른 하나에 포섭되는 관계에 있다. 형사소송법에는 면담이라는 용어가 없고, 형사소송법의 하위법령인 대통령령은 '신문이 아닌 단순 면담 등이라는 이유로 변호인의 참여·조력을 제한해서는 안된다'라며 면담을 공식적인 신문과 구분하고 있다.

조사라는 용어는 진술을 청취하는 행위를 포함하여 사실을 확인하는 행위 전반을 의미한다. 가령 형사소송법에는 피의자 조사', 피해자조사'라는 표현은 물론 '서류조사', '증거조사'라는 표현도 있다. 즉 면담과 신문은 진술을 청취하는 행위에만 사용되는 반면, 조사는 다른 종류의 자료를 확인하는 행위에도 사용되는 용어다.

신문이라는 용어는 수사기관이 피의자로부터 범죄사실과 정상에 관한 진술을 청취하는 행위를 의미한다. 즉, 진술을 청취하는 행위 중에서 앞에서의 기준(주체, 대상, 내용 등)에 해당되는 것만을 신문이라 한다. (이형근, 법심리학적 면담방법론, 7p)

[표 5-1] 면담과 신문의 특징 비교

면담의 특징	신문의 특징
• 유죄를 단정하고 추궁하는 것이 아니다. • 면담의 목적은 정보를 알기 위함이다. • 면담은 수사의 초반에 이루어져야 한다. • 면담은 다양한 환경에서 면담을 진행한다. • 면담은 자연스러운 흐름이며 비교적 획일적이지 않다. • 면담 내용은 순차적으로 기록하는 것이 효과적이다.	• 신문은 추궁하는 것이다. • 신문은 적극적 설득을 포함한다. • 신문의 목적은 진실을 알아내는 것이다. • 신문은 통제된 환경에서 실행된다. • 신문은 수사관이 용의자의 유죄를 논리적으로 확신할 때만 진행된다. • 신문은 용의자가 진실을 밝히기까지는 가능한 기록을 하지 않는다.

다. 서면조서작성

서면조서의 목적은 수사관의 객관적이고 신뢰할 만한 조서 작성에 있다. 그러나 서면조서의 왜곡에 유의하여야 하는데 신문자와 피신문자의 오랜 대화를 통해 작성되는 조서는 여러 요인들에 의해 왜곡될 수 있기 때문이다.

1-2 조사자 유의사항과 면담질문

(1) 조사실 및 조사자

가. 조사실 준비

조사실은 용의자의 프라이버시를 보호하는 것을 고려한다.

조사실 내에 주의가 산만한 것들을 없앤다.

적절한 조명을 선택한다.

되도록 방음 시설이 갖추어지도록 한다.

의자는 적당한 곳에 배치하고, 되도록 바퀴가 없는 것으로 한다.

조사실 내 벽시계를 부착하고, 녹화시 함께 촬영되도록 한다.

관찰실을 별도로 만들고 녹음, 녹화시설을 갖춘다.

나. 조사자의 특성

조사자는 특별한 인성적 특성, 즉 인간 본성에 대한 깊은 이해와 여러 종류의 사람들과 잘 어울리는 사회성, 총명함, 인내성 그리고 협의점의 정도를 강화하는 능력 등을 가지고 있어야 한다. 또한 신문에 능통하다는 인식과 모든 사실을 객관적으로 판단하고 있다는 인상을 주어야 한다. 조사자는 질문에 있어 편안함을 느낄 수 있도록 해야 하고 중립적인 입장에서 조사하는 것이 바람직하다(유죄와 무죄).

다. 조사자 유의사항

조사자의 의상은 제복보다는 사복이 바람직하다.

조사자의 질문은 용의자와 대화하는 회화체의 어조이며, 유죄를 추궁하거나 탓하는 어조여서는 안 된다.

조사자는 용의자가 나타내는 각각의 반응을 기록한다.

조사자는 용의자가 면담 중 거짓말을 한다는 것을 알아차렸어도 용의자를 꾸짖거나 비난해서는 안 된다.

조사자는 용의자가 모든 사실을 이야기할 때까지 기다릴 수 있는 여유를 가져야 한다.

(2) 면담 질문

가. 초기 개방형 질문

초기 개방형 질문은 정보를 끌어내기 위해서 사용하는 질문이다.

"이 사건에 대해 당신이 알고 있는 모든 것을 말해줄 수 있나요?"

"당신은 왜 이곳에 오시게 되었나요?"

용의자가 초기 개방형 질문에 답변을 시작하면, 다른 질문을 자제하여 답변을 계속 이어 나갈 수 있도록 한다.

나. 개방형 진술의 명확화

용의자가 초기 개방형 질문에 대해 대답을 하고 나면, 다시 그 질문으로 돌아가 명확한 질문들을 해야 한다. 진술의 한 부분에서 더 깊은 정보를 끌어내는 질문, 사건의 설명을 찾아내는 질문("왜 당신은 그곳에 갔었습니까?"), 진술자의 감정이나 생각에 대한 정보를 전개하기 위한 질문 등이 이에 해당한다.

다. 본 질문

본 질문은 용의자로부터 특별한 의견이나 답변을 끌어내기 위한 질문이다. 정보를 얻어내는데 효과적인 방법이지만, 허위 진술을 하는 진술자는 거짓말로 답하려는 경향이 크다.

라. 후속 질문

후속 질문은 진술하는 사람이 사건에 대해 기본적으로 어떻게 반응하는지 보충 질문을 하여 진술자의 생각과 행동을 파악한다.

2. PEACE 모델의 내용

(1) 계획과 준비(P)

가. 의의

수사실무에서 '피의자신문조서를 사전에 준비하는 것'과 일맥상통한 것으로 피의자신문을 제대로 하고자 미리 질문 등을 준비하는 것이다. 예를 들면 이 면담이 수사에 어떻게 기여할 것인가, 피면담자에 대해 알아야 할 것은 무엇인가, 가해와 증명할 점, 실제적 정리(시간, 장소, 장비, 현장방문, 가설의 탐색, 증거), 증거공개에 대한 결정, 면담계획서의 작성 등이 있다.

나. P단계(계획과 준비)시 고려할 점

① 수사과정에의 기여, ② 알려진 정보(정상관계 등) 특정, ③ 법률적 요구사항 검토, ④ 범죄 입증사항 검토(범행 의도, 행위, 수단 등), ⑤ 실질적 준비(현장방문, 면담 일시, 장소 정하기), ⑥ 면담 전 증거공개와 항변 관리, ⑦ 면담에서 사용할 발언 준비하기 정도이다.

다. P단계(계획과 준비)의 실무 적용 시 장점

1) 피의자신문에 대한 심리적 부담감을 줄일 수 있다.

피의자신문은 정도의 차이만 있을 뿐 항상 긴장된다. 어떻게 신문을 시작할지, 어떤 부분에서 혐의사실을 파고 들어갈지 준비하지 않으면 피의자신문을 시작하면서 우왕좌왕 할 수 있다. 피의자신문을 미리 준비해두면 피의자가 거짓말을 할 때 어떤 증거를 제시할지, 어떻게 반박할지 준비하여 긴장감을 줄일 수 있다. 또한 수집한 증거들을 토대로 체계적으로 신문할 수 있어 신문의 효과를 높일 수도 있다.

2) 질문사항을 준비하면서 부족한 증거를 발견할 수 있다.

피의자에게 질문할 항목들을 준비하고 예상 가능한 변명을 생각해보면 추가로 수집해야 할 증거 들을 발견할 수 있다. 피의자신문을 동료들과 공유하면서 '내가 만약 피의자라면 뭐라고 변명할까?'를 고민하면 추가로 수집해야 할 증거를 발견할 수 있고, 보강수사를 통해 증거를 수집할 수 있다. 피의자의 변명을 예상해보면서, 수집한 증거의 양이 충분한지, 각각의 증거가 변명을 탄핵하기에 충분한지 양적, 질적 검토가 가능하다

3) 피의자신문을 여유롭게 할 수 있다.

타자 속도가 빠르지 않으면 문답을 일일이 정리하여 기재하기 힘들다. 피의자신문조서 질문들을 미리 준비해두면 피의자의 답변을 보다 충실하게 받아 적을 수 있고, 임의성 있는 피의자신문 조서를 작성할 수 있다. 또한 피의자에게 여유 있는 모습을 보여줌으로써 신문 분위기를 장악할 수도 있다. 특히 자판을 두드리면서 질문하지 않고 미리 준비한 질문 내용들을 보면서 질문하면 질문 취지와 의미를 피의자에게 보다 정확하게 전달할 수 있다.

4) 피의자신문조서를 작성하는데 도움이 된다.

피의자신문조서의 오탈자를 줄일 수 있고 수사관이 급하게 작성한 피의자신문조서는 진술의 문맥에 맞지 않을 수도 있으며, 주어와 술어의 연결이 잘못되거나 적지 않은 오탈자가 나올 수 있다. 피의자신문조서가 깔끔하게 정리되면 피의자와 변호인뿐만 아니라 검사, 판사까지 모두 해당 피의자신문조서의 내용을 쉽게 이해할 수 있다.

(2) 도입과 설명(E)

가. 대화의 개시

수사관의 바람직한 첫인상은 공정하고 수사에 전문성을 갖추고 있으며 상대의 말을 잘 청취하고 들은 내용을 잘 이해하는 사람의 이미지다. 수사관이 피면담자에게 말하는 방법, 피면담자의 요구에 대한 관심 보이기, 개인적 환경에 대한 관심, 면담에 응해준 데 대한 감사의 표시 등은 면담을 위한 올바른 환경을 조성하게 해준다. 즉 피면담자가 수사관에게 말하기를 원하는 환경이다.

나. 면담절차의 설명

피면담자에게 면담의 목적과 공식적 절차에 대한 설명으로 대화를 시작할 수 있다. 또한 면담의 일반적인 순서를 설명함으로써 피면담자가 긴장을 풀 수 있도록 한다.

진실형성을 위한 규칙을 설명하는데 다음의 내용은 모든 수사면담에서 피면담자에게 설명해야 할 기본 규칙들이다.

- 꾸밈없이 모든 것을 말하라

- 그들의 방식으로 말하게 하라
- 최대한 많은 세부사항을 말해야 한다
- 다른 사람을 기쁘게 하기 위해 꾸며내지 않는다

다. 집중의 필요

기억으로부터 사건을 떠올리는 것은 어려울 수 있다. 피면담자에게 적당한 노력과 집중이 요구됨을 수사관이 이해하고 있으며 기억할 시간과 진술할 시간이 주어질 것이라고 말한다. 그리고 실제로 그런 시간을 충분히 주어야 한다.

(3) 진술 명확화와 추궁(A)

피면담자가 사건에 대한 완전하고 정확한 진술을 하도록 돕는 기술로 대화기법과 진술획득을 알아본다.

가. 대화기법

수사관은 대화의 기본적인 성격을 이해하고 점검할 필요가 있다. 다음은 피면담자와의 대화를 촉진하기 위해 필요한 기법들이다.

1) 접근 가능한 스타일 갖추기

권위의 장벽을 제거하고 피면담자가 용이하게 접근할 수 있는 스타일을 갖추어야 한다.

2) 관계의 인격화

피면담자를 한 명의 인간으로서 다루고 존중해야 한다. 시선접촉을 유지하고 비언어적인 신호를 사용하고 효과적으로 청취하고 모든 것을 요약하는 것은 진술에 관심이 있다는 것을 보여주기 쉽게 할 것이다.

3) 적극적 청취

적극적 청취를 위한 4단계는 집중-이해-유지-요약이다. 집중은 대화의 주제에 초점을 맞추도록 하는 것이고 이해는 의견과 사실을 구별해내기 위해 필요한 것이다. 유지는 시선접촉, 고개 끄덕거림과 같이 주의를 계속하여 기울이고 있다는 것을 지속적으로 나타내는 것이다. 요약은 중요한 내용을 요약하여 들려주는 것으로, 이를 통해 집중과 이해를 돕고, 관심과 주의를 보여주게 된다. 각각의 진술을 마칠 때마다 요약을 해서 다시 들려준다.

4) 교대로 말하기

면담 중에 피면담자에게 충분히 말할 기회와 시간을 주어야 한다. 진술 중에 끼어들지 말고 그들 스스로 대화에 참여했다고 느끼도록 한다.

5) 역할에 대한 기대 표시

피면담자에게 대답할 시간을 충분히 줄 것이고 답변 내용이 진실하고 정확할 것을 기대한다고 말한다.

6) 질문

질문의 유형에는 개방형 질문, 특정폐쇄형 질문, 강제선택형 질문, 유도질문이 있다.

① 개방형 질문은 피면담자의 자유회상에 의해 기억 속에 있는 모든 것을 말하게 하는 질문이다.

② 특정폐쇄형 질문은 개방형 질문에 대한 답변이 종료된 후 더욱 많은 정보가 필요하거나 모호한 부분을 구체화시키기 위해 묻는 것으로 6하 원칙에 의한 질문이 이에 해당한다.

③ 강제선택형 질문은 모호한 부분을 확실하게 하기 위해 하는 것으로 피면담자가 자세한 부분을 기억하지 못할 때 보기를 들어주어 선택하도록 하는 것이다.

④ 유도질문은 질문 내에 답변이 포함되어 있는 것이다. 강제선택형 질문과 유도질문은 피면담자의 기억에 암시와 왜곡으로 영향을 줄 가능성이 있으므로 어쩔 수 없이 필요한 경우가 아니라면 피해야 한다.

7) 모니터링과 평가

피면담자가 제공한 정보를 추적하고 명확화와 추궁할 부분을 찾아내기 위해 끊임없이 면담과정을 모니터링 한다. 면담 중 필기, 녹음, 녹화는 모니터링과 평가를 위해 중요하다.

나. 진술 획득

1) 협력적이고 자발적인 피면담자들

대부분의 상황에서 피면담자들, 특히 목격자와 피해자들은 경찰에 기꺼이 협력적이고 어렵지 않게 정보를 회상한다.

가) 현장구성

피면담자의 회상능력은 사건발생으로부터 면담까지 걸린 시간과 그가 받은 충격, 사건 당시 주변의 상황 등에 의해 영향을 받는다. 상세한 부분을 정확하게 회상하도록 하기 위해서는 상황을 재연하라고 요구한다. 이는 질문이 아니고 요청에 가깝다. 그리고 피면담자가 생각하고 집중하고 초점을 맞출 수 있도록 충분한 시간을 줘야 한다.

나) 방해받지 않은 진술 얻기

피면담자가 수사 중인 사건에 관해 그들이 알고 있는 모든 것에 대한 방해받지 않은 진술을 하기를 요구해야 한다. 피면담자가 첫 번째 진술을 할 때 주의 깊게 듣고 더 많은 세부사항을 얻고자 하는 부분에 주목한다. 첫 번째 진술에 충분한 시간이 주어져야 한다. 경우에 따라 첫 진술을 얻지 못할 수도 있다. 이는 피면담자가 설명을 듣고서도 자신들에게 요구하는 것이 무엇인지 이해하지 못하고 있기 때문이다. 이때에는 다시 면담의 목적과 기본적 규칙을 설명한 후 질문한다.

다) 회상하려는 시도를 반복하도록 격려하기

처음부터 중요한 모든 것을 회상하기는 어려우므로 정보를 회상하는 시도를 반복하도록 격려한다. 정보는 모든 오감을 통해 받아들여지므로 피면담자들에게 그들의 감각을 사용하도록 권한다. 맥락적인 정보를 회상하는 절차는 피면담자와 관련된 정보를 수집하는 것을 도울 것이다.

라) 진술을 확장하고 명확하게 하기

피면담자에 의해 주어진 첫 진술은 불완전할 것이다. 때로 피면담자의 진술은 넓은 시간대와 사건들을 아우를 필요가 있을 것이다. 피면담자가 그런 넓은 범위의 정보를 한 번에 관리하기는 어려우므로 모든 기억을 할 수 있도록 체계적이고 연속적인 질문들이 주어져야 한다.

마) 주제/뒷이야기 인식하기

기억을 회상하는 피면담자를 돕기 위해 그들의 진술에 관한 질문을 중단하고 관련된 다른 주제들이나 사건과 관련한 뒷이야기들을 나눌 필요가 있을 것이다. 이런 방향으로 진술을 중단함으로써 이미 진행한 부분을 계속 탐색할 수 있고, 피면담자에 의해 알게 된 새로운 정보를 이해할 수 있으며 그것을 전체 수사에 맞출 수 있다. 필요한 모든 정보를 얻거나 피면담자가 더 이상의 정보를 제공할 수 없을 때까지 각 주제에 관한 개방형 질문을 계속해야 한다.

바) 요약

수사관은 자신의 진술을 정확하게 이해하였는지 확인하기 위해 청취한 것을 요약하고 이를 다음 주제와 연결해야 한다. 또한 요약은 피면담자에게 진술을 첨가하거나 변경할 기회를 준다. 또 면담자와 피면담자 간의 전문적인 관계를 유지하는데 도움을 줄 것이다. 그리고 요약 하는 동안 피면담자에게 잠시 여유를 주는 이점이 있으며 기억을 강화할 기회를 제공한다.

사) 명확화

명확화는 피면담자 진술에서 모순을 발견할 때 또는 피면담자가 말한 것에 대하여 불분명할 때 요구된다.

2) 비협력적이고 저항적인 피면담자들

이러한 비협력적이고 저항적인 피면담자들을 상대할 때 면담자는 최대한의 통제력을 빨리 갖추어야 할 필요가 있다.

가) 첫 번째 개방형 질문과 진술 획득

수사관이 묻는 첫 번째 질문은 매우 중요하고 나머지 면담의 성향을 결정할 것이다.

나) 면담 내에서의 요약

요약을 사용하는 것은 길거나 복잡한 면담, 특히 용의자를 상대로 면담을 수행할 때 유용하다. 이는 수사관이 청취한 모든 정보를 잊지 않도록 도울 것이다.

다) 침묵 반응

피면담자들이 전략적으로 '침묵'하는 경우가 있다. 잘 준비된 면담자는 이 반응에 흔들리지 않을 것이다. 면담자는 마치 피면담자가 대답을 하는 것처럼 모든 관련 질문들을 해야 하고 각각의 질문에 답변할 시간을 주어야 한다.

라) 추궁이 요구되는 때

피면담자가 일부러 관련된 정보를 숨기거나 잘못된 진술을 한다고 의심할 만한 이유가 있으면 그에 대하여 추궁할 필요가 있다.

마) 다른 증거들과의 모순

피면담자가 말하는 것이 다른 증거들과 일치하지 않을 수 있다. 다른 증거들과의 모순이 반드시 피면담자가 거짓말을 하거나 또는 실수하는 것을 의미하는 것은 아니지만, 설명은 필요하다. 따라서 모순되는 부분들에 대해 더 많은 설명을 하도록 요구하여야 한다. 명확화와 추궁은 피면담자와 그들의 모호함 또는 모순의 이유를 탐구해 나가는 것이다.

바) 추궁의 절차

추궁이란 진술자가 말한 것에 대해 증거를 제시하면서 그 진술이 진실이 아님을 나타내는 것이다. 추궁에서 고려해야 할 세 가지는 시기, 명확화를 추구하는 접근, 모순점에 대한 설명 요구하기다.

① 시기와 관련하여 PEACE 모델은 면담의 후반 이후에 행해져야 한다고 하나, 이에 대한 엄격한 규칙은 있을 수 없다. 수사관이 가지고 있는 분명한 증거와 일치하지 않는 진술이 법정에서 불리하게 작용할 수 있다는 경고를 계획적으로 사용한 이후 추궁을 하면 된다.

② 명확화를 위해 피면담자에게 진술의 어떤 부분을 다시 기억을 살려보기를 원한다고 설명해야 한다. 그러면 피면담자는 방어적인 경향을 갖지 않고 당황하거나 흐름을 잃지 않으면서 그들의 진술을 변경하거나 첨가하는 것이 쉽다는 것을 알게 된다.

③ 모순점에 대해 수사관은 증거에 대한 설명을 요하는 모순이나 틈이 있다는 것을 피면담자에게 분명히 확인시켜야 한다. 먼저 피면담자의 진술과 수사관이 수집한 증거 사이에 불일치가 어떻게 생겼는가에 관하여 설명을 요구해야 한다. 처음에는 왜 모순점이 생겼는지에 대해 수사관의 관점에서 설명하려고 하면 안된다(예, "당신은 거짓말을 하고 있어"). 피면담자에게 대답할 시간을 많이 주어야 한다. 그리고 이전의 대화기법을 계속 사용한다.

사) 참여 면담자의 역할

주된 면담자인 수사관은 면담 전략을 참여 면담자와 협의하고 동시에 참여 면담자가 있다는 사실을 피면담자에게 통보한다. 참여 면담자에게는 모호하거나 명확화가 필요한 부분을 확인하기 위한 질문을 할 기회를 주어야 한다.

(4) 종료(C)

면담은 수사관이 더 이상 계속하더라도 목적 달성에 기여될 것이 없을 것이라고 결정하였을 때 종료되어야 한다. 종료는 정중하고 전문적인 방법으로 행해져야 한다. 종료 단계에서 수사관의 목표는 다음과 같다.

① 무엇이 일어났는가에 대한 상호 이해가 있다고 확신하는 것

② 모든 측면들이 충분히 다루어졌음을 입증하는 것

③ 장래에 일어날 일들을 설명하는 것

④ 장래에 정확하고 믿을 만한 정보를 제공하도록 적극적인 태도를 강화하는 것

가. 입증과 강화

면담 종료 전에 고려해야 할 사항은

① 묻기 원하는 모든 질문들이 다루어졌는가?

② 피면담자에게 제공할 수 있고 제공하고자 하는 모든 정보를 제공하였는가?

③ 면담의 목적들을 모두 이루었는가?

나. 종료

용의자에게는 면담 종료를 위한 시간을 충분히 주고, 녹화기록 열람에 대한 권리를 주지시키고 용의자 참관 하에 주 기록을 봉인해야 한다.

피면담자는 다음과 같은 정보가 제공되는 것을 감사히 여길 것이다.

① 피해자 지원 ② 그들이 법정에 출석해야 할 것인지 아닌지 ③ 보상에 대한 요구 ④ 범죄예방과 관련된 이슈들

다. 미래의 준비

용의자에 대해서는 면담에 의해 형성된 관계가 계속 유지되도록 해야 한다. 그들이 공정하게 다루어졌고 접근 가능한 전문적인 방법으로 다루어졌다는 느낌이 남아있어야 한다.

목격자와 피해자들에게는 그들이 나중에 사건에 관한 더 많은 정보를 기억할 수 있음을 설명하여야 한다. 수사관은 그들로부터 새로운 정보를 얻을 수 있는 방법을 남겨두는 것이 매우 중요하다.

(5) 평가(E)

가. 면담자체의 평가

면담 중에 듣게 된 정보를 평가하고 "이 새로운 정보가 전체 수사에 어떤 영향을 미치는가?"스스로 질문을 해본다. 먼저 애초의 면담계획과 초기 목적을 생각해보고 그런 목적을 성취하였는지 생각해본다. 또 면담 후 얻은 새로운 정보는 무엇인지, 이전의 증거들은 변동이 없는지, 해결해야 할 갈등사항이 있는지, 다른 요구는 무엇인지 고려한다. 기존에 확보했던 증거들과 수립했던 가설들을 재평가한다.

면담을 마치기 전 피면담자의 진술을 다시 검토한다. 면담으로 인해 얻어진 새로운 정보가 무엇인지 확인하고, 기존 정보와의 차이점이 발생한 이유가 명확해졌는지 평가한다. 피면담자가 궁금해 하는 점을 질문 받아 답변하되, 모르는 부분은 솔직하게 모른다고 답한다. 목격자/피해자로부터 계속적인 정보를 제공받을 수 있도록 한다.

나. 수사관의 업무수행능력에 대한 평가

수사관은 면담기술을 개선하기 위해 경험으로부터 배울 필요가 있다. 이는 수사관 자신의 성과를 평가해야 한다는 것을 의미한다. 자신의 업무수행 능력과 방법을 스스로 평가하고 면담의 기술을 발전시킨다.

① 내가 잘 한 것은 무엇인가?
② 더 잘 할 수 있었던 것은 무엇인가?
③ 발전시켜야 할 영역은 무엇인가?
④ 이런 기술들을 어떻게 얻을 수 있을까?

Ⅲ. 인지면담기법

1. 인지면담의 개관

1-1 인지면담(cognitive interview)기법

(1) 인지면담의 의의

인지면담(CI)은 목격자와 피해자들이 범죄현장에서 기억한 것에 대해 기억회상의 정확성 향상을 위해 인터뷰하는 방식이다. 인지면담은 기억에 관한 인지심리학 연구를 종합하여 만들어진 기억증진형 면담방법론이다(Fisher & Geiselman, 1992). 인지면담은 PEACE 모델, NICHD 프로토콜[20] 등과 마찬가지로 구조화된 면담방법론이다. 즉 인지면담은 '도입 - 개방형 진술 청취 - 기억코드 탐지 - 면담검토- 면담종료'의 구조를 취하고 있다. 인지면담은 기본적으로 진실한 피면담자와의 면담을 전제로 개발된 방법론이다.[21]

인지면담의 주된 초점은 네 번의 재검증을 사용하여 어떤 상황의 목격자와 피해자들이 발생한 모든 사건을 인식하도록 하는 것이다. CI는 오해를 최소화하는 데 도움이 되며, 전통적인 경찰 인터뷰의 질문 과정에서 볼 수 있는 불확실성을 최소화한다. 인지면담은 기억력 검색의 과정을 안정적으로 향상시키며 부정확한 계정이나 혼란을 일으키지

20) Michael Lamb 등이 미국의 국립아동건강 및 발달 연구소에서 개발한 새로운 형태의 아동 수사면담절차다. 이 절차의 핵심은 라포 형성과 개방형 질문의 사용에 있으며 이는 아동에게 자유회상 기억을 촉진하여 정보의양을 최대화 할 뿐 아니라 응답 시 가능한 오염을 피하여 그 정보의 정확성을 높일 수 있다.

21) 하지만 면담자는 면담 단계에서 피면담자의 진실성을 정확하게 파악할 수 없고, 피면담자의 진실성을 속단해서도 안 된다.

않고 기억을 이끌어내는 것으로 밝혀졌다. 경찰 수사에 인지면담이 점점 활용되고 있고, 훈련 프로그램과 매뉴얼도 만들어졌다.

인지면담은 부호화(인코딩) 특수성 원리와 기억의 다중 구성요소 관점이라는 두 가지 인지 이론에 뿌리를 두고 있다. 부호화 특수성 원리는 엔델 툴빙에 의해 도입되었다. 이 이론은 제시된 단서들이 부호화 당시에 존재했던 단서들과 어느 정도 유사성을 가지고 있을 때 인출(retrieve)을 용이하게 하는데 더 효과적일 것이라고 말한다. 따라서 원래의 환경을 효과적으로 재구축하는 검색 환경은 기억(메모리)을 강화해야 한다. 이는 목격자가 범죄를 목격한 정황과 재생(리콜) 시도가 이루어진 정황 사이에 최대 중첩이 있을 때 사건에 대해 가장 많이 기억할 것임을 보여준다. 이 원칙에 기초하여, 면접관이 인터뷰를 진행할 때, 참가자가 목격한 사건과 유사한 전체 환경을 재현하도록 유도할 수 있는 경우, 처음 두 개의 검색 규칙을 사용하여 더 나은 결과를 얻을 수 있다. 예를 들어, 인터뷰 진행자는 인터뷰 중에 목격자에게 (범행 당시) 원래 상태를 재현하도록 유도할 수 있다. 과거 연구는 높은 감정적 자극 상태에서 인코딩된 기억들은 인출하는 동안 동일한 영향을 회복해야만 접근할 수 있다는 것을 증명했다. 마지막 두 개의 검색 규칙은 기억 추적이 원래 사건의 선형적 표현이 아니라 복잡하다는 것을 유지하는 메모리의 다중 구성요소를 기반으로 한다. 따라서 사건에 대한 정보는 여러 경로를 사용하여 검색할 수 있으며, 각 경로는 원래 사건의 다소 다른 측면에 대한 정보를 제공할 수 있다.

요약하면, 인지면담은 재생을 향상시키기 위해 인지이론에 기초하여 완전하고 정확한 정보를 획득하기 위한 면담기법이다. 인지심리학의 두 가지 원리 즉 부호화 특수성 원리와 중다 기억흔적이론은 다음과 같다.[22)]

- 부호화 특수성 원리

  정보는 입력될 때의 상황과 연계되어 부호화되며, 이는 정보의 인출과정에 영향을 미친다. 처음에 정보가 들어왔던 정신적 상태로 회복시키거나 단서가 주어지면 기억을 떠올리기가 훨씬 쉬워진다.

- 중다 기억흔적 이론

  자극에 대한 정보가 입력 될 때, 그 자극에 대한 다양하고 개별적인 특징들은 뇌의 다양한 부위에 산재되어 저장된다. 감각기관을 통해서 수집된 정보 및 내부·외부의 상황적 특징 등이 기억흔적이 된다.

22) 인지는 인간이 지식을 습득하여 사물을 알게 되는 과정과 이 지식을 활용해서 문제를 해결하는 정신적 활동(주의, 지각, 학습, 기억 및 사고과정 등)이다.

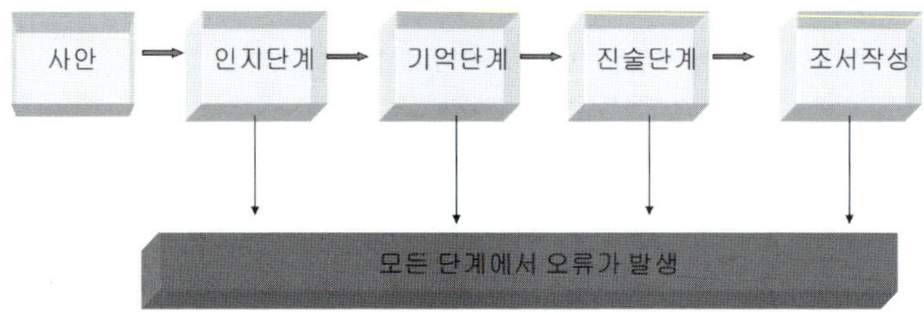

[그림 5-3] 진술오류의 원인

(2) 기억 코드 형태

기억은 부호화, 저장, 인출의 세 단계로 구조화되어 있다. 기억은 다양한 종류의 취약성을 가지고 있다. 또한 기억은 이미지 코드의 형태로 존재하기도 하고, 개념 코드 형태로 존재하기도 한다. 이미지 코드는 "정신적 그림이나 사진 형태의 기억"을 의미하고, 개념코드는 "사전적 정의와 같은 형태의 기억"을 의미한다. '본 것에 대한 형상', '들은 것에 대한 음상(音像) 등이 이미지 코드의 예에 해당하고, '좋은 인상', '불친절한 말투' 등이 개념 코드의 예에 해당한다. 개념 코드는 이미지 코드에 비해 상대적으로 불완전하고 부정확하다. 경험한 사실에 대한 피면담자의 해석과 정의가 개입되어 있기 때문이다. 통상 경험한 사실은 개념 코드와 이미지 코드로 동시에 부호화 및 저장된다. 면담실무자는 원칙적으로 이미지 코드를 탐색한 후 개념코드를 탐색해야 한다. 접근과 인출이 용이한 개념 코드를 먼저 탐지하게 되면, 접근과 인출이 어려운 이미지 코드 탐지가 추상화될 우려가 있기 때문이다.

(3) 진술과정상 오류

진술자가 신뢰성 있게 인지하고 사건에 대하여 정확히 기억하고 있어도 정확히 진술할 수 있는 것이 아니다. 그 원인으로는 ① 기억의 차단현상, ② 생략, ③ 표현능력이 있다.

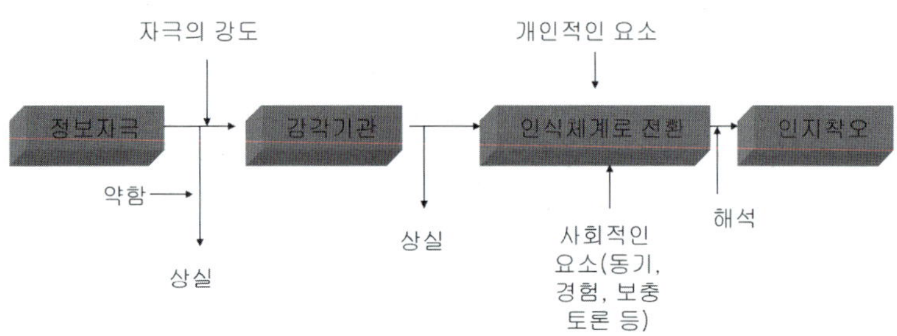

[그림 5-4] 인지과정상 오류

2. 인지면담기법의 내용

2-1 인지면담기법

면담 중에 목격자는 기억을 탐색하고, 탐색된 기억을 세세하고 정확하게 설명해야 한다. 그런데 목격자에게 주어지는 질문의 유형과 회상절차의 구조는 그 정보의 양과 질에 영향을 미치는 것으로 알려졌다. 따라서 목격자를 면담하는 적절한 방법이 개발되고 훈련될 필요성을 느끼게 되었고 이런 요구에 의해 인지면담이 개발되었다. 이후 인지면담은 사람들의 의사소통에 관한 심리학적 요소들이 첨가된 향상된 인지면담으로 발전되었다.

인지면담은 진술의 진실성 여부를 밝히는 데에도 활용될 수 있다. 인지면담과 법최면을 비교할 때 정확성에 있어 둘 간의 유의미한 차이는 없으나 법최면의 경우 최면이 잘 걸리지 않는 사람들에게는 어려움이 있다는 것이 단점이다(조은경, 수사연구 5월호, 2007).

원래의 인지면담은 네 가지 주요 기법구성으로 구성되어 있다.

① 정신적 맥락회복(the mental reinstatement of context: CR)

② 모든 것 보고하기(the report everything instruction: RE)

③ 순서를 바꾸어 회상하기(the recalling of events in a variety of different orders: RO)

④ 관점 바꾸기(the change perspective technique: CP)

이러한 기법과 더불어 의사소통의 사회심리학적 원리를 통합시켜, 일련의 질문순서를 규정한 것이 향상된 인지면담기법이다.

(1) 정신적 맥락회복(맥락 되살리기 CR)

수사관은 목격자에게 기억된 사건이 있던 당시의 심리적, 신체적 환경을 되살려보도록 한다. 이를 통해 사건 회상의 단서들이 활성화되도록 하기 위해서이다. 이 때 절차적으로 한 번에 한 단계씩 맥락을 재구성하도록 최소한의 지시만을 한다.

(예, 당시 범행이 있었던 장소를 그림처럼 떠올려보세요... 이제 그 곳에서 무슨 소리가 들렸는지 소리를 집중적으로 떠올려보세요... 등)

각각의 지시 사이에 수사관은 충분히 재구성할 시간을 주기 위해 몇 초간 간격을 둔다. 기억은 그것이 부호화될 때에 함께 존재했던 정보가 다시 주어질 경우 더욱 정확하고 풍부해질 수 있다.

(2) 모든 것 보고하기(RE)

목격자에게 기억하는 사건에 관하여 모든 세부사항을, 그것이 별로 중요하지 않거나 관련없는 정보라고 생각하더라도 그대로 말하도록 하는 것이다. 모든 것을 이야기하라는 지시는 목격자에게 정보를 남겨놓지 않도록 하여 전체적으로 정보의 양을 풍부하게 하고, 사소한 정보의 조각들도 그것들이 한데 모이도록 하여 충분한 수사의 가치를 갖게 한다.

(3) 순서를 바꾸어 회상하기(RO)

회상할 수 없었던 기억의 부호들에 접근할 수 있도록 하는 지시방법으로, 기억의 회상은 이전의 지식과 도식의 적용에 의해 영향받을 수 있다는 이론적 추론에 기반한다. 목격자에게 사건을 마지막 또는 중간부터 역순으로 회상하게 하면, 사건의 순차적 전개에 의해 회상이 제한되는 것을 방지할 수 있다.

(4) 관점 바꾸기(CP)

관점 바꾸기는 앞의 세 기법으로 회상이 불가능한 기억 부호들에 접근하는 것으로 목격자에게 사건을 다양한 관점으로부터 회상하도록 하는 것이다.

2-2 향상된 인지면담기법(ECI, enhanced cognitive interview)

기본적인 인지면담은 4개의 기억 향상 기법으로 구성된 것이었으나 경찰의 목격자 조사 현실에 맞게 몇 가지 촉진 요소들이 첨가된 것이 향상된 인지면담이다.

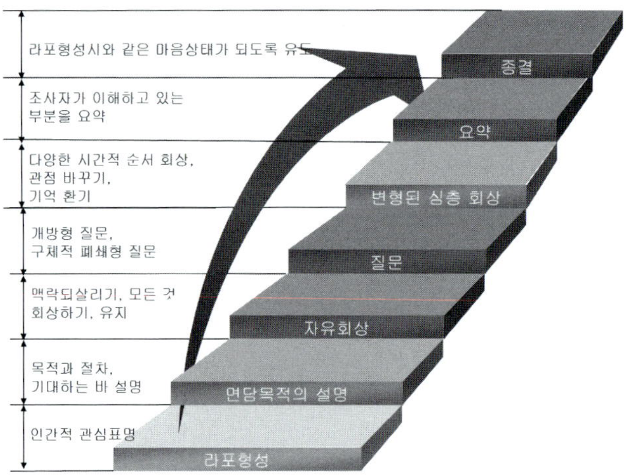

[그림 5-5] 향상된 인지면담기법

(1) 소개(Introduction)와 라포 형성(Rapport Phase)

상호 인사 및 자신에 대한 소개를 하고, 수사관과 피면담자의 관계를 인격화하며 라포를 형성한다. 이 단계는 라포형성을 통해 면담절차에 대한 각종 불안, 불신을 제거하는 단계이다.

(2) 면담목적의 설명(Explains the aims of the interview)

면담의 목적을 설명함으로써 회상의 초점이 분명하도록 한 후, 모든 것을 이야기해야 한다는 것, 면담의 통제권이 진술자에게 있다는 것, 기억의 왜곡이나 추측은 할 수 없음을 말하고, 기억을 떠올리는 데 주의를 집중하도록 한다.

(3) 자유진술 혹은 자유보고(Free narrative)

맥락 되살리기로 사건 당시의 상황과 맥락을 떠올리며 기억을 회상하도록 하고, 개방형 질문을 한다. 개방형 질문은 피면담자에게 좀 더 상세하고 전체적인 기억의 탐색을 하게 한다. 개방형 질문과 함께 중간 중간 정지와 침묵의 시간을 사용하게 되면 피면담자에게 대답을 계속해서 전개하게 하는 기회를 주게 된다. 진술이 중간에 중단되더라고 조용한 정지 상태를 유지하며 기다려주고, 진술 중간에 의문이 생기더라도 끼어들지 않는다. 그리고 비언어적 행동으로 계속 관심을 보인다.

(4) 질문(Questioning)

모든 것을 이야기 하게 하고 그 진술의 순서에 맞추어 진술자에 친화적인 질문을 한다. 질문에 대한 답변에서 왜곡이나 추측은 하지 않도록 이야기하고 "모르겠습니다.", "이해하지 못하겠어요." 라고 말해도 좋다고 한다. 집중하도록 하고 심상을 이끌어내고 탐색해보도록 한다. 이 때 개방형 질문과 특정 폐쇄형 질문을 사용한다.

(5) 다양한 인출기법의 구사(Varied and extensive retrieval)

사건발생의 역순 등 모든 상황을 다시 생각나게 하는 각종 기법을 활용한다. 시간적 순서를 바꿔 회상하고 진술하도록 하고, 관점을 바꾸어 회상하도록 한다. 그리고 진술자의 모든 감각에 초점을 맞추어 회상하도록 한다.

(6) 요약

진술한 내용을 요약하여 들려주고, 덧붙이거나 세부사항을 변경할 기회를 주며, 정확성을 점검하게 한다.

(7) 종료단계(Closure Phase)

감사표시 및 추후 증인출석에 대한 협조의뢰를 하는 단계이다.

2-3 인지면담(CI) 기법에 대한 평가

(1) 연구분석

메타분석연구에 따르면, 경찰 표준면담 보다 인지면담(CI)을 실시하였을 때 정확한 정보를 더 많이 산출하는 것으로 나타났고(거의 30% 이상), 오류정보의 경우에는 CI보다 경찰 표준면담에서 더 많이 나타났다. 그리고 유도질문을 사용하였을 경우에도 CI는 잘못된 대답을 이끌어내는 효과가 적었다. CI과 최면수사의 기억향상 효과가 비슷함에도 불구하고 최면수사가 갖는 실무적 문제점 때문에 현재 영국과 미국의 경찰수사에서는 기억향상방법으로서 최면수사를 CI이 대체하고 있는 것이 일반적이다. CI이 매우 복잡하고 목격자를 면담하는 데뿐만 아니라 경찰관들을 훈련시키는 데에도 시간이 많이 소요되지만, 가장 효과적인 방법이라고 인식되고 있다. 대학생과 아동을 대상으로 실시한 국내연구에서도 표준면담보다 CI에서 정보의 정확도가 높았다. CI은 다양한 대상에게 효과가 있는 것으로 나타났으며 여러 나라에서 그 효과가 입증되었다. 최근 연구에서는 용의자를 대상으로 CI을 실시하였을 때 거짓말 탐지에도 효과가 있는 것으로 나타났다.

(2) 인지면담의 활용

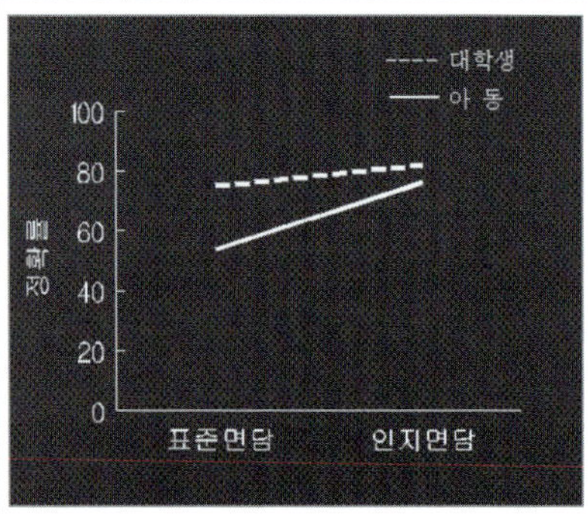

김미영, 김경하, 전우병, 김시업(2004). 인지면담기법이 아동과 성인의 사건회상 정확성에 미치는 영향. 한국심리학회:사회및성격, 18(2), 137-151.

[그림 5-6] 대학생과 아동을 대상으로 한 국내연구

CI는 실제 사건 수사에 사용되는 가장 성공적인 면담기법 중 하나로 받아들여지고 있다. CI의 효과성을 입증하는 실증적인 연구들이 많아짐에 따라, 잉글랜드와 웨일즈에서는 1993년 '국가수사면담 훈련 프로그램'에 CI를 포함시켜 일선 경찰들에게 훈련시키기 시작하였으며, 적극 사용이 권장되고 있다. 또한 CI는 미국, 독일, 오스트레일리아 등의 나라에서 공식적인 경찰면담으로 이용되고 있는 실정이다. 1995년에는 인지면담과 관련된 전문가 증언이 Frye 테스트를 통과하였다. 이 사례에서 인지면담으로 실행한 면담이 법정에서 증거로 사용되는 것을 받아들인다는 판결이 있었으며, 판사는 인지면담을 신뢰할 수 있고 과학적인 접근법으로 인정하였다. 한편, 우리나라의 경우에는 2008년 5월부터 대검찰청 진술분석과정에서 CI를 사용한 바 있으며, 2010년 대검찰청에서 발간한 『조사·신문 핵심원리』 안에 CI를 소개하고 '진술청취형 참고인 조사' 과정에 많은 부분이 활용하도록 설계되어있다. 국내에서는 CI결과서가 증거로 채택이 되어 판결에 공헌한 바 있다.(표 5-2)

[표 5-2] 인지면담과 증거능력

(1) 친족관계에 의한 강간사건(제주지원)
피해자가 7세였던 5년 전 사건에 대해 인지면담을 실시하여 구체적이고 생생한 진술 확보
인지면담조사를 통해 작성한 조서와 진술분석 결과가 최초로 법정증거로 채택

(2) 준강간(서울고법)
피해자 진술의 신빙성이 없다는 이유로 1심 무죄 선고된 준강간사건
인지면담 결과보고서와 진술분석결과보고서의 내용을 유죄의 증거로 설시

(3) 도로교통법 위반사건(부산지법)
무면허오토바이 운전 중 사고로 탑승자 사망(생존자인 피고인은 사망자가 운전했다고 주장)
법정증건 증거설시, 유죄선고

(4) 살인사건(인천지법)
사실혼관계에 있는 피해자를 살해한 사건
피의자에 대한 인지면담 및 진술분석 결과를 유죄의 증거로 채택, 징역 12년 선고

(5) 13세미만아동성폭력사건
피해자를 수 회에 걸쳐 추행했다는 혐의
인지면담 내용을 판결문에 설시, 무죄선고(창원지법)

(6) 살인사건(부산고법)
피고인이 노래방도우미와 성관계 중 가학행위를 하다 살해
피고인 대상 인지면담 녹취록을 살인 고의 인정 유력증거로 설시, 유죄선고

사건관계인들로부터 완전하고 정확한 정보를 확보하는 것은 사건해결에 있어서 매우 중요하다. 또한, 인지면담을 통해 확보된 진술이 법정에서 증거로 채택된 바 있다.

인지면담은 실제 사건 수사에서 사용되는 가장 성공적인 면담 기법 중 하나로 받아들여지고 있다. 미국 연방 법무부의 목격증인수사에 관한 보고서에 인지면담 기법에서 제안된 내용이 많이 수용되어 있으며, 영국에서도 경찰관들이 면담을 할 때 유념하여야 할 교육 훈련 지침으로서 PEACE모델이 제시되고 있는데, 이 또한 인지면담 기법을 받아들인 것으로 언급되고 있다.

대부분의 면담 기법은 '의사소통 스킬'을 포함하고 있다. 머릿속에 떠오르는 정보를 잘 이야기할 수 있도록 도와주는 것이다. 다른 면담 기법들과 인지면담의 가장 큰 차이는 '기억 향상 기법'을 포함하고 있다는 것이다. 인지면담의 경우 1995년 전문가 증거가 Frye검사를 통과하여 해당 법정 사례에서 판사는 인지면담을 신뢰할 수 있고 과학적인 접근법으로 받아들인 바 있다.

일부 학자들은 아동의 경우 인지면담기법을 이해하는 데 어려움이 있고, 오류와 작화를 높인다는 연구 결과를 바탕으로 한계점을 지적하기도 하였다. 그러나 이는 인지면담의 일부기법과 관련된 것으로 아동을 대상으로 할 때는 해당 기법을 사용하지 않고 있으며, 맥락회복 기법의 경우에도 더 손쉽게 사용하고 이해할 수 있도록 그림 그리기 방식의 맥락회복을 권고하고 있다. 또한, 인지면담의 맥락회복 기법을 아동에게 사용했을 때 그렇지 않은 경우보다 효과적이라는 연구결과들도 존재한다.

○ 참고문헌

강우예 (2017). “형사절차상 사회과학적 증거의 증명력과 증거능력에 대한 연구”, 「법학논총」 34(1), 한양대학교 법학연구소.

김면기 (2018). “과학적 증거의 판단기준과 적용과정에 대한 이해”, 「형사정책」 30(3), 한국형사

김준성 (2013). “형사소송에서 과학적 증거의 허용범위”, 「강원법학」 40, 강원대학교 비교법학 연구소.

오기두 (2013). “수사과정 영상녹화물의 증거조사(상)”, 「저스티스」

이웅혁·이성기 (2011). “형사재판상 과학적 증거의 기준과 국내 발전방향”, 「형사정책」 23(1),

이재상 (2003). 「형사소송법」 박영사,

NCF(National Crime Faculty) (2000). A Practical Guide To Investigative Interviewing UK.

이윤 (2005). 「경찰수사절차상 진술 녹음·녹화제 도입에 관한 연구」 행정대학원 석사학위 논문, 연세대학교.

법무연수원 (2003). ‘수사과정의 녹음·녹화제 운영실태보고’

김종률 (2002). 「수사심리학」 학지사.

박노섭·이동희 (2019). 「수사론」 경찰공제회.

조은경 (2007). 「수사연구」 5월호

이형근 (2021). 「법심리학적 면담방법론」 박영사.

Ronald P. Fisher·R. Edward Geiselman (2011). 「인지면담(수사면담 시 기억 향상법)」 김시업 (역) 학지사.

Graham Davies, Anthony Beech (2017). 「범죄수사심리학 범죄, 사법, 법률, 개입」 이봉건, 이철원 (역) 학지사.

Taylor & Peplau & Sears (2003). *Social Psychology*, 11th Ed. New Jersey : Pearson Educational International. pp.504-505.

제6장

피의자신문 /진술분석·행동분석 /리드테크닉

제6장

피의자신문 /진술분석·행동분석 /리드테크닉

범죄영화 속의 수사관은 피의자를 신문하면서 자백을 받아내기 위해 여러 가지 고압적인 자세를 취하는 경우가 많다. 피의자로부터 합법적으로 자백을 이끌어 낼 수 있는 방법은 없는가?

진술분석의 대상은 피의자, 피해자, 참고인이 직접 작성했거나, 진술을 기재한 서면, 진술을 녹음·녹화한 자료에 한정된다. 진술분석 중 과학적 내용분석(SCAN; Scientific Contents Analysis)과 현실모니터링 기법(RM; Reality Monitoring)은 어떠한 차이가 있을까?

I. 피의자 신문의 원리

1. 피의자 신문 개관

1-1 피의자 신문의 의의

(1) 피의자신문(被疑者訊問)의 개념

피의자 신문이란 수사기관이 수사에 필요한 경우에 피의자 출석을 요구하여 피의자를 신문하고 그 진실을 듣는 절차를 말한다. (형사소송법 제200조 '검사 또는 사법경찰관은 수사에 필요한 때 피의자의 출석을 요구하여 진술을 들을 수 있다.') 신문의 대상이 되는 피의자란 범죄의 혐의가 있어서 입건되었으나 공소제기가 되지 아니한 자를 말한다. 예외적으로 불가피한 사유가 있는 경우에는 입건 전 조사(과거 내사)가 가능하다.

피의자 신문은 임의수사이므로 피의자는 출석요구에 응해야 할 의무가 없다. 따라서 출석을 거부할 수 있고 출석한 때에는 언제든지 퇴거 할 수 있다. 검사 또는 사법경찰관은 피의자를 신문하기 전에 일체의 진술을 하지 아니하거나 개개의 질문에 대하여 진술을 하지 아니할 수 있다는 것, 진술을 하지 않더라도 불이익을 받지 않는다는 것,

진술을 거부할 권리를 포기하고 행한 진술은 법정에서 유죄의 증거로 사용될 수 있다는 것, 신문을 받을 때에는 변호인을 참여하게 하는 등 변호인의 조력을 받을 수 있다는 것 등의 사항을 알려 주어야 한다. 그리고 피의자의 진술은 조서에 기재하여야 한다(제244조①).

(2) 조사와 신문의 구별

조사와 신문은 명확히 구분된다. 조사란 수사관이 상대방으로부터 수사의 목적을 달성하기 위해 필요한 진술을 청취하고 진술의 취지를 명확히 하는 한도에서 질문을 하는 방식을 말한다. 반면, 신문이란 수사관이 상대방에 대하여 범죄의 혐의가 있다고 합리적으로 심증을 형성한 상황에서 상대방이 범인임을 밝혀 이를 추궁하고 또는 범죄 사실에 관해 진술할 것을 설득해나가는 방식을 말한다.

조사의 특징으로는 상대방에게는 아직 추궁할 범죄 사실이 없는 상태이기 때문에 주목적이 상대방이나 범죄에 대한 정보의 수집에 있다. 하지만 피의자 신문의 경우, 수사관이 피의자에게 범죄 사실에 대해 추궁하고, 피의자가 질문에 대해 답변하는 형식으로 진행하게 된다. 즉, 피의자 신문의 경우에는 수사관이 피의자의 진술을 통해 직접증거를 수집하는 절차이며, 피의자가 자신에게 유리한 사실을 주장할 기회를 제공한다는 의미도 가지고 있다. 신문과 의미가 같은 취조는 면담과 다르게 추궁하는 절차이다. 추궁은 유죄일 것이 확실한 용의자에게 수사관이 말을 한다는 의미이다. 추궁은 수사관에 의한 독백형식이다.

다음은 인터뷰와 취조의 차이를 나타낸다.

[표 6-1] 면담과 취조의 방식 차이

	면담(Interview)	신문 또는 취조(Interrogation)
추궁	추궁하지 않음	추궁함
방식	대화 : 문답의 형식	독백 : 피의자가 사실을 말할 준비가 될 때까지는 말하는 것을 저지함
목표	a. 수사와 관련된 정보와 진술인의 행태적 정보를 이끌어내기 b. 진술인의 진실성에 대한 평가 c. 진술인에게 가능한 취조에 대한 윤곽형성	a. 사실을 이끌어내기 b. 법정에서 피의자가 유죄라고 여겨질 만한 자백 얻기
노트필기	각각의 반응에 대해 노트필기를 함	피의자가 사실을 말할 때까지는 노트필기를 하지 않음

수사를 위해서 행해지는 조사라는 단어는 목격자, 피해자를 포함한 참고인에 대해서도, 피의자에 대해서도 공통적으로 이용되고 있으며 각각 참고인 조사, 피의자 조사라고 불린다. 서양에서는 피의자에 대한 질문은 신문(interrogation), 주로 정보수집접근을 위한 것은 면담(interview)으로 구분하고 있다. 번역에 있어 interviewing은 피의자의 주장을 피의자 자신의 말로 진술해 받는 것을 목적으로 행해지는 '피의자 조사 또는 피의자 면담'으로, interrogation은 죄를 범했음에도 부인하는 피의자에 대해 사실을 말하게 할 목적으로 자백 여부에 대한 피의자의 의사결정에 작용을 가하는 조사방법인 피의자 신문으로 번역할 수 있다.

1-2 피의자 신문의 목적

(1) 피의자 신문의 기능

피의자 신문의 궁극적인 목적은 피의자의 자백을 통해서 범죄를 규명하고 국가형벌권을 행사하는 것에 있다. 피의자의 자백은 수사기관이 증거나 공범, 그리고 추가 범행 등을 규명하는 데 결정적인 역할을 하며 중요한 판단 자료로 활용된다. 피의자 신문을 통해 수사기관은 혐의를 더 구체화하거나 다른 증거를 수집할 수도 있으며, 그 반대로 피의자 또한 오히려 적극적으로 자신에게 유리한 사실을 진술하여 혐의에서 벗어날 수도 있다.

수사교육기관에서는 수사관 교육과정에서 미국의 Reid 기법(3절에서 후술함)과 영국의 PEACE 기법 등의 피의자 신문 기법을 교육과정에 포함하고 있다. 피의자 신문의 문제점의 하나인 잘못된 신문방법 중 가장 흔히 사용되고 여전히 존속하고 있는 것은 기망이다. 기망에 의한 자백이란 수사관이 위계, 사언, 사술 등을 이용하여 피의자를 착오에 빠뜨려 자백하게 만드는 경우를 말한다. 예를 들어 범행 현장에서 피의자를 본 사람이 없는데 있다고 거짓말을 하거나 또 다른 공범자가 체포당했다던지, 자백했다고 속인다던지 하는 것들이 기망의 범위에 속한다.

미국에서는 2019년 2월 기준 DNA 증거분석 등 객관적 사실로 무죄가 밝혀진 '면죄사건' 석방자(2400명) 가운데 12%(291명)가 허위자백을 해서 유죄가 된 것으로 드러났다. 또한 허위자백은 확산효과가 있어 다른 결백한 사람까지 공범으로 끌어들이기도 하는 위험성도 존재한다. 따라서 위험성이 있는 허위자백이 아닌 올바른 자백을 받아내기 위해서는 피의자신문기법과 자백심리 등을 조사관들이 잘 이해하고 있어야 하는 것이다. 요약하면 피의자신문기법은 수사기관이 피의자를 상대로 질문하고 답하는 의사소통 수단을 통해 지나간 범죄사실을 재구성하는 심리적 역동과정으로 대인적 수사과정을 과학적이고 체계적으로 이해하고 응용하는 것이다.

(2) 피의자 신문조서의 중요성

수사기관이 피의자를 신문하여 그의 진술을 기재한 문서가 피의자신문조서이다([그림 6-1] 참조). 피의자신문조서는 피의자에게 열람하게 하거나 읽어 들려주어야 하며, 진술한 대로 기재되지 아니하였거나 사실과 다른 부분의 유무를 물어 피의자가 증감 또는 변경의 청구 등 이의를 제기하거나 의견을 진술한 때에는 이를 조서에 추가로 기재하여야 한다. 이 경우 피의자가 이의를 제기하였던 부분은 읽을 수 있도록 남겨두어야 한다(제244조②). 피의자가 조서에 대하여 이의나 의견이 없음을 진술한 때에는 피의자로 하여금 그 취지를 자필로 기재하게 하고 조서에 간인한 후 기명날인 또는 서명하게 한다(제244조③).

피의자신문조서는 수사과정 뿐만 아니라 공판과정에서도 중요한 증거로서 자리매김하고 있다. 형사소송법은 경찰 피의자신문조서를 '검사 이외의 수사기관이 작성한 피의자신문조서'라고 규정하고 있는데, 경찰 피의자신문조서는 적법한 절차와 방식에 따라 작성되고, 피고인 등이 공판준비 또는 공판기일에 그 내용을 인정할 때에 한하여 증거로 할 수 있다(제312조③). 이는 검사의 피의자신문조서도 마찬가지다(제312조①).

또한, 피고인이 경찰 피의자신문조서 내용을 부인할 경우 경찰 피의자신문조서의 증거능력은 없으나, 경찰 피의자신문조서가 임의로 작성된 것이라면 일정한 요건 하에 법정에서의 진술을 탄핵하기 위한 반대증거로 사용될 수 있다. 결국 제대로 작성한 피의자신문조서는 다른 중요한 증거가 없을 경우 결정적인 증거 및 다른 증거의 보강증거로 사용할 수 있다.

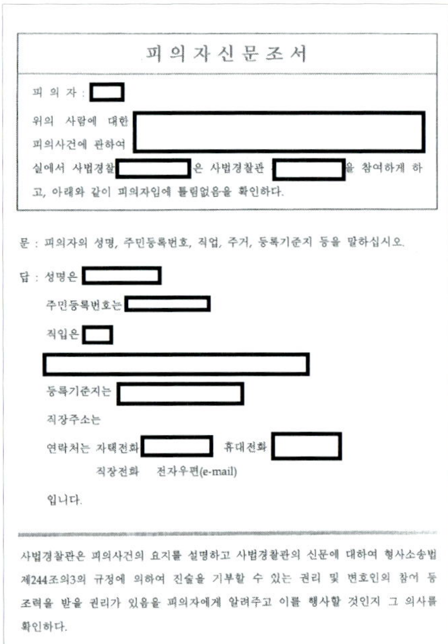

피 의 자 신 문 조 서

피 의 자 :

위의 사람에 대한 피의사건에 관하여 실에서 사법경찰 은 사법경찰관 을 참여하게 하고, 아래와 같이 피의자임에 틀림없음을 확인하다.

문 : 피의자의 성명, 주민등록번호, 직업, 주거, 등록기준지 등을 말하십시오.

답 : 성명은

주민등록번호는

직업은

등록기준지는

직장주소는

연락처는 자택전화 휴대전화

직장전화 전자우편(e-mail)

입니다.

사법경찰관은 피의사건의 요지를 설명하고 사법경찰관의 신문에 대하여 형사소송법 제244조의3의 규정에 의하여 진술을 거부할 수 있는 권리 및 변호인의 참여 등 조력을 받을 권리가 있음을 피의자에게 알려주고 이를 행사할 것인지 그 의사를 확인하다.

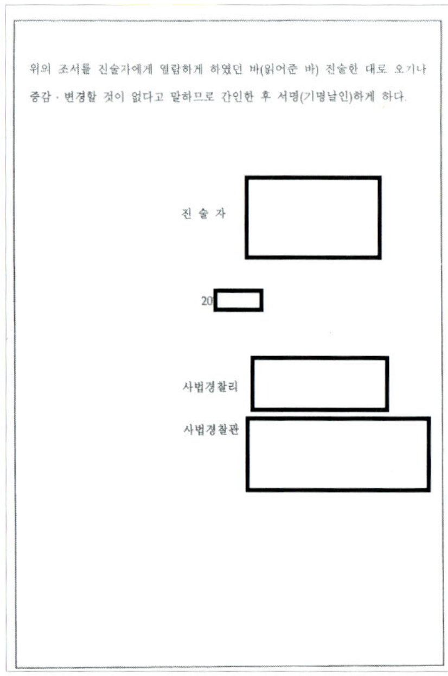

위의 조서를 진술자에게 열람하게 하였던 바(읽어준 바) 진술한 대로 오기나 증감 · 변경할 것이 없다고 말하므로 간인한 후 서명(기명날인)하게 하다.

진 술 자

20

사법경찰리

사법경찰관

[그림 6-1] 피의자신문조서

1-3 피의자 신문과 행동분석

(1) 행동분석인터뷰(Behavior Analysis Interview, BAI)의 의의

앞에서 살펴보았듯이 면담과 신문(취조)은 동일한 의미가 아니다. 면담은 피해자나 목격자로부터 정보를 수집하는 단계이고 취조는 용의자에게 추궁하는 질문과 대답을 하는 단계이다. 면담과정에는 표준적인 수사상의 질문 외에도 구조적인 "행위유발(또는 행동촉발)"질문을 함으로써 피면담자의 사실이나 거짓을 말하는 행동을 알 수 있는데 이를 행동분석인터뷰(BAI)라고 한다.

BAI는 30-40분간의 인터뷰 중 수사관이 용의자의 주소, 나이, 결혼상태, 직업 등과 같은 배경질문을 물음으로써 시작한다. 이런 질문을 통해 용의자에 관한 정보를 수집할 뿐 아니라 용의자가 가진 질문에 대한 반응지체의 길이, 시선접촉의 정도와 습관, 자세 등과 같은 언어적·비언어적 행동을 평가할 수 있다. 그 이후에 수사관은 결백하거나 의심스러운 용의자들로부터 언어적·비언어적 반응들을 추출할 수 있도록 고안된 "행위유발"질문들을 한다. 용의자의 알리바이, 범죄를 저지르는 기회와 접근성, 증거에 대한 설명 등 수사상의 질문들에는 이러한 행위유발질문이 숨겨지게 된다. 용의자의 유죄개연성과 관계없이 수사관은 BAI동안 용의자의 거짓말을 힐책하지 않는다.

BAI는 몇 가지 중요한 역할을 한다. 주로 행위유발이나 수사상의 질문에 대한 반응의 평가를 통해 용의자의 진실성에 대한 견해를 객관적으로 제공한다. 게다가 유죄인 용의자의 취조가 이루어질 수 있게 한다. 이는 BAI 동안 추궁하지 않는 면담을 통해 용의자와 라포를 형성함으로써 가능하다. 그리고 용의자와 그의 범죄에 대한 내면을 들여다보고 취조의 전략공식을 작성한다. 뒤의 과정은 취조를 위한 용의자의 "프로파일링"이라고 언급된다.

(2) 피의자신문조서 작성 시 행동분석

행동분석은 피조사자의 행동을 분석하여 거짓진술의 여부 및 기타 행동을 분석하여 심리상태를 파악하는 것을 말한다. 행동분석을 위한 징후의 요소는 언어적, 준언어적, 비언어적 요소가 있다. 세 가지 요소들을 종합적으로 판단해야 한다(6장 제2절 참고).

한 사람이 상대방으로 받는 이미지는 시각이 55%, 청각이 38%, 언어가 7%에 이른다고 한다. 따라서 실제로 피의자를 신문할 때, 피의자의 행동을 통해서도 피의자가 진실을 말하는지, 거짓말을 하는지 판단하는 경우가 많다. 수사관은 피의자가 보이는 행동들을 피의자신문조서에 구체적으로 표현함으로써, "거짓말을 하고 있다", "진실을 은폐하고 있다" 등의 메시지를 전달하려는 경우가 있다. 피의자의 행동을 표현하여 괄호 안에 기입한 내용은 또 다른 '피의자의 진술'이라고 할 수 있다. 따라서 피의자의 행동분석을 통해 피의자의 불안 및 초조한 감정들을 객관적인 조서에 기재하여, 피의자의 진술이 거짓인지, 진실인지 등 신빙성을 부여하여 조서를 작성한다.

2. 대인적 수사와 심리

2-1 대인적 수사

(1) 수사심리

수사는 대인적 수사와 대물적 수사로 구분되어 있는데 이러한 대인적 수사과정을 과학적이고 체계적으로 이해하고 실제 수사과정에서 응용하는 것이 수사심리학이다. 피의자신문의 기본적인 원리는 담당수사관이 용의자에게 질문을 하여 범죄사실과 관련된 정보를 얻는 것이다. 목적은 용의자가 범인인지 여부를 담당 수사관이 판단하고, 범인이라는 판단이 들었을 때 용의자에게 범죄사실을 인정하고 스스로 자백을 하도록 설득하는 것이다. 이 때 용의자의 태도에 결백한 용의자와 범인인 용의자의 특징이 명확하게 나뉘는데 두 용의자의 관계는 대조적인 반대의 관계에 있다.

예를 들면 피의자신문 과정에서 결백한 용의자의 태도는 스스로 긴장하고 관심을 가지게 되어 수사과정에 협조적이고 개방적이고 즉흥적이며 솔직하다는 특징을 가지고 있다. 또한 본인이 저지른 범죄사실에 대해서 현실적으로 생각하고 수사과정에 협조적이며 해당범죄 관련사건 해결에 도움을 준다는 것이다. 이와는 반대로 범인인 용의자는 반대의 특징을 가지고 있어 폐쇄적이고 경계심을 가지고 있으며, 비현실적이고 비협조적이기 때문에 사건 해결에 도움이 안 된다.

한 수사관이 한 은행원이 고객예금 500만원을 빼내 쓴 뒤 '오리발'을 내미는 사건을 맡는다. 그는 긴급 체포된 은행원을 보자마자 몇 마디 질문으로 범행을 자백 받는다.

문 : 너 은행직원 맞아?

답 : 예.

문 : 은행직원이 돈 500만원 때문에 잡혀 와? 나가면 갚아.

답 : (엉겁결에) 예.

김종률 검사가 쓴 단행본 '수사 심리학'(2002년)에 실린 실제 사례다. 노련한 수사관은 "사회에서 인정받는 은행원이 별것 아닌 혐의로 걸려들었다"고 안심시키면서도 "당신이 범인임을 확실히 믿고 있다"는 고도의 심리전을 편 것이다. 범인은 항상 불안하다. 수치심, 죄의식, 발각공포 등에 시달린다. 그러면서도 처벌에 대한 두려움과 명예실추 같은 대가가 두려워 자백을 거부한다. 범죄학자들은 불안감과 대가 사이의 심리적 부등식(不等式)이 부인 또는 자백을 결정한다고 설명한다. '불안 > 대가'는 자백, '불안 < 대가'는 부인. 결국 불안감은 크게, 대가의 공포는 적게 만들어 자백을 유도하는 게 유능한 취조관이다.

다음은 수사통(通)들이 얘기하는 피의자의 오리발을 돌파하는 비법이다.

"피의자에게 지금까지 살아온 삶을 몇 번이고 써보게 한다. 인생을 반추하다 보면 '양심'이 되살아나 죄의식을 갖게 된다."/ 법무부 고위 간부

"고위 인사일수록 전화번호부로 머리를 몇 대 때리면 효과적. 수치심을 일으켜 차라리 처벌을 택하게 한다."/ 전 검찰 수사관

"공범, 고발자를 일부러 욕하면서 '당신은 큰 처벌을 받지 않을 것'이라고 얘기해 준다."/ 경찰청 수사 간부

"하루 중 인체에 멜라토닌이 가장 많이 분비되는 새벽 직전을 노려라. 긴장을 풀리게 하는 호르몬 때문에 오리발 '장벽'이 무너지기 쉽다."/ 이규연(법심리학자)

2-2 스트레스 반응과 수사기법

(1) 의의

스트레스 반응은 크게 분노-우울-부인-거래-수용 이라는 5단계 과정을 거치게 되는데, 이중 부인 단계는 피의자신문의 목적을 달성할 수 있는지에 대한 여부가 결정되고 가장 중요한 특징이다.

가. 분노

분노는 크게 집중된 분노와 은밀한 분노로 구분된다. ① 집중된 분노는 피의자가 수사관 또는 피의자신문 단계에서의 목격자에 대하여 직접적으로 공격하거나 또는 공격적인 태세를 보이는 것이고, ② 은밀한 분노는 피의자 스스로 상당한 지적 수준에 기초하여 범죄에 대한 사실관계를 공격하는 것이다. 이러한 분노단계에서 피의자의 목적은 피의자신문 단계에서 수사관과 수사 과정 자체를 지배하여 피의자에게 유리한 쪽으로 이끌어 나가기 위해 범죄사실을 부인하고 불리한 진술을 회피하여 무죄를 주장하려는 것이다. 수사관은 이 구간에서 오래 머물러 불리한 자료를 노출하지 말아야 한다.

나. 우울

우울 단계에서는 피의자 스스로 자신을 공격하여 현실을 회피하고 자기통제능력을 상실하여 자백 시와 유사한 자세를 보이는 것이 특징이다. 예를 들면 '잠을 제대로 못자서 질문에 답하기가 힘들다'거나 '수사관이 무서워서 답하기가 어렵다'는 등 고통을 호소하는 것이다. 또한 어깨를 늘어뜨리거나 울면서 대답을 피하는 특징을 가지고 있다. 이러한 우울단계에 대하여 수사관이 대응해야 할 자세는 오히려 우울하거나 힘들어 하는 문제를 집중적으로 언급하여 피의자를 부추기고 대답하게 만드는 것이 하나의 방법이다.

다. 부인

부인은 대부분의 피의자들이 공통적으로 나타내는 모습으로 범죄사실을 부정하는 것이며 현실을 거부하려는 피의자의 노력을 나타내는 것이다. 예를 들면 '나는 그런 적이 없다', '나는 그런 사실을 한 적이 없다'는 등 범죄사실 자체를 부인하여 무죄를 주장하는 것이다. 헌법 제 27조 4항 및 형사소송법 제 325조에 규정되어 있는 무죄추정의 원칙상 기본적으로 피의자가 무죄를 주장할 수 있다. 무죄를 주장하지 않아도 수사기관이 증거를 수집하지 못하거나 당해 범죄사실을 증거재판주의에 의해 입증하지 못하면 무죄이기 때문에 피의자 입장에서는 당연히 피의자신문 과정에서 범죄사실 자체를 부인하여 유리한 쪽인 무죄를 주장하는 것이다. 부인하는 피의자가 내향적 인간형인 경우는 조용한 장소에서 추상적이고 감정적인 언어를 사용하여 설득하고, 외향적인 인간형인 경우는 사실관계의 체계적이고 질서있는 방식을 사용한다.

라. 거래

거래는 현실을 가장하거나 포장하려는 시도로 횡령을 '빌린 것'으로 표현하는 등 대체용어[23]를 사용하고, 질문에 애매한 대답을 하는 등 회색진술을 하게 된다.

마. 수용

수용단계에서는 속죄, 결과진술 같은 자신의 범죄를 인정하는 모습이 보이기 시작한다. 이 때 피의자가 자신의 행동에 대한 책임을 질 수 있도록 심리를 이끌어 내는 것이 중요하다.

〈현장에서〉 피의자 조사의 정형이 없다.

나는 2015년부터 2021 현재까지 형사과를 포함한 수사부서에 근무하고 있다. 전국에서 치안수요가 최고로 꼽히는 OO 지역 관할 관서에서 근무하고 있으며, 또한 그 중에서 112신고 건수, 형사사건 건수 접수가 가장 많은 지역구인 OO 서구를 관할하는 형사과에서 총 5년간을 근무했다. 그 당시, 하루에 수사관 1명 당 접수되는 형사사건이 평균 3-4건 정도가 되는 등, 한 해 동안 약 600건에 달하는 사건을 취급하고 수사 했다. 그렇기 때문에 당연히 피의자 신문이라는 수사상 필요한 절차에 대해 많이 접할 수밖에 없었고, 그에 따른 조사 기법 습득 등 피의자 상대 조사에 대해 보다 많은 기회가 있었음을 부정할 수 없을 것이다.

그렇게 많은 사건을 접하고 다루면서 그때그때 다른 성향의 피의자, 일관적이지 않은 태도, 예상에서 벗어나는 부인과 자백의 결과 등 항상 새로운 상황, 새로운 조사 자세, 새로운 마음가짐으로 피의자를 조사를 하게 되었던 것 같다. 모든 증거가 수집되어 이를 제시하며 조사를 하는데도 이해할 수 없는 부인 진술을 하는 피의자, 객관적인 상황 및 원인이 명백하고 증거가 명백히 있음에도 억지 주장을 내세우며 자신의 행동의 정당함만을 주장하고 상대방에 대한 배려나 이해가 전혀 없는 피의자 등 일률적으로 표현 할 수 없는 각자 다양한 유형의 피의자들을 조사하며 느낀 점은 피의자 조사의 그 正道가 없다는 것을 느끼게 되었다. (경찰서 수사관, 2021)

---

23) 예를 들면 횡령 → 빌린 것, 성적접촉 → 관계를 가졌다, 아동 성학대 → 성교육을 했다.

(2) 무고한 피의자와 유죄의 피의자

조사 중 무고한 피의자와 유죄의 피의자의 우선적 차이점은 당해 피의자의 조사에 대한 기대에 있다. 무고한 피의자는 당해 조사를 받는 것에 관해 자신을 믿어줄 것이라는 기대감으로 조사에 임하는 반면, 유죄의 피의자는 자신의 기만이 탐지되었을 것이라는 두려움을 경험한다. 이 때문에, 무고한 피의자는 유죄의 피의자와 의미 있게 다른 태도와 행동을 보인다.

행동촉발질문(자세히는 198p 참조)은 이러한 태도를 도출하기 위해서 개발된 구체적인 질문이다. 다음은 당해 질문에 대한 진실한 반응 · 기만적 반응의 모델과 더불어 이러한 질문의 몇 가지를 예시한다.

문: "당신에 대한 이 혐의에 관해서 조사받은 것을 어떻게 느끼는가요?"

진실반응: "이런 혼란은 곧 정리될 것이다. 기꺼이 내가 아무도 강간하지 않았다는 것을 보여주기 위해 뭐든지 하겠어요"는 것처럼 긍정적인 감정이나 완전히 협조하겠다는 의지를 표시한다.

거짓반응: "싫다. 신경 쓰인다. 왜 당신이 나에게 묻는 지 잘 모르겠다. 누구나 그럴 수 있는 것 아닌가"처럼 일반적으로 부정적인 감정을 표시한다.

문: "일단 우리가 수사를 전부 마치면, 당신한테 어떤 결과가 나오리라 생각하는가?"

진실반응: "평생 그 여자를 만나 본적이 없기 때문에 이 건과 아무관계가 없다는 것이 분명히 나올 거예요"처럼 면죄될 것이라는 확신을 표시한다.

거짓반응: "내가 어떻게 알아요 내가 수사하나요?"처럼 면죄될 것이라는 확신을 수식하거나, 직접적인 답변을 회피한다.

문: "매리가 진짜 강제로 당했다고 생각하느냐?"

진실반응: "여자가 그렇게 이야기를 꾸며댈 거라고는 상상도 못해요. 그래서 나는 그 여자가 강간당했다고 생각해요. 하지만 나는 아니예요"처럼 당해 피해자가 아마도 당했다는 것을 인정할 것이다.

거짓반응: "직접적인 의견제시를 회피하거나, "가려내긴 어렵지만, 내말 뜻은 이러한 일을 꾸며내는 여자들 이야기를 늘상 읽어볼 수 있다는 거예요 "처럼 당해 피해자가 이야기를 꾸며댄다고 제시할 수 있다.

문: "매리한테 이런 짓을 한 사람은 어떻게 해야한다고 생각하는가요?"

진실반응: "내가 조사받고 난 후 그 자식은 오랫동안 교도소로 보내야 한다"는 것처럼 당해 범인에게 가혹한 판단을 내릴 것이다.

거짓반응: "잘 모르겠지만, 상담을 받거나 약간의 질책을 받을 것이다"처럼 관용적인 처벌을 제시하거나, 개인적 의견 제시를 회피한다.

문: "어떤 사정이 있으면, 매리한테 이런 짓을 한 사람에 대해 다시 한번 기회를 주거나 뭔가 고려해주어야 한다고 생각하는가?"

진실반응: "아니오. 그 놈이 한 짓은 변명의 여지가 없어요. 다시한번 기회를 줄 가치가 없어요. 그 놈이 나가면 또 강간할 거예요"처럼 범인의 사정을 고려해서는 안된다고 할 것이다.

거짓반응: "그래요. 사정에 따라서는, 누구나 다시 한번의 기회는 받을 만 해요. - 자신이 한 일에 대해 사죄한다면"처럼 범인에게 약간의 고려할 여지가 있다고 한다.

2-3 넘겨짚기

앞서 제시한 행동촉발질문에 덧붙여, 수사관은 성폭력피의자 조사 중 '넘겨짚기'(bait) 질문을 할 것을 고려해야 한다. 이 질문은 모든 유죄 피의자들이 봉착하는 두려움 - 자신들의 죄를 입증할 어떤 유형의 증거를 범행현장에 남겨두었을 지도 모른다는 - 에 호소한다. 넘겨짚기 질문은 당해 피의자를 곤경에 빠뜨릴 수 있는 가능한 증거의 현존을 암시하면서 당해 피의자의 자신감을 평가하기 위해서 던져진다. 한 여성이 공원에서 낯선 사람에게 강간을 당하고 즉시 경찰에 그 범죄를 신고했다는 상황을 생각해보라. 심지어 아무런 이전증거(transfer evidence)가 실제로 발견되지 않았더라도, 이러한 사정 하에서 당해 피의자에게 다음 질문을 해볼 수 있다:

죠, 당신도 알다시피, 이런 성격의 범죄가 있고 난 이후에 피해자는 아주 철저히 검사를 받게 되지. 이런 검사를 하는 동안 음모, 정자나 피해자의 손톱 아래에서 발견된 피부의 DNA 검사결과와 같이 여러 가지 생물학적 증거가 채취되지. 이 사건에 있어서 남자의 음모가 발견 되서 현재 분석 중에 있어, 그 결과들이 곧 돌아올 거야. 음모는 지문처럼 독특해서 정확히 누구의 것인지 확인할 수 있게 되지. 내가 궁금해 하는 것은 그 음모가 당신 것이라고 판명될 만한 무슨 이유가 있는지 없는지 하는 것이야. 당신이 이 여자를 강간했다고 말하는 것이 아니야. 하지만 만약 당신이 그 여자와 화간을 했더라도 당신의 음모가 실험 시료에서 왜 나온 것인지 설명할 수 있겠지. 실험결과 당신한테 나온 음모가 발견될 수 있다고 생각해"

진실한 피의자는 증거가 자신을 범죄에 연결지을 지도 모른다는 제안에 즉각적이고 감정이입적 부인을 할 것이다. 이런 언어적 반응은 직접적 시선접촉, 그리고 아마도 의자 내에서 전경 자세를 보이는 등 비언어적으로 강화된다. 그러나, 넘겨짚기 질문은 기만적 피의자로 하여금 진퇴양난에 빠지게 한다. 그는 자신감을 가장하고 수사관의 제안을 거부할 것인지 아니면 부죄적(負罪的) 증거를 변명해버릴 것인지를 결정해야 한다. 이 과정은 기만적 피의자에게서 넘겨짚기 질문에 대해 가장 빈번하게 관찰되는 반응(즉 지체반응)으로 설명되는 시간을 요한다. 이 지체는 당해 질문을 반복하거나 당해 질문을 분명히 해달라고 요구하는 등 여러 가지 비언어적 행동으로 가장 될 수 있지만 기만적 피의자는 일반적으로 넘겨짚기 질문에 즉각적인 부인을 하지는 않는다. 당해 피의자의 질문에 대한 최종 반응은 종종 약간의 수식어를 포함한다. 예를 들면 " 그 여자와 절대로 성교를 하지 않은 것은 꽤 분명하다(I'm pretty sure I've never had sex with that woman)"가 있다. 전체 사건의 약 20%에서, 기만적 피의자는 실제로 화간을 했다는 등 증거에 대한 수사관의 설명을 수용한다. 하지만, 대부분의 사건에서 기만적 피의자는 당해 증거가 존재할 수 있다는 점을 부인하지만 행동을 관찰해보면 자신감의 결여가 분명히 드러난다.

Case 6-1 검찰의 피해자 유도신문… 녹화영상으로 '들통'

검사가 성폭력 사건 조사 때 피해자에게 경찰 진술조서를 보여주는 등 유도신문을 통해 범죄피해 진술을 받아내 피고인의 혐의를 입증하려다 법원에서 제동이 걸렸다. 조사 내용을 미심쩍게 생각한 변호인이 검찰 조사 장면이 담긴 영상 녹화물을 열람해 이 같은 사실을 발견하고 재판 때 문제의 심각성을 주장했는데, 법원이 받아들인 것이다. 법원은 검찰이 경찰 진술조서와의 일관성을 유지하기 위해 피고인에게 유리한 부분을 삭제하는 등 진술내용을 짜맞춘 정황이 뚜렷하다고 보고 피고인에게 무죄를 선고했다. 법조계에서는 낡은 수사관행에 대한 비판과 함께 대안 마련을 요구하는 목소리가 나오고 있다.

6일 법조계에 따르면, 광주지법 순천지원 형사1부(재판장 송백현 부장판사)는 아동·청소년의 성보호에 관한 법률 위반 혐의로 기소된 A(19)씨에게 지난해 11월 무죄를 선고(2019고합131)한 데 이어, 항소심인 광주고법 형사1부(재판장 이승철 고법판사)도 "피해자가 진술한 피해사실 중 일부에 신빙성이 결여돼 공소사실 증명이 없다"며 지난달 24일 검찰의 항소를 기각하고 1심 판단을 유지했다(2020노423). 검찰이 상고하지 않아 이 판결은 그대로 확정됐다.

이 사건은 B(17)양이 2019년 DVD방에서 성폭행을 당했다며 전 남자친구인 A씨를 경찰에 고소하면서 시작됐다. A씨는 "합의에 의한 성관계였다"고 주장했지만, 검찰은 그를 불구속 기소했다. 하지만 A씨의 변호를 맡은 김정환(38·변호사시험 2회) JY법률사무소 부대표변호사가 검찰의 공소사실과 피해자 진술조서의 진정성 등에 의문을 품으면서 사건은 변곡점을 맞았다. 김 변호사는 A씨를 기소한 순천지청을 찾아가 6시간에 걸쳐 B양에 대한 피해자 조사 진술 녹화본과 검찰 진술녹화 속기록, 검찰 진술조서 등을 대조했다. 청소년성보호법 제26조 등은 아동·청소년 대상 성범죄 피해자의 진술내용과 조사과정은 수사기관이 비디오녹화기 등 영상물 녹화장치로 촬영·보존하도록 하고 있으며, 영상물 내 피해자 진술은 진정성이 인정될 때 공판에서 증거로 할 수 있도록 하고 있다. 김 변호사는 공판에 제출되는 피해자 진술조서는 검사와 피해자 간 문답이 그대로 기록되는 형태가 아니기 때문에 검사의 주관이나 의도가 개입될 여지가 있다는 점에 착안해 피해자 조사 영상녹화물과 대조를 시도한 것이다. 그 결과 영상녹화물에서 검사가 B양에게 경찰 진술조서 등을 보여준 다음 피해사실을 진술하게 하는 등 문제의 소지가 있는 부분을 다수 발견했다. 김 변호사는 이를 재판과정에서 적극 주장했고 법원도 이를 받아들였다.

법원은 피해자 신체에서 피해자 진술과 같은 성폭력 흔적이 발견되지 않는 점 외에도 B양의 진술이 일관되지 않아 신빙성이 떨어질 뿐만 아니라 검찰 조사 과정에서 유도신문이 이뤄지는 등 왜곡 가능성도 높다고 판단했다. 재판부는 "가해자 관점에서 피해자다움을 전제한 다음 성폭력 당한 직후 피해자의 모습이 이에 부합하지 않는다고 해서 성폭력 피해자의 진술의 신빙성을 쉽사리 배척해서는 안 된다"면서도 "(이 사건에서) 피해자가 피고인과 함께 있었던 시간 대부분을 차지하는 삽입 이후 상황에 대해 제대로 기억하지 못하고 구체적으로 진술하지 못하는 것은 선뜻 납득이 되지 않고 진술의 신빙성에 의문을 품게 한다"고 지적했다. 이어 "피해자는 경찰에서 조사를 받으면서 피고인이 피해자의 반항을 제압하고 간음하게 된 경위에 관해 구체적으로 진술했는데, 검찰 조사 과정에서는 DVD방에서 자신의 양 팔목을 잡은 상황까지는 기억에 의존해 진술하다가 그 이후 상황을 묻는 검사의 질문에는 검사로부터 (성폭행 피해상황이 적힌) 기록을 받아 46초가량 읽은 후 비로소 진술하는 모습을 보인다"고 설명했다. 그러면서 "기억 환기를 위해 종전 진술내용을 참고할 필요가 있다하더라도, 범행 주요부분에 대해서조차 자신의 기억대로가 아닌 경찰 진술을 참고한 뒤에야 비로소 대답했다. 이러한 조사방식을 통해 얻어진 피해자 검찰 진술을 기억대로 진술했다고 보기는 어렵다"며 "검찰 조사에서 경찰에서 진술하지 않았던 부분을 새롭게 추가하거나 범행의 주요 부분 진술을 변경하기도 하고, 이마저도 대부분 검사의 유도신문에 의해 진술해 피해자의 검찰 진술이 경찰 진술과 일관된다고 평가하기 어렵다"고 했다. 재판부는 또 "법정 진술에서도 구체적 방법과 당시 상황 등 주요 부분을 제대로 진술하지 못해 의문이 든다"며 "검사가 (공판에서) 검찰 진술조서 내용을 읽어주고 나서 검찰 진술조서 내용과 같이 대답을 했다"면서 A씨에게 무죄를 선고했다.

A군을 변호한 김 변호사는 "성범죄 사건에서는 피해자 진술이 주요 증거인 경우가 많은데, 피의자에 대한 반대 신문권이 충분하게 보장되지 않고 검찰이 고소인에 치우쳐 수사를 하는 경우가 많다"며 "검찰청을 직접 방문해 영상녹화물을 보지 않았다면 피고인이 자칫 억울한 처벌을 받는 일이 발생할 수도 있었다"고 말했다. 이 사건에 대해 검찰은 별다른 입장을 밝히지 않았다. 다만 한 검찰 관계자는 검찰이 대법원에 상고를 하지 않은 이유와 관련해 "기계적 상고를 막기 위해 1,2심 모두 무죄 판결이 선고된 경우에는 상고를 포기하는 것이 기본 방침"이라고 말했다. 법조계에서는 객관적 물증을 확보하는 대신 피해자 등의 진술에 의존하는 낡은 수사관행이 사라지지 않고 있다는 지적과 함께 개선을 요구하는 목소리가 나온다. 검찰 출신 한 변호사는 "'조서를 작성한다'는 말 대신 '조서를 꾸민다'는 말이 더 많이 쓰이는데, 그만큼 사건 관계인에 대한 진술 조사에서 조서 작성자인 검사나 검찰수사관의 주관적 의도가 개입될 여지가 높다는 의미"라며 "공판중심주의로의 기조 변화에 발맞춰 검찰 조서 등의 증거능력을 제한하는 한편, 수사기관도 진술에 의존하던 수사 관행에서 벗어나 객관적 물증을 찾는 데 주력해야 할 것"이라고 지적했다. 또 다른 변호사는 "성범죄 사건 등에서는 피해자 진술의 일관성만으로도 유죄 판결이 가능한 경우가 많기 때문에 수사기관의 개입에 따른 '학습된 진술'이 생기곤 한다"며 "수사의 초점이 조서에서 객관적 증거 확보로 옮겨가야 한다"고 강조했다.

※ [출처] https://m.lawtimes.co.kr/Content/Article?serial=171284
2021. 7. 8. 법률신문 기사

〈현장에서〉 라포의 형성

라포를 형성하기 위해서는 타인의 감정, 사고, 경험을 이해할 수 있는 공감대 형성을 위하여 노력하여야 한다. 예를 들어, 비협조적이고 폐쇄적인 범죄자에게서 자백을 받아내기 위하여 폐쇄적 질문보다는 개방적인 질문들, 범죄자 심리의 공감을 통한 자백유도 등 말, 행동과 분위기로 상대방에게 신뢰를 얻는 것을 말한다. 한 가지 사례로, 'ATM기에서 돈을 뽑으려 하다가 갇혔다' 라는 신고를 받고 현장 출동하여 본 바 대상자는 심하게 불안에 떨고 있었고, 지속적으로 문제해결보다는 '내가 이렇게 불안에 떨고 있었는데 은행직원들과 경찰들은 무엇을 했느냐'라는 반응을 보였다. 하여 본 직이 '제가 만약 들어가 있었어도 이렇게 무서웠을 것이다',' 내가 만약 이런 곤란을 당했더라도 당신과 똑같이 이야기했을 것이다' 라며 라포 형성을 시도하자 대상자가 차분해지고 문제해결에 도움이 되었던 적이 있다.(지역경찰관, 2015)

Ⅱ. 진술분석과 행동분석

1. 진술분석

1-1 진술분석 개관

(1) 진술분석의 원리와 기법

가. 진술분석의 의의

진술분석이란 사건과 관련된 진술의 내용을 기반으로 진술에 나타나는 문제, 심리적 특징 등을 과학적으로 분석하여 진술의 신빙성 여부를 판단하는 분석 기법을 말한다. 폴리그래프(거짓말탐지기)가 진술의 허위 여부를 판단할 때 진술자의 생리적인 반응에 기반 하여 진위를 판단한다면, 진술분석은 범죄 사건의 용의자, 피해자 그리고 목격자의 진술 내용에 기반하여 진술의 진위를 판단한다. 진술분석기법은 실제 경험한 사건에 대한 진술은 허위로 꾸며내거나 상상에 의한 진술과 내용과 질에 있어서 차이가 있다는 것을 기본 전제로 하여 진술인의 진술이 진실한지 여부를 과학적으로 분석한다. 이 기법은 목격자가 없고 피해자의 진술이 유일한 성폭력 사건에서 피해자 진술의 신빙성을 판단하여 실제 진실을 밝히는데 자주 이용된다.

조사를 받는 사람들은 100% 진실만 말하지 않을 수 있다. 사람마다 받아들이는 정보의 결과가 전부 달라서 착오를 할 수도 있지만 본인이 이해하고 기억하는 바와 다르게 '거짓말'을 통해서 불리한 진술은 생략해버리거나 자신에게 유리하게 왜곡하여 진술하기도 한다. 그러므로 수사관은 사건 관계인의 진술을 분석하여 그 진실성을 판단하여 객관적인 인적 증거를 확보해야 한다. 사람들은 자신에게 불리한 진술은 아예 생략하고 말하지 않는다. 어쩔 수 없이 진술해야 할 경우에는 사실과 비슷하게 꾸며댄다. 피조사자들의 진술이 모두 거짓이거나 모두 진실인 경우는 드물다. 이들은 전체 진술에서 아주 작은 부분에 대해 자신에게 불리한 것을 숨기거나 왜곡하기 위해 거짓말을 한다.

그런데 많은 양의 기억을 회상하여 진술하게 하거나 기록하게 하면 자유회상에 의한 진술과 창조적 활동에 의한 진술에 무의식적인 차이가 발생한다. 수사관은 세밀한 분석을 통하여 패턴의 변화를 살핌으로써 거짓여부를 확인할 수 있다. 진술분석의 결과는 재판에서 증거로 사용될 수는 없으나 수사의 단서를 확보하거나 방향을 설정하는 것을 도와준다.

나. 진술분석의 기법

진술 분석의 대표적인 기법으로는 진술의 진실성을 탐지하는 진술 타당도 분석(Statement Validity Analysis: SVA), 거짓을 탐지하는 과학적 내용분석(Scientific Content Analysis: SCAN)이 있다. 그리고 그 진술 내용을 분석하기 위한 도구로는 준거기반내용분석(Criteria Based Content Analysis: CBCA), 현실성 평가(Reality Monitoring: RM)가 있다. 이 2가지 방법들은 SVA 절차 안의 '내용분석 과정'에서 이용되는 도구이다. 범인으로부터 진실을 이끌어내기 위해서 태도를 분석, 면담, 조사하는 기법에는 대표적으로 리드(Reid) 신문 기법이 있는데 이는 후술한다.

(2) 과학적 내용분석 기법(SCAN)

가. 기법의 의의

SCAN은 진술서의 내용 분석을 통해 진위를 판단하는 기법이다. 진술서 내의 단어 변화, 부적절한 정서표현과 대명사 사용, 진술의 비균형, 시간의 불일치와 같은 패턴을 분석하여 거짓 여부를 판단해야 한다.

나. 진술을 분석하는 방법

진술을 분석하는 방법에는 9가지가 있다.

1) '순수한 상태의 진술서를 받아라'다. 심문을 시작하자마자 어떤 정보도 주지 않고 아침에서 일어나서 저녁에 잠들 때까지 일어난 모든 일을 적도록 하고 반드시 다른 개입은 하지 않는다.
2) 진술서의 패턴을 분석한다. 왜 그 단어를 그 위치에 이용했는지 의문을 갖는다.
3) 거짓의 단서들을 파악하는 것이다. 시간적 순서가 완벽하고 논리적으로 정확한지 보고, 감정과 감각적 표현이 있는지 확인하고 발생하지 않은 일을 진술했는지 알아야 한다.
4) 두려움의 표현을 보는 것이다. '진실한 진술'을 할 때 '두려움'이 표현되는 것은 실제적인 위협이 발생한 이후가 된다. 만약 진술서에서 위협이나 위험에 직면한 '그 상태'에서 두려움과 고통의 감정을 나타내면 거짓이라고 판단한다.
5) '우리'라는 단어를 어떻게 쓰고 있느냐다. 자신과 그 사람을 통틀어서 '우리'라고 표현한다면 이전부터 일면식이 있던 사이거나 그 사건을 '함께'한 사람임을 의미한다.
6) 접속사 및 연결 표현을 봐야 한다. 진술 중에 "~을 시작했다."라는 말을 하였다면 그 뒤로도 그것을 계속 했는지, 마쳤는지에 대한 정보가 나와야 한다. 또한 "그리고 나서"와 같은 접속사는 뒤에 나오는 말들이 꾸며 내기 위해서 썼을 가능성이 크다.
7) 시간의 흐름을 봐야 한다. 사건의 객관적인 시간과 주관적인 시간 간에 괴리가 발생한다면 진술자가 생략했을 가능성이 크므로 그 사이에 있던 일을 계속해서 추궁해볼 필요가 있다.
8) 전체적인 구조를 봐야 한다. 진실한 진술서 구조는 도입부 15~25%, 본론 45~60%, 마무리 25~30%의 형태를 가진다. 그런데 본론이 40% 미만이라면 진술자가 많은 것을 생략하여 작성했음을 알 수 있다.
9) 분석을 마친 후에 거짓으로 추정되는 부분에 대해서 진술인이 거짓말을 했다고 추궁하기 보다는 그 부분을 다시 구체적으로 진술할 것을 계속 요구하며 의심스러운 신호를 보낸다.

(3) 진술타당도분석(SVA)

진술이 실제 경험에 근거한 것인지 여부를 평가하기 위해서 가설을 설정하고 검증하는 일련의 과학적 연구 절차다. 이의 절차는 사건 기록을 분석하고 가설을 설정한 후에 가설 검증 전략을 설정한 후 진술자와 면담을 진행한다. 그리고 면담의 내용을 RM, CBCA와 같은 도구로 일관성 및 타당성을 분석한 후에 진술이 외적인 영향을 받았는지 점검하기 위한 타당성 분석 과정을 거친다. 여기서 가장 핵심적인 것은 '가설 설정' 인데, 사건을 낱낱이 분석하여 진술자의 연령, 인지능력, 피의자와의 관계와 같은 배경 정보와 사건 유형, 발생 빈도, 시간과 같은 특성과 사건 인지 및 신고 경위 등을 파악하여 이러한 정보들을 이용해서 구체적 가설을 도출한다. SVA의 절차 중 하나인 '내용 분석' 단계에는 진술의 내용이 진실과 부합하는지 분석한다. 분석 도구에는 현실 모니터링인 RM과 준거기반내용분석 'CBCA'가 있다.

(4) 현실성평가(RM) - 현실모니터링 기법

사람의 기억을 실제 경험인 외부 출처나 상상인 내부 출처에 귀인 시키는 과정이다. 실제 경험(지각 과정)을 토대로 한 기억은 내적 과정(상상)을 토대로 한 기억과 차이가 있다는 가정에서 출발한 방법으로 다음의 8가지의 기준이 있다.

① 명료성으로 진술의 명확함을 파악하고, ② 진술에 감각기관을 통해서 지각한 정보가 있는지 보고, ③ 진술에 사건이 일어난 공간에 대한 정보가 있는지, ④ 사건이 발생한 시간, 순서에 대한 정보가 있는지, ⑤ 진술 내용을 토대로 사건의 과정을 분명히 알 수 있는지(줄거리 재구성), ⑥ 사건 중 진술인이 느낀 감정이 있는지, ⑦ 진술의 내용이 현실적으로 이치와 사리에 맞는지, ⑧ 사건 당시 진술인이 한 추론과 생각 등을 통한 정보가 있는지 평가한다.

Schooler(1986)에 의하면, CBCA와 현실모니터링 기법 연구들의 근원적 생각은 실제 사건을 경험한 사람의 회상과 지어낸 회상간에 구별되는 확실한 특징이 있다는 것이다. 현실모니터링 기법은 기본적으로 기억, 지각과정 등과 같은 심리학적 이론을 바탕으로 구성되었다. 실제 경험은 지각 과정을 통해 얻어지기 때문에 그 기억 속에는 감각정보가 포함되어 있다. 하지만 꾸며낸 이야기의 경우 기억은 머리속으로 창조해 내기 때문에 '내 생각에는...', '왜냐하면...'과 같은 추론하거나 생각할 때 나타나는 인지적 징후들을 드러낼 수 있다. 현실모니터링 기법은 CBCA에 비해 사용되는 기준이 적고, 아동뿐만 아니라 성인에게도 적용 가능하며, 진실의 지표와 거짓의 지표가 함께 있어 거짓과 진실을 동시에 구별할 수 있다는 장점을 가지고 있다.

(5) 준거기반내용분석(CBCA)

가. 의의

CBCA 준거는 '실제 경험에 대한 진술은 허구에 기반한 진술과는 내용과 질적으로 차이가 있다'는 가설에 근거하여 '아동 성폭력 피해자'의 진술을 분석 시 귀납적으로 개발된 19개의 준거들로 구성되어 있다.

① 논리적 일관성 ② 구조화 되지 않은 표현(시간 순인지, 기억나는 대로인지) ③ 풍부한 세부 묘사 ④ 맥락상 깊이 ⑤ 상호 작용 ⑥ 대화의 재현 ⑦ 예상치못한 난관 보고 ⑧ 독특한 세부 묘사 ⑨부가적인 세부 묘사 ⑩ 이해하지 못하지만 정확한 묘사 ⑪ 관련된 외적 연합 ⑫ 주관적 심리상태에 대한 묘사 ⑬ 가해자 정신 상태에 대한 추론 ⑭ 자발적인 수정 ⑮ 기억 부족 시인 ⑯ 자신의 진술에 대한 의심 제기 ⑰ 자기 비난 ⑱ 가해자 용서 ⑲ 범죄 특징에 대한 진술

이와 같은 기준들에 해당하는 진술이 있었는가를 분석한다.

나. CBCA의 절차

진술분석의 절차는 첫째, 적정한 조사절차, 둘째, 준거기반 내용분석, 셋째, 진술분석 판단 결과에 대한 타당도 평가의 3단계로 구성되어 있다. 이 중 준거기반 내용분석(Criteria Based Content Analysis, CBCA)은 반 구조화된 인터뷰 기법을 이용하여 진술을 정교하게 분석하고 그 신빙성을 판단하기 위해 채점 기준에 따라 평가하는 것이다.

다. CBCA 준거의 특징

CBCA 준거들은 크게 일반적 특징, 구체적인 내용, 내용의 특수성, 동기 관련 내용, 범죄 특징적 요소로 구분된다. 이 중 일반적 특징(1~3번), 구체적인 내용(4~7번), 내용의 특수성(8~13번) 준거들은 인지적 준거로 분류 되며, 동기 관련 내용(14~18번) 준거들은 동기적 준거로 분류된다(표 6-2).

인지적 준거는 진실된 화자들의 진술에서 나타나는 인지적인 특징들을 반영하며, 동기적 준거는 진실을 이야기하는 것으로 보이고자 원하는 화자의 진술에서 나타나지 않을 인상 관리와 관련된 특징들은 반영한다. 이러한 CBCA 준거들은 실제 경험한 것을 진술할 때 나타나는 특징으로, 이러한 준거와 관련된 진술 내용이 더 많거나 확실하게 나타날수록 당해 진술은 실제 경험에 대한 것일 가능성이 크다. 그러나 사건의 유형이나 진술자 그룹에 따라 적용이 가능한 준거가 상이할 수 있으므로 확보된 진술에 CBCA의 준거를 기계적으로 대입하는 것은 지양해야 한다.

[표 6-2] CBCA 준거(8-19)

내용의 특수성(Peculiarities of content)
8. 일상적이지 않은 독특한 세부정보(Unusual details)
9. 여분의 세부정보(Superfluous details)
10. 이해하지는 못했으나 정확하게 보고한 세부정보(Accurately reported details not comprehended)
11. 관련된 외적 연합(Related external associations)
12. 주관적인 심리 상태 묘사(Accounts of subjective mental state)
13. 가해자의 정신상태 귀인(Attribution of perpetrator's mental state)
동기 관련 내용(Motivation-related contents)
14. 자발적인 수정(Spontaneous corrections)
15. 기억부족의 인정(Admitting lack of memory)
16. 자신의 진술에 대한 의문 제기(Raising doubts about one's own testimony)
17. 자기 비하(Self-depreciation)
18. 가해자 용서(Pardoning the perpetrator)
범죄 특징적 요소(Offence-specific elements)
19. 범행의 전형적인 특징 묘사(Details characteristic of the offense)

1-2 국내 진술분석의 활용

(1) 진술의 중요성

수사나 재판과정의 대부분은 사건관계인의 진술을 듣는 과정으로 이루어진다. 피의자는 사건을 직접 경험하였거나 경험하였을 것으로 의심를 받고 있는 사람으로서 지각과 기억의 정확성 보다는 진술의 진실성이 문제가 되는 경우가 많은 반면, 참고인이나 증인의 경우는 그 반대로 지각과 기억에 대한 정확성이 문제되는 경우가 많다.

아동 성폭력 사건의 경우 은밀하게 발생하므로 직접증거를 찾기 어렵고 가해자가 죄가 있어도 자백을 하지 않거나 피해 아동이 사건에 대해 비밀을 유지하도록 설득 또는 협박당하는 등 다양한 이유로 범죄에 대한 증명이 어렵다. 또한 장애인 대상 성범죄의 경우도 다른 범죄보다 피해자의 진술이 범죄 입증을 위한 핵심 증거로 사용될 수밖에 없다. 따라서 국내에서는 경찰, 검찰, 법원에 이르는 형사사법의 모든 단계에서 진술분석이 실시되고 있다. 경찰에서는 13세 미만 또는 장애인 성폭력 피해자에 대해 필요적으로 진술분석을 실시하고 있지만, 실무적으로는 13세 이상 아동 혹은 장애가 등록되지 않은 경우에도 지적, 신체적, 심리적 장애가 의심되는 피해자를 포함하고 있다.

검찰에서는 2004년 「성폭력 특별법」의 적용을 받는 범죄에 대해 최초로 진술분석을 적용하였고, 이후 2006년에 대검찰청에 과학수사 실무팀을 만들며 수사에 활용하기 시작하였다. 대검찰청에서는 2019년 10월까지 「성폭력범죄 처벌 등에 관한 특례법」 제33조(전문가의 의견조회)에 규정된 13세 미만 아동 및 지적장애 피해자 외에도 성폭력 사건 중 PTSD(외상후 스트레스장애) 등으로 조사가 어려운 성인피해자를 대상으로도 진술분석을 시행해 왔으나, 현재 성폭력 사건의 13세 미만 아동, 지적장애 피해자만을 대상으로 진술분석을 실시하고 있다.(표 6-3)

(2) 진술분석의 방법

가. 분석의 요점

1) 진술을 받을 때는 순수한 상태의 진술서를 받아야 한다. 사건 주변에 일어난 모든 일을 적도록 하고, 수사관은 어떠한 개입도 하지 않는 것이 좋다.
2) 진술서를 분석할 때는 그 형식을 분석하며, 진술의 패턴과 그 변화에 주목하여야 한다. 단어의 위치와 왜 그 단어를 그곳에 사용하였는지 등에 의문을 가져야 한다. 서술어, 동사의 시점과 전후관계를 유의하는 것도 중요하다.
3) 진실한 진술서 구조는 도입부 15~25%, 본론 45~60%, 마무리 25~30%의 형태를 가진다. 진술서가 이 균형에서 벗어나거나 본론 부분이 40% 미만이라면 진술인이 무엇인가를 숨기고 있을 가능성이 높다.
4) 시간적으로 완벽한 순서를 갖는 진술일 경우 오히려 거짓일 확률이 높다. 사람의 기억은 무작위순으로 저장되며 인출되기 때문이다.
4) 마땅히 감정이 일어났어야 할 상황에서 감정이나 감각적 표현이 부재하다면 거짓 진술일 확률이 높다. 특정한 접속사나 연결표현으로 진술자가 진술을 꾸며내고 있는지 판단할 수도 있다.
5) 객관적 시간과 주관적 시간사이에 괴리가 발생하면 진술자가 어떠한 것을 생략해서 진술 하였을 거짓 가능성이 높으므로 그 사이에 있었던 일을 추궁하여야 한다.
6) 진술의 분석 후 거짓으로 추정되는 부분이 있다면, 진술인에게 거짓말을 하였다고 추궁하기 보다는 그 부분을 다시 구체적으로 진술해 줄 것을 계속적으로 요구하며 의심스럽다는 신호를 보낸다.

나. 진술 분석 사례

진술 분석의 사례로는 2015년의 세모자 성폭행 조작 사건이 있다. A씨가 자신과 두 아들이 남편과 친척으로부터 상습적으로 성적 학대를 당해왔다는 내용의 글과 동영상을 올려 수면위로 떠오른 사건이다. 이 사건이 널리 알려져서 A씨는 양육권 소송에서 승소하기도 하였다. 하지만 SBS 그것이 알고 싶다 인터뷰 시, 카메라가 꺼진 줄 알고 A씨와 두 아들이 대화를 나누는 장면이 방영되었는데 그 대화가 굉장히 수상했다.

"의심스럽게 하지 마", "너는 잘했어, 설득력 있었어"와 같은 말을 A씨가 아들들에게 건넸고 수사해보니 A씨가 맹목적으로 따르던 무속인 B씨가 세 모자에게 누명을 씌우도록 시킨 것이 밝혀졌다.

진술분석전문가 김미영은 이 세 모자 사건의 아이를 만나서 면담을 진행했다. 첫 대면에서 라포 형성 후 사건과 관련된 이야기를 묻자, 웃는 얼굴로 '아빠가 **와 **를 만지고 **를 깨물었다'라는 말을 반복해서 했다. 몇 차례의 추가 질문에도 '머리카락을 잡아당기거나 꼬집는다.'는 말을 추가할 뿐 맥락 없이 연습한 듯 한 동일한 패턴의 주입된 진술만 반복했다. 진술 능력을 파악하기 위해서 피해가 있었다고 한 비슷한 시기의 다른 에피소드에 대해서 물었을 때는 구체적으로 대답했기 때문에 진술한 것과 전혀 다른 패턴이었다. 그 에피소드 진술을 보았을 때. 경험한 것을 기억했다가 진술할 수 있는 능력이 있지만 그 사건에 대해 주장하는 피해 경험에 대해서는 제대로 진술하지 못하였고, 그 때 일이 기억나냐고 물었더니 기억나지 않는다고 답했다. 그리고 나서 아이에게 피해 진술을 어떻게 하게 되었는지 물어보았더니 "엄마한테 들었다" 라고 말하면서 엄마가 시키는 대로 이야기를 잘하면 피자를 사준다는 약속까지 했다며 자랑스럽게 이야기를 했다.(SBS, 그것이 알고 싶다 참조)

[표 6-3] 진술분석의뢰사건 내용요약서

검찰
PROSECUTORS' OFFICE

진술분석 의뢰 사건 내용 요약서

<table>
<tr><td rowspan="2">의뢰기관</td><td>의뢰청</td><td colspan="5"></td></tr>
<tr><td>주임검사</td><td colspan="5"></td></tr>
<tr><td>죄 명</td><td colspan="3"></td><td>사건번호</td><td colspan="2"></td></tr>
<tr><td rowspan="3">분석대상자</td><td>유 형</td><td>피해자, 피의자</td><td rowspan="3">연 령</td><td>피해당시 : 세</td><td>장 애</td><td>유/무</td></tr>
<tr><td rowspan="2">이 름</td><td rowspan="2"></td><td>신고당시 : 세</td><td rowspan="2">성 별</td><td rowspan="2">남/여</td></tr>
<tr><td>현재나이 : 세</td></tr>
</table>

구분	기록 내용	확인(○/×)
공통사항	진술분석 의뢰서	
	사건기록 목록	
	의견서	
	분석대상자 진술조서(또는 요약서)	
	피의자 진술조서(또는 요약서)	
	신고경위 관련 정보 (최초 폭로경위, 인지경위 등)	
	사건관련 정보 (장소관련 사진, 참고인 진술, 신고 전후 문자메시지 및 통화내역 등)	
아동	진술녹취록 (최초 진술 및 진술번복 시 추가 진술)	
	진술녹화CD(파일로 복사해서 메신저로 전송)	
	발달특성 및 양육환경 관련 정보 (이혼, 조손가정 등)	
	신고 이후 변동사항 (주 양육자 및 거주지 변화 여부 등)	
장애인	진술녹취록 (최초 진술 및 진술번복 시 추가 진술)	
	진술녹화CD(파일로 복사해서 메신저로 전송)	
	장애진단서 또는 장애인등록증 (복지카드사본 등)	
	심리검사 보고서	
	신고 이후 변동사항 (주 양육자 및 거주지 변화 여부 등)	

2. 행동분석

2-1 행동분석 개관

(1) 행동분석과 관찰

행동분석은 진실한 피의자와 기만적 피의자 간에 행동적 차이가 존재한다는 주장을 바탕으로, 이를 입증하기 위하여 행하는 수사기법을 말한다. 실제적으로 John Reid가 809명의 거짓말탐지기 피검사자를 대상으로 한 연구에서 진실을 말하는 피의자들이 구조화된 면접을 진행하는 동안 거짓말을 하는 피의자와 다른 행동을 보인다는 결과를 얻었다. 예를 들면 '거짓말쟁이는 진실한 사람보다 정상적인 행동을 하기 위해 노력을 기울이거나, 정직하다는 인상을 주려고 노력한다' 와 같은 것들이 있다.

행동분석은 구조화된 면접 중 피의자의 행동반응에 대한 체계적인 관찰에 의지한다. 행동분석을 위한 징후의 요소에는 언어적 반응, 준언어적 반응, 비언어적 반응이 있다. 언어적 반응이란 사고나 메시지를 전하는 어휘나 어구의 선택을 말하며, 준언어적 반응이란 말의 완급, 고저, 장단, 지속성 등과 같은 언어적 메시지 이외의 음성적 특성을 의미한다. 비언어적 행동에는 신체의 자세, 팔과 다리 움직임, 손놀림, 시선접촉과 얼굴 표정 등이 있다.

거짓말의 방식은 은폐와 조작으로 나뉜다.

① 은폐는 진실한 정보를 숨기거나 남겨두는 것, 조작은 그것이 마치 사실인 것처럼 허위정보를 제공하는 것이다. 은폐에 의한 거짓말은 사전에 각본을 만들 필요가 없기 때문에 발각이 쉽지 않다. 많은 것을 드러내지 않기 때문에 논리적 모순을 발견하기 어렵다. 소극적 방법을 사용하기 때문에 자기 합리화가 쉽다.

반면에 ② 조작에 의한 거짓말은 논리적 모순이 노출되거나 감정이 탄로 나기 쉽다. 논리적 추궁만으로 적발하기 쉽다.

① 은폐적 거짓말도 자신의 감정에 대한 거짓말을 포함하게 되고 그 과정에서 거짓말이 노출 될 수 있다. 감정을 숨기거나 가장하는 과정에서 거짓말을 하는 당사자 자신도 모르게 실수가 드러나게 된다. 얼굴, 신체, 음성 등의 변화를 은폐하는 것은 자신과의 투쟁이며 그 투쟁의 흔적이 거짓말의 단서를 제공해 준다.

(2) 미소에 관한 연구

미국의 정서 심리학자 폴 에크만은 미소에 대한 연구를 진행했다. 사람은 자신의 얼굴 근육 42개를 다양하게 조합해서 총19종류의 웃음 혹은 미소를 만들어 낼 수 있다는 것을 밝혔다. 놀라운 것은 이 19개 미소 중에서 딱 한 가지만 진짜 즐거워서 웃는 것이고 나머지18개는 가짜로 웃는 것이다. 사람들은 광대뼈와 입술 가장자리를 연결하는 협골근과 입술 가장자리 근육인 구륜근을 웃을 때 주로 사용하지만 진짜 웃음은 이런 근육뿐 아니라 눈 가장자리 근육인 안륜근을 사용한다는 연구 결과를 밝혀냈다고 한다. 안륜근은 의도적으로도 움직이기 무척 어려운 근육이다. 폴 에크만은 이것을 처음 밝혀낸 19세기 프랑스의 신경심리학자인 기욤 뒤센을 기리기 위해 진짜 기쁨과 행복으로부터 우러난 미소를 '뒤센미소'라고 이름 붙였다.

[표 6-4] 진실한 태도와 기만적인 태도

진실한 태도	기만적인 태도
협조적	비협조적
사건 해결에 도움	사건 해결에 도움이 안 됨
개방적, 솔직함	폐쇄적, 경계심
즉흥적	연습한 듯함
진지함, 관심	진지하지 못함, 무관심
자신감	주저함
공세적	사과하거나 지나치게 예의 바른 태도

2-2 언어적 징후

언어적 징후에는 부적절한 답변, 불필요한 답변, 생략이나 준비한 답이 있다. 언어적 반응 중 식별하기 쉬운 기만전략에는 '부적절한 반응'이 있다. 거짓의 피의자들은 완전한 거짓말이 초래하는 긴장감을 줄이기 위하여 회피적이고 암시적인 답변을 한다. 질문에 대하여 적절한 답변이 아닌 반응을 내보이는 것이다. 그리고 불필요한 답변은 진술의 신빙성을 높이기 위해 불필요한 수식어구를 사용하거나 사건과 관련 없는 내용의 강화 표현, 입증전가를 통해 진술한다. 마지막으로 거짓말이 주는 긴장감을 피하기 위해 생략을 하거나 미리 질문을 예상하여 미리 준비한 답을 말한다. 이 과정에서는 말하는 것이 부자연스러울 수 있다.

[표 6-5] 긴장의 강도와 의심스러운 답변

거짓말을 할 때 긴장의 강도	의심스러운 답변
- 문 : 당신이 그랬나요? - 기만 : 아뇨, 제가 안 했어요. - 회피 : 왜 제가 그런 짓을 했겠어요? - 생략 : (머리를 흔들며) "아뇨" - 사실 : 네, 제가 했어요.	"저한테 무슨 말을 듣고 싶은 거예요?" - "증거 대보세요" - "전 여기 사실을 말하려고 왔어요" - "전 그렇게 생각하지 않아요." - "지금 실수하고 있는 거예요." - "믿기지 않겠지만…" - "사실대로 말하자면…" - "맹세코", "벼락 맞을 거예요"

2-3 준언어적 징후

준언어적 징후에서는 지우기 행동, 성량 및 속도의 변화(성량이 줄어들거나 속도가 감소하면 자신감 결여의 의미), 반응지체(질문의 반복, 질문의 성격에 따른 다른 결론), 반응의 길이, 끼어들기 대답, 반응의 일관성 등으로 세분화 되어있다. 리드 기법에서는 준언어적 징후가 큰 비중을 차지하지 않는다.

2-4 비언어적 징후

비언어적 징후는 언어적 표현을 제외한 모든 것이 포함되는데 손짓, 시선, 자세, 얼굴표정, 발동작 등이 있다. 비언어적 징후에는 비언어적인 의사소통이 메시지의 70%이상 전달된다. 비언어적 징후의 행동평가 중 손짓의 경우 범인은 설명적 손짓이 적은데, 그 이유는 쓸데없는 손동작과 몸동작을 줄이려고 노력하기 때문이다. 설명적 손짓을 하는 사람 중에는 결백한 사람이 60%, 범인이 30%라고 한다. 적응적 손짓은 개인적, 다듬기, 방어적 제스처가 있는데 이들은 불안하다는 징후이다. 손을 무릎 밑에 얹어 무엇인가를 드러내려 하지 않으려고 하는 손짓이나 회피의 몸짓 그리고 발동작은 불안하다는 것을 나타낸다. 자세는 감정적 연대, 관심, 자신감을 반영한다. 진실한 피의자는 몸을 세운다. 앞쪽으로 기운다(전경). 다리를 꼬더라도 편안한 자세를 유지하기 위한 것이다. 반면에 거짓 피의자는 뒤로 기댄다. 정면을 향하지 않는다. 팔짱을 끼거나 다리를 꼬는 것이 타이트하다.

사람이 상상으로 지어낸 상황을 생각할 때에 눈동자는 오른쪽으로 치켜뜨게 되는데 그것은 좌뇌의 주기능이 언어중추 기능을 담당하고 있기 때문이다. 그래서 거짓으로 이야기를 지어낼 때에 사람은 무의식적으로 오른쪽을 보게 되어있다. 그 반대로 진술 시

정말로 자신이 본 사실을 생각 할 때는 왼쪽으로 눈을 치켜뜨게 되는데 그것은 우뇌가 공간적 기각 능력, 위치파악 등의 역할을 수행하고 있기 때문이다.

기타 의심스러운 행동들에는 면담 약속을 피한다. 불평불만을 한다. 선택적으로 기억을 못한다고 한다. 모자나 코트를 벗지 않는다. 면담 중에 자꾸 시계를 본다 등의 행동이 있다.

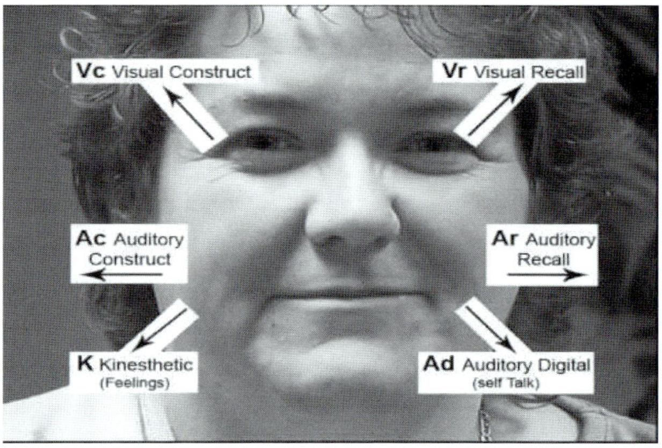

[그림 6-2] https://www.youtube.com/watch?v=rhYoHJTRK94

눈

눈은 많은 것을 볼 뿐 아니라, 많은 것을 보여주기도 한다. 드라마 〈라이 투 미〉에서 행동과학의 대가로 등장하는 칼 라이트먼 박사는 사람의 눈만 보아도 그가 말하는 것이 진실인지 거짓인지를 명확하게 꿰뚫어낸다. 눈으로 상대를 읽어내기 위해 꼭 라이트먼 박사처럼 신기에 가까운 관찰력이 필요하지는 않다. 때로는 그저 바라보고 있기만 해도 느껴지는 눈빛이 있으니까. 넘치는 자신감과 패기는 형형한 눈빛으로 쏘아져 나오며, 흐릿하고 초점 없는 눈길은 중심 없이 흔들리는 공허한 마음의 반영이다.

눈을 치켜뜨는 것은 화가 났음을 의미하는 무언의 제스처이며, 눈을 흡뜨는 것은 다툼도 불사하겠다는 의지의 표현이다. 그래서 머리끝에서 발끝까지 쏘아보는 눈길에는 저절로 몸이 움츠러들고, 미움과 증오는 쏘아보는 눈길에 담겨 화살처럼 마음에 꽂히며, 미인의 뇌쇄적인 시선과 마주치면 저도 모르게 다리에 힘이 풀리기도 한다. 그렇기에 눈이 마주치는 것을 피하는 것은 무언의 저항이 된다. 사람들은 누군가를 똑바로 쳐다볼 용기가 없을 때 흘깃거리며 상대와 얘기할 마음이 없을 때는 눈길을 돌린다.

눈빛이 보이지 않는 짙은 색의 선글라스는 자외선을 막아 안구를 보호하겠다는 건강상의 목적보다는 상대에게 눈빛을 읽혀 심중을 들키지 않겠다는 심리적 목적이 크다. 눈길이 마주쳤을 때, 상대가 무엇을 보는지 알 수 없다면 불안해진다. 그렇지 않다면 영화 속 그 수많은 '요원'들이 어두컴컴한 실내에서조차 선글라스를 벗지 않을 이유가 무엇인가. 두 눈의 시선이 맞지 않는 사시에 대한 대중문화 속 묘사가 반쯤 맛이 간 악당의 이미지로 자주 왜곡되는 이유도 이 때문일 것이다.
https://www.hani.co.kr/arti/science/science_general/678344.html#csidx4be5df68e4f6c73b3ff03c3abb7

3. 행동관찰과 행동분석

3-1 행동관찰

(1) 라포형성

언어적 징후를 다른 징후와 비교하며, 진실과 거짓을 나타내는 행동을 판단한다는 것은 간단치 않다. '의사소통에서 상대방과 형성되는 친밀감이나 신뢰관계'를 의미하는 라포형성은 교육이나 상담, 그 밖의 일반적인 인간관계에서 기본이고 필수이다.

라포가 형성되면 긴장과 불안이 감소하고 의사소통의 장벽이 제거되기 때문에 정확하고 풍부한 기억을 이끌어낼 수 있으며, 범죄처럼 남들에게 감추고 싶은 것까지 말하기 쉬운 상태가 된다고 한다. 심리학자들의 실증연구에 의하면, (고문이 없다는 전제하에) 라포형성이 포함된 인간적(humanitarian) 면담방법이 많이 사용될수록 자백 가능성이 높아지고, 적게 사용될수록 자백 가능성이 낮아진다고 한다. 또 범죄자의 60%는 다른 기술 없이 라포형성만 잘 되어도 자백을 한다는 연구결과도 있다. 물론 라포형성이 된 모든 사례에서 꼭 자백을 하는 것은 아니다. 즉, 라포형성은 자백의 필요조건이긴 하지만 충분조건은 아니다. 화성연쇄살인사건의 진범으로 밝혀졌던 이춘재 와의 사이에 라포가 형성되었기 때문에 자백을 받을 수 있었다고 하나 그것이 유일하고 핵심적인 요인이라고는 할 수 없다.

초기 단계에서 라포 형성을 한다는 것은 쉽지 않다. 라포를 형성하는 동안에도 마찬가지로 평상적 행동 패턴을 파악하여야 한다. 미러링(mirroring)을 통해 파악하거나, 존중하는 표현을 해준다든지 등의 방법이 있다.

(2) 클러스터

행동관찰의 심리적 기초에서는 정상적인 사회화된 개인은 거짓말을 할 때 내적인 불안을 느낀다. 발각에 대한 공포, 죄책감, 수치심, 불안을 느끼고, 비정상적 행동은 스트레스 반응을 유발한다. 수사관은 피의자의 현재 심리상태를 분석하고, 피의자가 고개를 끄덕이거나 좌우로 흔드는 행위의 언어적 반응과 말의 완급, 높낮이, 장단 등 준언어적 반응도 살피고, 팔짱을 끼고 있는 자세나 손놀림 등의 비언어적 반응도 보아야 한다. 언어적 징후로 부적절한 답변, 불필요한 답변 "진짜로 나는 관련이 없어요."라는 표현과 강화표현을 할 수 있다. 그리고 미리 준비한 답을 말할 때는 부자연스러움을 느낄 수 있다. 행동분석의 원리에서 진실과 거짓을 나타내는 특유한 행동은 없다. 이러한 행동분석의 징후요소들은 언어적, 준언어적, 비언어적 요소를 한두 개만으로 판단할 수는 없으며, 세 가지 요소들을 종합적으로 판단해야 하고, 전체적으로 우위를 점하는 것에 주목한다. 질문 후 3~5초간의 행동분석이 중요하다. 거짓말 탐지기의 원리 질문 후 3~~5초 동안의 호흡이나 맥박의 변화를 측정한다. 거짓을 드러내는 행동징후가 집단으로 드러나는지도 확인해야 한다. 이것은 '클러스터'라는 개념으로 설명한다.

클러스터란 언어적, 비언어적 행동을 모두 포함해 거짓 행동을 나타내는 징후가 둘 이상 모여 있는 것으로 간단히 정의할 수 있다. 거짓 행동 클러스터는 언어적, 비언어적 행동을 모두 포함해 최초로 나타나는 거짓 행동과 뒤이어 자극이나 명백한 방해 요소로 행동이 흐름이 끊어질 때까지 나타나는 모든 언어적, 비언어적 거짓 행동으로 구성된다.(「거짓말의 심리학」 pp.43~44.). 그리고 수사관 스스로가 어떻게 행동하고 있는지 유의해야 한다. 피의자는 수사관의 행동에 따라 반응하는 경향이 있기 때문이다.

3-2 행위유발(행동 촉발)질문

(1) 의의

가. 행위유발질문(Behavior provoking questions)의 의의

행위유발 질문이란 인터뷰를 통해 행동을 분석하는 때 행동을 촉발하는 면담하는 기법이다. 앞에서 본 바와 같이 거짓말을 할 때 탄로 나지 않도록 거짓진술에 대한 긴장감을 최소화 시키려 하는데, 이러한 과정에서 여러 가지 행동징후들이 나타난다. 이 행위유발 또는 행동촉발이라 불리는 질문을 하는 이유는 면담단계에서 라포(Rapport) 형성으로 긴장감이 감소한 상태에서 다시 긴장감을 유발시켜서 거짓말에 대한 행동징후들을 나타나도록 하기 위해서이다.

"면담하는 이유는 무엇이라 생각하는가?", "이 사건과 관련성이 있는가?", "의심 가는 사람은 누가 있는가?", "범죄를 저지르지 않았다고 보증할 수 있는 사람은 누구인가?", "범인이 왜 이런 범죄를 했다고 생각하는가?", "범인이 반성하면 다시 기회를 줄 수 있다고 생각하는가?" 등의 질문으로 촉발행위를 유발한다. 진실한 피의자는 '훔친다', '죽이다', '강간하다'와 같은 규정적인 용어를 사용하며, 도울 수 없다는 데 대한 유감을 표현하고, 반면 기만적 피의자는 아무 것도 모른다고 말하거나, 애매하고 간략하게 대답하기도 한다.

나. 행위유발 질문 시 유의사항

- 질문이 구체화 될수록 반응에 대한 개연성이 높아진다.
- 질문할 때 가능한 답변에 대한 암시는 금물이다.
- 답변을 회피하면 이어지는 질문을 하여야 한다.

다. 인터뷰 때 주의사항

- 개방형 질문과 폐쇄형 질문을 적절히 사용한다.
- 폐쇄형 질문을 할 때 정보를 제공하지 않도록 한다.
- 모순점을 발견해야 한다.
- 모순점을 전략적으로 지적한다.
- 한 번에 하나씩 질문한다.
- 피조사자가 말을 많이 할수록 조사관은 말할 필요가 없어진다.

(2) 행위유발질문과 추정질문

행위유발질문은 대체로, 피의자에게 자신이 범인일 것을 가정하여 생각해보게끔 만든다. 진실한 피의자는 자신이 범인이 아닌 게 확실하므로 사건을 좀 더 객관적으로 볼 수 있고, 사건이 제대로 처리될 수 있게끔 대답할 수 있다. 그러나 기만적 피의자는 자신이 범인으로 몰리는 것을 피해야 하기 때문에 제대로 답변을 못하거나, 범인을 옹호하는 발언, 책임감을 덜어보려는 답변을 하게 된다.

'추정 질문'과 '미끼 질문' (「거짓말의 심리학」)은 행위유발질문과 조금 다르다. 이 두 질문은 피의자의 반응을 보기보다는, 피의자에게서 갖고 있는 정보를 캐내는 질문이다. 정보를 캐낸 뒤, 그 정보를 토대로 점차 수사 및 신문의 실마리를 잡아나가는 것이다.

또한「거짓말의 심리학」에서는 거짓말의 종류를 세 가지로 나눈다. '노골적인 거짓말', '생략에 의한 거짓말', '영향력 있는 거짓말'이 그것이다. 이것은 언어적 징후에서 보이는 '부적절한 답변', '불필요한 답변', '생략, 준비된 답변'과 이어지는 듯 하면서도, 언어적 징후를 좀 더 폭넓게 볼 수 있게 한다.

'영향력 있는 거짓말'은 현재의 일(범죄)과 별로 상관 없는 일을 서로 관련이 있는 것처럼 말하는 것인데, 진실된 피의자의 경우엔 이런 거짓말을 할 필요가 없다. 예를 들어,

기만적 피의자가 "나는 20년간 행복한 남편이었으며 헌신적인 아버지였다."라고 말하는 것은 '나는 이런 범죄를 저지를만한 사람이 아니다'라는 인식을 상대에게 주고자 함인데, 이 사실과 범죄를 저지른 사실은 서로 관련이 없음에도, 상대방이 '이 사람은 범죄를 저지를 리가 없다'고 생각하게 한다.

2-3 행동분석 및 진술분석 사례

행동분석의 사례로는 2003년 10월 경상남도 소도시의 수영장에서 9세 A양이 숨진 채 발견된 사건을 들 수 있다. A양의 위 부검 결과 청산염을 치사량 넘게 섭취한 것으로 보였다. 경찰은 '누가 A에게 청산염이 든 음식을 줬나?" 범인 추적에 나섰다. A양은 죽기 직전에 어머니를 만난 뒤 맛있는 거 먹고 왔다며 주위에 자랑했다는 주변 사람들의 진술을 확보했다. 어머니 B가 용의선상에 있었으나 범행을 전면 부인하였고 2년간 사건의 실마리를 찾아다녔지만 딱히 찾지 못했다. 그러다 2005년 검찰은 과학수사과에 B씨의 진술서 분석, 뇌파 분석, 행동분석 등의 과학 수사 기법을 동원해서 재조사 하였다. 먼저 검찰은 B씨에게 사건 당일을 시간 순서대로 재구성하는 진술서를 작성하게 하였다. 진술서에는 딸의 죽음에 대해서 당황하거나 슬퍼하는 흔적이 전혀 없었고 일반적인 어머니들이 자녀가 타살 당했을 때 반응할 때의 패턴이 검출되지 않았다. 그리고 B씨가 '딸이 위독하다' 라고 적었다가 지운 뒤 '위급하다'고 고친 부분이 있었는데, 이는 딸을 독극물과 연관시키지 않으려는 무의식이 작용한 것으로 추론되었다. 또한 진술서에는 당시 살인사건과 관련된 내용이 12%에 불과했고 나머지 88%는 사건 전이나 후의 일에 관한 것들이었다. 이를 통해 범인일 가능성이 높아진 B씨에게 경찰은 B씨의 딸이 복용한 독극물을 넣은 음식물 종류와 구입처 등을 알아보기 위해서 뇌파 분석을 실시했다. 검찰은 B씨가 딸에게 줬을 가능성이 높은 음료수, 빵, 젤리 등 음식물 8종류를 제시하였다. B씨의 뇌파는 요구르트를 보여줬을 때 민감한 반응을 나타냈다. 그리고 조사 당시 보인 몸짓 및 얼굴 표정을 사진으로 찍어서 분석했을 때 상식적으로 있는 슬픈 표정을 지어야 할 때 웃는 등 B씨의 행동은 일반적인 반응과 매우 달랐다.(자세한 내용은 나무위키 '둘째 딸 독극물 살인사건' 참조)

III. 리드테크닉 9단계

1. 리드 테크닉 개관

1-1 리드 테크닉의 원리

(1) 의의

충격적이고 고통스러운 경험을 한 사람들은 무의식적으로 그 일을 빨리 마음 속에서 정리하여 정신적인 안정을 찾고자 하는데, 정신적 안정은 자신의 행동에 대한 합리화, 정당화, 최소화를 통해 얻을 수 있다. 범인은 더 이상 부인을 해도 통하지 않을 것 같은 상황 하에서 자신의 행동을 이해해 주는 사람에게 그럴 수밖에 없었던 이유를 말하고 싶은 충동을 느낀다. 면담의 최초단계에 라포 형성을 통하여 구축된 신뢰와 공감은 자백에서 초래되는 두려움을 줄여준다. 리드 테크닉(또는 Reid 신문 기법)의 원리는 여기에 근거한다.

미국경찰의 수사에서의 두 가지 축은 심리 조종과 행동 거짓말탐지이다. 미국경찰의 수사기관에서는 피의자 신문을 위한 심리적 절차와 기법을 아주 오랜 기간 동안 개발해 왔다. 이러한 신문 기법을 활용할 경우 보다 더 효율적으로 피의자의 자백을 얻을 수 있으며, 피의자 자백의 임의성 법칙 또한 충족시킬 수 있다. 리드 테크닉은 현재도 미국의 정부 요원과 경찰, 민간 조사관 등에게 교육되고 있다. 리드 테크닉은 진실한 피의자와 기만적 피의자를 입증하는 언어적 행동과 비언어적 행동연구를 통해 데이터 베이스를 개발한 것이다. 총 9단계로 신문이 진행되며 각 단계별 흐름은 피의자의 심리상태의 추이에 따른다. 피의자의 심리 추이는, 범행에 대한 강한 부인에서, 수사관이 모든 것을 아는 것 같고 나를 이해하고 있고 자백을 하더라도 처벌이 크지 않을 수 있고 내가 왜 그런 행동을 했는지 다른 사람들을 이해시키고 싶은 마음이 들게 된다.

(2) Reid 신문의 진행단계

Reid 신문 기법은 사실 분석 단계, 행동분석 면담 단계, 신문 단계로 진행된다. 사실 분석에서는 사건에 대한 정보, 증거, 동기를 파악한다. 행동분석 면담 단계는 용의자의 언어적 행위와 비언어적 행위를 관찰하여 진실성을 판단하는 단계다. 이 과정에서 수사관은 진술자와 라포를 형성하며 용의자의 행위를 유발하여 평상시 행동패턴을 파악한다. 행동 관찰시에는 질문 후 3~5초간의 행동분석이 중요하다. 거짓을 드러내는 행동 징후가 언어와 행동의 여러 측면에서 집단적으로 나타나는지와 같은 행동 패턴을 분석하여 이를 통해 행동의 기본 축을 설정하고 변화를 감지할 수 있다. 전술한 바위 같이 반응으로 나타날 수 있는 것은 3가지가 있다. 언어적 반응(언어 대신 고개를 끄덕이거나 좌우로 흔드는 행위), 준언어적 반응(말의 완급이나 고저, 장단), 비언어적 반응(팔짱을 낀 자세나 손놀림 등)이다.

피의자라면 언어적으로는 회피적이고 암시적인 답변이나 진술의 신빙성을 높이기 위해 불필요한 수식어구를 사용하여 강화하고 입증 전가를 하려고 하거나 거짓말로부터 나오는 긴장감을 피하기 위해서 생략하는 답변들을 하곤 한다. 준언어적으로는 지우기 행동인 웃기, 목청 가다듬기, 헛기침하기 등이 있고 자신감이 줄어들 때에는 성량이 줄어들거나 속도가 감소하고 질문을 반복하거나 질문의 성격에 따라서 다른 결론을 내놓는다. 비언어적 징후로는 설명적 손짓, 불안을 감추기 위해서 방어적인 제스처나 적응적 손짓을 한다.

1-2 리드 테크닉의 원리 9단계

리드 테크닉은 유죄의 범인임을 확실시하는 상태에서 쓰는 신문기법으로 용의자의 언어적 행동과 비언어적 행동을 연구하여 체계화시킨 것이다. 리드 테크닉에서는 9개의 신문 전략을 사용한다. [표 6-6]에서 보는 바와 같이 ① 적극적대면 ② 적절한 신문화제의 개발 ③ 용의자가 부인할 때 ④ 반 론에 대한 극복 ⑤ 용의자의 관심 끌어내기 ⑥ 수동적 태도 다루기 ⑦ 양자택일적 질문 ⑧ 세부사항에 대한 질문 ⑨ 구두자백의 조서화 단계로 이루어진다.

[표 6-6] 리드 테크닉의 원리 9단계

단계	설명
1단계	피의자를 대면하여 피의자로 지목되었다는 것을 분명하게 제시
2단계	수사관이 범죄를 저지른 이유에 대하여 가설적인 견해 제시
3단계	피의자의 부인에 대해 수사관이 대처
4단계	피의자의 변명과 이의를 극복하는 과정
5단계	피의자의 주의를 철저하게 유지시키는 것
6단계	피의자의 어떠한 수동적인 감정 변화에 대처하는 것

7단계	피의자가 무슨 대답을 하더라도 범행을 인정하게 되는 양자택일적 질문을 제시해 그 중 하나를 선택하도록 하는 것
8단계	피의자가 인정한 범행의 내용을 보다 구체적이고 상세하게 진술할 수 있도록 하는 과정
9단계	자백 내용을 조서로 작성하는 것

(1) 적극적 대면

1단계는 적극적 대면이다. 약 5분간 용의자를 혼자 놓아둔 후 사건파일을 들고 들어가서 단도직입적이고 분명하게 상대가 범인임을 밝히는 단계이다. 이와 같은 진술 후 용의자의 태도를 관찰하는데 진실한 용의자인 경우 적극적인 부인을, 범인인 경우 소극적인 부인을 할 것이다.

(2) 적절한 신문화제의 개발

2단계는 적절한 신문화제의 개발이다. 용의자의 범죄행위가 갖는 도덕적 심각성을 합리화, 정당화, 최소화 시켜주는 이유와 변명거리의 제공 및 수사관이 혼자서 독백을 하는 단계이다. 행동분석인터뷰(BAI)를 한 후 용의자의 범행동기에 대한 가설을 설정하고, 그에 부합하는 내용의 이야기를 전개한다. 상대가 조용히 수사관의 말을 듣고 있을 때까지 계속한다. '너는 이런 이유에서 이렇게 하여서 이런 식으로 범죄를 저질렀을 거야' 라며 범죄행위의 가설을 설정하고, 이에 용의자가 합리화, 정당화 할 수 있게 만든다.

(3) 용의자가 부인할 때

3단계는 용의자가 부인할 때이다. 신문화제가 계속될 때 용의자는 자신이 범인이라는 전제로 수사관이 말을 하고 있음을 깨닫고 범인이 아니라고 부인하기 시작한다. 최초 부인 시 약한 부인은 무시하고 강한 부인에 대해서는 더 이상 부인하지 못하게 말과 몸짓으로 막는다. 신문화제가 계속될 때 자신이 범인임을 전제로 이야기하고 있음을 깨닫고 부인하기 시작한다. 그 때 개의치 말고 "나의 말이 끝나면 이야기하라" 라고 말하며 행동으로도 안된다는 제스처를 보여라.

(4) 반론에 대한 극복

4단계는 반론에 대한 극복이다. 반론이란 용의자가 부인이 무의미함을 알고 수사관을 논쟁으로 끌어들여 주제로부터 주의를 돌리기 위한 행동이다. 이는 주로 범인으로부터 나타나며 반론이 나타나면 수사관은 화를 내거나 함께 논쟁하지 말고 그런 반론을 예상했다는 태도를 보이면서 다시 신문화제로 돌아간다. "나도 그게 사실이길 바란다. 하지만 중요한 것은 이거다"라며 반론을 비켜가도록 한다. 반론을 옹호하거나 비켜간 이후 즉시 신문화제로 돌아와서 계속 독백을 한다.

(5) 용의자의 관심 끌어내기

5단계는 용의자의 관심 끌어내기이다. 부인이나 반론이 소용이 없음을 알고 수사관의 말을 듣지 않으며 내면으로 위축되는 반응을 나타낸다. 이 때 고개를 숙이고 바닥을 쳐다보고 있거나, 다른 곳을 응시하는 태도를 보이며 속으로는 앞으로 발생할 일에 대해 걱정하기 시작한다. 용의자의 관심을 끌어내기 위해서는 신체적 접촉, 다가가기, 시선유지하기 등이 필요하다.

(6) 수동적 태도 다루기

6단계는 수동적 태도 다루기이다. 용의자는 내면에서 자백을 할 것인지 말 것인지 갈등이 심해지기 때문에 어깨를 축 늘어뜨리고 고개는 숙이며, 때로는 눈물을 흘리거나 흐느낄 때도 있는데 이 때 수사관은 용의자를 동정해주고, 당황스러움을 없애주기 위해 용기를 줘야 한다. 혼자 있게 하거나 울지 못하게 하면 거부감을 회복하기 때문에 현재 힘든 상황에 대한 이해와 공감을 표시한다.

(7) 양자택일적 질문

7단계는 양자택일적 질문이다. 자백을 하고 싶은 상태이긴 하지만 심리적으로 거부감이 남아 있는 용의자에게 선택과 결정을 할 수 있는 자리를 마련해준다. 강압되지 않은 두 개의 부죄(負罪)적 질문, 즉 신문화제와 관련된 부정적 질문과 합리화된 긍정적 질문을 제시하여 둘 중 하나를 선택하게 한다.

(8) 세부적 사항에 대한 질문

8단계는 세부적 사항에 대한 질문이다. 유죄를 인정하는 선택을 한 용의자라고 하더라도 전체적인 자백까지는 심리적 장애물이 있으므로 필요한 정보를 제공하기를 꺼린다. 전체적으로 범행의 전모를 모두 털어놓으라고 요구하기보다는 세부적인 사항을 한 가지씩 질문함으로써 전체적인 사항을 밝힌다.

(9) 구두자백의 조서화

9단계는 구두자백의 조서화이다. 형사소송법은 피의자로부터 진술을 청취하였을 경우 반드시 피의자신문조서를 작성하도록 하고 있다. 따라서 구두신문 중에 자백을 받았으면 이를 조서에 기재하여야 하고, 신문과정을 영상녹화 하였으면 영상녹화기록으로 신문의 정확성과 신뢰성이 강화되도록 하여야 한다. 수사단계에서 작성된 피의자신문조서는 법정에서 피고인이나 변호인이 내용을 부인할 경우 증거능력이 없으나, 구두로 신문하여 자백을 받았으면 영상녹화를 했다고 하더라도 그 취지를 정리할 필요는 있다. 형사소송법에 기존의 피의자신문조서에 대한 요구사항 외에 진술거부권과 변호인 참여권의 강화된 고지내용, 수사과정의 기록 등이 규정되어 있으므로 작성자의 주의를 요한다.

2. 리드 테크닉의 활용

2-1 일반적인 리드 테크닉

(1) 직접적인 적극적 대면

대면을 하는 동안(용의자가 완전한 자백을 하였을 때에 이르기 까지) 일반적인 진술로서 수사관은 '죽인다, 살인, 찌르다 등'과 같은 묘사적 언어를 사용해서는 안된다. 그보다는 그 범죄에 대해 "발생한 이 일" 또는 "죽음의 원인"이라고 언급할 수 있고, 살인의 도구는 "그것"이라고 언급할 수 있다. 혼자서 피해자를 죽였다고 여겨지는 용의자는 다음과 같은 대면이 사용되어져야 한다. "죠, 우리는 줄리 존슨의 죽음에 대해 수사를 완료했고 당신이 그녀의 죽음에 어떻게든 원인이라는 것에는 의심의 여지가 없어." 용의자가 피해자를 죽였는지 여부나 다른 사람을 시켜 죽였는지 여부에 대해 수사관이 확신이 없을 때에는 대면진술은 좀 더 우회적이 될 것이다. "죠, 우리는 줄리 존슨의 죽음에 대해 수사를 완료했고, 당신이 그녀가 죽은 원인에 어떻게든 연관되어 있다는 데에는 의심의 여지가 없어."

(2) 양자택일형 질문의 선택

성적 살인에 대한 양자택일적 질문에는 세심한 주의가 필요하다. 연쇄적인 성적 살인 용의자는 양자택일적 질문에 잘 반응하지 않을 것이다. "이런 일이 일어난 것이 이번이 처음인가, 아니면 다른 여성에게도 했나?" 이와 유사하게, 범인이 그의 범죄를 주의깊게 계획하였다면 "당신은 이것을 미리 잘 계획한 것인가, 아니면 순간의 충동으로 일어난 일인가?"와 같은 질문도 효과적이지 않을 것이다.

범죄자의 개인적 성격, 범죄가 행해진 방법, 범죄현장의 증적들에 따라 다음과 같은 양자택일적 질문들을 사용하는 것이 가능하다.

"그녀가 당신과 싸우거나 반항했는가 아니면 그녀가 완전히 협조적임에도 이렇게 한 것인가?"

"당신이 술에 취했기 때문에 이렇게 된 것인가 아니면 멀쩡한 상태에서 한 것인가?"

"그녀가 죽기 전에 섹스를 한 것인가 아니면 죽은 후에 한 것인가?"

"그녀를 천천히 괴롭혔나, 아니면 모든 일이 갑작스레 빠르게 일어난 것인가?"

"무기를 가져갔는가 아니면 그녀 집에 있는 뭔가를 이용한 것인가?"

"이 일에 대해 유감인가 아니면 개의치 않는가?"

"이런 종류의 일을 정말로 즐기는 건가, 아니면 그런 것은 당신이 통제할 수 없는 것인가?"

(3) 피해자를 비난하는 화제

살인사건에서 피해자를 비난할 때 일반적인 접근방법은 피해자가 용의자로 하여금 화나고, 어쩔 줄 모르며, 절망하여 자기 자신을 잃고 행동하도록 유발한 상황을 만들어내는 것이다. 피해자의 말, 행동, 평판은 모두 살인에 연관된 것으로 주장될 수 있다. 수사관이 피해자를 비난할 때 사실관계에 합리적으로 근거하여야 하는 성폭력사건과 달리, 살인사건 수사를 하는 동안에 수사관은 좀 더 자유로울 수 있다. 왜냐하면 피해자가 용의자의 주장을 반박하지 않을 것이기 때문이다. 그러나 취조를 하기 전에 신문화제의 신뢰도를 높이기 위해 피해자에 의해 보여진 특정한 행동이나 특징들을 만들어가는 것은 수사관에게 매우 유리할 것이다. 이런 유형의 정보는 BAI를 하는 동안 용의자에 의해 자발적으로 주어지거나, 피해자를 아는 사람들을 면담함으로써 얻어질 것이다.

다음은 자신의 아내를 죽인 남편을 취조하는 사례이다. 피해자는 침실에서 여러 번 찔렸고, 침실 문은 강제로 열려져 있었다.

"빌, 난 이번 수사를 통해 수가 함께 살기 매우 힘든 사람이라는 것을 알게 되었어요. 그녀는 바가지를 많이 긁고 서로 잘 지내는 데는 비협조적이죠. 당신이 그녀와 지낸 몇 년을 돌아보면, 이런 일이 여러 해 전에 일어나지 않은 것이 놀라워요. 당신이 그녀에 대해 참고 살아왔다는 것이 믿어지지 않아요. 그녀는 실컷 쇼핑을 하며 당신이 번 돈을 써댔죠. 그리고 집에 와서는 전화로 몇 시간이나 수다를 떨고, 당신이 퇴근해서 집에 오면 저녁식사를 준비해 놓기보다는 마당이 지저분하다고 불평을 하며 당신이 밤에 잔디를 깎아 줄 것을 요구하였죠."

"지난 금요일에 이런 일이 있었을 겁니다. 그녀는 아마 돈이 많지 않은 것을 불평을 했거나 당신에게 먼저 말하지 않고 주말 계획을 짰을 거고, 당신들 둘은 싸우기 시작했을 겁니다. 당신 입장을 설명했음에도 그녀는 전혀 듣지 않고 계속해서 당신이 화가 폭발할 때까지 밀어붙였을 거고요. 그녀는 의기양양해서 당신이 그렇게 되도록 유도했겠죠. 저는 그런 여성을 많이 알아요. 그들은 남자를 화나게 하려는 이유만으로 불평을 하고 바가지를 긁죠. 그리고 그들은 논쟁에서 이겼다고 생각해요."

"지난 금요일 그녀는 많이 심했어요. 당신은 전에도 이런 일을 많이 당해서 그녀가 하려는 것이 뭔지 알았죠. 그녀는 당신을 내려 깔고, 당신의 결점을 지적하고, 당신이 당신의 입장을 설명하기 시작하면 말을 못하게 하였죠. 그녀는 당신 말이 들리지 않는 침실로 들어갔을 거예요. 그녀는 계속해서 바가지를 긁고, 소리치고, 당신은 여느 때처럼 아무 것도 할 수 없었을 겁니다. 그녀는 당신 입장은 생각도 안하죠. 이 일이 일어난 것은 평소와는 다른 특이한 상황이었음을 확신해요. 당신은 칼을 집어 들었고 몇 년 만에 처음으로 마침내 그녀를 조용하게 만들었어요."

(4) 음주와 스트레스의 비난

많은 성적 살인자들이 스트레스, 술, 또는 피해자의 행동을 비난함으로써 자신들에 대한 비난을 피해간다는 것은 주목할 만하다. 피해자의 행동에 대해 중심이 되는 화제는 "당신이 관심 있는 것을 갖고 떠났다면, 그리고 도망치려 하지 않았다면, 이런 일은 절대 일어나지 않았을 거라고 확신한다."라는 것이 이런 부류의 범인들의 가장 일반적인 사고방식으로 나타난다.

음주와 스트레스는 사람들의 공격성을 증가시킨다. 음주를 비난하는 것은 충동적 살인사건의 취조에, 스트레스 비난은 자긍심 고취 살인사건의 취조에 적합하다. 다음은 바텐더가 죽은 살인사건에서 음주와 스트레스를 동시에 비난하는 사례이다. 선술집에서 술을 먹던 용의자가 좀 거칠어지자 바텐더가 밖으로 몰아냈다. 용의자는 엽총을 가지고 돌아왔고 바텐더를 죽였다.

"데이브, 이 사건에 대해 내가 당신에게 말하고자 하는 이유는 지난 토요일에 일어난 일이 전혀 당신답지 않다고 생각하기 때문이야. 우리는 당신 인생에 아주 특별한 일을 보고 있고, 난 누군가를 그가 한 한가지 일로는 평가하고 싶지 않아."

"난 당신이 그날 밤 술을 아주 조금밖에 마시지 않았다고 진술한 것을 알아. 술이 미치는 영향은 사람마다 다르지. 어떤 사람들은 잠을 자고, 어떤 사람들은 여자에게 찝적

거리지. 술을 마시고 어떻게 행동하는가 하는 것은 술마시기 전에 그사람의 상태가 어떤가에 달려있어. 효과라는 측면에서 보면 술은 단지 우리의 현재 상태를 부풀릴 뿐이야. 만일 친구와 좋은 시간을 보내고 있다면 술은 우리를 더 행복하게 만들고 친구와 더 즐거운 시간을 보내게 해 주지. 하지만 화가 나있거나 기분이 나쁠 때에는 술은 더 화가 나게 하고 더 우울하거나 절망적으로 만들어버려."

"자, 당신은 지난 토요일이 그다지 좋은 날이 아니었다고 했어. 당신의 상사가 당신 일에 간섭하였고, 당신은 거의 터질 지경이었지. 그 날은 월말이었고, 당신은 청구서 지불로 걱정이 있었어. 이미 집세도 좀 밀려있었다고 말했지. 무엇보다도 당신은 글로리아와 다퉜어. 당신이 그 술집에 들어갔을 때의 상태에 대해 생각해보자구. 술을 한 잔씩 마실 때마다 이런 감정들은 더욱 강해져서 통제하기 어려워졌어. 사람들은 모두 더 이상 통제할 수 없는 한도를 가지고 있지. 이게 가장 중요해. 우리의 직업이나 개인적인 생활이나 재정적 책임감 같은 것은 중요하지 않아. 누군가 분노에 사로잡혔을 때에는 다른 문제들은 아무 것도 아니지."

"난 지난 토요일 술을 얼마나 마셨는지 하는 것과 그 하루 동안 이 일이 일어나도록 만든 것에 대해 생각하고 있어. 그 때 그 바텐더가 당신을 쫒아냈지. 당신은 분노에 불타서 당신을 가로막는 것은 무엇이든지 때려부셨을거야. 그게 내가 만나봤던 많은 사람들에게 흔하게 일어나는 일이야."

"자 데이브, 만일 그게 여기서 우리가 이야기하고 있는 것이라면, 좀 정리를 하고 싶어. 왜냐하면 그건 나에게 당신의 원래 모습이 아니라고 말하는 것 같거든. 당신이 살면서 직장에서나, 돈문제에서나, 개인적 문제들과 같은 이런 여러 가지 일들이 복합적으로 다시 발생하는 것은 거의 불가능하잖아."

(5) 최소화 화제들

살인을 최소화하는 화제는 두 개의 다른 방향을 가질 수 있다. 다시 말해서, 피해자에게 사용된 물리력의 최소화 또는 피해자의 수가 과장될 수 있는 상황에서, 화제는 살인의 빈도 쪽으로 향한다. 가장 흔한 것은 한 번의 살인이기 때문에 다음의 사례가 사용될 수 있다.

쥬디는 8살된 아들을 목졸라 죽인 일로 체포되었다. '투사'가 가장 잘 사용될 수 있는 수사화제로 집에 아이와 혼자 있기 때문에 받는 스트레스를 비난하든지, 아이가 계속 울었던 것을 비난할 수 있다. 그러나 쥬디는 BAI를 하는 동안 아이들에 대해 인내심을 가지고 있고, 그녀의 아이는 특히 순했음을 나타냈다. 그래서 결국 최소화/합리화 화제가 사용되었다.

"쥬디, 당신과 이야기를 해 보니 이 모든 일은 당신으로서는 어쩔 수 없었던 것이라는 걸 알겠어. 나도 아이들이 있고 부모와 자식간의 유대가 얼마나 각별한지 알아. 그게 당신이 당신 아들을 싫어해서 이런 일을 하였다고는 생각지 않는 이유야."

"난 그 날 당신 아들이 울고 보챘다고 생각해. 당신은 오랫동안 그 소리를 견뎠겠지. 하지만 결국 당신은 참지 못하고 뭔가 잘못된 게 있는지 보려고 아기침대로 가야했지. 기저귀를 검사했을 거고 그 밖에 보통 엄마들이 하는 그런 일들을 했지만 아이는 울음을 멈추지 않았지."

쥬디는 여기에 반응한다. "하지만 제 아들은 순한 아기였어요."

수사관은 계속한다.

"맞아요. 쥬디. 그 아이는 순한 아이여서 이런 일은 당신을 당황하게 만들었어. 당신이 아무리 애를 써도 그 아이는 계속 울어댔고 좋아지지 않았어. 감식과의 보고서에 의하면 당신은 그 아이의 입에 아마 베개 같은 것을 집어넣은 걸로 아는데. 아기를 다치게 하지 않고 다만 조용히 시키고 잠이 들게 하려고 말이야. 난 많은 엄마들이 그런 똑같은 행동을 한다는 걸 알아요. 그들은 아이가 조용해지도록 아이의 입 위에 손이나 뭐 그런 걸 올려놓지. 난 당신이 한 일이 그냥 그 것뿐이라고 생각하고 싶어. 아이를 조용하게 하기 위해 입 위에 뭔가를 올려놓는 것 말이야. 난 당신이 나쁜 엄마라고는 조금도 생각하지 않아. 당신은 단지 운이 없었을 뿐이야."

"하지만 쥬디, 만약 그 때 당신이 어떤 이유에서건 아이의 숨을 멎게 하려고 아이의 입에 비닐봉지를 덮어 씌웠거나 아이의 머리를 물 속에 잠기게 하겠다고 했다면 그건 내가 이해할 수 없는 일이야. 난 지금 이 사건이 당신이 무슨 일이 벌어지는 지도 모르고 베게나 천으로 당신 아이를 조용하게 하려 했던 거라고 생각해."

(6) 본래 의도를 합리화 시키는 화제

살인의 본래의도를 합리화시키는 화제는 용서받을 수 없는 의도(계획된 살인, 고문, 재미로 살인)를 이해할 수 있는 의도와 비교하는 것이다. 이런 유형의 화제는 특히 어떤 실제적 필요로도 설명되지 않는 사치성 동기의 살인에 적절하다. 다음 사례는 보험금 때문에 아버지를 쏘아 죽인 아들에 대한 것이다. 그 아들은 강도가 아버지를 쏘아 죽였다고 주장했고, 살인 현장에 자신은 없었다고 부인하였다.

"마이크, 내가 당신과 우리 수사결과에 대해 이야기하는 이유는 우리들이 찾아낸 것을 사람들이 오해하지 않길 원하기 때문이야. 강도가 당신의 아버지를 쏘았다는 이야기가 사실이 아니라는 것은 분명하지만, 당신이 범죄자라든가 뭐 그렇게는 생각지 않아. 그리고 난 다른 사람들도 그렇게 생각해주면 좋겠어. 범죄자의 마음은 이런 일을 모두 완전히 계획하고, 아주 좋은 알리바이를 만들고, 그가 범인임을 말해주는 어떤 물리적 증거도 현장에 남겨 놓지 않는다는 것을 알거야. 하지만 내가 말했듯이 여기 당신이 범인이라는 모든 종류의 물리적 증거들이 있고, 당신의 알리바이는 분명히 나중에 생각해 낸거야. 이런 사실들로 봐서 나는 당신이 범죄자라기보다는 어떤 나쁜 상황에 얽매인 보통의 사람으로 보이는 거야."

"내 생각에 여기서 이런 일이 일어난 것 같아. 당신은 당신의 아버지에게 권총을 보여주었거나, 당신의 아버지가 집에서 권총을 발견해서 당신에게 어찌 된 거냐고 물었을 거야. 난 그게 어떻게 발사되었는지는 모르겠어. 당신이 그걸 아버지로부터 빼앗았는지, 그걸 장전된 것인지 모르고 시험해 본 것인지. 하지만 총이 발사되고나서 당신은 사태를 파악했고, 겁이 나서 그곳에 있었던 것을 부인했던 거지. 난 그 일로 당신을 비난할 수는 없어. 우리는 겁이 나면 무엇이든지 하거나 말하지. 중요한 건 지금 사실을 말해서 당신이 이 일을 몇 달 동안 계획해 왔던 일이라고 사람들이 오해하지 않도록 하는 거야."

합리화 화제를 사용한 많은 취조가 사실이라면, 수사관은 용의자가 법정에서 사용할 수 있는 법적인 방어책(정당화되는 또는 우연한 살인)을 제공할 수 있다. 완전한 절차는 먼저 용의자로 하여금 범죄에 대한 물리적 책임을 시인하게 하고, 그러고 나서 사실적 접근을 사용하여 고의의 필요한 요소 또는 살인에 관련된 계획을 이끌어내는 것이다. 고의의 필요한 요소들을 뒷받침 할 수 있는 증거가 없는 경우, 그리고 용의자가 의도를 시인하지 않는 경우, 수사관은 단지 그 죽음에 대해 책임이 있는 사람을 설정한다. 이런 이유로 합리화 화제는 두 가지 환경들 하에서 고려되어야 한다.

가. 살인에 책임이 있는 사람이 누군지 알고자 하는 절실한 필요
나. 의도를 설정할 물리적, 정황적 증거의 존재

반면에 합리화 화제는 죽음을 둘러싼 정황들이 의도된 살인을 가리키지 않으면 피해야 한다. 이에 대한 사례는 높은 절벽에서 떨어져 죽은 피해자일 것이다. 이런 정황하에 피해자는 절벽에서 떠밀렸을 수도 있고(살인), 뛰어내렸을 수도 있고(자살), 또는 미끄러졌을 수도 있다(사고). 용의자는 처음에는 피해자가 죽을 때 함께 있었던 것에 대해 거짓말을 할 것이다. 왜냐하면 그가 피해자를 절벽에서 밀지 않았다고 하더라도 피해자가 떨어진 것에 책임을 느끼기 때문이다. 합리화 화제가 사용되고 용의자가 실수로 피해자를 절벽아래로 밀었다면 이는 사실일 수 있고, 용의자는 살인죄로 기소되지 않아야 한다. 투사화제는 격한 감정이나 술김에 잘못 판단한 것에 비난을 돌리는데, 이는 피해자의 죽음에 용의자가 관여되었다는 진실한 정황을 이끌어내는데 적합하다.

2-2 살인 용의자의 취조

살인사건에 연루되었다는 심각성 때문에, 용의자들은 결백하거나 유죄이거나간에 종종 일단 변호사를 고용하여 수사가 그들에게 집중되어 있음을 알린다. 이 때문에 수사관은 용의자로부터 자백을 이끌어내기 위한 기회가 한 번 뿐이다. 결국 취조의 타이밍이 중요하다. 만일 비추궁적인 BAI 이후에 수사관이 믿을 만한 화제나 적당한 양자택일적 질문을 선택하기 위한 충분한 정보가 부족하다고 생각한다면, 용의자에게 그의 부인과 진술들이 믿음이 간다는 암시와 함께 시간을 내 주어서 고맙다고 하는 것이 좋다. 면담과 수사가 더 진행된 후 용의자는 몇가지 점들을 "분명하게" 하기 위해 경찰서에 다시 방문할 수 있으며, 그 때 취조받을 수 있다. 반면에 만일 용의자가 그 지역을 떠나려 하거나 변호사를 선임하려 한다고 생각되면, 비추궁적인 BAI 이후라도 그 때 취조의 수행을 함으로써 잃을 것은 없다.

많은 수사에서 살인 용의자를 취조하기 전에 살인을 하게 된 배경과 동기를 명확히 이해하면 좀 더 성공적이 될 수 있다. 살인의 동기는 실제적 필요에서 자긍적 필요까지 전체에 걸쳐있다. 다음 목록은 취조 전략 뿐 아니라 살인의 동기에 대한 범주를 나타낸다.

(1) 실제적 필요 : 용의자의 생활 또는 안락함의 위협 때문에 살인

- 마약을 얻기 위한 중독적 살인
- 용의자를 위협하는 사채업자의 살인
- 용의자의 아내에게 관계를 누설하겠다고 협박하는 여자친구의 살인
- 엄마를 학대하는 엄마의 남자친구를 죽인 아들

취조 전략 :

- 용의자에게 절망적 상황을 만든 피해자에 대한 비난
- 용의자가 이성을 잃게 만든 스트레스나 약물 의존성을 비난

(2) 사치성 필요 : 높아지는 비용 또는 사회적 지위의 유지를 위한 살인

- 보험금을 위한 배우자 살인
- 용의자의 사업을 위협하는 경쟁자의 살인
- 이익을 위해 파트너를 살인
- 갱단에 대한 청부살인
- 목격자의 살인

취조 전략 :

- 원래 의도의 최소화(위협하거나 조금 다치게만 하려 했다)
- 합리화(우연히 또는 자기 방어)

(3) 충동적인 필요 : 감정상태를 통제하지 못한 결과로서의 살인

- 열받아서 배우자, 파트너, 또는 친구 살인
- 절도, 강도 또는 강간 중의 살인

취조 전략 :

- 용의자를 열받게 한 피해자에 대한 비난
- 용의자를 돌아버리게 한 감정의 비난
- 음주나 마약의 비난
- 합리화(피해자가 용의자를 공격했고 용의자는 자신을 방어하기 위해 행동했다.)

(4) 자긍심 필요 : 우월감을 보이기 위한 살인 --- 무감각 살인(뚜렷한 동기가 없음)

- 동네 깡패의 살인
- 연쇄 살인

취조 전략 :

- 스트레스의 비난(재정적, 대인관계적, 심리학적)
- 살인을 제의하거나 충동질한 공범의 비난

• 원래 의도의 최소화(작은 상처만 주려 했다)
• 살인 횟수의 최소화

3. 리드 테크닉의 문제점

대부분 사람은 자신이 거짓 자백을 하고 있다는 사실을 믿지 않는다는 연구결과가 발표됐다. 미국심리학협회(American Psychological Association)에 따르면, 자백이 잘못됐다고 판단되면 보통 철회한다. 그러나 특정한 법정 소송사건을 미리 알고 있는 사람들은 사전에 말했던 거짓 진술을 부인하기 힘들어한다. 미국 국립생명공학연구센터(NCBI)의 데이터에 따르면, 배심원들은 용의자가 범죄에 가담했다고 시인하도록 조작당했다는 사실에 영향을 받지 않는다.

영국 에든버러 네이피어대학의 페이 스켈턴 인지심리학과 교수는 잘못된 자백은 있을 수 있는 일이라고 말했다. 미국의 인권단체 '이노센스 프로젝트(Innocence Project)'에 따르면, DNA 증거를 통해 나중에 무죄를 입증 받은 사람 중 25% 가량은 자신이 저지르지 않은 범죄를 거짓 자백했다. (7장 3절 허위자백 참조)

미국 및 캐나다의 범죄 조사 시스템에서는 범죄 용의자에게 질문을 하는 리드 테크닉 기법을 사용한다. 전술한 바와 같이 리드 테크닉이란 조사관들이 용의자의 행동에 중점을 둬 거짓말을 하고 있는 것인지 혹은 진실을 말하고 있는 것인지 구별하는 방법이다. 용의자가 거짓말을 하고 있는 것처럼 보이면, 조사관은 그가 유죄임을 나타내는 언어를 사용하고 심문하기 시작한다.

조사관은 이 기법을 사용해 용의자가 범죄를 시인할 수 있도록 증거에 관해 거짓말을 할 수 있다. 모든 증거와 정황이 용의자를 가리키고 있기 때문이다. 예를 들어, 용의자에게 거짓말 탐지기 테스트를 실패했다고 말하거나 범죄 현장에서 용의자의 DNA를 발견했다는 것 등이다.

미국 윌리엄스대학의 사울 M. 카신 박사는 용의자가 리드 테크닉으로 인해 자신이 범죄를 저질렀다고 믿게 할 수 있다고 주장했다. 용의자는 리드 테크닉을 사용하는 조사관의 심문을 받는 도중 자세한 설명을 하게 된다. 그리고 오직 범인만이 발생한 사건을 알고 있기 때문에 용의자는 자신이 말한 정보로 인해 유죄인 것처럼 보이게 된다.

그러나 영국은 이 같은 조작적 기법 사용을 중단했다. 대신 1990년대 초반에 주로 사용했던 윤리적인 방법인 수사 인터뷰 기법(investigative interviewing)을 재도입했다. 자백을 유도하는 것과는 반대로 정보를 수집하는데 중점을 둔 이 기법은 인터뷰 과정을 상당히 개선했다.

수사 인터뷰 기법은 용의자에 대한 공정성을 고취하는 한편, 양질의 증거를 수집할 수 있었다. 그리고 용의자를 보호하는 조치로써 심문 과정을 기록해야 하는 조사관에게 필수 조건이었다. 스코틀랜드에서는 자백을 확정하기 위해서는 조사관들이 증거를 제시해야 한다.

인지심리학과 스켈턴 교수에 따르면, 일부 사람들은 자신이 하지도 않은 일을 쉽게 자백하는 경향이 있다. 카신 박사가 발표한 2008년 보고서처럼, 이러한 사람들은 비교적 남에게 잘 속는 경향이 있다. 예를 들어 사건에 대한 조사관의 해석에 쉽게 동의하는 사람이 있는 반면, 조사관의 질문에 답을 쉽게 바꾸는 사람도 있다. 자신감이 결핍되어 있고 충분히 자지 못했을 경우 용의자가 범죄를 거짓 자백할 확률은 높아진다.

버밍엄 식스(Birmingham Six) 사건이 이와 관련해 주목할 만하다. 엎드린 자세의 정도에 따라 거짓 자백의 정도도 달라진다는 것이다. 버밍엄 식스는 버밍엄 술집이 폭파돼 21명이 사망하고 200명이 부상한 사건으로, 아일랜드에서 이주한 여섯 명의 가톨릭 이민자가 용의선상에 올랐으며 자백할 것으로 강요당했다. 그들은 경찰의 구금을 받는 동안 학대를 당했다. 16년간 복역했으며 증거 발견으로 이후 석방됐다. 거짓 자백을 했던 6명 중 4명은 잘 속고 복종적인 성향이 있었던 반면 나머지 2명은 그렇지 않았다.

스켈턴 교수가 지적한 것처럼 특정 질문은 거짓 자백으로 이어질 수 있다. 이는 용의자의 사건 회상 방법을 변화시키는 반면, 대답을 선택할 수 있는 기회를 줄이거나 진술한 일부 세부사항을 진짜처럼 믿게 만든다. 민감한 성격을 가진 성인과 어린이들은 파급효과를 이해하지 못하거나 심문을 종결하고 싶을 경구 거짓 자백을 할 가능성이 있다. 예를 들어, 1976년 영국의 로치테일에 사는 여학생을 살해했다는 혐의를 받은 스테판 키스코는 IQ가 낮았으며, 변호사 없이 심문을 받았다. 그는 진범이 체포돼 혐의가 풀릴 때까지 16년을 감옥에서 복역했다. 키스코는 법정 심리에서 경찰관이 자신을 풀어주겠다는 것을 믿고 거짓 자백을 한 것으로 드러났다. 스켈턴 교수가 지적한 것처럼, 용의자는 유죄가 증명될 때까지 무죄라는 사실을 명심하는 것이 중요하다(무죄추정의 원칙). 그는 용의자가 심리적으로 나약하다는 사실을 고려해서 공정성이 무너지지 않도록 해야 한다고 강조했다. 스켈턴 교수는 2018년 에든버러 프린지(Edinburgh Fringe)에서 조사관들과 사법 전문가들이 사회적 및 심리적 위험 요인에 대한 인식을 제고할 필요가 있다고 말했다. 배심원들은 모든 자백이 진실이 아닐 수 있으므로 수많은 무고한 용의자를 보호해야 한다는 것을 인식해야 한다.

○ 참고문헌

필립 휴스턴, 마이클 플로이드, 수잔 카니세로, 돈 테넌트 (2013). 박인균 (역), 「거짓말의 심리학」 추수밭.

김종률 (2002). 「수사심리학」 학지사.

조은경 (2002). 거짓말의 특징과 탐지. 「한국심리학회지: 일반」 21(2) 33-65.

지정우 (2010). 거짓기억과 거짓말의 진실, 「한국폴리그라프 협회지」 54.

폴 에크먼 (2003). 「거짓말 까발리기」 이미숙(역), 서울: 마이넌.

표창원·유제설 (2013). 「한국의 CSI」 북라이프.

박정오 (2009). 「행동유발 인터뷰와 추궁형 인터뷰가 얼굴 표정의 거짓말 단서 탐지에 미치는 영향」 석사학위논문, 한림대학교.

김충식 (2012). 수사절차상 신문방법에 따른 진술왜곡 원인에 대한 실증적 고찰, 「사회과학연구」 21. 한남대학교.

김상준 (2013). 「무죄판결과 법관의 사실인정에 관한 연구: 항소심의 파기자판 사례들을 중심으로」 박사학위논문, 서울대학교.

채정우 (2019). 허위자백의 과정과 심리분석, 한겨레 커버스토리.

https://www.bbc.com/news/35948459 Knife found at OJ Simpson home not a murder weapon

https://ojsimpson.co O.J.심슨에 대한 정보 사이트

https://youtube.com/watch?v=LXkj7LbcK1E&feature=share

https://youtu.be/Q2mJTuITptw [심슨 사건의 하이라이트 모음]

https://youtu.be/16KaoVmVTPE [장갑을 껴보는 심슨]

휴먼리서치-무고한 용의자들이 거짓 자백을 하는 이유는?(2018.09.20.)

머니 뉴스 ('이춘재 8차 사건' 누명 윤성여씨, 무죄 선고)

SBS 그것이 알고 싶다. '세 모자 사건'

https://programs.sbs.co.kr/culture/unansweredquestions/vod/55075/22000153363?type=tv&cooper=nhn

조세일보 (법원, 삼례 3인조 강도 재심서 무죄 선고…17년만에 누명 벗어)

국가법령정보센터, 서울고법 1982.6.10, 선고, 82노605, 제2형사부판결: 상고

국가법령정보센터, 법률 제 17572호, 2020. 12. 8, 형사소송법 309조

국가법령정보센터, 경찰청훈령 제 1035호, 범죄수사규칙.

라포형성에 관한 설명 (http://blog.naver.com/kkk10aaa10/220756932180)

sva: https://brunch.co.kr/@trubaum/8

RM, CBCA: https://brunch.co.kr/@trubaum/12

3) https://brunch.co.kr/@trubaum/6

4) https://m.dongascience.com/news.php?idx=-56500

5) https://www.hankookilbo.com/News/Read/A2021060315060000610

https://youtu.be/Fv-e3iL6cXA [O.J. 심슨 조사 녹취 파일]

https://static1.squarespace.com/static/55dfd21ee4b0718764fb34cc/t/55f11606e4b0d3922cc3b8ac/1441863174718/OJ+Simpson+Case+Study.pdf [텍스트 파일]

제**7**장

거짓말 탐지 /최면수사 /자백의 심리

Ⅰ. 허언탐지

Ⅱ. 최면수사

Ⅲ. 자백심리

제7장

거짓말 탐지 /최면수사 /자백의 심리

최면이 수사에 적용될 수 있는 부분은 최면의 특징인 기억증진을 이용하는 것으로서 최면을 통해 목격자, 피해자 등의 기억을 되살려 범죄현장 상황 내지 범죄와 관련된 잊었거나 희미해진 어떤 과거사실을 회상시켜 범죄사건을 해결하기 위한 단서를 찾아내는 것이다. 이처럼 최면의 현상과 특징을 배경으로 사건의 단서를 찾는 것을 최면수사(Hypnotic Investigation)라 한다. 그 한계는 무엇인가?

I. 허언탐지

1. 허언탐지의 개관

사람들은 항상 진실만을 이야기하지는 않는다. 특히 진술의 내용에 따라 자신의 미래가 크게 좌우되는 범죄 피의자의 경우에는 진술의 유불리를 마음속으로 저울질하면서 거짓말을 한다고 생각하는 것이 당연하다. 이전에는 범죄 사건의 수사에서 이러한 거짓말을 탐지하는 수단으로 전후 진술의 모순을 지적하거나 고문을 가하는 것 이외에는 별다른 방법이 없었다. 그러나 이러한 방법의 적용에는 한계가 분명하였고, 따라서 거짓말을 좀 더 과학적인 방법으로 탐지하여 수사활동에 도움을 주고자 하는 차원에서 거짓말탐지기를 이용한 검사 방법이 개발되었다.

거짓말탐지기는 허언탐지기라고 불리기도 하며, 미국에서는 Lie Detector, Polygraph, Deceptiongraph라고 부르고 있다. 그리스어를 어원으로 하는 폴리그래프(polygraph)라는 용어는 Poly(=Many)와 Graph(=Writings)를 합성한 단어로서 인체의 여러 생리현상을 기록한다는 뜻이다. 따라서 폴리그래프 검사란 심장박동이나 혈압, 호흡, 피부전기반응 등 여러 가지 생리적 지표를 측정하면서 질문을 하고 그 반응을 근거로 하여 범인을 식별하고자 하는 기법이다. 허언탐지기는 기본적으로 땀, 맥박, 호흡수, 호흡속도 같은 생리적 변화를 측정하는 것이지만 이들은 수많은 요인들에 의해 생길 수 있다. 가령 긴장, 당황, 분노, 신경과민, 심지어 화장실에 가고 싶다는 욕구도 이에 큰 영향을 줄 수 있다. 또한 두통이나 감기 같은 생리적인 변화가 이에 영향을 줄 수도 있다. 반대로 실제 거짓말이지만 본인은 참말이라고 착각하는 경우에도 제대로 탐지가 되지 않는다.

1-1 폴리그래프(Polygraph)의 개관

(1) 의의

'폴리그래프(polygraph)'는 뇌파 · 근활동 · 안구운동 · 안진(眼振) · 심장박동 · 호흡 등 여러 가지 생리적 현상을 동시에 기록하는 장치로, 이러한 폴리그래프는 흔히 범죄수사에서 '거짓말 탐지기'로 사용된다. 즉, 피의자 등 피검사자에게 범죄사실과 관련된 질문을 하여 거짓말을 할 경우에 나타나는 신체적, 생리적 변화를 관찰. 분석하여 진술의 허위나 인식의 유무를 판단하는 것을 말한다. 폴리그래프 검사는 '심리생리검사'라고도 하는데 "심리생리분석기(폴리그래프 등)에 의하여 사람의 심리변화에 따른 혈압, 맥박, 호흡 등을 측정, 기록한 후 그 기록의 해석에 의하여 진술의 진위여부를 추론하는 심리분석 기법[24)]"이다.

(2) 허언탐지기의 활용

거짓말을 할 경우 마음이 불안해지므로 손에 땀이 나고 호흡이 가빠지며 심장 박동과 뇌파가 빨라지는 등 신체적인 반응이 나타나 그래프의 변동이 심해진다. 인간의 뇌파, 맥박, 호흡, 피부 전기 반사, 손에 흐르는 땀 등 여러 종류의 생체현상을 동시에 읽어 내서 그래프로 나타내는 폴리그래프는 다음과 같은 필요성을 가진다.

폴리그래프의 필요성

○ 실제 수사시 목격자의 구술증거가 매우 중요하게 작용

○ 피검사자에게 정직성에 대한 각성수준을 높임

○ 피의자에게는 거짓을 가려내어 자백을 유도

○ 무고한 사람에게는 진실을 입증해 자신을 변호할 수 있는 수단

(3) 정확성

허언탐지기가 문제 되는 것은 대조구가 없다는 것이다. 그렇기 때문에 일상적인 질문 (예를 들면 당신 이름은 OOO 입니까?)을 하고 이를 기준점으로 잡아, 주로 평소와는

24) 대검예규 '심리생리검사규정'

다른 반응을 보이는지를 판단하는데, 다른 반응을 보이는 것은 거짓말뿐만이 아니라 여러 가지 이유가 있을 것이다. 반대로 평소 때와 다른 반응이 없다고 해서 이것이 무죄의 증거가 될 수는 없다.

거짓말탐지기의 정확도는 약 97%이며, 검사자의 자질과 표준절차 준수여부가 정확도의 관건이다. 그런데 사이코패스의 경우 죄책감을 못 느껴서 판별이 불가능하고, 리플리 증후군[25]이나 공상허언증[26]을 겪고 있는 정신병자에게도 거짓말탐지기 결과가 제대로 나오지 않는다. 그리고 전문적인 정보기관원으로 허언탐지기에 대해 잘 알고 있고 허언탐지기 뚫기 훈련을 받은 사람이라면, 허언탐지기를 속일 수 있다. 우리나라의 법원은 본 검사가 증거능력을 인정받기엔 검사의 정확도와 과학적 신뢰성이 부족하고, 심리적 변화로 인한 자율신경계의 반응 양상에 개인차가 존재한다는 점을 고려하여 1979년부터 일관적으로 증거능력을 인정하지 않고 있다.

(4) 폴리그래프 검사 관련 판례

가. 폴리그래프 검사 결과의 증거능력

거짓말탐지기의 검사결과에 대하여 사실적 관련성을 가진 증거로서 증거능력을 인정할 수 있으려면, ① 거짓말을 하면 반드시 일정한 심리상태의 변동이 일어나고, ② 그 심리상태의 변동은 반드시 일정한 생리적 반응을 일으키며, ③ 그 생리적 반응에 의하여 피검사자의 말이 거짓인지 아닌지가 정확히 판정될 수 있다는 세 가지 전제요건이 충족되어야 할 것이며, ④ 특히 마지막 생리적 반응에 대한 거짓 여부 판정은 거짓말탐지기가 검사에 동의한 피검사자의 생리적 반응을 정확히 측정할 수 있는 장치이어야 하고, 질문사항의 작성과 검사의 기술 및 방법이 합리적이어야 하며, ⑤ 검사자가 탐지기의 측정내용을 객관성 있고 정확하게 판독할 능력을 갖춘 경우라야만 그 정확성을 확보할 수 있는 것이므로, 이상과 같은 여러 가지 요건이 충족되지 않는 한 거짓말탐지기 검사 결과에 대하여 형사소송법상 증거능력을 부여할 수는 없다.'고 보고 있다.(대법원 2005. 5. 26. 선고 2005도130 판결)

또한 ① 거짓말탐지기의 검사결과는 위 요건을 충족하는 경우 형사소송법 제313조 제2항에 의한 증거로 할 수 있고, ② 거짓말탐지기의 검사결과가 증거능력이 있는 경우에도 그 검사 즉 감정의 결과는 검사를 받는 사람의 진술의 신빙성을 가늠하는 정

25) 리플리 효과 혹은 리플리병이라고도 한다. 거짓이 탄로 날까 봐 불안해하는 단순 거짓말쟁이와 달리, 리플리 증후군을 보이는 사람은 자신이 한 거짓말을 완전한 진실로 믿는다.

26) 공상허언증(空想虛言症, pathological lying, pseudologia fantastica, mythomania) : 자신이 만들어 놓은 거짓말을 그대로 믿는 습관을 말한다.

황증거로서의 기능을 다하는데 그친다고 판시한다.(대법원 1986. 11. 25. 선고 85도 2208 판결)

즉, 위 판례가 제시하고 있는 거짓말탐지기 허용기준의 엄격성으로 인하여 현실적으로 이를 충족할 수가 없는 것이기에 판례는 거짓말탐지기의 검사결과에 대한 증거능력을 부정하는 입장을 취하고 있다고 할 것이다. 또한 판례는 거짓말탐지기 검사에 있어서의 위와 같은 엄격한 허용기준에 따라 증거능력이 만일 인정되는 경우라도 그 검사 즉 감정의 결과는 검사를 받는 사람의 진술의 신빙성을 가늠하는 정황증거로서의 기능을 하는데 그친다는 입장을 보이고 있다. [출처] 서울지방법원 인터넷 사이트

나. 폴리그래프 검사를 통해 얻은 자백의 증거능력

거짓말탐지기 검사 시에 일정한 증거가 발견되면 피의자가 자백하겠다고 한 약속이 검사의 강요나 위계에 의하여 이루어졌다던가 또는 불기소나 가벼운 죄의 기소 등 이익과 교환조건으로 된 것으로 인정되지 않는다면 위와 같은 자백의 약속 하에 된 자백이라 하여 곧 임의성 없는 자백이라고 단정할 수는 없다'(대법원 1983.9.13.선고 83도712 판결).

1-2 폴리그래프 검사

(1) 검사 절차

사전 면담과 예비 검사, 본 검사 등으로 진행되며 한 검사당 보통 2시간 이상 소요된다. 검사 특성과 인권 문제를 고려해 검사 대상자의 사전 동의는 필수이다. 센서 부착위치는 흉부, 복부, 손가락, 이두박근이다.

가. 검사 준비단계

검사의뢰시 피검사자의 동의서를 수리한다. 검사할 내용과 피검사자에 대한 검사 적격성 여부 검토 후 사용할 기법을 선정한다. 검사 전 면담(Pre-test Interview)에서는 ① 기계 원리의 설명을 통해 불안감이나 두려움 제거, ② 자발적인 검사 동의 확인, ③ 피검사자의 정신적, 신체적 상태가 검사받기에 적합한지 판단이 이루어진다.

나. 본 검사단계

신체부위에 기구를 부착한다. 질문의 수는 10개 전후, 질문의 간격은 15-20초 사이로 한다. 신뢰도를 확인하기 위해 똑같은 질문을 3~4회 반복 검사하여야 한다.

다. 그래프 판독

거짓반응 형태를 분석 및 판독하는 단계이다.

라. 결과통보

의뢰관서에 진실반응, 거짓반응, 판단불능으로 통보한다.

마. 검사 후 면담단계

자백을 받는 단계이다.

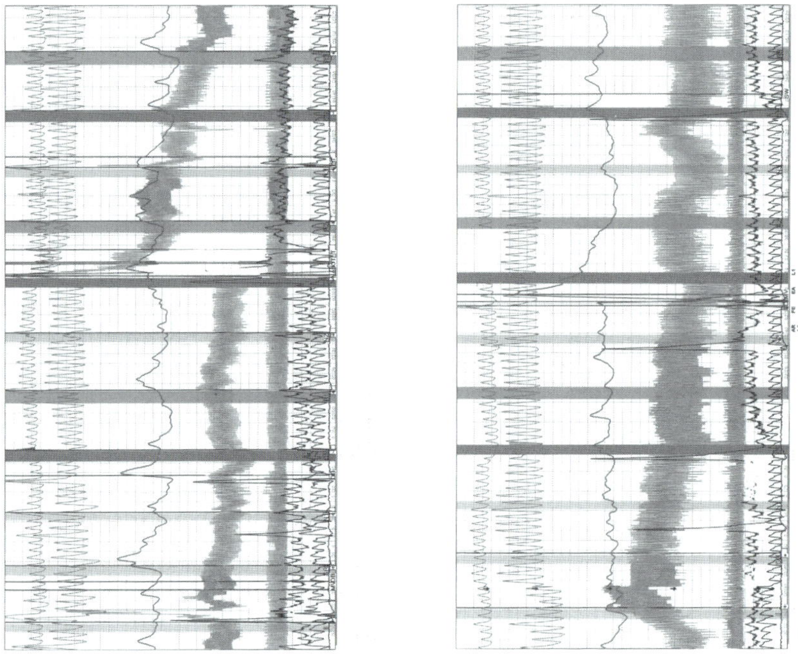

[그림 7-1] 쌍방폭행사건에서 폴리그래프 검사 결과서

(2) 검사의뢰 시 유의사항

① 검사여건 조성 : 24시간 전 안정유지, 약물복용금지, 충분한 수면

② 검사 제외자 : 신경과민자, 정신병환자, 호흡심장신경계통환자

③ 검사의 시기 : 가능한 한 수사의 초기단계

④ 검사의 장소 : 외부의 소음, 기타 자극이나 영향 없는 장소, 방음, 환기장치 등의 시설, 녹음장치, 입체 VTR 시스템 시설

⑤ 검사 성과를 거둘 수 없는 피검사자의 배제

〈현장에서〉 지방청과 국과수의 허언탐지

…저희 여청수사팀은 학교폭력, 성폭력, 가정폭력 수사를 담당하고 있습니다. 이 중에서 허언탐지기가 제일 유용한 것은 당연 성폭력입니다. 112로 긴박하게 성폭력 신고를 하는 경우를 제외하고는 대부분 면식범이고 피해자와 사귀거나 사귀였던 관계가 대부분입니다. 성폭력범죄의 특성으로 밀폐된 장소에서 일어나며 증거가 없고 목격자가 없습니다. 증거나 목격자가 없기에 허언탐지기는 제가 성폭력범죄를 수사할 때 제일 중요한 정황증거였습니다. 이것으로 인해 피의자한테 자백을 많이 받아 냈으니까요. 당연히 조사관의 피의자 신문 시 조사기법도 중요했습니다. 처음에는 지방경찰청에 있는 허언탐지기 수사관에게 의뢰했습니다. 하지만 제가 생각하기에는 몇 가지 문제점이 있었습니다.

○ 미성년자, 고령자, 심신미약이 조금이라도 있으면 검사 불가능

○ 원칙적으로 피의자만 검사, 피해자 검사 불가능

○ 검사관 독단적인 판단으로 질문지 선정

일단은 제가 생각하는 문제점은 세 가지였습니다. 원칙적으로 미성년자, 고령자, 심신미약자, 약을 복용하는 자는 애당초 검사를 하지 않았습니다. 거탐기 날짜가 잡혀서 직접 왔는데도 불구하고요... 두 번째는 원칙적으로 피의자만 검사를 하지 피해자는 검사를 하지 않는다는 문제였습니다. 거탐기는 만능이 아니라 "판단불능"이 많이 나옵니다. 이때, 피해자까지 검사를 해서 피해자가 "진실"이 나오면 당연히 피의자가 거짓말을 하는 것으로 판단할 수도 있는데 말입니다. 게다가 피해자가 무조건 진실을 말한다고 할 수도 없는 문제이고 실체적 진실을 밝히는 부분에서 말입니다. 또한, 담당 수사관이 동석을 하나 형식적일 뿐이고 검사관 독단적으로 판단으로 질문지를 선정하는 부분에서 담당 수사관과 상의 후 결정하는 부분이 아쉬웠습니다. 시간이 많이 지나고 아무런 증거나 단서도 없는 성폭행 사건에서는 거짓말탐지기 정보가 너무나 유용하였지만 담당 형사에게 원칙을 설명하며 위의 사유에서는 검사를 할 수 없다고 하였습니다.

그렇게 지방경찰청에서 하는 허언탐지기에 만족을 못하고 국립과학수사연구원에 거짓말 탐지기를 의뢰하였습니다. 일단, 놀라웠던 것은 경찰과 다르다는 것이었습니다. 원칙에 입각하여 검사를 안 하려고 하는 것이 아니라 적극적인 모습이었고, 위에서 제시했던 3가지 문제점이 완벽하게 고쳐져 있었습니다.

○ 미성년자, 고령자, 심신미약이라도 피의자나 피해자의 동의가 있으면 검사

○ 피의자와 피해자 둘 다 검사

○ 검사관과 담당 형사와 피검사자들 면담 후 질문지 선정

국과수에서는 피의자의 동의가 가장 중요했습니다. 기본적인 규칙이 있어도 미성년자, 고령자, 심신미약자의 검사결과가 잘못 나올 가능성이 있다고는 하지만 기계

와 95퍼센트의 정확성을 신뢰하는 듯하였고, 수사에 적극적이었습니다. 그리고 더욱 정확성을 위하여 피의자와 피해자 둘 다 검사를 하는 것을 더욱 선호하였습니다. 항상 담당형사와 검사관, 피검사자들이 검사당일에 한 시간 이상을 조사전 면담하면서 같이 담당형사와 같이 질문지를 선정하는 것도 훌륭하다고 생각합니다. (경찰서 여성청소년과 형사, 2016)

〈현장에서〉 교통사고조사

교통사고조사 업무를 하여, 평소에도 이러한 사례들과 판례에 대해 이전에도 관심을 가지고 있었다. 요즘은 많은 차량에 블랙박스가 설치되어 있으며, CCTV 설치 장소도 늘고, ADT캡스 등 사설 CCTV를 개인 사생활보호로 설치하고 있어 사고경위를 확인할 수 있는 증거가 늘어나고 있다. 그럼에도 불구하고 항상 없는 경우도 존재한다. 사고 중 사지교차로에서 1) 차량은 정지 후 좌회전 신호를 기다렸다가 좌회전을 하였다고 진술하고 2) 차량은 녹색불에 직진하였다고 진술하며 상호 진술이 상반되고 두 차량 모두 블랙박스는 설치되어 있지 않고, 현장을 비추는 CCTV, 현장을 목격한 목격자 모두 없는 상황이었다.

2) 차량 운전자도 약 200M 떨어진 거리 진행당시 1) 차량이 교차로에 정지해 있는 것으로 보았다고 진술하고 있으며, 교차로 직전에는 과속카메라가 있어 계기판을 보느라 신호는 보지 못했지만, 녹색신호에 진행했다고 진술하고 있고, 1) 차량 운전자도 정지 후 신호가 바뀌고 좌회전을 했다고 진술하기에 1) 차량의 운전자의 진술이 더 신빙성이 있다고 판단되었다. 이에 2) 차량 운전자 상대로 폴리그래프 검사를 실시하였고, 결과는 거짓 반응이었다. 2) 차량의 정지거리, 두 운전자의 진술 등과 폴리그래프 검사결과를 바탕으로 2) 차량이 신호위반한 과실로 교통사고가 발생하였다고 판단, 기소의견으로 송치하였다. 하지만, 2) 차량 운전자가 신호위반 사실 부인하고 있으며, 직접적인 증거가 없음을 이유로 받아들여지지 않았다.

이렇듯 폴리그래프 검사 결과만으로는 증거능력이 인정되지 않은 경우가 많고, 질병, 약물 복용 등으로 대상이 제한되는 경우가 많아, 폴리그래프 검사의 유용성을 잘 느끼지 못하였다. 또한, 검사자는 긴장해서 그렇게 나온 거 같다, 사고 났을 때 생각나서 또 화가 나서 감정이 욱해서 그런 것 같다는 식으로 이야기를 한다.

그리고 지방청에서만 검사 가능하므로, 검사 요청을 하고 검사하기까지의 기간이 오래 걸려 그 동안에 사고사실에 대해 무뎌지고 본인이 생각한 대로 믿어질 수 있으므로, 검사시설 및 검사관을 늘려 사고 날짜로부터 최대한 빠른 시일 내에 검사가 이루어질 수 있으면 좋겠다는 생각이 든다.(교통사고조사관, 2021)

2. 폴리그래프 방법

(1) 통제질문법(CQT)

1947년 시카고 경찰연구소의 존 리드는 CQT(Control Question Technique), 즉 통제질문기법 또는 비교질문기법이라고 불리는 기법을 개발하였다. 리드는 거짓말 특유의 생리적 반응이란 존재하지 않기 때문에 어떤 한 가지 질문에 대한 반응만 가지고는 피검사자가 거짓말을 하고 있는지의 여부를 판단할 수 없으며, 다른 질문에 대한 반응의 크기를 비교함으로써 범인을 식별할 수 있다고 가정하였다. 그래서 리드는 현재 조사를 받고 있는 사건에 대한 질문(관련질문)과 과거에 피검사자가 실제로 저질렀지만 숨기고 싶은 불법 또는 부정행위에 대한 질문(통제질문)을 같이 제시하고 그에 대한 생리적 반응을 비교하는 방법을 고안하였다. 만약 피검사자가 범인이 아니라면, 과거에 자신이 했던 범행이 발각될 수 있다는 두려움으로 인해 관련질문보다 통제질문에 생리정서적 반응이 더 크게 나타난다. 반대로, 피검사자가 조사 중인 사건의 범인이라면 발각되는 것이 두려워 통제질문보다 관련질문에 더 큰 반응을 일으킬 수 있다.

이러한 CQT의 판정결과에 대한 정확성 분석이 라스킨(Raskin)과 헤어(Hare)에 의해 실시되었다. 우선 이들은 실험실연구를 통해 실시한 결과 피검사자가 범인인 경우 실제 범인으로 밝혀진 경우가 80%, 범인이 아닌 경우가 8%, 판단불가능 사례가 12%였다. 실제사건을 분석한 현장연구에서는 실제 범인인 피검사자가 범인으로 나온 사례는 89%, 범인이 아닌 것으로 나온 경우는 1%, 판단불가능인 경우가 10%였다. 이 결과만을 보면 CQT가 어느 정도 정확하다고 생각할 수 있다. 그러나 현장연구 결과에서 범인이 아닌 사람을 범인이라고 판단한 경우가 실제 범인을 아니라고 판단한 사례보다 12배나 높았다는 점은 CQT기법이 현장에서 적용되기에는 상당한 문제를 갖고 있다고 판단할 수 있다. 향상된 것이 유타기법[Utah-Modified Control Question Technique(3RQ)]이다.[27]

(2) CIT(숨긴정보검사)

CIT(Concealed Information Test)는 리켄(Lykken)에 의해 개발된 검사기법이다. 이 기법은 우선, 범죄사건에 대한 다양한 사실 중에서 언론매체 등에 공개되지 않아 담당 수사관과 범인만이 알 수 있는 정보를 정리한다. 그리고는 조사 중인 사건에서 실

27) U-MCQT : 1980년 미국의 Utah 대학 심리생리학 박사들이 실제사건 검사결과를 근거로 연구, 개발하여 그 타당성 및 신뢰성이 높고, 과학적인(심리학적 기초) 방법에 의해 연구되어 국제적으로 사용빈도가 높은 검사 기법

제 발생한 내용에 대한 질문(관련 질문)과 이와 유사한 질문(무관련 질문)을 피검사자에게 제시하는 방법이다. 피검사자는 관련질문에 대한 긴장과 불안감이 무관련질문에 비교하여 더 높을 것이며 이러한 정서적 변화는 폴리그래프를 통해 감지할 수 있을 것이다. 다른 검사기법도 마찬가지이지만, CIT에서도 피검사자가 우연히 몸을 살짝 움직이는 반응을 보여 결과가 다르게 나오는 경우가 있다. 이에 대비하여 실제 적용 단계에서는 하나의 질문지가 아닌 여러 개의 질문지를 준비하고, 같은 질문을 최소 3번 이상 질문순서를 바꿔가며 제시하고 있다.

히키다는 일본 나라현 경찰이 실시한 1,166건의 폴리그래프 검사 결과를 분석하였다. 그 결과, 피검사자가 범인이었던 경우, CIT검사에서 범인으로 판정된 사례는 92%였으며, 범인이 아닌 것으로 판정이 나온 사례는 8%였다. 피검사자가 범인이 아니었던 경우 범인으로 판정된 사례는 0.4%, 범인이 아닌 것으로 나온 사례는 99.6%였다. 이 기법에서 주목해야 할 점은 범인이 아닌 사람을 범인이라고 판단한 비율이 0.4%로 매우 낮았다는 사실이다. 이처럼 CIT의 정확성은 매우 높지만, 실제 이러한 기법을 적용할 수 있는 상황에 있는 사건의 경우가 많지 않다는 단점을 가지고 있다.

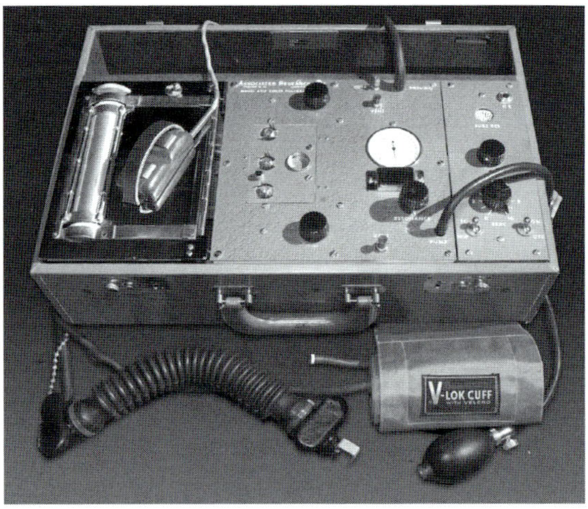

[그림 7-2] lie dectator - FBI

(3) 폴리그래프 진행방법

가. 질문

거짓말 탐지를 위해서 다음 3가지 유형의 질문을 제시한다. 피검사자는 예/아니오 답변만 가능하다.

[표 7-1] 질문의 유형

질문내용	의도 및 예시
① 사건과 관계없는 질문(비관련질문)	'아니오'라고 부정할 수 없는 긍정의 답변이 예정된 질문 (당신의 이름은 OOO입니까?)
② 사건과 직접적 관련있는 질문(관련질문)	명백한 진실에 반응하는 기본 생리적 반응 파악, 개인별 다른 기준 기저선 파악 (당신이 그 물건을 가져갔습니까? 당신이 그 아이의 성기를 만졌습니까?)
③ 발생한 사건과 간접적으로 유사한 질문(비교질문)	피검사자 본인의 정직성에 대한 각성 (당신은 과거 절도 경험이 있습니까?)

나. 반응강도

질문에 대한 행위자별 반응강도는 다음과 같다.

[표 7-2] 질문의 반응강도 차이

대 상	반응강도	사 유
진 범	**관련**질문 > 비교질문	처벌 두려움 등 현재사건이 더 위협적
무고자	**비교**질문 > 관련질문	과거잘못에 대해 의심받을 수 있다는 부담

다. 검사중지

호흡패턴, 땀샘분비 등 극히 비정상적일 경우는 피검사자가 검사를 왜곡 또는 고의적으로 회피하려는 노력이 있는 상태로 검사를 중지한다.

(4) 폴리그래프 검사 발전방향

가. 비접촉식 타입으로 대체

기존의 폴리그래프 검사는 생리적 반응을 측정해야하므로 몸에 센서를 부착하는 접촉식이다. 이는 피검사자의 피부에 직접 닿기 때문에 심리적 부담감이 높고 코로나19 바이러스 확산시대에는 접촉식을 기피하는 경향이 증가하고 있다. 따라서 비접촉식으로 대체하는 것이 중요한데 이는 신체가 반응하는 것을 카메라로 측정하기 때문에 정확도가 높고, 피부에 직접 접촉하지 않아 검사에 대한 부담도 감소하며, 통화중 음성분석이나 얼굴 혈류량을 통한 판단도 기대할 수 있으며 개인 휴대용으로 개발 가능하다는 장점이 있다.

나. MRI사용

이것은 어떤 기능을 수행할 때 뇌의 특정 부위로 혈류량이 증가하는 현상을 이용하는 것이다. 거짓말할 때가 진실을 말할 때보다 뇌기능을 2배 이상 활성화시킨다. 또한 생각이나 행동에 따라 뇌 활동 영역을 관측하는 것이 가능하고 뇌 산소량도 볼 수 있어 산소활동이 많아진다는 것은 거짓말을 하고 있다는 증거가 된다. 거짓을 진실이라고 착각하는 경우도 MRI로 분별이 가능하며 현재의 폴리그래프는 불가능한 점과 대비가 된다. 신경과학과 기술이 같이 발달하면서 진실이 판단 가능한 시대가 열렸다고 볼 수 있다.

다. fMRI를 이용한 허위탐지

뇌과학이 발전하면서 뇌의 활동을 화상으로 구현하는 기술이 가능해졌다. 이러한 기술 중 하나가 fMRI(functional Magnetic Resonance Imaging), 기능적 자기공명영상이다. 이는 핵자기공명의 원리를 이용하여 뇌의 혈류 동태 반응을 시각화하는 방법으로서 사람의 활동 내용에 따라 뇌의 활성화 부분을 파악할 수 있는 기술이다. 이러한 기술을 허위진술을 탐지하는 데 이용하는 연구를 시작한 사람은 스펜스(Spence)였다. 그는 10명의 실험참가자들에게 하루 동안의 행동을 제시하고, 그 행동 여부를 '했다' 또는 '안 했다'의 이분법으로 대답하도록 하였다. 그 결과, 거짓을 이야기한 경우는 복외측 전전두피질이 활성화되는 것으로 나타났다.

랭글벤(Langleben) 등은 CIT를 이용하여 fMRI 연구를 실시하였다. 그들은 실험참자들에게 모의절도를 하도록 한 후 제시된 질문에 '아니다'라고 부인하는 답변을 하도록 하였는데, 그 결과 거짓 반응을 보인 경우에는 전전두피질과 전방대상피질이 활성화되는 것을 확인하였다. 코젤(Kozel) 등은 실험참가자들을 대상으로 비슷한 실험을 실시하였는데, 그 결과 9명의 유죄자들 전원을 유죄라고 판단하였지만, 15명의 무죄자들 중 무려 5명을 유죄라고 판단하였다. 이와 같이 거짓말할 때 뇌의 어느 부위가 활성화되는지에 대해서는 어느 정도 규명되었지만, 범죄수사에서 허위탐지에 적용하기에는 아직 위험성이 높은 단계라고 할 수 있다.

라. fNIRS를 이용한 허위탐지

fNIRS(functional Near-Infrared Spectroscopy), 즉 기능적 근적외선 분광기를 이용한 허위탐지가 있다. 이는 근적외선을 이용하여 두피에서 비침습적으로 뇌기능을 시각화할 수 있는 장치를 이용하는 방법이다. 티엔(Tian) 등은 fNIRS을 이용한 허위 연구를 실시하였는데, 실험참가자들에게 모의 절도를 하게 한 후, 상반된 질문을 하면서 모두 부정하도록 하였다. 일본에서도 fNIRS를 이용하여 CIT를 실시하여 가능성을 확인하였다. 그러나 이 역시 아직은 개발 단계 수준이라고 보아야 한다.

〈현장에서〉 초병특수폭행

당시 선, 후임병 2명이 함께 초소에서 근무를 하던 중, 선임병이 위험한 물건(대검 등) 등을 이용하여 후임병을 폭행한 사건이었으며, 증거물인 폭행 도구는 소대원 총원이 교대로 사용 중인 관계로 여러 명의 지문 및 DNA 등이 혼재되어 있는 등 그 자체로서의 존재 외에는 증거로서 가치가 없었다. 따라서 피해자의 진술과 피의자의 자백이 중요했다. 피해자는 당시 상황에 대해 비교적 상세히 진술하고 있었으며, 목격자는 없었지만 다른 후임들도 평소 가해자로부터 폭언 및 가혹행위(엎드려뻗쳐 등) 피해를 입었다고 진술하였다. 하지만 피의자는 일관되게 범행을 부인하였고, 폴리그래프 검사에 순순히 동의하였다.

하지만 1차 검사 시, 가해자에 대한 검사결과는 '검사 불능'이었다. 요즈음 인터넷에서 거짓말 탐지검사를 피하는 방법에 대해 검색을 하면 질문에 대해 답변을 할 시, 항문에 힘주기, 온 몸을 비틀기 등의 방법이 나온다. 실제로 당시 피의자도 몸을 움찔하거나 숨을 참는 방법 등으로 소극적인 검사 방해 행동을 하였다. 검사관이 여러차례 주의를 주었음에도 계속하여 같은 행동을 하여 판독이 불가능하다는 판정을 받았다.

검사종료 후 피의자에게 2차 검사를 재요구하였고, 수사관으로서 다음 검사 시 동일한 검사방해 행동을 하지 말 것을 당부하였다. 이후 2차 검사를 실시하였을 시, 피의자는 2회 검사라서 안심한 것인지 아니면 자포자기한 것인지 모르겠지만 검사 방해 행동을 하지 않았고, "당신은 그날(범행일시) 000일병의 가슴부위를 대검으로 찔렀습니까?"라는 질문 등 유사질문 3가지에 대해 '아니오'라는 답변을 하였으나, '거짓 반응'이 확인되었던 사례가 있다.

이렇듯 지금은 폴리그래프 검사의 증거능력은 인정받고 있지 못하지만, 대다수의 수사업무 종사자 및 일반인들도 폴리그래프 검사에 대해 신뢰성을 가지고 있으며, 특히 물적 증거가 없는 사건의 경우 사건관계자들의 진술에 대한 중요성이 큰 만큼 거짓말 탐지검사에 대하여 현실적인 증거능력 인정 요건을 제시하고, 그 요건에 부합한다면 검사 결과에 대해 증거능력이 인정될 수 있으면 좋겠다는 생각이 든다.(해군 군사경찰, 2019)

FORENSIC OPINION

폴리그래프 검사 중 CY 테크닉 기법* 적용으로 절도사건 해결 사례

*(Chang Young Technic 기법, 충북청 이창봉 폴리그래프 검사관의 기법)

김태진 (충북청 과학수사과)

■ 사건개요

'21. 04월경 충북 소재 아파트 안방 장롱 내 금고 옆에 놓아둔 피해자 소유의 금반지(5돈) 1개, 금열쇠(1돈) 1개를 불상의 방법으로 가져가 절취 한 것으로 당시 피해자의 집에 출입한 사실이 있는 일체의 모든 관련자(이삿짐업체 직원 외국인 외 3명, 인터넷 설치기사 1명, 우체국 택배직원 1명, 전기기사 1명, 피해자 아들 1명, 전 배우자 등 총 10 여명) 등을 폴리그래프 검사 의뢰된 사건임

■ 면담 중 사용한 기법

의뢰받은 관련자들 상대로 CY 테크닉 면담기법으로 검사 중, 다른 참고인들에게는 진실 반응이 도출되었으나, 전 배우자에게서만 유의미한 거짓반응이 도출되었고, 검사 후 면담에서 심리적인 압박에 못 이겨 "자신이 범인"이라고 자백한 사례이다.

본 검사는 유타기법[Utah-Modified Control Question Technique(3RQ)]과 PLCQ를 사용하였으며, 면담은 피검사자를 사건 당시 현장으로 소환하여 마치 현장에 있는 것처럼 만들어 사고를 억제하려는 피검사자를 자연스럽게 각성시키는 방법으로, 피검사자에게 눈을 감고 현장을 회상·묘사하도록 하여 마치 사건 당시 현장에 있는 것처럼 각성시킨 후 면담하는 일명 CY Technique으로 실시하였다.

위 절도사건에서 피검사자는 현장에서 청소하였으나, 금반지 등이 들어 있는 상자를 본 적이 없다고 강력히 부인하고 있어, 피검사자에게 눈을 감게 하고 사건과는 전혀 관계없는 당시 거실 및 안방의 구조, 색상 등을 질문하여 설명하게 하면 피검사자는 사건과 전혀 관련 없는 질문에 부담 없이 사건 당시의 기억을 자연스럽게 떠올리게 된다. 그렇게 조건화가 되었을 때 "당시 안방에서 금반지를 가져간 사실이 있습니까?" 라는 당시 사건 관련질문을 하게 되면 의식적으로 사고를 억제하고 있던 피검사자는 관련질문에 각성이 일어나게 된다.

피검사자는 전혀 예상치 못한 질문방식에 심리적으로 높은 각성이 일어나게 되어 본 검사에 현저한 반응이 도출되었으며, 검사 후 면담에서 심리적인 압박에 자신이 범인이라고 자백을 하게 된 사건으로, 현재 충북청 폴리그래프검사관들은 모든 검사에 CYTechnique 기법을 적용하여 유의미한 검사 결과를 도출하고 있다.

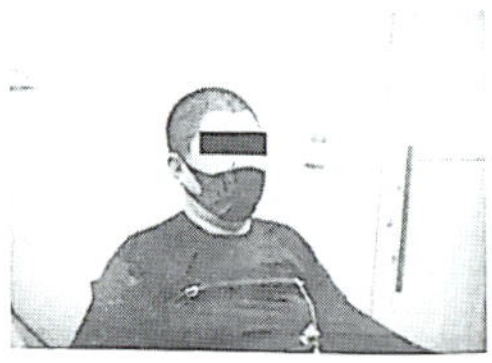

■ 경찰 과학수사 폴리그래프 검사 발전을 위한 제언

현재 17개 청에서 폴리그래프 검사를 하고 있으며, 진술에만 의존하는 사건 및 범행 부인 시 검찰청이나 책임지도수사관의 보완 수사 요구의 증가로 폴리그래프 검사의뢰 건수도 전년 대비 증가하고 있는 현실이다. 검사의 신뢰도를 높일 수 있는 면담기법인 CY 테크닉 면담기법을 활용하여 판단불능을 줄인다면 일선 수사에 많은 도움이 될 것으로 생각한다.

13 | KCSI 매거진

국가수사본부 KCSI

폴리그래프 검사 중 CY 테크닉 기법 적용으로 절도사건 해결 사례(국가수사본부)

Ⅱ. 최면수사

"기억의 보편적 원리 중 하나는 실제 회상하는 것보다 훨씬 많은 양의 정보를 담고 있다는 것이다. 기억을 못하는 것은 저장하지 않아서가 아니라 단지 재생에 실패했기 때문이다." - 국립과학수사연구소 연보, 1995년 -

1. 최면수사(법최면수사)의 개관

1-1 최면수사의 의의

(1) 최면의 유래

가. 최면과 최면술

최면은 넓은 의미로 사람의 말이나 동작 등 신호를 통하여 다른 사람에게 반응을 유발시키는 것이고 좁은 의미로 의사가 말과 행위를 이용해 환자의 정신적, 육체적 기능을 변화시키는 것이다. 주의를 기울이거나 정신을 집중하게 되면 자연스럽게 최면 상태 혹은 몰입에 이르게 되는데, 일상생활 중에는 명상, 기도, 참선 등이 이에 해당한다. 기도문 혹은 주문을 외워, 자기 스스로에게 최면 치료를 하기도 한다. 최면술은 19세기 영국 의사 제임스 브레이드가 그리스 신화 속 잠의 신 히프노스"hypnos"의 이름을 따 최면술"hypnosis"이라 명명한 이후, 현대에는 무의식 중에 자신을 억누르고 있는 고통을 덜고 심신을 건강하게 재조정하는 심리치료로서 널리 인정되고 있다.

나. 최면수사의 정의

최면이 수사에 적용될 수 있는 부분은 최면의 강점인 기억증진을 이용하는 것으로서 목격자, 피해자 등의 잊었거나 희미해진 기억을 되살려 범죄현장 상황 내지 범죄와 관련된 어떤 과거 사실을 회상시켜 범죄사건을 해결하기 위한 단서를 찾아내는 것이다. 이처럼 최면의 현상과 특징을 배경으로 사건의 단서 확보 및 수사 방향 설정에 도움을 제공하는 수사방법을 최면수사라고 한다. 최면수사는 암시 등의 일정한 방법에 의해 인위적으로 이끌어낸, 잠에 가까운 특수한 상태로서 무의식 속에 있는 기억을 깨워서 한계가 있을 수밖에 없는 사람들의 기억을 되살리는데 주로 사용된다. 만일 범행을 목격한 사람이 당시의 상황을 명확하게 기억하지 못하는 경우 최면을 통해 잠재의식 상태의 기억을 이끌어내 단서를 찾아내는 기법이다.

다. 활용 현황

최면수사는 1999년부터 우리나라에서 본격적으로 활용되기 시작하였고, 가장 많은 성과를 거둔 범죄는 뺑소니와 성범죄로 알려졌다. 2013년 경찰청 훈령인 '과학수사기본규칙'이 제정되면서 '법최면(Forensic Hypnosis)'이라는 이름으로 공식적인 과학수사 기법의 하나로 인정되고 있다. 실제 법최면을 통해 얻어낸 단서가 강력사건 해결에 도움을 준 경우가 적지 않다. 최근에는 화성연쇄 살인사건의 '유일한 목격자'인 버스 안내양에 대해 실시되었다. 7차 사건의 목격자 용의자 몽타주 작성에도 참여했던 버스 안내양에게 유력 용의자 이춘재의 사진을 보여준 결과 범인이 맞다는 진술을 했다. 범죄 현장에서 물적 증거가 남아있지 않다면 피해자나 목격자의 진술이 사건해결을 위한 중요한 단서가 된다.

(2) 최면의 과학적 원리와 잘못된 최면상식

가. 최면의 과학적 원리

최면의 과학적 원리는 다음과 같다. 이완상태에서 고도의 몰입 상태가 최면이고, 최면에 걸린 경우 뇌의 주파수에 변화가 생긴다. 일상생활에서 나오는 베타파와 이것이 최면에 다다르면 수면 직전인 알파파로 변한다. 최면 상태는 그다음 단계인 세타파에 놓인 상태이다. 이는 잠자는 것도 아니고 깨어있는 것도 아닌 수면 상태와 깨어있는 상태 그 중간을 최면 상태라고 한다.

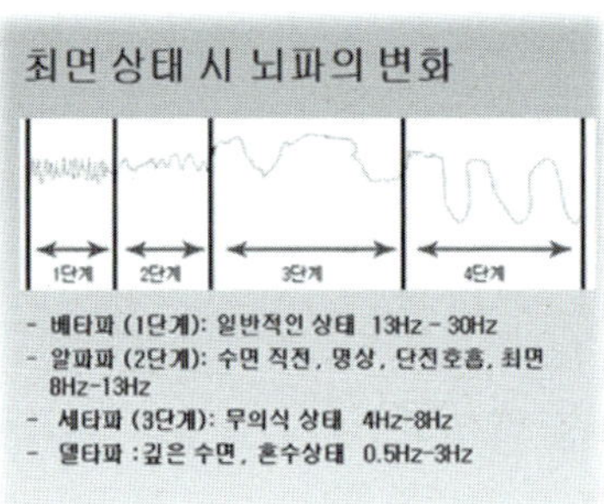

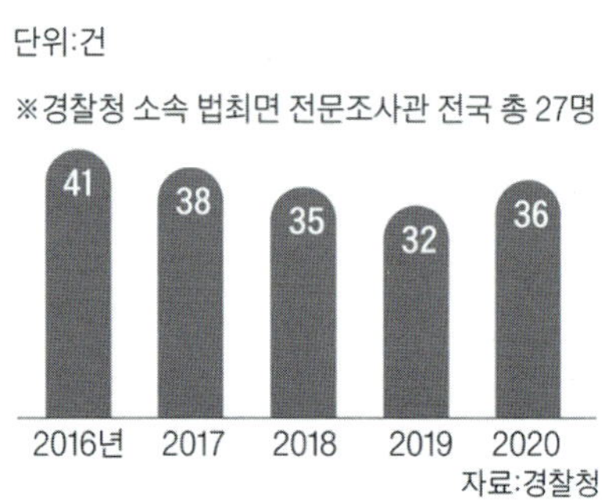

[그림 7-3] 뇌파의 변화(좌) 및 법최면 조사(우)

나. 잘못된 최면상식

1) 꼭두각시 오해

최면 상태에서 무엇이든 시키는 대로 하게 된다? 피최면자의 기분에 거슬리는 불리한 암시를 줄 때는 거부되기 마련이다.

2) 비밀노출 오해

최면상태에서 비밀을 말하거나 항상 진실만을 말한다? 인간의 보호본능은 어떤 상황에서든 반사적으로 작동하는데, 최면에서도 마찬가지로 피최면자에게 불리한 암시를 주면 저항하게 된다.

3) 최면의 회복

최면에서 깨어나지 못하면? 얕은 최면상태에서 피최면자가 깨어나고 싶으면 언제든지 깨어날 수 있고, 또 아무리 깊은 최면의 경우라도 각성암시에 의해 반드시 깨어난다.

(3) 최면수사의 효과성

최면은 수사과정 중에 어떤 방법으로도 단서조차 얻을 수 없을 때, 인적이 드물거나 CCTV가 없을 때, 특별히 사건 당사자들만이 있는 사적공간에서 사건발생이 일어났을 때는 당사자들의 기억이 사건해결에 중요한 영향을 미친다. 피해자나 목격자가 범죄를 경험하거나 목격할 당시 심각한 정신적 외상을 입어 범죄사실에 대한 기억을 회상하지 못하는 경우 또는 시간의 경과로 인한 망각으로 사건 당시의 상황을 잘 기억하지 못하는 경우에 피해자나 목격자의 기억을 되살리고 보다 정확하게 회상 시킬 목적으로 최면수사를 이용할 필요성이 있다.

우리나라에서는 1978년 초등학생 정양 유괴사건 해결에 처음으로 최면수사가 도입되었다. 당시 초등학교 2학년이었던 정양은 부산의 한 수산업체 사장의 막내딸로 학교를 마치고 집에 오는 도중에 "차 안에서 트렁크 열쇠를 갖다 달라, 집까지 태워주겠다"는 40대 남성에 의해 서울로 납치 당했다. 정양의 부모님은 전국에 용하다는 점쟁이들까지 찾아다녔다. 그러다 "정양으로 보이는 아이를 한 남성이 차에 태우는 것을 봤다"는 목격자가 나타났지만 차량번호를 기억하지 못했다. 경찰은 전문가의 도움을 받아 목격자에 대한 최면수사를 착수했고, 범행 당시 사용된 차량의 번호를 알아내어 이를 단서로 범인을 체포하였다. 美 LAPD의 최면수사관인 Reiser는 살인, 강간, 유괴 등 강력범죄 사건의 약 60%에서 최면을 이용하여 새로운 정보를 확보하였다.

최면상태에서는 비언어적이고 그림 같은 환상이 가득 찬 일차적 사고과정으로 처리하게 되어 좀 더 많은 내용을 기억할 수 있게 된다. 또한 최면은 목격한 것이나 범죄로 야기된 긴장 혹은 고통을 경감하도록 도와줄 수 있는 잠재적 유용성이 있다.

최면이 수사에 적용될 수 있는 부분은 최면수사의 강점인 기억증진을 이용해 목격자, 피해자 등의 기억을 상기시켜 범죄현장 내지 이와 관련된 사건을 해결하기 위한 단서를 찾아내는 것이다. 구체적으로 주로 몽타주를 작성하기 위하여 사용한다고 한다. 최면을 사용해서 피최면자에게 주로 많이 제공받는 수사정보는 범인의 인상착의에 관한 것으로 매우 자세한 기억을 제공한다. 최면수사는 CCTV나 블랙박스가 많은 현대 사회에도 존재하는 사각지대 상황 즉, 피해자와 가해자만 있는 경우, 의존할 수 있는 건 피해자 진술뿐이지만 피해자가 심리적 이유로 정확한 진술을 하기 어려운 경우, 혹은 목격자가 사건을 목격하였지만 제대로 기억을 하지 못하는 경우에 사용이 된다. 기억의 왜곡을 수정하는 역할도 수행한다.

(4) 최면수사의 한계

최면수사에는 다음과 같은 한계점들이 명확히 존재한다.

① 최면수사를 범죄 용의자를 범인으로 확정짓기 위해서 시도해서는 안 된다.

② 용의자가 수사 중에 식별된 경우 최면수사를 진행해서는 안 된다.

③ 피최면자에게 최면을 사용했을 때 정신적으로나 육체적 감정적으로 충격을 받을 것이 예상되는 경우에는 최면수사를 진행해서는 안 된다.

④ 현재 최면수사를 통해 얻은 진술들은 법적인 증거 자료로 인정받지 못하는 한계점이 존재한다.

⑤ 기억이 저장되는 과정에서 개인의 지식과 성향, 최면을 시작할 때 어떤 암시를 주는가 등에 따라 진술이 달라질 수 있다.

⑥ 사람의 기억력으로 재생한 진술을 토대로 수사의 단서를 찾거나 방향을 설정하는 것이 과연 합리적이고 타당한가에 관하여 논란이 존재한다.

반면 최면수사가 도움이 되는 사건은 이미 사건 관련 증거가 확보되어 있는 경우, 그 증거를 가지고 최면을 얻어낸 정보를 보강하기 위한 경우, 사건 목격 후 심리적 외상 또는 시간의 경과로 인해 목격 내용을 회상하지 못하는 경우, 목격자가 있는 사건은 사실상 모두 해당된다.

❑ 법최면수사의 사례

○ 뺑소니 사건

2007년 04월 12일 00:40경 서울 소재 강변북로에서 자전거를 타고 도로를 횡단하던 회사원 김모씨(40대, 남)가 직진하는 개인택시에 치였다. 자전거 운전자가 택시의 좌측차로에 떨어지면서 불상의 차량 2~3대가 역과하고, 불상의 차량 하부에 끌려가 서울의 사고현장에서 구리 방향으로 5.1km나 떨어진 곳에서 숨진 채 발견된 사건이다. 당시 1차 충돌사고를 낸 택시운전기사는 곧 경찰에 신고했지만, 1차사고 후 피해자를 역과했던 수많은 차량 운전자들 중 경찰에 신고한 사람은 아무도 없었다고 한다. 목격자에게 법최면을 실시하였고, 차종 및 차량번호 등의 차량에 관한 정보를 떠올려 차적조회를 하였으며, 차적조회하여 찾아낸 차량에서 발견된 혈흔의 DNA가 피해자의 DNA와 일치하면서 범인을 검거하게 된 사례이다.

❍ 강도강간 사건

2007년 03월 07일 02:30경 서울 소재의 한 주점에 피의자(20대, 남)가 손님으로 가장하여 친구들이 나중에 들어올테니 술을 달라하여, 선불 계산을 요구하는 피해자에게 신용카드를 건네주고 피해자가 계산을 하려던 중 주방에 있던 과도로 위협하며 주먹으로 얼굴, 가슴 등을 폭행하여 피해자에게 옷을 벗도록 시킨 후 1회 강간하고 피해자의 지갑에서 현금 10만원과 현금카드를 강취하였고, 업소 밖에 세워둔 에쿠스 차량으로 피해자를 태워 약 200m 정도 떨어진 편의점 지급기로 끌고 가 90만원을 인출, 강취한 사건이다. 법최면은 피해자와 목격자 두 명에게 실시하였으며, 피해자와 목격자 모두 범인의 인상착의와 차량에 관하여 회상하였다. 법최면 결과를 바탕으로 차적조회를 실시하였고, 동시에 인근 지역에서 발생한 차량 도난사건에 대한 수사를 병행함으로써 범인을 검거하게 된 사례이다.

❍ 강도, 특수강도 사건

2007년 09월 01일 15:40경 전주 완산구 소재의 한 슈퍼에 손님을 가장하여 들어가 물건을 고르는 척 하다가 식칼을 들고 피해자1(20대, 여)을 위협, 카운터에 있던 현금 30만원을 강취하고, 같은 달 4일 23:30경 같은 동 소재 피해자2(50대, 여)가 운영하는 마트에서 전항과 같은 방법으로 30만원을 강취하고, 같은 달 13일 20:45경 피해자3(30대, 여)이 운영하는 가방 집에서 전항과 같은 방법으로 금원을 강취하려다 미수에 그친 사건이다.

피해자1을 대상으로 법최면을 실시하였으며, 범인의 인상착의와 범행 당시의 상황 등을 떠올렸다. 피해자의 진술을 바탕으로 수사하던 중, 위의 피해자3의 사건에서 미수에 그치면서 범인이 검거되었고, 위의 사건 및 그 외의 사건에 대해 범행 일체를 자백받아 검거한 사례이다. 범인 검거 후, 법최면 결과를 대조해 보았을 때 모든 사항이 일치했다고 한다.

2. 최면수사의 방법

2-1 최면수사의 진행

가. 최면수사과정

최면수사는 몇 가지 과정을 통해 진행된다. 첫번째로는 사전 면담이다. 의식이 있는 상태에서 기억나는 이야기를 먼저 듣고, 피최면자의 말투, 성향을 분석한다. 두 번째로는 심신 안정이다. 세번째는 기억 퇴행 과정이다. 기억 퇴행 과정은 그 때의 장소 시간으로 들어가는 첫번째 과정이 되는 것이다. 네 번째로는 기억 진술이다. 이 모든 과정에서 피최면자를 편안한 상태로 유지시켜 수사에 필요한 것만 이야기하여야 된다는 강박을 버리고 작은 기억들로 이끌어내 수사의 중요한 단서를 얻는 것이다. 여기서 중요한 것은 최면수사는 기본적으로 강제적으로는 할 수 없기에 최대한 피최면자를 집중하고 편안한 상태로 만들어야 한다는 것이다.

나. 법최면수사 절차

법최면수사절차를 요약하면 최면 반응성 검사 ▸법최면 유도 ▸법최면 심화 ▸사건관련 회상 ▸ 각성 ▸법최면 후 면담으로 이루어진다.

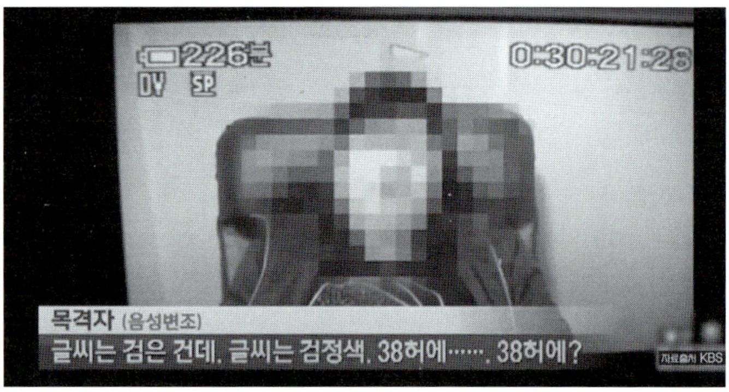

[그림 7-4] 최면사진

2-2 최면수사의 기법

(1) 최면유도 기법

가. 최면 유도 방법

최면유도방법에는 이완접근, 매개접근, 허용접근, 권위접근이 있다.

① 이완접근은 몸과 마음이 이완된, 즉 매우 편안해진 상태를 만든 뒤 최면을 유도

하는 방법이다. 흔히 매체에서 최면술사가 "relax"라는 말을 하며 피최면자의 긴장감을 떨어뜨리면서 편안한 환경을 조성하는 것이 바로 이완접근이다. ② 매개접근은 급격하게 최면을 유도하는 방법으로 흔히 최면술사가 "큐"라는 말과 함께 피최면자를 빠르게 최면상태로 유도하는 것을 볼 수 있다. 다른 방법들로는 자기최면을 하는 허용접근, 수사관이 통제하는 권위접근이 있다. ③ 허용접근은 모든 최면은 자기 최면이고 최면자가 최면 과정동안 자신을 완벽하게 통제할 수 있게 하는 방법이다. ④ 권위접근은 모든 것을 수사관이 공개적으로 최면자를 지배하고 통제력을 발휘하는 권위에 의하여 접근하는 방법이다.

나. 최면 유도 기법

최면유도 기법에는 엘리베이터 기법, 계단 기법, 심상 기법이 있다.

- 엘리베이터 기법 : 높은 층에서 낮은 층으로 엘리베이터를 타고 천천히 내려올수록 이완되고 편안해진 상태로 최면상태에 빠지는 기법
- 계단 기법 : 10개의 층으로 이루어진 계단의 수를 거꾸로 세면서 밟아 내려가는 상상을 하는 최면기법
- 심상 기법 : 자기자신만의 아주 특별한 장소를 상상하는 기법. 어떤 장소라도 상관없지만 상세하게 묘사할 수 있는 장소여야 함.

다. 기억회상 기법

기억회상기법에는 연령퇴행 기법, 칠판 기법, 텔레비전 기법이 있다.

2-3 법최면 실무

(1) 법최면 방법

법최면수사를 의뢰받은 수사관은 대상자와 사전 면담 과정을 갖는다. 그리고 맞춤형 대화를 통해 최면에 대한 오해와 불신을 해소시키고 '라포'를 형성한다. 최면 몰입도 측정을 위해 눈동자 보기, 눈꺼풀 붙이기 등 감수성 검사도 동반된다.

법최면수사가 시작되면, 점진적 이완 접근과 최면 유도 기법을 사용해 대상자의 신체를 이완시킨 다음 최면 상태에 몰입하게 한다. 대상자의 최면 몰입 여부는 신체 이완의 정도와 호흡 등을 통해서 확인할 수 있다.

몰입한 법최면 대상자는 수사관의 암시에 따라 반응하게 된다. 수사관은 사건 당시의 상황을 떠올리게 한 후 지금 무엇을 하고 있는지, 어떤 상황인지 등의 개방형 질문을 함으로써 대상자 스스로 당시 상황을 자연스럽게 이야기하도록 한다. 이때 대상자는 당

시의 상황을 재경험하게 되는데 괴로움에 울거나 통증을 호소하기도 한다. 그때 수사관이 "그날의 기억은 생생해도 지금의 감정은 느낄 수 없다"는 암시를 하면 이내 평온을 되찾는다. 이를 '최면 암시 효과' 라고 한다.

법최면에 들어갔다고 해서 무의식 상태가 되는 것이 아니라 의식이 명료한 몰입과 집중의 상태가 된다. 자신이 진술한 내용이 합당한 것인지 아닌지를 판단할 수 있고, 최면에서 깨어난 후에도 무슨 말을 했는지 기억할 수 있다. 그래서 자신에게 불리한 상황의 기억이 떠오르거나 더는 이야기하고 싶지 않은 상황이 되면 말을 하지 않거나 각성상태로 되돌아온다. "당신의 뺨을 때리십시오"처럼 회피하고 싶은 암시를 듣는 경우에도 몰입이 깨지면 각성상태로 돌아온다.

법최면수사는 평균 2~3시간 정도 소요되지만 피해자가 심한 트라우마 증상을 호소할 경우 6시간을 넘기기도 한다. 그런데도 대부분 20~30분 정도 지난 것 같다고 느끼는데 이는 몰입으로 인한 시간의 왜곡 현상이 발생한 것이다.

최면이 끝나면 대상자는 사후 면담 과정에서 추가적으로 보다 세밀하고 새로운 사실들을 기억하게 된다. 법최면수사관은 이 모든 정보를 취합해서 수사에 단서와 방향성을 제시하게 된다.

(2) 법최면수사 적용 시 유의사항

가. 법최면수사 적용

최면수사로 의미 있는 결과를 얻으려면 조건이나 상황도 잘 맞아 떨어져야 한다. 경찰청에 따르면 2020년 진행된 최면수사 36건 중 전체 혹은 부분적 기억을 도출해낸 '인출'건수는 28건으로, 최면에 접어들었지만 기억을 끄집어내지 못한 '비인출'은 4건, 최면이 걸리지 않는 '불능'은 4건이었다고 하며 경찰청 국가수사본부 과학수사관리관 소속 경찰관은 "최면자와 피최면자 간 '라포(신뢰관계)' 형성이 중요하고 최면에 걸리는지 안 걸리는지는 사람 개개인마다 다르고, "법 최면에 대한 이해나 집중력이 높으면 최면수사에 적합하지만, 부정적이고 회의적이고 냉소적인 성격 특성을 지녔거나 정신질환이나 뇌 손상을 앓는 경우의 사람은 부적합하다."라고 설명했다.

법최면수사를 적용함에 있어 사건 관련 피해자나 목격자의 기억을 변화시키거나 왜곡시키지 않은 상태에서 법최면수사를 실시하는 것이 중요하다. 따라서 법최면을 실시하기 전에 동일수법 전과자의 사진을 사전에 열람하는 것이 금지되고, 용의자의 사진 등을 사전에 열람하는 것 또한 금지되며, 교통사고(뺑소니 등)에서도 용의차량과 번호판 숫자 등을 미리 알려 주거나 사전에 열람하는 것 역시 금지된다.

나. 최면수사시 주의사항

첫째, 최면에 관계된 모든 자의 동의를 얻어야 한다. 피최면자는 물론 대리인, 질문을 하는 사람, 최면참가자 등이 포함된다.

둘째, 최면가는 최면상태에서 질문이 이루어지는 과정을 볼 수 있도록 참여자를 참석 시키거나 녹화, 녹음이 이루어져야 한다.

셋째, 용의자에게는 최면을 제한한다. 그 이유는 용의자는 자신이 최면에 걸리는 것을 거부할 수 있고 상황을 조작할 우려가 있기 때문이다.

넷째, 피최면자는 자기보호의 본능적 동기로 인해 깊은 최면상태에 있더라도 거짓말을 할 수 있기 때문에 피최면자가 최면상태에서도 거짓말을 할 수 있다는 것을 비난할 수 없다.

다섯째, 피최면자는 최면 중이나 후에 두통, 메스꺼움, 천식, 기침 등의 신체적 고통을 느낄지도 모른다.

여섯째, 수사기관의 영향을 제거하고 수사과정에서 도움을 받을 수 있도록 하기 위해서는 최면 상담가가 있어야 한다.

마지막으로 수사관들은 정신병적 요인이 있는 피최면자들에게 최면의 사용을 금지해야 하며 피최면자는 정신과 의사의 진단 혹은 심리학자의 심리적 평가가 이루어져야 한다.

참고로 미 연방수사국(FBI)의 최면수사 지침에는 다음과 같은 사항들이 있다. 첫째, 특정한 범죄 즉 강력사건에 대해서만 최면을 사용할 수 있다. 둘째, 범죄의 목격자나 피해자에게만 사용할 수 있고 용의자에게는 최면을 사용할 수 없다. 셋째, 검찰이 인정하는 최면전문가 만이 최면을 실시할 수 있으며 수사관의 최면사용은 검찰이나 법원의 허가를 받아야 한다. 넷째, 최면의 실시부터 종료까지 비디오로 녹화되어 보관되어야 한다.

(3) 법최면수사의 심층 사례

가. 여고생 성추행 사건(목격자의 기억을 되살림)

2019년 야간열차에서 이동하던 중 여고생이 성추행을 당한 사건이다. 여고생은 잠결에 이상한 느낌이 들어 잠에 깼다. 하지만 주변에는 아무도 없었다. 그리고 다시 잠이 들고 이상한 손길을 느껴 눈을 떴을 때는 이미 범인은 도주중이었고, 범인의 뒷모습만 목격하였다. 하지만 그 때는 이미 범인은 어디서 내렸는지 찾지 못하는 상황이었다.

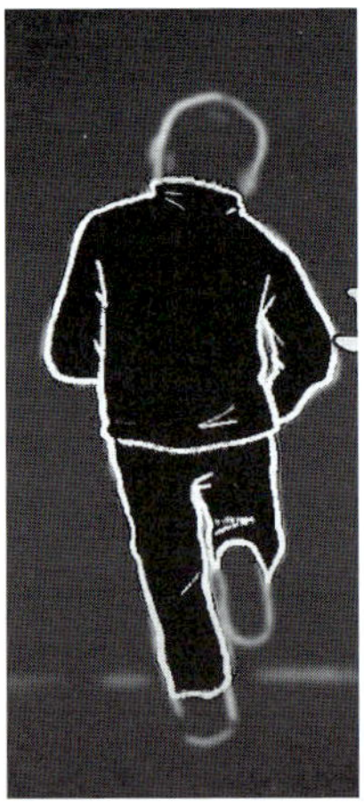

[그림 7-5] 최초의 목격자의 진술

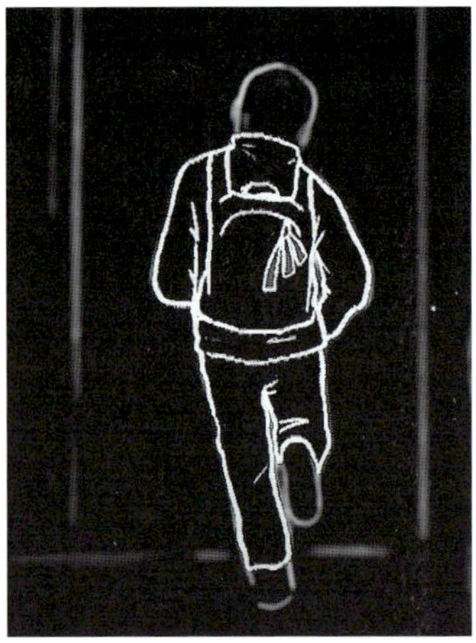

[그림 7-6] 최면이후의 목격자의 진술

이 학생이 처음에 기억하는 모습은 까만색 상하의에 뭔지 모를 소지품만을 기억하였지만, 법최면을 한 후, 범인이 배낭을 메고 있었고, 그 배낭에는 삼색 붉은 실이 있었다는 것을 기억해내었고, 이를 단서로 CCTV를 확인한 결과 범인을 특정할 수 있었다.(출처 https://www.youtube.com/watch?v=C9IdeD97Ay0)

나. 신혼부부 남편 살해(트라우마로 기억이 힘들 때)

2003년 10월7일 서울 구로동에 사는 26살 김 모씨의 집에 강도가 들어왔다. 강도는 혼자 있는 김 씨에게 돈을 요구하였고, 그 과정에서 때마침 퇴근한 김 씨의 남편이 집에 들어와 몸싸움을 벌어졌고, 남편 28살 양 모씨는 강도가 휘두른 흉기에 찔려 숨졌다. 강도를 본 유일한 목격자는 부인인 김 씨였지만, 사건을 직접 보게 된 김 씨는 그 충격으로 강도의 얼굴을 기억해 내지 못했다. 이때 강도의 얼굴을 몽타주로 작성하기 위해 사용한 방법이 법최면수사이다.

[그림 7-7] 심리적 저항을 제거하는 과정

[그림 7-8] 심리적 저항을 제거하는 과정2

실제 법최면을 실시하기 위해 사용한 방법을 보면, 사건을 직접 목격하여 정신적 트라우마가 남은 목격자의 심리적 저항을 제거하기 위해 목격자는 방탄유리로 범인과 격리 되어있는 상태이며([그림 7-7]), 범인이 사람이 아닌 마네킹이 되어있는 상태라고 암시를 걸어주어([그림 7-8]) 몽타주를 작성하여 범인을 검거 할 수 있었다.

III. 자백심리

1. 자백 개관

1-1 자백의 의의

(1) 자백의 중요성

자백이란 참고인이나 용의자, 피의자 신분으로 수사를 받는 사람이나 피고인 신분으로 재판받는 사람이 자신의 범죄 사실을 스스로 인정하는 행위를 말한다. 자백을 유죄의 증거로 사용할 수 없는 사유가 있다. 고문이나 폭행, 또는 협박에 의한 자백, 기망에 의한 자백, 약속에 의한 자백, 위법한 신문방법에 의한 자백, 거짓말 탐지기와 마취분석에 의한 자백 등은 유죄의 증거로 사용할 수 없다. 수사관이 피의자가 범인이라는 확정 하에 수사를 진행하거나 리드 테크닉(6장 3절 참조)과 같은 고도의 심리 조작을 하여 받아낸 자백이 허위 자백이라면 이것은 피고인 및 피고인의 가족과 지인, 나아가 사회전체에 대한 부정의가 되고 진범에 대한 부정의가 된다. 형사재판에서 무고한 자를 처벌하는 것보다 더 큰 부정의는 없을 것이다.

범행을 부인하는 피의자는 법적 제재에 관한 공포와 가족이나 자신의 장래에의 불안, 기만의 심리가 존재한다. 종종 사용되는 기만방식은 의도적인 정보의 은폐이다. 자백의 촉진요인에는 수사정보에 기인한 설득, 공감적 이해, 조사관에 대한 신뢰, 피해자의 심정을 깨우치게 하는 것이 있다.

(2) 라포의 형성

경험상 피의자들은 극도의 불안감과 예민함을 갖추고 겁에 질려 있다 그렇기 때문에 진실되고 정확한 자백을 받아내기 위해서는 라포 형성이 중요하다. 라포형성은 상대에게 갖는 경계심과 거부감을 크게 낮춰준다 그래서 조사관이 수사시 라포를 형성한 다음 피의자를 상담자의 의도나 목적에 맞추어 특정한 방향으로 인도하는 것이 자백을 이끌어내는 가장 좋은 방향성이다. 라포는 긴장해소, 장벽제거, 이해의 표시, 마음이 만나는 것, 관심의 표명, 신뢰의 구축 등을 요소로 한다.

(3) 자백의 요인

자백을 촉진하거나 저해하는 요인은 구분하여 설명할 수 있다. 이들 요인들은 거의 비슷하기 때문에 용의자가 결정을 내리지 못하고 따라서 침묵을 하게 된다. 자백을 얻기 위해서는 이를 넘어서야 한다.

가. 자백촉진요인

부인이 소용없다고 느낀다. 처벌이 크지 않을 것 같다. 심리적 부담에서 벗어나고 싶다. 자신이 잘못한 게 아님을 알리고 싶다.

나. 자백저해요인

부인하면 처벌을 면할 수 있을 것 같다. 처벌이 두렵다. 주위사람들의 평판이 무섭다. 배신해서는 안된다. 등이다.

1-2 조사성공의 결정 요인

(1) 일본의 자백연구

조사를 성공시킬 수 있는 요인과 조사가 방해되는 요인, 조사가 제대로 안 되는 이유는 무엇인가? 일본의 자백관련 인터뷰를 통한 조사연구의 내용이 도움이 될 것이다.

가. 대상사건

- 묵비 또는 부인 후에 자백을 얻어낸 사건

나. 인터뷰항목

- 조사 중 무엇을 가장 생각했는가
- 질문을 피하기 위해 무엇을 말하려고 했는가
- 조사관이 별개의 것을 물었을 때 진실을 말하기 쉬웠는가

- 조사관이 말하거나 말을 시켰을 때 잠시라도 진실을 말하기 어렵게 만든 것이 있었는가
- 조사 중에 조사관이 하거나 말한 것 중에 진실을 말하게 된 계기가 된 것은 무엇인가
- 진실을 말하려고 생각한 첫째 이유는 무엇인가
- 조사 중에 경찰이 어느 정도의 증거를 갖고 있다고 생각했는가
- 진실을 말한 후 어떤 기분이었는가

(2) 의사소통과 자백의 촉진요인

조사를 성공 또는 방해하는 요인 중 의사소통과 자백 촉진요인을 [표 7-3]으로 정리하였다.

[표 7-3] 의사소통과 자백 촉진요인

의사소통의 방해요인	• 조사관의 태도, 언동 • 피의사실의 추궁방법 • 정서나 양심에 호소한 설득
의사소통의 촉진요인	• 정보의 제공 • 승인 • 심리의 이해 • 마음의 안정 • 조사관에의 신뢰
자백의 촉진요인	• 수사정보에 기인한 설득 • 공감적 이해 • 조사관에의 신뢰 • 피해자의 심정을 깨우치게

(3) 조사의 접근방식

1) 조사의 접근방식

- 사실분석적 접근방식
- 공감적 접근방식

2) 조사관의 자질

- 지성적일 것
- 인간성에 대한 우수한 이해력을 가질 것

- 타인과 협조해갈 수 있는 선량한 성격소유자
- 인내력과 애착심을 가지고 있을 것

3) 자백에 이르는 심리과정

- 조사의 목표
- 내면적 동기에 의한 자백

1-3 심리학의 응용

(1) 신문방법 연구

미 상원의 정보위원회가 두 명의 심리학자가 CIA의 조사, 수사 과정에 대해서 도움을 주었다는 사실을 밝힌 사례가 있다. 이들은 물고문이나 수면 방해와 같은 폭력과 위협에 의한 신문은 도덕적으로 옳지 못할 뿐만 아니라 그 자체가 자백을 이끌어내는데 효율적이지 않다고 밝혔다. 신문에 대해 연구하는 학자 마이스너(Meissner, 2010)는 적대적이고 강압적인 신문은 피의자의 입을 다물게 만들뿐이며 오히려 사회적 영향의 원칙들을 사용하는 협력에 기반한 전략들이 자백을 이끌어내는데 더욱 효과적이라고 주장했다. 이에 따라 2009년 오바마 대통령은 인지 및 사회심리학자들과 전문가들로 구성된 "주요 용의자 신문 위원회"를 발족시켰다. 이들은 연구 결과를 "응용인지심리학"에 발표하였으며 이것을 통해 윤리적 신문이 가능하다고 주장하였으며 또한 이를 지지하는 많은 연구들이 있다고 밝혔다.

(2) 연구결과

가. 관계를 형성하라.

이는 잘 알려진 "좋은 경찰" 전략으로서 심문자가 냉정한, 이것 저것 따지는 스타일일 때보다 상대방에게 더 공감하는 스타일일 때 피의자들이 더 많은 것을 털어놓는다는 사실이다. 연구팀이 제시한 다른 많은 방법들 역시 먼저 상대를 협조적으로 만들어야 한다는 사실을 강조하고 있다. 이들은 관계를 형성하는 것은 가장 먼저 해야 하는 일이며 상대를 협조적으로 만든 다음에야, 우리는 '내가 원하는 정보를 어떻게 끌어낼 것인가'를 생각할 수 있다고 주장한다.

나. 빈칸을 채우게 하라.

알아내야 할 사실을 직접 묻는 것 보다는 상대방에게 마치 당신이 한 일들을 알고 있다는 듯이 전체 사건을 들려주는 것이 더 좋다는 주장이다. 이야기가 진행되는 동안 상대방은 세부적인 내용을 덧붙이거나 어떤 부분을 수정할 것이다. 최근 한 연구는 이 기술이 직접적인 질문보다 더 많은 정보를 이끌어낸다는 것을 보였다.

다. 놀라게 하라.

심문을 받는 사람은 자신이 의심받고 있다는 사실을 알고 있으며, 이 때문에 대답을 미리 준비하는 경향이 있다. 위증자는 자신의 이야기를 진실처럼 보이게 해야 하며 동시에 침착하고 냉정해 보여야 하므로 커다란 인지적 스트레스를 받게 된다. 이 때 예상치 못한 질문을 함으로써 이들이 스스로 허점을 보이게 만들 수 있다는 주장이다.

라. 이야기를 거슬러 올라가라.

보통 사람들의 생각과는 다르게, 거짓말을 하는 사람은 자신의 이야기를 바꾸지 않는 반면, 진실을 이야기하는 사람들이 내용을 고치고 세부를 덧붙이는 경향이 있다. Meissner는 모순은 기억이 가진 근본적인 특성 중 하나라고 말한다. 이런 특징을 이용하기 위해 심문자는 종종 사람들에게 사건을 시간의 역순으로 회상할 것을 요구하는데 이는 두 가지 효과가 있다. 진실을 말하는 사람들은 이를 통해 더 많은 기억을 되살릴 수 있으며 거짓을 말하는 이들은 사건을 꾸미기가 더 어려워지게 된다는 것이다.

마. 결정적 순간까지 증거를 감추어라.

사람들은 자신을 추궁하는 증거에 직면하게 될 경우, 사람에 따라 입을 닫거나, 심문자에게 적대적으로 바뀌거나, 분노를 드러내게 된다는 것을 보인다고 한다. 이를 피하기 위해서는 증거를 직접 제시하기보다 가볍게 암시하는 방법을 택해야 한다는 주장이다.

2. 허위자백(false confession)

2-1 허위자백의 의의

조사는 조사대상자로부터 진실한 진술을 얻는 것을 목적으로 한다. 형사사법시스템에서는 실제 범인에게서 진정한 자백을 얻는 것, 무고한 자로부터 허위자백을 이끌어내지 않는 것 두 가지가 중요한 과제이다. 허위자백에 의한 유죄판결은 법적 제재나 사회적 제재를 부여하여 무고한 사람의 권리를 침해하는 것이 된다. 따라서 조사관이나 수사관은 얻어진 자백이 허위자백일 위험성을 검토하는 것이 필요하다.

Meissner(2010)의 지적대로 허위자백과 관련된 조사기법의 검토뿐만 아니라 긍정심리학의 접근방법에서 효과적인 조사 기법을 실증적으로 검토하는 방향으로 연구가 이루어지게 되었다. 외국에서의 허위자백에 관한 연구는 1930년대 미국에서 오판에 대한 관심을 기초로 시작되었고, 국내에서는 2000년대 이후 허위자백을 했던 사례를 심리학적 차원에서 분석한 연구나 실험을 통해 검증하거나 신문기법의 효과 등을 분석한 연구를 시작했다. 또한, 형사법학계에서는 2012년에 국내에서 1990년대 이후 발생한 허위자백 사례 46건을 수집·분석한 연구가 있다. 실제로 '무죄판결과 법관의 사실 인정에 관한 연구'라는 논문(김상준, 2013)에 따르면 1995년부터 2012년까지 유죄에서 무죄로 1.2심 판결이 엇갈린 강력 사건 540건을 조사한 결과 170건(31.5%)에서 피고인 또는 공범의 허위 자백 때문에 판단이 달라졌다는 것이다.

(1) 허위자백의 개념

자백이란 자신이 범죄사실의 전부 또는 일부를 범하였음을 인정하는 피의자 또는 피고인의 진술이라는 점에 국내 학자들의 견해가 대체로 일치하고 있다. 허위자백이라 함은 실제로 범죄를 저지르지 않은 사람이 자백하는 것 또는 실제 자신이 행하지 않은 범죄에 대하여 시인하는 진술이라고 정의할 수 있을 것이다.

(2) 허위자백의 특징

첫째, 오판의 주요 원인 중 허위자백이 원인이 된 경우가 14~25%에 이르며 전체 125건의 허위자백 사례 중 44건이 유죄판결로서 81%에 이르는 높은 비율이다.

둘째, 허위자백은 확산효과를 발생시킨다. 무고한 다른 사람에게까지 확산되고 허위자백을 해버린 피의자는 수사관의 강력한 추궁과 요구에 부응해 다시 무고한 제3자를 공범으로 만들어내게 된다. 125건의 허위자백 사례 중 30%에 달하는 38건이 허위자백의 확산효과가 발생하였다.

셋째, 허위자백에 대한 편견과 정확한 실태를 파악하기 어렵다. 허위자백에 관하여 일반인들은 통상 '스스로 행하지 않은 범죄를 자백할 리 없을 것'이라는 그릇된 믿음을 갖고 있으나 편견과 실태 파악의 어려움은 허위자백을 극복하기 위해 넘어야 할 가장 큰 장애요소이다.

(3) 허위자백 요인

선행연구에서는 허위자백과 관련된 다양한 요인을 지적하고 있다. 굿존슨(Gudjonsson, 2003)은 피의자의 연령이 젊고 소년인 것, 지적 장애가 있는 것, 반사회적 인격장애가 있는 것, 불안이 높은 것, 순종하는 것, 개인 특성으로 피유도성이 높은 것, 과거에 외상이 있었던 사람, 불법약물을 사용했던 사람, 물리적 격리가 있는 것, 가짜 증거가 제시되는 것, 최소화가 행해지는 것을 들고 있다. 최소화(minimization)는 자백한 이후의 일에 대해 피의자의 인식을 조작하려는 수법의 하나로, 범죄의 중대함을 최소화해서 나타내는 방법이다. 조사관이 피의자에 대해 동정과 관용을 보이고 피의자의 체면을 보존하는 변명을 제시한다. 피해자와 공범자를 비난함으로써 또는 참작해야 할 사정에 의해서 혹은 죄의 무게를 경시함으로써 범죄자의 윤리적 정당성을 나타내는 등의 수법이 사용된다.

(4) 허위자백의 분류

굿존슨은 1985년 카신과 라이트맨이 제창한 허위자백의 분류를 바탕으로, 태도 변화에 대한 사회심리학적 이론에 기초하여 다음과 같이 허위자백을 나누었다.

가. 자발형(voluntary)

자백을 강요당하는 것과 같은 압력을 받지 않음에도 불구하고 무고한 사람이 개인적인 이유로 자발적으로 자백하는 것이다. 그 개인적 이유에는 유명해지고 싶거나 인정받고 싶어 하는 병리적 욕망과 과거에 자신이 저지른 도덕적·법적 한계를 넘어선 행동에 대해 의식적 또는 무의식적인 자기처벌의 필요성, 사실과 허구의 구별이 불가능한 정신상태, 진범이 되고 싶다는 욕구 등을 들 수 있다. 또 어머니가 아들의 죄를 덮으려고 할 때처럼 가족이나 연인과 같이 가까운 사람을 보호하고자 할 때에도 발생한다.

나. 강압추종형(coerced compliant)

조사에 의해서 자백이 도출되는 것이고 피의자는 자백함으로써 어떤 이익을 얻을 수 있다고 생각해서 자백한다. 이 어떤 이익은 조사라는 어려운 상황에서 도망갈 수 있고 위협에서 벗어날 수 있다는 안도감 등의 심리적 보상을 얻는 것을 들 수 있다. 강제추종형의 자백은 자신이 무죄임을 알고 있으며 자백은 순종을 나타내는 행위로서 이루어진다.

다. 강압내면화형(coerced internalized)

허위자백은 유도적인 조사의 영향을 받아 문제가 되고 있는 범죄를 자신이 범했다고 믿게 되고 때로는 잘못된 기억을 만들게 되는 것이다. 실제로는 없어야 할 허위기억의 창출은 자신의 원래 기억에 자신이 없어서, 특성으로서의 피유도성이 높은 경우에 발생한다(Holmberg, 2009) 수사관의 신문을 받는 동안 지속적인 질문과 답변 과정에서 혼란과 피로를 느끼고 피의자가 범인임을 믿고 있는 경찰의 태도로 인해 피의자는 현실과 허구가 뒤섞여 결국 자신이 범죄를 저질렀다고 믿게 되어 자백한다.

2-2 허위자백의 징표

(1) 허위자백시 나타나는 징표

가. 허위자백과 진실한 자백

이기수(2016)는 형사절차에서 가장 중요한 실체진실의 발견과 적법절차의 준수가 허위자백으로 인해 모두 실패하는 결과가 발생하는데, 허위 자백의 실제사례들을 통해 허위자백이 갖는 공통된 징표들을 찾아내고 이를 수사절차에서 활용할 것을 주장한다. 허위자백과 진실한 자백을 구별할 수 있는 특징점들을 찾아내 이를 형사절차에서 활용해 허위자백을 선별해 낼 수 있다면 그 피해를 예방할 수 있고 형사사법의 신뢰도를 높일 수 있다고 한다.

나. 사례를 통해 본 허위자백의 징표

수사 중 허위자백의 징표가 발견될 경우 반드시 자백의 진위를 재검토할 것이 요구된다.

허위자백 사례를 선별한 기준은 ① 자백의 존재, ② 재판부가 자백의 신빙성을 부정하며 무죄 선고(확정)한 경우 또는 검찰의 기소 단계에서 자백의 신빙성을 부정하며 불기소 처분한 경우 ③ 본인의 임의성 부정 및 허위자백 주장이라는 3가지 기본 조건이 있다.

그 사례로서 Ⓐ 수원 노숙소녀 상해치사 사건, Ⓑ 수원 특수강간 사건, Ⓒ 화성 폭발물 협박전화 사건, Ⓓ 광명 44건 절도사건이 있다. 구체적으로는

Ⓐ 사건은 피의자들이 허위자백임을 주장했고, 법원도 이를 인정해 최종 무죄를 확정
Ⓑ 사건은 기소단계에서 검사는 수사과정의 임의성 의심사유의 존재, 자백의 신빙성 부인, 증거부존재 등을 이유로 불기소처분
Ⓒ 사건은 허위진술을 한 것이라며 진술을 번복하였고, 물증은 전혀 발견되지 않은 사안
Ⓓ 사건은 알리바이가 입증된 사례에 해당한다.

(2) 허위자백시 나타나는 징표

가. 자백의 일관성 결여

자백 과정에서 범행의 핵심적 내용이 변해간다거나 자백과 부인을 반복한다면 자백의 신빙성을 크게 의심해볼 필요가 있다. 허위자백이라면 필연적으로 최초의 자백부터 완벽하게 수사내용과 일치하는 내용을 진술할 수 없다. 반드시 피의자신문을 수회

에 걸쳐 실시하게 되어 있다. 자백이 이루어진 경우에는 특히 범행의 핵심적 내용을 중심으로 일관성이 유지되고 있는지를 확인하는 것은 허위자백의 징표를 찾아내는 가장 중요한 작업이 될 수 있다. 피고인들의 자백과 번복 과정 명확하게 진술하지 못하고 있는 등 진술의 일관성이 부족하고 자백 진술의 일관성 결여는 허위자백을 특징짓는 매우 전형적이고 중요한 징표로서 허위자백을 구별하는데 활용할 수 있을 것이다.

나. 물증의 부존재

물증이 없는 자백은 반드시 자백의 신빙성을 의심해보고 무죄 여부를 신중하게 판단해야 한다. 자백의 허위성을 인지하기 위해 우선적으로 지정되어야 할 허위자백의 징표라고 할 수 있다. (예시 Ⓐ 수원 노숙소녀 상해치사 사건은 피의자 DNA나 족적이 없고 CCTV에도 발견되지 않는 등 명시적 물증 부존재, Ⓑ 수원 특수강간 사건은 음모나 정액 등 DNA 물증 부존재, Ⓒ 화성 폭발물 협박전화 사건은 음성 불일치로 물증 부존재, Ⓓ 광명 44건 절도사건의 물증의 부재)

다. 자백내용과 공범 또는 참고인 진술의 모순

공범이 있는 사건에서 허위자백이 발생하는 경우는 대체로 공범간의 자백에서 차이를 보이는 특징을 보인다. 신문을 거듭할수록 혹은 수사종결 단계에 이를수록 증거와 객관적 자료를 토대로 추궁하고 정보를 제공하는 수사관의 의지에 의해 자백이 일치되는 단계로 변화될 가능성이 높다.

최초에 이루어진 자백의 내용에서 나타나는 차이점의 존재에 주목할 필요가 있다. 초기 자백은 참고인 혹은 증인의 진술과 차이를 보이는 특징을 갖는다. 허위자백은 공범이 있는 사건에서 공범간의 자백진술에 있어 불일치를 보이는 것이 특징이고, 참고인이나 증인진술과도 불일치하는 특성을 보인다. 따라서 공범 간 자백내용의 불일치, 자백과 참고인(증인) 진술 간의 불일치는 허위자백의 중요 징표로 볼 수 있는 것이다.

라. 자백내용과 객관적 정황과의 불일치

허위자백은 자백이 이루어져도 그 내용은 수사를 통해 확인된 객관적 정황, 증거등과 불일치되는 경우가 많다. 허위자백은 그 내용에 있어 객관적 정황과 부합되지 않고 있음을 명확히 나타내주며 허위자백의 명확한 징표 중 하나이다.

마. 수사과정 의혹의 미해결

진정한 자백은 수사과정에서 생겨나는 의혹들을 해소하고 결정적인 증거의 발견을 가능케 하는 경우도 있고, 범행을 직접 한 사람이 아니면 도저히 알 수 없는 미스터리를 풀리게 해주는 경우도 있다. 허위자백은 그런 의문을 해소하기는커녕 자백을 했음에도 불구하고 여전히 풀리지 않는 의혹들이 존재하고, 심지어는 의혹을 증폭시키는 경우가 많다.

(3) 수사절차상 활용방안

허위자백의 징표들을 하나의 기준으로 정형화시켜 수사절차에서 '체'로 활용한다면 허위자백을 걸러내는 좋은 수단이 될 수 있다.

첫째, 수사기관 내부의 결재단계를 적극 활용할 필요가 있다. 직접 수사를 하지 않은 상급자가 기록을 포함한 수사 전반을 객관적인 시각에서 바라볼 수 있기 때문이다.

둘째, 자백이 이루어지는 과정에서 허위자백의 의심이 강하게 들 경우에 곧바로 활용할 수 있다. 수사를 통해 밝혀진 객관적 사실과 불일치하는 내용이 많이 나타나게 된다. 허위자백의 징표를 체크리스트로 작성하여 자백의 진위를 재검토하는 방식으로 활용할 수 있다.

셋째, 중요 강력범죄에서 실시되는 현장 검증시에도 허위자백을 한 피의자라면 범행의 재연이 서툴고 무엇을 할지 몰라 망설이는 경우들이 발견된다.

허위 자백의 피해자를 단 한 명이라도 억울한 피해에서 구제할 수 있다면 이 작업은 충분히 가치가 있다. 수사절차에서 수사관들이 피의자를 바라볼 때 유죄편향적 시각으로부터 벗어나 무죄추정의 시각에서 바라볼 수 있는 기회를 만들어주는 계기가 될 수 있다. 수사절차에서 잠자는 것이나 다름없던 '무죄추정의 원칙'을 깨우는 작은 종소리라도 될 수 있을 것이다.(상세는 이기수 논문참조)

○ 참고문헌

이유진·곽대훈 (2015). 성공사례 분석을 통한 법최면수사의 발전가능성 연구. 「과학수사학회」 9(1).

http://www.riss.kr/search/detail/DetailView.do?p_mat_type=be54d9b8bc7cdb09&control_no=15a982dad1f8dcd7ffe0bdc3ef48d419&keyword=%EC%B5%9C%EB%A9%B4%EC%88%98%EC%82%AC

법최면수사 기법활용에 관한 고찰

http://www.riss.kr/search/detail/DetailView.do?p_mat_type=1a0202e37d52c72d&control_no=2d464eb61579a5b9ffe0bdc3ef48d419&keyword=%EC%B5%9C%EB%A9%B4%EC%88%98%EC%82%AC

이기수 (2016). 수사과정에서 나타나는 허위자백의 징표, 「경찰법연구」 14(2).

고제원 (2016). 최면수사의 한계와 제한. 「사법행정」 57(5), pp.40-48.

고제원 (2020). 최면수사로 피의자 혐의 해결. 「사법행정」 61(6), pp.39-44.

탁지영. "12월15일 '극비수사'의 그 사건, 범인 잡히다", 경향신문, 2020.12.15.

이승엽. "5살 고준희 한을 푼 결정적 단서 '최면수사'에서 나왔다", 한국일보, 2020.08.31

임소연. "한강 사건 친구·목격자·미화원까지…30년전 기억도 되살리는 '법최면'", 머니투데이, 2021.05.31.

"31년전 이춘재까지 찾아낸 최면수사, 거짓말 땐 몸이 반응한다", 한국일보, 2021.06.19.

법최면 사진 https://www.youtube.com/watch?v=C9IdeD97Ay0

신혼부부 기사 https://www.hankyung.com/society/article/2003101960398

여고생 성추행 사건

https://post.naver.com/viewer/postView.nhn?volumeNo=29516947&memberNo=4438733

https://www.yna.co.kr/view/AKR20160617169200004

https://www.joongang.co.kr/article/24058424#home

http://www.busan.com/view/busan/view.php?code=2019092918534088646

https://blog.naver.com/spogood780/120119722973

https://www.hankookilbo.com/News/Read/A2021060315060000610

유영규 (2016). 「과학수사로 보는 범죄의 흔적」 알마.

납치미수사건, 편의점 강도사건을 최면수사로 기억을 되살림(YTN사이언스)

https://terms.naver.com/entry.naver?docId=5727034&cid=51648&categoryId=63595

G. Warren, E. Schertler, and P. Bull (2009) "Detecting Deception from Emotional and Unemotional Cues," Journal of Nonverbal Behavior 33 : 59-69.

리드 · 인바우 (1987). 「진실과 거짓: 폴리그라프(거짓말탐지기)란 무엇인가」 이용식(역), 성원사. p279.

김재홍 (2005). 「경찰과 대학생의 거짓말행동특징에 관한 신념 및 거짓말 탐지 능력에 대한 연구」 석사학위논문. 한림대학교.

김상준 (2013). 「무죄판결과 법관의 사실 인정에 관한 연구」 박사학위논문, 서울대학교.

김중술. 「다면적 인성검사」 (1998). 서울대학교 출판부.

김영환·문수백·홍상황 (2005). 「심리검사의 이론과 실제」 학지사.

박영숙 (1994). 「심리평가의 실제」 하나의학사.
박정오 (2009). 「행동유발 인터뷰와 추궁형 인터뷰가 얼굴 표정의 거짓말 단서 탐지에 미치는 영향」 석사학위논문. 한림대학교.
박판규 (2003). 「거짓말 탐지 검사」 삼우사.
사법연수원 (2001). 「과학수사론」
이상수 (2010). 「경찰의 거짓말탐지기 운용실태에 관한 연구: 경남지방경찰청을 중심으로」 석사학위논문. 경남대학교.
이용식 (1990). 「폴리그라프 검사에 있어서 피검사자의 행동징후와 검사결과의 비교연구」 석사학위논문, 고려대학교 교육대학원.
이재상 (1996). 「형법각론」 박영사.
이재석·이태현, 이윤 (2010). 거짓말탐지를 위한 음성 거짓말탐지기 활용방안에 관한 연구, 「한국폴리그라프협회」 pp.73-82.
이윤 (2017). 부인하는 용의자에 대한 설득면담전략 제안, 「경찰법연구」 15(2).
임동규 (2010). 「형사소송법」 6판, 법문사. pp.537-538.
전우병 (2006). 「거짓말탐지의 비언어적 지표탐색과 훈련효과」 박사학위논문, 경기대학교.
전충현 (2007). 「용의자진술에 대한 진위탐지능력과 탐지능력 향상방안 연구」 박사학위논문, 경기대학교.
조은경 (2002). 거짓말의 특징과 탐지. 「한국심리학회지: 일반」 21(2) pp.33-65.
지정우 (2010). 거짓기억과 거짓말의 진실, 「한국폴리그라프 협회지」 p.54.
폴 에크먼 (2003). 「거짓말 까발리기」 이미숙(역), 서울: 마이넌.
한유화·박광배 (2008). 범죄수사를 위한 거짓말탐지 검사(polygraph test)의 판정기준과 정확성. 「한국심리학회지: 사회문제」 14(4).
Curt R. Bartol and Anne M. Bartol (2008). *Introduction to Forensic Psychology: Research and Application*, Sage Publications, Inc; 2nd ed.
Emma C. Barrett, *Psychological research and police investigations: does the research meet the needs?* Forensic Psychologist's Casebook willan Publishing Edited by Laurene Alison 51.
Gardner Thomas J. & Anderson, Terry M. (2007). *Criminal Evidence : principal and cases*, 6th ed. Belmont : Thomson Inc..
Lyman, M. D. (2004). *Criminal Investigation : The Art and The Science*, 4th ed., New Jersey: Pearson Education, Inc..
渡邉 和美, 鈴木護, 宮寺貴之, 横田賀英子 (2008). 「捜査心理ファイル」東京法令出版.
平 伸二, 桐生 正幸, 中山 誠, 足立 浩平 (2000). 「ウソ発見―犯人と記憶のかけらを探して」 北大路書房.
長谷川聖治. (2004). 圖解雜學 「科學捜査」 日本法科學センター, ナツメ社.
http://www.fbi.gov/stats-services/publications/law-enforcement-bulletin/june_2011/school_violence

제8장

프로파일링

I. 프로파일링의 유형

II. 범죄자 프로파일링 기법

III. 지리학적 프로파일링

제8장

프로파일링

연쇄범죄에 대한 수사는 어떻게 이루어지는가?

I. 프로파일링의 유형

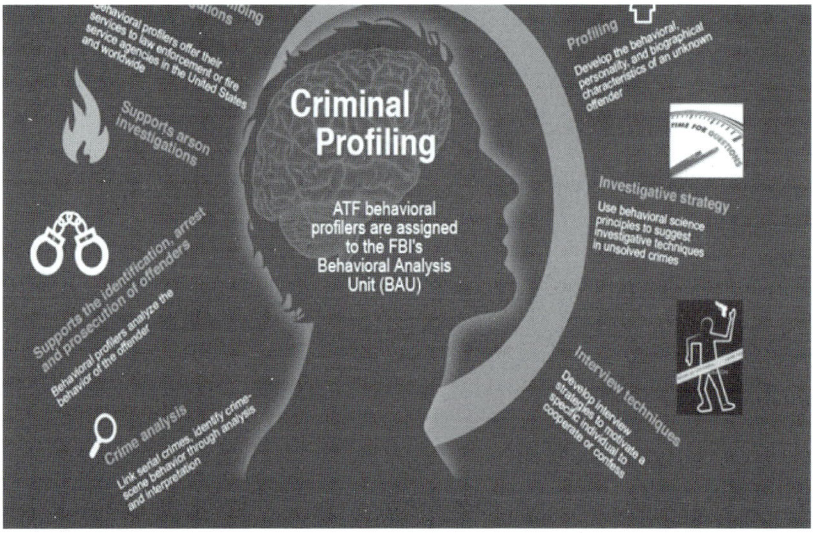

프로파일은 사회적, 심리적 평가와 같은 행동 복합 평가의 구성을 포함한다고 가정한다. 프로파일은 범죄현장 증거의 적절한 해석이 범죄를 저지른 개인의 성격 유형을 나타낼 수 있다는 전제를 기반으로 한다. 특정 성격 유형은 유사한 행동 패턴을 나타내며 이러한 패턴에 대한 지식이 범죄 조사 및 잠재적 용의자 평가에 도움이 될 수 있다고 가정한다. (Jackson and Bekerian 1997 : 3).

1. 프로파일링 개관

1-1 범죄자 프로파일링의 정의

(1) 개념

프로파일링이란 범죄의 세부사항분석과 범행의 동기를 찾으려는 노력을 통해 범인이 누군가를 추론하는 범죄수사방법 중 하나다. 미국의 연방수사국(FBI)에서 연쇄살인범의 행동적 특성을 파악하여 이를 수사에 활용하기 위해 처음 사용하였다. 통상 'Criminal Profiling', 'Offender Profiling', 'Psychological Profiling'. 'Crime Scene Analysis' 등으로 지칭하고 있다. FBI가 "범행의 분석에 기초하여 범죄자의 성격특징과 행동특성을 특정하는 수법"에 대해 이 명칭을 부여한 이래, 수사에서 행동과학을 응용하고 사건에 관한 정보분석으로부터 가능성이 높은 범인상(犯人像)[28]을 도출하는 수법을 범죄자 프로파일링이라고 부르게 되었다.

범죄자 프로파일링(Offender Profiling)에 대한 정의와 용어는 학자에 따라 다음과 같이 다양하게 사용되고 있다.

Rider(1980)은 '개인의 특출한 심리학적·행동적인 성격 특질의 묘사'라고 하였으며, Geberth(1983)는 '매우 유사한 범죄를 저지른 사람들이 거의 비슷한 성격 특질(personality trait)을 가진 사람들일 것이라는 가정에 초점을 두는 것'이라고 했다.

한편, Pinizzotto(1984)는 '범죄프로파일은 사실에 기초한 것이며, 분석적·논리적 사고를 요구하는 것으로 프로파일러는 사건으로부터 알아낼 수 있는 모든 정보를 얻어내는가 하면 경험을 통해 그 사건이 왜 발생하였는지에 대한 추축을 하고 그러한 요소들을 통해 범인에 관한 윤곽을 잡는다.'고 했다.

Pinizzotto&Finkel(1990)은 유사한 범죄를 저지른 다른 범죄자들이 보인 특성과 유사한 특성을 보이는 범죄자들에게 초점을 두는 기법이라고 정의하였다.

Rossmo(2000)는 범죄현장에 남은 증거에 대한 설명을 통해서 범죄자의 성격유형을 파악해내는 일련의 과정이라고 정의 내렸다.

심리학적으로는 Copson이 "범행의 여러 측면에서 범인에 대한 추론을 행하는 것"이라고 정의하였고, Turvey는 "범죄행위에 대한 책임있는 개인의 특성을 추론하는 절차"라고 정의하였다.

프로파일링은 수사심리학에서 자주 다루는 과제들 중의 하나로 개인(들)의 의미 있

28) 범인상추정이란 동일 인물에 있어서 범행중(犯行中)의 행동과 생활력(生活歷)에서의 행동의 유사성을 가정하는 것이다(Canter, 2004).

는 심리학적 · 인구통계학적 특징들을 스케치하고, 어떤 경우에는 잠재적인 테러리스트를 구분하는 것과 같이 향후 범행을 저지를 가능성이 있는 사람들의 심리학적 특징들을 요약한다(Bartol & Bartol, 2008).[29] 실제로 프로파일링은 지난 2000년 유영철 연쇄살인사건의 수사과정에서 국내 최초로 프로파일러를 배치하여 활용함으로써 범죄해결 기법의 중요한 부분이 되었다. 범죄자들은 공통된 심리와, 범행동기 그리고 행동을 한다는 특성은 강력범죄를 수사함에 있어 프로파일링에 대한 신뢰성과 타당성은 지속적으로 증명되어 오고 있다.

종합하면, 범죄자 프로파일링은 범죄 현장을 분석하고 유형 및 무형의 증거에 대한 설명을 통하여 범죄자의 성격 유형을 파악해내며, 다른 범죄들과의 유사성(연관성)을 밝힘으로써 수사선(搜査線)[30]을 설정하고 용의자를 파악해내기 위한 수사기법의 한 가지라고 할 수 있다.

(2) 프로파일링의 역사

프로파일링은 롬브로조(Cesare Lombroso)와 같은 실증주의 범죄학자들이 범죄자를 분류하고자 한 연구가 기원으로 볼 수 있으며 이전에는 범죄행위를 유발하는 요인을 갖춘 일정한 유형의 인간형을 상정하거나 일정한 체격형과 성격형을 특정 범죄 유형과 연계하려는 노력들(예, Jacob Fries, Ernst Kretschmer)이 있었다. 그 후 범죄학, 법과학, 심리학, 정신의학의 발전을 바탕으로 새로운 수사 기법 및 증거로서 구체화되었다.

현재 사용하고 있는 프로파일링 기법은 미국 연방수사국(FBI)에서 발달했다. 1960년대 후반 테드 번디(Ted Bundy)를 비롯한 이상범죄의 발생이 증가하면서 이상연쇄살인범죄의 해결에 대한 국민의 여론이 높아졌고, 이에 대처하기 위해 1972년 버지니아주 콴티코(Quantico)에 위치한 FBI 아카데미 내에 행동과학부(Behavioral Science Unit, BSU)라는 프로파일링 전담 부서가 설치되어 프로파일링 전문가를 교육하고 양성했다.

1978년 교도소에 수감된 연쇄살인범들에 대한 인터뷰를 시작, Robert Ressler와 John Douglas가 인터뷰를 주도하였고, 1980년 Hazelwood와 John Douglas가 인터뷰 자료를 토대로 Lust Murder를 출간하면서, 이 책에서 연쇄살인범죄를 체계적 범주

29) 심리학은 범죄를 해결하는 데 매우 중요하다. 프로파일링에 대한 심리학적 연구에서부터 용의자와 증인을 인터뷰하는 방법에 대한 경찰 교육에 이르기까지 다양하다.

30) 범죄수사에 공통되는 수사상 추리의 선으로, 예컨대, A가 수사선상에 올랐다는 것은 구체적 인물이 동일선상의 추리 대상이 되었다는 것을 말한다. 수사는 확정된 사실이 수집되고, 다시 기정의 사실을 기초로 하여 미확정의 사실을 향해 많은 수사선을 방사함으로써 진전되는 것이다. 수사선은 추리와 자료수집의 선이다. 좋은 예로 일본드라마 '춤추는 대수사선'이 있다.

와 비체계적 범주로 구분하였다. 1980년 후반 DSM을 모델로 하여 행동과학부에서 강력범죄에 대한 매뉴얼(Crime Classification Manual) 을 작성하였다. 1990년대 이후 행동과학부는 FBI 아카데미의 국립폭력범죄분석센터(National Center for the Analysis of Violent Crime, NCAVC) 산하 연구기관으로 옮겨졌다가 현재는 응급사건대응팀(Critical Incident Response Group, CIRG)에 자리 잡았다. 행동과학부는 연구 및 교육 기관으로 범죄 프로파일링에 대한 연구, 훈련, 자문 역할과 함께 중요 사건들에 대한 사례 분석, 수사 전략을 제공하는 역할도 한다.

영국에서는 1992년 리버풀 대학교에서 David Canter교수가 운영하는 수사심리학 연구 그룹에 의해 많은 연구들이 수행되었다. 리버풀 대학 내에 수사심리학센터(Center of Investigative Psychology, CIP)를 조직하여 프로파일링에 대한 적극적인 연구를 수행하고 있다.

[표 8-1] 프로파일링의 역사

시기	주체	내용
1486년	"마녀의 망치" 마녀사냥꾼을 위한 교과서	마녀에 대한 다양한 프로파일링 제공
1800년대초반	Jacob Fries	학술적 프로파일링의 기원
19세기 후반	Lombroso	생래적 범죄인
20세기	Kretschmer	신체유형 이론
1890년대	코난 도일	"셜록홈즈"라는 탐정을 통해 프로파일링을 대중적 관심으로 도약시킴
1943년	OSS (The Office of Strategic Service)	정신과 의사(W. C. Langer)의 도움을 받아 히틀러의 성격 프로파일링을 통해 그가 자살했음을 예측
1957~1972년	브뤼쉘(정신과의사)	뉴욕경찰청의 연쇄 방화 및 폭탄사건 및 수많은 살인사건 수사에 도움을 줌
1974년 후반	FBI	Behavioral Science Unit (행동과학부)조직 → VICAP팀 조직 → 레이건 대통령의 지시로 국립폭력범죄분석센터(NCAVC)창설
1992년	영국의 Liverpool대학	Canter가 운영하는 IPRG에 의해 공간적 프로파일링이 활용됨
1997년	프로파일러	프리랜서라 불릴 수 있는 수많은 프로파일러들이 Web-Site에 등장

(3) 프로파일링의 목적

범죄프로파일링은 특정한 범죄를 저지르는 사람에 관한 특이 성격을 묘사하는 시도를 말한다. 프로파일링을 만드는 목적은 특정 용의자의 유죄 또는 무죄를 결정하는 것이라기보다는 수사의 초점을 맞추는 용의자군의 범위를 좁히기 위한 것이다. 프로파일링이 모든 수사기관에 의해 받아들여지는 것은 아니다. 애석하게도 프로파일링은 모든 전통적 수사방법들이 수포로 돌아갔을 때 최후의 수단으로 사용되는 경향이 있다.

프로파일링은 범죄수사, 범죄관리, 강력범죄 예방 등의 목적을 위하여 유용하게 활용될 수 있다. 프로파일링은 통상 세 가지 목적을 가진다.

첫째, 범죄자의 연령, 직업, 종교, 혼인여부, 교육수준, 추가범죄의 가능성을 예측할 수 있는 다양한 심리적인 상태를 포함한 범죄자의 사회심리학적 특성을 파악하는 것이다.

둘째, 범죄자가 사용한 도구나 소유물의 심리적 의미를 파악하는 것인데 왜냐하면 범죄자가 사용한 흉기, 도구, 소지품 등은 용의자를 특정하는 매우 중요한 단서가 될 수 있기 때문이다.

셋째, 용의자의 신문과정에서 수사관이 활용할 수 있는 전략적 정보를 제공하고 조언을 할 수 있다.

따라서 프로파일링은 가장 혐의가 짙은 용의자를 식별하는데 도움을 주고, 확실한 물적증거가 확보되기 이전에 일선 수사관들이 확신을 가지고 용의자를 계속 추적할 수 있는 근거를 제공해 준다. 요약하면 프로파일링의 목적은 범죄 행위자를 특정(identify)하는 것이 아니라 범죄를 행할 고도의 개연성이 있는 특정대상자의 유형(type)을 묘사하고 설정하는 것으로 범죄현장 감식과 수사 활동에 대한 환류작용을 하는 것이다.[31)]

1-2 범죄자 프로파일링의 단계별 목적(Turvey)

Turvey는 프로파일링을 실시하는 목적을 크게 수사단계와 재판단계로 나누어 정리하였다.

(1) 수사단계

범죄자에 의해 최초에 범죄가 저질러지고, 법집행부서에서 수사를 하는 단계인데, 주요 목적은 다음과 같다.

가. 범죄수사에서 가능성 있는 용의자의 집단을 줄이는 것과 이 용의자들에 대해 수사상 우선순위를 매기는 것

나. 특이한 범죄현장이 암시하는 것과 행위유형을 식별함으로써, 잠재적으로 관련된 범죄들의 연관성을 찾도록 도와주는 것

다. 더 심각하고 더 폭력적인 범죄로 발전하는 범죄 행동의 단계적 확대에 대한 잠재성 평가를 돕는 것(예: 괴롭힘, 스토킹, 관음증 등이 살인 및 강간으로 변화될 가능성을 평가하는 것)

31) 최영인·엄건령, 「범죄프로파일이론과 연쇄살인의 프로파일링」,2006,21면

라. 수사관에게 수사와 관련된 단서 및 전략을 제공하는 것

마. 전체 수사의 방향 설정을 도와주는 것

프로파일이 범죄수사에 주는 매력은 기존의 수사범위를 크게 좁혀줄 수 있다는 부분이다. 특히 어디서부터 무엇을 시작해야 하는지를 찾아야하는 수사관의 입장에서 특정한 대상만을 상대로 한 수사방향의 설정은 아주 큰 도움이 된다. 아울러 프로파일을 통한 수사방향의 명확화가 성공적으로 이루어진다면 이를 통해 다른 사건을 추가적으로 해결할 수 있는 에너지를 확보할 수 있으며, 수사관 입장에서도 비교적 편안하고 안정된 느낌으로 범인을 쫓을 수 있다.

(2) 재판단계

'범죄가 알려졌고, 범죄자도 알려진 단계'로서 이 단계에서의 일차적인 목적은 다음과 같다.

가. 특별한 사례에 대한 법과학/법의학적 증거의 본질과 가치를 평가하는 과정에 도움을 주는 것

나. 인터뷰 또는 심문 전략 개발과정에 도움을 주는 것

다. 범죄자의 환상과 동기에 대해서 통찰하고, 이에 맞추어 새롭게 발생한 범죄에 관한 통찰에 도움을 주는 것

라. 범죄자가 범죄를 저지르기 전, 범죄를 저지르는 동안 그리고 범죄 후의 마음 상태에 대한 통찰을 위하여 도움을 주는 것(예: 범죄의 계획수준, 양심의 가책에 대한 증거, 현장 조작 행위 등)

마. 범죄 수법(범죄자가 범죄를 저지르기 위해 행한 일들)에 의하여 그리고 특징적 행동들(범죄자가 범죄를 저지르는 것과 상관없이 신체적, 심리적 욕구충족을 위해서 행한 일)에 의해 범죄현장 관련성을 제공하는데 도와주는 것

2. 프로파일링의 활용

2-1 프로파일링의 전제조건과 적용대상

(1) 프로파일링의 전제조건

프로파일링의 이론적 논의는 과학적 신뢰성과 관련하여 항상성과 동질성을 기본적 전제조건으로 하고 있다.

첫째, 피해대상, 범행장소, 범행시간의 선택 등 범인의 행동에는 일련의 일관적 특성인 항상성이 존재하며 다수의 범인에게 관찰되는 행동특성의 변화 정도에 비해 별개의 범행에 있어서 범인별 관찰되는 변화정도가 작다는 점이다.

둘째, 행동특성을 공유함으로써 유사하다고 평가할 수 있는 범행에서 그 범행 주체 간에는 공통적으로 또는 유사한 성격적 특성을 유형화함으로 행동특성의 동질성은 범죄행위만이 아닌 비범죄행위에서도 동일하게 관찰될 수 있다는 점이다.

범죄 프로파일링이 수사기법으로서 활용될 수 있는 전제조건은 '범죄자가 어떤 일정한 유형으로 범죄 행위를 한다'는 전제와 같이 범죄현장에서 범인은 물리적 증거뿐만 아니라 심리적 증거도 남기는 것이다.

(2) 적용에 적합한 유형

범죄자 프로파일링 기법은 모든 범죄에 적합하지 않다. 프로파일링의 적용은 특히 범죄자가 정신병리적 징후를 나타내는 사건들과 통상적으로 범죄의 동기가 없는 것으로 나타나는 연쇄살인, 강간, 방화사건의 경우 매우 유용하게 활용될 수 있다. 예를 들면 가학적 성폭행(sadism), 신체장기 적출, 사체 절단·시간(屍姦), 불가사의한 범죄, 소아에 대한 이상성욕 범죄, 은행강도, 동기 없는 방화, 외설 음란, 테러목적의 편지우송 등이다.

프로파일러들은 다른 형태의 증거로는 불가능한 가해자에 대한 정보를 제공할 수 있는 '심리학적' 정보를 찾는다. 이를 달성하기 위해 범죄가 감정적인 성격을 띠는 것이 도움이 된다. 강도나 자전거 절도와 같이 순전히 은밀한 범죄는 범죄자가 저지를 때 어떤 종류의 개별화된 행동도 나타내지 않기 때문에 적합하지 않다(Ainsworth, 2001).

(3) 범죄자 프로파일링이 제공할 수 있는 정보

범죄현장의 유용한 정보로부터 3개의 평가들이 프로파일링을 하는 동안 전형적으로 제공된다.

1) 가해자의 지능, 성별, 연령대, 동기, 성격, 인종, 교육정도, 혼인상태, 개략적인 직업, 경찰신문에 대한 반응 유형, 성적 성숙도, 재범행 여부 등에 대한 사회적, 심리적 평가
2) 가해자가 소지하고 있는 것들에 대한 심리적 평가 : 무기, 장물, 사진, 포르노물, 강간도구, 신문기사 등
3) 면담을 위한 제안과 전략

이들 중 첫 번째인 심리학적 평가는 가능한 용의자들을 찾는 데 사용되며, 나머지 두 개는 용의자에 대한 증거를 수집하는데 유익하다. 개인적 소지품들에 대한 정보 또한 수사관에게 용의자에 대해 행동분석 인터뷰를 하는 동안 "미끼"가 되는 증거를 제공할 것이다. "만일 우리가 누군가로부터 당신 아파트에서 이 살인사건에 관한 신문기사 스크랩을 발견했다는 전화를 받는다면 그건 어떤 이유에서일까?"

2-2 프로파일링의 조건과 과정

프로파일링의 중요한 전제는 가해자의 범죄는 그의 개인적 성격을 반영한다는 것이다. 범죄자가 범죄를 저지를 때에는 12개 이상의 결정을 한다. 무기사용, 장소, 시간, 범죄의 날짜, 피해자의 선정, 피해자에게 가하는 상처의 본질 등. 이런 결정의 일부는 환경적 조건에 영향을 받을 것이다. 예를 들어, 납치범이 강간을 했을 때 환경적 조건이 존재하였고, 가해자는 그것을 이용한 것이다. 반면에 많은 가해자들의 결정은 순수하게 마음속으로부터 온 것일 수도 있다. 내적 결정은 가해자의 성향에 관하여 환경에 기초한 결정보다 더 많은 것을 보여준다.

결론적으로 범죄현장 프로파일링의 첫 단계의 하나는 범죄의 양상이 환경적으로 동기화된 것인지, 내적으로 동기화된 것인지 결정하는 것이다. 이런 이유로 연쇄범죄자들은 프로파일링의 좋은 대상이다. 왜냐하면 다른 범죄현장들간의 유사성이 모두 내적으로 동기화된 것이기 때문이다.

또한 심리적 욕구를 충족시키는 범죄들은 내적 결정들을 반영하는 증거를 제공하곤 한다. 이런 행동들의 예는 가학적 고문, 사체 절단, 무동기 방화, 욕정 살인, 대부분의 강간, 혐오범죄들이다.

(1) 프로파일링의 조건

가. 기본적 전제 조건

1) 범죄현장분석의 전제

① 모든 사람의 성격은 다르다. 따라서 개인은 각각 다른 방식으로 대인관계를 형성하고 다른 방식으로 행동하며 다른 가치관과 태도를 가지고 있다는 것이다.

② 범죄 현장에는 그 범죄자의 성격이 반영된다. 심리 검사에 이상심리가 반영되는 것과 같이 범죄 현장은 가해자가 피해자를 가해한 방식이나 상해 부위의 집중 여부 등을 통해 범죄자의 성격을 반영한다는 것이다.

③ 동일한 범죄인은 동일한 범행 수법(MO)에 의해 범행을 하고, 동일한 서명(signature)를 남긴다.

2) 범죄현장분석의 주요 개념

서명 또는 표식(signature)는 범죄를 저지르는 동안 범죄인의 행동에 독특하고 없어서는 안 되는 부분을 형성하는 것이다. 서명은 범행을 저지르는 데 굳이 필요하지 않거나 특별한 목적을 알 수 없는 범죄자만의 고유하고 특이한 행동을 일컫는 개인화(personation)가 반복적으로 나타나는 것을 말한다. 예를 들면 범죄 현장에 "수돗물이 틀어진 싱크대 안의 칼"은 서명으로 볼 수 있다.

범행수법(Modus Operandi)은 범죄를 저지르는 동안 범죄자가 학습하게 되는 고유한 수법이다. MO는 Modus Operandi의 약자로 사전적으로 절차, 작업 방식이라는 뜻인데, 범죄자 프로파일링에서는 범죄자의 범행 방식을 의미한다. 즉, 범죄자가 범행을 저지르는 데 필요한 행동으로 이것은 시간이 지남에 따라 바뀔 수 있다. (성범죄의 경우 3,4개월에 수법이 변용 내지 진화). 침입전에 의사가 결정되는 수법항목(차량이용, 범행지, 범행대상인 건물종별 등)은 전체적으로 반복성이 높으나, 상황의존도가 보다 높은 물색 중의 행동 등은 반복성이 낮다.

수법변용요인에는 환경요인과 개인요인이 있는데 범행초기는 범행스타일 미확정, 장기범행에는 여러 가지 요인에 의해 변용된다.

요약하면 수법은 범행의 성공률을 높이기 위해 행하는 행동이나, 서명적 행동(behavioral signature)은 범인의 강한 심리적 욕구에 의해 생긴 행동으로, 범행 완수에 필수적이지는 않고 범행동기 및 개성을 반영하는 행동이다.

나. 필요한 사항

- 범행현장의 사진: 피해자, 신체 상처 사진, 여러 각도의 전체적인 사진
- 이웃사람들과의 관계(사회적 지문): 사회적 자료, 지역적 자료
- 법의학자의 보고서: 신체손상범위, 약독물보고서, 정액, 사체의 상처 보고서
- 사건 직전 피해자의 이동경로: 직장 위치, 거주지, 마지막으로 목격된 장소
- 사건의 완전한 수사보고서: 사용된 무기, 수사관의 재구성, 상세한 목격자 인터뷰
- 피해자의 배경: 연령, 성, 사건 당시 복장 및 신체적 묘사, 결혼 여부, 학업, 성격유형, 신체적·정신적 병력 치료내역, 약물관련 습관, 지인 등등

다. 고려되어야 할 행동적 특징

- 범행계획의 수준
- 통제의 정도
- 감정의 정도
- 범인과 피해자 간의 위험 요소 정도
- 범행 현장의 외관: 조직화된/비조직화된 살인사건 현장

(2) 범죄자 프로파일링 4단계

범죄자 프로파일링은 4단계를 거친다.

가. 범행 이전

범죄자가 범행 전에 무슨 계획을 세우고 있었는가? 다른 날이 아닌 특정 요일에 살인자를 촉발시킨 것은 무엇인가?

나. 수법과 방법

살인자는 어떠한 유형의 피해자를 선정했는가? 살인의 수단과 방법은 무엇이었는가(총살, 자창사, 교살 기타)

다. 시체처분

범행과 사체처분이 같은 현장에서 발생하였는가? 복수의 현장인가?

라. 범행 후 행동

살인자는 언론보도에 대응한다든지 수사관과 접촉한다든지 자신을 수사에 끌어들이려 노력하고 있는가?

(3) 프로파일링의 예

백인 남성, 25~27세 가량

영양실조 환자처럼 깡마른 외모

극히 지저분한 주거지에서 범죄 흔적이 발견될지도 모름

정신병력 있음

마약복용 경험 있음

남녀를 불문하고 교제가 거의 없는 외로운 인물

자기 혼자 사는 집에서 대부분의 시간을 보냄

실직상태

어떤 형태로든 장애연금 수령 가능성

동거인이 있다면 부모 정도이나 가능성 희박

군복무 경험 없음

고교 혹은 대학 중퇴

하나 혹은 그 이상의 중증피해망상 환자로 예상

[출처] 살인자들과의 인터뷰 中 Richard T. Chase 사례

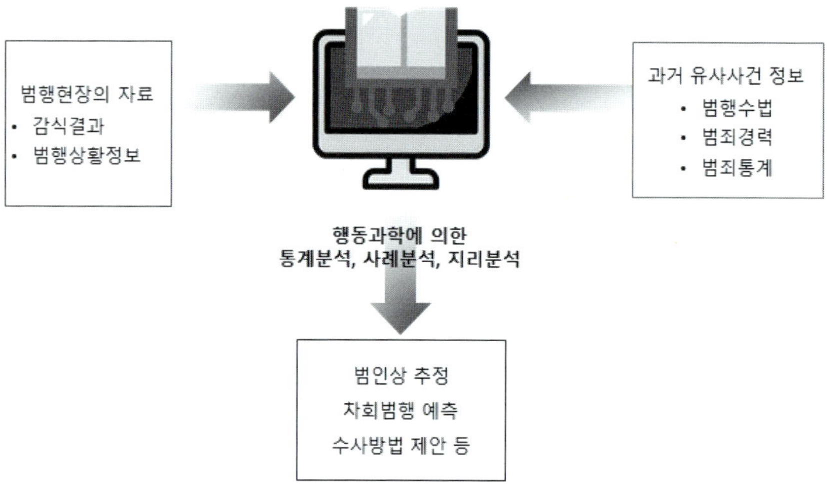

[그림 8-1] 프로파일링의 구조

Ⅱ. 범죄자 프로파일링 기법

프로파일링은 일반적으로 두 가지 접근 방식으로 확인된다. 이를 '하향식' 및 '상향식' 접근 방식이라고 한다. 첫 번째로 하향식 접근 방식은 일반 원칙에서 작동하며 이를 특정 사례에 적용한다. 이는 범죄 행위에 적용되는 인간 행동에 대한 일반적 규칙인 휴리스틱스[32]를 통해 작동한다. 하향식 접근 방식에서는 프로파일러의 지식과 경험에 따라 많은 것이 달라진다. 미국 FBI의 프로파일링 전통이다. 이는 지각 능력이 좋고 이러한 휴리스틱스를 사용하여 좋은 효과를 낸다면 잠재적으로 유용한 프로파일이 나타날 수 있다. 그렇기 때문에 우리는 이 접근 방식을 '개별주의적'이라고 부를 수 있다. 장점은 프로파일러 두뇌의 고도로 전문화된 지식을 효과적으로 사용할 수 있다는 것이다. 단점은 모든 프로파일이 프로파일러만큼 좋을 가능성이 있고 추론을 따르거나 복제하기 어려울 수 있다는 것이다.

두 번째 접근 방식은 상향식 프로파일링이라 할 수 있다. 데이터 기반 또는 통계 프로파일링이라고도 할 수 있다. 이러한 경우 프로파일러는 유사한 범죄 및 범죄자에 대한 종합적인 지식을 사용하여 예측을 한다. 통계 분석에 더 많이 의존하고 생성된 지식은 조사에 더 개방적이다.

예시

미국 샌프란시스코 근처 언덕 지역의 산책로가 많은 숲이 우거진 지역에서 여러 차례 살인이 발생했다. 가해자는 지역 언론에서 Trailside Killer라고 불렸다. FBI 특수요원인 John Douglas가 관여하여 잠재적인 살인자에 대한 그의 초기 생각을 독자들과 공유했다.

우리가 매력적이고 세련된 유형을 다루고 있다고 생각하지 않는다. 후방에서의 여러 번의 칼부림과 기습적 공격은 우리가 자신에 대해 확신이 없고 그의 희생자들을 대화에 끌어들이지 못하고 사기나 속임수를 쓰거나 속여서 그가 원하는 것을 하도록 할 수

32) 프로파일링과 관련이 많은 것이 가용성 휴리스틱(Availability heuristic)이다. 가용성 휴리스틱이란 머릿속에 잘 떠오르는(가용한 available) 정보나 사례에 근거해서 해당 사건이나 사례가 일어날 확률이 더 높다고 여기는 인지적 경향을 의미하는 심리학 용어이다.

없는 비사회적 유형(반사회적일 필요는 없음)을 다루고 있다는 것을 말해 주었다. 등산객들은 모두 신체적으로 건강했다. 기습적 공격은 그가 피해자를 의도한대로 통제할 수 있는 유일한 방법으로 그녀가 대응하기 전에 그녀를 초토화시키는 것이라는 분명한 표시임을 알려주었다. (Douglas and Ohlshaker 1997 : 76)

이런 식으로 프로파일러는 공격 스타일에 대한 자신의 평가를 이용하여 범인의 개인적 특성을 예측한다. 캔터(1994)는 이를 '연속성 가설'의 적용이라고 부를 것이다. 연속성은 범죄자가 삶을 살아가기 위해 보유한 기술이 범죄를 저지를 때 사용하는 기술과 동일하다는 사실을 의미한다. 한적한 지역에서의 기습적 공격은 매력적이거나 언어적, 사회적으로 고도로 숙련된 개인이 선호하는 스타일이 아니다. 그것은 다른 사람들을 참여시키는데 자신감이 없는 미숙하고 매력적이지 않은 개인이 의지해야 하는 것이다.

1. 범죄자 프로파일링의 종류와 기법

1-1 접근관점에 따른 종류

프로파일링은 접근하는 관점에 따라 범죄자 프로파일링, 심리적 부검, 지리적 프로파일링으로 나누어 살펴볼 수 있다.

(1) 범죄자 프로파일링(criminal profiling)

범죄자 프로파일링은 범행의 특성을 토대로 범인의 성격적 특징, 행동적 성향, 지리적 위치, 그리고 인구통계학적 혹은 생물학적 특성을 밝혀내는 과정이다(Bartol & Bartol, 2008). 범죄자 프로파일링의 주요 목적은 실제 범행을 저질렀을 가능성이 있는 용의자들을 추려 내는 것이며 또한 예측을 위해서도 사용되는데, 범죄 현장에서 발견되는 단서들과 범인의 행동적 패턴이나 습관들을 토대로 프로파일러는 누가 범인(들)인지 그리고 향후 범죄는 어디에서 어떻게 일어날지를 예측한다.

범죄자 프로파일링은 동일한 범죄자에 의해 저질러진 연쇄 사건의 유사성을 분석하는 연계 분석(linkage analysis)이나, 범행 현장의 위치나 특성을 바탕으로 범죄자의 거주지를 추정하는 지리적 프로파일링 등 그 영역을 다각도로 확장해 나가고 있다(박지선, 2012).

(2) 심리적 부검(psychological autopsy)

사망한 개인들의 성격과 인지적 특성들을 재구성하기 위한 시도는 20세기 후반에 와서 다소 인기를 얻었는데, 이런 사후 심리적 분석을 심리적 부검이라고 한다(2장 2절 사인별 현상 참조). 심리적 부검은 죽은 사람을 대상으로 하고, 파악하고자 하는 개인의 신원이 이미 확인된 상태라는 점에서 범죄자 프로파일링과 다르다. 심리적 부검은 원래 사인이 애매하고 불분명한 경우 사망 사건을 명확하게 하는 것을 돕기 위해 고안되었으며, 오늘날 심리적 부검은 사망이 특히 자살에 의한 것으로 보이는 경우 사망에 이르기까지 개인의 마음속에서 일어난 일들을 파악해 사인의 타당한 근거를 찾는 데 초점을 둔다(Schneidman, 1993: Bartol & Bartol, 2008 에서 재인용).

(3) 지리적 프로파일링과 지리적 매핑(geographical mapping)

범죄 사건들은 특정 지리적 범위 내(가령 도시의 특정 구역)에서 발생하거나 몰려 있다. 이러한 범행 패턴을 분석하는 데 두 가지 주된 방법이 사용된다. 먼저 지리적 프로파일링은 한 명의 연쇄 범죄자의 공간적 이동과 관련한 지리적 위치를 분석하는 것이고, 반면에 지리적 매핑은 일정 시간 동안 다수의 범죄자들에 의해 발생한 범죄의 공간적 패턴을 분석하는 것인데, 지리적 매핑은 어떤 의미에서 특정 유형의 범죄가 빈번하게 발생하는 장소를 파악하는 데 초점을 두는 접근법이라고 볼 수 있다(Bartol & Bartol, 2008).

나아가 범행 현장의 위치와 주변에 자리한 주택가, 주차장, 도로, 공원, 강 등 여러 지형 요소를 참고하여 범죄자의 거주지일 확률이 높은 지역을 지도로 표시하는 소프트웨어가 개발되면서 더욱 과학적인 지리적 프로파일링이 가능해졌다. 미국의 CrimeStat이나 캐나다의 Rigel 등과 더불어 국내에서도 경찰청 소속 프로파일러들을 중심으로 GeoPros라는 지리학적 프로파일링 시스템이 개발되어 범죄 사건 해결에 기여하고 있다(박지선, 2012).

1-2 범죄자 프로파일링의 기법

범죄자 프로파일링의 기법은 크게 귀납적 프로파일링(Inductive Profiling)과 연역적 프로파일링(Deductive Profiling)으로 나눌 수 있다.

(1) 귀납적 프로파일링

가. 의의

귀납적 프로파일링은 다수의 유사한 범죄 사건 및 범행 주체에 대한 관찰을 통해 상관성 있는 행동 및 심리 특성을 추출하는 수사 기법으로 범행현장 분석기법(crime scene analysis, criminal psychological profiling)인 FBI 방식과 수사심리학적 기법(Investigative Psychology)인 리버풀(Liverpool) 방식이 여기에 포함된다. 따라서 귀납적 프로파일링 기법은 최초의 행동적 특성들 그리고 이전에 연구되었던 다른 범죄자들과 공유하는 인구통계학적 특성들로부터 개별 범죄자에게 일반화할 수 있는 프로파일링이다.

〈예시〉
한 여자가 빌딩의 꼭대기에서 살해된 채로 발견되었다. 머리에 둔기로 인한 상처를 입었고, 복부에는 자창, 몸이 묶였고, 그녀의 속옷으로 얼굴이 덮여 있었다.
귀납적 프로파일링을 이 사건에 적용하면 다음과 같은 추론이 가능하다.
피해자의 얼굴부위에 둔기에 의한 상처를 입히는 범죄자의 85%가 어머니와 함께 살고 있고, 범행 중 결박하는 범죄자의 75%는 25세에서 31세 사이의 나이이고, 4톤 트럭을 몰고, 백인이며 지능이 높다. 따라서 범인은 이 프로파일과 일치하는 모집단의 일부분이므로 범인은 백인이고 나이는 25~31세, 어머니와 같이 살고 4톤 트럭을 운전한다.

나. 한계

귀납적 프로파일링 기법은 신속하고 비용 면에서도 효율적이며, 전문 기술과 지식이 없어도 가능하고 유사한 범죄 현장으로부터 추론을 간단하게 제시할 수 있다는 장점이 있다. 하지만 기존의 자료 자체가 한정된 인구 샘플로부터 일반화되었다는 점과, 귀납적 프로파일들이 알려진 그리고 체포된 범죄자들로부터 수집된 것이기 때문에 제한된 자료로부터 일반화한 것이라는 한계가 있다. 이러한 한계를 극복하기 위해 최근 여러 유형의 범죄자들 사이에서 범죄를 저지르는 방식 차이를 구분하려는 연구가 진행되고 있다.

(2) 연역적 프로파일링

가. 의의

연역적 프로파일링은 범죄 현장에 있는 법과학 증거, 검시 보고서, 검시 사진, 가해자 연구를 통해 특정한 범죄자의 범행을 재구성하여 그 범죄자의 행동 패턴, 성격, 범죄자 수, 감정과 동기 등을 기술하는 것이다. 즉, 해당 범죄 현장에 초점을 맞추어 법과학적, 행동적 증거를 분석하고 범행을 재구성하여 범죄자의 특성을 추론한다.

이 논리는 다음과 같다.

얼굴과 가슴에 다발성 자창을 입은 피해자가 도로에서 멀리 떨어진 숲속에서 발견되었다. 소량의 혈흔이 사건현장에서 있었고 피해자가 발견된 곳으로부터 약 50야드 떨어진 곳에서 타이어 흔이 발견되었다. 연역적 프로파일링을 이 사건에 적용하면 범인은 자동차를 가지고 있어 이동성이 좋고, 피해자가 발견된 장소는 제2의 현장일 수 있다. 범인의 이동성을 고려할 때에 수사의 범위를 넓히는 것이 현명하다는 추론이 가능하다.

나. 정보 분류

범인의 특징과 형태를 추론하는데 쓰인 정보는 다음과 같은 몇 가지 카테고리로 분류할 수 있다.

1) 법과학적 증거

프로파일러는 범죄현장 특징과 형태를 지지해주는 증거를 확실하게 하기 위해 수집된 모든 증거를 분석하고 평가해야 한다.

2) 범죄현장 특성

법과학적 증거물을 충분히 분석하고 논리적 재구성을 통해 범죄현장 특성을 생각해야 한다. 개별적으로 판단하고, 새로운 변수가 있을 때 변화를 받아들여야 한다. 이것들은 동기, MO, 시그너처 등에 대한 추론을 가능하게 한다.

3) 피해자

피해자 특성에 대한 철저한 연구와 분석, 피해자를 프로파일링 하는데 많은 시간이 소요된다.

다. 한계

연역적 프로파일링 기법은 범죄 현장에서의 법과학 증거, 범죄 현장 특성, 피해자 등 여러 요건을 종합하여 범행을 재구성하여 범인의 특징이나 성격을 추론하는 것이다. 따라서 연역적 프로파일링은 범죄자의 특징적 행동뿐만 아니라 범행 수법을 확인하는 데도 상당히 유용하다. 또한 개별 범죄자의 동기를 상당히 정확하게 지적할 수 있다는 장점이 있다. 하지만 많은 노력과 다양한 기술이 각 파트의 수사팀에게 요구되며 특정 범죄자를 추정하기 어렵다는 한계가 있다. 효율성이 떨어지고, 현장 증거 분석 및 프로파일 작성 과정에서 프로파일러의 개인적 역량과 경험에 지나치게 의존하게 되어 신뢰성에 문제가 생기며 전문가 양성에 많은 시간과 비용이 든다.

1-3 수사심리학적 프로파일링

(1) Canter의 5단계 접근방법(표 8-2 참조)

- 대인일관성 : 범인이 피해자에게 보여준 행동양식은 그의 일상생활에서도 동일하게 혹은 유사한 형태로 발현된다는 가정
- 시간과 장소의 의미 : 개인은 자신만의 심리적 지도(mental maps)를 가지고 있는데, 이는 각 개인이 가지고 있는 지리/지역적 수용을 의미함.
- 범죄자 성격 : 범죄의 유형과 동기에 관한 추론적 작업
- 범죄전력 : 범죄자가 범행을 거듭함에 따라서도 일정한 일관성이 관찰될 수 있다는 개념
- 법에 대한 인식 : 범인이 기존에 형사사법기관과의 접촉이나 형사절차에 대한 정보를 가지고 있는가의 여부

(2) Canter의 다차원분석

Liverpool 대학교의 범죄수사 심리학 센터에서 진행되어 온 프로파일링에 관한 연구들은 기존의 범죄 연구에서 흔히 사용되는 빈도분석이나 교차분석과 같은 방법론 외에 다차원적 측정 방법을 사용하여 다양한 범죄자 유형 분류법과 프로파일링 기법을 연구해왔다. 다차원적 측정 방법은 변인들 간의 구조적 관계를 지리적 공간에 나타내는 기법이다.

그중 하나인 최소 공간 분석은 변인들 간의 관계를 최소한의 공간적 차원 안에서 설명하는데 쓰이는 기법이다. 최소공간분석은 범죄 현장 행동들을 변인으로 하여 변인들 간에 유사성이 높을수록, 즉 같은 범죄 현장에서 함께 나타날 확률이 높은 행동들일수록 각 변인에 해당하는 점들이 가상의 지리적 공간 안에서 가깝게 나타나게 된다.

[표 8-2] 유형별 비교

분 류	특 성
FBI 프로파일링	현재 수사하고 있는 사건의 범죄자의 행동을 범죄 프로파일러가 면담하거나 조사했었던 범죄행동 혹은 이전의 다른 프로파일러가 조사하여 축적된 범죄 프로파일링 자료와 비교하는 기법 자료수집 → 자료정리 → 범죄의 재구성 및 평가 → 범죄 프로파일링 → 수사 → 체포

분류	특성
Canter 수사심리학적 프로파일링	통계적으로 알려진 범죄자 집단을 연구한 후 많은 범죄자 집단을 정의하고, 그런 다음 이 집단과 알려지지 않은 집단을 비교하는 방법을 사용 Canter의 5요인 모델(five-factor model) ① 대인관계적 일관성 ② 시간과 장소의 유의미성 ③ 범죄자 특성(성격) ④ 범죄 경력(전력) ⑤ 법과학/법의학적 인식
Turvey 행동증거분석	행동 증거 분석의 4단계 ① 모호성에 대한 법과학/법의학적 분석 ② 심도 깊은 피해자 평가 ③ 범행 현장 특징 ④ 범죄자 특성

2. 운용방식과 과정

2-1 범죄자 프로파일링의 운용절차

(1) 범죄자 프로파일링의 운용절차

현장분석의 첫 단계는 현장입장 준비에서 시작된다. 사건 발생과 함께 정보수집이 시작되고, 우리가 무엇을 준비할 것이며, 무엇을 봐야 하며 어떻게 분석할 것인가에 대해 판단한다. 범죄분석을 위해 현장에 나가기 전에 어떤 마음가짐으로 무엇을 준비할 것인지에 대한 철저한 사전준비가 필요하다.

여기에서 현장감식은 현장감식팀이 행하는 현장감식을 범죄분석요원이 한다는 뜻이 아니다. 범죄분석요원은 현장감식팀과 서로 보완해가며 도움을 줄 수 있는 상호 유기적인 관계를 유지하여야 한다. 예를 들면, 범죄분석요원이 현장 재구성을 통하여 피의자가 출입했을 만한 장소, 집었을 만한 물건, 범인이 했을 만한 행동 등에 대해 현장감식팀에 말해주는 것 등이다.

현장을 본 후 첫 단계로 이루어지는 분석이라 할 수 있다. 첫 단추를 어떻게 끼우느냐에 따라 전체가 결정되듯이 현장분석은 어떠한 편견 없이 순수하게 현장에 의존하여 이루어져야 할 것이다. 이 현장분석은 1차 보고서를 통하여 제출된다.

현장분석단계에서 과학적 범죄분석시스템(SCAS, 18p 참조) 입력이 시작된다. 입력 가능한 현장 사항 및 피해자 특성을 입력한다.

피해자의 연령, 성 등 피해자의 배경과 이웃 사람과의 관계, 사건 직전의 이동경로, 생활패턴 상의 위험성 등을 파악하는 것이다.

교통수단, 대체경로의 유무 등 범죄자가 범행장소를 결정하는데 영향을 주는 요소를 범죄분석관이 답습해봄으로써 범죄자 유형에 관한 통찰력을 획득할 수 있다.

일자, 시작, 위치 등에 관한 표준화된 보고서, 사용된 범행도구, 상세한 목격자 인터뷰 등의 수사보고서와 신체손상 부위를 찍은 사진, 사인에 대한 보고서 등 법의학적 보고서를 수집 분석한다.

이렇게 수집된 보고서를 토대로 2차 현장분석보고서를 작성하게 된다. 2차 보고서는 1차보고서에 부가하여 내용을 추가 보완하는 형식을 취하도록 한다.

범죄분석팀에는 진술분석 및 피해자 위험도 분석등의 자료를, 현장감식팀에서는 현장 사진 및 현장 증거 결과물 분석자료를, 검시팀에서는 사체상황 및 특이점 감시 자료 등을 준비한다. 범죄분석회의를 바탕으로 이후 환류, 재환류 과정 등에 대하여 '3차 분석 보고서'를 작성하고, SCAS에 입력하여 범죄분석요원이 공유할 수 있도록 한다.

종합분석 보고서는 사건과 관련된 모든 항목을 포괄하는 것으로서 두 단계로 구성될 수 있다. 첫 단계는 객관적 사실들에 대한 분석단계로서 사건개요, 증거물 해석, 법의학적 검토, 범죄현장 특징 검토, 범행 과정 재구성, 수사사항 검토, 범행 동기 추정, 용의자 유형 검토, 연계성 검토, 수사상 조언, 검거 후 전략 제시 등을 포함한다.

사건이 발생하고 피의자가 검거되면 검거 전에 작성한 피해자, 지리·환경적 자료에 추가하여 피의자와 관련한 추가 자료 수집이 필요하다. 또한 수집된 피의자와 관련한 사건 관련 정보를 통해 검거 전에 실시한 범죄분석의 타당성에 대해 검증할 수 있고, 이를 통해 기존 범죄분석기법의 재평가 및 새로운 분석기법의 도입·개발에 필수적인 데이터베이스로 사용할 수 있다. 피의자에 대한 정보는 검거 후 면담과 심리검사를 통해서 뿐만 아니라 경찰, 검찰, 법원, 교도소, 보호관찰소 등 형사사법절차의 전 과정에서 생성되고 축적된다. 검거 후 종합분석보고서, 면담결과 보고서는 SCAS에 입력하여 전국의 범죄분석요원이 공유하도록 한다.

(2) FBI 프로파일링의 과정

FBI 프로파일링 과정은 용의자에 대해 분석하는 5단계와 확인된 범인을 체포하는 마지막 6단계로 나눌 수 있다.

- 1단계: VICAP 보고서를 포함한 모든 자료를 입력하는 단계. 이 단계에서는 범죄와 관련된 가능한 한 모든 정보를 수집한다. 이 정보에는 물리적인 증거, 범죄 현

장의 사진, 검시 보고서, 목격자 증언, 피살자 신상 정보, 경찰관의 보고서 등이 모두 포함된다.

- 2단계: 의사 결정 단계. 1단계에서 수집된 범죄 현장 증거들을 체계적으로 배열하고 조직화하여, 범죄자의 초기 의도를 파악하고 범행 유형을 판단한다. 또한 범행의 시공간적 요인 등 범죄에 영향을 미친 요인들을 판단하고 피해자의 위험 요소를 평가한다. 살인 사건일 경우에는, 살인의 유형은 무엇인가?(FBI의 〈범죄 분류 매뉴얼〉에서는 살인을 32개의 주요 유형으로 나누고 있다) 살인의 주된 동기는 무엇인가?(성적인 문제인가, 금전적인 문제인가, 개인적인 감정의 문제인가, 정신이상 때문인가) 피살자는 죽기 전에 어떤 수준의 위험을 감수했는가? 그리고 범인은 어떤 수준의 위험을 감수했는가? 범행 전후에 어떤 행동들이 있었으며, 이 행동들을 하는 데 걸린 시간은 얼마였는가? 범행이 어디에서 저질러졌는가? 범행이 이루어진 뒤에 사체가 옮겨졌는가? 아니면 그 자리에 그대로 놓여 있었나?
- 3단계: 범행을 자세하게 검토하는 단계. 심리분석가가 범인과 피살자의 행동을 재조합하는 시도를 한다. 범행이 계획적이었나? 아니면 우발적이었나? 범죄 현장이 수사에 혼란을 주려고 조작되었는가? 살해 시각이나 직접적인 사망 원인, 상처의 위치, 사체의 자세 등의 상태로 볼 때 살해 동기는 무엇이었을까? 예를 들어, 범인이 피살자의 얼굴을 잔인하게 뭉개놓았다면, 범인은 이 피살자를 알고 있었음을 의미한다. 범죄 현장 부근에 있던 흉기나 무기가 동원된 살인 사건일 경우 범인이 충동적으로 범행을 저질렀음을 뜻하며, 또한 범인이 피살자 가까이에 살고 있음을 의미한다. 아침에 일어난 살인 사건은 범인이 약물이나 술에 취한 상태에서 저질러졌을 가능성이 거의 없다.
- 4단계: 범인을 추정하는 단계. 추정 내용에는 인종, 성별, 결혼 여부, 주거 환경, 직업, 심리적 특징, 신념이나 가치, 경찰에 대한 반응 양태, 과거에 비슷한 범죄를 저질렀을 가능성을 포함하는 전과 여부 등이 반드시 포함된다. 나이도 물론 포함되지만, 정서적인 발달 상황과 경험이 항상 일치하지 않기 때문에 나이를 정확하게 추정하는 작업은 가장 어렵다. 이 단계에서 심리분석가는 추정 내용이 범행과 일치하도록 2단계의 자료를 다시 한 번 확인한다.
- 5단계: 수사단계. 범인 추정 보고서가 수사관에게 전달되고, 수사관은 추정 내용과 가장 일치하는 용의자를 집중 수사한다. 만일 이 단계에서 새로운 증거가 나타나면, 범인 추정 보고서는 추가적으로 보완 작업을 거친다. 용의자가 검거된 후에는

최종적으로 프로파일의 정확성을 검토한다.

- 6단계: 범인을 체포하는 단계. 이 단계에서 가장 핵심적인 것은 범인에 대한 신문이며, 이 신문을 통해서 범인이 자백을 하거나 최소한 범행에 대해 적극적으로 토론에 나서게 한다.

2-2 용의자 이분법과 신문방식

(1) 조직화되지 않은 반사회적 타입과 조직화된 비사회적 타입

가. 조직화되지 않은 반사회적 타입

조직화되지 않은 반사회적 타입은 주로 활동적이지 않고 내향적인 백인 남자로 구성된다. 그는 자신의 성격이 사회적으로 받아들여질 수 없기 때문에 반사회적이라고 생각된다. 그는 평범하지 않다거나 낯선 사람으로 묘사될 수 있다. 이 가해자의 인격과 관련된 것들은 평균 이하의 지능, 비전문직, 적은 음주량, 거주지나 직장이 범죄현장 근처, 야행성, 열악한 개인위생, 연애경험이 거의 없음 등이다. 조직화되지 않은 가해자는 미리 계획되지 않은 것으로 보이는 혼란스런 범죄현장을 떠난다. 그는 전형적으로 피해자를 알고 있으며, 살인사건의 경우 피해자를 빨리 죽일 것이다. 그러나 살인 이후에 성적 행동을 할 것이다. 전형적으로 그는 사체를 옮기지 않을 것이고, 다른 물리적 증거들과 함께 무기도 현장에 놓아둘 것이다.

나. 조직화된 비사회적 타입(organized nonsocial)

조직화된 비사회적 가해자는 여러 가지 면에서 조직화되지 않은 가해자와 반대이다. 그는 자신이 원해서 비사회적이지만, 매력적인 성격을 가질 수 있다. 그는 높은 지능과 사회적 만족, 기혼 또는 밀접한 교우관계를 가지고 있다. 이 가해자는 건장한 이미지를 가지고 있고, 강박신경증적인 행동을 한다. 그래서 의식(儀式)행동을 통해 자기 통제를 하려 애쓴다. 조직화된 가해자는 그의 범죄를 주의 깊게 계획하고, 일반적으로 물리적 증거를 별로 남기지 않는다. 범죄의 스릴은 피해자를 순종적으로 만들고, 그래서 고문을 하고, 다른 통제의 표지가 발견된다.

(2) 신문방법에서의 차이

이들 두 용의자 타입은 역시 취조를 하는 동안 다르게 반응하고, 따라서 특정한 취조전술이 권고된다.

가. 조직화되지 않은 반사회적 타입

조직화되지 않은 가해자는 공감적이고 "상담하는" 접근에 가장 잘 반응한다. 이 타입의 용의자에게는 증거를 가지고 밀어붙이듯 추궁하기보다 증거는 조금씩 내보이면서 계속하여 그의 상황이 명확해지도록 용의자에게 진지한 이해를 표현한다. 마지막으로 조직화되지 않은 가해자의 야행적 성향 때문에 야간조사가 권고된다.

나. 조직화된 비사회적 타입

조직화되지 않은 가해자에게는 동정적인 수사관이 잘 어울리지만, 조직화된 가해자는 업무적이고 직선적인 조사관이 더 잘 어울린다. 이 취조는 증거를 제시하는 가운데 행해지며, 용의자가 계속 부인을 할 것이다. 그러나 용의자의 의심과 통제하는 성향 때문에 수사관은 취조를 하는 동안 조작된 증거를 보여주어서는 안된다. 그 가해자는 감정적으로 또 우발적으로 잘 꺾이지 않는다. 그는 수사관이 입증할 수 있다고 믿는 것에 대해서만 자백할 것이다.

(3) 감정적: 비감정적 가해자

두 용의자 타입의 취조 접근에 있어서의 이분화는 감정적:비감정적 가해자와 꽤 유사하다. 아이러니하게도 범죄현장에 증거를 남길 가능성이 가장 많은 조직화되지 않은(감정적인) 가해자는 그런 증거의 존재에 의해 무너지지 않을 것이다. 왜냐하면 이 가해자는 자백을 이끌어내기 위해 너무 많은 압박이 가해지면 정신적으로 위축된다.

반면에 증거를 남기지 않으려고 주의하는 조직화된(비감정적인) 가해자는 그의 혐의를 나타내는 증거의 논리적 전개가 주어지는 취조에 가장 영향을 많이 받는다. 이 아이러니가 시사하는 바는 조직화되지 않은 가해자는 조직화된 가해자보다 수사의 초기단계에 취조되어야 한다는 것이다. 조직화된 가해자에 대해서는 취조를 하는 동안 효과적으로 사용할 증거가 충분하게 수집될 때까지 어떠한 면담이나 취조도 보류해야 한다.

III. 지리학적 프로파일링

1. 지리학적 프로파일링

1-1 지리학적 프로파일링의 의의

(1) 정의

지리학적 프로파일링은 범죄자의 가장 유력한 거주지 위치를 결정하는데 사용되는 수사기법이며 이는 범죄지(sites)의 지리학적 위치에 기반하고 있다. 구체적으로는 지리정보를 바탕으로 하는 프로파일링 기법으로, 주로 연쇄범죄의 범행장소로부터 범인의 거점장소 및 추가범행지점을 예측하거나 시체유기 및 증거인멸 장소 등으로부터 범행장소와 범인의 거주지를 추정하기 위해 활용되고 있다.

지리학적 프로파일링에 적절한 범죄로는 다음과 같은 것들이 있다.

연쇄범죄(살인, 강간, 방화, 폭파), 약탈적 범죄(아동유괴, 성적 살인), 여러 장소 범죄(신용카드 사용, 재산범죄)

(2) 지리학적 프로파일링의 원리

지리학적 프로파일링의 원리에는 최소노력, 일상활동, 거리감쇠가 있다.

가. 최소노력(least effort)

동물, 사람, 심지어 잘 설계된 기계까지도 자연스럽게 최소한의 '저항' 또는 '노력'이 드는 방식 또는 경로를 선택할 것이라고 가정하는 다양한 분야의 광범위한 이론이다.

나. 일상 활동(routine activity)

일상 활동 이론은 범죄 상황에 초점을 맞춘 범죄 기회 이론의 하위 분야이다. 범죄는 ① 동기화된(잠재적) 범죄자, ② 적절한 대상, ③ 유능한 보호자의 부재라는 세 가지 요소가 수렴할 때 발생한다고 보는 이론이다.

다. 거리 감쇠(distance decay)

거리 감쇠는 문화적 또는 공간적 상호 작용에 대한 거리의 영향을 설명하는 지리적

용어이다. 거리 감쇠 효과는 두 로컬(local)간의 거리가 멀어짐에 따라 두 로컬 간의 상호 작용이 감소함을 나타낸다.

(3) 지리학적 프로파일링 요구사항

① 사건파일에 대한 완벽한 숙지
② 범죄현장검사(최소한 5개 범행)
③ 수사관과 증인인터뷰
④ 지역 지도연구
⑤ 유인된 개소와 시체처분개소를 위한 이웃 인구학적 분석

(4) 소프트웨어 활용

이후에는 프로파일링 소프트웨어가 개연성 지도를 통해 피의자의 가장 유력한 거주 위치를 보여준다. (Profiling software then produces a probability map to show the most likely residence locations for the suspect.)

로스모는 '범죄지리적 표적화(Criminal Geographic Targeting)'라는 소프트웨어 프로그램을 개발하여 사건을 분석했다. 이것은 범죄장소가 무작위(random)로 선정되지 않는다는 전제에 기초를 두고 있다. 어떤 범죄분석이든 범죄자의 이동거리와 시간(알고 있는 경우), 사건발생 일시, 시체유기장소, 주변의 날씨, 일련의 범죄사건들 사이의 발생 경과시간, 피해자 유형 및 가해자와 만난 장소, 범죄자의 공격방식은 중요한 핵심 질문이 된다. 로스모는 범죄자의 공격방식을 네 가지 살인행동 패턴으로 분류했다.

① 사냥꾼형은 자신의 안전지대에서 피해자를 공격한다.
② 밀렵꾼형은 외딴 지역에서 피해자를 공격한다.
③ 낚시꾼형은 기회를 틈타 피해자를 공격한다.
④ 올무꾼형은 피해자를 특정 장소로 유인해서 공격한다.

일단 지역의 위치가 특정되면 전통적인 수사기법이 사용된다.

① 주소기반 경찰 기록 검색(address based searches of police records)
② 순찰강화
③ 호별수색 및 직무질문(door-to-door searches/questioning)
④ 정보(tip) 우선순위화
⑤ DNA 검색 우선순위화

지리적 프로파일링은 한계가 있다. 로스모의 주장에 따라 최소한 5개의 범행지점을 정확하게 파악해야 하는데 실제로는 그 조건을 충족하기가 쉽지 않다. 가장 큰 문제는 분석대상 사건이 동일범의 소행이라는 점을 사전에 알아야 하는데 이것을 파악할 수 있는 범죄연계분석의 정확도가 그리 높지 않다는 문제점이 있다.`

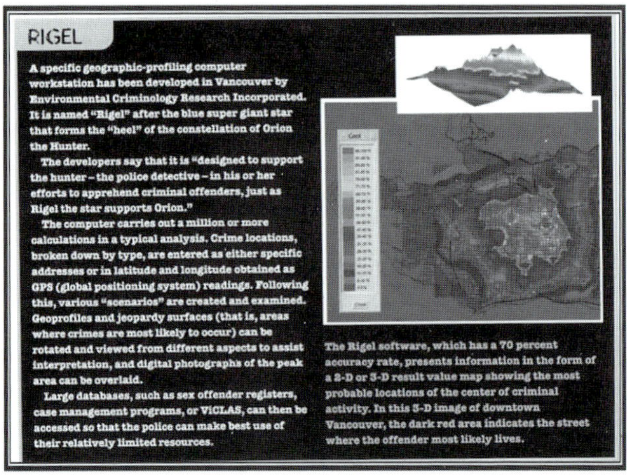

[그림 8-2] GIS를 이용한 지리학적 프로파일링 시스템(Kim Rossmo)

1-2 지리적 프로파일링의 범행거점 추정 가설

심리적 구성요소는 인지지도(Mental map) 또는 지각적 갖춤새 개념에서 파생된다. 예를 들어 사람들마다 지역에 대한 인식이 다를 수 있는데 어떤 사람은 300km를 엄청나게 먼 거리라고 여기지만 어떤 사람들은 차로 3시간 정도면 가는 거리라고 생각한다. 이 같은 사람들의 지각, 이동 능력과 의지, 이동습관, 지역에 대한 친숙도가 그들의 인지지도를 규정한다. 따라서 강간범, 방화범, 폭파범, 살인범들이 넓은 활동반경 내에서 이동하든, 지그재그로 이동하든 직선경로를 따라 이동하든 간에 그들이 내린 선택을 통해 많은 정보를 얻을 수 있다(이하 범죄수사심리학, 오치 케이타, 2017, 이미정 역)

(1) 원가설(圓假說)

지리적 프로파일일의 최초 가설로는 캔터가 제시한 원가설(Circle hypothesis)이다. 캔터는 한 명의 연쇄살인범의 범죄장소와 거주지를 지도상에 표시해보면, 그 모든 지점들이 하나의 영역 안에 포함된다는 것을 발견하였다(그는 그러한 모든 지점들이 A4 용지에 담겨진다는 의미에서 이를 A4효과라고 부르기도 했음). 이 가설은 연쇄범죄를 맵핑할 때 가장 멀리 떨어진 두 범행지점을 연결한 선을 직경으로 하는 원의 중심에 범인의 거주지 또는 직장 등의 범행거점이 존재한다는 것이다.

이 가설의 문제점은 동일범이 저지른 두 범행간의 거리가 매우 먼 경우, 원의 크기가 너무 커져서 범죄자의 행동반경 예측에 도움이 안된다는 점이다.

(2) 최소블록집합폴리곤(Convex Hull Polygon: CHP)

범행이 발생한 장소들을 지도위에 핀을 꽂아 표시하고 그 핀들을 끈으로 연결하여 다각형(폴리곤)을 만들면 최소한 그 다각형 영역 안에 범인이 거주하고 있을 것이라고 예측하는 방법이다. 이 모델은 FBI가 비면식 연쇄강간범의 거주지를 추정하는 데 활용되어, 탐색영역을 확실히 좁히는 효과를 발휘하였다.

이 방법의 문제점은 강간범을 분석한 워렌 등의 연구에서 범인의 24%만 최소블록집합 폴리곤 안에 거주하고 있는 것으로 나타났다.

(3) 원심가설(圓心假說)

핀 포인트 방법의 기본 가설로서 원의 가운데 지점에 범인의 거주지가 존재할 확률이 높다고 보는 것이다 그러나 범행지점이 반드시 범인의 거주지를 중심으로 균등하게 분포되어 있지 않기 때문에 원심가설의 타당성은 그리 높지 않다. 오히려 범인의 거주지는 캔터가 제시한 원가설처럼 원의 주변부 가까이에 존재하는 경우가 많았다. 또한 범죄유형이나 범인의 연령 및 성별에 따라 범행지리적 분포가 다르게 나타났다. 범인이 집이나 직장 등의 범행거점을 중심으로 범행을 저지르는 패턴을 거점형이라고 하는데 이것은 원가설이 기본적으로 가정하고 있는 범행패턴이다.

한편 범인이 집에서 다른 어떤 장소로 출퇴근하듯 범행을 저지르는 패턴을 통근형이라고 한다. 범인의 범행패턴이 거점형이 아닐 경우, 원가설이나 원심가설에 따른 거주지 추정이 어려워지게 된다.

(4) 미네이(Meaney, 2004) 연구

미네이는 시드니에서 발생한 연쇄성범죄, 연쇄침입강도, 연쇄방화사건의 범행패턴을 통해 범인이 통근형인지 거점형인지 예측하였다. 연구 결과 방화나 성범죄가 거점형 범행을 저지르기 쉽고, 범인이 여성인 경우, 사건이 도심에서 발생한 경우, 범인이 범행 당시 음주상태였던 경우에서 거점형이 많이 나타났다.

범행대상을 미리 정한 계획적 범죄나 복수를 위한 방화 등은 통근형 행동패턴이 나타날 수 있다. 또한 직업적 절도범은 미리 지역을 선정한 후 그곳에 출퇴근하듯 하는 통근형 범행을 저지를 경우가 많은 것으로 나타났다.

(5) 버퍼존(Buffer Zone)

범인의 거주지를 추정할 때 중요시 되는 또 다른 현상이 버퍼존이다. 프리츤(Fritzon, 2001)은 방화범의 행동패턴과 거주지의 관계를 분석하여 이러한 현상을 규명하였다. 연구 결과는 다음과 같다.

가. 범인은 집이나 직장과 같은 거점 주변지역에 관해 상세히 알고 있다. 이 지역은 피해자등에게 신원이 바로 탄로 날 수 있고 경찰 역시 범행지점 근처부터 수색을 시작하기 때문에 발각의 위험성이 크다. 이 때문에 거점 인접지역에서 범행은 억제된다.

나. 거점으로부터 떨어진 지역은 발각이나 수색의 위험이 감소되지만 그만큼 그 지역에 대한 정보가 부족하다. 이처럼 익숙하지 않은 장소에서 범행하는 것은 도주나 범행대상 선택 등에 불리하므로 이 역시 범행은 억제된다.

다. 결과적으로 범행은 거점으로부터 충분히 떨어져 있지만 너무 떨어져 있지 않은 지점(최적거리)에서 이루어진다. 이처럼 거점근처의 일정한 영역에서는 범행이 발생하지 않는 현상을 흑점효과(Coal-sack effect)라고 하고 그 영역을 버퍼존(완충지대)라고 부른다. 버퍼존이 존재하기 때문에 범행지점은 거점을 중심으로 도넛형태를 띠게 된다.

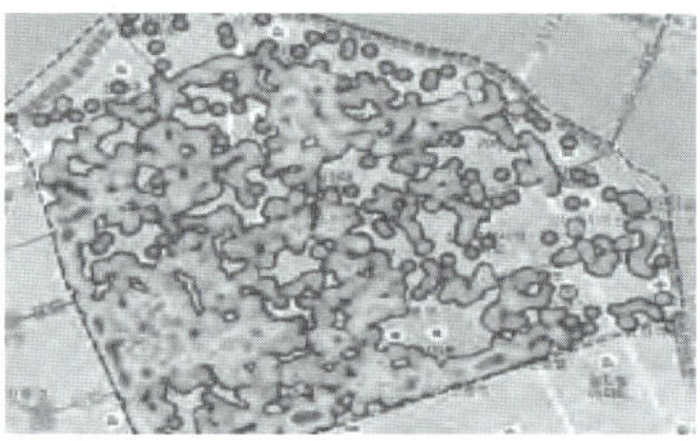

〈범죄 다발지 분석〉

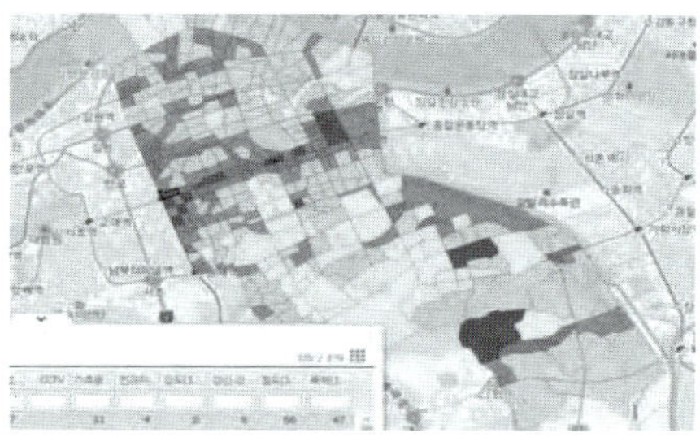

〈범죄 위험도〉

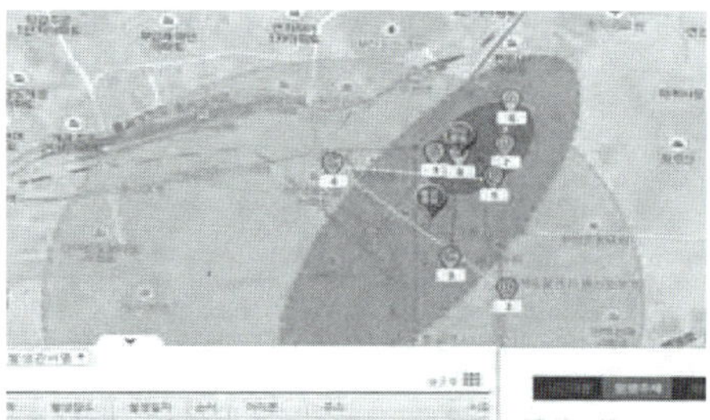

〈사건 분석〉

2020년 경찰백서 5장 4절 - 지리적 프로파일링 시스템(GeoProS) 주요 기능

2. 연계분석

2-1 연계분석 개관

(1) 연계분석의 의의

가. 연계분석의 정의

여러 범행에 나타난 행동의 유사성을 근거로, 동일한 범인에 의해서 행해졌을 가능성이 있는 범죄자를 밝히는 분석으로 행동분석의 한 유형이다. 연계분석은 사건 비교분석(comparative case analysis)과 사건연계(case linkage)로 구성된다.

나. 유용성

① 경찰력의 효율적 운용

② 신속한 체포 가능

③ 범행증명의 논거 강화

④ 피해자 특성 예측으로 예방에 일조

⑤ 미제사건 해결에 기여

(2) 연계분석의 가정

가. 범죄자는 범행에 일관성을 갖는다.

범죄자 내 일관성(within-offender consistency)

연쇄강간범의 총기사용여부, 피해자 의복절단 여부 등 일관성 존재

나. 범죄자들 사이에 범죄방식의 차별성이 존재한다.

범죄자간 차별성(between-offender variability)

타당성 있는 구별이 가능하다.

강간범 또는 강간살인범의 피해자 접근방식을 통해 범죄자의 특성을 추론할 수 있다.

① 폭력사용(blitz approach): 시작부터 피해자를 제압하기 위해 즉각적 폭력 사용. 여성에 적대감 있음.

② 신뢰쌓기(confidence approach): 범행전 비폭력적 방법으로 상호작용을 맺는 스타일

③ 놀래키기(surprise approach): 피해자가 잠을 자는 사이 침입, 어두운 곳에서 기다렸다가 접근 등. 사전계획과 법적 인식(또는 지각력)

(3) 연계분석의 심리학

사람과 상황이 상호작용하여 행동에 영향을 미친다. 상황이 '성격체계'를 통해서 그 사람의 고유한 특성과 의미 있는 상호작용을 한다(Michel).

당면한 상황을 어떻게 해석하는가 → 특정한 인지와 정서의 활성화 초래 → 전략의 활성화 ⇒ 궁극적으로 행동이 나타난다.

특정 행동전략의 활성화 가능성은 상황의 유사성 정도와 관련된다. 이전 상황과 유사하게 평가될 때 유사한 인지, 정서를 이끌어낸다.

(4) 개인의 행동일관성에 영향을 미치는 요인

상황의 유사성

즉흥적으로 표출하는 행동

상황에 대한 빈번한 경험이나 익숙함

행동간격이 짧을수록 일관성 증가

개인간 행동차별성-성격심리학 연구들은 이를 지지한다.

사람들은 자신만의 독특한 성격체계를 가지고 있어 상황을 인식하는 방법은 매우 다양하다. 따라서 동일한 상황 내에서도 행동차별성이 나타난다(Wright & Michel, 1987).

2-2 연쇄범 행동의 일관성과 변화

(1) 범죄자의 행동 일관성

가. 범죄자의 행동 방식은 어느 정도 일관성 존재

연쇄강간범

연쇄주거침입 범죄자 - 출입방법

상습 주거침입 범죄자 - 침입절도 유형(주거지, 공공시설, 상업시설, 산업시설)

연쇄살인범

나. 행동간 일관성의 차이

연쇄살인범은 범행을 계획하고 피해자를 통제하는 방식에서 가장 큰 일관성을 보인다. 강도범은 무기 사용 등 피해자 통제 관련 행동이 다른 범죄자들과 구별하는데 나은 결과를 보인다. 강도나 침입절도는 어느 장소를 범행 대상으로 선택하였고 어떻게 목격자를 통제하였는가에 더 높은 일관성을 보인다.

다. 일관성 정도의 차이 가중치로 효율성 증대

범죄 DB를 위한 정보수집에도 시사점을 가지고 있는데 시간적 효율성의 증대로 사건 연계를 효율화할 수 있다.

(2) 범죄자의 행동 변화

가. 연쇄강간범의 대화전략

연쇄 강간범의 대화전략(위협, 칭찬, 사과 등)은 상황에 따라, 피해자의 반응에 따라 변화한다. 성적행동도 시간에 따라 변화한다.

나. 범죄자의 가학성 변화

일부 연쇄강간범은 시간이 지남에 따라 공격성의 수준(칼 사용 등)이나 성폭력의 강도(이물질 삽입 등)가 더 심각해진다. 가학적 성적 환상의 발달과 실행이 이루어진다.

다. 행동 변화에 영향을 미치는 요인

① 범죄자-피해자 간 상호작용

② 실수 등 과거 경험

③ 재소경험

④ 수사나 재판 절차 경험

⑤ 미디어

(3) 범죄지능의 발달(criminal sophistication)

가. 의의

범죄 경험자는 이전의 범행이나 사건관련 수사 및 재판절차에서 습득한 법과학적 지식을 통해 현장지문 등 증거를 제거한다.

※ Davis(1997): 210명의 강간범과 전과 조사

Piaget와 일치(Canter, 1994): 어른으로 성숙하면서 추상적 사고 가능

Park et al.(2008): 범죄경험자는 검거 가능성을 줄이기 위한 높은 법적 인식(forensic awareness)을 가짐.

3. 프로파일링의 평가

(1) 프로파일링에서 주의할 점

일부 수사관들은 프로파일링이 때로 너무 모호하고 애매해서 사건 해결에 별로 도움이 되지 않는다고 믿고 있으며, 어떤 수사관들은 기소된 흉악범의 잘못된 프로파일링을 인용하고 전반적인 절차의 정확성을 논쟁한다. 반면에 프로파일링은 현재 개발중인 과학이고 순수하게 이론에 기초하고 있다. 잘못된 프로파일링과 관련하여 프로파일링은 가해자에 관한 20개의 성격을 나열한다는 것을 명심해야 하고, 이들 성격들 중 일부는 다른 것들보다 통계적으로 더 유의하며, 프로파일링의 유용성에 대한 평가는 단순히 유죄인 용의자가 프로파일링과 일치했는지 안했는지를 결정하는 문제가 아니라는 것을 명심해야 한다.

범죄현장을 프로파일링할 때 수사관은 가해자의 입장 속으로 그 자신들을 넣지 않도록 주의해야 한다. 이 이유는 가해자의 성향은 수사관의 성향과 다를 것이고, 잘못된 결정이 내려질 것이기 때문이다. 그러므로 효과적인 프로파일러는 가해자의 내면을 바라보는 기초로 자신의 성향을 이용하지 않고, 이전의 유사한 범죄현장 경험들과 가해자의 성격 또는 라이프스타일에 대한 지식에 의존한다. 이 절차는 분명히 컴퓨터 데이터베이스와 관련되며 그 데이터베이스는 범죄자의 성향에 따른 수천 개의 범죄의 요소들을 저장할 수 있어야 한다. 그리고 최근의 범죄현장으로부터 다른 범죄현장들과 관련성이 높은 성향들이 있는 행동들을 추출해 낼 수 있어야 한다.

(2) 평가

분명히 프로파일러의 조언은 범죄를 직접 해결하는 데 있지 않다. 그럴 경우 이는 예외이다. 프로파일러는 새로운 아이디어 또는 새로운 관점을 제공할 수 있다. 그렇지 않더라도 프로파일러의 의견은 수사팀이 예상 할 수 있는 모든 작업을 수행했음을 안심시키는 데 유용할 수 있다.

요약하면 프로파일러가 스스로 사례를 해결하는 경우는 거의 없음이 분명하다. 그러나 수사팀은 독립적인 전문가의 역할에서 프로파일러와의 상담 및 토론 과정을 중요하게 생각하고 또한 매우 유용한 것으로 여긴다. 범죄자 프로파일링의 질을 우상화하거나 비난하기보다는 프로파일링을 여러 범죄 분석 기술 중 하나로 보는 것이 타당하다.

Cope(2005)는 다음과 같은 분류를 제공한다.

[표 8-3] 범죄 분석 도구

기술	설명
범죄 패턴 분석	공간적, 연계된 시리즈 또는 일반적인 경향의 범죄 패턴 분석
네트워크 분석	범죄자와 그들의 활동 및 관계에 대한 분석
범죄 기업 프로파일	범죄 기업의 운영 방식에 대한 프로파일
시장 프로파일	범죄자, 지역 및 교환된 자산에 대한 세부 정보를 포함한 범죄 시장의 프로파일
운영 인텔리전스 평가	작업 전반에 걸쳐 지능에 대한 지속적인 검토
대상 프로파일	활동 및 동료를 포함한 개인의 프로파일
결과 분석	의사결정에 영향을 미치는 요소를 이해하기 위해 활동 영향 평가
위험도 분석	개입의 필요성을 평가하기 위해 개인 또는 문제와 관련된 위험에 대한 검토

○ 참고문헌

오치 케이타 (2017). 「범죄수사심리학」이미정 (역). 학지사.

경찰청 (2020). 「경찰백서」

최영인 (2005). 「범죄프로파일이론과 연쇄살인의 프로파일링」 백산출판사.

渡辺昭一 (2004). 「捜査心理学」北大路書房.

渡邉和美, 桐生正幸, 高村 茂 (2006). 「犯罪者プロファイリング入門—行動科学と情報分析からの多様なアプローチ」北大路書房.

브라이언 이니스 (2005). 「범죄심리와 과학수사 프로파일링」 이경식 (역), 서울:Human & Books.

서울지방경찰청 (2004). 「한국의 살인범죄 실태와 수사」 (서울:대성인쇄소), pp.1589-1762.

__________ (2009). 「정남규 연쇄살인사건 수사백서」 (서울:범신사), pp.16-17.

권일용 (2019). 「프로파일링 이론과 실제」 박영사.

홍성열 (2011). 「범죄자 프로파일링」 학지사.

임준태 (2009). 「프로파일링」 대영문화사.

조 내버로·마빈 칼린스 (2010). 「FBI 행동의 심리학 - 말보다 정직한 7가지 몸의 단서」 박정길 (옮긴이) 리더스북.

Holmes, Ronald M./Holmes, Stephen T. (2008). Profiling Violent Crimes: An Investigative Tool Sage Pubns

이승훈 (2013). 「Real CSI」 그린출판사.

권창국 (2015). 「과학수사론」 박영사.

Pakes F. & Anderson, Pakes. S. (2009). *Criminal Psychology*, 6th ed. New York : Routledge Inc.

Lyman, Michael D. (2004). *Criminal Investigation : The Art and The Science*, 4th ed. New Jersey : Pearson Education, Inc..

Alison Laurence (2005). *Forensic Psychologist's Casebook :psychological profiling and criminal investigation*, Willan Publishing (UK); illustrated ed.,

Joanna R. Adler (2004). *Forensic Psychology: Concepts, Debates and Practice*, Willan Publishing (UK); illustrated ed.,

Curt R. Bartol & Anne M. Bartol (2008). *Introduction to Forensic Psychology: Research and Application*, Sage Publications, Inc; 2nd ed.

越智啓太·桐生正幸. (2017). 「テキスト 司法·犯罪心理学」 北大路書房

Graham Davies, Anthony Beech (2017). 「범죄수사심리학 범죄, 사법, 법률, 개입」 이봉건·이철원 (역). 학지사.

이봉한 (2009). 한국연쇄살인범죄의 테마와 특성 분석, 「형사정책」 21(2).

로버트 K. 레슬러 (2021). 「살인자들과의 인터뷰」 황정아·손명희 (역). 바다출판사.

김지선 (2019). 「범죄심리학」 (3판) 그린출판사.

제9장

인체구성물 채취방법 /혈흔·타액감정 /정액·모발감정

Ⅰ. 인체구성물 채취방법

Ⅱ. 혈흔·타액감정

Ⅲ. 정액·모발감정

제9장

인체구성물 채취방법, 혈흔·타액감정, 정액·모발감정

O.J. 심슨 사건 변호팀의 법과학자 Henry C. Lee는 "과학적인 증거는 상황에 맞아야 인정될 수 있다"고 한다. 또한 그는 "증거 스스로 말하게 하라."라는 유명한 말을 했다. 증거 스스로 말하게 하려면 어떻게 하여야 하는가?

I. 인체구성물 채취방법

1. 감정의뢰

1-1 감정의뢰 절차

(1) 흐름도

시료채취 → 변질방지 → 증거물 밀봉 → 증거물 표기 → 증거물 포장 → 증거물 송부

(2) 채취 및 처리

- 사건현장에서 발견되는 모든 증거물은 가능한 한 전량을 채취하고 채취된 증거물들이 서로 섞이지 않도록 분리한다.
- 채취한 경과와 사건개요를 자세히 기록하고 필요한 경우 사진촬영을 한다.
- 증거물 중 특히 혈액, 정액, 조직 등의 경우에는 변질 또는 부패하지 않도록 각별히 주의하여야 한다.
- 증거물의 변질 또는 부패방지를 위해서는 일광직사를 피하고, 습기가 차지 않는 건조한 곳이나 냉장보관을 하여야 한다.
- 조직 등은 10% 포르말린 용액이나 알코올에 보관한다. 그러나 혈액형과 독물분석

용 시료에는 포르말린을 절대 첨가하지 않는다.

- 부패된 혈액의 경우 발생되는 가스로 폭발, 파손될 위험이 있어 주의하여야 한다.

(3) 밀봉

- 깨끗이 세척된 유리병이나 플라스틱 병에 담고, 역시 깨끗이 세척된 마개로 파손 또는 새어 나오지 않게 밀봉한다.
- 증거물을 담기 위해서 유리병 또는 플라스틱 병을 물로 깨끗이 세척하여 건조시켜 사용하고, 깨끗한 코르크 마개나 테프론 마개로 밀봉하여야 한다.
- 밀봉하면서 즉시 취급자 또는 책임자가 밀봉한 개소마다 날인하도록 한다.

(4) 표기내용

- 검체의 종류 및 품명
- 채취 년, 월, 일, 시 및 장소
- 피해자/피의자의 성명, 연령, 직업(특수업의 경우)
- 감정표본 채취방법
- 관련 사건명
- 사건 개요(자세하고 정확하게 표기)
- 검체 구분번호
- 사건취급자

(5) 내용물의 포장

- 범행도구나 범행과 관련된 모든 증거물들은 한 가지마다 개별 포장을 하여 마멸이나 파괴를 방지한다. 감정용 증거물을 따로 분리하여 종이봉투나 박스로 포장(규격 용기 사용권장)한다.
- 특히 피해자와 용의자의 의류는 각 증거물의 혈흔이 상호 오염되지 않도록 반드시 분리하여 포장한다.
- 증거물이 젖은 경우, 반드시 통풍이 잘되는 그늘에서 건조시킨 후 포장하여야 한다. 젖은 상태로 포장하게 되면 운반 도중에 증거물이 부패되거나 오염될 수 있기 때문이다.
- 혈액이나 소변, 기타 액체성분 등 유동성 증거물의 경우는 운송 도중에 부서지거나 깨지지 않도록 포장에 주의한다.
- 증거물 용기에는 채취장소, 채취 시간, 채취자의 성명을 표기한다.

- 검은 것은 백지에, 흰 것은 흑색지에 포장하고 변질이나 휘발우려가 있을 때는 차광성 용기에 넣어 밀봉하여야 한다.
- 개별 포장된 것을 종합하여 다시 포장할 경우 용기와 용기, 증거물과 증거물의 마찰을 피하고 가급적 포장된 내부에서 증거물이 따로 놀지 않도록 틈마다 솜 또는 천을 끼운다.
- 대변은 감정목록에 따라 채취방법을 다르게 하며, 청결한 병 또는 나무상자나 종이상자 등에 담아서 부패하지 않도록 밀봉하여 포장한다.
- 유동성 정액은 깨끗한 유리병에 넣어 얼음상자 등에서 저온상태를 유지하여 운반하여 부패를 방지하고, 특히 유동성 정액을 거즈에 묻힐 경우에는 그늘에서 완전히 건조시킨 후 포장하여야 한다.

(6) 증거물의 운송

- 부패, 변질이 우려되는 감정물은 견고히 포장하여 특사 편에 급송하고 특히 여름철에는 특사 편으로 신속히 송부하여야 한다.
- 부득이 우송하게 될 경우에는 포장에 "지급"이라고 기재하고 철저히 포장한 다음 수신인을 정확히 표시하여 감정물을 송부하도록 한다.
- 마약과 같이 우편으로 송부하기에는 적절치 못한 감정물은 견고히 포장하여 인편으로 직접 감정의뢰 기관에 제출하도록 해야 한다.
- 가급적 포장된 내부에서 증거물이 따로 놀지 않도록 틈마다 솜 또는 포편(布片)을 끼워둔다.
- 감정의뢰서 작성시 사건개요 등을 상세히 기록하고 취급자·담당자 성명을 반드시 명기하여야 한다.
- 우송시에는 포장 후 책임자가 반드시 완전히 포장되었는지를 확인한다.

1-2 증거물 연계성(chain of custody)

(1) 감정물/증거물 인수인계과정 유지

증거물이 법정에 제출될 때에는 항상 증거물 인계인수과정이 명확해야 한다. 증거물 관리시스템(EMS)은 증거물 연계성 확보를 위해 증거물의 수집·채취부터 감정, 송치까지의 입·출고 이력을 관리하는 전산시스템이다. 증거물 위치의 기록, 확인, 법과학 시험기관으로의 제출 등에 필요한 표준절차를 준수하여 증거물의 발견으로부터 법정에 제시될 때까지 필요한 모든 필요조건을 갖추어야 한다. 이 과정은 증거물을 다루거나 시험하는 모든 사람에게 해당된다. 이를 명확히 하지 않아 증거물의 신빙성이 치명적으로 훼손될 수 있다.

❖ Case 9-1 OJ 심슨 사건의 교훈

〈사건개요〉

'O. J. 심슨 사건'은 심슨의 전 아내였던 '니콜 브라운 심슨'과 아내의 친구였던 '론 골드만'이 살해된 사건으로, 범인을 잡지 못한 미제 사건이다. 유명한 미식축구 선수이자 영화배우였던 O. J. 심슨은 많은 수의 증거와 정황을 통해 가장 유력한 범인으로 지목되었으나, 형사 재판에서 무죄 판결을 받았다. 그러나, 이후 민사 재판에서 패배하여 막대한 배상금을 지급하라는 명령을 받게 된다. 심슨이 무죄 판결을 받을 수 있었던 가장 큰 이유는, 범인의 것으로 확실시되는 장갑이 심슨의 손에 맞지 않았던 것이었다. 또한, 이 사건은 인종 차별 문제도 같이 얽혀 있었는데, LA폭동 2년 후에 일어난 일이라 검찰측과 변호측 모두 이 점을 의식하며 재판을 진행했다고 한다. (배심원의 인종 구성, O J 심슨이 인종차별 문제에 강한 변호사를 선임하는 등...)

〈DNA채취과정의 문제점〉

과연 현장에서 채취한 혈액이 어떤 상태에서 보존됐는가? 또 그 혈흔은 정말 범죄 당시에 흘린 혈흔인가? 또는 다른 곳에서 흘린 혈흔을 범행장소에 갖다 놓은 것은 아닌가? "범죄현장에서 발견된 몇몇 혈흔들을 조사한 결과 일부 혈흔들이 심슨의 것으로 판명"되었으나 변호인단은 우선 증거가 되는 혈흔의 보존상태에 의문 및 문제의 장갑이 다른 곳에서 옮겨 왔을 가능성을 제기하였다. 만약 그 장갑이 살인자의 장갑이 아니라 누군가가 피를 묻히고 그 장갑을 현장에 갖다 놓았다면? 더구나 유력한 용의자의 피를 묻힌 장갑을 그 자리에 갖다 놓았다면 어떻게 될 것인가? 우선 증거가 되는 문제의 장갑은 심슨의 손에 맞지 않고 턱없이 작았다. 따라서 그 장갑을 낀 채 칼을 들고 두 사람을 죽였다는 데는 의문이 많다는 것이다.

〈Chain of Custody〉

우선 O. J. Simpson 사건에서의 핵심쟁점사항은 피 묻은 장갑과 여러 증거물들이 경찰수사원칙과는 다르게 검은색 비닐봉지에 담겨서 옮겨졌다는 것. 규정대로라면 마닐라 종이봉투에 담겨서 철저하게 개별 포장을 하여 증거물들의 교차 오염을 방지하고 또한 봉인까지 철저히 하여서 최종 감식하는 장소까지 적절하게 옮겨졌어야 했다. 변호인단은 이를 탄핵증거로 공격했다. 또한 일부 현장 수사 요원이 장갑을 착용하지 않은 채 증거물을 현장에서 집어 올려 봉투에 넣는 등 과학수사의 기본적인 원칙조차 지켜지지 않았고 현장수사 요원이 감식을 실시하기도 전에 기자들이 범행 당시 이동에 사용된 심슨의 차량에 먼저 접근해 만지고 몸을 기대는 모습이 찍힌 사진들도 발견되는 등 초동 경찰관의 현장 보존의 원칙도 전혀 지켜지지 않았다.

게다가 LAPD 소속 법과학자의 비전문성이 지적되었다. 현장에서 수거한 혈흔 DNA와 비교하기 위해 심슨의 혈액을 채취한 LAPD 소속 법과학자 안드레아 마졸라가 정규 연구원이 아닌 수습 직원이라는 사실과 채취된 심슨의 혈액이 든 병이 거의 만 하루 동안 마졸라의 외투 주머니에 들어 있었다는 사실도 변호인의 반대 신문에서 드러났다. LAPD 증거물 보관 시스템의 보안 문제도 제기되었다. 변호인단은 LAPD 증거 분석 및 보관실과 LA 검찰 사무실 및 검시관 사무실의 보안이 극도로 허술해 '아무나' 출입할 수 있고 출입자에 대한 기록 유지도 제대로 이루어지지 않았다는 증거들을 제시한 뒤 범죄 현장에서 채취한 혈액 8제곱센티미터 중 1.5제곱센티미터 분량이 사라진 사실을 발견해 증거로 내놓았다. 경찰이나 검찰, 검시관 측 누구도 이러한 혈액 양의 불일치를 설명하지 못했다.

결과적으로 심슨의 '드림팀'이라고 불리우는 변호인단은 재판의 핵심 쟁점이자 검찰 측 최대의 무기인 법과학적 증거 자체에 대해 정면으로 반박하지 않고, 그 증거물들이 '수집되고 운반되고 보관된 과정의 흠결'을 찾아 공격하는 데 모든 역량을 집중하여 결국은 '합리적 의심의 범위를 넘어설 정도로 압도적인 증명을 해내지 못하는 한 유죄 아님' 판결을 내려야 한다는 형사소송법의 원칙에 따라 결국 무죄판결을 이끌어낸다. 현장 감정이 철저하고 증거물 채증이 되었더라도 감정물/증거물의 인수인계과정(chain of custody)이 철저히 수행되지 않으면 증거능력이 인정되지 않는다는 중요 사례이다. 헨리 리 박사는 "증거 스스로 말하게 하라."라는 유명한 말을 했다. 증거 스스로 말하게 하려면 사건 발생을 인지한 시점부터 체계적이고, 전문적이며, 매뉴얼에 따른 방법으로 모든 절차가 이루어져야 한다는 것이다.

(2) 채취현장에서의 안전

감염성 물질과의 접촉 방지 등 노출억제 지침 교육이 중요하다. 고무장갑, 발싸개, 보호복의 착용이 필요하다. AIDS, B형 간염 등으로 전염성 병원균으로부터 위험을 방지하여야 한다. 또한 감염성 먼지, 연무 등으로부터 보호하기 위해 방진마스크, 방독마스크, 보호안경, 안면보호대 착용이 필요하다. 그 외에 칼, 피하주사기, 면도날 등에 의한 상처 방지가 있으며 현장에서 먹는 것, 마시는 것, 흡연, 화장 등의 행위를 금지한다.

2. 인체증거물 채취

2-1 인체증거물 채취시 지켜야 할 사항

실무에서 보관대상 증거물은 증거물관리시스템(EMS)에 입력하고 증거물의 유형에 따라 적정 위치를 지정하여 보관하고 있다. 인체구성 증거물 채취 시 지켜야 할 사항들은 무엇인가?

(1) 인체증거물의 개념

법과학 증거물 중 사람에게서 유래된 생물학적 물질을 말한다. 범죄현장에 주로 유기되는 인체구성물은 혈흔(액), 정액, 타액, 모발, 조직, 뼈 또는 치아 등이다.

(2) 채취시 주의사항

범죄 현장에는 가해자의 혈액 또는 혈흔도 있을 수 있다. 증거물이 섞이지 않게 하려면 반드시 각 시료마다 별개의 채취도구와 면봉 등을 사용하여야 한다. 감식 요원이나 수사관의 땀, 콧물 등이 증거물에 묻지 않도록 해야 한다.

(3) 인체증거물의 채취량

- 혈액 : 1~3ml를 EDTA 튜브(자주색 마개)나 또는 ECD 튜브(노란색 마개)에 채취하여 응혈 방지
- 근육 : 주로 허리 근육, 척추 주위 근육 또는 대퇴부 심부 근육 약 5~10g
- 뼈 : 주로 늑골 또는 척추골 일부 약 5cm
- 조직 : 주로 심장, 간 또는 뇌 약 5~10g

2-2 혈액(blood)의 채취

(1) 현장에서 발견되는 혈액

다량의 혈액이 있을 경우 점안기(點眼器) 또는 피하주사기를 이용하여 1~3 ml 정도 수집하여 멸균된 용기에 담고, 즉시 검사기관으로 보낼 수 없는 경우에는 냉장 보관한다. 소량의 혈액이 있을 경우 면봉 또는 면섬유를 이용하여 혈액을 닦고, 실온건조 후 멸균한 시험관 또는 깨끗한 용기에 담는다.

(2) 채혈

대조증거물로 쓰기 위해 혈액을 채취하는 경우에는 병원을 통해서 채혈하여야 한다.

(3) 간이혈액채취카드

간이혈액채취카드(FTA카드)에 점적(點滴)하여 건조시켜 의뢰한다. 혈액응고방지제(항응고제)가 든 튜브(예: EDTA 용기) 사용 시는 채혈 후 담아 뚜껑부위를 잘 밀봉하여 내용물이 용기 밖으로 새지 않도록 주의해야 하며, 운반도중에 용기가 파손되지 않도록 용기를 포장박스에 고정한다.

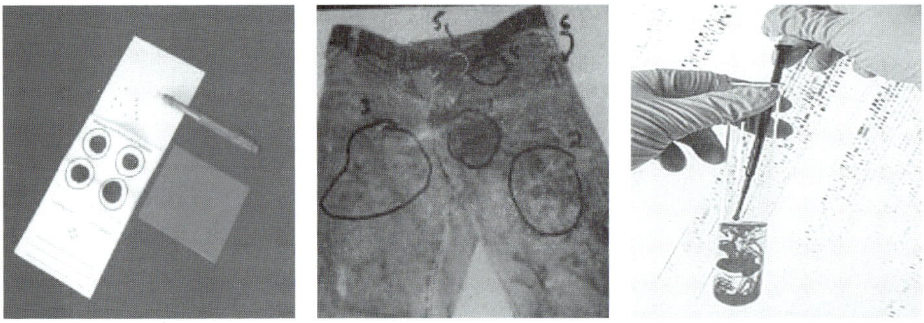

[그림 9-1] 간이혈액채취카드(FTA카드)(좌)와 소지품에서 혈흔을 채취하는 장면

2-3 혈흔의 채취

(1) 현장혈흔의 채취

혈흔이 묻은 부위를 손상시키지 않고 온전한 상태로 수거한다. 단, 건물의 벽이나 도로 등과 같이 증거물을 움직일 수 없는 경우는 혈흔 의심부위를 자르거나 긁어서 증거물 용기에 담는 것이 바람직하다. 만약 이것이 불가능할 경우에는 생리식염수를 적신 거즈로 혈흔을 닦아 냉암소에서 건조시킨다.

① 비유공성 물질(=非多孔性 nonporous material)의 표면에 묻어 있으면 깨끗한 면도날 또는 수술용 칼날로 표면을 긁어 멸균된 용기에 담는다.

② 유공성 물질(=多孔性 porous material, 예: 옷, 나무 등)의 표면에 묻어 있으면 묻은 모두를 수집, 멸균용기에 담는다. 그러나 묻은 부위가 너무 크면 적당한 크기로 잘라서 멸균용기에 담아 우송한다.

③ 혈흔이 극히 소량일 경우에는 멸균된 증류수로 적신 면봉으로 혈흔을 닦아내고, 다시 건조시킨 후에 멸균한 시험관이나 용기에 담아 검사기관으로 우송한다.

(2) 용의자의 소지품에서 혈흔을 채취하는 경우

용의자의 소지품 등에 대하여 루미놀을 뿌리지 말고 있는 그대로 개별 포장하여 감정 의뢰하도록 한다. 손톱 밑 혈흔의 채취는 조심스럽게 손톱 밑의 혈흔을 도구 등을 사용하여 채취하거나, 면봉을 사용하여 닦아내거나, 손톱깎이 등으로 오려낸다. 이때 손 아래에 하얀 종이를 놓고 작업한다.

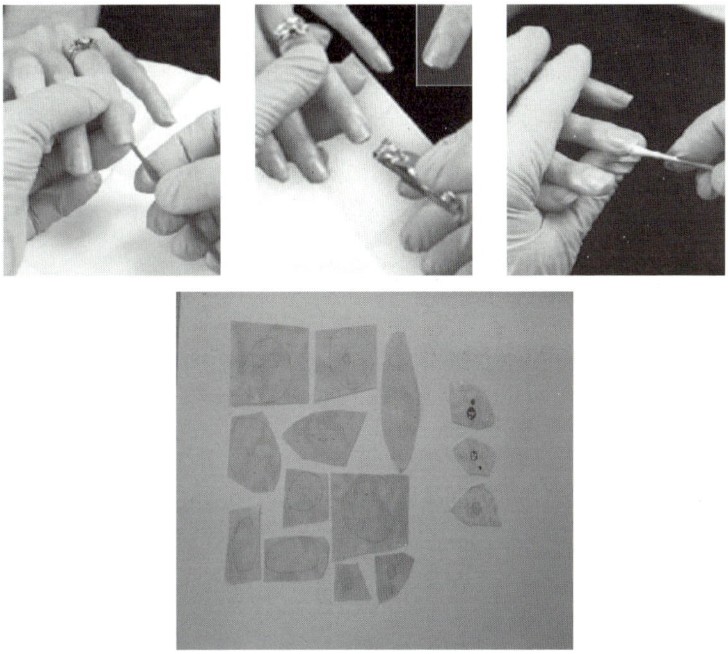

[그림 9-2] 손톱깎이와 하얀 종이

2-4 정액/질내용물 등 성폭력관련 증거물의 채취

(1) 현장정액의 채취

- 성범죄 사건에 관련된 증거물 채취는 주의를 요한다. 정액으로 추정되는 흔적(정액반)이 관찰되면 현장에서 바로 채취한다. 정액은 미황색 얼룩의 형태로 존재하기 때문에 식별이 어렵다. 정액이 검출되는 현장 증거물은 범행현장의 방바닥, 이불, 담요, 관계자 팬티, 휴지 등이 주를 이룬다. 살인사건에서 성폭행이 의심되는 경우 현장 감식요원은 시체를 옮기기 전에 시체의 표면 및 침구와 옷에 대한 검사를 철저히 하여야 한다. 정액에 자외선을 조사하면 형광이 나타나는 수가 있으나 세탁표백제가 잔류하여도 형광을 나타내기 때문에 믿을 수 없다.

(2) 대조증거물인 피해자(관계자)로부터 정액 채취

- 피해자(관계자)가 산 사람일 경우에 전문 의료인에 의해서 채취한다. 채취시 질 내부는 물론 질 외부의 정액이 흘러나와 묻은 부위도 포함한다. 피해자(관계자)가 죽은 사람일 경우에 정액 채취는 전문교육을 받은 감식요원에 의해 이루어져야 한다. 정액은 유동성이 있어서 성관계 후 그 대부분이 질외로 흘러나오기 때문에 피해자(관계자)의 팬티도 함께 수거해야 한다. 구강성교와 항문성교가 의심될 경우에는 구강과 항문에서도 채취하여야 한다. 마르지 않은 정액반(wet stain)의 경우 정액이 액체 상태로 관찰되면 점안기 또는 피하주사기로 흡입하여 멸균된 실험관에 담고 소량일 때는 면봉 또는 면뭉치(cotton pad)로 닦아서 말린 후 멸균한 용기에 담는다.
- 마른 정액반(dry stain) : "얇은 전분막(starchy texture)" 같은 모양의 건조된 정액이 옷에서 관찰되면 옷 전체를 수거하여 그 부위를 유성 펜 등으로 표시하여 의뢰한다. 이때 옷이 구겨져 정액반이 파손되거나 그 부위가 다른 물질에 오염되지 않도록 유의한다. 허벅지, 음부 등 몸에 묻은 정액반은 멸균 증류수를 묻힌 면봉으로 닦아서 말린 후 용기에 담는다.

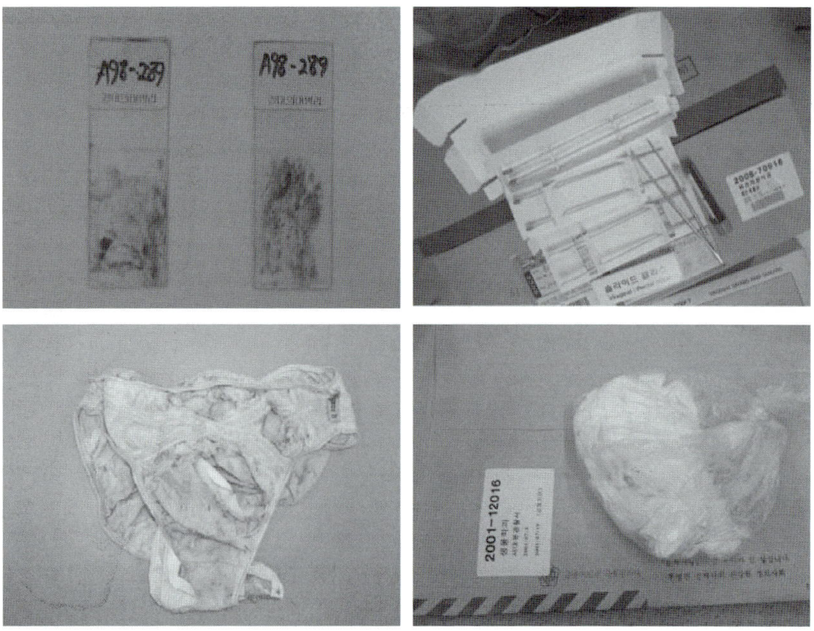

[그림 9-3] 성폭력관련 증거물의 채취

2-5 타액반/타액흔 채취 요령

(1) 현장타액의 채취

- 타액이 묻은 증거물 중 가장 흔한 것은 담배꽁초이다. 채취된 담배꽁초 중 담뱃진에 물든 것은 시험이 되지 않으므로 의뢰하지 않는다. 깨끗한 담배꽁초만을 골라서 연초를 제거한 필터를 오염물을 살살 털어낸 후 휴지 한 장씩 낱개 포장한다. 타액 채취용 증거물은 이외에도 껌, 술병, 컵, 숟가락, 휴지 등이 대상이 된다.

(2) 피해자로부터 타액 채취

- 성폭력 사건의 경우는 가해자가 피해자의 신체 부위에 자신의 타액을 묻힐 가능성이 있어 피해자 신체부위를 잘 확인해야 한다. 채취요령은 생리식염수를 적신 면봉으로 타액이 묻은 부위를 닦는다. 이때 면봉은 한쪽만 사용하고 채취하지 않은 다른 쪽은 제거한다. 면봉은 냉암소에서 건조시켜서 의뢰해야 한다. 피해자(관계자)가 사망한 경우 타액 채취는 전문교육을 받은 감식요원이 행한다. 채취부위는 주로 치흔이 나타나는 신체 부위이며 채취 요령은 상기와 동일하다.

2-6 모발의 채취

(1) 사건현장 모발의 채취

- 폭력·폭행사건에서 가해자와 피해자의 머리카락 또는 옷의 섬유가 탈락되어 사건현장에 떨어지거나 두 당사자의 신체나 옷에 묻기도 한다. 사건과 관련된 희생자, 차량, 사건현장, 옷, 흉기 및 도구, 용의자 등으로부터 모발을 채취하여 모근이 존재하면 DNA 검사가 가능하다. 채취자의 모발이 탈락되지 않도록 주의해야 한다. 모발의 채취는 우선 사건 현장을 면밀히 관찰하여 범죄현장에서 범인의 활동영역을 파악하여 의심이 가는 곳의 모발을 채취한다. 모발채취용 핀셋을 이용하여 수거 종이에 포장하며 모발이 서로 섞이지 않도록 각기 포장해야만 한다.

(2) 피해자로부터 채취

- 피해자의 의류를 면밀히 관찰하여 모발을 찾고, 다음에 백색의 전지를 바닥에 펴놓고 의류를 조심스럽게 털어 모발을 채취한다.

(3) 모발의 가치

- 모발은 사건현장의 범위를 결정하는 데 도움을 주고, 현장에 있었던 가해자의 위치, 용의자(suspect)와 흉기와의 관계, 증인이 진술한 증언을 확인할 수 있고, 사건이 시작되고 종료된 지점을 추적할 수 있다.

case 9-2 "장갑 안쓰고 증거수집" 무죄판결

〈사건내용〉

"장갑 안쓰고 증거수집" 강간미수범 무죄주며 경찰 질타한 法 중앙일보

입력 2020.12.11 15:13 업데이트 2020.12.11 18:00 박태인 기자

1심에서 징역 12년을 받았던 강간미수범에게 10일 무죄가 확정됐다.

법원이 특수강도·강간미수범에게 무죄를 선고하며 경찰의 부실수사를 질타했다. 1심에서 징역 12년이 선고된 60대 피고인 A씨는 경찰 수사 과정의 문제점을 지적한 2심과 이를 수긍한 10일 대법원의 판결로 무죄가 확정되며 감옥행을 피하게 됐다.

처음 무죄를 선고한 항소심 재판부는 "범행현장에 나온 경찰관이 마스크와 장갑을 착용하지 않은 것으로 보인다"며 "범행도구로 추정되는 식칼도 곧바로 압수하지 않고 6~7시간뒤 피해자의 모친으로부터 제출받아 증거가 오염됐을 가능성이 있다"고 밝혔다. 경찰 초동 수사의 허점으로 범인을 놓쳤을 가능성을 지적한 것이다.

이 사건은 작년 제주에서 벌어졌다. 공소사실에 따르면 피고인은 새벽 2시경 피해자의 집에 침입해 식칼을 꺼낸 뒤 들이대며 "조용히 하고 통장 꺼내라, 네가 아는 통장 다 꺼내라"고 말했다. 하지만 피해자가 "모른다"고 하자 피해자를 강간하려 했고, 피해자가 저항하자 도망쳤다. 1심은 경찰이 범행 현장에서 100m 떨어진 CCTV에서 촬영된 피고인의 복장이 피해자의 진술과 일치한 점 피해자가 진술한 색상의 옷을 입은 다른 사람이 CCTV에 촬영되지 않은 점 범행 당시 피고인의 진술이 일관되지 않은 점 범행장소에서 발견된 식칼에서 나온 Y-STR 유전자형 20좌위 중 피고인과 동일한 Y-STR 16좌위가 검출된 점 피고인의 이전 범행과 방법이 유사한 점을 들어 징역 12년을 선고했다. Y-STR 유전자는 개인 식별이 가능한 일반 STR유전자와 달리 Y염색체만 확인돼 동일한 부계의 남성 여부만 확인할 수 있다.

하지만 항소심의 판단은 달랐다. 항소심은 경찰의 증거 수집 과정에서 증거가 오염됐을 가능성을 지적했다. 1심에서 결정적 증거가 된 'Y-STR' 유전자의 경우에도 피고인뿐 아니라 현장에 출동한 경찰관의 'Y-STR' 유전자형과도 20좌위 중 15개의 좌위가 일치한다며 유죄 증거로 보긴 부족하다고 했다. 재판부는 "범행현장에 나온 경찰관이 마스크와 장갑을 착용하지 않은 것으로 보인다"며 "범행도구로 추정되는 식칼도 곧바로 압수하지 않고 6~7시간뒤 피해자의 모친으로부터 제출받아 증거가 오염됐을 가능성이

있다"고 지적했다. 경찰은 식칼의 지문은 현장에서 바로 채취했지만 유전자 감정은 범행 6~7시간 뒤 뒤늦게 의뢰했다. 그 식칼에서 나온건 Y-STR유전자가 전부였다.

법원은 피해자가 범인의 인상착의를 '마스크', '180cm', '검은 옷차림', '연령은 30~40대'라고 진술한 것과 달리 실제 범인의 신상(60대, 169cm)이 달랐다는 점도 주목했다. 또한 CCTV의 화질이 좋지 않아 식별이 어렵고 CCTV만으로 피해자의 주거지로 향하는 모든 침입 경로를 확인하기도 어렵다고 했다. 범행 당일 피고인의 행적이 의심스럽지만 유죄의 증거로는 역시 부족하다는 것이다. 대법원 1부(주심 김선수 대법관)는 이런 항소심의 판단에 문제가 없다고 보고 원심 판결을 확정했다. 이날 법원의 판결로 성범죄, 강도 전력이 있었던 피고인은 자유의 몸이 되었다.

〈평가〉

제주에서 벌어진 위 사건은 내용을 볼 때 피의자는 범인으로 의심받을 충분한 이유가 있었고, 그로 인해 1심에서 12년 이라는 판결을 받았다. 범행장소에서 발견된 식칼에서 나온 Y-STR 유전자형 20좌위 중 피고인과 동일한 Y-STR 16좌위가 검출된 점 피고인의 이전 범행과 방법이 유사한 점 등이 이유였다.

하지만 항소심에서는 경찰의 증거 수집 과정에서 증거가 오염됐을 가능성을 지적했다. 1심에서 결정적 증거가 된 'Y-STR' 유전자의 경우에도 피고인뿐 아니라 현장에 출동한 경찰관의 'Y-STR' 유전자형과도 20좌위 중 15개의 좌위가 일치한다며 유죄 증거로 보긴 부족하다고 했다.

개인식별용 DNA마커로 사용할 수 있는 STR이 아닌 Y-STR은 동일 부계확인용 DNA마커 이다. 또한 재판부는 "범행현장에 나온 경찰관이 마스크와 장갑을 착용하지 않은 것으로 보인다"며 "범행도구로 추정되는 식칼도 곧바로 압수하지 않고 6~7시간 뒤 피해자의 모친으로부터 제출받아 증거가 오염됐을 가능성이 있다"고 지적한다. 경찰은 식칼의 지문은 현장에서 바로 채취했지만 유전자 감정은 범행 6~7시간 뒤 뒤늦게 의뢰했다. 그 식칼에서 나온 건 Y-STR유전자가 전부라 했다. 결국 범인으로 지목받았던 피의자는 석방 되었다.

인체증거물 채취시 지켜야 할 사항에는 범죄 현장에는 가해자의 혈액 또는 혈흔도 있을 수 있고, 증거물이 섞이지 않게 반드시 각각 별개의 채취도구와 면봉을 사용하며, 감식요원이나 수사관의 땀, 콧물 등이 증거물에 묻지 않게 해야 한다. 또한 미세증거물의 경우에도 피부와 접촉된 물체로부터 유전자감식을 위한 시료를 채취할 경우에는 특히 오염에 주의하고, 증거물 수거자는 반드시 장갑과 마스크를 착용해야 한다. 이러한 유의사항을 다시 한 번 되새겨 보며 사건을 볼 필요가 있다.

Ⅱ. 혈흔·타액감정

1. 혈흔감정 개관

1-1 혈흔의 특징

(1) 지문과 혈흔

범죄현장 하면 일반적으로 강력범죄가 저질러진 현장, 즉 피가 낭자하고 집안이 어질러져있는 모습을 먼저 떠올리게 된다. 그리고 현장에서 범인이 유류한 지문을 채취하는 것이 기본이다. 사실 한국에서는 주민등록증을 만들면서 모든 17세 이상의 사람들의 지문 데이터베이스를 가지고 있어 범행현장에서 지문이 발견되면 신원을 특정하기에 아주 유용한 증거로 쓰인다. 하지만 많은 경우에서 범인들은 장갑을 끼고 행동하거나 범행 후 손 닿았던 부분을 문질러 그 흔적을 지우는 등 지문을 남기지 않거나 쪽지문 같은 지문을 남기는 등 온전한 지문을 채취하는 것은 쉽지 않다.

그에 비해 혈흔은 범행 시 출혈의 양과 그 방향성을 알 수 없어 닦아 지워내려고 해도 놓치는 부분이 있기 마련이고, 닦아내더라도 시약을 통해 그 흔적까지 알아낼 수 있어서 매우 매력적인 증거이다. 물론 수사관으로서 현장감식을 진행할 때는 여러 가지 증거들을 수집하여 복합적으로 판단한다.

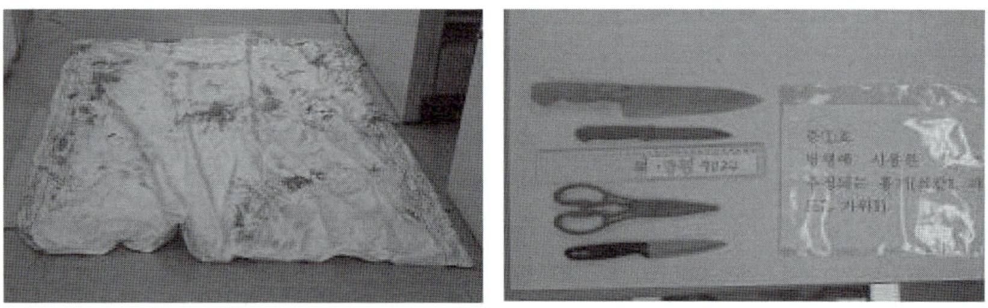

[그림 9-4] [출처] 국립과학수사연구원

(2) 혈흔의 중요성

혈흔은 범행상황이나 사고 상황을 추정하는 가장 중요한 증거이다. '혈액'이라는 하나의 인체구성물 단서에서 혈흔의 모양, 출혈량 등으로부터 살해방법, 범행시각, 살해도구 등 많은 것을 추정할 수 있게 한다. 혈액량을 통해 사망단서도 알 수 있고, 또 그 혈액

속의 DNA분석을 통해 그것이 누구 것인지도 알 수 있다. 그 중에서도 혈흔의 모양 관찰은 매우 중요하다. 피가 수직으로 낙하한 것인지 특정지점에서부터 뿌려진 것인지에 따라 모양이 바뀌기 때문에 범인의 움직임이나 범행상황 같은 정보를 얻을 수 있다(4장 1절 혈흔형태분석 참조). 혈흔 부착에도 일정한 법칙이 있어서 거기서도 출혈이 일어난 피의자의 위치나 현장상황을 추측할 수 있다. 또 한편으로는 수사관의 입장에서 수많은 감식기법 중 어떤 것을 먼저 시행해야할지 결정하는 것도 매우 중요하다. 범죄현장에 주로 유기되는 혈흔이 증거물의 어느 부위에, 어떻게 묻어 있느냐를 자세히 기록하여 놓거나 사진 촬영하여 두는 것은, 계속하여 진행하는 감정의 과정이나 순서에 참고가 되며 검사 결과를 과학적으로 정확하게 입증하는 자료로서 중요하다. 증거물의 관찰은 증거물의 표면뿐만 아니라, 의류의 안쪽 면이나 꿰맨 자리, 접은 자국 등 눈에 잘 보이지 않은 부분에 관해서도 자세히 관찰되어야 한다. 혈흔 감정은 신선한 혈액을 검사하는 병원의 임상검사나, 실험적인 연구로 얻어지는 채혈된 혈액과 같은 시료와는 다르게 처리된다. 대부분 미량이고 건조되어 있거나, 다른 물질과 혼합되어 있지 않으면 오염되어 있고, 어떤 경우에는 부패되어 있기도 하므로 주의해서 취급하여야 한다. 증거물이 놓여 있던 여러 주변상황에 정확하게 대응할 수 있는 과학적인 분석기술이 증거물의 검사에 절대적으로 요구된다.

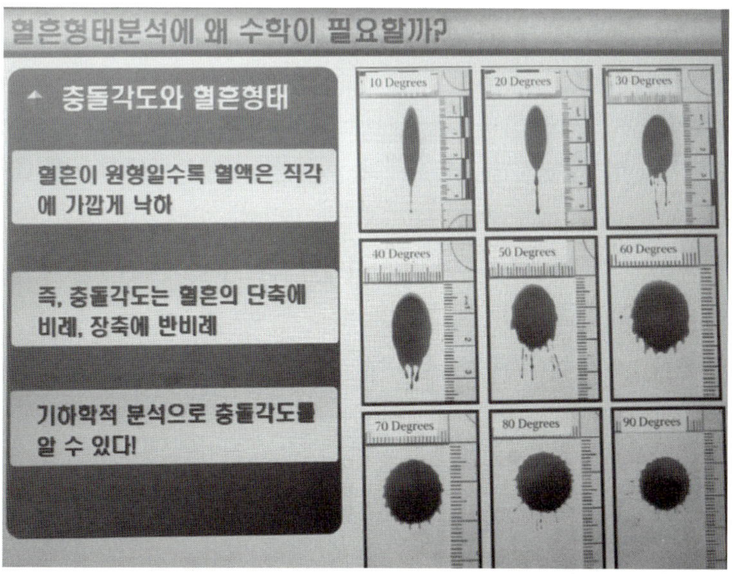

[그림 9-5] 혈흔형태분석 자료사진

[출처] https://blog.daum.net/namyha/7082157

(3) 혈액의 구성

혈액은 혈장과 여러 가지 형태의 세포(적혈구, 백혈구, 혈소판 등)로 구성되어 있다. 혈장은 90%가 물이고 10%는 다른 물질(7%는 단백질, 3%는 요소, 아미노산, 탄수화물, 유기산, 지방, 스테로이드 호르몬 및 다른 무기 이온)로 구성되어 있다. 적혈구는 혈액 내에서 다수를 차지한다. 혈액 1ml당 약 500만개이다. 반지름 6~8㎛[33]인 이 세포의 임무는 순환계를 돌며 산소와 이산화탄소를 나르는 것이다. 이것은 헤모글로빈에 의해 수행된다. 백혈구는 면역계에서 활동적이며 혈액 1ml에 5,000~15,000개로 적혈구에 비해 매우 숫자가 적다. 혈소판은 세포 절편으로 핵을 포함하지 않는다. 혈액 1ml에 150,000~300,000개가 존재한다.

1-2 혈흔감정 대상과 혈청학적 분석

(1) 혈흔감정의 대상물

혈흔 감정의 대상물은 범죄현장에서 채취된 증거물 이외에 피의자 및 피해자 등으로부터 채취된 대조자료로서 혈액이나, 살인사건의 피해자 혈액 등이다. 사건 현장에 도착하여 가장 먼저 수사관이 육안 검사를 하여 눈에 보이는 혈흔을 찾는다. 그 다음에 육안으로 혈흔이 의심되더라도 진짜 혈흔인지 식별할 수 없는 경우가 있으므로 사전검사와 본 검사의 2단계로 나눠 현장에 있는 것이 혈흔인지 아닌지를 확인한다.

(2) 혈청학적 분석

혈청학적 분석은 다른 법과학적 분석과 마찬가지로 두 가지 형태의 검사가 있다.

첫 번째가 예비실험으로 특정물질에 매우 예민하지만 특이도가 낮은 실험이다. 예를 들면 정색(呈色)반응에서 반흔이 혈흔으로 확인되어도 어떤 종류의 혈액인지 알 수 없다. 위양성(僞陽性) 결과도 얻을 수 있다. 혈액이 아니지만 사용된 시약과 반응하는 화학물질이기 때문에 혈흔처럼 반응할 수 있다.

두 번째 형태의 시험은 원하는 물질에만 반응하는 특이성이 높은 확증(확인) 시험이다. 확증시험은 예민도가 떨어져 비교적 많은 양이 있어야 양성으로 나타나지만 위양성은 적다. 확증시험은 예비실험보다 더 많은 실험조건과 장비가 필요하기 때문에 현장보다는 실험실에서 수행된다. 예비실험/확증실험은 'DNA를 위한 시료' 및 'DNA 분석이 필요없는 시료'로 나누어 실험을 할 수 있게 한다. 이러한 실험 과정은 보다 효율적인 실험과정과 증거물의 분석에 도움을 준다.[34]

33) 1㎛(마이크로미터)는 100만분의 1m다.

2. 혈흔/혈액 감정

2-1 혈흔검사 실험의 단계

혈흔은 ① 육안적 검사, ② 혈흔예비시험(얼룩이 혈흔인지 여부), ③ 사람혈 검사(혈액이 사람에게서 유래되었는지 여부)를 시행하여 혈흔인지 여부를 확인한다.

(1) 혈흔예비시험

혈흔예비시험은 혈액에 존재하는 헤모글로빈과의 반응을 관찰하는 것이다. 실험에는 두 가지 형태가 있다. 색깔의 변화 및 화학적 발광을 관찰하는 것이다.

가. 색깔의 변화와 로이코마라카이트그린(LMG) 검사

첫 번째 방법은 검사 시약을 시료에 가한 다음 산화제(대개 3% 과산화수소수)를 첨가한다. 과산화수소수는 헤모글로빈과 반응(산화)하여 시약의 색깔을 변화시킨다. 헤모글로빈은 반응을 촉매하는 촉매제로 작용한다. 일반적으로 사용되는 촉매반응검사는 페놀프탈레인, 벤지딘, 로이코마라카이트 그린 및 테트라메틸벤지딘(TMB)이다. 이 중 LMG 검사에 대해 살펴본다. 육안으로 관찰되는 흔적은 생리식염수로 적신 여과지에 얼룩을 전사하거나, 일부를 여과지 위에 놓고 LMG시약을 떨어뜨려 검사한다. 로이코마라카이트그린(Leucomalachite Green)은 무색의 로이코마라카이트그린이 과산화수소(Hydrogen Peroxide)의 존재 하에 혈색소의 촉매작용에 의해 직접 산화되어 진한 녹색의 마라카이트그린으로 되는 반응 유무를 관찰하는 것이다.

이 검사법의 장점은 미량인 혈흔이라도 검사할 수 있다는 점이다. 이 검사로 양성반응인 진한 녹색의 정색반응이 보이면, 검사한 얼룩은 혈흔이라고 일단 판정 된다(약 1만배 희석 혈흔까지 확인).

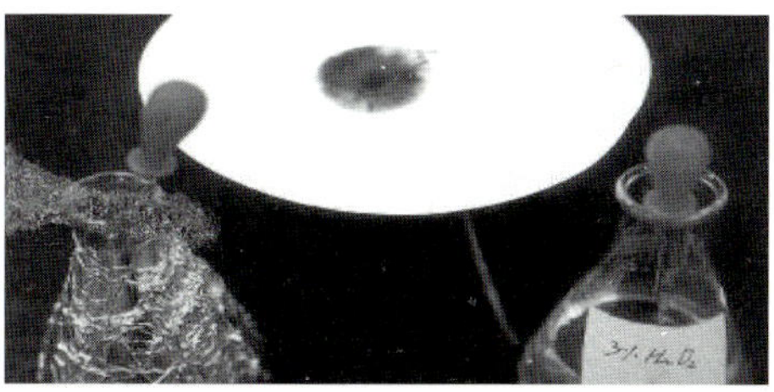

[그림 9-6] LMG시험 양성반응 현출 사진

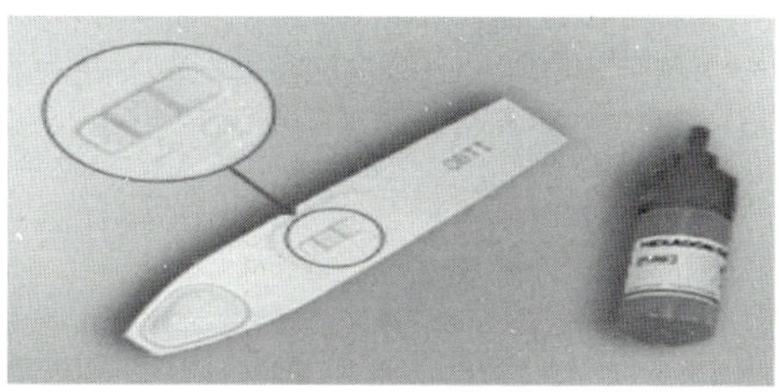

[그림 9-7] FOB키트 검사결과 양성반응 현출 사진

[출처] LG사이언스랜드

34) 과학수사 입문 231p

나. 화학적 발광과 루미놀 검사

두 번째 방법은 화학적 발광을 관찰하는 것이다. 이 실험으로 혈흔의 존재뿐만 아니라 혈흔의 형태 및 분포도 관찰할 수 있다. 검사가 가능한 부분은 마루, 벽, 자동차 내부 등으로 다양하다. 검사 시약을 검사하려는 부분의 표면에 뿌려서 방사되는 빛을 관찰한다. 빛이 약하기 때문에 처리된 표면은 어두운 곳 또는 가변광원(ALS)으로 관찰해야 한다. 방사된 빛이 일시적이기 때문에 이 결과를 사진촬영하기 위해서는 특별한 사진촬영기술이 필요하다. (그림 9-8)

이런 실험들은 유전자 분석 등 다른 실험에 영향을 주기 때문에 사용에 유의하여야 한다. 루미놀과 플루오레세인은 넓은 곳의 실험에 좋다. 육안으로 판별할 수 없는 것은 루미놀 시약을 사용하여 형광을 발하는지 여부로 알 수 있다. 루미놀은 페놀프탈레인처럼 산화제가 공급될 때 헤모글로빈의 존재에 반응한다. 혈흔이 있는 경우 반응은 화학반응의 결과 방사된 빛이 청백색 형광을 발한다. 루미놀은 헤모글로빈에 매우 예민하여 100.000분의 1로 희석된 혈액도 검출할 수 있다. 형광은 약 30초까지 볼 수 있다. 그 외 벤지딘(Benzidine) 시험법 등이 있는데 각 시험반응에 따른 비특이적 반응이 있으므로 이를 고려하여 여러 방법을 복합 시험하여 판단하여야 한다.

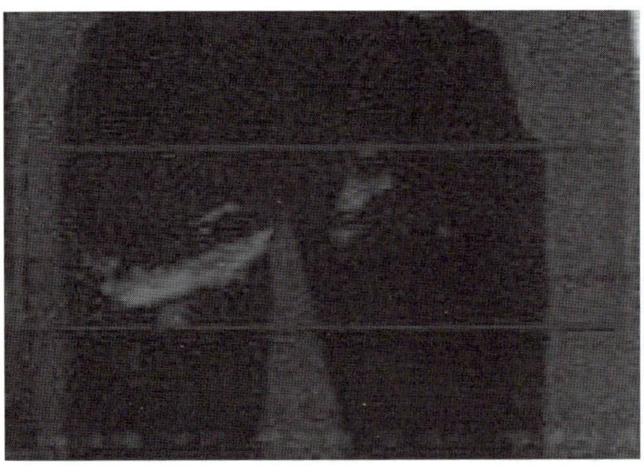

[그림 9-8] 루미놀시험법

(2) 혈흔확인시험

본 검사에서는 다시 혈액이 맞는지를 확인하기 위해 헤모크로모겐 결정법이나 혈구검사 등으로 확인한다. 혈흔확인시험은 결정형성 여부를 시험하는 방법이다. 예를 들면 헤모크로모겐 결정시험(타카야마 시험)은 작은 양의 반흔을 채취하여 슬라이드글라스 위에 올려놓고 실험한다. 시료를 잠시 가열한 후 알칼리의 조건에서 환원당 존재하에 피리딘을 피펫으로 첨가한다. 혈흔이 존재하면 선홍색의 결정이 형성된다. 이 시험은 매우 예민하여 오래된 혈흔에서도 가능하다. 적절한 가열이 정확한 검사 결과를 얻는 데 중요하다.

실제로는 오늘날 대부분의 실험실은 혈액확증시험을 실시하지 않는다. 예비시험이 양성이면 바로 DNA분석을 실시한다. 시료에서 DNA가 발견되지 않으면 사람의 혈액이 아닌 것으로 판단할 수 있다.

(3) 인수혈시험

현장 또는 용의자에게서 나온 혈흔이 사람의 것인지 혹은 동물의 것인지 확인(인수혈 시험)이 필요하다. 사람 피를 증명하는데 사용하는 사람의 혈액을 동물에 면역하여 제조한, 사람 혈청에 대한 항체를 함유한 항사람 면역혈청을 이용하는 면역확산법이 있다. 혹은 동물피를 다른 동물에 면역하여 제조한 항동물 면역혈청을 사용해 면역확산법을 시행할 수도 있다.

최근 사람 헤모글로빈의 단 클론항체를 이용한 신속 검사 키트(FOB 키트)가 개발되어 사용되고 있다. FOB키트는 면역크로마토그래피 방법(immunochromatographic sandwich capture method)을 이용하여 헤모글로빈 농도가 50ng/ml 이상인 경우 검출될 수 있도록 설계되어있다. 대조선과 검사선 밴드의 현출에 따라 음성과 양성으로 구분한다.

2-2 혈액감정의 효용

(1) 인류학 및 고고학 연구

혈액 감정이 범죄현장에서만 사용되는 것은 아니다. '대한민국 과학수사파일'이라는 책의 저자는 국립문화재연구소로부터 1949년 6월 26일 백범 김구 선생의 서거 당시 의복에 부착된 혈흔을 통해 혈액형 검출 및 DNA분석해 달라는 의뢰를 받았다고 한다. 혈흔은 암흑색의 미세한 고체 가루였고 47년이 지나는 동안 의복에 붙어있었다. 국과수 연구원들은 그 가루를 혈액형 진단 항혈청에 넣고 섭씨 37℃에서 두 시간, 4℃에서 두 시간 항원항체반응을 실시했다. 그 다음 과잉의 항체를 생리식염수로 3회 세척하여 제거하고, 대조혈구를 가하여 혈구의 응집 유무를 관찰해 혈액형을 판정하는 방법인 해리시험법을 적용했고, 흡착시험법도 병행했다. 혈액형은 AB형으로 판정되었으며 혈액이 부패되지 않고 건조된 채로 보존되었기 때문에 혈액형 판정이 가능했다. 이를 통해 법의학적 개인식별은 물론, 향후 출토되는 고분, 유골 등 대부분의 유기체 흔적으로부터 생물학적 특성을 규명해 인류학 및 고고학적 연구의 기초자료를 확보할 수 있는 계기가 되었다고 한다.

(2) 혈흔 형태 분석을 통한 출혈자 신체정보 감정기법

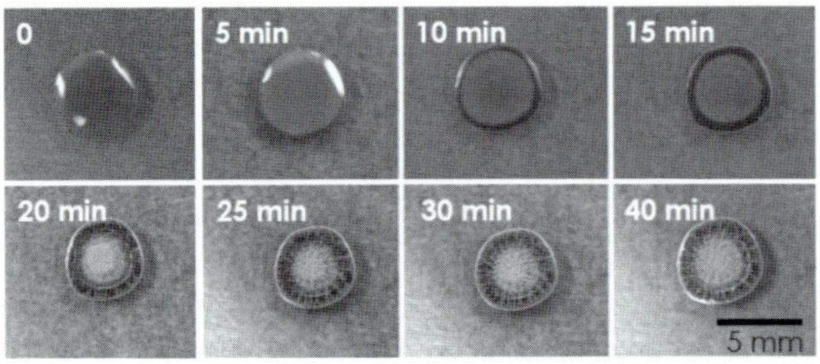

[그림 9-9] 혈흔 형성 과정

고체 표면에 떨어진 혈흔은 외곽부터 증발하기 시작하여 중앙 방향으로 진행되며 응고된다. 이 과정에서 크랙(crack)이 발생하는데, crack의 폭 크기는 중앙과 외곽에서 다르게 형성된다. 혈액은 혈구와 혈장(단백질 성분)으로 이루어진 혼합물이다. 연구 결과 crack은 혈장과 증발 때문에 발생하는 것으로 밝혀졌다.

crack 양상은 출혈자의 주변 환경에 따라 달라지는 것으로 알려졌다. 습도가 높아지면 crack의 밀도가 낮아지고, 온도가 높아질수록 혈액의 성분들이 가운데로 몰린다. 또한 신체 정보에 따라서 crack 양상이 다르게 나타난다. 정상적인 사람의 성별에 따라서, 어떤 질환을 가진지에 따라 crack이 다르다.

3. 타액검사

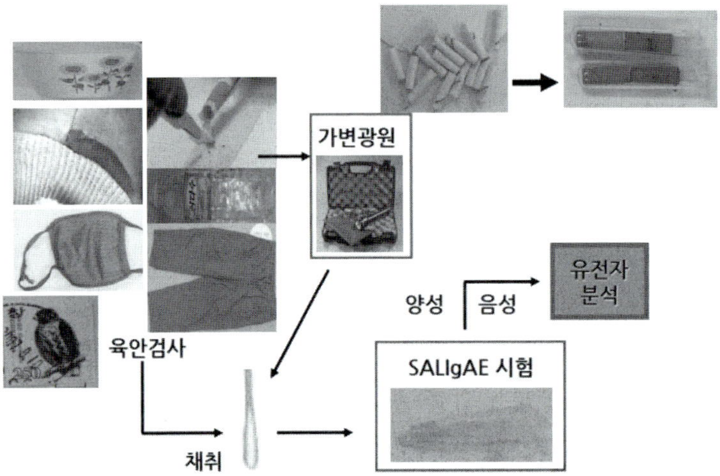

[그림 9-10] 타액검사

타액 증거물은 많은 범죄에서 증거가 될 수 있다. 묻은 자국, 먹거나 마신 표면, 심지어 가래도 중요한 DNA 증거가 될 수 있다. 타액반은 육안으로 확인하기 어렵고 검출이 까다롭다. 문제는 아밀라아제가 타액에 있지만 다른 체액에도 존재한다는 것이다. 이 효소가 타액에 더 많은 양으로 존재하기 때문에 실험 결과와 강도가 양성으로 판단하는 기준이 된다. 예비실험 양성이면 바로 DNA 분석을 한다. 타액에는 많은 양의 구강상피세포가 존재하기 때문에 유전자 분석을 하는 데 용이하다.

타액에는 소화효소인 아밀라아제와 혈액형 물질들이 함유되어 있어 범죄수사를 위한 타액의 증명 및 개인식별에 유력한 증거를 제시한다. 타액이 부착될 수 있는 범죄의 증거자료는 주로 담배꽁초, 껌, 문창호지, 우표, 손수건, 휴지 등이 해당된다. 타액이 묻은 부위는 어두운 곳에서 자외선을 조사하면 형광을 발한다.

III. 정액 · 모발감정

1. 정액/질내용물 감정

1-1 개관

(1) 중요 증거자료

수사관들은 현장 및 수사과정에서 범죄행위와 연관된 증거 또는 피의자를 추적하기 위한 단서를 찾기 위해 다양한 자료를 수집하고 분석한다. 특히 강력범죄 현장에서 수집할 수 있는 혈흔, 타액, 정액은 범죄사실에 대한 증거 및 피의자를 신문할 때 추궁할 수 있는 단서로 형사들은 이러한 증거자료를 특히 중요하게 여긴다.

(2) 정자 및 정액의 특성

성폭력사건 피해자의 체내에서 채취되는 질내용물은 피해자의 질분비액과 가해자 정액이 혼합되어 존재한다. 정액(semen)의 주성분은 고환에서 나오는 정자와 전립선

분비액으로 대부분 정자가 차지한다. 정액은 세포, 아미노산, 당, 염, 이온 및 다른 물질의 혼합물로 구성되어 있다. 사춘기 이후 남성에서 생산되며 성적 흥분에 따라 몸 밖으로 나온다. 사정량은 2ml에서 6ml이며 밀리리터 당 $1x10^8$ ~ $1.5x10^8$ 마리의 정자(sperm)를 포함한다. 정상인의 경우 1회 사정에 약 3~5ml 분비한다. 정액은 매우 끈적거리는 반유동체로, 사정 후 10~20분 경과하면 단백질분해효소의 작용으로 액화하여 분해되기 시작한다. 의복, 손수건, 휴지 등 어떤 물체에 부착된 상태를 정액반이라 하며 황회백색으로 특유 냄새를 지닌다. 그 외에도 어두운 곳에서 자외선을 조사하면 정액이 묻은 부위는 형광을 발하게 된다. 정자는 DNA를 포함하는 머리와 편모(鞭毛, 채찍모양의 털) 형태의 꼬리를 가지고 있으며 중간에는 목을 가지고 있는 특별한 구조이다. 길이는 약 55㎛이다. 정액의 존재는 성적 접촉의 증거가 된다.

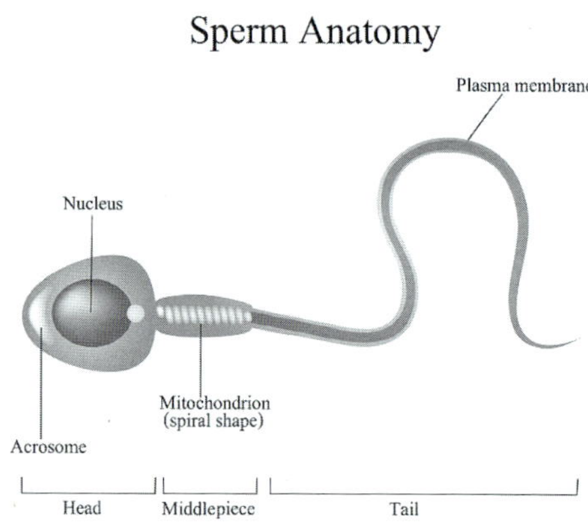

[그림 9-11] 정자의 구조

1-2 감정방법

(1) 산성인산효소(AP)

가. 정액예비시험

정액은 산성인산효소(AP)를 포함하고 있다. AP는 정액에 매우 높은 비율로 존재하는 효소이다. 이것은 정액을 예비적으로 동정하기 위한 좋은 지표가 된다. 가장 일반적인 시험이 알파나프틸인산염 기질에 시료를 적용하는 브렌타민 패스트 블루 B(Brentamine Fast Blue B)이다. 이는 발암물질로 알려져 있으며 취급에 주의를 요한다. 시약과 반응하여 강한 분홍색이 나타나면 양성이고 색깔이 2분 이내에 변하지 않으면 음성이다.

오래된 시료는 음성으로 나타날 수 있으며 해석에 주의를 요한다. 그 이유는 산성인산효소가 시간이 지나면서 활성이 줄어들기 때문이다. 정액반응이 양성이라도 이 결과는 예비실험 결과이다. 질내용물을 포함한 많은 생물학적 분비물이 어느 정도 산성인산효소를 포함하고 있기 때문이다.

정액은 450nm의 가변항원에 의해 볼 수 있으며 보호 안경을 쓰고 본다. 이 방법은 밝거나 어두운 표면, 넓은 지역을 실험할 수 있으며 매우 빠르게 결과를 얻을 수 있다. 타액 및 소변 등에서도 형광 반응을 일으키기 때문에 주의를 요한다. 정액은 청백색 형광을 발하며 이 시험은 정액예비실험의 범위를 좁힐 수 있게 한다. 그러나 형광이 일어나지 않는다고 정액반이 없다고 확정할 수는 없다.

나. 방법

산성인산효소(AP)의 정색반응은 정액반을 약간 취하여 여과지(No.2)위에 올려놓고 SM시약을 1~2방울 적하하거나 분무하면 정액이 묻은 부위에서 1~3분 후에 짙은 보라색으로 반응하면 양성으로 판정하게 된다. SM시약은 ① α-naphthyl phosphoric acid 0.2g ② diazonium-odianisidin 0.4g ③ 1/5 M citric acid buffer(pH5.5) 100ml를 잘 용해시킨 다음, 갈색병에 넣어 냉장고에 보존하면서 약 1주일 정도 사용할 수 있다.

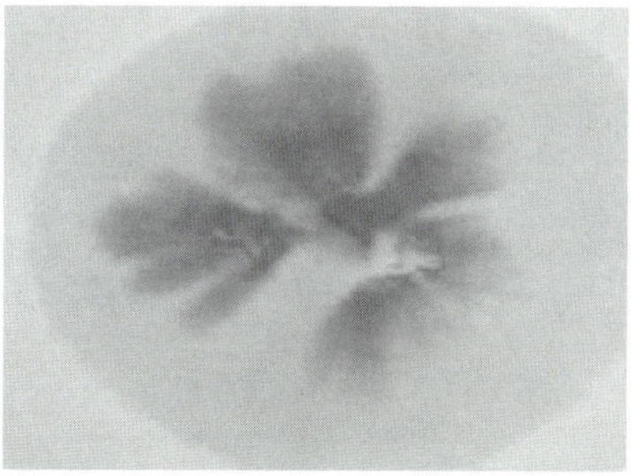

[그림 9-12] 산성인산효소(Acid Phosphatase)의 정색반응

(2) 전립선특이항원(PSA) 검사법

전립선에서 정액으로 분비되는 당단백질의 존재여부를 확인하는 방법이다. PSA 검사법은 정액 존재 여부를 확증지을 수 있는 신뢰도가 높은 검사법으로 단클론 항체를 이용해 사용이 간편한 키트 형태로 사용되고 있다. PSA 검출은 Polyclonal antibody와 결합되면 축적되어 갈색의 선이 나타나게 된다. 또한 PSA 키트에는 유사한 방법으로 작용하는 표준양성 부분(Control-line, C)이 있다.

(3) 정자관찰법

정액 1ml 내에 보통 약 8천만~1억2천만 마리가 존재하는 정자를 현미경하에서 찾는 것이다. 정자는 머리, 목, 결합부위, 꼬리부위 구성, 길이 50~70㎛ 정도이다. 성범죄에서 성교후 경과시간(TSI)을 결정하는 것은 범죄과정을 증명하는 데 유용하다. 성교 후 정자는 질 내에서 약 36시간 정도 생존한다. 자궁 경관에서는 더 오랜 시간 생존할 수 있으며 어떤 경우는 며칠까지도 생존한다. 생존한 여성의 질 내에서의 정자는 약 14시간 후면 염색성을 상실하며, 35~42시간 후면 정자 자체의 일부가 변형 또는 소실, 60~68시간 후면 머리 부분이 소실되며, 약 80시간 후면 정자의 검출이 되지 않으므로 가능하면 72시간 이내에 감정의뢰를 요한다. 그러나 사체의 질 내에서는 정자는 사체의 보존상태 여하에 따라 생체보다 더 오랜 시간 정자가 검출되는 경우도 있으나 일단 부패된 사체에서는 정자의 검출이 불가능하다. 성교후 온전한 정자는 직장에서는 6~65시간에도 발견되지만 구강에서는 6시간 이후에는 드물게 발견된다. p30의 수준은 TSI를 측정하는 데 사용되어 왔으며 대부분의 p30은 성교 후 24~27시간 이후에 사라진다.

(4) 정액확인시험

생물학적 반흔에서 정자의 존재는 정액의 확증시험으로 사용되어 왔다. 정자가 없다고 해서 반드시 정액이 아닌 것은 아니다. 정자확인시험의 전통적인 방법은 크리스마스트리 반흔을 사용하는 것이다. 정자 머리 위는 분홍색, 머리 밑은 암적색, 중간은 청색, 꼬리는 연두색으로 염색된다.

2. 모발감정

(1) 모발의 구성

모발은 포유동물(哺乳動物) 특유의 피부 부속기관으로 표피(表皮)에서 생성된다. 발생부위에 따라 두모, 음모, 액모, 체모, 수염, 눈썹, 코털, 귓속털로 분류되며 구조면에서 모첨부, 모간부, 모근으로 나누어진다. 모간은 털이 피부 밖으로 나와 있는 부분이고 피부 안에 들어있는 부분은 모근이다. 모구는 모근 아래 둥근 곤봉모양이다. 모두유는 새로운 모발을 만드는 세포와 진피 섬유아세포, 모두유 세포와 모세혈관 내피세포가 존재한다.

모간부는 주로 ABO식 혈액형 검사나 미토콘드리아 DNA형 분석에 사용한다. 모근(毛根)은 비대하여 모구를 형성하고, 모구의 하부는 신경과 연결되어 있는 결합조직으로 모낭(털이 심어져 있는 부분) 내에 묻혀있고 DNA를 함유하고 있는 세포가 가장 많이 존재하므로 개인식별이 가능하다.

모첨부는 모발이 어떻게 손질되었는지에 대한 좋은 정보를 제공한다. 가위로 자른 모발은 깨끗하고 곧은 경계를 보이는 반면 면도기로 깎은 모발은 각이 졌다. 뺑소니사고 또는 폭발사고에 의한 손상은 길고 굽은 모첨부를 남긴다. 탄 모발은 검게 되고 부풀거나 팽창해 있고, 부서지거나 갈라져서 그 상태를 쉽게 알 수 있다.

[그림 9-13] 표피의 무늬(좌), 머리카락 상태(중), 수질의 검경분석(우)

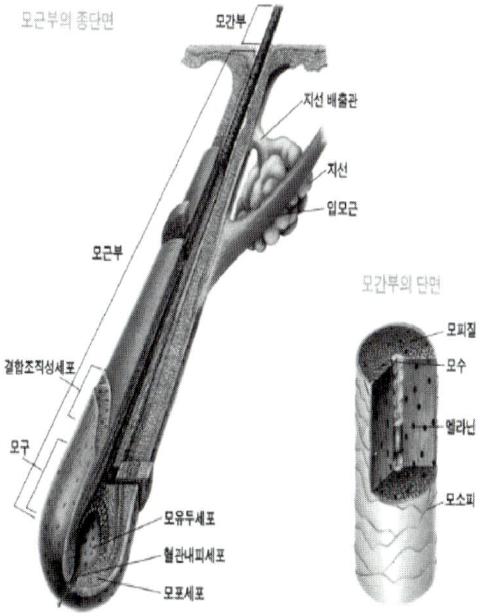

[그림 9-14] 모발의 구조

(2) 모발검사

모든 법과학적 모발 분석의 목표는 의문의 모발이나 범죄현장에서 채취된 모발을 알고 있는 모발과 비교하는 것이다. 광학비교현미경이 시험에 사용된다. 광학비교현미경은 두 개의 투과현미경으로 구성되어 있고 오른 쪽의 시료는 오른 쪽 시야에 나타나고 왼쪽 시료는 왼쪽 시야에 나타난다. 이들 병렬비교는 모발 비교에 매우 효과적이고 정확하다. 모발은 따로 비교할 수 없다.

모발은 모근부에서 모첨부까지 40배에서 250배까지 관찰될 수 있다. 모발은 슬라이드글라스에 모발에 적절한 굴절률(약 1.5)의 봉입제를 봉입한다. 비교 가능한 모발의 특징을 관찰하고 기술한다. 모발의 관찰은 모근, 모간, 모첨부 등을 포함한다.

법과학적 모발비교로부터 3가지의 기본적 결론을 도출할 수 있다. 첫 번째 의문의 모발(미지의 모발)이 알고 있는 모발 시료(대조모발)와 같은 현미경적 특징을 보인다면 알고 있는 모발을 제공한 사람에서 유래되었다고 할 수 있다. 두 번째 의문의 모발이 비슷하지만 약간 다르다면 결론을 도출할 수 없다. 마지막으로 의문의 모발이 알고 있는 시료와는 다른 현미경적 특징을 보인다면 의문의 시료가 알고 있는 기원에서 유래하지 않았다고 결론을 내릴 수 있다.

모발의 검사에는 형태학적 검사, 혈액형 판정, 방사성동위원소 분석을 실시하여 각각의 결과를 종합적으로 검토하여 다른지 여부를 판단하여 수사자료로 활용하기도 한다. 개인용 빗에는 두피(頭皮)로부터 떨어져 나온 세포가 부착되어 있어 이 세포로부터 DNA가 추출, 분리가 되면 DNA 결과를 얻을 수 있다.

모발을 검사하여 최종적으로 다음과 같은 것을 알 수 있다. ① 사람과 동물털 여부 ② 발생부위 ③ 연령 ④ 성별 ⑤ 이발 후의 경과일수 ⑥ 모발 손상여부 ⑦ 파마, 염색여부 ⑧ 뽑은 모발, 자연탈락모 ⑨ 혈액형(연령과 성별은 모발 관찰에 의해서는 알 수 없다).

회색 모발은 20세부터 발생한다. 그리고 모발은 사망한 후에는 자라지 않는다. 표피가 물기를 잃으면서 수축되어 모발이 더욱 돌출되는 것이다. 면도를 한다고 해서 모발 성장이 촉진되는 것은 아니다.

3. 치아 · 조직 · 뼈 · 미세증거물

(1) 치아의 특징

인체 경조직 중 가장 단단하며 쉽게 부패하지 않고 사체에서 가장 오래 남아있는 인체부위는 치아이다. 치아의 구조는 시멘트질, 에나멜질, 상아질, 치수로 구성되어 있다. 유전자분석과 ABO식 혈액형 검사에는 치수, 치수강 주위 조직, 시멘트질, 상아질, 치석 등이 사용된다. 개인용 칫솔에는 치모가 박혀있는 부분에 양치질시 묻은 혈액이나 세포가 있어 DNA가 추출, 분리되면 사용자의 DNA 결과를 얻을 수 있어 대조 검체로 사용된다.

(2) 인체조직

흉기, 자동차 또는 기타 강한 물체로부터 인체가 타격을 입게 되면 손상부위 인체조직이 이들 물체에 부착되어 있게 된다. 조직학적 검사에 사용하기 위한 현미경 조직편을 들 수 있다.

(3) 뼈의 특징

뼈는 경조직으로 인체의 골격을 구성하고 있다. 뼈의 중위는 단단하며 내부는 비어 있고 골수로 이루어져 있는데 오염되지 않은 부위를 택하여 감정에 이용한다. 또한 조직학적 검사에 사용하기 위한 현미경 조직편도 DNA분석에 사용할 수 있다. 그러나 다른 부위에 비해 비교적 강하여 분석시간이 오래 걸리는 단점을 지닌다.(13장 3절 법인류학 참조)

(4) 미세증거물

피부와 접촉된 물체로부터 유전자감식을 위한 시료를 채취할 경우에는 특히 오염에 주의한다. 증거물 수거자는 반드시 장갑과 마스크를 착용하여야 한다. 장갑, 모자 등의 증거물은 종이봉투에 개별 포장하여 실험실로 송부한다. 범행도구 등 날카로운 증거물은 별도의 특수 용기에 넣어 실험실로 송부한다. 손톱에 낀 인체조직이나 섬유 등은 별도의 실체현미경(혹은 확대경) 등으로 관찰하면서 별도의 도구를 사용해 채취한다.

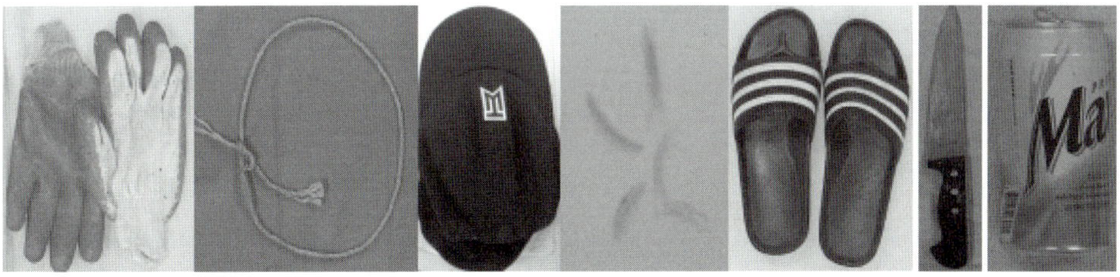

[그림 9-15] 증거물 사진

Case 9-3 준유사강간치사

2021. 6. 21. 00:10경 경기 OOO시 OOO동 모텔 5층 객실이 아닌 비상구 베란다에서 25세의 남자가 떨어져 사망한 사건이 발생하였고 일행은 25세의 남자 1명으로 둘 사이는 군입대 동기로 확인되었으나 사망하게 된 이유가 명확히 특정되지 않았다.(KBS, MBC, SBS, YTN 등 언론보도)

변사사건 신고를 접수 후 객실과 5층 비상구 베란다를 점검하고 객실에서 잠을 자던 사망자가 베란다까지 급하게 나와 떨어지게 된 이유를 특정하는 것이 사건 해결의 열쇠로 판단하였다.

이들이 투숙했던 객실은 10평 규모로 침대와 TV, 냉장고, 원형 테이블 등이 놓여 있고 화장실은 별도로 설치된 전형적인 객실이었으며, 침대 위 이불은 마치 걷어 찬 듯이 침대 아래쪽에서 반 정도는 걸쳐서 바닥에 닿아 있고 반은 침대 위에 놓여 있는 등 어지럽혀져 있었다. 침대 옆 원형 테이블은 엎어져 있는 상태에서 그 옆에 빈 소주 5병이 놓여 있었다. 객실 내에서 시비가 있었던 것으로 판단되었으나 피의자는 묵묵부답으로 대답을 하지 않아 과학수사팀을 불러 정밀감식에 시작하였다.

먼저 객실 내 전등을 소등 후 자외선 손전등을 이불과 시트 위를 비추자 여러 곳에서 젖은 듯한 얼룩이 확인되어 즉시 면봉을 얼룩에 대고 비벼서 채취하고, 채취된 면봉에 SM시약을 떨어뜨리자 보라색으로 변하는 것을 확인하였다. 감식요원이 SM시약은 잔류세제에도 반응을 할 수 있다고 하였으나 그 반응 색깔이 너무나 진하여 정액반응이라고 판단되어 국과수에 감정의뢰를 하도록 요청하였다.(국과수로부터 DNA가 확인되었다는 회신을 받음.)

남자들끼리 투숙한 객실에서 정액반응이 나왔다는 사실과 피해자가 팬티만 입은 상태에서 급하게 객실에서 뛰어나와 비상구 베란다로 몸을 피하는 CCTV자료를 토대로 동성강간을 피하려던 피해자가 추락하여 사망한 것으로 판단하였다.(이에 대하여서는 팀원들 전체 의견이 동일함.)

피해자의 사망으로 진술을 청취할 수 없는 상황에서 강간행위와 피해자 사망과의 인과성 입증이 어려워 피의자의 구강세포와 가슴, 성기에서 면봉을 이용하여 타액을 채취하고 피해자의 입, 성기, 가슴에서 면봉을 이용하여 타액을 채취하였다. 채취된 타액은 긴급으로 국과수에 감정의뢰를 하였다.(국과수로부터 피의자에게서 채취된 타액의 DNA는 피해자의 것으로, 피해자에게서 채취된 타액의 DNA는 피의자의 DNA로 확인되었다는 회신을 받음.)

긴급으로 요청한 감정의뢰에 대한 회신을 국과수로부터 받은 후 정액 및 타액 감정결과, CCTV자료 등을 토대로 피의자를 상대로 강도높게 추궁하여 '군 동기로 제대 후 오랜만에 만나 술을 마신 후 술에 취해 잠을 자고 있던 피해자를 상대로 준유사강간을 하였다.'는 자백을 받았으며, '동성애에 대한 성적취향이 전혀 없는 피해자를 술을 먹여 취하게 한 후 준유사강간한 혐의'로 피의자에 대한 구속영장을 발부받아 구속하게 되었다.

준유사강간에 대한 자백은 있었으나, 피해자 사망과의 인과성 입증에 어려움이 있어 국과수에 3D시뮬레이션을 요청하였으며, 시뮬레이션을 통해 피해자가 급하게 도망하는 과정에 떨어졌을 가능성이 매우 높다는 회신을 '준유사강간'으로 피의자를 송치한 후 받아 보강자료와 함께 추송하여 검찰에서 '준유사강간치사'로 기소하였다.

- 성관계와의 인과성을 부인하며 단순 추락사 주장
- 3D시뮬레이션을 통해 단순 추락이 아닌 급박하게 피해자가 피신하는 과정에 발생한 추락이라는 사실 입증 및 성폭력과 사망과의 인과성 입증

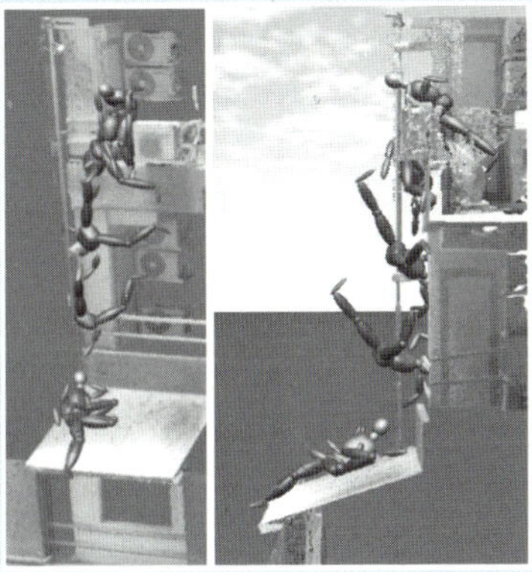

○ 참고문헌

서울대학교 산학협력단 (2016). 「혈흔 형태 분석을 통한 출혈자 신체정보 감정기법 기초연구」 경찰청, 보고서 번호: TRKO201600010587.

이광현 (2016). 「혈흔 수사 사례분석을 통한 과학수사 기법 향상 : 미국·호주·한국 사례를 중심으로」 석사학위. 중앙대학교 행정대학원.

최상규 (2004). 「대한민국 과학수사파일」 해바라기.

야마자키 아키라 (2021). 「잠 못들 정도로 재미있는 이야기 과학수사」 이영란, 성안당.

정희선 (2015). 『보이지 않는 진실을 보는 사람들』. 알에이치코리아.

표창원, 유제설 (2013). 「한국의 CSI」 북라이프.

김형근 (2009). 「DNA 연쇄살인의 끝」 글항아리.

유영규 (2016). 「과학수사로 보는 범죄의 흔적」 알마.

LG사이언스랜드 https://www.lgsl.kr/sto/stories/66/INSC2009090004

다음블로그 https://blog.daum.net/namyha/7082157

제10장

DNA생물학과 과학수사

I. DNA생물학

II. 유전자정보활용 개인식별

III. 유전자은행법

제10장

DNA생물학과 과학수사

2001년 드들강 여고생 성폭행살인사건의 경우는 DNA가 일치되는 용의자가 교도소에서 복역중임을 확인했지만 사랑하는 사이의 성관계였다고 주장한다. 이를 어떻게 받아들여야 할 것인가?

I. DNA생물학

1. 유전자 지문

1-1 유전자분석과 수사

(1) 유전자분석의 의의

사건 현장에서 채취되는 다양한 증거물에서 범인을 추정할 수 있는 분석방법은 여러 가지가 있다. 유전자분석은 범인이 사건 현장에 남긴 여러 인체 유래의 증거물을 분석하여 범인을 특정하고 검거하는 데 중요한 역할을 하고 있다. 유전자분석 방법이 개발되기 전까지는 혈액형(ABO식 혈액형 등), 효소형 등을 분석하여 개인을 식별하거나 신원을 확인하였다. 하지만 이런 방법들은 확률이 낮고(같은 형을 갖는 사람들이 많음) 많은 양의 시료가 필요하며 부패되거나 오염된 시료에서는 불가능한 경우가 많았다.

유전자분석은 기존의 분석 방법의 개인식별력과 분석 시료의 한계를 극복하고 범인을 특정하는 것이 가능해졌으며 적은 양과 부패된 시료 등에서도 분석이 가능하다. 유전자분석은 단순히 범인을 특정하고 범인을 확증하는 개인식별 분야뿐만 아니라 6.25전사자 신원확인, 독립유공자 가족 확인, 잃어버린 미아 찾기 주기 사업, 신원불상자 신원확인, 고고학적 응용, 동물의 혈통 보전 등 응용분야가 매우 넓다.

(2) 유전자분석의 역사

'DNA 핑거프린팅' 또는 'DNA 타이핑' 의 용어는 영국의 유전학자인 알렉 제프리스(Alec Jeffreys) 박사에 의해 처음으로 알려졌다. 그는 염기서열이 반복되는 부위를 포함하는 DNA의 부위를 발견하였으며 사람마다 그 반복되는 숫자가 다르다는 것을 알았다. 그는 이 부분을 분석함으로써 개인식별이 가능함을 확인하였다. 1985년에는 Mullis가 실험관에서 유전자를 증폭하는 중합효소연쇄반응(PCR)을 개발하면서 유전자 분석 전반에 획기적인 변화를 가져왔다. 1990년대 초반에는 이 기술을 범죄수사에 응용하고자 하는 노력이 집중되어 많은 연구 결과가 보고되었다. 1990년대 초에는 HLA-DQα 및 D1S80와 같은 다양한 VNTR 부위의 분석이 주를 이루었으나 단연쇄반복(STR)이 보고되면서 거의 대부분의 연구실들이 이들 부위를 분석하였다. 초기의 방법은 적은 시료 또는 부패된 시료에서 거의 분석이 불가능한 반면, STR 부위는 기존의 방법으로 불가능한 부위까지 분석이 가능하게 되었으며 분석 부위가 짧고 반복되는 염기가 2~4개로 매우 적어 분석이 용이하고 자동화하는데 매우 유리하였기 때문이다. 현재까지도 거의 대부분의 실험실에서 이들을 분석에 이용하고 있다.

(3) 유전자 분석 원리

범죄수사에서 유전자분석이 가능한 것은 같은 사람에서 유래한 모든 생물학적 시료의 유전자형이 같고 사람의 유전자는 죽을 때까지 유지되기 때문이다. 이 때문에 한 사람이 여러 곳에서 범행을 하고 다른 종류의 증거물이 현장에서 발견되더라도 같은 사람임을 증명할 수 있으며 또한 유전자형을 알고 있으면 세월이 많이 흘러도 범인임을 입증할 수 있다.

1-2 유전자분석 과정

(1) 분석과정 개관

유전자분석은 여러 단계를 거쳐서 시행한다. 각종 감정물에서 DNA를 분리하고 분리된 DNA는 증폭을 하기 위하여 정량을 한다. 증폭은 여러 개의 유전자를 한 번에 분석할 수 있는 키트를 사용하여 분석하고 증폭하고자 하는 좌위를 선택적으로 증폭한다. 증폭 여부를 아가로즈 겔 상에서 확인하고 유전자자동염기서열분석기를 통하여 전기영동한 후 대조 DNA와 비교하여 유전자형을 확정한다.

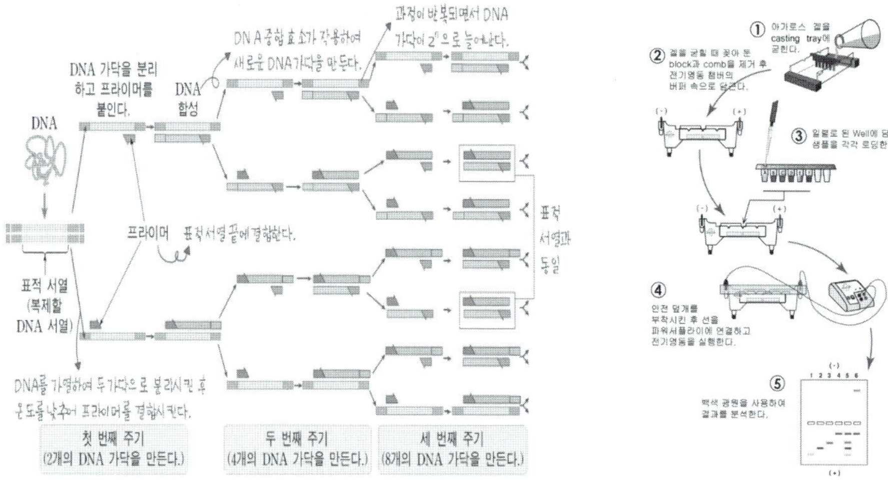

[그림 10-1] pcr 검사의 원리(좌)와 전기영동의 과정

(2) 유전자분석의 종류

가. STR(Short Tandem Repeat) 분석

단연쇄반복 좌위는 상염색체 상에 존재하며 2~4개의 염기가 반복되는 특성을 갖는다. 이 반복되는 수가 개인마다 다르기 때문에 개인식별에 이용된다. STR 분석은 DNA의 유전정보를 담고 있지 않은 즉 유전적으로는 무의미한 염기서열의 단순 반복 특징을 분석하는 것으로 기존의 분석 방법으로 불가능한 적은 양의 시료 및 부패한 경우에도 분석이 가능하다.

나. Y-STR 분석

Y-STR 분석은 자손 중 아들에게만 물려지는 부계 염색체인 Y 염색체의 STR 분석을 통해 같은 부계 여부를 분석하는 것이고, mt-DNA 분석은 자손에게 물려지는 모계의 mt(미토콘드리아)의 DNA 특성을 비교 분석하여 같은 모계 여부를 분석하는 것으로, 키, 몸무게 등 유전적 특징을 예측 분석하는 작업과는 거리가 멀다고 볼 수 있다.

다. 미토콘드리아 DNA 분석법(mt-DNA 분석)

1) 핵 DNA STR 분석과는 다른 점

핵 외에 존재하는 미토콘드리아에 있는 DNA를 분석하는 것이다. 미토콘드리아는 약 1.65 kb 정도로 핵DNA에 비하면 매우 작은 원형의 DNA이다. 미토콘드리아 DNA에는 초변이영역으로 불리는, 사람마다 변이가 심한 부위인 HV1 및 HV2 부위가 있는데 각각 약 400 bp 정도 된다. 법과학에서는 이 부분을 분석한다.

2) 미토콘드리아의 특성

미토콘드리아 DNA는 핵 DNA와는 다르게 어머니로부터만 유전되기 때문에 형제자매만 있는 경우의 신원확인 등에 응용된다. 또한 한 세포 안에 많은 수의 복제수를 갖고 있으며 원형의 작은 유전자로 되어 있어 치아 및 뼈와 같이 STR 분석이 곤란하거나 불가능한 시료의 분석에 유용하게 사용된다. 미토콘드리아는 오랜 시간이 지나도 핵보다 오래 남아있을 확률이 높아 머리카락, 오래된 뼈 치아에서도 분석이 가능하다.

3) 미토콘드리아의 모계유전 이유

유전에 관여하는 물질인 DNA는 세포의 핵 속에 존재하지만 핵에 존재하는 DNA와는 모양이나 크기가 다른 DNA가 미토콘드리아의 기질 안에도 존재하며, 우리 인간이 갖는 미토콘드리아가 어머니에게서만 물려받는 이유는 정자와 난자의 수정 시 정자의 중편에 있는 미토콘드리아는 난자 속으로 들어가지 못하고 정자의 머리부분만 난자 안으로 들어가 수정이 이루어지기 때문이다.

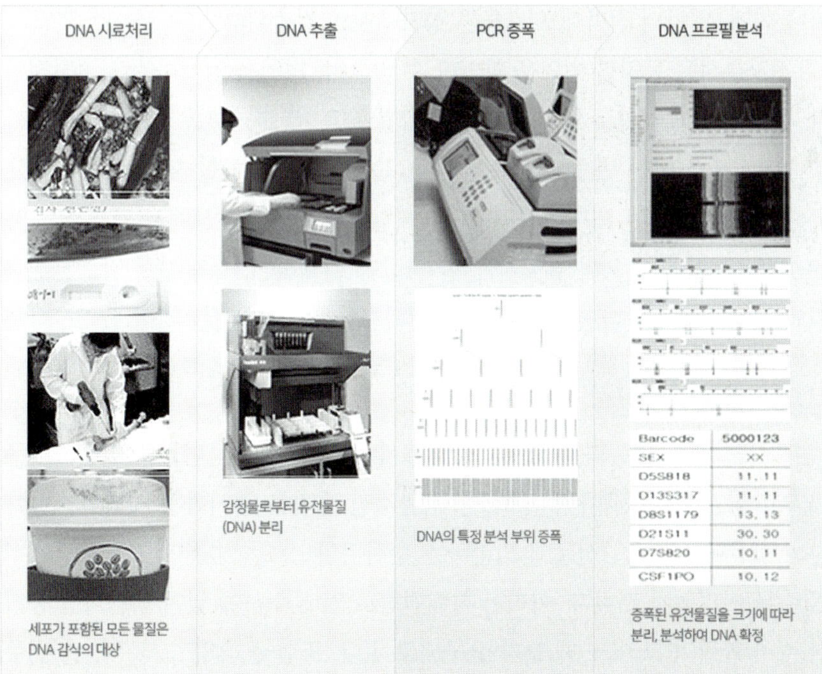

[그림 10-2] DNA 프로파일 분석

2. DNA 감식

2-1 DNA 감식 개관

(1) DNA 감식(Forensic DNA Analysis)의 의의

유전자지문(감식)이란 사람이 가지고 있는 DNA중 다형성이 매우 심한 초변이성 일부만을 DNA증폭기술 등을 이용하여 선택적으로 증폭하여 개인간의 유전자형의 차이를 알아내 신원을 확인하는 것이다. 이것은 지문처럼 사람마다 서로 다른 DNA모양을 형상화하는 기술로서 일란성 쌍둥이를 제외하고는 모든 사람들이 자신만의 유일한 DNA염기서열을 갖기 때문에 신원이 확실히 구별된다.

유전자 감식법은 신체 세포조직의 일부로부터 특정 DNA(디옥시리보핵산)을 분리하여, 이를 분석해 동일인이나 친생자여부 등을 밝혀내는 첨단기법이다. 사람을 구성하는 각각의 세포에는 핵이 있고, 다시 핵안에는 유전정보 기록을 담은 DNA가 있어 고유한 형질을 만들어 나간다. 이 개인별 유전적 특성을 각각 다른 모양으로 나타내 보이는 것이 유전자 감식이다. DNA는 어떤 세포에도 존재하기 때문에 예컨대, 머리카락의 모근이나 혈액, 입안의 점막세포는 물론 정자에서도 검출된다.[35)]

유전자분석은 동일한 범인을 확인할 수 있으며, 범인을 검거하는데 결정적인 역할을 한다. 유전자분석 결과는 일치하는 경우 확률로 표현한다. 보통 개인식별력이라고 하는데 [3.2×1014] 이런 방법으로 표현된다. 즉, 우연히 일치할 확률보다 일치할 확률이 3.2×1014 배 높다는 의미이다. 이러한 개인식별력은 지구상에서 같은 유전자형을 갖는 또 다른 사람이 없으며 유일하게 한 사람만 존재하여, 현장에서 검출된 유전자형과 범인의 유전자형이 같다면 그가 범인임을 확증할 수 있게 되는 것이다.

(2) DNA 지문의 중요성

범죄는 갈수록 지능화, 기동화, 광역화 추세인 반면에 국민들의 인권의식은 갈수록 높아지고 있고 공판중심주의 강화 등 객관적인 증거를 중시하는 사법환경변화에 따라 기존의 탐문이나 진술, 신문에 의존하는 수사기법으로는 범죄에 효율적으로 대처하기가 갈수록 어려워지고 있다. 이러한 사회변화로 인해 수사에 있어 객관적인 증거물에 입각한 수사 확립이 그 어느 때 보다 요구되고 있다. 또한 종래의 수사는 진술 위주의 자백을 얻는 방법으로 진행되었기 때문에 인권침해의 여지가 있었고, 더욱이 고문의 가능성

---

35) 김종수 "DNA지문에 의한 친부관계 분석을 위한 전문가 시스템(2000)" 인하대산업대학원 석사학위 논문 pp.8-9.

까지 내포하고 있었다. 진술의 불확실, 번복 등으로 엄격한 증명의 요구를 충족시키지 못한 경우가 많이 있었으며, 특히 살인 같은 강력범과 마약, 뇌물, 밀수 등 증거의 확보가 어려운 범죄일수록 그러한 현상은 두드러지게 나타나곤 했다. 따라서 진술에 의한 증거와 불확실한 보강증거로는 재판에서 증거능력을 갖기가 어렵고, 인권을 침해할 여지가 많기 때문에 객관적인 증거물에 입각한 과학수사는 수사상 인권침해의 문제를 불식시킬 수 있다.[36]이러한 점을 감안한다면 DNA지문을 이용한 수사는 과학수사의 중심에 있고 물적 증거위주의 과학수사체제를 확립해 나가는데 중요한 의의가 있다.

2-2 DNA 감식의 수사 활용

DNA 자료는 지문, 족윤적 등과 같이 범행사실을 간접적으로 입증하는 간접증거이다[37]. 하지만, 간접증거의 특성상 그 증명력의 정도를 강화하기 위해서 범행사실을 다른 증거에 의하여 뒷받침할 필요가 있다. DNA자료가 수사의 각 단계에서 어떻게 효율적으로 활용될 수 있는지 구체적으로 살펴보자.

(1) 변사자, 실종자 등 신원확인

일반적으로 변사사건, 실종사건의 경우 초동조치 단계에서 범죄와의 관련성을 강력히 의심하고 검토하게 된다. 이러한 경우 초동조치 단계에서 대상자에 대한 정확한 신원확인자료를 수집, 확보하는 것은 매우 중요한 의미를 가진다. 지금까지 지문은 신원을 확인하기 위한 중요한 단서자료가 되었으나 모든 경우 지문에 의하여 신원이 확인되지는 않는다. 현대 과학수사에 있어 DNA 자료는 지문을 보완하거나 또는 지문과는 별도의 독립적인 수사 활용 가치가 있다.

(2) 용의자 수사 단계에서의 활용

범죄현장에서 채취한 DNA는 용의자를 특정짓는 것이 1차적인 목표이다. 지금까지 강력범죄자에 대한 DNA DB가 없던 경우에는 이러한 부분이 제한적이었다. 그러나 2010년 7월 시행된 DNA 법률에 의하여 범죄현장에서 DNA를 채취한 경우 현재까지 구축된 강력범죄자 DNA DB와 비교하여 용의자 해당 여부를 확인하게 되었다.

---

36) 신동운, 형사소송법, 법문사, 2007

37) 백형구, 알기 쉬운 형사소송법, 박영사, 2007, p307, 범죄사실을 직접으로 증명하는 증거를 직접증거라 하는데 용의자(피의자)의 자백, 피해자의 증언, 목격자의 증언 등이 이에 해당한다. 간접증거 또는 정황증거는 지문, 족윤적, DNA 등 대부분의 과학증거가 이에 해당하는데 이러한 증거는 범행을 간접으로 증명하는 증거이다.

(3) 용의자군 수사 단계에서의 활용

범죄현장에서 채취한 DNA 분석을 통하여 용의자 범위를 축소할 수 있다. 성씨 분석, 혈액형 검사, 인종 식별, 식물 DNA 분석 등이 그 대표적인 예이다. 일반적으로 범죄수사에서 DNA 자료의 분석은 개인의 신원확인을 위한 분석만 실시하고 DNA 자료의 유전적 특징에 해당하는 부분에 대하여는 극히 제한적이다.

(4) 용의자 또는 피의자의 여죄 수사

용의자, 피의자, 관계자, 경찰업무 대상자의 경우 해당 사건의 수사 내지는 과거 범죄경력 및 해당 사건이 기타 사건의 수사 필요성과 상당성이 인정될 경우 DNA 채취 동의를 받거나 압수수색검증영장을 발부받아 DNA를 채취하고 해당 사건에 대한 수사와 함께 과거 미제사건 범죄현장 DNA DB와 비교하여 여죄를 확인한다.

(5) 개별 범행의 증거자료 확인

앞서 살펴 본 경우처럼 범인을 특정하는 단계에서 활용되는 DNA 자료는 그대로 개별 범행의 증거자료로써 활용할 수 있다. DNA 자료는 살인, 강도, 강간 등 강력사건의 수사에서 많이 활용되지만 폭력사건, 교통사고, 기타 형사사건의 개별 범행을 증명하는 증거자료로써도 활용될 수 있다. 원산지 및 유통기한이 표시된 바코드를 위조하여 육우와 한우를 섞어 만든 가짜 한우선물세트를 유통시킨 피의자 일당을 현장에서 수거한 샘플을 대상으로 유전자 분석을 통해 검거한 사례가 대표적이다.[38)]

지금까지 살펴 본 바와 같이 DNA 자료는 범죄수사 절차상에서 매우 효율적으로 활용될 수 있는 물적 증거자료이지만, 범죄수사 시 용의자를 수사 대상에서 배제할 수 있는 자료로 활용되기도 한다. 범죄현장 수사시 범죄현장이 잘 보존되고 범죄현장 감식활동이 잘 이루어졌을 경우 범죄현장에서 용의자의 것으로 추정되는 DNA가 채취되었다면 수사 대상으로 수사중인 용의자의 DNA와 대조하여 불일치할 경우 용의자를 조기에 수사선상에서 배제함으로써 선량한 시민의 인권을 보호해 줄 수 있는 유력한 물적 증거자료로 활용할 수 있다.

이러한 일련의 과정은 범죄현장 수사시 확보한 물적 증거에 대하여 배심원, 재판부의 신뢰를 공고히 할 수 있으니, 물적 증거를 바탕으로 한 과학수사의 절차와 방법이 얼마나 중요한지 간접적으로 증명해 주는 것이기도 하다.

38) 경찰청, 중요사건 보고, 2010. 9. 17, 국립농산물품질관리원 시험분석실에 국내산 한우의 DNA가 DB화되어 있음.

2-3 현대 과학수사로의 대전환

법의학에 기반을 둔 종전의 수사기법이 사인을 밝히는 데 목적을 두었다면, 현대 과학수사는 범인을 색출하는 것이 목표다. 용의선상에 오른 여러 명 중 단 한 명을 식별하는 것이 수사의 시작이다. 이 같은 수사를 가능하게 한 최초의 과학기술은 지문 분석이다. 지문은 사람의 손에서 나오는 땀이나 유분으로 개개인마다 그 생김새 및 형태가 다르다. 어떤 두 사람의 지문이 우연히 같을 확률은 약 870억 분의 1에 불과하다. 따라서 현장에 남겨진 누군가의 지문은 사건 현장에 있었다는 결정적인 증거가 될 수 있다.

지문이 범죄의 증거로 채택된 1900년대 초 이후, 혈액형과 음성 등을 포함한 DNA 등 개인식별 분야가 발전하면서 현대 과학수사가 시작되었다. 수사 방법을 과학화한다는 것은 증거를 객관적으로 분석하여 증거의 신뢰도를 높이고, 그로 인해 자백 내지는 정황증거의 모호성에서 벗어날 수 있게 되었다. 4차 산업혁명의 시대는 AI, 빅데이터로 대표되는 기술이 사회 전반의 분야에 광범위하게 공유되고 있다. 과학수사 분야 역시 마찬가지다. 수사 방법에 과학기술이 더해지면서 수사는 정교해졌다. 특히 AI를 활용한 과학수사는 빅데이터의 학습과 판단 능력을 통해 범죄 수사를 비롯하여 개인식별을 위한 얼굴인식, 예측 치안, 불공정 및 강력 범죄 차단 등 다양하게 활용되고 있다.

이미 과학수사 분야의 디지털화는 빠르게 진행되고 있으며, 이를 활용하여 성과를 내고 있다. 일례로 우리나라는 국가정보자원관리원(NIRS)과 경찰청이 함께 개발한 'AI 기반 임장일지 빅데이터 분석 시스템'을 구축하여 활용 중이다. 임장일지란 사건의 개요 및 범행 수법 등이 상세하게 기술된 기록으로 범인 검거 및 검거 후 여죄 확인을 위한 자료이다. 지금까지는 어떤 사건이 발생하면 경찰청 관계자는 전국에 흩어져있는 사건 기록, 즉 임장일지를 모두 뒤져서 유사 사건을 확인한 후 용의자를 추적해왔다. 방대한 자료를 수작업으로 확인하고, 경찰서 간 공조 절차를 거치다 보니 신속한 추적이 불가능했다. 그러나 임장일지 빅데이터 검색에 AI 기술을 적용하면서 AI가 사건을 분석하고 범죄 유사도가 높은 순서대로 과거의 다른 사건의 임장일지를 도출해낸다. 국가정보자원관리원은 검거된 피의자의 임장일지와 상황·수법이 유사한 미제 사건의 임장일지를 찾아내기 위해 기존 알고리즘(TFIDF, Binary 벡터, 토픽모델링)과 구글 최신 알고리즘(Doc2Vec)의 문서 유사도 측정 알고리즘을 활용했다고 밝혔다.

최근 발생한 범죄들은 그 수법이 점점 더 교묘해지고, 디지털 범죄, 지능 범죄가 늘어나는 추세다. 전통적인 범죄 현장이 범인의 흔적과 단서들을 노출했던 것과는 달리 새로운 범죄 양상은 인터넷상에서 비선형화되거나 숨겨져 있는 경우가 많다. 그렇기 때문에 가상공간에서의 수사 한계와 사생활 침해 우려 등 원활한 수사를 위해 넘어야 할 산들이 여전히 많고도 높다. 그러나 아무리 범죄가 교묘해진다 해도 이에 대응하는 과학수사도 나날이 고도화되고 있어 창과 방패의 대결 역시 격화될 전망이다.

II. 유전자정보활용

1. DNA 감식 대상 분야

1-1 유전자 감식과 개인식별

사람을 구성하는 각각의 세포에는 핵이 있고, 다시 핵 안에는 유전정보 기록을 담은 DNA가 있어 고유한 형질을 만들어나간다. 이 개인별 유전적 특성을 각각 다른 모양으로 나타내 보이는 것이 유전자 감식이다. 전술한 바와 같이 DNA는 디옥시리보 핵산(deoxyribonucleic acid)을 의미한다. 이물질은 살, 골수, 모근, 치수, 정자, 백혈구, 침과 소변 속의 쓰레기 세포등 핵을 포함하는 모든 체세포의 유전물질을 구성한다. 그러나 핵이 없는 적혈구에는 DNA가 없다. 유전자는 뉴클레오티드집단으로 구성되며, 특수한 아미노산과 효소의 형성에 필요한 암호를 제공한다. 각각의 아미노산이나 효소는 신체 특정 부분의 형태를 지배하며, 눈동자 색이나 피부색 혈액형 등 신체상의 유전적인 특징을 결정한다.

유전이 되는 많은 유전자 쌍들은 동일하다. 예를 들면 대부분의 인간은 눈 두 개, 귀 두 개, 다리 두 개, 그리고 팔 두 개를 가지고 태어난다. 이런 특징들이 있기에 인간은 다른 종과 구별이 된다. 효소는 생체 내에서 일어나는 수천 개의 복잡한 화학 작용을 촉진하는 촉매로 생물학자들은 DNA 끈을 분리하는 역할을 하는 특정한 효소를 발견했다. 이 효소들을 제한효소라 하는데, 이 효소는 외부의 DNA를 공격하기 위해서 생성되며 또 이렇게 해서 외부 바이러스에 대해 자기 자신을 보호한다. 미국의 법의학 실험실에서 자주 사용되는 효소는 해모필루스 아에집티우스라는 박테리아가 만들어내는 것으로 'Hae-Ⅲ'로 알려진 효소이다.

유전자 감식 중 DNA는 모든 생물의 유전정보를 지닌 화학물질로 당, 염기, 인 등 3

종류의 화학 물질이 이중 나선으로 꼬여있는 상태로 존재한다. 유전적기능을 지니지 않은 인트론 부분에 개인 한사람 마다 분류하기 위해 필요한 개인 정보를 지닌 유전자 마커들이 존재하며 일란성 쌍둥이를 제외하고는 모든 사람들이 자신만의 유일한 DNA 염기 서열을 가져 신원이 확실하게 구별된다. 이러한 특징을 가진 DNA는 범죄 현장에 남겨진 혈흔, 정액, 머리카락 등의 분석을 통해 범인을 색출하는 목적으로 사용한다. 또 사망자 확인, 미아, 입양아 및 이산가족 등 헤어진 가족 찾기 등의 목적으로 사용된다.

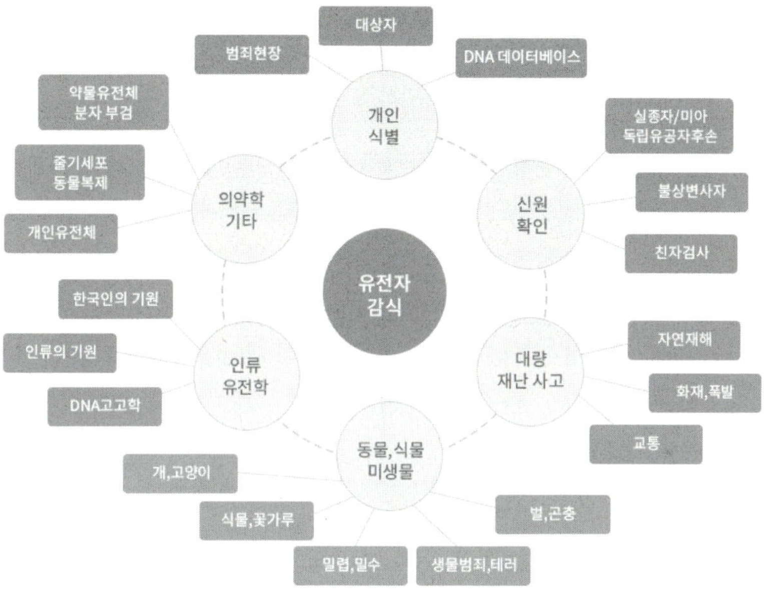

[그림 10-3] 유전자 감식의 분야

1-2 유전자감식 분류와 분석

(1) 유전자 감식 대상(검찰청 홈페이지 참조)

가. 개인 식별 검사

세포 내 핵 DNA를 검사하는 기법으로 범죄현장의 증거물과 용의자 또는 피해자의 DNA형이 일치하는지 여부를 확인 하는 검사법이다. 다른 사람과 비교 시 같은 DNA형의 조합을 가질 확률은 $10^{14\sim18}$명당 한 명 존재 할 정도로 변별력이 매우 높다.

나. 동일부계 확인 검사

남성의 Y염색체만을 검사하는 기법으로 주로 성폭행 관련 용의자 확인에 이용되며, 국적 회복자의 친족 관계 확인에도 사용된다.

다. 동일모계 확인 검사

어머니로부터 자식에게 전달되는 세포내의 미토콘드리아 DNA를 분석하는 기법으로 모근이 부족한 시료의 동일인 식별이나 동일 모계 확인 감정에 사용된다.

라. 법 생물 종식별 검사

사람을 제외한 다양한 생물의 DNA를 분석하여 사건의 증거를 제공하는 감식기법으로 개체의 종식별, 마약성 식물의 종식별, 불량 식의약품의 원료물질 식별 등 다양한 과학 수사에 활용된다.

(2) 유전자 분석 방법

DNA 사다리의 여러 조각들은 개인의 DNA 유전자 구조에 따라서 제각기 길이가 다르다. 이런 유형의 분자를 그 크기에 따라서 분리시키는 방법으로 과학자들이 널리 이용하는 것이 바로 전기 이동법이다. 이 방법을 이용하면 16시간 후에 DNA 조각들은 완전히 분리되는데, 이 개별 조각들이 어느 위치에 있는지 파악하기 위해 개발한 다음 단계는 "사던 블로팅"이다. 1975년 에드윈 사던이 개발한 이 방법은 이중 띠구조를 단일 띠구조로 분리하는 용액에 젤을 적시고 이 젤을 플라스틱 박막에 압착시키면 단일 띠구조의 조각이 완전히 분리되는 방법이다. 길이가 각기 다른 DNA 조각들을 한데 섞어놓은 것을 '제한효소 절편 길이 다형성(RFLP: Restriction Fragment Length Polymorphisms)'이라고 하는데 이 RFLP분석은 DNA를 확인하는 가장 표준적인 방법이다.

예를 들어 RFLP 분석법은 -T-T-A-T-T-T-A-T-T-T-A-T-와 같은 동일한 염기배열을 찾아낸다. 이런 배열을 '연쇄 반복 배열(VNTR:Variable Number Tandem Repeats)'이라고 하는데 그 반복 횟수는 일정하지 않다. 영국의 과학자 알렉스 제프리스가 1984년 이 분석법에 'DNA지문 감식법(DNA fingerprinting)'이라는 이름을 붙였다. 이 분석법은 DNA 감식법보다 복잡하고 더 많은 시간이 걸린다.

미국에서는 단일한 염기 유형의 위치를 알아내는 소식자-다른 방식으로 만들어낸 단일 띠구조의 DNA-를 일반적으로 사용하는데 결과를 쉽게 해석할 수 있기 때문이다. 이 방법은 보통 'DNA 감식법(DNA typing)'이라고 부른다.

RFLP 분석이 안고 있는 기본적인 약점은, 얻을 수 있는 표본이 많지 않다는 점이다. 최근에는 '중합효소 연쇄 반응법(PCR:polymerase Chain Reaction)'이 개발 되었는데 이 분석법은 DNA 띠를 복사하는 효소를 사용해서 소량의 DNA를 단시간에 수백만 개로 증식시키는 방법이다. 이론적으로는 단 하나의 세포핵을 무한대로 복제할 수 있다. PCR 분석 기법 역시 미국의 수많은 수사기관에서 활용하고 있다. 그러나 불행하게도

이 분석법에는 한계가 있는데, 각각의 효소는 특정한 하나의 위치만 파악하기 때문에 상대적으로 소수의 사람들을 대상으로 할 때만 의미가 있다.

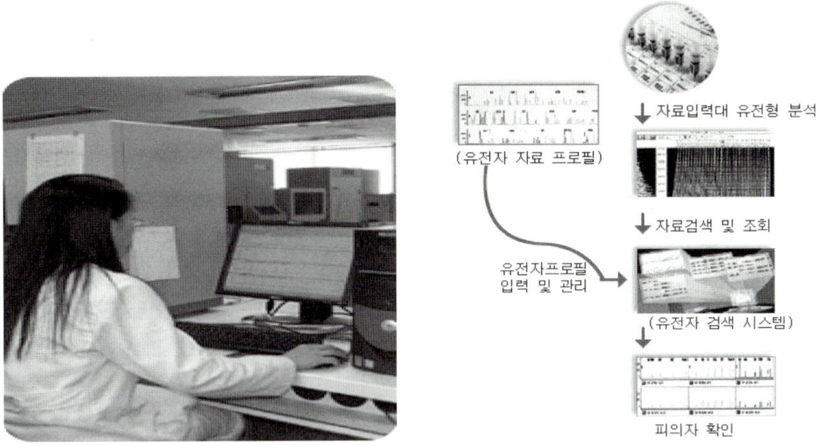

[그림 10-4] 유전자 분석모습과 과정

1-3 개인의 신원 확인

(1) 확률계산

RELP 분석법을 쓸 때, 범죄 현장에서 확보한 표본이 용의자에게서 확보한 표본과 일치할 확률은 확인된 각각의 DNA 조각이 최대 개체군에서 어느 정도의 빈도로 발생하는지, 반드시 정확한 통계에 입각해서 계산해야한다. 그러므로 보다 자세한 인구 통계가 따로 필요하다. 확률을 계산하는 작업은, 대부분의 범죄가 좁게 제한된 공동체 사회내에서 발생한다는 사실 때문에 매우 복잡하며, 전국적인 평균이 아니라 그 지역의 빈도를 제시하지 않는다면, DNA 분석결과를 법정이 인정하지 않을 수도 있다.

(2) 유전자 관련자료

1998년 이후 미국에서는 지역 검사와 주 정부 검사, 그리고 연방 검사가 지문 자료와 마찬가지로 유전자와 관련된 자료를 축적해오고 있다. 유죄판결을 받은 범죄자들의 DNA 자료를 축적해놓으면, 어떤 사건이 일어났을 때 DNA 분석법을 사용해서 보다 쉽게 사건을 해결할 수 있다. 영국에서는 DNA 지문 감식법인 제프리스 분석법을 사용하는데, 이 기술을 맨 처음 사용한 사건은 친자 확인 소송이었다. 이 후로 DNA 감식법 및 DNA 지문 감식법은 법의학 분야 뿐 아니라 고생물학에서도 광범위하게 사용되었다. 영국 경찰은 인간 게놈 프로젝트가 거의 완성 단계에 들어섰기 때문에, 머지않아서 범죄 현장에서 확보한 유전자 정보를 기초로 해서 용의자의 완벽한 몽타주를 작성 할 수 있을 것이라고 발표했다.

(3) 사건해결

유전자 정보 개인식별을 위해 유전자 정보가 사건 해결에 도움이 되는지 먼저 확인 해보면 결론적으로는 국과수나 의사와 같은 유전자 감식에 대해 고도의 교육을 받은 전문가들이 일관된 감식 절차와 표준감정 절차를 따랐으면 법적으로 효력을 나타낼 '가능성이 높다'. '가능성이 높다' 라고 하는 이유는 유전자 감식이라는 것은 사람이 절차를 따라서 하는 것이기도 하고, 기계의 오류가 있을 수도 있기도 하고 유전자 감식 절차를 거치고 나면 그 결과로 얻을 수 있는 것은 확실한 결과 내용이 아니라 확률이기 때문이다. 즉, 너무 신뢰해서는 안 된다는 법률의 결정이다.

1-4 유전자분석 과정과 분리방법

(1) 유전자분석 과정

가. 증거물의 육안 관찰 및 채취

최초 증거물이 접수되면 증거물의 상태 및 종류, 혈흔의 분포 및 특징, 정액반의 상태, 증거물의 특징 등 증거물 전체에 대한 일반적인 특징을 관찰한다. 이렇게 관찰한 결과는 정해진 서식에 정확하게 기록을 하게 되는데 증거물의 상태, 변형 및 변조 유무 등을 확인하는데 매우 중요하다.

나. 예비실험

육안 관찰이 끝난 증거물에 대해 묻어있는 흔적들이 실제로 혈흔, 정액 등인지의 여부를 판단하기 위해 예비실험을 실시한다. 예비실험에는 혈흔 여부를 판단하기 위한 혈흔 검출시험으로 루미놀 및 LMG 시험, 정액 여부를 감정하는 정액검출 시험으로 SM 시험법, 모발의 육안 관찰 등 매우 다양하게 시행하고 있다.

다. DNA 분리 및 정량

혈흔, 혈액, 모발, 질내용물, 타액반, 뼈, 조직, 치아 등 인체 유래의 증거물에서 유전자 분석을 하고자 하는 부분을 DNA 분리하기에 알맞은 크기로 절단한 후 감정물의 종류 및 실험하고자 하는 목적에 맞는 분리 방법을 택하여 DNA를 분리한다.

라. 유전자 증폭(PCR)

분리한 DNA는 중합효소연쇄반응(PCR, Polymerase Chain Reaction)을 실시하여 원하는 유전자좌위를 증폭하게 된다. 증폭은 유전자 증폭기에 의하여 이루어지며 분석하고자 하는 여러 부위를 동시에 증폭할 수 있다. PCR은 DNA의 원하는 부분을 복제하고 증폭시키는 분자생물학적인 기술이다.

마. 전기영동 및 유전자형 결정

증폭산물의 전기영동은 자동염기서열분석기를 통하여 이루어지며 여러 가지 표준 DNA와 비교 분석하여 감정물의 유전자형을 결정한다. 미토콘드리아 DNA의 경우는 각각의 염기서열을 모두 결정하며 표준 염기서열과 비교하여 다른 부분을 표시한다.

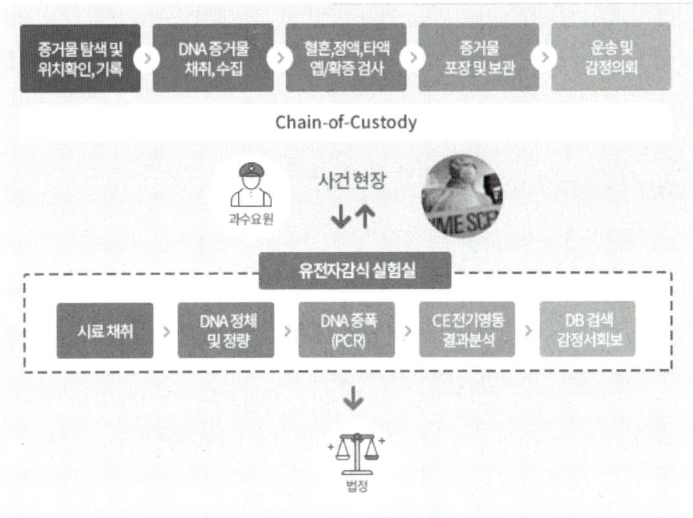

[그림 10-5] 유전자 감식 [사진 출처] 국립과학수사연구원 유전자과

(2) 원심분리

가. 분리과정의 필요성

코로나 검사를 하게 된다면 코에 면봉을 넣어 비인두도말까지 삽입을 해 코로나바이러스가 있을 만한 부분을 선택적으로 채취를 하는 것에 비해, 사건 현장에서는 주로 혈흔으로 DNA를 분석하는 경우가 많기 때문에 DNA가 분석될 만한 부분을 분리해 주는 과정이 필요하다. 그것이 원심분리기이다. 원심분리기는 원심력을 이용하여 섞여 있는 물질을 분리하는 기계다. 주로 혼합물을 밀도에 따라 분리하는 도구로 사용되는 기계이다. 서로 용해하지 않는 성분과 비중이 다른 액체를 분리할 때도 쓰인다. 피는

혈장과 혈구로 이루어져 있는데 DNA는 혈구에 존재하기 때문에 원심분리기를 이용해 혈구를 분리해 낸다.

나. PCR 단계

그 다음에 이루어지는 것이 PCR 검사다. 첫 번째에는 denaturation 즉 변성 단계이고 온도를 올려 DNA를 두 가닥으로 나누는 작업이다. 이 때 DNA를 두가닥으로 나누는 이유는 DNA를 나누어 줘야 복제를 해서 2배로 늘리는 작업을 할 수 있기 때문이다.

두 번째 단계는 annealing 즉 결합단계로 복사를 시작해주는 primer가 DNA에 달라붙어 어디서부터 복제를 하는지 알려준다. 마지막으로는 elongation 즉 신장 단계이고 primer가 붙고 polymerase에 의해 뉴클레오타이드가 붙으며 DNA를 만들어 나간다. 마지막 단계에서 DNA가 두 배가 되는 것을 확인할 수 있다. 그래서 하나의 DNA만 가지고 있더라도 30번만 반복하면 10억 개의 유전자를 확보할 수 있으므로 범인검거에 아주 좋은 검사라 할 수 있다. 그것을 거치고 나면 전기영동이나 자동 유전자형 분석기를 이용하면 그 사람의 DNA가 분석된다.

(3) 생어 분석 방법(Sanger sequencing method)

여러 가지 전기영동 분석법 중에서 생어 분석 방법을 설명한다. 생어의 방법은 하나의 주된 DNA, 하나의 DNA primer, DNA 중합효소, dNTP, DNA 나선 연장을 종료하는 ddNTP가 필요하다. 이런 사슬 종료 뉴클레오티드는 ddNTP가 삽입되었을 때 DNA 중합 효소가 DNA 연장을 중단하도록 한다. ddNTP는 방사성이나 형광으로 표지되어 자동 분석 기계에서 감지된다. DNA 샘플은 네 가지 분리된 분석 반응을 위한 샘플로 나뉘어 네 가지 표준 디옥시뉴클레오티드(dATP, dGTP, dCTP, dTTP)와 DNA 중합 효소를 포함한다.

각 반응에 오직 넷 중 하나의 디디옥시뉴클레오티드(ddATP,ddGTP,ddCTP,또는 ddTTP)가 추가되고, 나머지 추가할 뉴클레오티드는 보통의 것들이고 이 디디옥시뉴클레오티드는 상응하는 디뉴클레오티드보다 약 100배 적은 농도로 추가되어 전체 염기서열이 계속 복제되는 동안 충분한 조각이 만들어지도록 한다. 이것을 더 실용적으로 정돈하여, 네 가지 분리된 샘플에서 모든 네 가지 ddNTP를 시험하기 위해 이 과정이 필요하다. primer에서의 주형 DNA 연장이 여러 차례 이루어지면, 생기는 DNA 조각은 열에 의해 변하게 되고 겔 전기 영동을 사용해서 크기별로 분리된다. 그러면, 각각의 뉴클레오타이드가 하나씩 붙게 된다. 만약의 어떤 사람의 DNA형태가 ATTGCA 라면 A, AT, ATT, ATTG, ATTGC, ATTGCA 순서대로 작은 순서대로 붙게 된다.

2. 미제사건

2-1 용의자 검색 모식도

1984년 이래, DNA 지문 감식법은 누구도 이의를 제기할 수 없는 가장 확실한 신원 확인 수단으로 자리 잡았다. 초기 개발 단계에서 비록 과장된 측면이 없지 않았지만, DNA 지문 감식법은 이미 범죄 수사에서뿐만 아니라 친자 확인, 심지어 선사 시대 동물의 진화 연구에서도 매우 중요한 기술로 활용되고 있다. 나아가 지문 감식은 어느 정도 완전한 지문이 있어야 가능하지만 DNA분석은 단지 체세포 몇 개만 있어도 가능하다.

미제사건에서 범죄현장의 증거물에서 확인된 DNA형을 데이터베이스에 저장되어 있는 DNA형과 비교하고 용의자로 지목하는 과정은 [그림 10-6] 의 모식도와 같다.

DNA 지문감식법

유전자 지문감식은 사람이 가지고 있는 DNA 중 다형성이 매우 심한 초변이성 일부만을 DNA 증폭기술을 이용하여 선택적으로 증폭하여 개인 간의 유전자형의 차이를 알아내 신원을 확인하는 것이다. 이것은 손가락 지문처럼 사람마다 서로 다른 DNA 모양을 형상화하는 기술로서 일란성 쌍둥이를 제외하고는 모든 사람이 자신만의 유일한 DNA 염기서열을 갖기 때문에 신원을 확실히 구별할 수 있다.

2-2 성공사례([출처] https://www.spo.go.kr/site/spo/02/10206030800002018100812.jsp)

- 2004년 유영철 연쇄살인사건
- 2006년 황우석 교수 논문조작사건
- 2007년 장애인 준강간 용의자 검거
- 2008년 부패변사자 신원확인
- 2009년 정관수술자에서도 확인할 수 있는 DNA
- 2011년 1313년 전 강간살인 미제사건 해결
- 2012년 아동학대 치사 사건
- 2013년 공소시효 두 달 남긴 성폭행범 검거
- 2014년 수원 내연녀 토막 살인 사건
- 2015년 소변바꿔치기 사건
- 2015년 화성 60대 여성 육절기 살인사건
- 2015년 백수오 사건

• 2016년 무학산 살인사건
• 2016년 광현호 선내 살인사건
• 2017년 춘천 주점 준간강사건
• 2018년 광주 집단 폭행사건

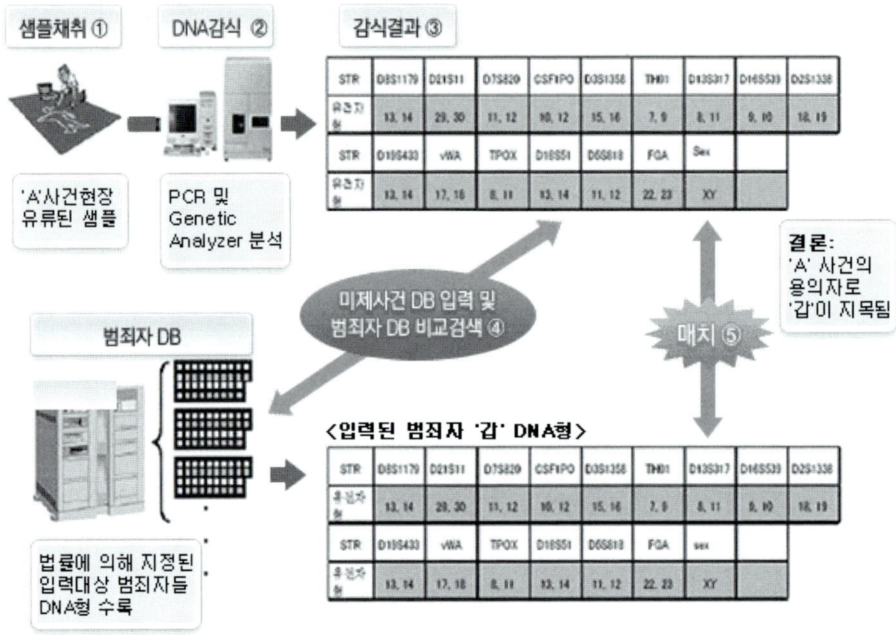

[그림 10-6] 용의자검색 모식도

2-3 초동수사의 중요성

사건 현장은 범인은 없지만 증거물 하나하나에 묻어있는 혈흔, 체모, 지문, 타액 등을 통해 DNA를 확보 할 수 있고 이는 개개인마다 다른 특성을 가진다. 물론 일란성 쌍둥이는 식별이 제한 될 수 있으나 사건과 관련된 다른 정황적 증거들을 통해 범인 지목이 가능하다. 다음 절에서 보겠지만 우리나라에는 이른바 'DNA법' 이라고 하는 DNA 신원확인 정보의 이용 및 보호에 관한 법률을 시행중이다. 이 법은 범죄자 등의 유전자 자료를 미리 확보해 이를 국가차원에서 입력 및 관리하는 시스템이다. 이를 통해 미제 강력사건이 해결되면서 범인검거에 큰 공을 세우고 있다. 또한 살인, 강간, 방화 등 강력범죄를 저지른 사람의 DNA신원 확인 정보를 미리 확보·관리하는 제도를 도입하여, 강력범죄 발생시 DNA 신원확인 정보와 비교를 통해 신속한 범인검거에 기여 및 재범을 방지하는 역할을 한다. 사건 현장에서 무엇보다 중요한 것은 초동수사에 따른 증거물 확보이다.

요약하면 유전자 감식은 사람이 가지고 있는 DNA 중 다형성이 매우 심한 초변이성 일부만을 DNA 증폭기술을 이용하여 선택적으로 증폭하여 개인간의 유전자형의 차이를 알아내 신원을 확인하는 것이다. 이것은 손가락 지문처럼 사람마다 서로 다른 DNA 모양을 형상화하는 기술로서 일란성 쌍둥이를 제외하고는 모든 사람들이 자신만의 유일한 DNA 염기서열을 갖기 때문에 신원을 확실히 구별할 수 있다. 범죄가 날로 지능화, 첨단화, 고도화 되고 있는 점을 감안한다면 DNA지문을 이용한 과학수사역량 강화는 보다 정확한 감정결과를 통해 물적 증거위주의 과학수사체제를 확립해 나가는 관건이다.

III. 유전자은행법

1. 유전자은행

1-1 개관

(1) 의의

범죄자 등의 유전자 자료를 미리 확보해 이를 국가차원에서 입력 및 관리하는 시스템이 유전자은행이다. 살인, 강도, 강간, 추행, 절도, 조직폭력, 마약, 청소년성범죄 등 11대 강력 범죄를 저지른 구속 피의자와 수형인을 대상으로 DNA를 수집하고 관리하는 시스템이다. 피의자나 수형자가 유전자 채취를 거부할 경우, 압수수색영장을 발부받아 강제적으로 채취할 수 있다. 유전자형을 확보하여 관리하게 되면 재범을 할 경우 현장에서 쉽게 비교할 수 있어 범인을 신속하게 검거할 수 있다. 따라서 본인의 유전자형이 확보되어 있어 다시 범죄를 저지르면 바로 잡히게 된다는 압박감으로 재범을 할 수 없게 되어 범죄를 줄일 수 있으며(특별예방), 또한 범죄를 저지르면 반드시 잡힌다는 사회적 공감대가 형성되어 범죄를 예방(일반예방)하는 효과도 있다.

(2) 장기미제사건 해결

유전자은행은 장기 미제 사건을 해결하는데 기여한다. 유전자 은행법으로 인해 범죄자가 늦게라도 검거가 된 사례도 있다. 바로 화성 연쇄 살인사건인데 이춘재는 화성에서 1986년도부터 1991년도까지 버스정류장을 지나는 여성들을 밤에 잡아 성폭행 한 뒤에 살인하여 시체를 유기하고 떠나는 엽기적인 행각을 벌이게 된다. 우리나라에는 유전자 분석법이 2000년대에 들어서야 사용이 되었기 때문에 그 당시는 우리나라의 기술로 분석이 어렵다고 판단이 되어 이춘재의 정액을 보관하고 있었다. 2010년에 DNA법이 개정되고 나서 화성 연쇄살인사건의 범인을 찾는 와중에 그 당시에 다른 사건으로 감옥에 들어가 있었던 이춘재라는 범죄자가 이 사건의 범인일 확률이 높다고 판단이 되어 신문을 했고 이춘재는 모든 것을 밝히게 되었다.

이와 같이 미제사건들은 2010년에 시행된 'DNA신원확인정보의 이용 및 보호에 관한 법률'(DNA법)에 따라 만든 '유전자 DB'를 활용하여 해결이 용이해졌다.

개인의 프라이버시를 보호하기 위하여 DNA DB에 수록되는 DNA신원확인정보와 범죄자의 인적정보를 분리하여 각각 독립된 데이터베이스로 관리하고, DNA신원확인정보에는 고유의 식별번호만 부여하고 인적 사항을 포함시키지 않는 등의 방법으로 운영하고 있다. 2021. 12. 31. 기준으로 범죄자등 DNA DB에 DNA신원확인정보 385,445점(수형인등 193,189명, 구속피의자등 73,032명, 현장감정물등 119,225점)이 수록되어 있다. 유전자 증폭 기술의 발전도 주목할 만하다. 최근 신종 코로나바이러스 감염증(코로나19)으로 익숙해진 PCR 증폭 방식을 쓰면 1나노그램[39]의 유전자만 있어도 양을 늘려 분석이 가능하다.

39) 나노그램은 ng이며 1ng은 10억분의 1g이다.

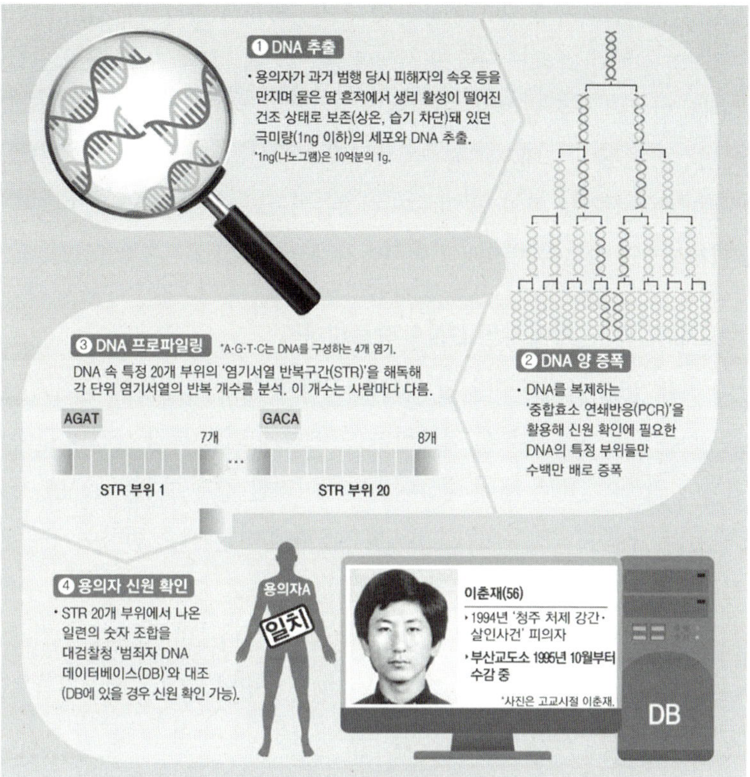

[그림 10-7] 화성 연쇄살인사건 용의자 DNA감식 원리 [출처] 매일경제 & mk.co.kr

1-2 디엔에이 신원확인 정보의 이용 및 보호에 관한 법률

(1) 이른바 "DNA법"의 입법목적

이 법률은 DNA제도를 도입함으로써 범죄수사 및 범죄를 예방하고 국민을 보호할 목적으로 제정되었다. 범죄 중에서도 살인, 강도, 강간, 추행, 절도, 조직 폭력, 마약, 청소년성범죄 등 11 종류의 강력 범죄를 저지른 사람들에게 재범을 막기 위해 범죄자들의 유전자를 채취하여 보관하는 방법이며 DNA신원확인정보데이터베이스관리위원회(법률 14조)가 운영되고 있다.

(2) 대상DNA

가. 재범률이 높은 강력범죄로 형이 확정된 수형인

나. 수사단계에서 구속된 피의자

다. 범죄현장에서 발견된 범인의 DNA증거

여기서 '범죄현장'이란 범죄현장에서 발견된 것, 범죄의 피해자 신체의 내·외부에서 발견된 것, 범죄의 피해자가 피해 당시 착용하거나 소지하고 있던 물건에서 발견된 것, 범죄의 실행과 관련된 사람의 신체나 물건의 내·외부 또는 범죄의 실행과 관련한 장소에서 발견된 것을 말한다. 일치하는 현장증거물이 검색되면 해당 수사관서에 감정 의뢰 접수번호 등이 휴대폰 자동문자메시지로 통보된다. 통보 받은 수사관은 인적정보 시스템에서 인적정보 확인 및 일치된 현장증거물과 관련된 사건의 미제여부를 판단한다. 미제사건일 경우 수사진행이 이루어진다.

(3) DNA DB 입력 단계에서의 DNA 자료활용

사건처리에 있어 여죄가 확인될 경우 대상자에 대하여 대부분 증거 인멸과 도주 우려가 있는 부분으로 구속 여부를 검토한다. 구속하게 되면 특정 사건의 구속 피의자로서 DNA 법률에 의하여 DNA 채취 대상이 된다. 이러한 경우 채취된 DNA 자료는 경찰이 관리하게 된다. 구속피의자등이란 DNA법 제5조에 따른 죄를 범하여 구속된 피의자 또는 「치료감호법」에 따라 보호구속된 치료감호대상자로 총 73,032명이 수록되어 있다. 구속피의자등에 대한 기관별 식별번호 부여현황을 살펴보면 경찰에서 전체의 94.5%에 해당하는 69,052명이 등록되었고, 검찰(직구속) 3,558명(4.9%), 해양경찰 325명(0.5%), 군 수사기관 97명(0.1%)이 등록되었다.

만약 불구속 상태에서 재판을 받게 되어 최종적으로 DNA 법률에 의한 특정 범죄에 대하여 유죄 취지의 형이 확정되면 DNA 채취대상이 된다. 이러한 경우 DNA 관리는 검찰이 행한다.

DNA 법률에 의하여 채취한 강력범죄자 DNA 자료는 DB 입력 단계에서 미제사건 범죄현장의 DNA DB와 비교검색하여 최종적으로 DNA에 의한 여죄자료 여부를 확인한다. DNA DB에 입력되는 DB는 향후 시간이 흘러갈수록 지속적으로 업데이트가 되며 경찰이 관리하는 '범죄현장의 DNA DB', DNA 법률에 의한 특정범죄 구속피의자의 DNA DB', 검찰이 관리하는 'DNA 법률에 의한 특정범죄 불구속 상태 형 확정자 DNA DB'는 상호 주기적으로 비교 검색하여 상호 일치하는 자료가 있는지를 확인하고 있다.

2. 유전자형과 문제점

2-1 유전자형이 검출되지 않는 경우

(1) 유전자형이 검출되지 않는 일반적인 경우

첫째, 시료에 묻어 있는 DNA가 DNA 가수분해효소, 자외선, 열 등의 여러 요인에 의해 분해되어 유전자를 검출할 수 없는 경우이다. 초기에 증거가 온전히 보전이 되어있는 상황이라도 증거물을 신속하게 획득하지 않는다면 증거물이 훼손되어 분석이 어려워진다.

둘째, 증거물에 극히 미량의 DNA만 있어 검출되지 않는 경우이다. 현재 많은 보완이 이루어져서 우려할 부분이 줄었지만 분석이 어려운 이유 중 하나이다.

셋째, 증거물 자체에 유전자 증폭을 저해하는 인자가 같이 있어 DNA 분리 단계에서도 없어지지 않고 있다가 증폭 단계에서 증폭을 저해하는 경우로, DNA의 양이 많더라도 이들 저해물질의 영향으로 증폭이 되지 않는 경우가 종종 있다.

넷째, 증거물에 여러 사람의 것이 혼합되어 정확한 유전자형을 판단할 수 없는 경우이다. 보통 강간사건의 경우 혼합반으로 검출될 수 있는 데 이때는 여성의 유전자형을 참고하여 남성의 유전자형을 추정할 수 있다.

(2) 정액 반응이 양성이라도 남성의 유전자형이 검출되지 않는 경우

첫째, 정관수술을 받은 사람과 무정자증인 사람의 경우, 둘째, 사정 후 약 72시간이 경과하여 정자의 DNA가 완전히 분해된 경우, 셋째, DNA 가수분해효소, 자외선, 열 및 기타 내외부적인 여러 가지 요인에 의해 정자의 DNA가 분해된 경우이다. 하지만 체외로 배출되어 건조되면 상황은 달라진다. 미국의 클린턴 전 대통령과 르윈스키의 부적절한 관계를 증명하는 데 결정적인 역할을 한 것은 르윈스키가 클린턴 전 대통령과 성관계 당시에 입고 있었던 드레스에 묻었던 정액반이었다. 그것은 2년 이상 지난 상태였지만 정액이 몸 밖으로 나온 후 드레스에 묻었고 바로 건조되어 더 이상의 부패가 진행되지 않아 정액이 그때까지 잘 보존되었다. 이와 같이 환경에 노출되더라도 부패가 진행되지 않거나 자외선 등에 오랫동안 노출되지 않으면 오랜 시간이 흘러도 정확한 분석 결과를 얻을 수 있는 것이다.

2-2 DNA 수사의 문제점

가. DNA 데이터베이스 이중관리

경찰과 검찰의 DNA 데이터베이스가 이중으로 관리 되고 있다. 검찰은 2010년부터 형이 확정되는 범죄자를 상대로 DNA를 채취해 보관하고 있다. 경찰청이 범죄자의 DNA 정보를 보관하는 것과 별도로 수형자(受刑者)들에게서 채취한 DNA 정보를 보관하는 것이다. 이를 해결하기 위해서는 하나의 서버에 보관하는 방법인데 이는 혹시 해킹이 되어 분석이 어려울 수도 있다는 문제점을 가지고 있기도 하다. 효율성 극대화를 위한 통합 관리가 필요함에도 범죄자의 DNA 정보를 두 기관이 따로 보관하다 보니 범죄 발생 때 용의자의 신원 확인이 늦어지는 폐해가 문제로 지적되기도 했다. 이에 따라 현재는 실시간으로 검경이 DNA 정보를 검색할 수 있게 DNA제도가 바뀌었다.

나. 범인으로 단정하는 오류

사건 현장에서 발견된 DNA와 용의자의 DNA가 일치할 때 범인으로 단정지어버리는 오류를 범하는 것이다. 'DNA가 일치한다고 해서 반드시 범인이라고 단정할 수 없다'는 원칙을 상기해야 한다. 현장에 왜 DNA가 남아있는지를 먼저 확인하는 등 신중한 수사가 필요하다.

다. DNA 분석 독점체제

DNA 분석 독점은 국립과학수사연구원의 업무를 과중하게 만드는 이유가 되기도 한다. 국립과학수사연구원의 인력부족과 업무과중 문제를 해결하기 위해서 국가의 투자 증가, 민영화, 아웃소싱이 필요하다. 이중 유전자 은행을 민영화 하는 방법은 과학수사의 DNA분석을 국가 기관에서 독점적으로 하는 것이 아니라, 여러 민간 기업들을 통해서 다양한 분석과 자료 수집을 할 수 있다는 장점이 있지만 DNA의 분석이 투명하게 안 될 수 있다는 문제점이 남는다.

라. 이동 중 DNA증거 훼손

이동 중에는 DNA 시료들 간에 철저한 격리가 이루어져야 한다.

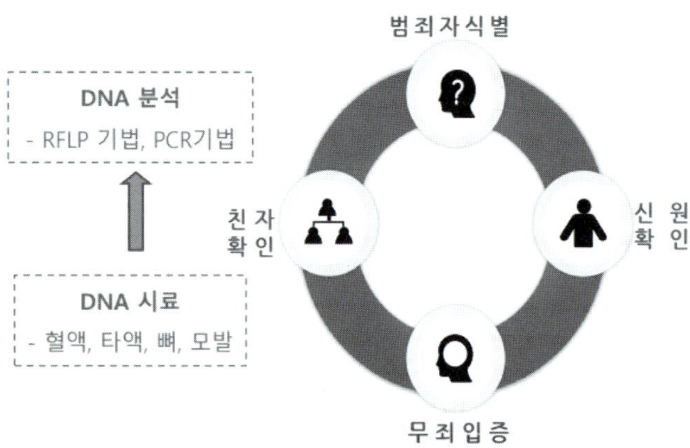

[그림 10-8] DNA의 활용

2-3 국내 유전자 관리 및 감식 기관

(1) 국내 현황

가. 국립과학수사연구원

국립과학수사연구원은 1955년 경찰청 산하에서 분리되어, 현재는 행정안전부의 소속이며, 경찰청과는 협력관계를 맺어 과학수사의 도움을 주고 있는 기관이다. 해당 기관은 2004년에 국제공인시험기관인 'KOLAS'에 DNA 감식 분야 인증을 받은 기관이다. 각종 범죄 수사 중 획득한 증거물을 과학적으로 감정할 뿐만 아니라, 연구 자료까지도 축적하고 있으며, 경찰의 과학수사센터와 검찰의 과학수사부에서 전문적인 분석업무를 의뢰받기도 한다. 부검을 통한 유전자 감식은 모두 이곳에서 의뢰를 받아 수행한다.

나. 국가수사본부 과학수사관리관

과학수사관리관(과학수사센터)는 경찰청 산하의 과학수사기관이다. 해당기관은 2010년에 'KOLAS'에서 지문감정분야 인증을 받았다. 과학수사센터는 여러 범죄 수사에 중요한 역할을 하고 있으며, 주로 유전자 분석보다는 현장 감식 위주의 업무를 수행한다. 2010년에 국내에서 시행된 'DNA법'으로 인해, 범죄자의 DNA 신원확인정보나, 증거물에서 분석된 DNA 신원정보를 수록하는 '유전자 은행'을 관리하고 있는 기관이기도 하다.

다. 과학수사부

과학수사부는 검찰청 산하의 과학수사기관이다. 해당 기관은 1968년 '과학수사연구단'을 시작으로 2007년에 'KOLAS'에서 유전자 감정분야 인증을 받았다. 과학수사부의 업무는 국립과학수사연구원의 업무와 상당부분 비슷한 업무를 하는데, DNA감식이나 디지털 포렌식 업무가 그러한 업무에 속한다. 다만, 과학수사부에서는 경찰청에서 관리하는 유전자 은행과는 별도로 DNA를 수집하고 관리하고 있다.

라. 국방부 과학수사연구소

과학수사연구소는 국방부 조사본부 산하의 과학수사기관이다. 해당 기관은 1953년에 설립되어 2009년에 KOLAS 인증을 받았다. 과학수사연구소의 업무는 군내에서 발생하는 범죄 및 사건 사고를 다루며, 주로 감정업무를 담당하고 있다. 군내 사건에서 채취된 유전자와 전쟁 전사자 유해의 유전자 감식을 하고 있으며, 해당 유전자 정보를 관리하는 유전자 은행을 운용하고 있다.

(2) 해외 유전자 관리 및 감식 기관

1985년 영국에서 발표된 DNA 유전자를 이용한 수사기법은 지금까지 국내뿐만 아니라, 여러 나라들에 도입되어 사용되어 왔다. 해외에는 대표적으로 미국과 영국이 있으며, 캐나다, 독일, 홍콩, 네덜란드에도 도입되었다고 한다.

가. 미국의 유전자 관리 및 감식 기관

미국에서는 FBI가 유전자 은행을 관리하고 있다. FBI는 1988년에 CODIS (Combined DNA Index System)라는 유전자 검색 체계를 구축하여 연방 차원에서 중앙 집중식으로 유전자 정보를 관리하고 있다. 이 시스템을 통해 DNA 정보를 축적하고, 분석된 DNA 정보를 수집하기도 한다. CODIS는 범죄현장에서 확보된 생물학적 증거가 있는 사건들의 수사를 이끈다. Forensic Index의 프로파일이 일치하면 범죄현장들을 연계시킬 수 있고 연쇄범죄자를 특정할 수도 있다. CODIS 과(Unit)는 CODIS와 NDIS(National DNA Index System)를 관리한다. 이 곳에서는 CODIS 프로그램을 개발하고 강력범 수사에서 나온 법유전자 증거의 교환과 비교를 강화시키기 위해 미국 그리고 국제 법집행 범죄연구소에게 이를 제공하며 지원한다.

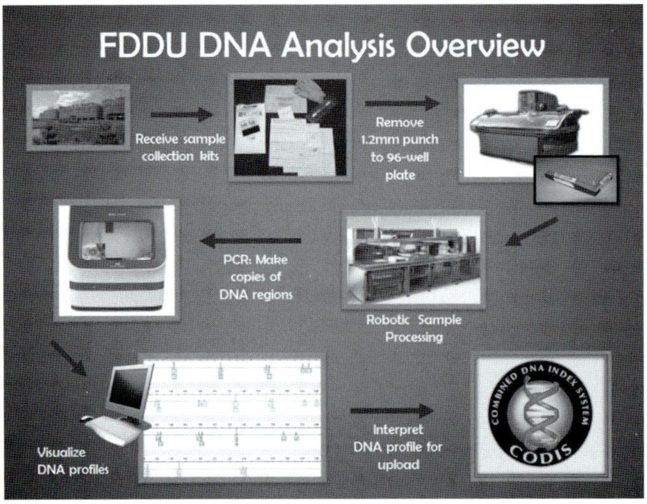

[그림 10-9] FDDU DNA 분석 개관 FBI

나. 영국의 유전자 관리 및 감식 기관

영국은 FSS에서 1995년에 세계 최초로 유전자 은행을 설립하여 운용하고 있다. 영국에서도 경찰을 통해 DNA 시료를 수집하며, FSS에서 의뢰를 받아 DNA 유전자 정보를 분석하고 수집, 관리한다.

(3) 유전자 은행 활용사례

가. '골든 스테이트 킬러' 사건

유전자 은행과 관련된 사건으로는 1976년에서 1986년 사이 미국 캘리포니아주 일대를 공포에 떨게 했던 '골든 스테이트 킬러' 사건이 있다. 이것은 10년 동안 최소 12명이 살해되고, 50명 이상이 강간당한 사건이었다. 범인은 장갑과 마스크를 쓰고 증거물을 남기지 않는 등 치밀한 수법으로 경찰의 수사망을 피해갔다. 경찰은 1980년에 발생한 한 살인 사건에서 범인의 DNA를 확보했지만, 그 당시 DNA를 이용한 수사기법이 활용되기 전이라, 범인을 검거하지는 못했다. 이후에 1997년에 경찰은 다시 미국의 FBI의 유전자 은행인 CODIS를 이용하여 범인의 DNA를 대조해봤지만, 일치하는 사람은 찾아내지 못하였다. 그런데 20여년이 흐른 2018년에 다시 유전자 은행에서 DNA대조를 시행하였고, 42년만에 범인을 검거할 수 있었다. 이 범인은 전직 경찰관 출신인 '조지프 제임스 디앤젤로'였다.

경찰이 CODIS를 통해서도 찾아내지 못했던 범인과 일치하는 DNA를 찾아낼 수 있었던 것이 민간 DNA 족보 사이트인 'GED 매치'였다. GED매치에서는 DNA를 비교 분석하여 친척관계를 알려주는 업체였다. 해당 업체를 통해 경찰은 범인과 고조모가 같은 사람을 찾아내고, 범인의 먼 친척 주변을 탐문하여 용의선상을 좁혀가다 결국 범인을 찾아낼 수 있었다.

CODIS와 GED매치의 유전자 은행의 차이점은 분석하는 DNA정보가 다르다는 것이었다. CODIS는 국내 유전자 감식에도 사용되는 STR 마커를 분석하여 유전자를 대조하지만, 민간 업체인 GED매치에서는 STR 마커가 아닌 SNP 마커를 분석하여 유전자를 대조한다. STR 마커를 통해서는 부모나 형제 관계까지만 알아낼 수 있지만, SNP 마커는 먼 친척까지 알아낼 수 있는 특징이 있다. 때문에, GED매치에서는 '골든 스테이트 킬러'의 고조모까지 알아낼 수 있었던 것이다.

나. 공소시효 2달 남은 성폭행범 DNA 대조로 검거

공소시효를 66일 남긴 성폭행범이 검찰과 경찰의 DNA 공조로 10년 만에 붙잡혔다. 지난달 15일 서울 광진경찰서는 검찰로부터 "10년 전 미제사건 성폭행범과 일치하는 DNA를 찾았다"는 전화 한 통을 받았다. DNA의 장본인은 지난 2003년 20대 여성 두 명을 성폭행한 후 도주한 송모(44)씨였다. 송씨는 지난 2003년 2월 20일 오전 7시 30분쯤 서울 광진구 화양동에서 일을 마치고 집으로 귀가하던 A(24)씨와 B(27)씨를 흉기로 위협해 집 안으로 뒤따라 들어갔다. 송씨는 이들을 차례로 성폭행한 후, 현금과 귀금속을 빼앗아 달아났다. 경찰은 성폭행 사건 현장에서 송씨의 DNA를 채취해 국립과학수사연구원에 감정을 의뢰했다. 하지만 동일 수법 전과자 등을 죄다 뒤졌지만 일치하는 자료가 없어 용의자를 잡지 못했다. 이후 이 사건은 약 10년간 미제사건으로 묻히는 듯했다. 완전 범죄인 줄 알았던 송씨가 붙잡히게 된 건 지난 10년 사이 'DNA 제도'가 바뀌었기 때문이다.

이에 따라 지난해 10월 검찰은 마약혐의로 구속돼 포항교도소에 수감된 송씨의 DNA를 채취했고, 미제사건 해결을 위해 국립과학수사연구원에 DNA 대조를 의뢰했다. DNA 대조 결과 이곳에서 보관 중이던 송씨의 다른 DNA와 일치한다는 통보를 받았다. 이를 토대로 경찰이 수사에 나선 결과, 지난 12일 송씨의 부모 집에서 공소시효를 66일 남긴 송씨를 검거할 수 있었다.

○ 참고문헌

이삼재 (1983). 「과학수사입문」 정문출판사.

이종주 (2002). 검찰의 과학수사, 「한국법과학회」 2002(1).

김종수 (2000). 「DNA지문에 의한 친부관계 분석을 위한 전문가 시스템」석사학위논문. 인하대 산업대학원 pp.8-9.

신동운 (2007). 「형사소송법」 법문사.

백형구 (2007). 「알기 쉬운 형사소송법」 박영사, p307.

경찰청 (2011). 「감식사례집 - 외국인 토막 살인사건」 p63.

김순희 (2009). 내재된 증거 : 수사유전학 분야의 최근 경향, 「수사연구」 8월.

이은정 (2009). 유전자를 이용한 수사식물학, 「수사연구」 8월.

정선영 (2009). 살인사건 현장감식, 「수사연구」 1월, p99.

경찰청 (2011). 중요사건 보고, 1. 24

경찰청 (2010). 중요사건 보고, 9. 17

'미국 연쇄 살인마 게이시에 당한 희생자 신원 45년 만에 확인'

기사링크 https://www.seoul.co.kr/news/newsView.php?id=20211026500054

'42년 만에 잡힌 美 연쇄살인범, DNA 족보 사이트에 덜미'

: https://biz.chosun.com/site/data/html_dir/2018/05/03/2018050300108.html

'범죄자 DNA 은행' 미제사건 47건 해결

: https://www.dongascience.com/news.php?idx=-5213603

전북청 과학수사대.

www.lgsl.kr

www.sciencetimes.kr

검찰청 홈페이지 https://www.spo.go.kr/spo/major/forensics/act/forensics09.jsp

정주연 외 5명 (2013). "DNA 정보 활용을 통한 귀화인 살인사건의 분석과 적용", 「한국과학수사학회」 7(4), p254.

"서래마을 영아 유기사건 풀스토리", 〈조선일보〉, 2006/10/11

pcr 검사의 원리([출처] https://blog.naver.com/eclick/220394679922)

전기영동의 과정([출처] https://blog.naver.com/dla0805/221941346247)

공소시효 2달 전 검거사례 ([출처] 조선일보)

https://www.chosun.com/site/data/html_dir/2013/02/13/2013021302275.html

:https://m.etnews.com/20190922000057?obj=Tzo4OiJzdGRDbGFzcyI6Mjp7czo3OiJyZWZlcmVyIjtOO3M6NzoiZm9yd2FyZCI7czoxMzoid2ViIHRvIG1vYmlsZSI7fQ%3D%3D

DNA신원확인정보데이터베이스 연례 운영보고서 (2021) DNA 신원확인정보데이터베이스관리위원회

심민관. 수사기술 발달로 덜미 잡힌 장기 미제사건. 조선비즈 2021/6/11

김형규. 땀DNA 때문에 덜미. 경향신문 2016/2/29.

콜린 에반스 (2009). 「세계적인 과학수사」 가람기획.

박기원 (2008). 「DNA분석과 과학수사」 살림.

제 11 장

족흔적 /모발·섬유증거 /위험증거

Ⅰ. 족흔적

Ⅱ. 모발·섬유증거

Ⅲ. 위험증거

제11장

족흔적 /모발·섬유증거 /위험증거

에드몽 로카르(Dr. Edmond Locard)가 표현한 "접촉하는 두 개체는 서로의 흔적을 교환한다."는 내용은 어떤 의의가 있는가?

I. 족흔적

1. 족흔적 개관

1-1 족흔적의 유형

(1) 족흔적의 의의

족흔적이란 범인이 범죄현장에 남겨놓고 간 보행흔적 및 기타 범행에 사용하였던 차량의 타이어 흔적과 도구흔 및 다른 물건에 의해 인상된 모든 흔적을 말한다. 족흔적은 로카르드의 "접촉하는 두 개체는 서로의 흔적을 교환한다"는 원리가 적용된다. 대부분의 자동차 사고에서는 스키드마크가 나타나게 되고, 자동차를 생산할 때 회사 차량마다 그 고유의 페인트 패턴이 있으며, 또한 차체와 범퍼에 사용되는 페인트는 재질에 따라 선명도나 제작 방법이 상이하므로, 사고 발생시 차량에 의한 페인트 흔적은 매우 중요한 증거가 될 수 있다.

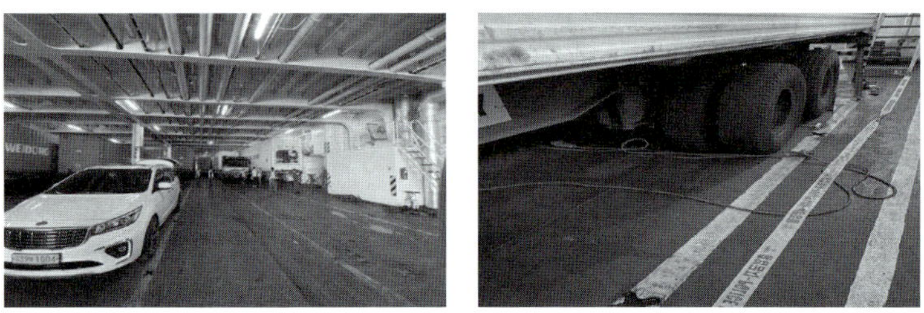

[그림 11-1] 선박내 뺑소니사건에서 스키드마크를 이용한 피의차량 검거사진

(2) 족흔적의 중요성

유명한 O.J심슨 재판에서도 족흔적의 중요성을 엿볼 수 있다. 아내를 살해한 혐의는 형사재판에서 증거 불충분으로 무죄를 선고 받았지만 형사재판 종료 후 민사재판에서 새로운 사진이 증거로 채택 되었다. 사진에는 미식축구 행사장에서 찍힌 심슨의 B사 신발과 당시 현장에 피 묻은 신발이 정확히 일치하였다. 이 사진은 B사의 신발을 소유한 적이 없다는 심슨의 발언과 모순되는 증거였고 판결에 큰 영향을 주게 되었다. 결국 심슨이 아내의 죽음에 책임이 있다는, 과거의 형사재판 판결과는 반대되는 민사판결이 내려진 것이다. 우리나라를 한 때 뒤흔들었던 연쇄살인범 유영철도 초창기 범행현장에 남겼던 구두 자국과 검거 당시 신고 간 구두 뒤축이 일치해 수사관들이 그가 범인이라는 확실한 물증을 잡을 수 있었다.

그러나 아무리 결정적인 증거를 현장에서 확보하였더라도 그 절차나 방법을 소홀히 하면 아무런 기능을 하지 못한다. 예를 들어 범인이 야간에 주거에 침입하여 귀중품을 훔쳐 도망간 현장에서 범인이 유류한 것으로 추정되는 족적을 확인 후 동영상 및 사진채증을 하였으나, 범인 체포 후 신고 있던 신발을 임의제출 내지 압수 조치를 하지 않았다. 뒤늦게 임의제출 내지 압수하려고 하였으나 이미 범인은 이를 폐기처분하여 결국 재판에서 범인임을 밝혀내지 못한 사례가 있었다.

(3) 족흔적의 종류

[표 10-1] 족흔적의 종류

구분	내용
족적	족문, 맨발흔, 양말흔, 구두흔, 각종 신발흔 등과 같이 보행으로 남겨진 흔적
타이어흔	자동차, 자전거, 오토바이 등의 타이어에 의하여 인상된 흔적
도구흔(공구흔)	빠루(노루발못뽑이), 드라이버, 펜치, 칼 기타 공구에 의해서 인상된 흔적
기타흔적	치흔, 장갑흔, 자동차 등의 접촉시 생기는 찰과흔, 유리, 고무, 나무 기타 물건의 절단면에 생기는 줄흔, 우마의 족흔 등

1-2 족윤적

대부분의 자동차 사고에서는 스키드마크나 요마크가 나타나게 되는데, 이를 통해 주행각도, 속도, 방향 등을 분석할 수 있다.

(1) 스키드마크(skid mark)

자동차가 브레이크를 밟을 때 급감속·급제동으로 인해 바퀴가 회전하지 않고 (구르지 않고) 미끄러지면서 남은 자국을 스키드마크라고 한다.

스킵 스키드 마크는 일정한 간격을 두고 진한 부분과 옅은 부분이 서로 번갈아 연속적으로 나타나는 흔적이다.

갭스키드마크는 중간이 불규칙하게 끊긴 스키드마크로 운전자가 주행중 위험을 발견하여 급제동시 타이어가 미끄러질 때 제동을 반복하여 해제한 경우에 발생한다.

곡선스키드마크는 선회중이거나 장애물을 피하려고 핸들이 급격하게 조작된 상태에서 급제동한 경우에 발생한다.

(2) 요마크(yaw mark)

요마크는 과속주행한 흔적이라고도 한다. 급핸들조작의 결과이므로 항상 곡선을 이룬다. 요마크의 줄무늬는 스키드마크의 줄무늬와 아주 다르다. 요마크의 최대 폭은 타이어가 옆으로 미끄러질 때 타이어와 도로의 접촉면 길이와 같다는 특징이 있다.

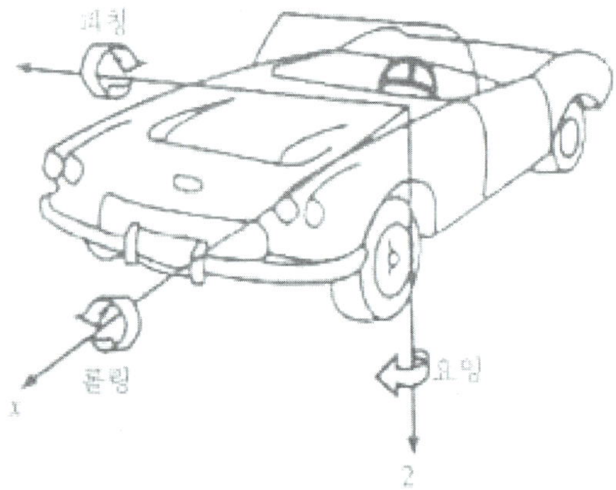

[그림 11-2] 요 마크

(3) 눌린 자국

도로나 기타 표면에 사람의 신발이나 구르는 타이어에 의해서 미끄러짐 없이 만들어진 흔적을 말하며 타이어의 트레이드나 신발로 만들어지는 것으로 접지면의 무늬가 그대로 나타난다.

[그림 11-3] 눌린 자국과 접지면의 무늬

1-3 찰과흔

(1) 로카르드 교환법칙

교통사고에서는 차량간에 충돌이 일어날 경우 상대 차량의 페인트가 묻기에 사건의 중요한 입증 자료가 된다.

(2) 교통사고

차량의 측면에 나타나 있는 긁힌 흔적은 접촉 당시 차량의 움직임과 관계가 있다. 차량이 2륜차를 추월하다 접촉되는 경우 오토바이는 차량쪽으로 쏠리게 되고 차량에 나타나는 흔적은 후미가 낮고 전면 쪽이 높다. 또한 오토바이가 차량을 추월하는 경우 오토바이는 차량 외부측으로 전도되며, 차량 전면부의 긁힌 흔적은 추돌부위의 높이 보다 더 높게 나타난다. 대부분 긁힌 자국은 차체에 대하여 수평으로 나타나나 앞쪽이 높게 나타나고 전후방향인 것은 제동 중에 형성된 것이다.

1-4 족흔적 채취방법

(1) 족흔적의 종류

어떤 형태로 남아있는가에 따라 입체, 평면, 잠재족흔적으로 구분되며 종류에 따라 채취방법의 차이가 생긴다. 입체족흔적이면 용의자로부터 압수한 물건(신발, 타이어 또는 공구류)도 입체흔을 작성하여야 한다. 이때 석고채취법을 활용한다. 평면족흔적의 경우 현장자료가 평면흔이면 대조자료도 지문잉크 등으로 백지에 평면적으로 작성하며 젤라틴전사법을 활용한다. 잠재족흔적에 대해서는 실리콘 러버법, 정전기 채취법, 진공상태 채취법을 활용한다.

(2) 족흔적의 채취

가. 사진촬영

모든 족흔적은 우선 사진촬영 후 다른 방법을 행하는 것이 원칙이며, 미세한 부분(특징)까지 사진에 나타나도록 촬영하여야 한다.

나. 맨발흔

현장에서 맨발흔을 채취하였을 경우에 용의자의 맨발족적 작성은 보통 서있는 상태, 걸어가고 있는 상태, 발바닥 안쪽에 힘을 주었을 때, 그리고 발바닥 바깥쪽에 힘을 주었을 때의 최소한 네 가지 이상의 여러 상태에서 대조자료를 작성한다.

(3) 석고채취법

가. 의의

모래, 진흙, 연토, 눈 위에 입체상태로 인상된 입체족흔적을 채취할 때 쓰이는 방법이다.

나. 순서

- 석고채취 '틀'을 족적 주위에 놓는다.
- 석고 1㎏과 물 약900㏄를 혼합하여 막대기로 젓는다.
- 석고액을 주입구를 통해서 주입하고, 보강재를 석고액 중간에 넣는다.
- 석고배면에 사건명, 채취장소, 연월일시 등을 기록한다.
- 떼어낸 후 건조시키고 석고에 묻은 흙을 제거한다.

<석고채취 장면>

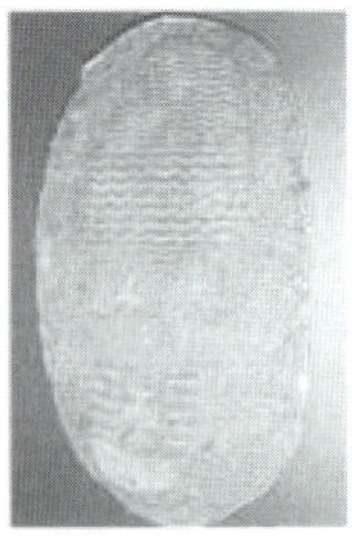

<석고로 채취한 족흔적>

<석고로 채취한 윤흔적>

[그림 11-4] 석고채취법

(4) 기타 채취방법

가. 젤라틴전사법

나무판, 유리, 비닐장판, 마루바닥, 아스팔트, 콘크리트상의 평면족흔적을 채취할 때 사용하는 방법으로 지문의 전사지를 이용한 지문채취방법과 유사하며 분말을 도포하여 현출시킨 후 전사한다.

나. 정전기채취법

담요, 방석, 의자커버 등의 섬유류 위에 먼지로 인해 인상된 족흔적을 채취하는 것으로 정전기 채취기를 이용하여 감식한다.

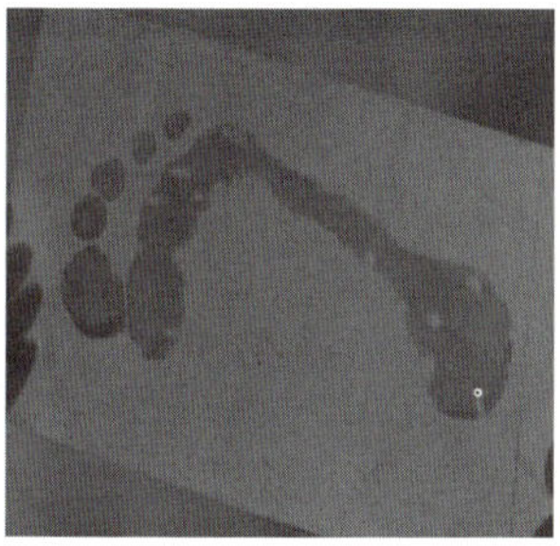
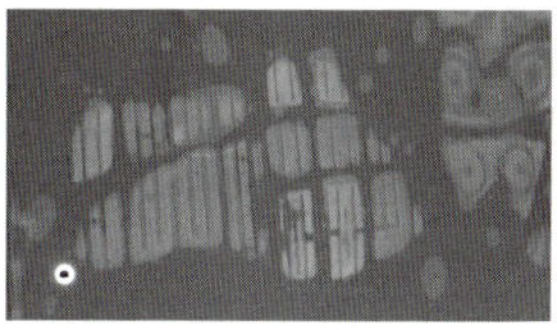

[그림 11-5] 젤라틴전사법(좌)와 정전기채취법

※ EBS 도로위의 미스터리

뉴스를 통해 빈번히 접하게 되는 사고가 교통사고 관련 내용이다. 교통사고 흔적(타이어, 범퍼 잔해 등), 교통사고 피해자에 대한 보상, 보험관련 분쟁에 대해서 정확한 시비를 판명하는가는 족흔적 감정을 통해 규명된다. EBS에서 제작된 "도로위의 미스터리를 밝혀라, 교통사고 과학수사" 영상은 교통사고와 관련되어 여러 실제사고 사례를 재구성하여 제작된 것인데 많은 것을 확인할 수 있다.

#1. 3명이 타고 가던 차량이 다리 난간에 부딪치는 사고로 인해 1명은 사고시 다리 위 난간에 떨어졌고, 2명은 다리 아래로 떨어졌으며, 그 중 1명이 사망한 사건이다. 과연 누가 운전하였는가? 왜 운전한 사람이 사망했을까? 여기서 진실을 규명하기 위한 증거는 의복의 섬유증거(안전벨트와의 마찰로 인해 압착된 흔적)였다.

#2. 경주시 현곡면 남사재 고갯길에서 관광버스 1대가 고개 내리막길에서 속도를 줄이지 못해 추락하여 탑승한 인원 중 18명이 사망한 대형사고이다. 정확한 실험데이터를 산출하기 위해 사고 현장과 유사한 실험환경을 만들고 우천시 속도에 따른 제동 거리 등을 통해 사고 당시 과속이었는지, 스키드 마크는 어떻게 형성되는 지 등 3D스캐너, 족흔적을 통해 노면의 마찰계수는 어떠했는지 과학적인 분

석을 행하여 이 사고는 차량의 문제운전자의 과실(기어 조작 미숙)로 발생한 사고로 결론이 났다.

#3. 교차로에서 발생한 1, 2차 충돌로 인해 사망자가 발생한 사고이다. 사건 현장과 유사한 차량을 통해 주행각도, 속도, 방향 등을 분석하게 됨으로써, 어떠한 차량에 의해 사고가 시작되었고, 어떠한 연속반응으로 인해 사고가 확대되었는지 규명하였는데 충격 각도를 통해 누가 최초 사건의 시작점인지 판단하는 것이 사건의 풀어가는 실마리가 되었다.

2. 공구흔

1-1 공구흔 개관

(1) 공구흔의 정의

공구흔이란, 범죄 현장에서 공구가 남긴 흔적을 뜻한다. 흔적을 분석하기 위해 다양한 규격의 공구와 대조하고 판단하는 과정이 필요하다.

가. 공구흔

[표 10-2] 공구흔의 생성흔적

생성흔적	예(例)
긁힘흔	끌개
눌림흔	펜치, 바이스그립, 망치, 빠루
	 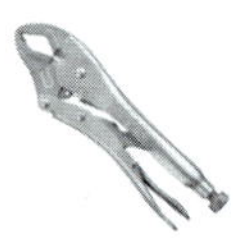  
절단흔(금속)	케이블을 절단기로 절단
절단흔(일반)	가위, 칼에 의한 의류 손상 칼에 의한 인체 손상
톱날흔	톱
드릴흔	드릴
마찰흔	해상에서 로프가 배의 프로펠러에 의해 마찰

가. 흉기흔

[표 10-3] 흉기흔의 생성흔적

생성흔적	예(例)
눌림흔	망치가 빗맞아 가구표면을 가격
절단흔(일반)	칼에 의한 의류 손상
절단흔(인체)	칼에 의한 인체 손상
톱날흔	뼈를 톱으로 절단

1-2 공구흔 사례(국과수)

「울산 소재 OO 마트에서 불상자가 절취한 포터 차량을 이용하여 마트의 외벽을 뚫고 내부로 들어가 안에 있던 금고를 손괴하여 내부 현금을 절취한 사건이 발생하였다. 이에 금고를 어떤 도구를 사용하여 손괴하였는지가 범행의 주요 행적으로 볼 수 있어서 사용 도구의 종류를 추정하는 감정이 의뢰되었다.」

금고 문 전체

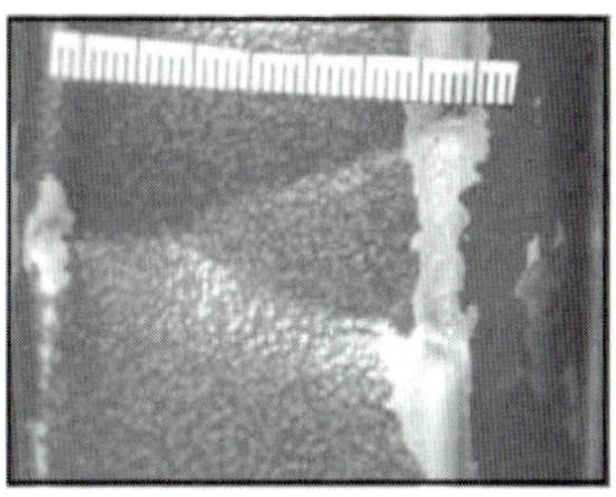

문틀에 남은 흔적(중)

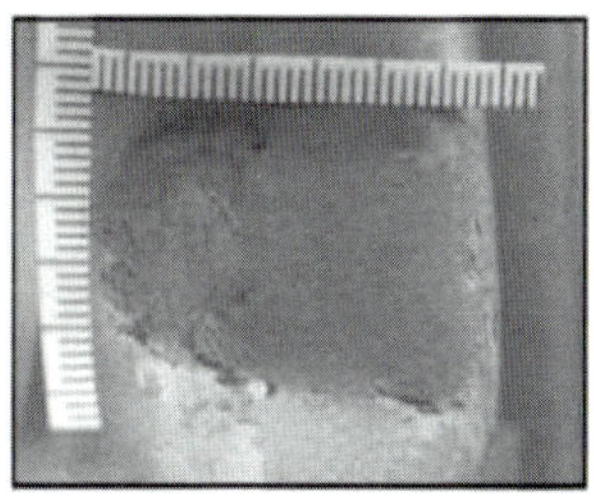

문에 남은 흔적(우)

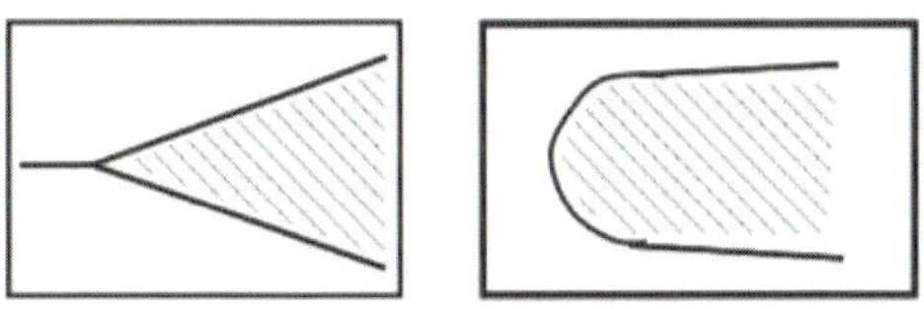

금고 문틀(좌) 및 문(우)에 생성된 눌림흔의 도식도

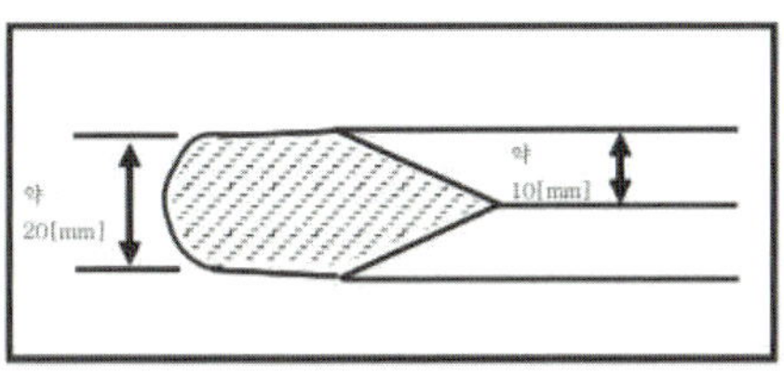

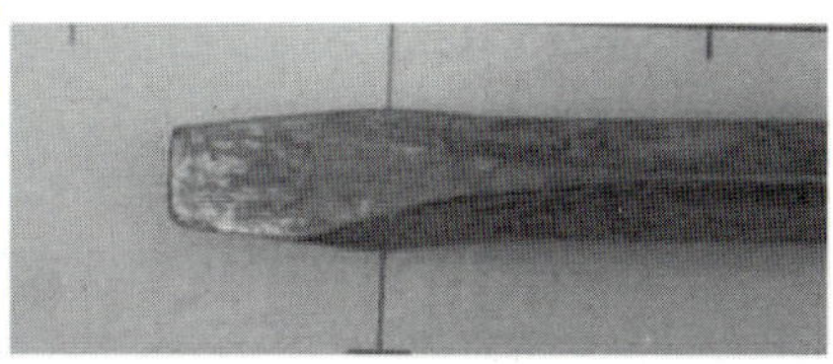

추정공구의 도식도(상)와 추정공구의 실물(하)

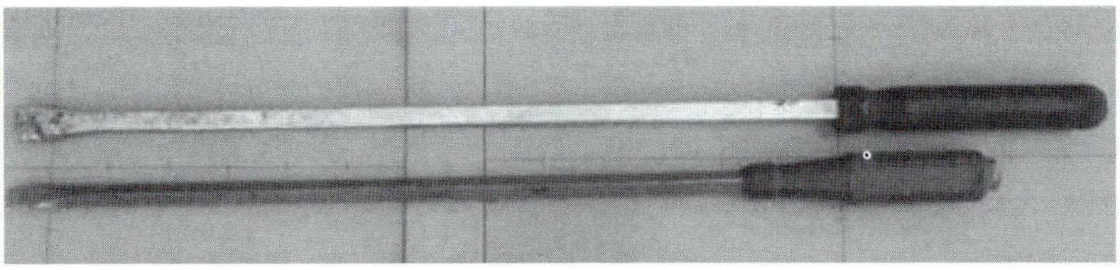

정답은 슈퍼 드라이버였다. 드라이버가 지렛대의 원리로 작용하며 문틀과 문에 다른 흔적을 남긴 것이다.

Ⅱ. 모발·섬유증거

1. 개관

1-1 모발증거와 섬유증거의 중요성

모발증거와 섬유증거는 범행장소에서 가장 쉽게 구할 수 있으며 모발의 주인이 범행장소에 있었다는 중요한 단서를 제공하는 증거물이다. 국립과학수사연구원이나 FBI 법의학연구소에서 제출된 증거자료를 가장 먼저 받아보는 곳도 모발-섬유 부서이다. 모발이나 섬유는 쉽게 떨어지거나 없어질 수 있기 때문에 온도와 습도가 잘 조절된 밀폐공간에서 해야 되며 모발이 떨어지지 않도록 주의하여야 한다. 미국의 FBI에서 1년에 다루는 모발 증거는 2,500종에 달한다.

범죄 현장에 남겨진 모발을 이용하여 용의자를 확인할 수 있는 것과 같이, 우리가 사용하는 의복이나 직물을 구성하고 있는 섬유도 용의자를 확인하는 데 이용될 수 있다. 섬유는 개인과 개인의 접촉 과정에서 용의자 의복과 피해자 의복 사이의 상호 섬유 교환이 일어났을 때 중요한 증거물로 사용된다. 이 증거물을 이용하여 용의자의 범위를 축소시키고 혹은 누구의 섬유인지를 확정짓는지의 능력 여하에 따라 섬유의 법과학적인 증거 가치가 결정된다. 차이점이라면 의류와 직물은 대량으로 생산되기 때문에 모발과 같은 개인식별을 할 수 없다.

1-2 미세증거물

육안으로는 확인이 되지 않는 미세증거물(trace evidence)들이 범인을 잡기 위한 가장 훌륭한 증거물이 된다. 섬유, 미세먼지, 페인트 흔적, 합성수지 조각, 인화성물질, 유리조각, 테이프조각, 노끈, 화장품흔적, 목재조각, 시멘트 조각등 일정형태를 가지면서 크기가 작다면 모두 미세증거물의 범주에 포함된다. 로카르드(1877~1966)는 작은 증거물을 과학적으로 분석하면 수사에 결정적인 도움을 줄 수 있다고 확신하였다. 그는 미세한 먼지와 흙, 금속 파편 등을 감정해 범인이 현장에 있었고 피해자와 신체접촉이 있었다는 것을 성공적으로 입증한 바 있다. 그 뒤 리옹대에 세계 최초로 법과학감정소를 세웠다. 카펫사용이 일반화된 구미 국가에서는 집안에서 발생한 살인사건의 경우 카펫 섬유가 시신으로 전이되는 경우가 있어 카펫섬유를 채취하는 것이 일반화되어 있다.

1-3 모발 및 섬유증거의 발전

머리카락, 섬유에서 발견되는 유사성이 단서를 제공하는 중요한 증거 중 하나이다. 20세기 초에 최초의 인조섬유인 레이온에 이어 1920년대에는 공장에서 생산하는 섬유가 실용화 되었다. 1930년대 후반부터 과학자들이 수많은 새로운 섬유를 만들어 내며 섬유 사업은 눈부신 발전을 하였다. 오늘날 섬유는 의복, 카펫, 포장지, 가발, 천연 잔디에 이르기까지 다양한 품목을 만드는데 이용된다. 이러한 다양성 때문에 범죄수사 분야에 비약적인 발전을 가져왔다.

2. 모발증거

2-1 모발의 특징

(1) 모발의 구조

모발의 법의학적 감정은 범죄사건에서 개인식별을 위해 중요한 만큼 그 검사법도 대단히 복잡하다. 모발의 검사법은 일반적인 검사, 개인식별을 위한 검사, 모발질환의 검사 세 가지로 분류한다. 모발을 통하여 알 수 있는 것은 여러 가지가 있다. 주의해야 할 사실은 모발의 뿌리가 없으면 성별과 나이는 구별이 불가능하다. 뿌리에는 모근과 모구가 담겨있는데 모발 주인의 구체적인 생물학적 정보를 알기 위해서는 모구에 위치한 모모세포(毛母細胞)를 관찰해야 한다. 반면 술이나 담배, 마약 등을 복용할 경우 케라틴 단백질층에 그 성분이 남기 때문에 모근이 없어도 구별할 수 있다.

[그림 11-6] FBI/DOJ Microscopic Hair Comparison Analysis Review

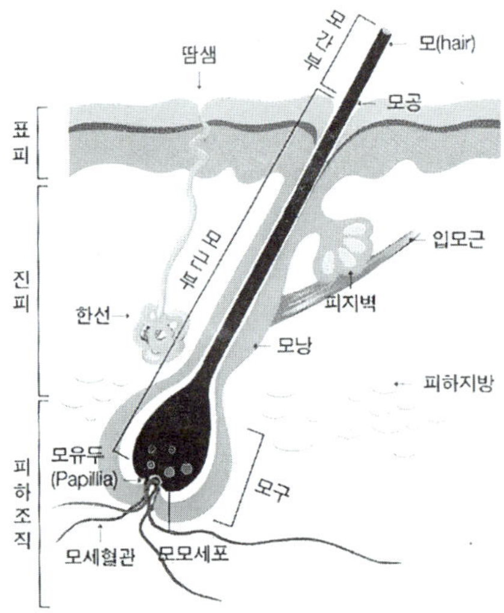

[그림 11-7] 모발의 구조 [출처] BLOGSPOT.COM

(2) 모발(Hair)을 통하여 알 수 있는 정보

모발에서는 다음의 사항들을 검사하여 최종 법의학적 개인식별을 추정할 수 있다.

① 사람과 동물 털 여부

② 발생부위(음모인지 머리카락인지)

③ 연령(모발의 치수를 통하여)

④ 성별

⑤ 이발 후 경과일수(한달 약 1.02cm 성장)

⑥ 모발의 손상여부

⑦ 파마, 염색여부

⑧ 뽑은 모발과 자연탈락모 구별

⑨ 혈액형

⑩ 술, 담배, 마약류 복용 여부

2-2 모발 채취시 주의사항

① 모발이 어떤 물체에 부착되어 있을 때에는 부착상태를 상세히 기록함은 물론 사진촬영과 동시에 즉시 채취해야 한다. 특히 교통사고에서 차체에 밀착되어 있는 모발은 무리한 힘을 가해 채취하면 사고당시에 생긴 손상인지 자료 채취시에 생긴 손상인지의 판정이 어렵게 된다.

② 모발을 뽑아서 채취할 때에는 모선단(毛先端)을 잡고 당기는데, 모발이 늘어나는 형태적 변화가 없도록 모근쪽에 힘을 가하는 것이 좋다.

③ 음모의 경우는 음경·음핵의 상하좌우에서 각각 5~10개씩 채취한다.

④ 피해자 모발을 대조자료로서 채취할 때에는 두부(頭部)의 전후좌우에서 각 20개 이상 채취하는 것이 원칙이다.

⑤ 모발시료는 모근이 부착되어 있는 것이 바람직하다.

2-3 적외선 현미경 분광광도계 활용사례

맥도날드 부인 가발 관련 살해사건은 1979년 남편 제퍼리 맥도날드 박사가 아내와 두 딸을 죽이고서 '가발을 쓴 침입자의 소행이다'라고 변론을 하다가 모발 감정으로 기소로부터 탈출하지 못한 사건이다. 일반적인 모발감정과는 다르게 피해여성이 가발을 쓰는 사람이었다.

가발 섬유 비교 자료는 빗에서 찾았다. 개인용 빗에는 모발과 두피세포가 묻어있어 DNA 감정에 좋은 자료가 된다. 이 사건은 두피세포를 이용한 DNA 감정검사는 아니었지만, 개인용 빗을 조사하는 것이 중요한 증거가 될 수 있다는 또 하나의 예시이다. 모발이 아니기에, 이 사건에서 FBI가 섬유를 조사한 방법은 적외선 현미경 분광광도계를 이용한 방법이었다.

적외선 현미경 분광광도계는 물질이 빛을 선택적으로 흡수하는 성질을 이용하여 물질을 확인하는 장비이다. 과거에는 현미경-분광광도계가 개발되지 않아 현미경으로 관찰하며 빛에 대한 파장 검사가 무리였으나, 현미경-분광광도계가 개발됨에 따라 입자를 현미경으로 관찰하면서 동시에 특정 파장의 빛을 조사하여 그 물질만의 흡수 스펙트럼을 얻을 수 있게 되었다. 적외선에 대한 흡수 스펙트럼은 모든 물질마다 다르게 나타나므로, 이를 안다면 그 종류, 및 구성성분을 쉽게 비교, 확인할 수 있게 된다.

섬유뿐만 아니라 페인트를 감정하는 분야에도 많이 쓰이는데, 예로 숭례문 방화범을 찾은 것이 있다. 숭례문 근처에 있었던 동일 범죄 경력을 가진 세 명 중에 한 사람의 신발에 묻은 물질이 화재 현장 기둥에서 채취한 페인트 시료와 같은 물질임을 적외선분광광도계를 이용하여 확인, 검거했다.

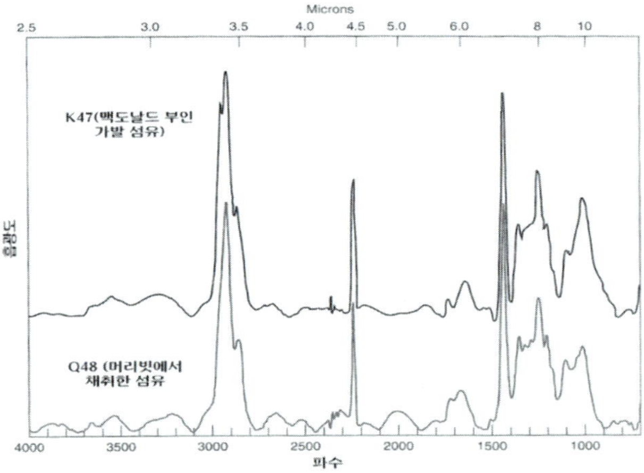

[그림 11-8] 적외선 분광광도법으로 섬유를 비교한 결과

3. 섬유증거

3-1 섬유 개관

(1) 미세증거물

대표적인 미세증거물인 섬유는 제조방법에 따라 면, 마, 유리섬유 등 천연섬유와 나일론, 폴리에스테르 등 인조섬유로 구분한다. 보통 현장에서 찾아낸 의복 등에서 나온 미세증거물과 용의자의 집이나 차량에서 나온 미세증거물의 동일성을 입증하면 궁극적으로 피의자 범행을 입증하는 수단으로 사용가능하다. 또한 범인추적의 수단이 될 수 있기도 하고 그 증거물이 서로 동일한 곳에서 나온다면 서로 연관이 없어 보이던 사건들의 수사 방향을 설정할 수도 있다. 피해자의 손톱 밑에 부착된 섬유를 보고 사건 당시 가해자와 몸싸움이 있었는지 확인 할 수도 있다.

(2) 섬유의 종류

섬유는 보통 제조방법에 따라 천연섬유(면, 마, 유리섬유 등), 인조섬유(나일론, 폴리에스터, 아크릴, 레이온, 아세테이트 섬유 등)로 구분하는데, 인조섬유는 천연섬유보다 감정의 변별력이 높다. 천연섬유는 물이나 식물에서 얻어지는 섬유이다. 양털(울), 염소털(캐시미어), 면등이 있으며 각각 단면이 다르다. 양털은 단백질로 덮여 있으며 두툼하고 비닐처럼 얽혀져있다. 면은 불규칙적인 꼬인 리본 형상을 하고 있다.

인조섬유는 1911년에 레이온이 소개되고 그 뒤 나일론이 만들어지면서 인조섬유의 사용량이 증가하였다. 오늘날 생산되는 대부분의 섬유는 화학물질로 합성하여 만드는 합성섬유이다. 예로 아세테이트는 화려한 느낌과 외관, 다양한 색상 및 광택, 잘 휘늘어지고 부드러움, 속건성, 항균성의 특징을 가지고 있다.

(3) 섬유의 특성

섬유는 직조방법, 충격방법, 직물과 접촉한 물체의 특성 등에 따라 전이되는 특성이 달라진다. 직물이 어떤 물체와 강한 힘으로 마찰되면 마찰에 의한 전이가 일어나는데, 같은 직물이라도 마찰되는 속도가 더 빠르고 마찰되는 표면이 거칠수록 전이되는 섬유의 수가 많아진다. 만약 똑같이 매끈한 표면이라면 표면적이 좁을수록 많은 수의 섬유가 전이된다. 즉 넓은 표면보다는 모서리부분에 더 많은 수의 섬유가 전이된다. 결국 동일한 직물이 동일한 힘으로 접촉되는 경우에는 접촉 압력이 더 세고 접촉면이 거칠고 예리할수록 더 많은 수의 섬유가 전이된다.

인간의 신체부위 중에서 손톱은 겉으로 나온 접촉면이 좁으면서 단단하고 거친 성질을 갖고 있기 때문에 사람과 사람 간의 섬유 전이를 확인하고자 할 때에는 손톱을 확인하는 것이 특히 중요하다. 접촉 강도나 접촉면의 거칠기 등 접촉 조건이 동일한 경우에는 섬유의 길이와 굵기, 직조방법 및 성분 등 섬유의 특성에 따라 전이되는 정도가 달라진다. 일반적으로 식물섬유는 물체가 잡아당기는 힘에 견딜 수 있는 최대한의 저항력인 인장강도가 약하고 단섬유로 구성된 경우가 많다. 그래서 식물섬유에 비하여 인장강도가 강하고 장섬유로 구성된 합성섬유나 재생섬유에 비해 쉽게 전이된다. 섬유의 보풀이 많고 성긴 스웨터 섬유는 보풀이 없고 조밀한 수영복 섬유에 비해 훨씬 많이 전이된다. 같은 동물섬유라도 단섬유인 모 섬유를 짜서 만든 모직 섬유는 장섬유인 견 섬유를 짜서 만든 의복섬유에 비하여 훨씬 많이 전이된다. 또한 기후나 사람의 활동, 섬유의 성분에 따라 전이되는 섬유의 수가 달라질 수 있다.

〈면섬유〉 〈트리아세테이트〉 〈나일론〉

[그림 11-9] 섬유의 비교

3-2 섬유증거와 수사

(1) 섬유증거를 활용한 과학수사

법과학 선진국에서는 섬유의 채취, 보존 및 감정 기법이 오래전부터 발달하였다. 섬유 감정은 상호 접촉했는지 여부를 판단할 수 있도록 해준다. 또한 피해자의 몸이나 현장에 부착된 섬유가 용의자의 의복 섬유와 동일한 섬유라는 것을 확인하고, 용의자의 몸에서 채취한 섬유가 피해자의 의복 섬유와 동일한 섬유라는 것을 확인함으로써 상호 접촉이 있었음을 입증할 수 있는 것이다. 섬유는 피해자나 피의자, 사건 관계인 등의 진술의 진위 여부를 판단하는 데에도 도움을 줄 수 있다.

영미권 국가에서는 살해된 후 다른 곳에 유기된 시신에서 카펫 섬유를 채취하는 것이 일반화 되어 있다. 실내에 카펫을 깔고 생활하기 때문에 집안에서 살해한 경우 집안에 있던 카펫 섬유가 시신으로 전이되는 경우가 많이 때문이다. 각기 다른 곳에 유기된 시신이라도, 채취한 섬유를 서로 비교하면 동일 장소에서 살해된 시신인지 알아낼 수 있기 때문에 연쇄 살인사건 수사에 섬유가 종종 이용되고 있다. 우리나라의 경우 영미권 국가만큼 실내에 카펫을 까는 것이 보편화되어 있지는 않으나 생활 방식이 서구화되어 가면서 근래에는 카펫 및 침대 생활을 하는 경우가 많이 증가하고 있다.

피해자나 용의자의 차량, 집 등에서 적극적으로 섬유를 채취해두면 이렇다 할 증거가 발견되지 않거나 언뜻 보아서는 큰 의미가 없어 보이는 군집 증거를 발견한 것에 불과하다 하더라도, 차후 다른 사건과 연관 지어 그 사건이 해결될 수도 있는 것이다. 특히 섬유는 범죄 현장에서 흔하게 발견할 수 있는 미세증거물 중 하나로 어떠한 접촉을 증명하는 데 사용할 수 있다. 섬유는 의복을 입고 있는 사람을 공격했을 때 범행도구나 공격한 사람의 손톱으로 전이될 수 있으며, 증거물과 피해자를 연결하고 사건의 정황을 파악하는데 사용할 수 있다는 측면에서 소중히 다루어야 할 것이다.

(2) 섬유 유류품(遺留品)

거의 모든 범행은 옷을 착용한 상태에서 이루어지기 때문에 사건과 관련된 피해자의 몸이나 현장에는 범인의 의복섬유가 유류되게 마련이고, 따라서 이 섬유를 채취하여 용의자의 범위를 축소하거나, 용의자가 검거되면 의복 섬유와 대조함으로써 사건을 해결해 나간다. 일반적으로 의복은 우리 생활에 없어서는 안될 물질이고 섬유는 의복을 구성하는 기본단위이다. 또한 걸레, 커튼, 카펫, 식탁보, 자동차 시트, 장갑, 노끈, 의료용품, 건자재, 밧줄 등도 섬유로 구성되어 있다. 이처럼 섬유는 각종 사건현장에서 가장 흔하게 유류되는 미세증거물이다.

다음은 2007년 식당 여주인 강도살인 사건 사례이다. "두 물체끼리의 접촉이 있으면 반드시 물질 교환이 일어난다"는 로카르드의 교환법칙에 따라 범인이 피해자의 목을 압박, 살해할 때 범인의 손이나 신체 또는 착의에서 미세증거물이 전이되었을 것이라고 판단하여, 피해자의 목 주변에서 미세증거물을 채취하였다. 그 결과 피해자의 상의 섬유, 기타 파란색의 의복 섬유가 확인되어 파란색의 옷을 입은 자를 용의자로 압축하였다. 또한 변사자의 오른손 손가락 끝에서 발견된 아주 작고 옅은 얼룩은 감정한 결과 남성의 DNA로 확인되었고, 이후 피해자의 손톱 안쪽에서 발견된 미세한 혈흔은 용의자의 타액과 DNA가 일치하여 이러한 증거들을 기반으로 범행 당시 용의자가 입고 있었던 옷에서 피해자의 옷에서 발견된 섬유와 동일한 섬유성분이 발견되면서 용의자의 유죄를 입증하였다."

(3) 섬유의 확인과 비교

섬유를 비교하는 첫 번째 단계인 동시에 가장 중요한 단계는 비교현미경을 이용하여 색상과 직경을 비교하는 것이다. 이 두가지 특성이 일치하여야 동일한 섬유라고 의심할 수 있다. 또한 염료 조성을 비교하여야 한다. 현미경 분광도계를 사용하면 스펙트럼 형상을 보고 섬유 색상을 손쉽게 분석할 수 있다. 그 뒤 동일한 화학 조성을 가지고 있는지 밝혀야 한다. 그 예로 4가지 나일론(나일론6 나일론 6-10, 나일론 11, 나일론 6-6)이 있다. 또한 합성섬유는 고분자로 이루어져 있기 때문에 결정성을 가지고 이로 인해 복굴절 현상을 나타낸다. 이 굴절률을 통해 섬유를 구별할 수 있다.

전자현미경을 이용해 염료에 들어 있는 특이 원소를 분석하고 현미경이나 적외선 분광광도계를 이용해 과학적 특성을 비교할 수 있다. 다만 섬유류는 군집특성을 나타내지만 지문이나 DNA처럼 특정된 개인적인 고유 식별이 없기 때문에 개인 식별 수단으로는 사용할 수 없다.

III. 위험증거

1. 개관

1-1 위험증거(hazardous evidence)

수사관과 검사자들은 어떤 현장에서도 위험에 대비하여야 한다. "당신이 볼 것으로 기대하지 않은 것은 그것이 무엇이든 꼭 보게 될 것이다(Whatever you don't expect to see is precisely what you'll find)"라는 격언을 잊지 않아야 한다. 2015년 프랑스 파리에서 동시다발 테러가 일어나 최소 130여명이 사망한 사건과 관련해, 인터넷 공간에는 테러 당시 쓰인 폭발물질의 제조법을 알려주는 게시물들이 무분별하게 떠돌았다. 테러범들은 TATP(트라이아세톤 트라이페록사이드·Triacetone Triperoxide)라는 폭발물질을 사용했다. 이 폭발물질은 아세톤과 과산화수소 등을 반응시켜 만들 수 있는데, 살상력이 크고 원료의 대부분을 생활용품점이나 화장품 판매점에서 쉽게 구입할 수 있다. 한국은 간혹 6.25에서 사용되었던 지뢰나 포탄 등이 발견되어 군과 경찰이 합동으로 감식하는 사건이 전부이다. 범죄현장에서는 지문, DNA, 혈액 등의 분야가 주를 이루고 그 분야에 방대한 데이터와 이론이 누적되어 있는 반면에 폭발물 사건은 빈도가 적다보니 폭발물 감정 기술 분야는 다소 미흡한 편이다. 폭발물범죄는 화재사건과 마찬가지로 발생 후 증거수집이 용이하지 않다. 폭발물의 잔해가 산산 조각나 분산되므로 수집이 어렵고 2차적 화재 등이 발생했을 경우 증거가 소실되는 경우가 많다. 위험증거 특히 폭발물과 화재에 대하여 알아본다.

1-2 위험증거의 취급

(1) 위험증거의 종류

위험증거에는 화학적 위험, 생물위협, 폭발물 위협이 있다. 화학적 위협은 소화, 흡입, 접촉 또는 점화될 시 위험한 화학물이며 폭탄공장, 폭탄현장, 산업재해현장에 존재한다. 생물위협은 B형 간염, 후천성면역결핍증(HIV) 등이 있다. 폭발물 위협은 화약, 폭발뚜껑(cab) 등이다. 코드는 모두 폭발물의 존재를 암시한다.

때로 부합증거(match evidence)는 식별증거(identification evidence)가 될 수 있다. 손괴침입에서 깨진 유리창, 자동차 유리, 모서리손상의 유리, 금 가거나 구멍 난 유리, 금속부스러기, 페인트(특히 자동차 페인트) 등이다.

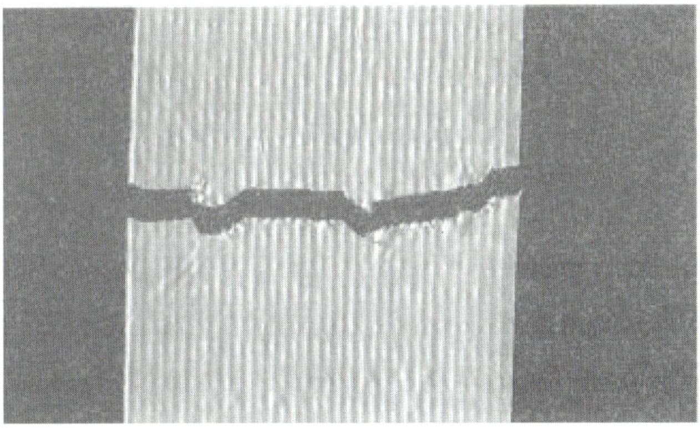

[그림 11-10] 부합증거

현장절차는 현장확보, 관계자 모두의 안전, 필요시 의료지원 요청, 증인, 피해자, 용의자확보와 분리, 첨병(point 사람)을 지정하고 활동기록(logs) 개시, 모든 증거확보를 기본으로 한다.

(2) 흔적 검사자(trace examiner)의 현장키트

- 증거진공기, 여분의 건전지, 여분의 처분가능 필터
- 사진장비
- 유리슬라이드, 슬라이드 커버
- 족집게(tweezers), 젓가락, 기타 조작장비
- 광원 - 통상의 후레쉬, 대체광원(UV, IR 등), 레이저-과 그 전원
- 분도기를 포함한 측정기기

- 꾸러미 종이(비반응 종이)
- 아세테이트 커버
- Lifting 테이프, 가정용 테이프
- 채집과 운송을 위한 봉지, 병, 상자
- 절단도구-톱, 칼, 가위 등

[표 10-4] 범죄현장에서 만날 수 있는 유해화학물질들

물질	예
가연성 물질	가솔린, 아세톤, 에테르와 같은 물질들은 공기 중에 노출되면 스파크 또는 불꽃에 의해 쉽게 점화된다.
폭발성 물질	니트로글리세린 및 니트로글리세린을 기반으로 한 다이너마이트 같은 폭발성 물질은 화학적으로 불안정하다. 이들이 담겨 있는 용기 입구 주변에 과산화물을 생성한다. 모든 폭발성 물질은 열, 쇼크 및 마찰에 예민하다.
발화성 물질	인, 나트륨, 바륨 등의 물질들은 액체 또는 고체 상태로 발화원이 없어도 540도C 이하의 온도에서 발화될 수 있다.
산화제	질산염, 과산화수소, 고농도 황산 같은 물질들은 연소를 촉진시키는 산소를 생산하는 물질들이다. 발화물질과 같이 보관하지 말아야 한다.

2. 폭발물 사건

2-1 폭발물 사고의 특징

총기와 폭발물류는 보통 전쟁이나 테러 등에서 인명살상으로 사용한다. 폭발물은 여러 형태를 이루고 있는 불안정한 평형상태에 있는 물질에 열이나 충격 등의 외력이 가해지면 화학변화를 일으켜 다량의 열과 기체를 발생하고 국부적으로 급격한 압력의 상승을 일으켜 폭발하는 것이다. 폭발물은 단일 물질일 수도 있고 혼합물일 수도 있다. 일시적으로만 안정되어 있는 매우 불안정한 화학 물질이다. 일시적으로 취하고 있는 안정 상태가 깨지는 순간, 엄청난 양의 에너지가 뜨겁고 순간적으로 팽창하는 가스의 형태로 방출된다. 여러 연구결과 밝혀진 사실은 폭발 순간의 온도는 섭씨 5천도에 가깝고 그 때 가해지는 압력은 1평방 센티미터에 200톤이나 된다. 폭발로 인한 폭풍의 속도도 초속 8천미터나 된다.

폭발물을 사용하는 범죄는 이러한 강한 파괴력으로 무차별적인 살상을 가져오는 매

우 위험하고 잔인한 범죄이다. 우리나라에서 대표되는 사건으로는 KAL 858편 보잉 707기 김현희 사건이 있다. 폭발물 사고의 특징은 크게 세 가지가 있다.

첫째, 폭발물 사용시 취급부주의 및 기능 결함 등으로 대형사고 또는 수류탄을 이용한 자·타살 및 안전사고 등 다양한 유형의 사고가 날 수 있다.

둘째, 폭발위력에 의한 현장상황이 다소 복잡하고 산만하며 2차 폭발이나 건물붕괴, 화재 등의 우려 때문에 감식활동 시 무엇부터 해나가야 할지 혼란스러운 경우가 발생한다.

셋째, 사고현장은 넓게 설정하고 증거물을 찾아야 하며, 전문지식을 요구하는 분야이므로 가능한 사고현장 보존후 전문가를 초빙하여 합동으로 감식을 진행해야 하는 특징이 있다.

(1) 수류탄 사고

가. 사고현장조사시 고려할 사항

수류탄 사고현장조사시 고려할 사항은 육하원칙에 따른다.

① 누가(누가 희생자인가? 누구를 희생시키려 할 목적이었는가? 누가 폭발물을 제조했으며 현장에 설치했는가?)

② 무엇을(어떤 물질을 사용하여 폭발물을 조립했는가? 폭발물 제조자가 필요로 한 기술이나 전문지식은 무엇인가? 폭발물의 표적은 무엇인가?)

③ 언제(언제쯤 폭발물이 제조된 것인가? 언제 현장에 폭발물이 설치되었는가? 폭발된 시간은 언제인가?)

④ 어디서(어디서 폭발물이 제조되었는가? 폭발물이 설치된 위치는 어디인가? 폭발물에 사용된 물질은 어디에서 구입하였는가?)

⑤ 왜(폭발물을 왜 사용하였는가? 폭발물이 왜 그곳에 놓여 졌는가? 폭발물이 왜 그러한 방법으로 제조되었는가?)

⑥ 어떻게(어떻게 현장에 폭발물을 설치하였는가? 어떤 방법으로 폭발물이 제조 및 점화되었는가?) 등을 고려하여야 한다.

나. 수류탄 사고 현장보존 및 관찰요령

현장보존 및 관찰요령으로는 건물 등의 도괴 상황, 건물의 파괴와 비산 상황, 사상자 창상부위 및 형상 등을 관찰하여 폭심개소(폭발물 중심)를 확정하고, 물체 등의 파괴정도, 사상자와 건물 파편 등의 비산 상황 및 폭발중심부의 직경과 깊이를 보고 폭발력을 관찰해야 하며, 폭발중심부 깔대기의 폭발위치 상황, 폭발직전 현장 상황조사 및 화재·연기·매연·냄새 등의 폭발원인을 고찰해야 한다. 수류탄 폭발구를 Grid의 중심에 위치시키고, 각 Grid마다 지역번호를 부여하여 조사하며, 중요부분은 자체 Grid내에서 독립적으로 세분화하여 조사하여야 한다.

증거수집 요령

① 모든 증거를 빠짐없이 수집

② 모든 증거는 반드시 꼬리표를 부착하고 번호를 부여

③ 폭발물의 파편을 수거

④ 실험실용으로 2.25티스푼 정도의 폭약 잔류물을 보관

⑤ 증거수집시에는 비금속 공구 사용

⑥ 수집증거는 한 지점에 모아서 종합 판단

(2) 폭발사건 최초 진입시 목표

① Grid 또는 3차원 수색유형설정

폭발물을 수색하는 방법에는 그 폭발상황에 따라 나선형수색방법, 격자형수색방법, 선형수색방법, 4분형수색방법 등이 있어 각 상황에 맞게 선택하여 수색한다.

② 폭발유형의 이차 증거를 기록화(documenting)

③ 폭발물 배달 가능수단의 기초측정

④ 폭발의 수와 위치확정 및 폭발물이 장치에서 비롯되었는가 또는 가스라인같이 2차적 폭발원을 포함하는가 결정

⑤ 모든 구조의료진이 모든 (생사)피해자에 대한 전신 X레이

⑥ 촬영 필요성 인식

2-2 현장보존과 증거물 채증

(1) 폭발사고 현장보존요령

- 후속폭발에 대비하여 상황에 따라서는 주변 주민의 대피조치를 취하고, 동시에 불필요하게 폭심(爆心)부근에 접근하지 말아야 한다.
- 부상자가 있을 경우에는, 부상장소를 체크(사진 촬영)하고, 의료기관 등에서 부상부위·착의 등 손상상황을 촬영하며, 착의 등을 임의제출 받는다.
- 폭발물이나 용기 등의 파편이 비산해 있을 폭심지 주변을 보존범위로 하여 철저하게 출입을 금지시키고, 초기 현장활동(개요파악·즉시보고·피해자 구호 등)이나

발생서(發生署) 수사주무과의 간부 등이 수사지휘에 필요한 상황확인 등을 위하여 부득이 출입하는 경우를 제외하고는 출입을 통제한다.

- 보존범위는 최저 폭심으로부터 20m~30m는 필요하다. 대개의 경우 이 정도의 범위 내에서 폭발물 파편의 대부분이 비산(飛散)한다.
- 출입금지 구역은 모든 피해 및 비산물이 미치는 구역의 검증(실황조사)에 지장을 초래하지 않도록 광범위하게 설정한다.
- 비산물은 50m~100m에 이르는 것이 보통이어서 출입금지 구역을 처음보다 넓히는 경우가 많다.
- 폭발물 등의 파편은 지상뿐만 아니라 옥상·가로수·정원·하수구·연못 등 사방팔방으로 비산하여 있으므로 입체적인 보존조치를 취한다.
- 현장부근의 주차차량·구경꾼(가옥의 창·가로수 위·옥상 등에서 구경하는 자 포함) 등을 사진 촬영하여 둔다.
- 기폭장치·시한장치·비산물 등에서는 극히 작은 물건을 채취할 필요가 있으므로 충분한 판단을 근거로 실시한다.
- 현장이 광범위하므로 구역을 정하여 책임을 지고 채취한다.
- 채취물의 위치에 대한 사진 촬영 등을 실시하여 입증상의 배려를 한다.
- 언뜻 보아 사건과 관계가 없는 것이라 생각되는 것도 채취하여 검토하면 아주 중요한 증거물이 될 수 있으므로, 확실히 사건과 관계 없다고 인정되는 것 이외에는 모두 채취한다.
- 현장에서 면밀한 채취를 실시한 후에도 유리조각, 휴지 등 가운데에 미세한 중요물건이 포함되어 있을 가능성이 있으므로, 휴지·유리조각 등에 대해서도 수집·채취하고, 사후에 면밀한 관찰과 검증을 한다.

(2) 증거물 채증요령

법의학적 증거를 온전하게 보존하기 위해서는 폭발이나 화재 현장도 조심스럽게 접근해야 한다. 중요한 증거가 될 수 있는 파편들이 넓은 구역에 걸쳐 흩어져 있을 수 있다. 폭파사고현장에서 채취해야 할 자료는 다음과 같다.

가. 끈·포장지·신문지 등의 파편

나. 용기류의 파편

다. 폭발물의 관체 등의 파편

라. 폭발물의 조성물

① 고무·점토·비닐테이프 등의 파편

② 쇠구슬·못류·철편 등

③ 약품과 같은 분말류(폭발물의 불연소 잔류물이라 추정되는 것)

마. 기폭장치(또는 예비 폭발장치) 관계

① 시한장치(Timer·회중시계, 손목시계·자명시계) 부품의 파편

② 전기배선 관계의 파편

전지의 파편

스위치·콘센트 등의 파편

가스점화 히터 등의 파편

비닐코드 등의 전선류 파편

③ 연소한 도화선

④ 뇌관·관체의 파편

⑤ 전기뇌관의 각선

바. 범인의 유류품이라고 인정되는 물건

① 지문·족흔적

② 기타 유류품

[그림 11-11] [출처] FBI

3. 화재감식

3-1 화재조사

화재사건에는 숭례문 화재사건을 비롯하여 고양종합터미널 창고 화재, 장성 요양병원화재 등 굵직한 사건이 적지 않고 이로 인한 인적·물적 피해는 막대하다. 화재조사는 화재의 원인과 화재 또는 소화로 인하여 생긴 손해에 대한 조사로 정의할 수 있으며 일

반적으로 화재원인조사와 화재피해조사로 나누어진다. 그 범위는 주로 연료의 점화(발화), 발화열의 형태, 발화열원, 사람의 행동이나 실수 등 4가지 요소들을 중심으로 감식과 감정을 실시하여 과학적으로 정밀 분석함으로써 화재원인을 규명하고 있다.

(1) 화재원인조사의 목적

화재원인조사의 목적은 첫째, 화재에 의한 피해를 널리 알려 유사화재의 방지와 피해의 경감에 이바지하고, 둘째, 발화원인을 규명하고 예방대책상의 자료로 활용하며, 셋째, 연소 확대 및 연소원인을 규명하고 예방 및 진압대책상의 자료로 활용하고, 넷째, 사상자의 발생원인과 방화관리상황을 규명하여 예방 및 진압대책상의 자료로 활용하며, 다섯째는 화재의 발생상황, 원인, 손해상황 등을 통계화하여 소방정보를 수집하고 행정시책의 자료로 활용하는 것이다. 또한 화재는 법률관계를 수반하는 사건이며, 그 식별행위는 사법적 관점에 입각한 증거보전행위로 될 수 있다.

화재원인조사의 기능으로는 단순히 '발화원'을 밝혀내는 것이 아니라 화재를 발생시킨 원인에서 시작하여 화재진압에 이르는 일련의 과정을 밝히고 출화원인, 연소확대요인, 사상자 발생의 원인을 규명하는 것이다.

(2) 화재피해조사의 목적

화재피해조사는 화재가 발생한 장소의 손실정도를 정확하게 조사평가하고 금액으로 환산하여 화재로 인한 손실의 정도를 일별, 연간 및 지난 기간과의 대비 등을 통해 지방 및 국가적인 경제손실을 파악함으로써 대비책을 마련하는데 목적이 있다. 또한 화재피해의 정도를 국민들에게 홍보하여 불조심을 통한 유사화재의 방지와 피해를 경감시키는데 이바지하고자 함에 있다.

3-2 화재감식

화재감식은 화재에 대한 전문적인 지식, 기술 및 경험을 활용하여 화재현장에 남아있는 총체적 잔유물 검사로 화재원인을 찾아내고 공소제기를 위한 증거수집의 일련의 과정과 그 행위를 말하며, 감식수사란 건축학·물리학·화학공학·전기공학·소방공학 등과 같은 과학적 지식이나 전문기술을 응용하거나 체계적인 자료 및 시설장비 등을 최대한 활용하여 범인을 색출하고 범행을 입증하는 수사기관의 활동을 말한다.

3-3 방화와 실화

(1) 화인 3요소

화재의 원인으로는 화원과 가연물, 공기의 세 가지가 있어야 한다.

가. 화원(점화에너지)

잠재성 화원은 전기, 화공약품, 라디에이터와 같이 열이 축적되어 화재가 발생하는 것이다.

나. 가연물

기체는 반드시 밀폐된 용기 속에 보관하여야 한다. 액체는 휘발유, 신나 등(증발연소)이 있고 호남정유 여천공장, 부산 미문화원사건이 예이다. 고체는 목탄, 왁스(표면연소), 나프탈린(증발연소), 석탄, 숯(분해연소) 등이 있다. 가연물의 소화방법에는 연소 확대시 중간가연물을 파괴, 산불시 맞불 등 제거소화법이 있다.

다. 공기(산소)

소화를 위해 포말소화기, 모래 등 질식소화법이 활용된다.

(2) 발화원인물 조사

화재의 종류에는 방화, 실화, 자연발화, 전기발화가 있다. 발화원인으로 인정되는 물건 발견시 먼저 그 물건의 발화가능성을 검토하고, 그 발화가 어떠한 원인에 의한 것인지를 검토한다.

가. 방화가능성

옥내소실 상황, 문단속 상황, 옥외의 출입흔적, 매개물 등의 흔적 관찰을 통해 판단하는데 예를 들어 발화부가 2개 이상이면 방화이다.

나. 실화가능성

실화를 가장한 방화에 유의한다.

다. 자연발화가능성

발화부 부근에 자연발화물이 있는지 여부 확인한 후, 출화당시 상황에 있어 발화가능성이 있었는지 여부를 검토한다.

라. 전기에 의한 발화가능성

누전에 의한 출화, 전기기구에 의한 출화, 전동기에 의한 출화, 전선사고에 의한 출화등이 있으므로 발화점 부근을 검토한다. 누전화재의 경우 누전점·발열점·접지

점을 발견하여 용융흔 여부를 확인한다. 기타 전기용구의 출화인 경우 통전(通電) 상태 여부 검토, 안전기·휴즈의 용단(溶斷) 유무 검토 기타 발견상황, 출화전에 금속류에서의 감전 유무, 출화 전 전등·텔레비젼 등의 이상 유무 조사가 있다.

(3) 방화와 실화 구분

가. 방화

- 발화부(불을 낸 장소 즉, 화재의 기점이 된 부위)가 평소에 화기가 없는 장소일 경우
- 발화부 부근에 유류가 발견되거나 물질의 이동 또는 외부로부터의 반입물이 있을 경우
- 화재가 발생한 집의 거주자 등이 불을 피하여 대피하였을 때 그들의 복장, 언동에 부자연스러움이 있는 경우
- 불을 피할 수 있는 출입구·창 등이 개방되어 있거나 부자연스러울 경우
- 화재가 발생한 집의 거주자 및 인근의 불에 탄 가옥이 과대한 화재보험에 가입되어 있는 경우
- 화재가 발생한 집의 거주자에 대하여 치정·원한 등 방화동기를 가진 자가 있는 경우

나. 실화

- 평소부터 화기를 취급하는 장소에서 불이 발생한 경우
- 발화부에 부자연성이 없는 경우
- 불이 발생한 장소에 자연 발화물이 존재할 경우나 발화상태에 있었을 경우
- 불이 발생한 가옥내의 귀중품 등이 평소 상태대로 소실된 경우

(4) 유의사항

현장관찰에서 현장 및 주변의 자료수집, 화원가옥의 확정, 발화점과 출화점의 확인, 화재원인의 판단, 발화·출화시간의 추정, 화재전 가옥 및 주변의 모든 상황, 공공위험도의 조사, 소화상황의 조사, 사상자 유무의 조사, 화재시 기후상태를 조사하여야 한다.

화인조사(실황조사)의 착수단계는 예비조사 → 현장조사 → 화원가옥인정 → 발화부, 출화부 인정 → 발화부 관찰 → 발화원인물 조사순으로 이루어진다.

예비조사에서는 화재발생시간, 발견상황과 발생원인, 건물의 구조·용도·사용자, 전기관계 등 제설비관계, 기상관계, 피해상황, 이재관계자의 보험과 부채관계, 소방작

전 상황, 기타 자료수집과 사진 촬영이 이루어진다.

방화범이 현장 및 부근 운집자중에서 방화를 즐길 가능성이 있고 목격자도 있을 가능성이 있으므로 반드시 사진촬영한다.

발화부가 2개소이면 방화로 추정하는 자료가 되며 만일 10분 뒤에 200m거리에서 창고에 화재가 났다면 연쇄방화로도 볼 수 있다.

발화부, 출화부(불이 타오른 장소)를 인정하는데 기준이 되는 요소들로는 탄화심도, 도괴상황, 균열흔, 용융(熔融)흔, 박탈흔, 변색흔, 주연흔, 주염흔 등이 있다.

- 연소의 상승성 : 화염은 일반적으로 수직가연물을 따라 상승, 역삼각형으로 연소한다.
  - 발화부는 출화부의 아래쪽에 있는 경우가 많음
- 도괴상황 - 발화건물의 기둥, 벽, 가구류는 발화부를 향하여 사방으로부터 도괴한다.
- 탄화심도 : 기둥·보 등의 목재표면이 거북등 모양(龜匣像)으로 탄화된 깊이를 말한다.
  - 발화부에 가까울수록 탄화심도가 깊음
- 균열흔
  - 목재표면의 균열흔은 발화부에 가까울수록 가늘어지는 경향이 있다. 목재표면이 고온의 화염을 받아 연소될 때는 비교적 굵은 균열흔을 나타내며 저온으로 장시간에 걸쳐 가열 내지 연소될 때는 목재내부의 수분이나 가연성 가스가 목재표면으로 분출하게 되어 그 흔적이 가는 균열흔으로 남게 되기 때문이다.
- 훈소(燻燒)흔 : 장시간에 걸쳐 무염연소한 흔적
  - 목재의 연결접합부 등에 잘 생기고, 출화부 부근에 훈소흔이 있으면 발화부로 판단 가능
- 용융(熔融)흔 - 유리·거울·알루미늄 샷시 등이 화열로 녹아내린 흔적
- 기타 박탈흔, 변색흔, 주연흔, 주염흔 등이 있음

화원부는 화재의 현장에서 발화부를 포함하는 좀 넓은 영역을 나타내는 화재의 기점으로 화원부의 천장이나 지붕은 다른 가실에 비해 소실도가 높다. 전소가옥 1층 창고기둥을 관찰함에 있어서 출화부에서 발화부로 관찰하면서 중요관찰개소는 충분히 조사. 사진촬영·기록 유지를 한다. 현장관찰은 부근의 관찰 후 소실가옥을 관찰하며 소훼상

황은 약소부에서 강소부 방향으로 관찰한다.

만일 인접건물 2층이 반소되었고 전소건물 1층의 창고기둥의 탄화심도가 높다면 연소의 상승성 때문에 역삼각형으로 연소하므로, 전소된 건물 1층이 화원가실이라고 판단할 수 있다.

소사체를 발견할 경우는 발견자, 일시장소, 상태 등을 기록하고, 사진촬영한 후, 시체처리반에 인계한다.(경찰공제회 수사실무 자료집 참조)

현장발굴시 주의사항

- 추정되는 출화부에서 발화부에 이르는 사이의 중요관찰개소는 충분히 조사하고 사진 촬영 · 기록
- 출화원인과 관련되었을 가능성이 있는 것은 모두 사진촬영 · 기록
- 발화부에 도달한 경우 발화부와 화원이 될만한 것과의 관계 검토
- 발화부에 있어서 현장을 복원하고 연소의 정도 · 탄화심도 · 화재로 인한 소실범위 · 상황 등을 고찰 · 검토
- 옥내 다른방과의 연소상황을 비교 · 검토

○ 참고문헌

홍성욱 (2010). 「미세증거물 (과학수사에 숨어 있는)」 수사연구사.

정해상 (2020). 「과학수사와 범죄 (모든 범죄는 증거를 남긴다)」 일진사.

이건수 (2019). 「과학범죄수사」 청목출판사.

김균태 (2020). 「실무중심 경찰수사론」 박영사.

이근철·김용수 (1990). 폭발현상과 착화원의 특징, 「한국안전학회지」 5(1).

경찰청·국립과학수사연수소 (2004). 「화재수사 길라잡이」.

EBS 원더풀사이언스 도로위의 미스터리, 교통사고 과학수사.
(https://www.youtube.com/watch?v=ymlTDn1BvYQ)

[출처] https://www.youtube.com/watch?v=mHGRbyUixvo(제주오픈카)

http://dl.dongascience.com/magazine/view/S200307N041(모발증거)

http://blog.daum.net/whalehunting/855(섬유증거, 모든 사진의 출처인 블로그)

국립과학수사연구원 (2015). 형사 사건의 물리적 증거 해석 향상을 위한 형태학적 흔적 연구. (A Study of Morphological Trace Evidence for the Improvement of Physical Evidence Interpretation of Criminal Cases)

제12장

법의곤충학 /법의중독학 /마약류

Ⅰ. 법의곤충학

Ⅱ. 법의중독학

Ⅲ. 마약류감정

제12장 법의곤충학 /법의중독학 /마약류

마리화나와 같은 연성 마약(soft drug)에 대한 규제는 완화해야 한다는 주장이 있고 실제 헌법소원까지 제기된 바 있다. 합법화 주장에 대해 어떻게 받아들일 것인가?

I. 법의곤충학

1. 법의곤충학의 개관

1-1 법의곤충학의 정의

(1) 법의곤충학의 기능

법의곤충학은 곤충에 대해 주로 분류학과 생태학 그리고 발달생리학적인 지식을 종합하여 법적 판단이 필요한 사회적 문제를 해결하는데 기여하는 응용 곤충학의 한 분야이다.[40] 사후 경과 시간 추정, 사망원인 파악, 사망 후 변화 및 시체 이동 증거 등에 주로 사용되는 분야이다. 특정 파리의 발생 단계를 확인하거나 시신에서 발견되는 곤충의 종류를 분석해 사망 시간을 추정하게 된다. 곤충의 성장 속도를 고려해 처음 산란한 시간을 사망 시간으로 추정한다.

법의곤충학은 곤충학적 증거를 활용하여 법적인 문제의 해결을 돕는 학문이라고 정의할 수 있다. 사람의 시체에 관한 법의학적 소견을 산출할 수 있는 방법은 조직학, 화학, 미생물학, 동물학 등 여러 가지가 있다. 이 가운데 동물학적인 방법의 하나는 시체에 모이는 동물상(fauna)을 연구하는 것인데 우선 각 동물종에 대해 수집된 정보가 정확하다면 다른 방법에 못지않은 확실한 결과를 얻을 수 있다. 여러 종류의 동물 중 법의학적 활용이 비교적 유용한 것은 무척추동물들인데, 그 중에서도 시체에 출현하는 종군(種群)

40) 경찰학사전, 법의곤충학 2012.11.20. 법문사

의 연속(또는 천이, succession)과 사후경과시간에 따라 그 종류와 행동 및 증식 양상에 분명한 차이를 보이는 종류들은 부식성(腐食性) 및 포식성(捕食性) 곤충들이다. 이 시체 곤충의 인식과 그 특성의 연구 분야가 바로 법의곤충학이다.

법곤충학은 크게 도시곤충학, 저장식품 곤충학, 법의곤충학의 3개 분야로 나뉘는데, 앞의 두 가지가 건물이나 식품에 침입하는 곤충으로 인한 법적 문제의 해결에 도움을 주는 반면, 법의곤충학은 범죄의 해결에 도움을 주는 학문이다. 따라서 일반적으로 법곤충학이라고 하면 법의곤충학을 의미하는 경우가 많다. 사체를 발견했지만 죽은 지 72시간이 지나면 명확히 단서를 밝히는데 한계가 있는데 이럴 때 시신주변에 있는 곤충의 종류나 변이 형태, 생태적 특성을 통해 사망추정시간, 장소, 원인 등을 알 수 있다.

사람이 사망하면 사체는 팽창, 부패, 건조, 백골화 순으로 분해되기 마련이다. 이 과정에서 여러 미생물들이나 곤충, 유충 등이 생기고 이것들은 시체를 영양분으로 성장한다. 즉 시신이 작은 생태계를 이루게 되고 부패 단계에 따라 환경이 달라지며 찾아오는 곤충이 바뀌게 된다. 지금까지 알려진 지구상의 동물을 종수로 비교하면 곤충이 4분의 3을 차지한다. 물론 먹이사슬의 법칙으로 따져서 가장 약체는 미생물이 가장 많다. 모든 생물의 시체를 분해하는 동물 종 가운데 85%가 곤충이다. 우리가 알고 있는 곤충보다 훨씬 많은 수의 곤충들이 시체를 분해하고 그 시체의 단서를 알려주는 셈이다.

(2) 사후경과시간 추정

가. 곤충학적 증거

일반적으로 사후경과 시간(PMI)를 추정하는 법은 체온변화, 사후경직, 시반, 음식물의 소화, 각막의 혼탁 등이 있다.[41] 그러나 사망 후 부패가 시작된 약 72시간 후에는 일반적인 의학 정보는 사라지고 사망 시간을 추정하는 데 어려움이 있다. 곤충 정보를 통한 사망 분석은 이러한 문제점을 해결할 수 있다. 또한 법의곤충학을 활용하면 사망 시간 뿐 아니라 사망 장소나 시신이 옮겨졌는지도 알 수 있다. 지역마다 발견되는 곤충의 종류가 다르고 시신에서 발견되는 곤충 종류가 갑자기 바뀌는 경우도 있다. 범죄 수사에 있어서 곤충학적 증거로 많은 비중을 차지하는 것은 사후경과 시간의 추정이다. 다만 사후경과 시간 추정은 사후 시체의 물리적 변화를 이용하여 추정하거나 오차의 범위가 크고 다양한 변수가 작용하기 때문에 단정적이지 못하고 폭 넓은 시간대를 갖는 비교적 부정확한 추정에 그치고 있다.

---

41) 야마자키 아키라, 「잠 못들 정도로 재미있는 이야기 과학수사」,이영란, 『성안당』, 2021, pp.10-11.

나. 파리를 활용한 사후경과시간 추정

시식성 곤충과 이들 곤충을 먹이로 삼는 곤충을 이용하여 사후경과 시간을 추정하거나 독극물 사용 여부 등을 확인할 수 있다. 사후경과 시간 추정에 이용되는 곤충은 주로 파리가 이용되며 파리 중에서도 검정파리 과의 파리를 이용한다. 파리의 애벌레인 구더기를 먹이로 삼는 딱정벌레 등을 이용하여 추정하기도 한다. 파리는 사망과 동시에 시체에 접근해서 산란하기에 '사망 시점과 파리의 산란 시간은 같다'라는 기본적 원리에서 시작된다. 정확하게는 실제 시체가 사망한 시간을 찾는 게 아니라 파리의 최초 산란 시점을 찾는 것이다. 구더기는 변온동물이라 대기 온도에 따라 성장이 달라진다. 만약 시체를 섭식하고 있는 구더기가 발견된 현장이라면, 구더기의 종과 발육상태를 확인하고 현장 온도를 통계적 프로그램을 이용하여 산출한 다음에 그 온도에서 구더기 알이었던 시점까지를 역추적하는 방법을 이용한다. 이러한 방법은 현재 나이를 알면 태어난 연도를 아는 것과 같은 원리이다.

시체에 모인 파리를 통한 분석은 정확도가 높아 많이 쓰이게 된다. 예를 들어 구리금파리의 알이 성충으로 성장하는 데 걸린 시간은 25℃에서 평균 317시간(311~336시)이다. 이 중 최초로 먹이로부터 떠나는 유충이 관찰된 시각 즉, 번데기 단계까지의 시간은 평균 108시간(108~108시간), 번데기 단계부터 성충으로 우화까지의 시간은 평균 209시간(203~228시간)이 걸렸다.[42] 시체에 파리와 구더기가 보인다면 파리의 성장주기를 거꾸로 따라 올라가면 된다.

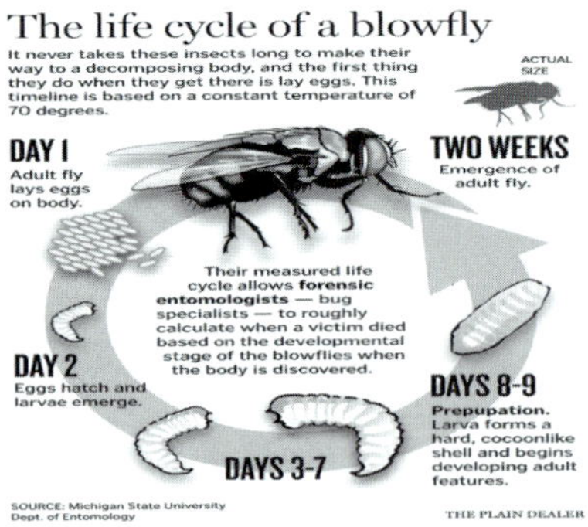

[그림 12-1] 파리의 라이프 사이클 [출처] Michigan State University

[그림 12-1] 처럼 파리는 알에서 구더기로 성장하고 반복적인 산란을 하므로 시체에

42) 정재봉·윤명희(2015). 사체의 사후경과시간 추정을 위한 구리금파리의 성장에 관한 연구 「한국경찰연구」14(1). p.6

서 나타나는 같은 종의 구더기와 성체에서 다양한 발생 단계를 알 수 있다. 또한 파리는 온도가 높을수록 성장 속도가 빠르고 크기는 작다. 이는 전적으로 시체 주변 온도에 달려있으므로 정확한 온도를 측정하는 것이 필요하다.

1-2 사체곤충의 다양성과 생태적 종류

사체에 모여드는 많은 곤충들은 사체를 영양원으로 활용하는 하위 소비자인 부식자 조합(saprophaga guilds)을 중심으로 이에 먹이사슬로 연결된 상위 소비자인 포식자와 기생자들이 유인 되면서 제한된 시공간에서 나름대로의 종(種) 간의 상호작용과 영양단계(trophic level)를 이루고 있다. 그러나 일부 초식자나 포식자 곤충들은 사체가 부패하는 순간부터 그 주변을 떠나 사체가 제거되거나 완전히 부패되어 사체가 놓인 지점의 생태가 회복될 때까지 한동안 돌아오지 않는 종류들도 있다. 그러므로 경우에 따라서는 이런 곤충들이 현장에 부재(不在)하는 것에도 중요한 법의곤충학적 의미를 찾을 수 있다.

부식자 조합은 섭식선호대상에 따라 즉, 구조적인 요인에 따라 죽은 동물 자체를 먹는 시식자(necrophaga), 썩은 것을 먹는 부식자(saprophaga), 피부를 먹는 혁식자(革食者, demaptophaga), 각질이나 각질막을 먹는 각식자로 나눌수 있다. 여기서는 사체에 접근하는 동기가 무엇인가를, 즉, 기능적 역할에 따라 사체에서 발견되는 곤충들을 아래와 같이 나누었다. 이런 구분은 사체에는 부패의 정도에 따라 다양한 곤충들이 접근해 오고 또 그 수도 매우 많으므로, 현장에서 보다 신속하게 법의지표로 중요한 곤충군을 분리해 내는데 도움이 된다.

(1) 시식성 종군(屍食性 種群 - necrophagous group)

사체를 직접 영양원으로 소비하므로 사체의 사망시간을 추정하는데 중요한 종류로 법의지표(forensic indicator)로 사용할수 있는 분류군들이 포함된다. 그러므로 이 종류의 곤충들에는 가장 먼저 사체에 접근해 오고 사체에서 체류하는 종들도 있다. 파리목(目)의 검정파리 과(科)와 딱정벌레 목의 송장벌레 과의 일부 종들 그리고 수시렁이 과에 속한 곤충들이 대표적인 예이다. 우리나라에서 사체와 관련된 것으로 기록된 종들은 검정파리과(9종) 송장벌레과(14종) 수시렁이과(4종)이다.

(2) 포식성 및 기생성 종군(predators and parasites group)

사체를 영양원으로 직접 소비하지는 않지만 사체에 모여든 부식성 곤충들을 포식하거나 그에 기생하는 종류들로서, 부식성 종군에 대해 독특한 포식자-먹이, 또는 기생자-숙주관계를 형성하는 곤충들이 포함된다. 그러므로 먹이나 숙주가 되는 시식자와의 생태적 상호관계를 파악할수 있다면 법의학적 활용도가 시식성 종군 못지않게 높은 종류들이다. 이 종류에는 딱정벌레 目의 반날개 科(staphylinidae)와 송장벌레 目의 일부 種들, 파리 目의 검정 파리 科와 집파리 科(Muscidae), 그리고 기생파리 科의 일부 種들, 그리고 벌 目의 기생벌(parasitic wasps)들을 들수 있다. 일부 파리 중에는 약령유충(弱齡幼蟲) 시기에는 시식성이지만 성숙유충(成熟幼蟲)이 되면 포식성으로 섭식형태가 바뀌는 경우도 있다.

(3) 잡식성 종군(omnivorous group)

원래 사체에서 영양원을 얻는 종류들은 아니지만, 일단 사체에 접근하면 사체 자체와 그에 서식하는 종들을 가리지 않고 영양원으로 이용하는 종류들을 말한다. 이 잡식성 종군은 때로는 사체나 그 주변에 거주하며 시식성 종을 대량으로 포식하는 수도 있어 사체의 분해속도에 영향을 미치는 경우도 있다. 벌 목 중에서 말벌 상과(上科)와 개미 과에 속한 많은 종들이나 딱정벌레 목의 일부 종들이 해당된다.

(4) 외인성 종군(adventive group)

원래 습성상 사체와는 상관 없지만 그 곤충들이 서식하는 장소에 사체가 방치되어 있어서 발견되는 종류들로서 간혹 사체를 그들의 서식환경의 일부로 활용하는 수도 있다. 토양곤충인 톡토기 목이 흔히 발견되고 간혹 거미류들이 일시적인 포식자로 발견되기도 한다. 또는 사체에 생기는 곰팡이 등에 모이는 균식성 종들도 있다.

(5) 사고성 종군(accidental group)

수분을 얻기 위해서는 휴식을 위한 장소로서 우연히 사체에 접근하거나 또는 주변 식생에서 사고로 떨어지거나 강한 바람에 날려온 경우처럼 사체와는 원칙적으로 생태적 관계가 없는 종류들이다. 여기에는 나비 목 또는 딱정벌레 목의 바구미 상과에 속한 종들이 간혹 발견된다.

우리 나라에서는 여러 동물들의 사체에서 약 100 여종의 곤충들이 채집되어 정리된 바 있다. 이 중에서 가장 높은 분류학적 종다양성은 주로 딱정벌레목에서 나타나지만, 실제 사체를 점유하고 있는 개체수에서는 사체에 직접 많은 알을 산란하고 구더기들이 부화하는 파리들이 우점(優占)군으로 나타난다.

2. 사체의 부패와 곤충의 천이

2-1 부패단계별 곤충의 상황

(1) 곤충의 천이

극지처럼 영하의 온도로 인해 유기물의 분해가 거의 불가능한 곳이 아니라면, 사체의 부패는 소요되는 기간에 차이는 있으나 어디에서나 진행된다. 부패가 진행되는 과정은 형태나 생리적으로 그 단계를 분명히 나누기가 쉽지 않고, 특히 지역적 환경의 특성에 따라 차이가 생길 수 있어, 학자들에 따라서 부패의 정도나 단계를 구분하는 방법이 다양하다. 법의곤충학적인 관심의 대상이 되는 것은 사체의 부패가 진행됨에 따라 새로운 곤충들이 차례로 사체에 접근하는 현상이다. 즉, 사람의 시체는 물론 동물의 사체에 모여드는 곤충들은 모두 한꺼번에 모여드는 것이 아니라, 각 곤충들이 선호하여 섭식하는 부위와 행동습성에 따라 각기 다른 시간대에 다른 부패상태에 있는 사체에 계속 시간차로 도착하는 경향이 있다. 이를 부패단계에 따른 사체곤충들의 천이(遷移, succession)라고 한다.

(2) 부패단계별 경향

가. 사체발생단계(fresh stage)

이 단계에서는 생물이 죽어서 사체가 된 직후부터 초기부패가 시작되기 전까지의 단계를 말한다. 대체로 가장 처음 사체에 접근하는 곤충은 검정파리과와 쉬파리과에 속한 파리들이다. 이들은 눈, 코, 입, 귀나 생식기 같은 신체에서 노출되어 있고 유약하며 비교적 습기가 보존된 부분에 가장 먼저 몰려온다. 그러나 상처가 있는 부위도 파리들이 선호하는 산란장소가 되고 다른 곤충들이 우선적으로 접근하는 부위가 된다. 또 사체가 놓인 지점의 주변에 서식하는 개미들도 이 단계에 사체를 선점하는 대표적인 종류 중의 하나이다.

나. 팽창 단계(bloated stage) - 초기부패 단계

부패가 시작되는 초기단계에는 사체의 부위에 따라 부분적으로 곪는 것처럼 화농된다. 특히 무기호흡을 하는 박테리아에 의해 가스가 발생하므로 복부부터 먼저 약간 부풀어지면서 곧 사체 전체가 부풀어 팽창된다. 이때 사체의 온도는 부패과정에 발생하는 자체분해열과 구더기들의 섭식활동으로 인하여 발생하는 대사열(代謝熱)에 의해 상승하게 된다. 이 시기에 가장 많은 파리들이 사체에 몰려오는데, 점차 사체에서 흘러

나오는 부패액과 구더기들의 활동이 왕성해지면서 생성되는 암모니아로 인해 사체 아래에 있는 토양은 알칼리성이 된다. 따라서 다음 단계로 진행될 즈음이면 원래 정상적인 조건에서 서식하던 토양동물상(土壤動物相, soil fauna)은 사체가 놓인 지점에서 떠나므로 경우에 따라 사건현장(death scene)에서 사라지게 된다.

다. 부패단계(decay stage)

이 시기는 외관상으로도 사체의 부패가 진행되는 것이 판단될 수 있는 상태로 피부가 갈라지기 시작해서 가스가 빠져나가며 악취가 나지만 사체는 줄어들기 시작한다. 이 시기에 가장 우점군은 역시 다양한 종류의 구더기이지만, 딱정벌레목에 속한 종들도 많이 나타난다. 특히 흔한 딱정벌레목의 종은 포식성 반날개들인데, 이 종류는 팽창단계에서도 나타나지만, 이 시기에는 시식성과 포식성 종들이 모두 나타난다. 부패단계의 마지막 시기에 달하면 사체조직의 대부분은 구더기들에 의해 소비되며, 검정파리과와 쉬파리과의 경우는 대부분 구더기들이 유충시기를 마치고 사체를 떠나 주변의 토양으로 들어가 번데기가 된다.

라. 건조단계(dry stage)

이 시기에 이르면 사체는 거의 피부와 뼈만 남는 상태가 되는데, 곤충의 우점군이 현저히 바뀐다. 파리들이 우점군에서 물러나고 다양한 딱정벌레목의 곤충들이 몰려든다. 건조한 피부를 먹는 곤충인 수시렁이과가 대표적인 사체곤충들이지만 여러 딱정벌레목의 유충에 기생하기 위해 접근해 오는 기생벌이나 기생파리 또는 다른 포식충들도 있다.

마. 백골화단계(bonified stage)

이 시기는 피부도 모두 분해되거나 포식되어 뼈만 남아있는 상태이다. 따라서 대부분의 사체곤충은 더 이상 보이지 않는다. 그러나 백골화가 이루어지는 초기단계에 골격 아래의 토양에는 다양한 거미 종류들이 보이는데 이중 일부 분류군은 사후경과시간을 측정하는데 도움이 되는 종류도 있다. 이 시기는 이미 사망이 발생한지 오랜 시간이 경과된 후이므로 수 개월에서 1년 이상의 기간을 유추하는데 적합한 조건들을 찾을 수 있고, 팽창단계에서 부패의 영향으로 사라졌던 곤충상들이 회복되고 있는 상황도 법의곤충학적 증거가 된다.

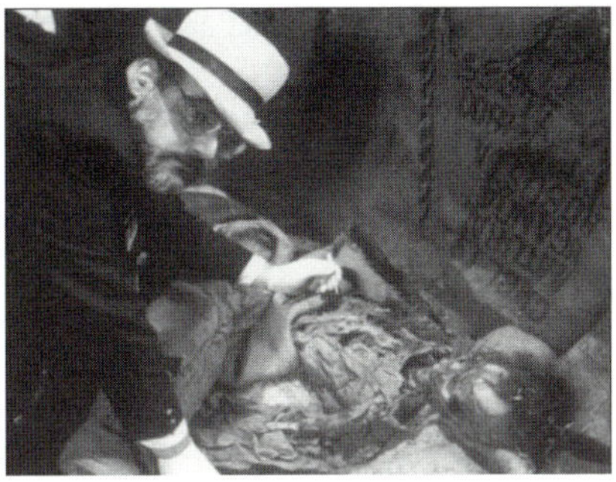

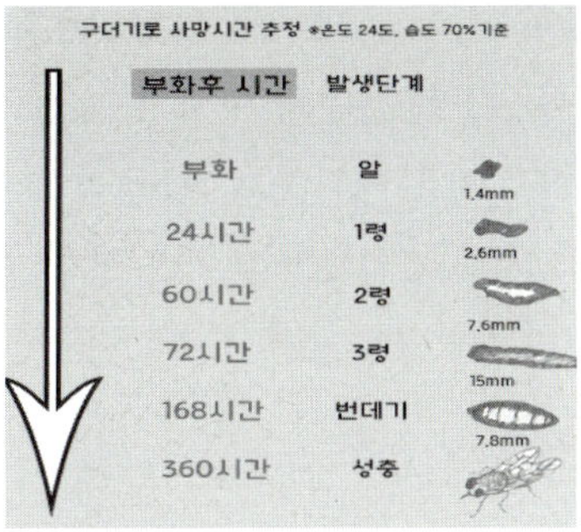

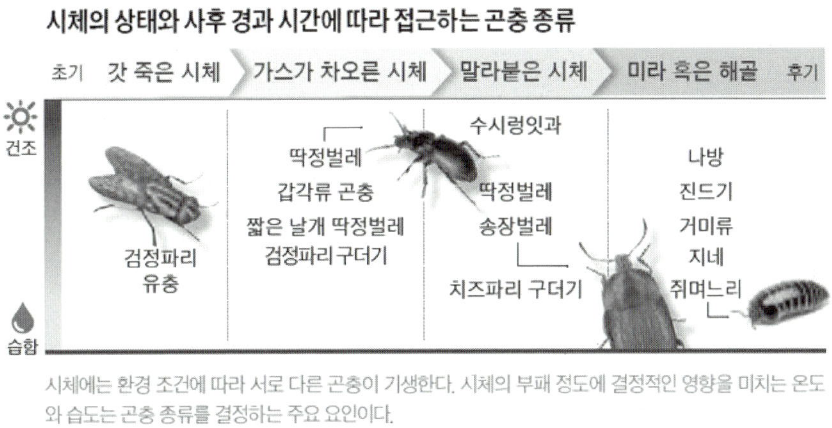

[그림 12-2] (좌상)반미라 상태의 사체 안에서 곤충 종들을 분석하는 모습,
(우상) 구더기를 이용한 사망시간 추정

2-2 법의곤충학 관련 연구

(1) 현황

우리나라는 1990년대부터 남부지역을 중심으로 다양한 동물 사체에 유인된 곤충상 등 법의곤충관련 연구가 진행되었고, 실제 사건에 적용하기 위한 연구는 비교적 최근에 시작되었다. 지난 20년간 약 40여 편의 관련 논문이 발표되었으나 대부분이 파리의 종 구분을 위한 형태학적 연구와 파리의 DNA를 이용한 연구이다.[43] 외국의 사례를 보자면 1990년대에 영국 런던 자연사박물관의 Smith(1986) 입문서와 미국 Washington 주립대학교 Catts와 Purdue 대학의 Haskel의 지침서가 출판되었다. 법의곤충학은 방법론과 학문의 체제 정립과 빠른 보급이 되었다. 특히 미국 FBI에 법의곤충전문가가 정식 고용되고, 1990년대 중국과 이탈리아에서 개최된 "국제곤충학회"에서 법의곤충과회의

43) 박성환·신상언(2013). 한국산 시식성 파리의 분자생물학적 종 구분법 연구 현황 「대한법의학회지」37(4). pp.177-182.

가 공식적으로 진행되며 법의곤충학은 과학수사의 한자리로 인정받았다. 또한 국제학회에서 발표된 논문과 학자 면에서도 법의곤충학은 독립적인 과학으로 인정될 만큼 성공적인 발전을 거두었다. 미국 테네시 대학교의 인류학 연구소에서는 시체의 부패과정을 연구하는 장소를 만들었다. 환경 조건에 따라 부패의 속도변화와 특히 부패과정의 곤충을 분석해 법 인류학의 선도적 역할을 맡고 있다. 해외에서는 법의곤충학에 의한 증거 채택률이 70~80%에 달한다. 법의곤충학자를 현장에 우선적으로 투입하고 경찰과의 협력도 높으며 오랫동안 연구해 온 만큼 데이터 역시 많다.

이에 비해 우리나라는 양적으로도 질적으로도 매우 부족하다. 1998년부터 2017년까지 총 19년간 136개국에서 발표된 법의곤충학 분야의 SCI 논문은 총 1087편인데 이 중 한국은 5편에 불과하다.[44] 국내의 법의곤충학연구는 대부분 곤충분야의 학위가 없는 비전공자에 의해 행해져 왔다. 심사과정에서조차 곤충 전공자의 의견, 검토가 없는 논문들이 발표되었다. 이로 인해 해외에서는 이미 행해졌던 연구 결과를 발표하기도 하며 증명력이 부족한 연구를 내놓기도 했다. 특정 분야에 편중되었다는 문제점도 있다. 이러한 이유에서 비롯한 인식 때문인지 국내에는 법의곤충학 증거 채택을 위한 절차나 규정이 부족하다. 해외의 법의곤충학 관련 증거 채택물이 80%에 달하는 반면 국내에서 법정에서 의미 있는 증거로 채택되는 비율은 5%에 불과하다.

2-3 법의곤충학 적용사례(외국)

(1) 마약사범 체포

지난 82년 뉴질랜드 수사당국은 이 나라 역사상 최대 규모의 마약밀수 사건을 수사하던 중 1백88kg의 마리화나를 압수했다. 그런데 아시아 지역으로부터 들어온 것이라는 의심만 갈 뿐 그 같은 사실을 입증할 도리가 없었다. 여러 가지 화학실험을 해 보아도 특이한 점을 발견할 수 없게 되자 수사당국은 정부산하기관의 곤충학자들에게 상황을 설명하고 도움을 청했다. 조사 결과 문제의 마리화나에서 61마리의 벌레가 발견됐다는데 그 가운데 뉴질랜드에 흔히 있는 것은 단 한가지뿐이다. 곤충학자들은 이들 벌레의 서식지를 추적한 끝에 방콕에서 북서쪽으로 약 1백50마일 떨어진 곳에서 재배된 마리화나임을 밝혀졌다. 이에 따라 마약밀수범들을 체포할 수 있었다.

44) 신상언(2020). 국내 법의곤충학의 연구 경향과 발전 방향에 대한 문헌적 고찰 「한국과학수사학회」 14(4). p6.

(2) 해안시체 사망시간 추정

1966년 6월4일 스웨덴의 한 해안에서 구명조끼를 입은 채 죽은 남자 시체가 발견됐다. 내부 장기는 심하게 부패돼 있었고 얼굴과 가슴의 일부는 이미 없어진 상태였다. 10일 부검이 이루어졌는데 가슴에서 10~12㎜ 크기의 파리 구더기가 나왔다. 검사 결과 해안에 떠내려 온 해초에 몰려드는 습성을 가진 해초파리류였다. 이를 토대로 시체가 해안에 떠내려 온 시기가 확인됐다. 시체 발견 장소는 보통 5월과 6월 초에는 온도가 낮아서 시체에서 채집된 구더기 크기 정도로 성장하기 위해서는 약 2~3주가 걸리는 것으로 판단됐다. 또 이 지역에서는 흔히 시체에 몰려오는 금파리류가 5월 말 이후에 출현하는데 금파리류 구더기가 없었던 것으로 미루어 5월 말 이전에 사망했을 것으로 추정됐다. 범인은 5월14일 해안으로 들어오는 배에서 피해자와 말다툼 끝에 그를 살해한 뒤 구명조끼를 입혀 항구에 도착하기 전 바다에 던진 것으로 밝혀졌다.

(3) 부패 전 시체

1990년 8월 미국 워싱턴 주 스포켄 시의 한 폐차장에서 목과 가슴을 여러 차례 얻어맞은 채 숨진 여성의 시체가 발견됐다. 상처 주위에선 파리 성충들이 발견됐다. 시체를 부검하자 몸속에서 파리의 알들이 나왔다. 현미경으로 알의 발생 시기와 성장속도를 검토한 결과, 모든 알들은 산란된 지 8시간이 경과하지 않은 단계임이 판명됐다. 이로써 피해자는 시체로 발견되기 전 어두울 때 살해된 것으로 추정됐다. 파리는 어두우면 거의 활동을 하지 않는다. 만약 낮에 살해됐더라면 파리가 알을 더 일찍 산란해 시체가 발견된 시점에선 알이 아닌 구더기가 상처 부위에서 육안으로 발견됐을 것이다. 수사 결과 피해자는 시체가 발견된 당일 아침 해 뜨기 전에 살해된 것으로 밝혀졌다.

[출처] 내셔널지오그래픽채널 'Biography of a corpse(Riddles of the death)'

II. 법의중독학

1. 법의중독학(중독사)

현장에서 주로 볼 수 있는 중독사에는 연탄 종류를 태워 사망하는 일산화탄소중독사, 제초제나 살충제 같은 농약 종류를 음독하여 사망하는 경우, 수면제나 약물 같은 것을 복용하여 사망하는 약물중독사 등이 주로 발생하고 있는 실정이다. 또 자신이 근무하는 근무처나 화공약품 등을 다루는 일을 하는 근로자 등 직업과 지역과도 중독사에 많은 영향을 끼치고 있다(청산가리를 다루는 도금공장 근로자들은 자신이 근무시 사용하는 청산가리를 몰래 가지고 나와 음독하여 사망하는 경우가 종종 있음). 일산화탄소 중독사 같은 경우나 농약을 음독하는 경우는 현장에 농약이나 연탄을 피운 흔적, 주변 바닥에 구토를 한 흔적과 약병 등이 발견되어 쉽게 사망의 원인을 알 수 있으나, 우리가 많이 접해 보지 못하는 약물(니코틴 중독)을 다량 복용하여 사망 하는 경우에는 주변에 약물을 먹은 흔적 등이 관찰되지 않으면 시신 등에 다른 중독사와 같이 특별히 나타나는 증상을 발견 할 수 없다. 따라서 쉽게 육안으로만 확인하는 검시만으로는 정확히 알 수가 없고, 부검을 통해서만 알 수가 있다.

1-1 법의중독학과 발생조건

(1) 법의중독학의 정의

가. 법의중독학의 정의

법의중독학은 법의독물학이라고도 하며 특정 약물의 사용 여부와 사용 분량을 판별하는 법의학의 한 종류로, 중독학 또는 재판화학이라고도 일컬어진다. 화학적인 분석방법과 기술이 발달함에 따라 함께 발전한다. 법의독물학은 정량검사와 정성검사로 나누어진다. 정량검사는 특정 물질이 얼마나 많이 존재하느냐에 대한 검사이고, 정성검사는 어떤 물질이 존재하느냐에 대한 검사이다. 단 법의독물학에서 대상으로 삼는 물질의 농도는 대개 치사량에 해당하므로 정성검사를 보다 중요하게 여기는 경향이 있다.

나. 독극물의 정의

독극물은 인체에 접촉하거나 생체에 흡수하여 화학적 작용을 일으켜 사람의 생활기능을 영위하는 능력에 장애를 주어 심한 경우 사망에 이르게 하는 물질이다.[45] 일반적으로 극약이 독약보다 독성이 강한 것으로 생각되나 실제로는 독약(毒藥)이 극약(劇藥)보다 독성이 더 강한 것으로 되어 있다.

1) 독물: 무기 또는 유기의 무생물로서 체내에 흡수되어 주로 그 화학적 작용이 인체의 기능을 장애하거나 죽음을 초래하는 물질을 말한다.
2) 중독: 독물에 의해 일어나는 생체의 기능장애로 죽음을 초래할 수 있다.
3) 상용량(常用量): 치료의 목적으로 사용하는 보통량으로 일반적으로 극량의 1/3이다.

(2) 발생조건

1) 독물 용량: 양이 많을수록 독작용은 빠르고 강하게 나타나며 중독사에서 가장 중요한 원인이다.
2) 중독량(toxic dose): 중독증상을 일으키는 최소량, 생체 기능장애를 일으키는 최소량을 말한다.
3) 치사량(lethal dose): 죽음을 초래하는 최소량을 말한다. LD50(Lethal Dose 50)이란 중독시 50% 정도를 사망에 이르게 하는 양을 말한다.
4) 성상: 순도와 농도가 높을수록 독성이 세다. 화합물의 형성, 용해성 및 상태와 보관조건 등이 영향을 받으나 대부분 기체 > 액상 > 반유동상 > 분말상 > 고형 순으로 위험하다.
5) 투여방법: 혈관내 주사 > 흡입 > 근육내 주사 > 경질 > 경피 > 경구
6) 용매: 독물의 용해방법, 즉 용매의 종류에 따라 독작용에 차이가 있다.
7) 독작용은 개체차(인종, 연령, 성별, 질병, 내성 등)가 있다.

※ 여러 곳에서 검체를 채취하는 것이 중요하다(토물, 배설물, 혈액, 소변 등)

1-2 독극물의 분류

(1) 분류방법

독극물은 화학적 분류에 의한 약독물의 분류와 중독작용에 의한 독극물의 종류로 나누어진다. ① 화학적 분류에 의한 약독물의 분류로는 산성에서 수증기로 증류되는 휘발성 약독물과 알칼리성에서 증류되는 휘발성 약독물이 있으며 산성, 중성 및 약염기성 불휘발 약독물이 있다.

45) 유해 화학물질관리법상 반수 치사량이 30mg/kg이하면 독물, 300mg/kg 이하는 극물에 해당한다.

또한 강염기성 불휘발 약독물이 있으며 페놀성 불휘발 약독물, 기타 불휘발 약독물, 무기약독물(금속독), 산알칼리류, 가스체의 독물이 있으며 사용목적에 따른 분류로 농약이 있다. ② 생체에 대한 생리 약리작용, 즉 중독작용에 따라 부식독, 실질독, 효소독, 혈액독, 신경독, 자연독이 있다.

가. 기원에 따라 : 자연독, 인공독

나. 화학적 성질에 따라 : 유기독, 무기독

다. 이화학적 성질에 따라: 휘발성 약독물(제1속), 불휘발성 유기 약독물(제2속), 무기 약독물(제3속), 특별한 방법을사용하여 분리하는 약독물(제4속)

(2) 법의학분야

가. 부식독(腐蝕毒): 조직에 접촉되면 유기성분, 특히 단백질을 괴사시켜 국소적인 괴사를 초래하는 독물로 대부분의 산성물질이 강한 부식작용을 나타낸다.산(황산, 염산, 질산, 초산 등)과 알칼리(NaCl, KCl 등)

나. 실질독(實質毒): 실질장기(속찬 기관)의 세포를 침범해 대사(代謝)대상 장애 및 변성괴사를 초래하는 독물(수은, 승홍(昇汞), 아비산(亞砒酸), 황인(黃燐), 인제제, 비소제제, 4에틸납 등 대부분 중금속과 DDT, BHC, endrin, diendrin 등의 유기염소 제류 농약)

다. 효소독(酵素毒): 특정한 효소계에 특이적으로 (ATP생성 저해 등) 작용하는 독물 유기인제류(parathion 등),황화수소

라. 혈액독: 주로 혈색소에 변화를 초래하는 독물(일산화탄소)
혈액독은 체내에 흡수되어 혈액 중 헤모글로빈과 결합하므로 두통, 현기증, 구토, 안면홍조, 호흡곤란, 체온강하, 경련, 의식불명 등의 증상을 거쳐 내부 질식으로 사망한다. 이 때 혈액은 선적색(鮮赤色)을 나타내며 여러 가지 장기나 점막도 홍색을 나타낸다.

마. 신경독(神經毒): 신경계 특히 중추신경계의 기능을 장애하는 독물(수면제, 클로로포름 마취제, 알콜류, 탄화수소류, 유기염소제류, 농약, 봉독)
복어에는 테트로도톡신(tetrodotoxin)이라는 성분이 함유되어 있어 이의 독성이 강해 미량만 먹어도 사망에 이르게 된다. 복어는 생체시료로 사용할 때 알이나 내장 모두를 채취하고, 복어독의 확인은 위 내용물을 산으로 처리한 에틸알코올로 추출한 후 단백질, 지방 등을 제거하여 시료를 정제한 다음 쥐에게 주사하여 판정한다.

※ 시체에서 특유의 냄새가 나는 것은 청산가리(살구씨 냄새), 암모니아, 황화수소 등에 의한 사망의 경우에 나타나며, 사망시 혈액과 더불어 시체얼룩(시반)이 선홍색을 띤다면 일산화탄소(CO)에 의한 중독이다. 공업용 본드 흡입에 의한 사망시 환각효과를 높이기 위해 비닐을 머리에 뒤집어쓰기 때문에 코입막힘, 산소결핍에 의한 질식이 병합되는 경우가 나타난다.

LPG는 중추신경을 억제하는 작용이 있어 직접 중독을 일으킬 수도 있으나 밀폐된 공간일 때에는 산소를 치환시켜 산소결핍에 빠지게 한다. 따라서 질식사의 일반적 소견을 보일 뿐 특이적인 소견이 없다.

2. 화공약품

2-1 산류 : 무기산/유기산

(1) 무기산 : 무색무취, 무색유취

가. 중독기전

조직과 접촉되면 산의 H+ 이온이 단백질에 작용하여 탈수 작용으로 조직에 응고괴사가 발생한다. 같은 농도일 경우 황산 > 질산 > 염산 순으로 부식작용이 강하다. 액화괴사를 일으키는 알칼리보다 침투력이 약하다.

불화수소산(불산)은 예외적으로 Ca_2+ 및 Mg_2+ 와 결합하여 액화괴사를 일으킨다.

나. 증상

외부로 표현되는 증상으로 구토, 구역, 오심이 나타나며 호흡촉진이 된다. 임상적으로 증상으로 빈맥, 경련 및 허탈이 발생하여 산혈증(酸血症)이 나타나 질식, 원발성(原發性)쇼크로 사망하게 된다.

다. 시체 소견 및 진단

1) 구강, 식도 및 위점막에서 응고괴사가 관찰된다.
2) 위의 색깔 변화 : ① 황산 - 흑갈색 내지 흑색 ② 질산 - albumin과의 반응으로 xanthoprotein을 합성하여 황갈색 ③ 염산 - 가피 때문에 백색, 회백색이다.
3) 치사량: 황산 약 5~10㎖, 질산 30㎖, 염산 10~20㎖

(2) 유기산

가. 초산(acetic acid, CH_3COOH)

1) 특유의 냄새가 있으며 빙초산(glacial ace acid) 99%은 일반적으로 초산 30%와 식초 4~6%로 존재한다.
2) 구강, 식도 및 위점막 백색가피 형성이 관찰된다.
3) 치사량 : 빙초산 10~20㎖

나. 수산(Oxalic acid, $(COOH)_2 \cdot 2H_20$)

1) 기둥꼴의 결정으로 무색이며 탈색제 및 표백제에 쓰인다.
2) 접촉시 국소적 부식에 의한 자극으로 흡수시 산혈증과 저칼슘증, 식도, 위 흑갈색의 가피를 형성한다.
3) 치사량은 5~10그램으로 1시간이내 사망 하나 지연되면 신장에 Oxalate가 침착되어 요독증으로 수일내 사망한다. 소변에서 다량의 결정체가 관찰될 수 있다.

다. 석탄산(Carbolic acid 혹은 phenol, C_6H_5OH)

1) 바늘꼴의 결정체, 무색, 방부제, 또는 소독제로 사용되다.
2) 복용하면 구강, 인두의 작열감 및 복통이 발생한다. 치사량을 넘으면 호흡중추와 순환중추를 마비시켜 의식장애와 경련, 3~4시간 이내 사망에 이르며 치사량 10~15그램이다.
3) 단백질의 응고괴사로 구강, 인후, 식도, 위점막에 백색 또는 회백색의 가피가 형성된다.

2-2 알칼리류

KOH, NaOH, NH_4OH가 대표적 부식성 알칼리류이다.

(1) 중독기전

조직과 만나 단백질과 결합하여 alkali-albumin염을 형성하고 지방을 비누화(Saponification)시켜 액화괴사를 일으킴으로써 국소적인 부식작용을 일으킨다. 산과는 달리 지속적으로 조직을 침투한다.

(2) 증상 및 사망기전

구강, 식도, 위점막 부식으로 통증과 구토(흑갈색)와 혈성설사를 일으킨다. 24 시간 내에 사망하며 치사량은 5~15g이다.

(3) 시체소견 및 진단

입, 혀, 인후부에서 점막의 괴사를 관찰할 수 있다. 위점막은 액화괴사로 gelatin과 같이 변한다.

2-3 사이안산(hydrocyanic acid, HCN)

무색으로 쉽게 기화하며 특이한 냄새가 특징이다. 화합물로 많이 쓰이며 사이안화칼륨(KCN, 청산가리), 사이안화나트륨(NaCN, 청산소다), 사이안화수소(살충제로 훈증소독), CH_2-CHCN, $Hg(CN)_2$가 있다.

(1) 중독기전

가. 흡입시 기관지 점막 및 폐포로 흡입되어 매우 위험하다. 피부로도 흡수되며 위로는 위산에 의해 CH-로 흡수된다.

나. Cytochrom Oxidase anhydrase 효소를 불활성화 시켜 조직세포 무산소증을 유발한다.

(2) 증상 및 사망기전

흡입시 수초 내 사망하고 복용시에는 수분 내 사망한다.

(3) 시체소견 및 진단

가. 고편도취(苦扁桃臭, bitter almond): 비구부나 위내, 기관, 흉강 및 두개강에서 사이안산 특유의 냄새가 난다.

나. 선홍색 시반: 전형적인 선홍색은 절반가량 나타난다.

다. 위점막의 부식: 알칼리성으로 섭취시 부식이 일어난다.

라. 치사량 및 치사농도: 추정치사량으로 사이안산은 섭취시 체중 1㎏당 1㎎, 사이안산염은 200~300㎎, 대기중 사이안산 가스의 농도 0.2~0.3㎎/ℓ(20~300ppm)으로 알려져 있다.

2-4 가스 및 휘발성 독물

(1) 일산화탄소(carbon monoxide, CO)

무색, 무미, 무취의 비자극성 기체로 비중 0.967(공기1)이며 불용성이다. 정상치는 비흡연자의 경우 0.3~0.7%이고 흡연자 4~14%이다. 탄산 또는 탄소함유 물체가 불완전 연소되어 발생하며 우리나라의 중독사 중 가장 많이 발생한다.

가. 중독기전

혈액중의 Hb와 결합 CO-Hb 형성하여 산소와 결합할 수 있는 Hb를 감소시킨다. Cytochrome oxidase계에 직접 작용하여 그 활성을 저해한다.

나. 증상 및 사망기전

공기중 CO-Hb 농도가 0.1~0.2%면 2~3시간 이내에, 0.3~0.5%면 20~30분 내에, 1%라면 10~20분내에 치사포화도에 이를 수 있다. 혈중 포화도 50%정도 10~40분 경과시 의식소실과 혼수에 이르러 사망한다.

다. 시체소견 및 진단

1) 급성중독

① 선홍색시반, 혈액,근육, 장기의 선홍색이 특징이다.(저체온사 및 사이안산 중독시 청자색 손톱이나 CO 중독시 적색 또는 선홍색으로 나타난다.)

② 부패되어도 혈중 CO-Hb 농도는 수주간 증명 가능하다.

③ 질식사의 일반적 소견: 유동성 혈액, 일혈점, 울혈이 특징으로 내인성급사와 비슷하므로 외표 감별과 현장상황이 중요하다.

2) 지연성 사망: 지연성 사망시 외표적으로 차이는 없으나 부검시 뇌의 백질 및 심근에서 다수의 소출혈 및 심근괴사, 심근세포, 간세포, 근위세뇨관(近位細尿管)의 상피세포, 지방변성 등이 관찰된다.

3) 만성중독: 비교적 낮은 농도의 가스를 오랫동안 흡입하게 되면 뇌의 피질이나 퇴행성 변화 초래하여 실질장기 지방변성을 일으킨다.

(2) 탄화수소류

가. 남용흡입제

Toluene, xylene, benzene과 같은 방향성 탄화수소가 많으며 사염화탄소 및 할로겐화 탄화수소가 함유된 물질(초산염)은 환각작용과 중추신경계를 억제하는 마취작용을 한다.

나. 액화석유가스(liquefied petroleum gas, LPG)

propane, n-butane, iso-butane 등의 탄화수소로 이루어져 있으며 가정용 연료로 많이 사용되며 비중이 높아 산소결핍을 초래한다.

(3) 암모니아(Ammonia)

무색이나 상온에서 기체로 특유한 자극성 냄새가 있어 쉽게 알 수 있다. 공기중 30ppm이 되면 냄새 인식, 1000ppm 이상이면 폐부종, 1500ppm 이상은 거의 즉사한다.

(4) 황화수소(Hydrogen sulfide, H_2S)

가. 썩은 계란 냄새가 난다.

나. 무색, 인화성기체로 비중 1.19이며 맹독성이다.

다. 환기가 좋지 않은 작업장, 하수도, 물탱크 등에서 많이 있으며 사고사의 원인이 된다.

라. Cytochrome oxidase의 Fe와 결합하여 내질식을 일으킨다.

마. 0.2~0.3ppm이면 냄새, 500ppm 두통, 구토, 지남력상실이 나타나며 30분이 지나면 혼수상태, 700~800ppm 이면 거의 즉사한다.

바. 시체얼룩이 녹갈색이다. 황화수소에 주화가 닿으면 검게 변한다.

2-5 농약류

살균제(fungicide), 살충제(insecticide), 살서제(rodenticide), 제초제(herbicide), 훈증소독제(fumigants) 식물성장조절제(plant growth regulator), 유인제(attractant), 기피제(repellant), 화학붙임제(chemosterillant)등이 있다.

(1) 살충제

가. 유기인제류

tetracethyl pyrophosphate(TEPP), EPN, parathion, methylparathion, malathion, dichlorovos 등이 있으며 acethylcholinesterase를 불활성화시켜 사망하게 된다.

나. 유기염소제류

aldrin, dieldrin, endosulfan, endrin, toxaphene이 있으면 중추신경계 자극

으로 사망하게 된다.

(2) Carbamate제류

acetylcholinesterase를 불활성화 시켜 사망하게 된다.

(3) 파라쿼트(Paraquat)

비선택성 제초제, Gramoxon, 파라코등의 상품명이다. 최소 추정치사량은 1g이다.

(4) 자연독

가. 식물독: 독버섯

나. 동물독: 곤충류, 파충류, 어류, 패류

복(puffer fish)의 난소, 신, 간 및 복부내장과 혈액에는 tetrodotoxin이 함유되어 있다. 신경독이며 평균 10~45분 늦어도 5시간 이내에 지각마비, 구토 증상이 나타나며 골격근과 호흡근 마비로 사망한다. 추정치사량은 2mg이다.

2-6 치료 약물의 과용, 오용, 남용

수면제, 마약, 각성제, LSD의 남용

2-7 알콜류(C_2H_5OH)

(1) 주정(에탄올)

폭음으로 인한 급성 중독사와 장기간에 걸친 만성 중독사 또는 각종범죄에 의한 사망, 각종 사고는 직간접적으로 음주와 연관 된다.

가. 명정과 급성 주정중독

명정은 주정을 섭취하여 일어나는 인체의 일시적인 반응을 말한다. 급성주정중독은 일시에 대량의 주정을 섭취하여 정신적·육체적 장애가 초래된 상태로 개인차가 존재한다.

- 약도명정: 0.05% 이하에서는 주정에 의한 증상을 거의 보지 못한다.
- 경도명정: 0.1% ~ 0.15%, 안면홍조, 보행은 정상이거나 실조
- 중등도명정: 0.15~0.25% 안면창백, 사고력 저하, 주의력산만, 판단능력저하, 말이 불분명해지고, 피부감각 둔해지며 운동실조

- 고도명정: 0.25% ~ 0.35% 운동실조가 뚜렷하며 보행이 곤란, 말이 불분명해짐, 신체반사기능저하, 감각마비, 의식혼탁, 또는 혼수
- 중증명정: 0.35% ~ 0.45% 사망가능, 0.45%이상이면 치명적

나. 시체소견 및 진단

- 치사량: 5~6 mg/kg
- 치사농도: 0.40% 이상이거나 질병이 있거나 약물과 함께 복용(수면제, 진정제, 항 histamine)하면 비교적 낮은 농도에도 사망 가능하다.
- 명정으로 인해 토사물이 흡입되어 사망하는 경우가 있으며 구호요청 불가능이 원인이 되어 사망할 수 있다(저체온사도 가능)

(2) 목정(木精, 에틸알콜)

- 체내로 흡수되면 간에서 formaldenyde와 acid로 분해되어 독작용을 일으킨다.
- 두통, 현기증, 구토, 복통, 무력감, 시력장애, 경련, 혼수상태가 나타나며 부검에서 위장관 염증, 뇌부종, 출혈성 췌장염이 관찰된다.
- 치사량은 개인차가 있으나 40% 액을 기준으로 약 30ml, 10ml은 실명을 일으키며 혈중농도 0.015~0.020%면 사망에 이른다.

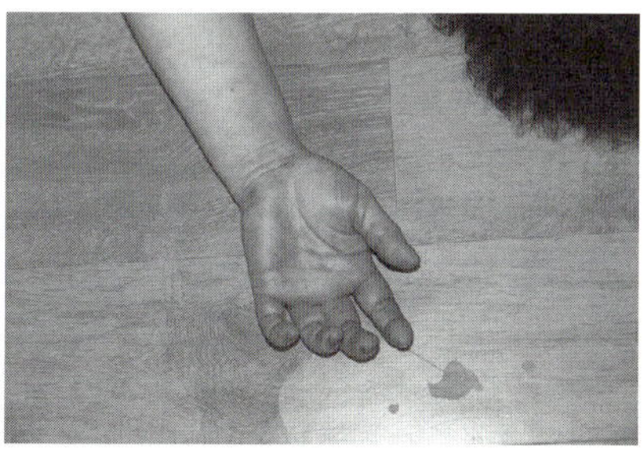

제초제 음독사(손바닥에 제초제가 묻어 있음)

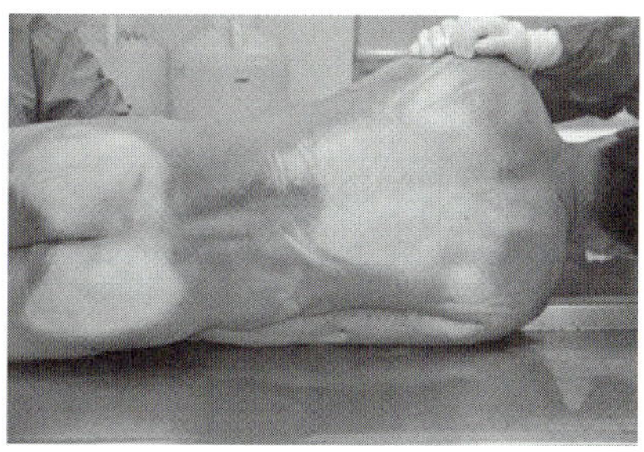

CO 중독사(선홍색 시반이 뚜렷함)

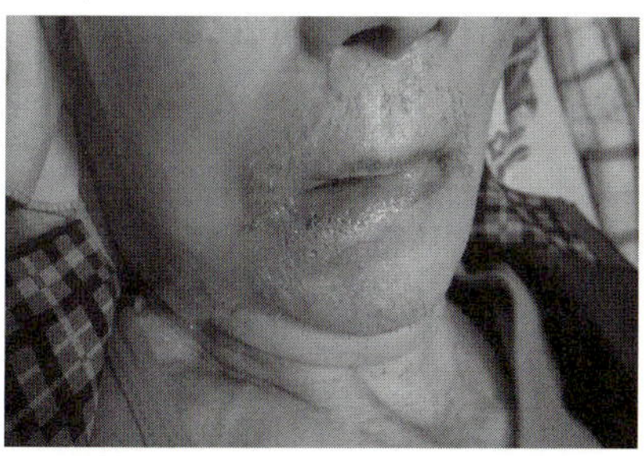

약물 중독사(입주변에 약물에 묻어 있음)

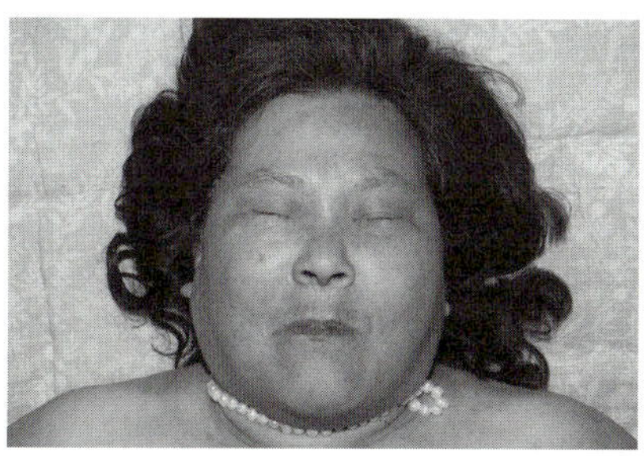

수면제 다량복용 중독사(특이사항 없음)

[그림 12-3] 중독사 사진(사례)

3. 기타

3-1 니코틴(nicotine)

(1) 니코틴관련사망

니코틴 원액에 의한 사망은 2021년 현재 국내는 2016년 이후 11건(자타살 포함, 경찰청 통계)으로 보고되고 있다. 니코틴 원액은 온라인 해외직구를 통해 구입한 뒤, 오·남용하는 사례가 많아 개인이 해외직구로 니코틴 액상을 구매할 때는 농도 1% 미만으로 제한[46)]되어 있지만 허술한 관리 감독으로 순수 니코틴이 유통되고 있으므로 철저한 관리 감독이 요구된다. 니코틴을 이용한 자살시도가 증가하면서 인터넷 검색 창에 '니코틴'을 입력하면 자동으로 자살예방사이트의 팝업 창이 생성된다.

(2) 니코틴의 독성

니코틴은 기호품인 담배의 주성분이고, 중추신경계 및 자율신경계를 흥분시키는 고독성 알칼로이드이며, 전자담배에 사용되는 니코틴 원액을 복용할 경우 오심, 구토, 어지러움, 빈맥, 고혈압, 발한, 침 분비 등을 유발하고, 경구치사량을 복용할 경우 수 분에서 1시간 이내에 탈진, 발작, 호흡마비 증상이 나타나 사망에 이르는 것으로 알려져 있다.

(3) 치사량

- 성인의 경우 니코틴 복용 최소치사량은 40~60mg
- 혈액 內 무 독성 농도 : 0.003~0.17mg/L
- 독성농도 0.2~1mg/L, 치사농도 3.7~5800mg/L
  - 흡연자의 경우 혈장 니코틴 함량은 0.012~0.044mg/L
  - 경피(經皮) 니코틴 패치 22장을 붙이고 자살자의 혈중농도는 1.4mg/L
  - 니코틴 패치를 여러 장 붙이고, 담배를 연달아 피우고, 사망한 경우 혈장 니코틴 농도는 3.7mg/L로 보고됨

46) 화학물질관리법상 농도 2%(20mg/ml)를 넘는 니코틴 원액을 판매하려면 환경부로부터 유해화학물질 영업 허가를 받아야 한다.

3-2 한약재

(1) 한약재의 특징

한약으로 쓰이는 대부분의 약재는 아직까지 그 기전과 성분이 명확하게 밝혀져 있지 않고, 일부 약재에 한하여 주요 성분과 그 기전이 밝혀져 있는 상태이다. 그리고 강한 약효를 발휘하는 대부분의 성분은 알칼로이드(Alkaloid)류로, 이는 강염기성 불휘발 약독물 중의 하나이다. 알칼로이드는 질소를 함유하는 염기성 유기화합물로 식물염기라고도 한다. 식물계에 널리 분포하며, 동물에 대해서 매우 특이하면서도 강한 생리작용을 나타내며 화학적으로 광범위한 물질이다. 250종 이상으로 대표적인 식물이 담배, 독당근(conium alkaloid), 석송, 양귀비 등이다.

(2) 독성주의 한약재

보건복지부에서 지정한 독성주의 한약재에는 감수(甘遂), 부자(附子), 주사(朱砂), 천남성(天南星), 천오(川烏), 초오(草烏), 파두(巴豆) 등이 포함되어 있다. 이들 중 천남성과(Araceae)에 속하는 천남성(Arisaema amurense Maximoxicz var. serratum Nakai의 구근)과 미나리아재비과(Ranumculaceae)에 속하는 부자(Aconitum carmichaeli Debeaux의 자근), 천오(Aconitum carmichaeli Debeaux의 모근의 구근), 초오(Aconitum jaluense의 구근) 등의 약재는 본초강목(本草綱目) 상 대독(大毒)하고 성(性)이 극렬(極烈)하여 함부로 사용해서는 안 된다고 기술되어 있을 정도로 유독한 약재이다. 따라서 전문가의 처방 없이는 이를 섭취할 수 없으나, 일부 중년 및 노년층에서의 근거 없는 남용 및 오용으로 인해 매년 약재 중독 사고가 발생하는 실정이다.

(3) 초오(草烏)

초오에 들어있는 아코니틴(Aconitine)은 미나리제비과 식물의 뿌리에 흔히 들어있는 알칼로이드이다. 이 성분은 신경독으로 섭취 시, 신경 전달 물질인 아세틸콜린(Acetylcholine)의 저해제로 작용하여, 신경을 마비시키는 작용을 한다. 쥐에게 구강 투여했을 경우의 LD50은 1mg/kg이며, 인간의 경우 구강 투여했을 경우의 LDLo가 0.028mg/kg으로 명백한 독물에 해당되는 성분이라고 할 수 있다.

일반적으로 초오에 의한 중독 사고는 임의로 야산에서 전초를 캐어 달여먹는 경우에 많이 발생한다. 따라서 사고 발생 시, 일차적으로는 현장에 남아있는 전초의 형태학적 감별을 통해 어떤 약재에 의한 사고인지 판별할 수 있다. 이미 전초를 달여 액상 형태로만 남아있는 경우 역시, 일반적인 정성 분석을 통하여 간단하게 성분을 판단할 수 있을 것이다.

[영동 상촌면 주민 7명 초오 중독 건양대 병원 입원]

충북 영동군 상촌면에서 50~60대 주민 7명이 17일 오후 독성 약재인 '초오(草烏)'를 먹은 뒤 구토와 복통, 마비 증세로 대전 건양대 병원으로 긴급 이송됐다.

이들은 인근 산에서 약초로 채취한 초오를 나물로 무쳐 먹은 뒤 통증에 시달리다가 영동소방서 119 구급대에 신고, 병원으로 옮겨져 응급치료를 받았고, 생명에는 지장이 없는 것으로 알려졌다.[47)]

[독성 한약재 '초오' 먹고 80대 할머니 숨져]

80대 노인이 민간요법 차원에서 독성이 있는 한약재인 '초오'를 달여 먹다 숨졌습니다. 지난 17일 오후 7시 쯤 광주광역시 서구 금호동의 한 아파트에서 81살 서모 씨가 초오를 달여 먹은 뒤 구토 증상을 보여 병원으로 옮겨졌습니다. 서 씨는 병원에서 초오 중독 진단을 받고 치료를 받다가 어제(18일) 숨졌습니다.

경찰은 서 씨가 허리디스크 수술 후유증으로 통증에 시달리다 민간 요법 차원에서 초오를 구해 복용한 것으로 보고 있습니다.[48)]

---

47) http://www.dynews.co.kr/news/articleView.html?idxno=626301 2021.04.18 영동 임재업 기자

48) https://news.kbs.co.kr/news/view.do?ncd=4265209&ref=A 2019.08.19, KBS 김애린 기자

Ⅲ. 마약류감정

1. 마약류 개관

1-1 마약감정의 중요성

(1) 마약류의 특성

가. 마약류의 정의

오늘날 마약투약의 사실을 증명하기 위해서 주로 소변검사와 모발검사를 실시하고 있으며 마약류사범의 경우 투약에 대한 증명이 범죄사실 입증에 결정적 역할을 하므로 마약류사범의 범죄입증을 위해서 과학수사의 역할은 더 커지고 있다.[49] 마약(Narcotics: 痲藥)이라는 용어는 '무감각'을 의미하는 그리스어 'Narkotikos'에서 유래된 것으로 수면 및 혼미를 야기하여 통증을 완화시키는 물질을 말한다(경찰청, 2005: 25). '마약'이란 앵속, 아편 및 그 제재와 이와 유사한 약리작용 및 중독 작용이 있는 약물을 말하며, '마약류'는 이러한 마약을 포함하여 대마, 향정신성의약품을 일컫는 개념으로 마약보다 광범위한 의미를 지닌 용어이다.

상술하면 마약은 중독성이 있는 약물로, 수면을 유발하고 기분이나 행동에 영향을 미치는 것을 의미한다. '마약류'란 일반적으로 느낌, 생각 또는 행태에 변화를 줄 목적으로 섭취하여 정신에 영향을 주는 물질(psychoactive substance)을 말하며, 협의로는 오·남용의 방지를 목적으로 그 생산, 판매, 사용이 통제되는 약물(illicit drugs)을 지칭하고, 법률적으로는 「마약류 관리에 관한 법률」에 정의된 마약, 향정신성의약품 및 대마를 총칭한다. 세계보건기구(WHO)의 보고에 따르면, "마약류는 ① 약물사용에 대한 욕구가 강제적일 정도로 강하고(의존성) ② 사용약물의 양이 증가하는 경향이 있으며(내성) ③ 사용을 중지하면 온몸에 견디기 힘든 증상이 나타나며(금단증상) ④ 개인에 한정되지 아니하고 사회에도 해를 끼치는 약물"로 정의되어 있다.[50]

---

49) 최근 '그것이 알고 싶다', '알쓸범잡', '표리부동', '꼬리에 꼬리를 무는 그날의 이야기' 등 범죄사건에 관련한 프로그램들이 많이 방영되고 있다. '황하나', '바티칸킹덤' 등 국내에서 크게 이슈가 되었던 마약범죄 사건은 '그것이 알고 싶다'에서 여러 번 다루었고, 〈넷플릭스〉 '마이네임'이라는 마약수사드라마에서 본격적으로 거대한 마약조직범죄를 다루고 있다.

50) 한국마약퇴치운동본부 마약류폐해 알리미

나. 마약류의 효능

마약류는 대뇌 중 마약만을 선택적으로 받아들이는 수용체에 특이적으로 결합하여 특유의 효능을 유발하며 의료용으로는 주로 진통제나 마취제로 사용된다. 마약류는 세계보건기구에서 검토한 오남용의 정도에 따라 UN에서 채택한 1961년 '마약에 관한 단일협약(UN Single Convention on Narcotic Drugs)'에 의거 국제적으로 동일하게 지정되고 있다.

마약류는 뇌 속의 신경 전달물질로 사고력과 쾌감에 주로 관여하는 물질인 도파민을 강제로 배출시켜 순간적인 쾌감을 맛보게 하고, 한편으로는 도파민을 파괴하여 도파민 결핍을 유도하기도 한다. 도파민이 순간적으로 증가하면 쾌감을 느끼지만 과도해지면 피해망상, 관계망상, 환청 등의 정신분열증과 같은 증상을 야기한다고 한다.

마약류는 주로 진통이나 마취 목적의 의료용으로 사용되고 있으나, 이를 오락 또는 행복감을 느끼기 위해 오·남용하게 되면 신체적·정신적 의존성을 유발하게 된다. 약물남용은 의학적 상식, 법규, 사회적 관습으로부터 일탈하여 쾌락을 추구하기 위하여 약물을 사용하거나 과잉으로 사용하는 행위를 말한다.

다. 마약범죄의 양형기준

마약범죄의 양형기준은 마약류마다 차이가 있다. 마약(양귀비, 아편, 코카잎 등), LSD, 메스칼린, 4-브로모-2,5-디메톡시암페타민 등(향정 가.목)은 기본 1년~3년, 암페타민, MDMA, 지페프롤, 바르비탈 등(향정나,다.목)은 기본 10월~2년, 대마, 졸피뎀, 날부핀, 프로포폴 등(향정 라,마.목)은 기본 8월~1년6월이다.

1-2 마약류의 종류

우리나라에서는 「마약류 관리에 관한 법률」 제2조 제2·3호에 따라 마약류를 마약, 향정신성의약품, 대마로 나누어 이들의 불법소지, 불법사용 또는 제조, 매매의 행위에 대해 처벌을 한다. 마약류로 규제되는 것은 양귀비·아편·코카엽 및 이로부터 추출되는 모든 알칼로이드(cocaine 등), 그 화학적 합성품으로서 대통령령으로 정하는 것을 의미하며 일반적으로 마약원료인 생약으로부터 추출되는 천연마약과 합성마약으로 분류한다. 또한 향정신성의약품으로는 환각제에 속하는 LSD, 각성제인 메스암페타민, 암페타민 및 엑스터시류와 바르비탈산 유도체가 속하는 수면제가 있고, 디아제팜, 로라제팜 등의 신경안정제류 등이 규제되고 있다. 마지막으로 대마는 대마엽, 대마수지, 대마유 등이 대상이 되고 있다.

앵 속(양귀비) / 생아편 / 아편 제품 / 헤로인(heroin) 흡입 및 흡연용 / 코카나무(코카잎) / 코카인 분말

[그림 12-4] 마약류 사진

(1) 천연마약

가. 양귀비(楊貴妃, Opium poppy)

양귀비는 일명 앵속이라 불리는 식물로서 여러 종류가 있으나 우리나라에서 재배를 금지하고 있는 종은 Papaver Somniferum L.과 Papaver Setigerum D.C. 2종으로 마약성분인 모르핀을 함유하고 있는 종류만 단속을 하고 있다. 주생산지는 황금의 삼각지대(Golden Triangle-태국, 미얀마, 라오스의 접경지역), 황금의 초승달지대(Golden Crescent-이란, 아프가니스탄, 파키스탄의 접경지역)를 중심으로 거의 전 세계적으로 생산되고 있다.

나. 아편(Opium)

「마약류 관리에 관한 법률」제2조 3호에 의하면, 양귀비의 액즙(液汁)이 응결(凝結)된 것을 가공한 것으로, 단 생아편을 가루로 하여 모르핀의 함유량을 10%로 조절한 것을 아편 말이라 하여 의약용 아편으로 쓰고 있는 것을 제외한 것이다. 민간에서 아편의 탁월한 진통효과 때문에 응급질환에 사용하기도 하나 지속적으로 사용할 경우 중독현상으로 이어진다. 중독현상으로는 남용자의 얼굴이 창백해지고 매우 신경질적으로 변하며 식욕과 성욕을 상실하고 메스꺼움, 구토, 변비, 홍조, 동공수축, 호흡장애 등의 부작용이 있다.

다. 모르핀(몰핀, Morphine)

아편으로부터 불순물을 제거하고 일정한 화학반응을 거쳐 추출된 강력한 진통성을 지닌 알칼로이드로서, 1805년 독일에서 개발되어 그리스신화에 나오는 Morpheus(꿈의 여신)의 이름을 따서 모르핀이라 명명한다. 모르핀은 코데인으로 전환되고 헤로인 제조의 주원료로 사용되며 진통, 진정, 진해 등 효과가 뛰어나 의료용으로도 사용하고 있으나 지속적으로 남용할 시 정신적·신체적 의존성을 유발하여 사용중단 시 심한 금단증상을 일으킨다. 모르핀에 중독된 자들은 보통 하루에 3회 정도 투약 하는데 1회 투여량은 10~20mg 정도이고 사람에 따라 다소 차이가 있다. 그러나 한번에 200mg 이상을 투약하면 호흡장애를 일으켜 사망하게 된다.

라. 코데인(Codeine)

메틸모르핀 이라고도 불리는 알칼로이드의 일종으로서, 모르핀이나 헤로인의 중독증을 치료하는 대체마약으로 대부분 약상으로 구강투입하며, 진해제를 물로 끓여 코데인 농축물을 만들기도 한다. 보통 인산 코데인으로서 의약품에 사용되며, 무취의 백색 결정성 분말로, 약효는 모르핀의 약 1/6 정도에 지나지 않기 때문에 보통 즐겨 남용하는 종류의 마약은 아니다.

마. 헤로인(Heroin, 디아세틸모르핀)

헤로인은 모르핀으로부터 만들어지는 합성물인 디아세틸모르핀으로, 백색 분말형태이다. 생아편에 소석회, 물, 암모니아 등을 첨가하여 제조과정을 거친 천연마약이다. 1898년 독일의 바이엘사가 의약품으로 제조하여 사용되다가 부작용으로 금지된 이후 오늘날 세계적으로 가장 많이 남용되고 있는 약물중의 하나로 코로 흡입하거나, 주사 또는 흡연의 방법으로 남용되고 있다. 그 중독성은 모르핀의 10배에 해당하고 '용감한·강력한'의 의미의 독일어 'Herroisch'에서 유래된 말로 중독성이 강해 의학용으로는 사용하지 않고 있다.

바. 코카인(Cocaine)

코카인은 남미 볼리비아, 페루, 콜롬비아 등지의 안데스산맥 고지대에서 자생하는 코카나무의 잎에서 추출한 알칼로이드 마약이다. 약효가 빠르고 강력한 도취감을 일으켜, 벌레들이 피부를 기어다는 느낌의 환각증상(Coke Bugs 현상)이 나타나는 것이 특징이다. 쓴맛이 있는 백색분말로 주로 코로 흡입하는 방법으로 남용되고 있으며, 마약 중 중독성이 가장 크다고 알려져 있다. 코카인은 중추신경흥분제로서 암페타민과 유사하여 공격적인 행동을 유발하는 성질을 가지고 있다. 미국에서는 의료용 국소마취제로 사용을 하고 있으나 미국 청소년들 사이에 크랙(Crack)이란 명칭으로 널리 퍼져 있으며 남용인구가 늘어나고 있는 실정이다. 크랙은 코카인과 탄산나트륨 등을 물에 희석시켜 불로 가열한 다음 냉각시켜 추출하는 백색 결정체로서 코카인보다 배나 약효가 강하고 유리관에 넣어 가열시킨 다음 기포화 시켜 흡입하는 마약으로 현재 우리나라에는 단속사례가 없으나 가격이 저렴하다는 이점 때문에 캐나다, 유럽국가로 확산되고 있다.

[표 12-1] 마약의 종류

구분	종류		특성	작용
천연 마약	아편계	양귀비	• 키 1~1.5m 식물 백색, 적색, 자색 꽃	
		아편	• 설익은 꽃봉오리에 생채기를 내어 우유빛 즙을 담아두면 암갈색 타르화(생아편) • 응고하면 딱딱한 왁스형 • 달콤하고 톡쏘는 향, 건초향	• 고통완화, 졸린 듯한 상태에서 편안, 황홀 • 의존성, 내성, 변비, 얼굴 창백, 신경질적, 식욕·성욕상실, 구토, 동공수축, 호흡장애
		몰핀	• 아편으로 몰핀 제조(10:1), 무취, 쓴맛 • 백색, 갈색 커피색 분말, 캡슐 주사약	• 의약용으로 사용 • 진통 강력, 도취, 수면 • 아편보다 강한 중독성, 호흡억제, 구토, 발한, 변비
		헤로인	• 몰핀량 1/2로 동일효과 • 백색, 황백색, 회식, 연갈색 설탕형태 미세결정 • 무취, 쓴맛, 몰핀에 무수초산을 가한 제조로 밀조품은 강한 식초냄새	• 쾌감 쇄도 후 졸음, 도취 • 몰핀 보다 강한 중독성, 변비, 동공수축, 호흡감소, 무감각, 내분비계통 퇴화, 자아 통제 불능
	코카계	코데인	• 몰핀으로부터 분리 • 주사, 캡슐, 정제	• 의약용으로 사용 • 진통, 진해 특효
		코카인	• 코카엽에서 추출 • 솜털간은 백색결정분말 • 모흡입, 주사, 구강투여	• 효과 신속 일시적, 대뇌흥분, 동공확장, 심박증가 • 심장장애, 호흡곤란, 경련, 공격적, 과대망상, 정신착란
		크랙	• 코카인에 베이킹소다, 물 넣고 가열하여 제조 • 작은 돌과 같은 결정체 • 워터파이프로 흡연	• 효과 신속 강렬, 황홀 • 코카인보다 중독위험 심각, 투약간편, 저렴 • 부작용 코카인 유사
합성 마약	페티딘계		• 아편계 중독치료 • 내성, 의존성	• 진통, 진정 • 졸립고 멍청, 호흡감소, 경련, 내성, 의존성
	메사돈계		• 몰핀 대용, 24시간 지속, 주사, 정제, 캡슐	• 아편계 중독치료 • 내성, 의존성

(2) 향정신성의약품

향정신성의약품이란 인간의 중추신경계에 작용하는 것으로서 이를 오용하거나 남용할 경우 인체에 심각한 위해가 있다고 인정되는 물질로 대통령령이 규제대상으로 정하는 것을 말한다.

[표 12-2] 향정신성의약품의 종류

구분	종류		특성	작용
향정신성 의약품	환각제	LSD	• 무색, 무미, 무취 결정분말 • 투명액, 정제, 각설탕, 캡슐형, 이쑤시개·아스피린·종지·사탕·빵 등에 흡착 • 소량(1회 0.1mg)으로 6~12시간 환각상태	• 환각, 자기모습 제3자 입장 관찰, 음악의 색·맛 감상, 광범위한 감정 체험, 감지·판단력 감소, 자기통제력 상실 • 동공확대, 홍조, 체온저하, 발한, 현기증, 혈압상승, 재발성 환각질환
		MDMA (엑스터시)	• 암페타민류 합성마약 • 로고 각인 정제, 캡슐	• 도취, 식욕상실 • 변비, 혼수, 자아통제 불능
		메스칼린	• 멕시코 선인장 페이오트(Peyote)에서 추출 • 분말, 캡슐, 용액	• 환상, 환각
	각성제	암페타민류	• 원료: 염산에페드린 • 백색, 회색, 황색 분말 또는 크리스탈 덩어리 • 약간의 신맛, 물에 잘 녹음 • 주사, 코 흡입, 술이나 음료에 타서 남용	• 기관지확장, 혈압상승, 심박증가, 동공확대, 혈당증가, 근력증가 • 황홀, 공복감상실, 상쾌, 자신감, 식욕억제, 피로억제, 정신적의존성, 내성 • 불안, 흥분, 환각, 망상, 불면, 정신착란, 플래시백
		YABA	• 암페타민류 25% 함유 • 작은 정제(1알:0.2g)	• 도취, 흥분, 환각, 공격성 • 우울증, 정신착란, 공포
	억제제	진정 수면제	• 바르비탈제제등 • 알콜과 남용시 치명적	• 생리기능 억제, 불안, 긴장, 불면 치료 • 의존성, 내성, 호흡곤란, 심기능 저하, 동작·사고둔화, 기억력 장애
		신경 안정제	• 알콜과 남용시 치명적	• 불안, 긴장 완화 • 의존성, 내성, 운동실조, 착란, 졸리움

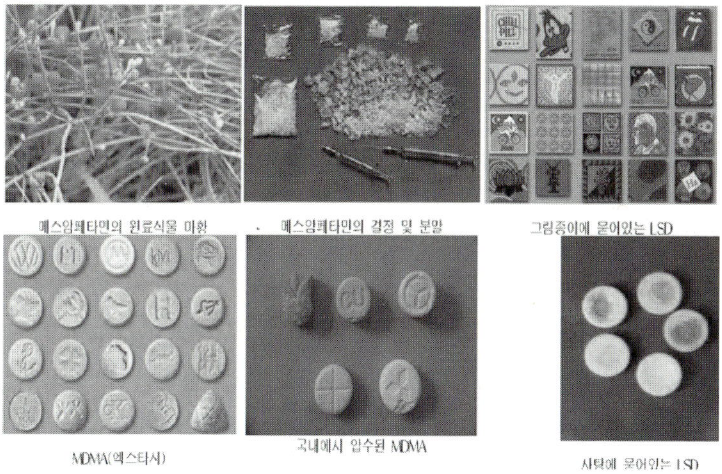

[그림 12-5] 향정신성의약품 사진

(3) 대마

대마는 칸나비스 일년생 식물로서 중국, 인도, 북부아프리카, 중남미 등 광범위한 지역에서 수세기 전부터 섬유 원료 및 천식, 두통 등의 치료약물로 재배되어 왔으며, 아래 어느 하나에 해당하는 것을 말한다.

[표 12-3] 대마의 종류

구분	종류	특성	작용
대마류	대마초	• 연녹색, 황색, 갈색 잎 • THC(Tatra Hydro Canabinol) 성분이 도취·환각 유발	• 흥분과 억제 두가지 작용, 초조, 풍족, 이완, 꿈꾸는 느낌, 공복감, 단 것 먹고 싶은 느낌, 감각 미묘 변화 • 공중에 뜨는 느낌, 빠른 감정변화, 변비, 환각, 심박증가, 공포, 불안, 사고 및 기억 단절, 집중력 상실, 자아상실감, 영상왜곡, Flashback (중단 후 환각 재현)
	대마수지 (해시시,hashish)	• 대마초 300kg로 해시시 1kg 제조 • 갈색, 흑색의 수지 • THC 2~10% 함유	
	대마오일 (해시시오일)	• 해시시 3~6kg로 해시시오일 1kg 제조 • 암록색, 흑색의 기름형태 • THC 10~30% 함유	

(4) 5F-MDMB-PICA(합성 대마의 일종)

이 약물은 환각 및 정신착란을 비롯해 방향감각 상실, 공격성, 안구충혈 등 다양한 비정상적인 행동을 유발하는 것으로 알려져 있다. 타인이 자신을 쫓아오거나 공격하는 등의 환각에 시달리는 것이 주된 반응이라고 한다. 합성 대마는 '스파이스'로도 불리며 방향제로 사용되는 원료를 혼합해 제조한 흡연용 환각제로 마리화나 효과를 내는 것으로 알려져 있으며, 담배 형태로 말아서 흡연하는 방식이다. 스파이스는 대마초보다 5배 이상 환각 효과가 강해 의식불명까지 일으킬 수 있는 신종 마약으로 알려져 있다. 합성 약물은 전통적인 약물보다 가격이 싸지만 효과는 강력해 청소년들을 중심으로 쉽게 유통되고 있어 문제가 되고 있으며 SNS를 중심으로 텔레그램, 트위터 등을 통한 신종마약류의 밀반입과 유통이 급증하고 있다.

[그림 12-6] 합성대마

(5) Date rape drug(데이트 강간 약물)

Date rape drug는 무색, 무취를 가진 약물이 대부분 사용되며 거기다 술과 음료에 희석되기 때문에 피해자들이 기억을 잃게 되거나 자기 자신을 제대로 방어 할 수 없게 되며 의식을 잃어버릴 수도 있고 더 무서운 사실은 이러한 특성 때문에 자신이 피해자라는 것도 모를 수 있다. Date rape drug는 GHB, 로히피놀, 케타민이 대표적인 3대 약물이다.

가. GHB

분말 형태가 일반적이고 액체에 잘 용해되며 약간 짠맛이 나지만 술과 음료에 희석되면 감지하기가 어렵다. 약물 투여 후 15~30분에 효과가 나타나며 3~6시간정도 지속이 된다. GHB 마약은 물이나 알코올에 타서 마시면 필름이 끊기는 등 의지대로 몸을 가누지 못해 주로 성범죄에 많이 이용된다. 마약이 체내에 머무르는 시간도 짧아 약 6시간에서 12시간이면 대부분 빠져나가 약물이 검출되기 어려운 문제점도 있다.

단기간 사용시 다행감, 졸림, 메스꺼움, 구토, 혼란, 시각장애, 기억 손상 등이 나타난다. 심각한 부작용으로 의식 상실, 저혈압, 심박수와 호흡 둔화, 체온 저하, 발작, 혼수상태 및 사망에 이를 수 있다. 알코올과 병용 투여 시 메스꺼움, 호흡장애 및 우울증의 증가 등이 보고되어 있다. 만성적인 투여 후 사용을 중단했을 때 나타나는 금단증상으로는 불면증, 불안, 떨림, 발한, 편집증, 섬망, 심박수 증가, 혈압 증가, 정신병적 사고 등이 보고되었다.[51)]

나. 로히피놀

이 약물은 때때로 수면장애에 대한 처방으로도 사용되기도 하며, 다량으로 사용될 경우 의식 상실, 기억장애로 이어질 수 있다. 현재 악용을 막기 위해 제조업체에서는 새로운 형태인 직사각형의 녹색 정제로 만들고 액체에 용해되면 파란색으로 변하는 특성을 가지고 있다. 효과는 20분 후에 나타나며 8~12시간 정도 지속이 된다.

다. 케타민('스페셜 k')

동물성 마취제로 엑스터시나 LSD 보다 강하다. 알콜에 첨가되어 가장 흔히 발견되기도 하며 효과는 투여 후 5분후부터 나오기 시작하고 30~60분 최대 24시간까지 판단력을 흐리게 만들 수 있다.

(6) 기타 신종마약

가. 플래카(Flakka)

Alpha-Pyrrolidinopentiophenone(α-PVP, 화학식 $C_{15}H_{21}NO$), 일명 플래카(Flakka)라고 불리는 이 마약은 충격적인 사회적 사건으로 2012년에 처음 알려진 신종마약이다. 주원료는 메틸렌디옥시피로발레론(Methylenedioxypyrovalerone, MDPV)이 포함되어 있으며, 이는 동물마취제로 알려진 펜사이클리딘(Phencyclidine, PCP)과 중동산 환각제를 섞어서 만드는 것으로 알려져 있다. 이 신종마약의 대부분은 중국에서 제조돼 특히 미국과 호주의 빈민층과 마약 중독자들 사이에서 쉽고 빠르게 유통되었다. 그렇기 때문에 생산자와 판매업자의 경계와 출처가 불분명하고 애매한 경우가 많다. 이들은 대개 3달러에서 5달러 사이에 값싸게 유통됐으며 환각 효과는 코카인, 엑스터시보다 10배 이상 강력하고 오래 유지되는 이유로 코카인을 살 돈이 없는 빈민층 사람들이 구매를 이어가며 빠르게 확산되기 시작했다. 값싼 가격에 비해 매우 강력한 환각효과로 인해 일명 '5달러의 광기'라고 불린다.

51) [출처] https://www.drugfree.or.kr/webzine/magazine/5/post-59.html

나. 배스 솔트(bath salts)

배스 솔트는 일명 입욕제 소금처럼 생긴 합성마약 결정체들을 일컫는 말이며 실제로도 입욕제 소금으로 둔갑한 후 마약단속반의 눈을 피해 전 세계로 유통되고 있다. 플래카와 같은 합성마약, 배스 솔트는 또한 '좀비마약'이라고도 불린다. MET, THC, COC과 같은 간이시험키트로 변종마약을 했다고 의심받는 용의자에게 키트 시험을 해도 정확히 무슨 약물을 했는지, 그 약물이 불법으로 등록되어있지 않을 가능성이 크다.

변종 합성마약들은 아편, 마리화나 같은 천연마약보다 훨씬 더 강하고 직접적으로 인체에 치명상을 입힌다. 이는 화학적이고 인공적으로 만들어진 마약이라는 특성 때문인데, 특히 뇌와 신경에 영향을 미친다. 플래카와 같은 신종마약들은 도파민과 세로토닌을 분비하는 뇌의 뉴런 시스템에 직접적으로 침투하여 뉴런 표면의 분자결합을 방해하고 파괴한다. 특히 코카인과 메스암페타민 계열 마약이 이런 경우가 많은데 신종마약 역시 비슷한 작용을 하는 것이다. 플래카와 배스 솔트의 지속시간은 기존 마약들보다 더욱 강력한 편이며 짧게는 몇 시간, 길게는 며칠도 지속된다고 알려져 있다.

2. 마약류 감정

2-1 마약류 감정 기법

(1) 검사방법

마약검사는 혈액, 소변과 체모, 모발, 땀, 드물지만 손톱, 발톱 등 검사를 할 수 있다. 머리끝에서 발끝까지 미세혈관이 있는데 마약을 먹으면 그 약과 혈액이 섞이게 되고 약이 혈액에 녹아들어 혈액이 우리 몸의 혈관을 돌아다니게 될 때 머리카락이 있는 모근 밑 부분까지 가게 된다. 그 때 모근에서 약을 빨아들이는 성질이 있는데 혈액에 녹아 있던 마약이 모근을 지날 때 그 모근에 달라붙는 것이다. 처음에는 피부 속에 모근이 머물러 있다가 머리카락이 자라나면 약물이 한 달에 1cm씩 두피 바깥으로 이동하게 된다. 그러면 머리카락을 채취해 그 속에 들어있는 약물을 검출해 낼 수 있다.

마약류 복용여부는 복용 혐의자로부터 생체시료를 채취하여 시료 중에 포함되어 있는 마약성분을 분석하여 판정한다. 마약류 성분 감정에 이용 가능한 생체시료는 소변, 모발, 혈액, 땀, 손톱, 발톱, 대변, 태반 등 다양하나 시료채취의 용이성, 시료특성 등을 고려하여 소변과 모발이 주로 이용된다. 소변과 모발감정 기법은 기법의 특성상 많은 차이점이 있어 두 감정기법은 마약범죄 수사에 상호 보완적으로 이용되고 있다. 마약 혐의 피의자가 수사를 앞두고 염색, 탈색이나 제모를 하는 경우가 적지 않고 마약 투약 사실을 숨기기 위해 링거를 맞아서 혈액을 희석한다거나 사우나에서 땀을 빼거나 모발을 염색을 하는 등의 일부 편법을 쓴다.

(2) 마약감정 시료

가. 소변

소변은 시료 채취가 용이하고 양이 충분하며 약물과 그 대사체가 농축되어 배설되고 혈액에서보다 오랜 시간 동안 약물이 머물러 있으며 수용성이기 때문에 약물이 쉽게 추출되어 분석하기 쉽다는 장점이 있어 약물복용 여부 판정에 가장 널리 쓰인다. 그러나 소변 중 약물의 배설량은 소변량에 따라 달라 그 양을 정확히 계산할 수 없고 소변 중 약물 농도가 약리작용과는 일치하지 않아 약물의 사용 정도를 예측할 수 없다.

시험결과가 양성이라 함은 채취 전에 한번이라도 약물을 사용한 것을 뜻하는 바 만성중독 여부 등에 대하여는 알 수 없다. 또한 소변의 액성, 색 및 구성성분이 음식의 종류나 약물복용 여부에 따라 다르고, 약물의 배설 정도가 소변의 pH에 따라 약물의 농도가 크게 달라지는 점, 투약 후 일정기간이 경과되어 채취된 소변에서는 약물이 검출되지 않는다는 점, 채취 시 주변의 물 등으로 고의적 희석의 우려가 있으며, 시료보관, 운송 등이 쉽지 않다는 점은 약물 측정시료로서의 단점이 되고 있다.

나. 혈액

혈액은 빠른 시간 내 약물이 이동하며 약물 투여량과 혈액 중 약물농도가 비례할 뿐 아니라 전문가에 의해 채취되므로 바뀔 우려가 없다는 장점이 있다. 그러나 혈액은 많은 양의 시료 채취가 어렵고 혈액 중에는 측정하고자 하는 약물과 화학적 물리적 성상은 다르지만 많은 양의 단백질이 있어 때때로 약물과 강하게 결합하여 약물분석을 어렵게 하는 단점이 있다. 따라서 혈청 등에서 약물을 측정할 때 총 약물량은 측정하기 어렵고 유리형만 측정하게 되므로 그 농도가 아주 낮아 검출한계 미만이 되는 경우가 흔히 있다.(S 단백은 체내에서 유리형과 결합형으로 존재)

다. 타액

타액은 시료 채취가 쉬우며 직접적인 관찰 하에 상처를 주지 않고 채취가 가능하고, 소변 채취 시 종종 문제가 되는 시료 대치 내지 희석의 위험성을 배제할 수 있는 점에서 소변의 대체시료로서의 활용 가능성이 높다. 하지만 약물 검출기간이 소변보다 짧고 고감도 분석을 요한다는 단점이 있다. 따라서 교통사고 . 발생 시 현장에서 운전자의 약물 복용 여부 판단 등 수 시간 이전의 약물 복용 여부를 검사하는데 적절하게 이용될 수 있다.

땀도 약물복용 여부 시료로 사용될 수 있는데 약물검출은 가능하나 시험에 필요한 양을 채취하기가 어려운 단점이 있다.

라. 모발

모발은 약물복용 후 일정시간 내에 약물이 체외로 배설되므로 어느 정도 시일이 경과한 후에는 약물복용 여부의 시료로서 의의를 잃게 되는 소변이나 혈액과는 달리, 모발에 침투된 약물들은 특별한 환경적 요인에 처하거나 또는 인위적 손상을 가하지 않는 한 수개월 혹은 수년 경과된 모발에서도 잔류하여 투약한 약물들을 검출할 수 있다. 또한 시료수집 및 운송이 용이하고 보관 등의 외부조건에 영향을 받지 않는 안정성, 약물의 모발 중 분포와 모발의 자라는 정도에 따라 모발부위 중의 약물검출은 약물의 사용시기를 추정할 수도 있어 약물복용 후 장기간이 경과된 경우 아주 효율적인 약물검출법으로 쓰인다.

그러나 모발 중에는 약물이 극미량 함유되어 있으므로 약물을 검출하기 위해서는 숙련된 고도의 기술이 요구될 뿐 아니라 모발의 길이에 따른 농도분포 개체 간의 자라는 비율, 환경에 의한 오염, 머리손질, 모발 채취부위 등 여러 요인에 따라 농도의 변화가 생기는 단점이 있다. 결론적으로 마약검사에 가장 적합한 시료는 소변이며, 모발, 혈액, 타액, 땀 등은 마약투약을 증명하기 위한 소변의 보조시료로서 사용하는 것이 바람직하다.

2-2 소변감정 - 단기 투약 사실의 확인

(1) 예비시험

소변에서 마약류의 감정을 위한 예비시험으로 주로 사용되는 것이 면역분석법이며 이는 특별한 단백질이나 고분자물질(항원)에 대해 특이성이 있는 항체를 적당한 면역원을 이용하여 동물에서 만든 다음 이 항체에 약물을 label시킨 항원과 label이 안된 항원(시료)을 가해 이들이 경쟁적으로 항체에 경합하려는 원리를 이용한다. 면역분석법은 한정된 시간 안에 다수의 시료를 분석하는데 주로 쓰인다. 상품화된 면역분석법으로는 방사선면역분석법(RIA), 효소면역시험법(EIA), 형광편광면역분석법(FPIA)이 있고, 간이검사키트로는 아큐사인® 등이 수사 일선에서 사용되고 있다. 아큐사인 시험은 플라스틱 피펫으로 3~4방울의 소변을 샘플 윈도우에 적하하고, 3~10분 후에 결과를 판독한다. 비교 띠(C)와 시험띠(T)에 모두 붉은 띠가 나타나면 음성으로 판독하고, 비교 띠에만 붉은 띠가 나타나면 양성으로 판독한다.

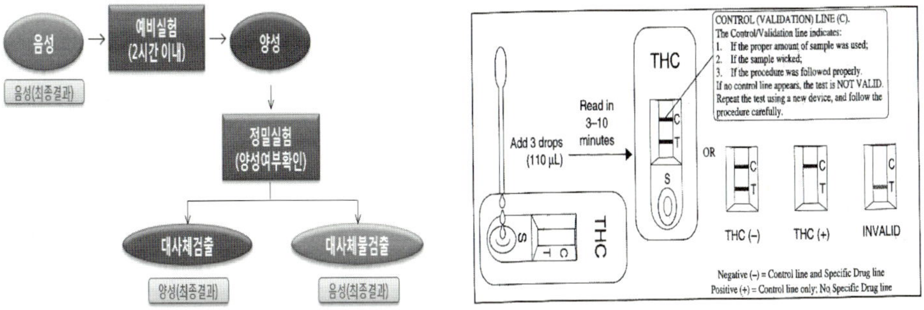

[그림 12-7] 소변감정(좌)과 아큐사인 시험

(2) 본시험 및 정밀감정

약물남용과 관련하여 법적인 측면에서 가장 널리 확실하게 인정되는 방법은 면역시험법에 의한 예비시험 후 가스크로마토그라피/질량분석법(GC/MS)에 의해 확인하는 방법이 가장 특이성이 있는 분석방법으로 선정되고 있다.

① 예비시험에서 양성으로 판정된 시료는 가스크로마토그라피/질량분석법(GC/MS)에 의해 투약 약물 및 이의 대사체를 확인하여 최종결과를 판정한다

② 본 시험에서 음성인 시료는 음성으로 보고됨. 양성 소변시료는 필요한 재시험에 대비하여 장기냉동저장(-20℃)한다.

2-3 모발감정

(1) 장기 투약 사실의 확인

머리카락의 성장속도는 사람마다 다소 차이는 있지만 일반적으로 1개월에 0.9~1.2cm(평균 1.0cm) 성장한다. 그러나 머리카락은 모든 머리카락이 같은 상태가 아니라 전체 85%는 성장기 머리카락이고 나머지는 퇴행기 또는 휴지기 상태의 머리카락으로 알려져 있다. 즉, 머리카락마다 각각의 모주기를 갖고 있어 채취한 모든 머리카락이 동일한 기간 동안 성장한 것이라고 볼 수도 없고, 성장속도도 개인마다 차이가 있기 때문에 복용시기 감정은 머리카락의 성장 특성상 복용시기에 다소간 오차가 발생된다.

따라서 복용시기추정을 위한 머리카락 감정은 적어도 머리카락을 2~3cm(복용 기간으로 2~3개월 해당 부분) 이상 크기로 잘라 감정하는 것이 바람직하다. 예를 들어, 조사(수사) 과정에서 혐의자(피의자)가 7개월 전에 약물을 복용하였다고 진술한 사실을 모발감정으로 확인하려면 모근 부위로부터 6~8cm 부분의 모발을 잘라 감정하면 가능하다.

또한, 혐의자의 진술이 없더라도 모근 부위부터 2cm간격으로 잘라서 감정한 결과 4~6cm 부위에서 약물 대사체 성분이 검출되면 혐의자(피의자)는 시료 채취일로부터 4~6개월 사이에 약물을 복용한 것으로 추정할 수 있다.

모발 중 메스암페타민(필로폰)의 검출을 위해서는 최소한 50수 이상(약 30mg)의 모발이 필요하며, 짧은 스포츠형의 두발인 경우 100수 정도가 필요하다. 대머리이거나 삭발의 경우처럼 두발의 채취가 곤란한 경우에는 음모, 겨드랑이털 등 기타 체모의 경우도 시험이 가능하다. 그러나 이런 경우에는 두발의 경우처럼 성장주기가 일정하지 않고 그에 대한 연구도 진행되어 있지 않아 메스암페타민의 검출 여부만 감정이 가능하다.

모발감정은 소변과는 다르게 예비시험이 없이 바로 본시험을 시행하며, 감정결과의 정확성과 신뢰성을 위하여 2회 실험을 실시하여 모두 양성이 나와야 최종적으로 양성판단을 하고 감정서를 작성한다.

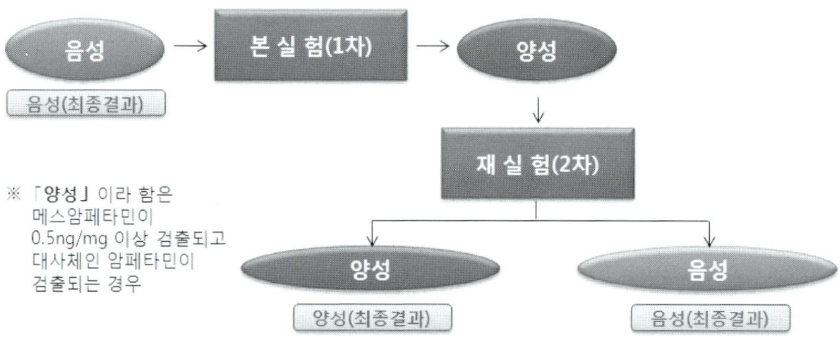

[그림 12-8] 모발감정

(2) 모발채취시 유의사항(국립과학수사연구원)

가. 모발감정 기준 및 유의사항

모발은 정수리 후두 부분에서 모근과 가깝게 자르는 것을 원칙으로 한다.

- 투약시기 추정을 위한 감정을 할 때에도 반드시 모근까지 필요한 것이 아니며, 절단기준점(예, 두피로부터 5mm 등)만 명확히 하면 가능하다.
- 모근까지 필요한 경우는 10일 이내 투약여부를 감정하는 경우, 모발이 짧아 절단이 불가능한 경우, 개인 식별이 필요한 경우 등이다.

  1회 모발감정을 위해서는 일반적으로 50수 이상 필요하고, 짧거나 가는 머리 또는 체모는 100수 이상 채취할 수 있다.
- 2종류 이상 성분감정이나 1종류의 성분감정과 시기추정을 동시에 의뢰할 경우에

는 1회 감정수량의 해당 배수가 필요하다.

두발 이외의 체모는 불규칙한 성장주기로 인해 투약시기 추정이 부정확하므로 두발만 투약시기 추정 의뢰 가능하다.

- 투약시기 추정 의뢰시, 두피 · 모발 끝 등 기준점을 명확히 표시한다.

2가지 이상 마약류(마약 · 향정 · 대마 등)의 성분감정이 필요한 경우에는 1개 봉투에 넣어 동시에 의뢰하지 말고, 각각 다른 봉투에 넣어 별건으로 감정의뢰한다.

※ 마약 종류별로 국과수내 담당부서와 검사법이 달라 동시에 감정이 불가능하다.

마약의 성분 검사방법은

① 검사를 방해할 수 있는 머리카락에 묻은 오염물질을 잘 씻어낸다.
② 씻어낸 후 머리카락을 아주 잘게 자른다.
③ 잘게 자른 머리카락에 마약 성분을 뽑아낼 수 있는 액체를 넣는다.
④ 약물이 액체에 빠져나오게끔 최소 20~24시간 정도를 추출한다.
⑤ 액체에 약물이 녹아들면 액체만 모아 그 속에 필요 없는 성분들은 날려 보낸다.
⑥ 액체 속에는 약물 성분만 조금 남게 되는데 그것을 가지고 에탄올이나 메탄올 같은 용재에 녹여 분석 장비에 넣어 실제로 마약이 검출되는지 확인한다.

(3) 모발채취 세부지침

가. 모발을 채취할 때는 대상자의 임의 동의서 또는 법원의 압수 · 수색 · 검증 영장을 발부 받아 실시한다.

나. 모발(hair)채취는 모발을 절단하는 것을 원칙으로 한다.

- 모발은 정수리 후두부분에서 모근과 가깝게 절단한다.
- 정수리 부근의 채취가 불가능한 경우에는 음모, 겨드랑이 털(액모) 등 다른 신체부위의 체모를 채취할 수 있다.
- 투약시기 추정을 위한 감정에도 반드시 모근이 필요한 것은 아니나, 절단하여 규격봉투에 부착 후 '두피로부터 OOmm'라고 명시해야 한다.

※ 성분감정과는 달이 투약시기 추정은 반드시 모근부 구분이 필요하다.

다. 모근채취는 다음의 경우로 제한한다.

- 10일 이내 마약류 투약여부 확인이 필요한 경우

• 모발이 짧아 절단이 불가능한 경우
• DNA분석 등 개인식별이 필요한 경우
• 소변을 통한 간이시약 검사에서 양성결과가 검출되었음에도 대상자가 혐의를 부인하는 경우
• 기타 모발 절단으로는 감정상 목적을 달성할 수 없는 경우

라. 모발은 다음의 기준을 참조하여 반드시 필요한 수량만 채취한다.

• 1회 감정기준 50수 이상으로 하고, 짧거나 가는 머리 또는 두발 외 체모는 80수~100수 이상으로 한다.
• 불가피하게 2가지 이상의 마약류 성분감정(분할감정) 또는 투약시기 추정감정을 동시에 의뢰해야 할 경우에는 1회 감정 기준수량의 해당 배수를 채취한다.

마. 다량의 모발이 필요한 '분할감정' 또는 '성분감정과 투약시기 추정 감정 동시의뢰'는 정확한 첩보가 있거나 수사상 반드시 필요한 경우에 제한하여 실시한다.

바. 채취한 모발은 상온에서 건조한 상태로 보관하고, 특히 투약시기 추정 감정의뢰시 기준점 구별을 위하여 너무 강한 접착제로 붙이지 않는 등 손상 또는 변질되지 않도록 한다.

사. 채취한 모발은 피채취자가 임장한 가운데 증거물 봉투에 넣어 피채취자의 서명 및 날인을 받은 후 즉시 봉인한다. 증거물 봉투에는 피채취자 성명과 나이, 채취일시 및 장소, 채취자 소속, 기관, 계급, 성명 등을 기재한다.

사. 모발 감정을 의뢰할 경우 다음 사항을 유의한다.

• 투약시기 추정감정은 두발만이 가능하므로 체모로는 의뢰하지 않는다.
• 분할감정(2가지 이상 성분감정)을 의뢰할 경우, 1회 감정에 필요한 모발을 분리하여 다른 봉투에 넣은 후 개별 감정 의뢰한다.

○ 참고문헌

≪과학수사로 보는 범죄의 흔적≫ 억울한 죽음의 단서가 된 치아

〈법곤충학자는 파리로 무엇을 할까〉

https://www.ajunews.com/view/20180105171729632

http://www.ssulwar.com/634856

http://news.kmib.co.kr/article/view.asp?arcid=0012523438

http://edu.chosun.com/site/data/html_dir/2017/05/01/2017050101814.html

https://scienceon.kisti.re.kr/srch/selectPORSrchTrend.do?cn=SCTM00175220

박성환·신상언(2013). 한국산 시식성 파리의 분자생물학적 종 구분법 연구 현황 「대한법의학회지」 37(4). pp.177-182.

송태화 (2015). 「법 곤충학을 활용한 사후경과시간 추정 향상 방안」 석사학위논문. 중앙대학교

백준무 (2018). 「시신에 앉은 파리 한마리가 셜록 홈즈보다 낫다? 법의곤충학의 세계」 『아주경제』. 〈https://www.ajunews.com/view/20180105171729632〉 (접속일: 2021.11.6.)

정재봉·윤명희 (2015). 사체의 사후경과시간 추정을 위한 구리금파리의 성장에 관한 연구 「한국경찰연구」 14(1). p.6

조행만, 「생활 속의 아이디어로 잡은 범인 발상의 전환이 과학수사 견인차 역할 '톡톡'」 『더사이언스타임』 (2020.4.24. 〈https://www.sciencetimes.co.kr/news/생활-속의-아이디어로-잡은-범인/?cat=128〉(접속일:2021.11.06.)

신현기 외 8명 (2012). 「경찰학사전」 법문사.

야마자키 아키라 (2021). 「잠 못들 정도로 재미있는 이야기 과학수사」 이영란, 성안당.

신상언 (2020). 국내 법의곤충학의 연구 경향과 발전 방향에 대한 문헌적 고찰 「한국과학수사학회」 14(4).

김애경 외 3인 (2015). 파리유충을 이용한 사후경과시간의 추정 「범죄수사학연구」 1(1)

우동규 (2012). 「법 곤충학을 이용한 사후경과시간 추정 및 활용」 『경찰연구논집 』, 10,

한국일보 경찰팀 (2018). 「덜미, 완전 범죄는 없다」 『북콤마』.

'그것이 알고 싶다' 방송영상 및 인터넷 요약자료 검색

-1231회 '텔레그램 마약왕 - 전세계는 누구인가?'

-1249회 '상태와 쭈라 - 황하나와 바티칸 킹덤의 비밀'

-1281회 '나비약과 뼈말라족'

- "진드기, 살인범 잡았다 파리, 범행도구 찾았다", 〈JTBC〉, 2014/08/31
- "[YTN 사이언스] 피해자 사망 시각, 파리로 찾아낸다…법곤충학이란?", 〈YTN〉, 2016/09/07
- "유병언 사망 미스터리 '사체 해부자' 구더기는 알고 있다", 〈주간조선〉, 2014/08/04
- "과학수사가 때려 맞힌 범인", 〈한겨레〉,2013/03/29

본초학 (2020). 전국한의과대학 본초학공동교재 편찬 위원회, 영림사

http://www.dynews.co.kr/news/articleView.html?idxno=626301 2021.04.18 영동 임재업 기자

https://news.kbs.co.kr/news/view.do?ncd=4265209&ref=A 2019.08.19, KBS 김애린 기자

백준무, 「시신에 앉은 파리 한마리가 셜록 홈즈보다 낫다? 법의곤충학의 세계」 『아주경제』, 2018.1.9.

〈https://www.ajunews.com/view/20180105171729632〉(접속일:2021.11.6.)
이봉한 (2019). 마약류범죄의 추세와 전망.「한국중독범죄학회보」 9(4).
정부희 (2021).「곤충의 밥상」 보리.
조은석·김광준 (2001). 마약류 확산실태와 21세기 마약류 통제정책의 방향, 형사정책연구원 pp.39-40.
[YTN 사이언스] 피해자 사망 시각, 파리로 찾아낸다…법곤충학이란? - YouTube
(사례1): 도난 차량에서 잡은 '모기'로 범인을 밝히다 : 네이버 포스트(naver.com)
(사례2): 유병언 - 위키백과, 우리 모두의 백과사전(wikipedia.org)
(사례3): 포천 빌라 고무통 살인사건 - 나무위키(namu.wiki)
출처: 주간동아 https://weekly.donga.com/3/all/11/78548/1
Edward Ricciuti (2010).「SCIENCE 101 과학수사 법과학」 유제설(역) 이치사이언스.
마르크 베네케 (2008).「모든 범죄는 흔적을 남긴다」 알마.
[THE 인터뷰] 곤충으로 고대 장례 풍습 밝히고, 범죄 실마리 찾죠|작성자 초등전문 104공부방.
출처 : 시사저널 https://www.sisajournal.com/news/articleView.html?idxno=104404

제13장

법과학실험 /법치과학 /법인류학

Ⅰ. 법과학실험

Ⅱ. 법치과학

Ⅲ. 법인류학

제13장

법과학실험 /법치과학 /법인류학

물린손상에서 DNA감정을 위해 타액을 수집하고자 할 때 법치과학자는 무엇을 기억할 것인가?

I. 법과학실험

1. 법과학실험 개관

1-1 법과학과 과학수사

(1) 법과학

가. 의의

과학 중에서 직접 과학수사와 관련되는 과학을 법과학이라고 한다. 법과학은 과학수사를 직접 뒷받침하는 과학으로 일반적으로 과학적인 관찰 및 실험을 통하여 수사 또는 재판에 필요한 증거자료를 제공하는 학문이라고 할 수 있고 어떤 의미에서는 감정과 감식에 관한 과학을 총칭한다고 할 수 있다. 범죄현장에 대한 조사, 증거물의 채취, 실험실 감정, 발견사항의 해석 및 수사목적이나 법정사용을 위해 도달한 결론을 제시하는 것이므로 수사과학(criminal science)의 의미로 쓰인다.

일반적인 정의로는 화학, 물리학, 생물학(곤충학 등), 의학, 약학, 전자공학, 전기공학, 광학, 영상학 등 자연과학 뿐만 아니라 심리학, 사회학, 논리학 등 인문과학 중에서 범죄수사나 재판 등 법적 문제의 해결과 관련된 학문들을 일컫는다. 즉 과학수사는 이러한 법과학을 이용한 수사와 수사절차의 과학화(범죄수법분석, 용의자 조사 시 신문기법 활용)를 모두 포함한 개념이다. 법과학의 목적은 형사목적 달성, 현장감식요원의 증거의 발견과 수집, 법과학전문가의 증거의 분석과 감정, 감정서·법정증언 증거의 법정제출로 요약될 수 있다.

나. 감정과 감식

감정과 감식은 특수한 지식과 경험을 가진 감정인이 그 경험과 지식에 의하여 알 수 있는 사실과 그 사실로부터 얻은 판단을 법원 또는 수사기관에 제공하는 면에서 소송법상의 감정(鑑定)에 속하나, 일반적으로 과학적 지식과 기술을 이용하는 것만을 국한하여 과학수사에서의 감정·감식이라고 한다. 감정은 감정인의 주관적인 경험과 지식을 위주로 한 판단(문서감정, 성문감정), 감식은 주관적인 경험보다는 객관적인 과학적 결론을 위주로 한 판단(유전자 감식, 마약감식 등)으로 구별하기도 한다. 경우에 따라서는 양자를 모두 감정으로 통칭하거나 분석이라는 용어를 사용하기도 한다.

과학수사는 수사 및 재판담당자의 올바른 이해와 활용을 통하여 효력을 발휘한다. 일반적으로 수사 및 재판담당자는 법과학적 지식에 익숙하지 못한데 전반적인 감정기법과 감정의 효과를 잘 알고 있어야 한다. 감정결과에 대한 판단도 검사와 법관 등 수사와 재판 담당자의 소관이다. 일반적으로 적법절차에 의한 과학수사의 결과도 당연히 증명력이 있는 것이 아니며 자유심증에 의하여 판단된다. 검사와 법관 등에게 제출된 감정서가 과학적 결론이라 하여 당연히 채택되는 것이 아닌 것이다. 따라서 감정서에 대한 판단은 검사와 법관이 하게 되며 이러한 감정의 정확성을 판단하기 위해서도 수사와 재판 주체가 과학수사에 관한 지식을 갖출 필요가 있다. (사법연수원 교재)

(2) 법과학자의 역할

가. 증거물의 분석

- 자연과학, 공학, 및 의약학적 지식을 지닌 각 분야 전문가에 의한 감정

나. 감정내용에 대한 법정증언

- 법원에서 공정한 심리를 위해 필요 시 전문가증인으로 채택
- 변호인에게 증인의 경력이나 약점 등을 지적할 수 있는 기회를 부여
- 증인은 알고 있는 것과 사실에 입각하여 증언
- 과학은 100% 확신이 아니므로 합리적 개연성으로 의견 개진

다. 증거물의 수집, 채취 및 보존에 관한 교육 훈련

- 범죄현장은 사건을 해결할 수 있는 시작점이므로 특수훈련자를 파견
- 사건에 한정된 수사관만의 교육보다는 모든 수사관에게 소양교육 필요

라. 품질관리시스템 운용

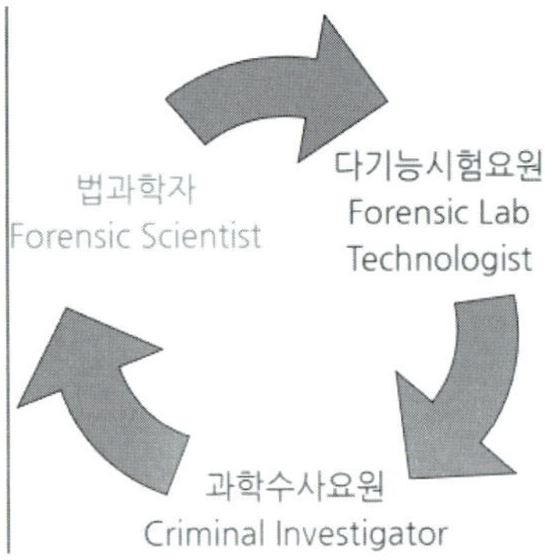

[그림 13-1] 과학수사요원, 법과학자, 다기능시험요원의 관계

〈현장에서〉 화재선박 감식

육상에서는 자동차 화재, 건조물화재 등 일반 건조물에서 화재가 발생하지만 해상에서는 이와 다르게 해상에서 발생하는 화재로는 선박화재가 대다수이다. 선박에서 화재가 발생하면 대규모의 인명피해는 물론, 선박이 침몰할 시 증거확보가 어려운 경향이 있다. 그러므로 선박화재발생사고가 접수되면 최우선적으로 인명을 구조한 후 증거가 훼손되지 않도록 현장출동경찰관이 초동조치를 한 다음, 소방과 합동하여 화재감식을 하고 있다.

[그림 13-2] 화재감식 사진

화재원인조사를 위해서 파악하는 정보에는 최초 신고자의 정보, 현장에 도착하여 진입한 소방관에게 듣는 정보, 그리고 내가 보는 정보와 현장에서 만나는 목격자의 정보가 있으며, 화재가 진압되고 감식을 위해 현장으로 들어가서 파악하는 정보가 있다.

이러한 정보들을 토대로 가설을 세우고 정보와 정보를 서로 비교하여 세운 가설들을 하나씩 제거하고 가장 유력한 정보를 파악하는데, 일반적인 화재현장은 이러한 정

보가 하나의 원인을 명확하게 가리키는 경우가 많다. 물론 정말 원인을 몰라 미상으로 처리되는 경우도 간혹 있다. 그런데 방화 또는 보험사기로 추정되는 경우는 드물게 유일한 목격자 또는 소유자의 진술만이 다른 경우가 있다. (해양경찰관, 2020)

국립과학수사연구원의 기능

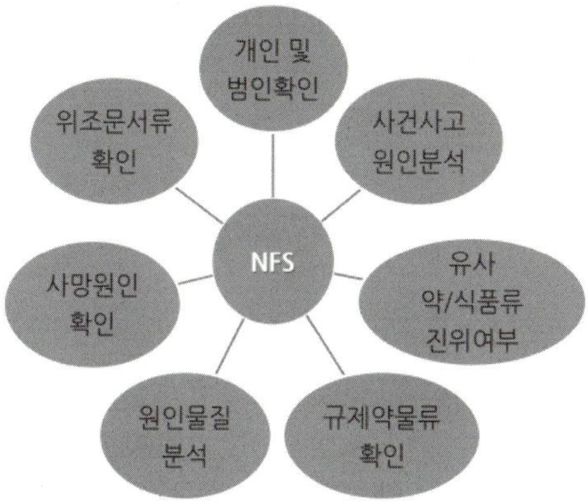

[그림 13-3] 국립과학수사연구원 업무

1-2 법과학적 시험기법의 사용 예

(1) 차량관련 시험

(2) 우편배송된 협박편지

- 필흔: 봉투 위에서 다른 문서를 작성하였다면 필흔 확인가능
- 필적: 필적감정을 통해 작성자의 필적 확인
- DNA: 편지봉투를 침으로 봉했다면 DNA추적 가능
- 셀로판테이프: 테이프 절단면을 통해 추적 가능
- 지문: 종이에 묻은 지문을 확인하여 추적가능
- 종이: 제조사, 워터마크(투명무늬), 종이섬유소, 안료, 충진제 등으로 출처확인
- 잉크: 잉크분석으로 필기구의 제조사 등 확인
- 미세물질: 모발, 섬유 등이 부착 또는 포함되어 있는 경우 추적 가능

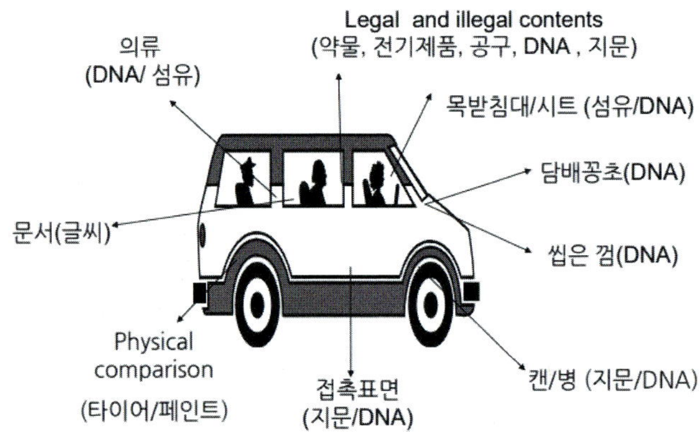

[그림 13-4] 차량관련 감식

2. 법과학적 시험기법의 세부내용

2-1 개관

- 규제약물류 분석
  - 규제되는 의약품 및 불법약물: 마약류
  - 식물성 물질: 대마, 양귀비, 코카인
  - 관련 화학약품 및 소지물품 분석: 향정신성의약품

- 독물류 분석
  - 의약품/ 알코올/ 독극물

- 미세증거물 분석
  - 연소잔류물, 탄화수소연료, 화염발생장치, 폭발물 및 잔해
  - 유리, 전구, 필라멘트, 페인트, 자동차부품, 금속 및 합금
  - 총기 발사 잔류물, 섬유 및 모발, 의류, 접착제, 염료 및 색소, 기름 및 그리스, 화장품, 최루성 화학약품, 토양비료, 부식제, 산류, 알칼리류, 윤활유 및 살정제, 식품잔류물, 사료 및 보조물품, 전기장비 및 전기부품
  - 공업제품 또는 가전제품의 부품, 제조업체 마크(일련번호 복원 포함)
  - 식물성 물질(규제물질 제외)

• 총기 및 탄도학

- 총기, 탄환 및 탄피 등 살상의 원인물질류

• 필적 및 문서감정

- 필적, 잉크 및 인쇄도구, 종이, 복사기 및 복사물, 고무스탬프
- 문양감정, 보안마크, 타자기 및 타자문서, 프린터 및 기타 인쇄물
- 양각인쇄 및 양각인쇄물 등 위조나 변조 문서 요인

• 흔/흔적

- 공구흔, 타이어흔, 신발흔, 직조흔, 장갑흔, 비마찰식 융기흔, 압박흔

• 오디오/비디오/컴퓨터 분석

- 오디오테이프 녹음, 음성자료, 언어자료, 컴퓨터(H/W, S/W)
- 영상개선, 비디오계측, 얼굴매핑, 정보복원

• 사고조사

- 사고기록장치(Black box), 노면흔적, 부품결함, 과하중, 속도산정
- 전기적인 결함, 자동차 제동장치

• 현장조사

- 범죄현장조사, 혈흔 형상 조사, 증거물 수집, 사진촬영
- 화재조사, 컴퓨터 시뮬레이션

• 지문감식

- 지문분류

(지문감식의 효과 면에서 3대 요소: 지문의 분류, 보관정리, 대조발견)

• 모발체액 조직 등 인체구성물

- 법생물학적 검사
- DNA형 분석: STR, Y-STR, X-STR, mt-DNA
- ISO Biometric Std(생체인식표준화)
- 지문, 얼굴형상, 홍채, 사인, 정맥패턴, 손형상, 음성

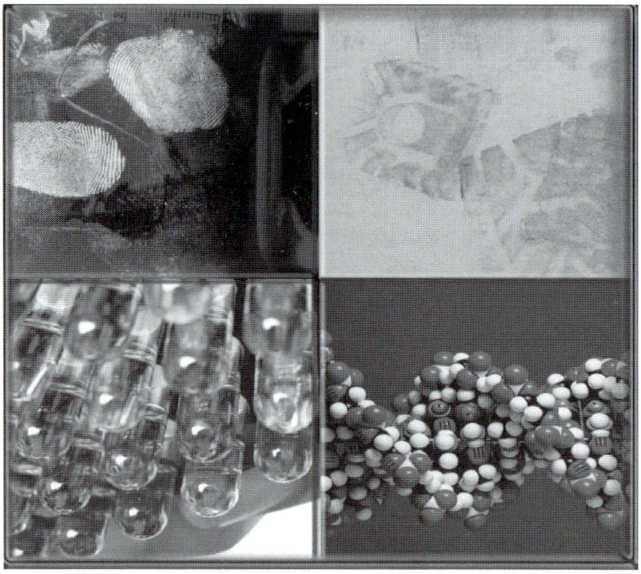

[그림 13-5] 지문감식, 족흔적, 혈청학, 유전자지문

2-2 구체적 감정방법

(1) 화학적 감정방법

가. 의의

화학적 감정은 감정대상물에 대하여 화학적 특성, 구성성분 및 합성경로의 특징적인 불순물 등을 분석하여 범죄사건의 수사에 도움을 주는 과학수사의 분야이다. 자연과학의 전반적인 지식을 응용하여 각종 테러사건, 협박사건, 가스중독사건, 본드류 흡입사건, 폭발물 사건, 음주 후 교통사고 등 다양한 범죄사건의 발생시 수사 및 증거를 제시하여 사건을 객관적이고 공정하게 해결하는데 도움을 준다.

나. 실무에서 화학적 감정을 주로 활용하는 경우

① 음주운전에서 혈중알콜농도 측정
② 비소, 수은 등 중독사건
③ 본드, 부탄가스 등 흡입사건
④ 청산가리, 쥐약 음용 자살사건
⑤ LPG, LNG, 일산화탄소 중독사건
⑥ 폭발사건에서 폭약의 종류감별
⑦ 각종 폐수 오염여부 등

다. 감정의 예시

1) 유해화학물질이란 '유해화학물질관리법'에 규정되고 있으며 화학물질은 원소와 화학반응 등에 의하여 생성되는 물질, 유독물이라 함은 삶의 건강 또는 환경에 위해를 미칠 독성이 있는 화학물질, 특정 유독물은 유해정도가 크다고 인정되는 유독물을 말한다. 방사선 물질, 의약품, 의약부외품, 화장품, 마약, 향정신성의 약품, 농약, 비료는 제외된다.
2) 일산화탄소는 혈액중의 헤모글로빈과 결합하는 힘이 산소보다 약 210배가 강하므로 미량에서도 헤모글로빈과 결합하여 CO-Hb를 형성하므로 혈액의 산소운동능력을 저하시켜 조직내 산소결핍을 초래하게 된다. 프로판가스를 액상에 접촉시 화상 또는 동상의 위험이 있으며 고농도 폭로시 기능장애(마취성)가 있으며 산소분압이 낮아져 질식성 장애를 일으키게 된다.
3) 연료용 가스 중 액화석유가스(LPG)는 프로판이, 액화천연가스(LNG)는 메탄이 주성분이다. LPG는 프로판가스로 공기보다 1.5~2배 정도 비중이 높아 평온한 대기에서 아래쪽으로 가라앉는 성질이 있다.
4) 청산은 청산(HCN), 청산칼륨(KCN), 청산나트륨(NaCN) 등이 알려져 있고 전기도금, 살서제 등의 목적으로 널리 사용되고 있으므로 입수가 용이하여 자·타살은 물론 수렵에서 총기 대신 사용하므로 문제를 야기하고 있다.

   청산칼륨의 치사량은 0.2~0.3g 정도이다. 무수 아비산(As_2O_3)은 금속류 중 대표적인 독물로서 유리산업, 세라믹 및 유기비소화합물체 등에 이용되고 약 80%는 살서제나 살충제로 이용된다. 무수 아비산의 치사량은 경구 투입시 약 0.1~0.3g이다.
5) 약독물감정 중 복어에는 테트로도톡신(tetrodotoxin)이라는 성분이 함유되어 있고 그 독성이 강해 미량만 먹어도 사망에 이르게 된다. 복어를 생체시료로 사용할 때 알이나 내장 모두를 채취하고, 복어독의 확인은 위 내용물을 산으로 처리한 에틸알코올로 추출한 후 단백질, 지방 등을 제거하여 시료를 정제한 다음 쥐에게 주사하여 판정한다.
6) LSD는 채취 후 유리용기에 보관하지 말고, 반드시 광차단 용기에 보관해야 하는데 이는 LSD에 자외선(UV, ultra violet)을 쪼이면 푸른 형광색(fluorescence)을 띠게 되고, 변질될 염려가 있기 때문이다.

(2) 물리학적 감정방법

가. 의의

물리학적 감정방법이란 법과학에서 어떤 물체를 감정하여 그 물체가 무엇인지, 동일한지, 변형된 원인이 무엇인지, 흔적이 어떻게 형성된 것인지, 두 흔적이 동일한지 등 수사상 필요한 의문점을 알아내는 방법을 말한다.

정적흔적(인영, 윤적, 지문, 총기 발사흔, 족적, 치흔)은 형태만의 비교로 감정이 가능하나, 동적흔적(필적, 공구흔, 흉기흔적, 충격흔)은 형태와 상호접촉에 의해 부착될 수 있는 물질 또는 물체의 비교검사로 감정하여야 한다. 교통사고 현장에 나타나 있는 윤적(輪跡)이나 피해자 의류상에 나타나 있는 선명한 정적윤적과 용의차량의 윤적 비교는 형태학적 비교로 가능하나, 의류상에 나타나 있는 불분명한 윤적(轢過痕迹)이 용의차량에 의한 것인지의 감정은 형태학적 감정과 함께 이화학적 분석법을 함께 실시하게 된다.

나. 종류

▷ 물체의 동일여부 감정

교통사고에 있어서 용의차량과 피해차량의 접촉여부 감정 피해자의 차량에 부착된 페인트류와 용의차량에 부착된 페인트류의 이동(異同)식별, 흔적의 일치여부 등은 도막검사법이 활용된다.

▷ 흔적의 감정(공구흔, 충격흔, 접촉흔)

금고절도에 있어서 금고의 파괴에 사용된 공구의 식별

▷ 화재사고(감정물)의 감정

화재사건에 있어서 발화부의 물적 증거에 대한 감정

▷ 폭발사고의 원인감정

▷ 기계구조물 파괴사고·감전사고 원인감정

▷ 금속물에 각인된 말소문자 현출

▷ 섬유직물의 동일성 여부

다. 기타 물리학적 감정 방법

[표 13-1] 기타 감정방법

종 류	의 의
토양검사법	▷ 범죄사건의 발생지역에서 신발, 피복 기타에 부착된 미량의 토양과 사고지점에서 채취한 토양 시료를 비교 검사함으로써 동일지점의 토양여부를 감별하는 방법
유류감정법	▷ 유사휘발유를 감정하여 동일성여부를 판단하는 방법, 감압증류법, 굴절률 측정, 비중측정시험, 증류곡선 측정시험, 분류성상시험, 분별증류법 등이 있음
고무감식법	▷ 교통량의 급격한 증가로 인하여 발생하는 각종 사고현장에서 타이어 성분의 동일성 등 고무성분의 동일성 여부를 감정하는 방법, 비중측정시험, 열분해시험, spot test, 박막(薄膜)과 용액의 적외선 흡수에 의한 분석법, 열분해 가스크로마토그라피에 의한 고무분석등이 있음
중성자방사화 분석법	▷ 시료(試料)에 중성자 및 양자, 입자 등을 조사하여 시료 중의 원소를 전부 상수화하고 그 방사화 동위원소들은 각각 일정한 반감기(半減期)에서 고유의 에너지인 γ선 및 β선을 방사하므로 그 방사능을 검출하여 특정의 방사성 동위원소의 양을 분석하고 방사화 전의 원소를 정량(定量)하는 방법 ▷ 이는 중성자 및 양자 입자를 조사해 전부 상수화 시키므로 일정한 반감기에 의한 동위원소의 양을 분석하고 방사선화의 원소의 정량을 조사함으로써 극미량으로 비파괴 분석이 가능하다. ▷ 중성자 방사화 분석법의 활용범위는 체모의 동일성 판단, 토양의 동일성 판단, 유리의 동일성 판단, 페인트 및 공업제품의 동일성 판단, 특수합금 및 안료분석, 사수의 식별, 도자기 유리제품의 생산지 이동식별, 환경오염 및 그 원인추정, 고고학적 연대측정 및 골동품 판별 기타 독성물질 검출 등이 있다.[52]

라. 화재사고 감정

1) 화인의 3요소에는 화원(가연물과 산소공급원을 활성화 시키는데 필요한 에너지:불씨), 가연물(着火物:산화되기 쉬운 물질), 공기(산화공급원)가 있다. 화인(火因)이란 어떤 화원(火源)이 어떤 가연물에 착화되어 화재가 발생하였는가를 의미한다. 화재의 원인은 천태만상이므로 화재감식에는 물리학, 화학 등의 과학적인 전문지식이 널리 필요하다. 화재원인을 수사상의 견지에서 분류하면 보통 방화, 실화, 자연발화, 전기에 의한 발화로 분류한다. (폭발성 물질은 따로 산소공급원을 필요로 하지 않는다.)

2) 화염은 일반적으로 수직가연물을 따라 상승하며 역삼각형으로 연소한다. 따라서 발화부는 출화부의 아래쪽에 있는 경우가 많다. 발화부란 화재의 기점이 된

52) 최성호 등(1991). 6LIF 중성자 분광계를 이용한 중성자 측정법「한국과학학회지」 3(4).

부위를 말하고 화원부(火元部)란 화재의 현장에서 발화부를 포함하는 좀 넓은 영역을 나타내는 화재의 기점을 말한다. 발화부는 일반적으로 화재가 처음 시작해서 진화될 때까지 가장 오래 타는 경우가 많다.

발화부가 2개소 이상이면 대체적으로 방화(放火)라고 할 수 있다. 발화부 밖은 산소공급이 많아 상대적으로 고온의 화염을 받아 단시간에 연소되어 목재표면이 비교적 굵은 균열흔(龜裂痕:alligator-pattern)을 나타내는 반면, 발화부는 산소공급이 적어 상대적으로 저온으로 장시간에 걸쳐 가열 내지 연소되면 목재 내부의 수분이나 가연성 가스가 목재표면으로 분출하게 되어 그 흔적이 가는 균열흔으로 남게 된다.

3) 가연물에 따른 연기의 색깔

[표 13-2] 가연물과 연기색

연기색	가 연 물
흑 색	석탄, 석유, tar, 고무, 다량의 피복전선류의 초기연소
청 색	동분말(銅粉末)
적 색	스트론튬, 질소화합물
황 색	나트륨화합물, 염소화합물, 유황, 소다분
녹 색	바륨화합물, 설탕
자 색	칼륨화합물, 옥화물(沃化物)의 증발물
백 색	수증기를 포함하지 않은 완전한 백색은 인(燐), 기타 초산셀룰로우즈, 스테아린
회 색	농촌의 건초, 짚단, 습기 함유물이 고온체에 접촉(수증기 연기)

(3) 수사식물학(criminal investigation botany)

수사식물학은 범죄자의 옷, 구두, 자동차 흙받이 등에서 검출되는 식물잎의 조각에서 식물의 명칭 및 분포지역, 생육시기 등을 추정함으로써 범죄수사에 큰 도움을 주고 있다. 이 분야는 식물분류학 및 형태학의 전문적인 지식을 필요로 한다. 식물 종류에 따라 각기 다른 고유한 형태를 지니고 있는 표피세포의 형태를 식문(植紋)이라고 한다. 사람의 위와 장내에서 소화되지 않은 고형물(固形物)도 수사식물학의 방법으로 식물명의 감정이 가능하다. (예: 시체의 위와 장에서 검출되는 표고버섯의 고형물, 두부의 덩어리, 홍당무의 조각.)

II. 법치과학

1. 법치과학 개관

1-1 의의

가. 법치과학의 기능

법치과학(Forensic Odontology)은 치아(齒牙)를 연구하고 검사하여 범죄수사에 도움을 주는 학문인 바 구체적으로는 전문적인 치과 지식과 기술, 경험으로 법에 관련된 사항을 해결하는 학문이다. 이에 따라 주로 활용되는 영역으로는 개인식별, 연령 감정, 교흔(bite mark)분석 등이 있다. 교흔상의 경우 강간이나 살인사건에서 피해자가 가해자에게 남기는 경우가 꽤 많으므로 사건해결의 중요한 단서가 되기도 한다. 이처럼 '법치과학'은 과학수사에서 빼놓을 수 없는 중요한 분야이다.

법치의학자의 가장 일반적인 역할은 개인식별을 하는 것이다. 개인식별 분야에 활용될 수 있는 이유는 치아는 손상시 회복이 불가능하며 부패에 의한 저항이 커서 보존 가능성이 높기 때문이다. 따라서 치아 손상시 보철 및 치료 등을 하게 되면 생존시 치료기록이 남아 있기 때문에 이를 통하여 신원파악이 가능하다. 또한 치아의 발육정도, 치아가 노화될 때 나타나는 요소, 치아의 마모도를 이용하는 등으로 연령감정도 가능하다. 변사자의 경우 홍채, 모발, 머리뼈 등의 크기, 형상 등을 관찰하여 대략적인 연령을 측정할 수 있으나, 치아검사를 이용하는 방법이 가장 좋다.

법치과학은 인체조직 중 가장 단단한 부분인 치아를 활용 하므로 부패되어 육안 확인이 불가능하거나 백골화 된 경우, 해양 사고 및 항공기 추락, 화재 등의 사고로 신체의 손상이 큰 경우에도 유용하게 사용되는 등 매우 중요한 학문이다.

나. 구강해부학

구강해부학은 몇 가지 이유에서 법과학에 중요하다.

1) 치아는 에나멜이라는 단단한 물질로 이루어져 극한 환경에서도 견딜 수 있기 때문에 잘 보존이 된다.
2) 치아는 환경이 직접적으로 작용하는 유일한 뼈의 부분이기 때문에 개인의 생활 습성이 치아의 상태에 영향을 미친다.

3) 치아의 관리 및 구조는 시신의 개인식별에 유용한 수단이 될 수 있다. 법치의학자는 이러한 이유와 충전, 보철 및 다른 치과 치료 등의 특징을 신원불상자, 대량재난 및 실종사건에서 신원확인을 하는 데 유용하게 이용될 수 있다.

1-2 치아의 특성

(1) 치아의 구조

각 치아는 5개의 면을 갖는다. 뺨을 향하는 면을 볼부, 혀 쪽을 향하는 면을 설상부, 몸 쪽을 향하는 면을 중앙부, 중앙에서 멀어지는 쪽의 면을 원심부, 씹는 표면을 교합면이라고 한다. 모든 치아는 치관(치아머리, crown), 몸체 치근으로 이루어져 있다.

(2) 성별 구분

치아에서 육안관찰, 계측에 의해 성별차를 이용하여 남여의 구분도 가능하다. 일반적으로 남성의 치아는 여성의 치아에 비하여 크고 길다.

(3) 연령 추정

치아로부터 유치와 영구치의 출현상태를 검사하여 연령추정이 가능하다. 유치는 모태에 있을 때부터 발생하기 시작하나 생후 6~8개월부터 맹출(萌出)되기 시작한다. 반면 영구치는 생후 5~6년경에 맹출되면서 유치의 탈락이 시작된다.

유치와 영구치 외에도 치근석회화(齒根石灰化)의 진행과정, 치아의 소모 상태(마모도) 등을 검사하면 연령 추정이 가능하다.

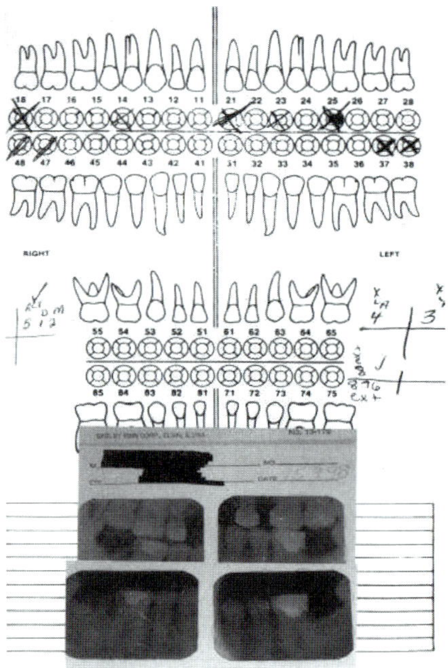

[그림 13-6] 치아의 구조

2. 물린손상

(1) 물린손상(교흔)의 의의

치아의 교합(咬合)에 의하여 일어나는 손상을 말한다. 물린 손상은 하나 하나의 치아 또는 위턱 및 아래턱의 치열군과 일치한다. 특히 강간범 등 성범죄자는 성적 흥분상태에서 성기와 여성의 유방 등을 잘 깨물어 주로 그 주변에서 잘 형성된다. 예를 들면 미국의 유명한 연쇄살인범 중의 한명인 시어도어 번디(Theodore Bundy)는 치흔 증거로 유죄 판결을 받았다. 그는 자신의 마지막 피해자를 사망 후 깨물었다. 법병리학자는 알고 있는 버디의 치아와 비교하기 위해 치흔 석고상을 입수할 수 있었다. 법치의학자인 로웰 레빈(Lowell Levin)은 번디의 재판에서 피해자 몸에서 발견된 치흔이 번디에 의해서 만들어졌다고 증언하였다(Rule, 1980).

(2) 한계

물린손상은 개인식별의 좋은 자료가 되나 그 한계성을 인식하여야 한다. 즉 깨물 때 피부는 변형이 잘 일어나고 가해 당시와 체포 당시는 발치(拔齒) 및 치료 등으로 인하여 달라질 수 있는 것이다.

(3) 물린손상과 증거사진

가. 물린손상의 정도

- Clear – 중대한 압력에 의함
- Obvious – 일등급(first-degree)의 압력
- Noticeable – 거친 압력
- Lacerated – 거칠게 몸으로부터 찢김

나. 증거사진의 촬영

- 칼라 필름 – 흑과 백을 다르게 기록
- UV(자외선)사진기술 – 치아첨단(tips) 관통을 자세하게 현출
- IR(적외선) – 멍과 출혈에 의해 생긴 손상의 표면 아래를 강조

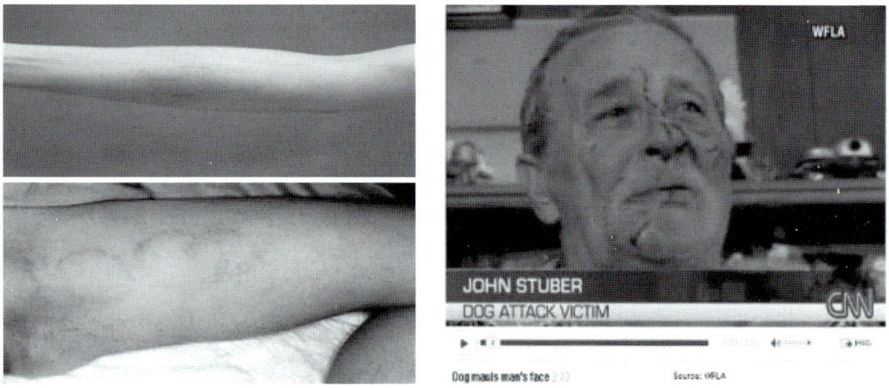

[그림 13-7] 물린 손상

Case 13-1 그녀의 어금니

2004년 8월 7일 저녁 7시 경기도 군포의 한 지구대 사무실에 죽은 야생동물을 치워 달라는 전화가 왔다. 신고자가 말한 장소는 터널을 빠져나와 차가 내리막으로 접어드는 곳. 현장 부근에 이르자 악취가 진동했다. 그런데 이상하게도 악취가 나는 곳엔 뭔가가 담긴 보자기가 놓여 있었다. 막대기로 조심스레 보자기를 들춰 보던 지구대 경찰은 순간 고개를 돌렸다. 형체를 알아보기 어려웠지만, 사람이 분명했다.

다음 날 아침. 감식반이 확인한 시신은 신장 155㎝의 여성이었다. 나체 상태로 이불과 보자기에 싸여 있던 여성은 이미 신체의 70% 가량이 부패한 상태였다. 겉으로 보기엔 사망한 지 몇 달은 된듯했다. 특히 상체 부분의 부패가 심해 지문 채취는 시도조차 할 수 없는 상황이었다. 뼈만 앙상한 손과 목에는 플라스틱 구슬로 만든 반지와 목걸이가 걸려 있었다. 10대 소녀들이 즐길 만할 액세서리였지만 두꺼워진 손톱과 발톱, 파마를 한 머리모양이나 매니큐어를 칠한 것 등을 봐서는 청소년은 아닌 듯했다. 나이조차 가늠하기 어려운 상황이었다.

시신은 국립과학수사연구원으로 옮겨졌다. 부검의는 시신 오른쪽 두개골이 함몰된 것을 발견했다. 뭔지 모르지만 커다란 둔기에 부딪혀 머리뼈가 깨진 것이 죽음의 원인이라고 판단했다. 죽음을 당한 여인이 누군지를 찾는 것이 급선무였다. 최종적으로 지문 감식이 불가능하다는 결론을 내린 국과원은 사망자의 치아를 통해 진실을 찾는 법치의학에 마지막 희망을 걸어보기로 했다.

사망자의 치아가 법의학적으로 유용한 이유는 크게 3가지다. 치아는 한번 손상되면 회복할 수 없기 때문에 사람들은 저마다 고유의 치과기록을 안고 살아가게 된다. 또 치아는 지문처럼 개인마다 간격과 배열상태, 위턱과 아래턱뼈의 교합 상태, 유치(幼齒)의 잔존 여부 등이 다르다. 게다가 치아는 웬만한 화재에도 끄떡없고 잘 썩지도 않는다.

치아 마모도를 검사한 결과 죽은 여성은 29~43세로 밝혀졌다. 여전히 좁은 범위는 아니지만, 덕분에 수사팀은 기존 수백명 실종자 명단을 70명 안팎으로 좁힐 수 있었다. 연구원들은 시신이 남긴 힌트를 또 하나 풀어냈다. 죽은 여인은 숨을 거두기 최소 6개월 전에 왼쪽 윗어금니(뒤에서 3번째)가 빠졌다는 점이었다. 실종자 중 비슷한 경우만 찾는다면 피해자를 바로 특정할 수도 있는 상황이었다.

살아있을 때 영구치가 빠지면 인간의 몸은 그 자리에 임시로 골조직을 만들라고 명령한다. 잇몸이 더 상하는 것을 막기 위한 일종의 자기치료로 의학용어로 '치조골 재생'이라고 부른다. 반면 죽은 뒤 부패과정에서 빠진 이는 이런 치조골 재생이 나타나지 않는다. 그럼 이가 빠진 지 최소 6개월이 지났다는 점은 어떻게 알아냈을까. 이가 빠지면 바로 옆 이들은 빈자리를 메우려고 한다. 치아가 메워지는 거리와 속도를 계산하면 이가 언제 빠졌는지를 알 수 있다. 경찰은 남은 70여 명의 실종자 중 윗 어금니가 빠진 채 생활했던 여성을 찾아 나섰다. 얼마 후 피해자는 보름 전 사라진 A씨로 밝혀졌다. 유전자 검사 결과도 일치했다 [출처] (서울신문, 2011. 9. 20).

Case 13-2 국과수의 법치의학적 소견(상·하반신 동일인 확인)

안산 시화호에서 발견된 상반신 토막시신의 사인은 '두부손상사'로 추정된다는 부검 결과가 나왔다. 이 사건을 수사 중인 경기 안산단원경찰서는 8일 시신을 부검한 국과수 부검 결과, "변사자 1차 사인은 외력에 의한 두부손상사로 추정된다"는 소견을 전달받았다고 밝혔다. 경찰 관계자는 "가해진 외력이 둔기에 의한 것인지는 아직 알 수 없다"며 "얼굴뼈의 복잡 골절 및 갈비뼈 골절, 오른팔과 오른쪽 폐에 예리한 흉기로 인한 손상도 관찰됐다"고 말했다.

법치의학적 소견으로 이 남성의 나이가 40대로 추정된다는 의견도 나왔다. 경찰은 추후 법치의학적, 법인류학적 정밀감정을 통해 정확한 나이대를 밝힐 계획이다. 또 이 남성의 왼쪽 위 첫째 큰어금니에 금니 보철이, 왼쪽 위 둘째 큰 어금니와 왼쪽 아래 첫째, 둘째 큰 어금니 등 3곳에 아말감 치료를 한 흔적이 발견됐다. 경찰은 이를 토대로 이 남성의 신원을 확인할 예정이다.

지난 1일 오후 3시 50분께 경기도 안산시 단원구 대부도 내 불도방조제 입구 근처 한 배수로에서 마대에 담긴 남성 하반신 시신이 발견된 데 이어 3일 오후 2시께 대부도 북단 방아머리선착장 인근 시화호쪽 물가에서 상반신이 발견됐다. DNA 분석 결과 하반신 시신과 상반신 시신은 동일인인 것으로 확인됐다 [출처] (연합뉴스 2016. 5.4.).

Ⅲ. 법인류학

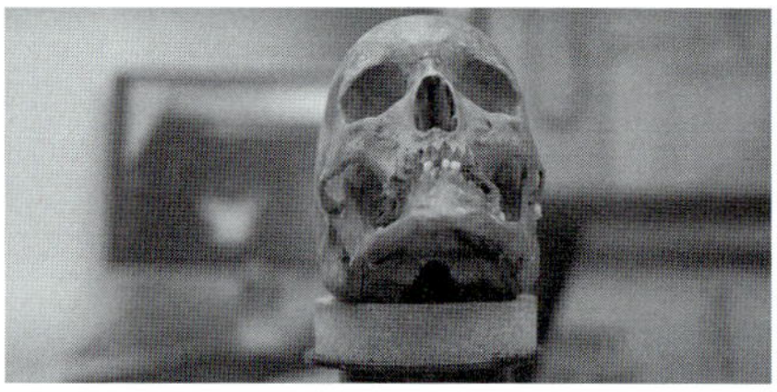

[그림 13-8] body evidence(좌)와 법인류학 [출처] FBI

1. 법인류학과 복안법

1-1 법인류학의 의의

(1) 개념

법인류학은 인간과 그들의 조상을 연구하는 형질인류학의 한 분야이며, 지문과 같은 연조직의 특징을 이용해 개인식별을 할 수 없는 사람의 신원을 확인한다.

(2) 역할

폭발이나 비행기 사고와 같은 집단사망사건에서 피해자의 개인식별 및 사건재구성을 위해 법인류학자의 역할이 중요하다. 법인류학자는 병리학자, 치과의사 그리고 다른 분야의 전문가와 긴밀하게 협력하면서 일반적인 방법으로 신원을 확인할 수 없는 경우에 신원확인을 한다. 특히 법인류학자는 사망한 사람의 나이, 성별, 키 그리고 사회적 경제적 지위와 같은 특징을 결정하기 위해 유골을 분석한다. 만약 신원확인을 위해 유골의 특징을 실종자와 비교하려면 X-선 사진촬영 등 추가적인 방법을 사용해야 한다.

1-2 뼈

(1) 뼈의 특징

인체의 골격은 206개의 뼈로 이루어져 있다. 대부분 쌍(좌우)을 이루거나 그룹을 이룬다. 뼈는 단단하고 유연하지 않은 죽은 물질이다. 하지만 뼈는 자가치유가 되며 시간이 지날수록 변하는 매우 활동적인 기관이다. 조직과 구조물로서의 뼈는 그에 가해지는 압력에 반응하여 필요한 만큼 더해지거나 빠진다.

(2) 뼈의 주요 기능

뼈는 몸에서 4가지 주요 기능을 한다. 바로 지지, 운동, 방어, 성장이다.

1) 뼈는 우리 몸에서 조직을 연결하고 보조하는 기능을 갖는다. - 지지
2) 뼈는 연결의 지렛대 역할을 하여 운동을 할 수 있도록 하고 근육에 의해 힘을 쓸 수 있게 한다. 뼈의 구조와 배열을 팔다리와 몸의 동작 범위를 고정한다. - 신체동작
3) 경골은 물리적 충격으로부터 우리의 장기를 보호한다. 뇌(두개골) 및 심장과 폐(척추와 갈비뼈)에서 특히 그렇다. - 보호
4) 뼈는 유년기에서 성인까지의 성장의 중심이다. 또한 적혈구를 만드는 조직을 보호하여 주요 생리적 기능을 하게 한다. 뼈는 장시간 칼슘을 섭취하지 않으면 체내 칼슘원으로 사용한다. - 조혈기능

(3) 생물학적 프로필

유골이 사람의 것으로 결정되면 생물학적 프로필을 결정한다. 생물학적 프로필은 성, 사망, 나이, 키, 종족 및 개인식별 차원에서의 다른 특징을 말한다. 생물학적 프로필은 유골의 개인식별을 위한 첫 단계이다. 개인식별을 위해서는 치과의 X-선 사진이나 DNA 염기서열 분석 등 여러 분야의 실험이 진행된다.

가. 성별

뼈의 크기가 남성은 여성보다 약 20%정도 더 크다. 그러나 어떤 경우는 크기에서 차이가 없다. 사람 뼈에서 성별의 다름은 출생 이전에 시작된다. 일반적으로 여성의 머리이후뼈대의 성장은 남성보다 빠르며 이 비율의 다름은 사춘기 전의 성별을 추정하는데 사용될 수 있다. 하지만 성별은 사춘기가 시작될 때의 나이가 아니면 측정될 수 없다. 18세 이상의 유골에서는 성별을 확실하게 결정할 수 있다. 사망한 사람의 성별분석에 가장 많이 사용되는 것이 골반과 두개골이다.

두개골은 뼈 부위 중 가장 많이 연구되고 측정되는 부위 중 하나이다. 최소한 34개

종류의 표준 측정 결과가 국가법과학데이터베이스에 입력되어 있으며 이 데이터들로부터 성별을 추정할 수 있다. 두개골의 바닥, 이마, 턱, 골반(여성은 낮고 넓다. 출산경험도 알 수 있다)등의 뼈 차이는 여성과 남성을 구별하는데 도움이 된다.

나. 신장

사람의 신장은 긴뼈 특히 팔다리뼈의 길이와 직접적으로 관련이 있다. 긴뼈로부터 키를 계산하는 것은 비교적 간단하며 부분적인 뼈일지라도 유용한 결과를 얻을 수 있다. 어려운 것은 성별과 조상을 알아내는 것이다. 예를 들어 대퇴골의 길이가 55.88cm인 백인 남성의 신장은 189cm에서 196cm 사이이다. 뼈의 크기, 위치, 근육부착형태로 몸무게와 근육질을 알 수 있고 종사한 일의 유형도 암시할 수 있다.

다. 연령추정

연령추정은 성별 추정과는 개념적으로 다르다. 성별은 둘만 존재하지만 나이는 70,80, 90세까지 연속적이다. 연령추정범위는 연령대(예를 들면 12~35세)를 정하는 것이 가장 적절한 표현일 것이다. 뼈는 살면서 변한다. 손목뼈는 10대초기까지 지속적으로 석회화한다. 그리고 숨구멍(폰타넬)은 1년여에 걸쳐 닫힌다. 다른 두개골봉합도 평생을 거쳐 닫힌다. 두개골과 봉합이 매끄러울수록 오래된 두개골이다. 전신의 봉합마손, 특히 척추도 나이 결정에 도움을 준다.

라. 기타

오른손잡이 여부는 근육부착의 정도로 구별하며 인종, 민족유형도 코카시안족의 경우 좁은 얼굴, 두드러진 뺨, 높은 코가 특징이다. 또한 사망시간도 추정이 가능하다. 폭력은 오래 지속되는 세포에 흔적을 남긴다(뼈와 연골포함). 외관손상이 법의학적으로 의미 있는가의 조언(예, 설치류가 남긴 흔적과 톱의 자국)도 가능하다.

1-3 슈퍼임포즈법

(1) 의의

물건 위에 물건을 겹치어 간다는 사진상의 용어로 시체의 신원을 확인하는데 활용되는 방법 중 하나이다. 열차사고, 항공기의 추락사고, 대형 화재사고, 부패로 백골화된 시체 등의 신원을 확인하는데 많이 활용된다. 슈퍼임포즈 감정을 위해서는 현장에서 발견된 두개골과 동일인이라고 추정되는 사람의 최근 사진을 함께 의뢰하여야 한다.

(2) 슈퍼임포즈 감정요령

감정은 두개골 만으로 두형, 봉합의 상황, 치아의 소견 등을 상세히 검사한 후에 신장, 체격, 성별, 외상 등을 검사한다. 백골화된 시체의 경우 추정할 수 있는 사람의 생전 사진을 바탕으로 원판을 만들고, 이것과 시체의 두개골을 슈퍼임포즈 기기로 촬영하고, 원판을 만들어 두 원판을 비교하여 특징점을 검토한다. 두개골의 양성사진과 생전의 사진이 일치하면 본인이라고 단정할 수 있는 유력한 참고자료가 된다.

1-4 복안법(facial reconstruction, 復顔法)

(1) 의의

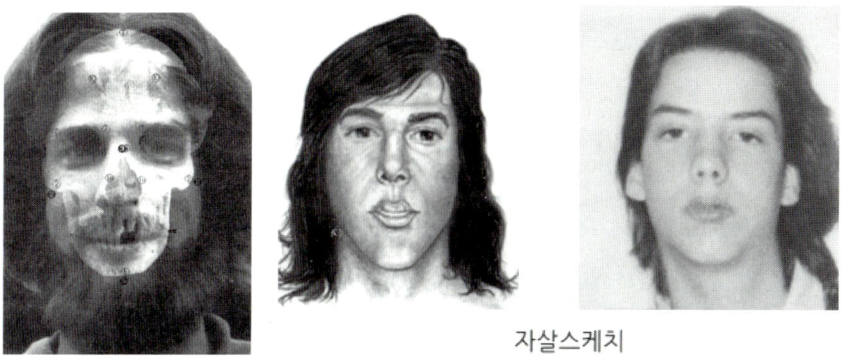

자살스케치

[그림 13-9] 복안법

복안법은 두부안면 20개소의 연조직의 두께를 측정해서 얻어진 평균치를 이용해서 두개골에 그 두께의 점도성 물질로 살을 붙임으로써 생전의 안면을 복원하는 방법을 말한다.

개인식별을 위해 X-선 사진과 같은 생전의 기록이 있어야 한다. 생전 기록을 찾기 위해서는 개인식별을 하고자 하는 유골이 누구인지를 추정할 수 있어야 한다. 가끔 뼈가 발견되고 그것이 누구의 것인지 알 수 없는 경우가 있다. 이런 경우 법과학자는 예술의 도움을 받는다. 얼굴의 모습은 두개골에 기초하기 때문에 두개골 위에 부드러운 조직을 입혀 생전의 모습을 다시 만들 수 있다. 이것을 복안이라고 한다.

얼굴 복원은 고난도의 예술적 기술, 인체해부학적 다양성에 대한 깊은 지식 및 인간의 얼굴에 대한 이해가 필요하다. 이것은 개인식별 목적으로 사용되는 것이 아니라 미확인 유골의 복원된 모습을 알아보는 사람이 나타나기를 기대하기 위해서이다.

(2) 내용

오로지 통계치에 따라서 살을 붙여 완성된 안면을 생전 사진과 비교하거나 관계자에 보여서 개인식별을 한다. 모발이 난 상태나 눈, 입, 눈썹의 특징이 전체의 인상에 커다란 영향을 주기 때문에 실제로 이용되는 경우는 적다.

1) 얼굴복원의 2수단

① 두개골에 진흙활용

② 증인의 묘사로부터 얼굴을 재창조할 수 있는 재능있는 합성예술가와 두개골을 가시화하고 정확하게 묘사할 수 있는 법인류학자와의 결합된 노력에 의존한다.

2) CAM(컴퓨터지원모델링)

컴퓨터지원모델링은 2가지 중요한 법과학 과업을 수행한다.

얼굴은 노화 또는 퇴행한다. 예를 들어 귀는 나이 들면서 길어지는데 6세 납치사건에서 이미지를 나이로 맞출 수 있다. 개별적으로 각 모습을 맞추어 인류학자들은 곧 나이든 얼굴의 기본적 윤곽을 가지고 모서리를 블러(blur)하면서 선을 정리하여 실제의 얼굴을 만들어 낼 수 있다.

나이든 얼굴이 있으면 그 역절차가 가능하다. 특히 기억상실자나 죽기 전에 수년간 가족들과 접촉이 끊긴 사람의 경우에 가치가 있다.

전통적으로는 해골이 어려우면 두개골로 나이와 성별을 식별하고 이로써 두개골 몰딩을 시작한다. 두개골 측정으로 인종판단을 하고 근육부착점수가 정해진다.

근육유사물, 두개골모양과 크기에 맞춘 점토는 귀나 눈은 거의 전적으로 연골이라서 특별히 어려운 지역이다. 코가 들창코인지 작고 섬세한 귀인지 알 수 없다.

눈 주변은 뼈 구조가 없어서 이 모양은 (실제 얼굴의 가장 인상적이고 개별적) 어떻게든 측정되어야 한다. 안와(눈구멍, 眼窩, eye socket)를 통해 눈 자체의 깊이판단과 안구간의 공간을 알 수 있는데 이는 더 실제 같은 외관재현을 가능하게 한다.

3) 모델링의 장점

① 두개골에 가능한 여러 얼굴 그리고 피부 톤이나 모발 색 조작가능

② 두개골손상의 고해상도 스캔(햄머의 함몰과 깊이)

③ 디지털 슈퍼임포즈

2. 스케치와 몽타주

2-1 스케치와 사진술

(1) 현장 스케치 요령

중요한 것은 상세하게 그 외의 것은 간략하고 알아보기 쉽게 그린다. 스케치한 것을 컴퓨터그래픽으로 옮겨 그렸더라도 원본은 반드시 보관해둔다. 시체의 모양을 정확하게 그려 넣는다.(1장 3절 스케치 참조)

(2) 사진술

탈주범의 나이든 모습 추정(중)과 체포후의 모습(우)

[그림 13-10] 모습 추정 [출처] FBI 홈페이지

2-2 몽타주(montage)

(1) 의의

몽타주는 범죄수사에서 범인을 목격한 피해자나 목격인의 목격 진술을 토대로 범인의 모습과 비슷한 눈, 코, 입 등 각 부위별 자료를 합성하여 범인의 모습과 유사하게 그 특징을 잡아서 그린 얼굴사진을 의미한다. 이는 '조립하다(monter)'라는 불어에서 유래된 말이다. 되도록이면 용의자의 정면얼굴을 여러 번 목격하며 대화 나누었던 사람이 선정되는 것이 이상적이다. 측면 등 각도를 달리해서 목격할 경우 얼굴 형태나 이미지가 손상될 우려가 있다.

1995년 오클라호마 연방정부건물 폭탄테러사건은 168명 사망, 600여명 부상으로 충격을 준 사건인데 범인 티모시 맥베이(26세)의 몽타주([그림 13-11]) 확보로 조기 검거한 바 있다. [그림 13-12]는 유괴사건의 현상수배 몽타주로 아직 미제사건으로 남아 있다.

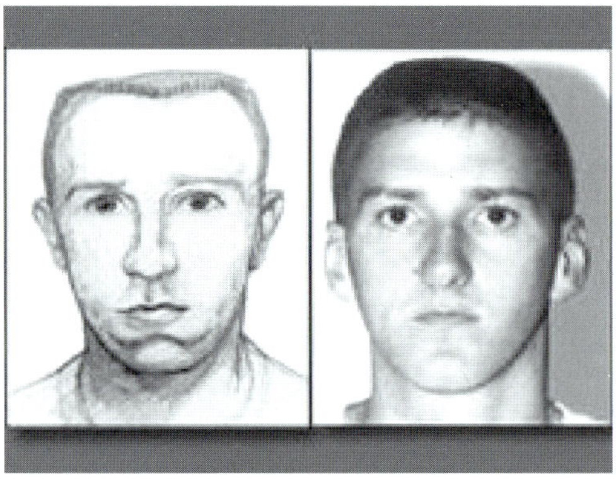

[그림 13-11] 오클라호마 연방건물 폭탄테러

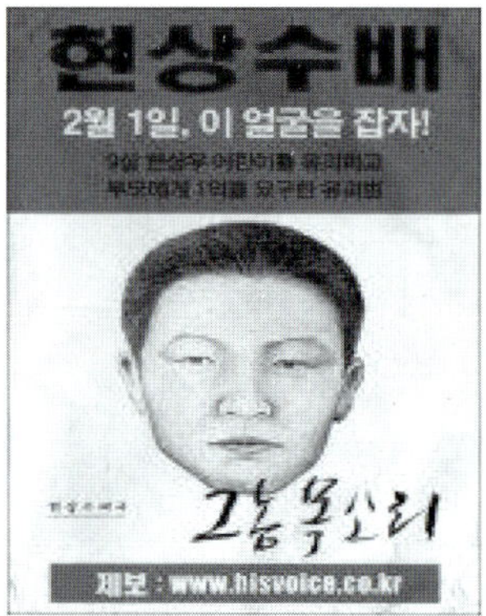

[그림 13-12] 유괴사건 몽타주

(2) 기대효과

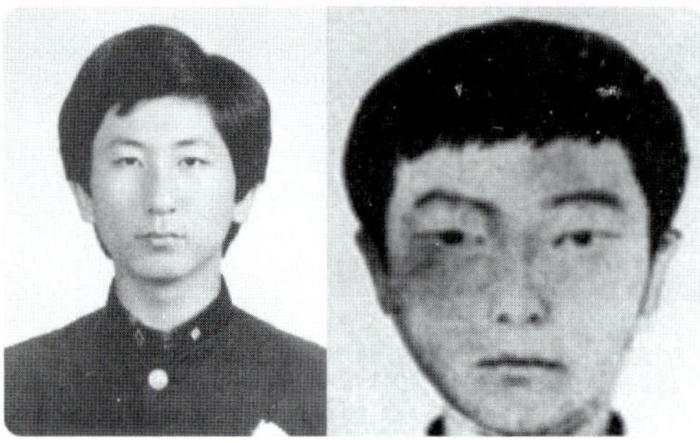

[그림 13-13] 화성 연쇄살인 범인 이춘재의 학창시절 사진(좌) 사건 당시 몽타주(우)

몽타주는 사건현장 주변 탐문수사 및 공조수사에 활용된다. 공개수사 자료에 제공함으로써 사건 및 범인에 대한 국민의 관심도를 고양시키고, 제보에 의한 범인 검거에 기여하는 기능을 한다. 또한 범인의 행동제약이나 심리적 압박을 유발시켜 자수 유도 및 미검거 동안의 재범을 방지할 수 있다. 사건현장 주변의 거주 주민, 업주, 출입자들을 상대로 사건예방 홍보자료에 활용하기도 한다.

(3) 판례가 채택하고 있는 범인식별진술의 요건

가. 증명력 평가의 기준(서울지법 1999. 4. 20. 선고 98고합1266)

① 피해자 등과 범인과의 관계(이미 알고 있던 사람인지 여부)

② 범행당시 명암, 거리, 위치관계, 관찰시간 등 관찰의 객관적 조건

③ 피해자 등의 연력, 성격, 신체상태(시력), 심리상태(공포) 와 같은 진술자의 주관적 요소

④ 범행의 목격과 범인의 식별 사이의 시간적 간격과 그 사이의 외부 영향에 의한 진술의 왜곡 가능성

나. 신빙성을 높이는 요건(대법원 2005. 6. 24. 선고 2005도734)

① 범인의 인상착의 등에 관한 목격자의 진술 내지 묘사를 사전에 상세히 기록한다.

② 용의자를 포함하여 그와 인상착의가 비슷한 여러 사람을 동시에 목격자와 대면시켜 범인을 지목하도록 한다.

③ 용의자와 목격자 및 비교대상자들이 상호 사전에 접촉하지 못하도록 해야 한다.

④ 사후에 증거가치를 평가할 수 있도록 대질과정과 결과를 문자와 사진 등으로 서면화 한다.

⑤ 사전제시에 의한 범인식별 절차에 있어서도 기본적으로 위 원칙에 따라야 한다.

(4) 초상화와 몽타주의 정확성 비교

초상화는 목격자가 본 범인의 얼굴을 재현하기 위해 가장 오래전부터 사용된 방법이다. 초상화에 능숙한 수사관이 목격자의 진술을 청취하고 이를 그림으로 재현하는 것이다. 한편 몽타주기법은 얼굴의 여러 부위 사진을 조합하여 목격한 얼굴을 재구성하는 것이다. 외국에서는 몽타주라는 용어보다 프로그램 상품명을 그대로 사용하는데, 'photo fit' 'identity kit'이 대표적이다. 몽타주는 사진이나 컴퓨터 등 각 시대의 최첨단 기술을 사용하여 얼굴을 재현하는 기법인 반면 초상화는 고전적인 방법이다.

그러나 실제 실험연구에서 몽타주보다 초상화가 기억 속의 얼굴을 보다 정확하게 재현할 수 있는 것으로 나타났다(Laughery and Fowler, 1980). 그 이유는

가. 몽타주는 작성 도중에 다양한 실제 사진을 보게 되는데, 그러한 사진을 보면 볼수록 역행간섭(retroactive interference) 현상이 발생하여 원래 기억 속에 있던 범인의 얼굴을 분간하기 어렵게 된다.

나. 초상화는 그 인물 그대로 재현하는 것이 아니라, 대상 인물의 특징을 강조하여 재현하는 것이므로 그 사람을 보다 쉽게 식별할 수 있도록 한다.

다. 몽타주(특히 초창기)는 처음에 마련된 얼굴 부위의 종류나 개수가 제한되어 있어 표현력에 한계가 있지만 초상화는 사람이 자유롭게 그리기 때문에 표현의 자유도가 무한하고 표현력도 우수하다.

라. 훌륭한 초상화 담당수사관은 목격자로부터 얼굴의 정확한 특징을 끌어낼 수 있는 화법을 구사하여 간섭을 최소화함으로써 보다 많은 정보를 이끌어낼 수 있다.

또한 얼굴의 해부학적 지식을 무의식적·의식적으로 습득하여 보다 사실적인 초상화를 작성할 수 있다.

마. 사람은 얼굴을 전체적인 이미지로 기억하므로 그 일부분만 재현하거나 표현하는 것을 어려워하는데 몽타주는 이러한 작업을 목격자에게 요구한다.

2-3 법보행분석(forensic gait analysis)

법보행분석이란, 용의자의 걸음걸이와 CCTV에 촬영된 범인의 걸음걸이 패턴을 의학·공학적으로 분석하여 동일인 여부를 가려내는 과학수사다. 개인마다 걸을 때 이용하는 발목, 무릎, 고관절 등 주요 관절점의 특성을 추출해 서로 다른 영상에 찍힌 인물이 동일인인지 판단할 수 있다. 법보행 분석은 CCTV에 특정 용의자의 모습이 찍혀도 얼굴이 보이지 않거나 영상 화질이 좋지 않은 경우에 힘을 발휘하며 법원에서 강력사건의 직접 증거로 인정된다.

2015년 대구 금호강 살인사건에서 법보행분석이 처음 증거로 채택된 바 있다. 범인은 '내반슬(일명 오다리)', '외족지 보행(8자 걸음)', '원회전 보행[53]'을 모두 가지고 있었고 주변인들이 CCTV를 보고 바로 범인을 특정할 수 있었다고 한다.

2020년 경찰백서 - 범죄현장에서 촬영된 인물(좌) 및 용의자(우) 간의 법보행 분석

53) 회전걸음. 무릎을 굽히고 걷는 정상적인 걸음걸이와 달리 다리가 몸에서 밖으로 돌아나가 반원을 그리듯이 걷는 걸음이다.

○ 참고문헌

최성호·이광필·강삼우·황선태 (1991). 「6LIF 중성자 분광계를 이용한 중성자 측정법」(한국과학학회지 3(4).

金萬達 (1977). 韓國法醫學史考(Historical Consideration of Legal Medicine in Korea) 大韓法醫學會誌, 1(1)

이근철·김용수 (1990). 폭발현상과 착화원의 특징, 「한국안전학회지」 5(1).

유영찬 (2003). 「법과학과 수사」 현암사.

우에노 마사히노 (2003). 문국진(역) 「한국의 시체 일본의 사체」 해바라기.

경찰청 (2003). 「경찰백서」

경찰대학 (2002). 「경찰수사론」

이재상 (2003). 「형사소송법」 박영사.

배종대 (2001). 「형사소송법」 홍익사.

경찰청·국립과학수사연구원 (2004). 「화재수사 길라잡이」

경찰청·한국CSI학회 (2020). 「과학수사 I」, 「과학수사 II」 에스엠북(SMBook).

사법연수원 (2001). 「과학수사론」

국립과학수사연구원 홈페이지 https://www.nfs.go.kr/site/nfs/main.do

한국법과학연구소 홈페이지 http://www.kifos.com/

서울법의학연구소 홈페이지 http://www.sfms.com/

경북대학교 홈페이지 http://www.knu.ac.kr/

카톨릭대학교 홈페이지 http://org.catholic.or.kr/chrc/durius/earlypc1.htm

인터넷 연합뉴스: "'니코틴 독살' 아내, 남편 사망 즉시 장례절차부터 문의" 제목으로 보도('16. 8. 22.)

오치 케이타 (2017). 「범죄수사심리학」 이미정 (역) 학지사 pp.134-135.

Laughery K. R. and Fowler R. H. (1980). Sketch Artist and Identi-Kit Procedures for Recalling Faces. Journal of Applied Psychology, 65(3), pp.307-316.

제14장

동물검사관 /법과학사진 /디지털증거

Ⅰ. 동물검사관

Ⅱ. 법과학사진

Ⅲ. 디지털증거

제14장

동물검사관 /법과학사진 /디지털증거

"코는 알고 있다(The nose knows)." 전통적인 개의 역할과 법견(forensic dog)의 차이는 무엇인가?

I. 동물검사관

1. 동물검사관(animal examiners)의 역할

1-1 동물검사관(dog)의 기능

(1) 기관활용

현장이 복잡하고 다양해짐에 따라 범죄현장요원의 범위도 확대되고 있다. 세상이 점점 기술적으로 되어 가면서 일부 수사관들은 범죄처리를 보다 기관 활용 방식(organic methods)으로 눈을 돌리고 있다. 후각이 뛰어난 동물은 돼지, 고양이 모두 가능하지만 돼지는 식욕을 억제하지 못하고 고양이는 사교성이 부족하여 가장 훈련하기 쉬운 개(견)가 활용된다. 동물검사관의 기능은 다음과 같은 것들이 있다.

- 사망자 유해위치발견
- 사망자관련 물건발견
- 눈사태나 유사한 자연사고 후의 생존자 발견
- 도시나 시골환경에서의 실종자 발견
- 도보중인 법집행관 지원 및 방호
- 촉진제 냄새 발견
- 마약발견
- 폭발물, 특히 X-ray나 금속탐지기에 안 걸리는 플라스틱 폭발물 발견

(2) 견의 취기감정

- 개의 뛰어난 후각을 이용하여 범행현장에 유류되어 있는 범인이 사용했다고 생각되어지는 물품과 범인의 족적에 부착되어 있는 냄새가 현재 검거되어 있는 피의자의 체취(human scent)와 일치하는지 여부를 명백하게 밝히는 실험을 행하고, 그 실험결과를 사용하여 현장 유류품의 사용자 또는 유류족적의 주인과 피의자간의 동일성을 증명하는 것이다.(The nose knows)
- 과학수사관리관은 사건의 종류 및 수색조건, 안전 등을 고려하여 체취증거팀을 구성한다. 체취증거팀은 핸들러(체취증거견 운용요원)와 체취견으로 구성된 수색팀을 의미한다.

(3) 견의 취기감정의 한계

- 취기 후각의 메커니즘에 대하여 과학적으로 충분히 해명되어 있지 않아 사람의 체취가 지문처럼 동일한 것이 있을 수 없다.
- 견이 어떻게 하여 특정인의 취기를 냄새로 구별하는가에 대하여 과학적 뒷받침은 없고, 유사한 취기에 대하여 어느 정도의 식별능력이 있는지가 명확하지 않다.
- 견의 후각에는 개별 차가 있을 뿐만 아니라 견의 취기선별능력은 컨디션, 계절, 시간, 기온, 선별장의 분위기 등에 의해서도 영향을 받는다.
- 견의 조련사에 대한 영합성이 있다.
- 결과의 정확성에 대한 과학적 검증이 불가능하여 추시(追試)도 현저히 곤란하다는 점 등이 지적되고 있다.

1-2 견의 분류

(1) 경찰견

경찰견은 사전적인 의미로 경찰용으로 사용할 목적으로 사육하여 훈련시킨 개이다. 하는 일은 후각을 이용해 용의자를 추적하여 검거하는 일과 시체와 마약 등 증거의 수집 및 물에 빠진 사고자 등에 대한 인명구조를 맡고 있다.

전통적인 개의 역할과 법견(forensic dog)의 차이를 살펴보면 전통적인 개는 살아있는 무기(living weapon) 즉 공격 견이었고 크고 힘이 셀 것이 요구되었으나 덩치가 큰 것은 불리하다. 경찰견 하면 셰퍼드나 도베르만 개의 이미지를 떠올린다. 하지만 법견은 몸통이 크면 불리할 수 있다.

[그림 14-1] 경찰견

(2) 마약탐지견

특히 마약탐지견의 하는 일은 공항세관에서 마약 등을 탐색 할 때 이용한다. 개는 래브리도 리트리버, 비글, 코커스패니얼 등 후각이 발달된 품종이 주로 쓰인다. 마약탐지견은 오랜 기간 마약에 노출되기 때문에 은퇴 시기가 다른 개들보다는 빠르다.

[그림 14-2] 마약탐지견의 사진

(3) 시신견(cadaver dog)

시신의 냄새, 인간유해, 생존개인을 찾아내는 개의 능력에 대한 조사와 연구는 진행 중이다. 이전 결과에 의하면 닫힌 건물 안에서의 1년도 대부분의 개가 갖고 있는 후각범위 안에 있다.

현장의 개는 찾고 있는 새로운 시신 외에도 50년간이나 잘 매장된 시체도 가끔 찾아낸다. 개의 활발한(crisp) 반응성은 개마다 천차만별이다.

[그림 14-3] 동물검사관(개)

2. 동물검사관의 문제점

2-1 수사와 재판 관련 문제

동물은 법정증언이 불가능하고 법정출두는 거의 모든 검사관의 삶의 일부이다. 개와 조련사는 법정 증언이 요구되지 않는다. 그러나 하지 않았으면 미제로 끝나버렸을 사안에서 수색을 위한 상당한 이유(probable cause)를 제시할 능력이 있는 특별 기술을 소지한 현장 일꾼이다. 동물은 증거를 수집하는 것이 아니라 찾는다(find). 체취 라인업에서 개의 후각은 충분히 냄새 샘플과 개인을 식별할 수 있다는 일부 연구가 있다.

미국에서는 경찰견(시체 수색견)의 영장 청구 여부가 문제된 적이 있다. 미대법원에서는 마약 수색견이 냄새로 물체를 탐지하는 것은 마약이 있는 경우에만 반응하는 것이기 때문에 영장이 필요하지 않다고 판결하였다(United States vs. Place 사례).

[그림 14-4] 전통적인 공격견의 역할

Case 14-1 시체발견

2015년 4월 영장실질심사에 참석하지 않고 숨진 채 발견된 성완종 전 경남기업 회장의 시신을 발견한 서울경찰청 과학수사대 소속 김영기 경사와 증거채취견 나로가 9일 오후 작전을 마친 뒤 복귀한 서울 남태령 경찰특공대에서 수색 시범을 보이고 있다. 마리노이즈 종 수컷인 '증거채취견' 나로는 이날 현장에 투입된 지 3시간 17분만에 북한산 형제봉 매표소 인근에서 성 전 회장의 시신을 발견해 냈다.

[출처] 경찰 1천400명도 못 찾은 성완종, 수색견이 발견 "연합뉴스"

Case 14-2 마약탐지

지난 3월 16일 오후 8시쯤 인천공항. 네덜란드 암스테르담에서 도착한 비행기의 기탁화물을 조사하던 마약탐지견 제이크가 이상반응을 보였다. 헐떡거리던 입을 다물고 냄새를 맡는데 집중한 것이다. 이상하다고 느낀 인천공항세관 여객청사 핸들러 황운용씨(39)는 화물 검사를 의뢰했다. 살펴본 결과 가방 안에서 향정신성의약품 S정 23정이 발견됐다. 화물의 주인인 20대의 일본 여성은 인천을 경유해 일본 오사카 간사이공항으로 가려던 참이었다. 마약탐지견이 S정을 발견하기는 쉬운 일이 아니다. S정이 마약이 아닌 향정신성의약품인 까닭에 탐지훈련을 받지 않아서다. 하지만 S정과 MDMA(엑스터시)에는 동일한 성분이 들어 있다. 제이크는 그 미약한 냄새를 맡고 S정을 탐지해 낸 것이다.

[출처] 한국마약견 세계 최고 이유 있었네 "주간경향"

2-2 동물검사관과 조련사의 현장 지침

(1) 조련사의 현장 지침

조련사는 자신의 동물을 잘 알아야 한다. 개가 피곤하고 배고프고 또는 목마를 때 동원되면 수색을 마치기 위해 감시하여야 한다.

개는 침착하고 집중해야 한다. 조련사는 질주하는 개를 따라 달리는 그 이상의 것을 (현장의 다른 사람들처럼 같은 종류의 메모를) 해야 하고 그래서 개가 수색과 복종 양면으로 잘 훈련되어 있어야 한다.

조련사는 수색을 위한 법적 요구조건을 (특히 사유지에서 사유지로 이동한다면) 이해하고 있어야 한다. 특별한 법률조언과 지원을 언제 요청해야 하는지 알아야 한다.

개와 조련사는 증거수집을 위해 보존되어 있는 그러한 길을 다닐 때 잠재적 증거에 주의하여야 한다.

(2) 조련사의 임무

성공율을 높이기 위해 법견 조련사는 조련 후 생물학과 인류학, 법률적인 압수수색 측면에 관한 공부를 해야 한다.

현장도착시 자신의 지형도를 준비하고 주거지 수색 시에는 수색이 비파괴적이어야 하며, 개는 훈련이 잘 되어 있음을 납득시키기 위해 많은 것을 해야 한다.

현장에서 (실제현장이건 공항의 라인업이건) 조련사는 전개되는 사건의 정확한 기록을 가지고 있어야 한다.

[그림 14-5] 탐지견 -FBI

II. 법과학사진

1. 법과학사진 개관

1-1 법과학 사진

범죄현장을 촬영하는 형사사진은 일반 사진 촬영과는 확연한 차이가 있다. 형사사진 촬영은 범죄현장 수사의 다른 요소들과 마찬가지로 집중력과 관찰력, 그리고 많은 시간을 요구하는 작업이다. 범죄현장을 촬영하는 방법에는 여러 가지가 있지만 후일의 현장재구성과 공판과정에서 증거로 인정받을 수 있도록 촬영하는 것이 우선일 것이다. 현장재구성을 위한 촬영은 원근감 있게, 대상물체의 크기, 모양이 다양한 각도에서 묘사될 수 있도록 촬영해야 하고, 촬영된 사진이 공판과정에서 증거로서 인정받기 위해서는 무결성 보장을 위해 촬영된 사진의 조작, 변경, 삭제 등을 금지하여야 하며, 원본사진을 저장하기 위해 다른 매체(CD, USB 등)에 옮길 경우 해시값 생성 등 적법절차를 준수하여 관리하는 것이 중요하다.

1-2 IR(적외선) 촬영기법

최근에 일선 경찰 과학수사계에서는 IR(적외선) 촬영기법 연구에 매진하고 있다. IR 카메라를 이용한 사진 촬영시 지금까지는 일명 분칠이라는 지문 분말과 광원을 이용하여 육안으로 보이지 않던 지문을 찾던 것이 일반적이었으나 IR의 경우 그 활용도가 무한한 장점을 가지고 있다. 다음은 IR을 이용한 검체물 촬영 사진들이다.

• 복잡한 배경에서의 지문 촬영

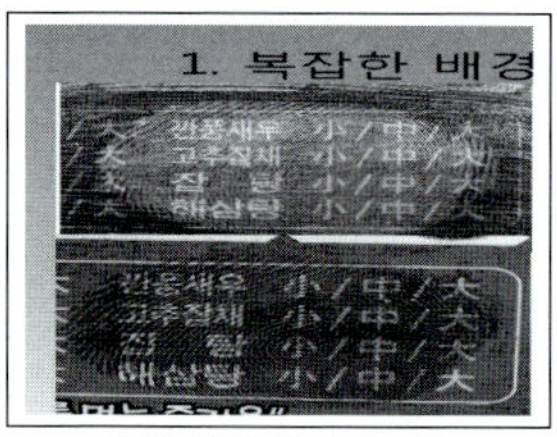

일반 촬영 시 지문모양

→

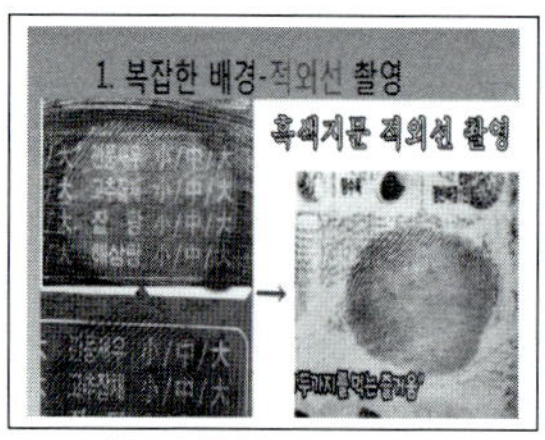

적외선 촬영 시 지문모양

[그림 14-6]

- **어두운 배경의 피복에 부착된 혈흔 촬영**

일반 촬영 시 혈흔 미식별 → 적외선 촬영 시 혈흔 식별

[그림 14-7]

- **육안식별 제한 피하출혈 촬영**

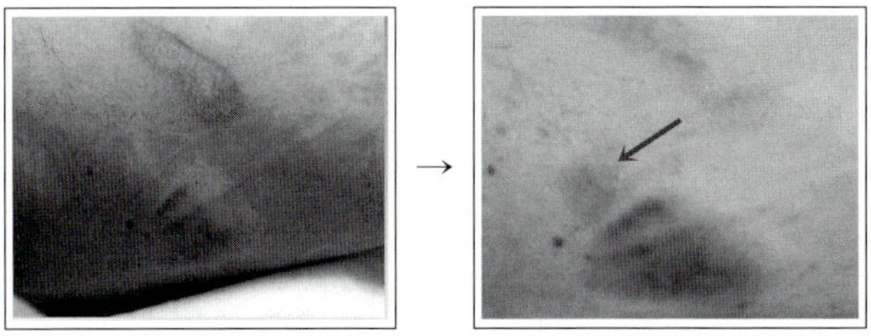

일반 촬영 시 피하출혈 미식별 → 적외선 촬영 시 피하출혈 식별

[그림 14-8]

- **덧칠로 인한 글자 육안 식별 제한 문서 촬영**

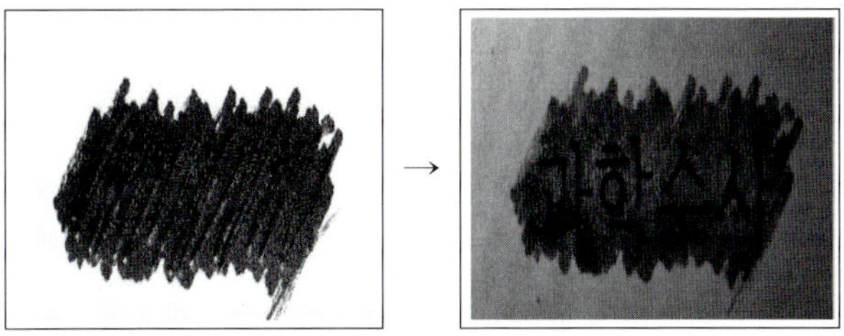

일반 촬영 시 글자 미식별 → 적외선 촬영 시 글자 식별

[그림 14-9]

〈현장에서〉

IR(적외선)카메라를 이용한 현장사진을 보면 한번쯤은 우리가 현장감식 현장에서 촬영간 애를 먹었던, 곤혹스러워 했었던 부분들에 대해 너무도 손쉽게 해결되는 점을 보았을 것이다. 이렇듯 IR 촬영기법은 과학수사의 형사사진 촬영에 다시금 한 획을 긋는 촬영기법이라 생각한다.

범죄현장을 사진촬영 함에 있어 익숙하지 않은 수사관이라면 한번쯤은 "어떡하지 카메라 조작을 못하는데, 어디서부터 어떻게 찍어야하나" 또는"그냥 카메라만 들고

찍으면 되는 거 아니야, 뭐가 어렵다고 그래"라는 생각을 해봤을 것이다. 허나 범죄현장을 촬영한 사진이 차후 공판과정에서 중요한 증거로 활용됨을 인식한다면 그렇지 않을 것이다. 범죄현장에서 사진을 단순히 많이 찍는 것이 최선은 아니다. 사진은 정확하고 체계적(전체, 근거리, 접사順)으로 많이 찍어야 한다. 물론 최초 범죄현장에 임장하여 증거물 등을 촬영하지 못하거나 촬영에 실패(화면 흔들림 등)하면 다시 재촬영할 수 없는 많은 단점을 갖고 있는 현장 기록기법 이지만 현장을 가장 가깝고 정확하게 표현할 수 있는 기법임은 부정할 수 없다. (군수사관, 2017)

[그림 14-10] Photographic Operations - FBI

2. 현장사진

2-1 현장사진과 증거보전

(1) 현장사진의 의의

현장사진은 수사대상물 또는 사건을 기록하기 위하여 만들어진 것으로 수사과정의 어떤 문제에 관련 있는 지점 및 의문을 명백히 하기 위한 것이다. 현장사진과 비디오는 현장 상황을 재현할 수 있는 유일한 수단이다. 범죄 현장을 있는 그대로 촬영하며 현장에 있지 않은 제 3자도 현장상황을 쉽게 파악할 수 있게 촬영하여야 한다. 현장사진은 범죄수사의 '눈'으로 널리 이용되어, 증거보전을 위한 효과가 크다.

현장 사진의 작성은 임장시의 현장상태를 그대로 나타내도록 촬영하고 다음에 현장 감식의 진행에 따라 세부에 이르기까지 촬영한다. 증거물 등을 촬영함에 있어서는 그 소재와 상태가 명백히 나타나도록 촬영하여야 하며 필요에 따라서는 참여인이나 또는 그가 서명한 지편을 넣어 촬영한다. 흉기, 창상, 흔적 등은 그 길이, 폭 등을 명백히 하기 위하여 측정용 방안지(方眼紙) 또는 줄자 등을 사용하여 촬영을 한다.

임장 사건의 사진기록 작성에 있어서는 그 기록의 내용이 충실하도록 현장도면사진, 현장사진, 감정사진 등으로 구분하여 작성한다. 사진 기록을 작성할 때에는 촬영위치, 방향, 각도 등을 명시하여 현장 상황을 명확히 하여야 한다.

[표 14-1] 현장사진 촬영

촬영원칙	• 현장사진은 임장 당시 상황을 그대로 표현 되도록 촬영 • 카메라렌즈를 촬영자의 눈으로 가정하여 효과적으로 촬영 • 6하 원칙에 의거 설명할 수 있도록 촬영 • 상호간의 관계성을 가지도록 촬영 • 현장 외부에서 현장중심부로 전체에서 부분으로 범위를 좁히며 촬영
촬영시 유의 사항	• 현장을 손상치 않도록 촬영 • 유류물 등의 촬영은 그 소재와 상태가 명확히 표현 • 현장사진의 원본은 수정 또는 폐기하여서는 안됨
사진촬영 방법	• 촬영 전 카메라 시간 설정 확인 • 최초 현장을 촬영하며 감식순서에 따라 사진 촬영 • 침입, 범행, 물색, 도주까지 동선에 따라 촬영 • 사건정황을 추정할 수 있도록 면밀히 관찰 후 촬영 • 증거물 위치와 상태가 객관적으로 나타날 수 있게 번호표등을 이용하여 촬영 • 증거물 채취 과정을 명확히 알 수 있도록 촬영 • 범행도구, 손상, 족흔적 등을 촬영할 때에는 크기 대조 도구(규격자등)을 이용

(2) 현장사진의 종류

일반적으로 현장사진은 전체사진, 근거리사진, 근접사진을 기본으로 한다.

가. 전체사진(overall photographs)

전체사진의 촬영목적은 ① 현장의 전체적인 상황과 사물 등의 배치상태를 확인하고, ② 근접 사진으로는 표현될 수 없는 용의자, 피해자 등 주요 인물들의 동선을 표현하기 위한 것이다. 따라서 혈흔, 족적의 연결 등 연속된 사물의 배치상태와 대상물체의 위치를 짐작할 수 있는 기준이 될 만한 벽, 모서리 등을 모두 표현하여 촬영해야 한다.

나. 근거리사진(medium-range)

근거리사진은 "증거위치 확인사진"이라고도 한다. 현장에 있는 증거물이 작을 경우 전체사진에 잘 나타나지 않는다. 이럴 경우 근거리 사진은 비교적 작은 증거물을 자세히 촬영하면서 전체사진에 담았던 기준이 될 만한 사물 전체 또는 일부를 함께 프레임에 담는 것이다.

다. 근접사진(close-up)

근접사진은 표현하고자 하는 물체가 카메라의 뷰파인더 안에 가득 들어오도록 촬영하는 방법이다. 근접사진 또한 다른 사진과 마찬가지로 최초의 상태와 표시자·번호표 등을 놓은 상태로 수평을 유지하여 촬영해야 한다.

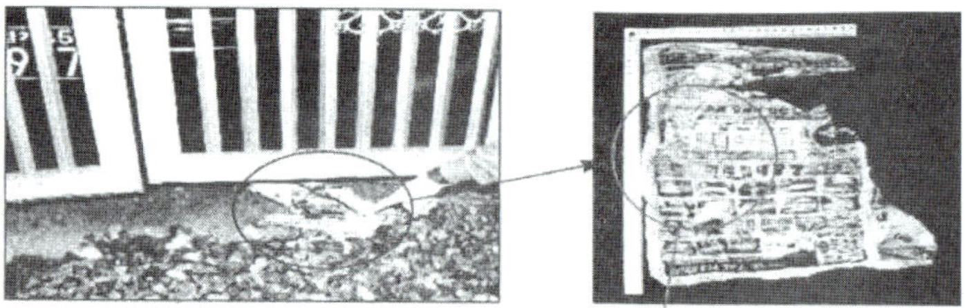

유류물 발견 장소 및 근접 촬영(피의자가 흉기를 포장한 신문지)

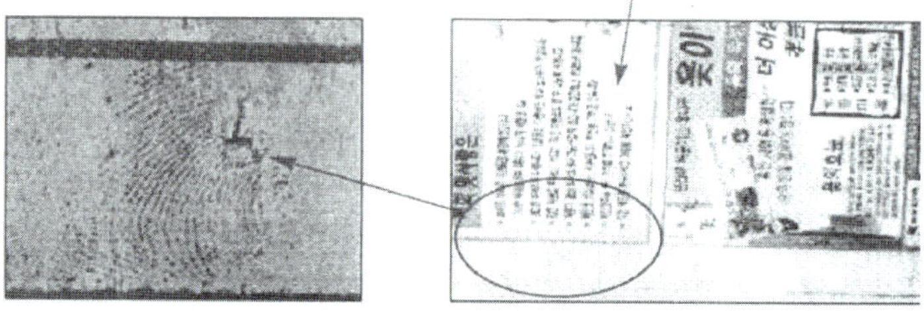

수거한 생활정보신분지에서 발견된 지문의 근접촬영(접사)

[그림 14-11] 근접촬영(접사)

2-2 일반적 촬영요령

(1) 유의사항

- 몽타주 사진은 지명수배, 유류품, 피해품의 수배에 주로 이용된다.
- 범죄현장의 증거수집을 위한 사진촬영은 증거의 손상 방지와 현장의 전체적인 파악을 도모하기 위하여 외부에서부터 중심부로 촬영한다.
- 사진촬영은 사진촬영요령에 따라 신중히 하여야 하며 1회의 촬영으로 목적을 달성할 수 있어야 한다.

- 특수적외선 사진촬영기(Docucenter)를 이용하여 사인펜으로 덧칠된 스템프로 찍힌 이름을 판독한다.
- 영상감정물을 채취할 경우, 특히 영상물이 디지털파일이라면 증거물 영상의 해상도, 크기, 종횡비율 등을 바꾸어서는 안 된다.
- 녹화영상을 사진촬영하는 경우 TV화면을 플래쉬(스트로브)로 터트리면 반사로 인하여 인화가 되지 않는다.
- TV화면 촬영 시에는 영상이 고정화면인 상태에서 정면에 카메라를 고정시킨 후 주변을 어둡게 하고 카메라의 노출 정도를 60, f8로 조정하여 촬영한다.
- 범죄현장의 사진촬영은 빨리 시작해야 한다. 사진자료는 설명과 위치를 포함해서 모든 사진이 될 수 있다.
- 범죄현장의 전체모습(전경 또는 투시도), 중간거리에서 본 모습, 근접사진이 있어야한다. 눈높이, 윗면, 측면, 밑면 등의 다양한 위치에서의 촬영은 현장과 증거물을 설명하는 데 도움을 준다.
- 손상이 되기 쉬운 곳을 먼저 하고 범죄현장 전체로 이동한다.
- 확대배율이 포함된 사진에는 촬영한 사람과 날짜가 기록되어야 한다. 일회용 플라스틱 자, 지워지지 않는 마커로 정보(사건정보, 증거물 번호 등)를 기재 할 수 있다. 확대비율은 지정된 배율(1:1, 1:2, 1:10 등)로 사진을 다시 인화할 수 있다. 광각 렌즈를 사용하여 이어진 범죄현장을 찍어야 한다. 두께가 50mm 렌즈가 일반적이다.
- 실외의 범죄현장을 촬영할 때에는 모든 방향을 포함할 수 있는 하나 또는 둘의 기준이 되는 표식물을 포함하는 사진을 촬영하여 현장을 확실하게 기록해야 한다.
- 현장기록사진은 촬영자, 지휘자, 편집자 모두가 단합하여 사건개요를 정확히 파악하여 효율적이며 가치 있는 증거자료가 될 수 있도록 하여야 한다.
- 현장의 장소적 관계, 특히 사람과 물건의 위치, 형상, 색채, 상태 등이 객관적으로 있는 그대로 표현·촬영되어야 한다.
- 임장 당시의 촬영이 실패하면 다시 현장을 촬영하여도 그 사진은 아무런 가치가 없다.
- 모든 현장이 촬영된 필름의 원판은 절대로 수정하지 말아야 한다.(오늘날은 Still, 비디오카메라 활용이 드물다.)

(2) 사건현장의 사진촬영

- 사진이 법정에 제출되기 위해서는 가장자리에 공간이 만들어짐이 없이 밀착인화(contact print)되어야 한다.
- 사진 속에는 자나 다른 축적을 측정할 수 있는 도구를 포함시킴으로써 물건들의 상태를 정확히 나타낼 수 있다.

수사본부 설치사건 및 중요 특이사건의 현장사진 작성은 흑백 또는 천연색으로 촬영한다.

반드시 천연색으로 촬영하여야 하는 대상물은 다음과 같다.

- 혈흔이 부착되어 있는 사람, 물건, 장소
- 해부사체의 장기손상 및 일혈점, 혈액의 변색 등 사체의 시반, 삭구
- 중요하다고 인정되는 피해품, 유류품
- 색칠이 떨어진 조각의 색채 및 색층
- 기타 입증상 필요하다고 인정되는 "녹"의 발생 상황

[그림 14-12] 열차에 의한 역과손상(轢斷) [출처] 법의학 윤중진, 1993

- 사진이 촬영되는 공간에는 경찰관이나 수사장비 등 이질적인 물체가 있어서는 안 된다.
- 메모에는 사진촬영시간, 초점에서의 거리, 촬영높이, 각도, 렌즈 및 필름의 종류 등에 관해 상세히 기록해 두어야 한다. (사진 참고)

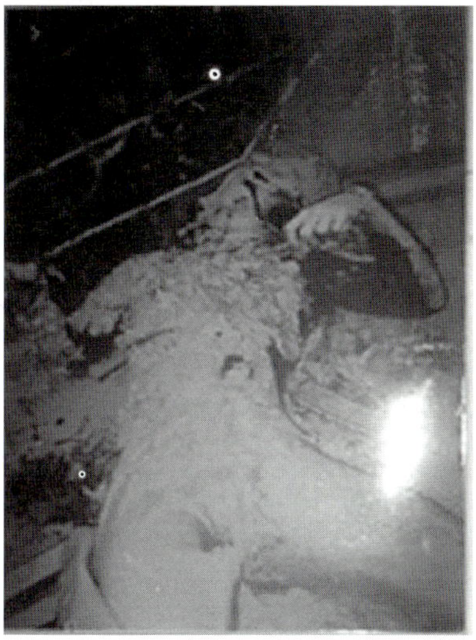

[그림 14-13] 소사체

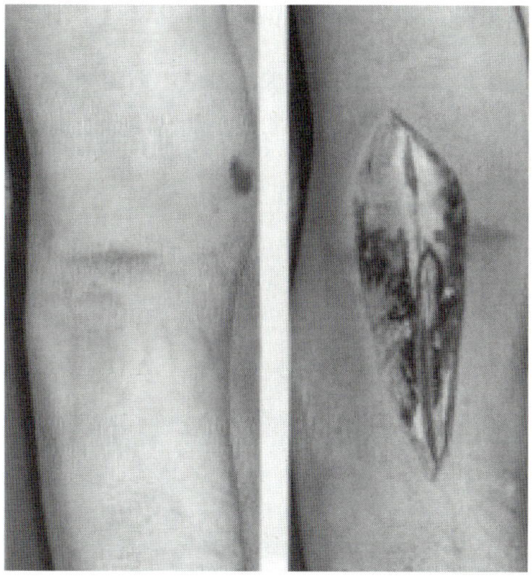

[그림 14-14] 열창

[그림 14-15] 화재현장 사진

(4) 시체사진 촬영요령

사체의 사진촬영은 먼저 사체 전체를 촬영하고 다시 작업의 진행에 따라 부분 접사 등으로 순서 있게 촬영한다. 신원불명의 변사체에 대하여는 반드시 안면, 치아, 특징 등을 접사(接寫) 촬영을 한다.

- 끈졸림사(絞殺)에 있어서는 특히 목 부위의 상태가 명확히 표현되도록 근접촬영한다.
- 손졸림사(扼殺)에 있어서는 손톱 등의 흔적에 주의하여 채광(採光)과 조사각도(照射角度)를 변경시켜가면서 촬영한다.
- 옷이 벗겨져 흐트러진 상황, 특히 여자의 하착류(下着類)의 상황은 주의하여 촬영하여야 한다.

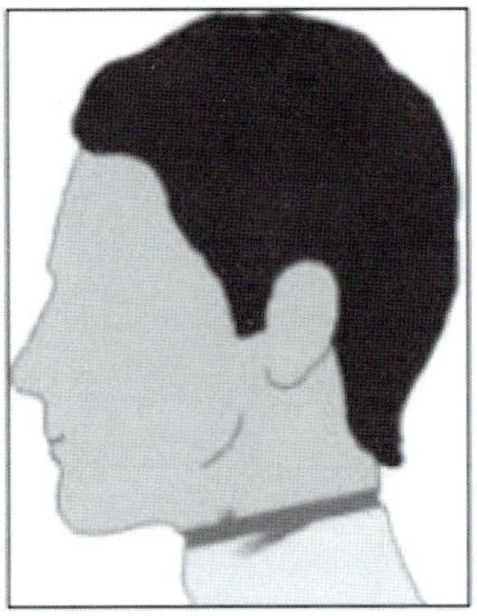

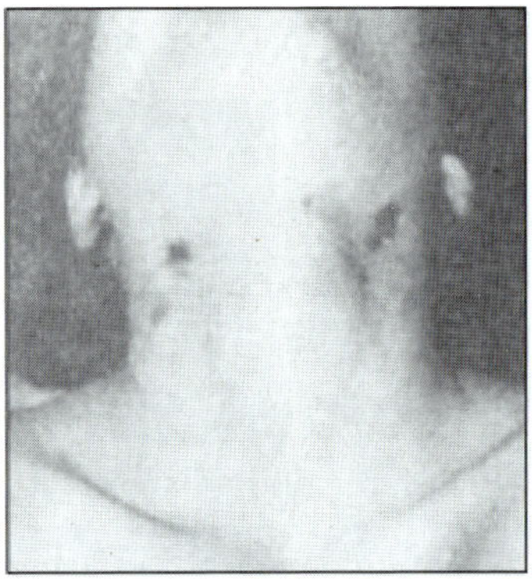

[그림 14-16] 교살과 액살

(5) 격오지 소초에서 K-2 총기 사망사고 사례

- 외부에서 내부로 들어가는 모든 것을 촬영하고, 수사관이 증거를 수집하는 전체적인 상황에 대해서도 촬영을 실시하였다.
- 총기 사망사고 현장 사진은 현장 감식 전 전체적인 모습을 중첩하게 사진촬영하고, 사망자가 누워있는 모습, 총기가 있는 자리, 탄피가 있는 자리 등 증거 번호표를 놓고 기준이 되는 모든 부분에 대해서 사진촬영을 실시하고, 특히 증거가 되는 부분에 대해서는 자를 이용하여 근접 사진촬영을 실시하였다.
- 현장 내부에 대해 스케치는 삼각법을 이용하여 증거물에 대해 삼각법으로 현장 재현이 가능하도록 스케치를 세부적으로 작성하였다.

○ 홈페이지

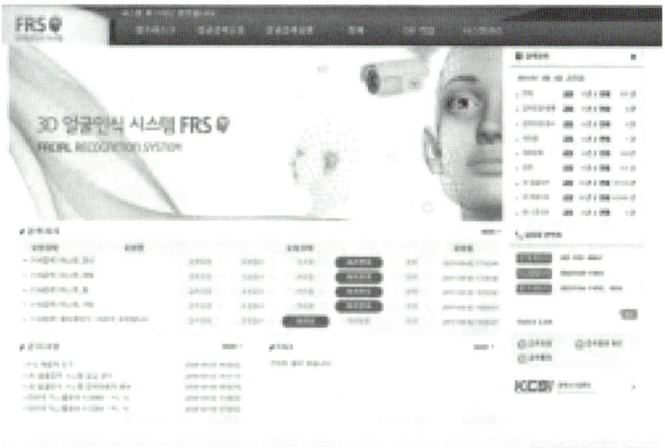

○ 구성도

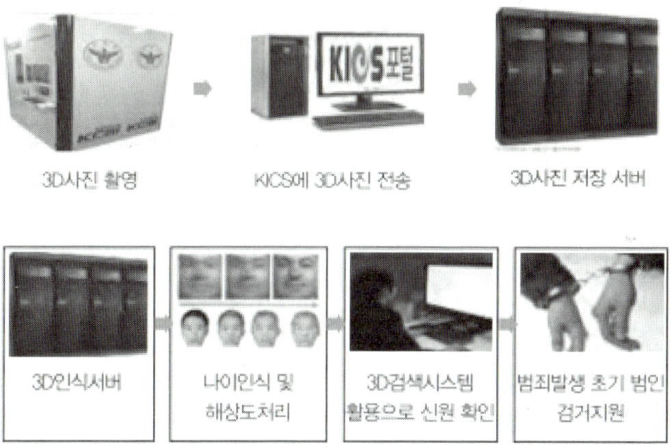

○ 시스템 흐름도성도

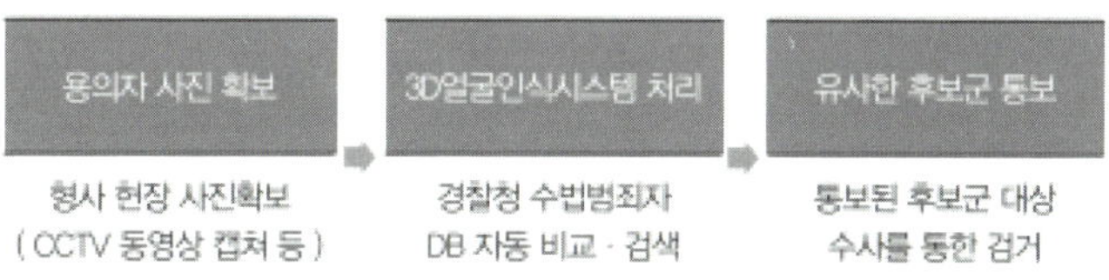

[출처] 2020년 경찰백서 5장 4절 - 3D얼굴인식시스템 홈페이지, 구성도, 흐름도

Ⅲ. 디지털증거

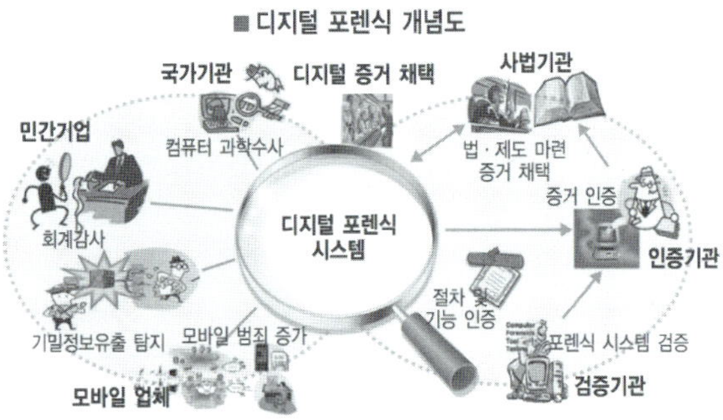

[그림 14-17] 디지털 포렌식 [출처] etnews.com

[그림 14-18] digital evidence [출처] FBI

1. 디지털 포렌식(Digital Forensics) 개관

1-1 디지털 포렌식의 의의

(1) 개념

디지털 포렌식(Digital Forensics)은 '컴퓨터 법의학'이라고도 불리며, 컴퓨터에 남아있는 여러 자료(전자증거물)를 수집하여 사법기관에 제출하기 위해 법적 효용성 있는 데이터를 수집하고 분석하는 디지털 수사과정이다. 범죄수사를 위해 디지털 증거물을 분석하여 증거를 수집하는 과학수사 기법을 총칭하는 용어이다. 마치 부검하듯이 디지털 기록 매체에 복원 프로그램을 사용하고 암호 등 보안을 해제하고, 메타데이터까지 활용하거나 하드디스크 내부에 삭제 로그를 저장하는 스왑 파일(또는 스왑 폴더)에서 삭제 로그를 복원해 디지털 기기의 사용자나 이를 통해 오간 정보를 추적, 조사한다. 원본의 손상을 봉쇄하기 위해 이미지를 뜨는 것이 일반적이다.

해킹(크래킹)과 디지털 포렌식은 언뜻 보면 비슷해 보이지만 다르다. 해킹은 불법적으로 접근 권한 등을 얻어 정보를 추출해 악이용하는 것이고, 디지털 포렌식은 수사 영장이나 데이터 소유주의 동의를 받은 뒤 디지털 기기에 저장된 증거를 추출하거나 추출된 증거를 분석하는 작업이다. 암호를 해제하는 작업 등은 기술적으로는 크래킹과 다를게 없지만 포렌식은 합법적으로 이루어진다. 자신의 개인 컴퓨터를 직접 크래킹하는 것이 불법이 아닌 것과 비슷하다. 다만 영장 등의 아무런 법적 근거 없이 디지털 포렌식을 하는 것은 불법 수사이다.

(2) 포렌식의 뜻

포렌식(Forensic)이라는 단어는 고대 로마 시대의 포럼(Forum)과 공공(public)이라는 라틴어에서 유래했으며 '법의학적인, 범죄 과학 수사의, 법정의, 재판에 관한'이라는 의미를 가지고 있는 형용사이다. 즉, 단순히 말해 포렌식이라는 단어는 범죄 수사와 관련한 모든 기술을 의미한다.

전통적으로 포렌식 개념은 법의학 분야에서 주로 사용되었다. 즉 지문, 모발, DNA 감식, 변사체 검시 등에 주로 이용되었다. 그러나 최근 다양한 정보기기들의 활용과 정보생산 및 유통에 있어서 90% 이상이 디지털 형태로 이용됨에 따라 포렌식 개념은 물리적 형태의 증거(유형의 증거물)뿐만 아니라 전자적 증거(Electronic Evidence)를 다루는 디지털 포렌식 분야로 확대되고 있다.

이러한 포렌식 분야 중 하나인 디지털 포렌식은 범죄수사를 위해 디지털 장비의 분석 등을 하여 증거를 수집하는 행위 등을 통칭하는 용어이다. 디지털 포렌식은 디지털 증거를 다루는 법률적 해석과 기술적 기법이 혼재된 분야이다. 디지털 증거는 기계가 이해하는 언어를 사람이 이해하는 언어로 변형하는 과정을 거치기 때문에, 직접적인 증거로는 인정되지 않는다. 다만 해당 분야의 전문가에 의해 적법한 방법으로 수집되고 처리되어, 전문증거(5장 1절 진술증거 참조)로서 법정에서 사용될 수 있게 된다.

(3) 디지털 포렌식의 중요성

디지털 포렌식은 향후 증거 수집이 문제가 되는 법률 분쟁에서 핵심이 될 분야이다. 오늘날 형사사건에서 다수의 증거는 디지털화된 증거다. 이런 점에서 디지털 증거를 훼손하는 측과 이를 복원하고 찾아내는 측의 기술 개발은 지속될 것이다. 정보화 시대에 맞게 SNS메시지, 전화통화, 메시지, 인터넷 검색 기록 등 모든 정보들이 담긴 휴대폰 데이터를 복원해 증거로 활용하는 디지털 포렌식 수사기법이 더욱 중요해지고 있다.

또한 디지털 포렌식은 범죄자를 검거하기 위해서만 사용되는 것이 아니라 감사업무에서도 많이 활용되고 있다. 실제 최고 감사기구의 운영사례를 보면 미국 감사원과 같이 전담조직을 운영하는 경우도 있으나 일반적으로는 전문 인력을 통해 포렌식 감사를 수행한다고 한다. 주로 회계 및 재무관리 분야와 조직·프로그램 운영의 부정을 조사하는 데 디지털 포렌식을 활용하고 있다.

(4) 디지털 포렌식의 종류

- 컴퓨터 법과학: USB 드라이브, SD 드라이브 등의 복원
- 모바일 장치 법과학: 내장된 GPS / 위치 추적 또는 셀 사이트 로그 범위 추적, 내장된 통신 시스템(예: GSM)
- 네트워크 법과학: 정보 수집 및 로컬 및 WAN/인터넷의 네트워크 트래픽을 모니터링하고 분석 패킷 레벨 분석
- 데이터 분석 법과학: 금융 범죄로 인한 사기 행위 패턴을 발견 분석 구조화된 데이터 조사
- 데이터베이스 법과학: 데이터베이스와 관련된 포렌식 / 인로그, 데이터베이스 내용, RAM의 타임라인 구축 및 복구

(5) 디지털 증거의 특징

가. 비가시성

디지털 증거는 눈으로 바로 인식할 수 없는 형태로 저장되어 있다. 어떤 장비나 도구를 이용하지 않고는 인식할 수 없으므로 증거로 사용하기 위해서는 일정한 판독절차를 거쳐야 한다.

나. 매체 독립성

어떠한 매체에 있더라도 동일한 값을 갖게 된다. 음악파일의 경우 CD에 저장되거나, USB메모리, 하드디스크에서도 그 내용을 동일하게 나타난다. 디지털은 0과 1의 조합으로 원본과 사본의 구분이 어렵다.

다. 취약성

디지털 증거는 변조나 손상이 쉽고 변조사실을 찾아내기 어려워 법정에서 조작여부, 증거획득 절차의 적정성 등이 문제가 될 수 있다.

라. 대량성(방대성)

일반 데이터베이스에 저장되는 데이터의 양이 방대해졌을 뿐만아니라 빅데이터를 통하여 비정형 데이터의 양이 급속하게 증가하고 있다. 일반 컴퓨터의 경우에도 하드디스크의 용량이 3테라 바이트를 기본으로 설치할 수 있으며, 하드용량의 확장을 이용하여 수십 테라의 용량이 가능하다.

1-2 분류

(1) 디스크 포렌식

디스크 포렌식은 물리적인 저장장치인 하드디스크, 플로피디스크, CD ROM, DVD 등 각종 보조 기억장치에서 증거를 수집하고 분석하는 포렌식 분야이다. 1980년대 말부터 디스크에 데이터를 보존하고 분석하기 위한 기법이 개발되기 시작하여 현재는 포렌식 분야에서 가장 발전된 분야이다.

(2) 시스템 포렌식

시스템 포렌식은 범용 컴퓨터의 운영체제, 응용 프로그램 및 프로세스를 분석하여 증거를 확보하는 포렌식 분야이다. 컴퓨터 시스템은 윈도우즈, 리눅스, 유닉스, 멕킨토시, ZENIX 등 여러 가지 운영체제를 사용한다.

예를 들어, 2015년 3월 서울 세종문화회관에서 마크 리퍼트 주한 미국 대사를 피습한 김기종의 개인 PC 사용내역에서 '오마바 키(신장)', '리퍼트 대사', '키 리졸브 훈련', '형법' 등과 관련한 키워드로 검색한 흔적을 발견했다. 특히 김기종은 리퍼트 대사의 개인 블로그를 방문하여 오바마 대통령과 함께 찍은 사진과 대사의 사진을 둘러본 내역이 확인되었다.

또한 과학수사가 새로운 장기미제사건 발생을 방지한 사례로는 2015년 '화성 육절기 살인사건'이 있다. 디지털 포렌식으로 범인의 컴퓨터를 복구한 결과, 범인은 1월부터 인체해부도를 구했으며 시체 해부 다큐멘터리를 시청했다. 인터넷에서 '민찌기', '육절기', '까마귀 먹이' 등을 검색한 흔적이 발견되었으며 범행 4일 전 육절기를 구매한 흔적과 제론토필리아 포르노 또한 발견되었다.

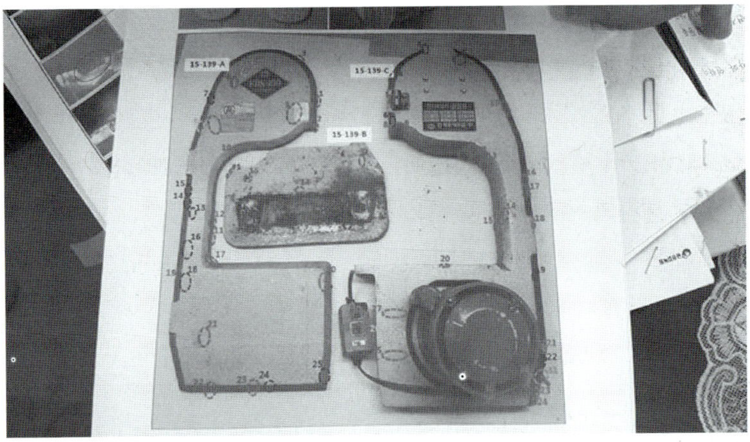

[그림 14-19] 범인이 사체 훼손에 사용했다고 추정되는 육절기 사진

(3) 네트워크 포렌식

네트워크 포렌식은 컴퓨터, 핸드폰과 같은 통신 디바이스에서 네트워크를 통하여 전송되는 데이터나 암호 등을 특정 도구를 이용하여 가로채거나, 서버에 로그 형태로 저장된 것을 접근하여 분석하거나, 에러 로그, 네트워크 형태 등을 조사하여 단서를 찾아내는 포렌식 분야이다. SNS는 사용자 개인의 일정, 친구와의 대화, 현재 위치와 같은 개인적인 데이터를 생성하고 공유한다. 이러한 정보를 분석하여 사건 용의자의 생활 패턴, 범행 동기 등을 알아낼 수 있다. 또한 사용자의 과거 일정을 도출해내거나 앞으로의 일정을 예측할 수 있다. 동영상 정보 활용, 정황증거 활용, 용의자 파악 및 범죄 동기 파악이 가능하다.[54]

(4) 인터넷 포렌식

인터넷 포렌식은 인터넷으로 서비스되는 월드와이드웹(WWW), FTP, USENET 등 인터넷 응용 프로토콜을 사용하는 분야에서 증거를 수집하는 포렌식 분야이다. 인터넷은 기술의 편리성을 넘어서 부도덕한 익명의 사용자 폭주 및 그들의 무분별한 인터넷 남용으로 인해 수많은 역기능을 낳게 되었다. 따라서 인터넷 포렌식은 이러한 역기능 중 불법행위를 한 용의자를 추적하기 위해 사용되는 웹 히스토리 분석, 전자우편 헤더 분석, IP 추적 등의 기술을 이용하여 증거수집을 수행한다.

54) 네트워크 분석 전문 프로그램인 I2(Information Image)는 사람·통화·계좌내역 등 방대하고 다양한 자료간에 연관성을 분석, 시각화하여 조사의 단서를 찾게 해주는 프로그램으로 FBI, CIA 등 해외 수사·정보기관뿐만 아니라 금융·통신사 등 일반기업에서도 정보조사나 개인정보유출 사고 방지를 위해 관련부서에서 분석용 프로그램으로 널리 활용되고 있다(정지온, 「정보를 그리다.」 2022. 참조)

(5) 모바일(임베디드) 포렌식

모바일 포렌식은 휴대폰, PDA, 전자수첩, 디지털카메라, MP3 Player, 캠코더, 휴대용 메모리카드, USB 저장장치 등 휴대용 기기에서 필요한 정보를 입수하여 분석하는 포렌식 분야이다. 유비쿼터스 컴퓨팅 시대의 도래와 이동성 기기의 확대 보급으로 다양한 종류의 멀티미디어 기기가 개발되어 보급되고 있는 시점에서 소형의 휴대용 기기의 데이터에 대한 범죄 증거의 확보는 매우 중요하다.

예를 들면, ① 필로폰 투약 혐의로 구속된 A는 후배 B가 자신이 필로폰 투약을 위해 맥주에 타 놓은 것을 모르고 마셨다고 진술해 A는 풀려났다. 하지만 수사가 계속되자 검찰은 B의 자백 동기가 불명확하고 석연치 않은 점들이 있다는 걸 발견했다. 검찰은 사건 연루자 3명의 휴대전화를 압수해 분석한 결과, B는 채무를 면하는 조건으로 허위자백을 한 것을 알아냈다. 이와 같은 행위는 범인 도피죄에 해당하는 것으로 검찰은 모바일 포렌식 기술로 복구한 휴대전화 메시지를 증거물로 제출했고, 결국 A는 다시 구속 기소되고 A를 도운 주변 인물들도 불구속 기소됐다.

다른 예로 ② 숙명여자고등학교 쌍둥이 자매 시험지 유출 사건이 있다. 이 사건은 2018년 7월 중순에 치러진 숙명여자고등학교의 2학년 1학기 기말고사에서, 시험지 검토 및 결재 권한을 지닌 당시 교무부장의 두 딸이자 2학년 재학생인 쌍둥이 자매가 각각 문/이과 내신 성적 전교 1등을 차지하면서 불거진 사건이다.[55] 휴대전화 메모 프로그램에서, 2학년 1학기 기말고사 시행 전에 작성된 것으로 추정되는 미적분과 과학탐구의 시험 관련 정보 및 문학 과목의 일부 지문(地文)이 발견되었고, 10월 29일, 휴대전화에서 영어 시험 문제의 답이 적혀있는 메모를 확인했다. 문제가 주어 부분을 제외하고 서술어 부분을 채우는 문제였는데, 휴대전화 메모에서도 주어 부분이 없고, 서술어 부분만 적혀 있었다.

2. 포렌식 절차와 디지털 증거 취급

2-1 포렌식 절차

(1) 저장 매체의 디지털 증거 수집 절차

포렌식 절차는 포렌식 준비, 증거물 획득, 증거물 보관 및 이송, 증거 분석 단계, 보고서 작성 단계로 구성된다. 이 중 증거물 획득 단계는 사고 발생 현장에서 디지털 증거

55) 2020년 3월 12일 대법원에서 징역 3년형이 최종 확정되었다.

를 수집하고, 증거의 무결성을 확보하는 단계이다. 일반 수사에서 현장을 확인하고 관련 증거를 수집하는 초동 수사가 정확하고 효율적으로 수행되기 위해서는 이 단계가 가장 중요한 부분이다. 현재 저장 매체의 디지털 증거 수집 절차의 표준으로는 RFC 3227 (Guidelines for Evidence Collection and Archiving)이 있다. 이 문서에서 제시된 수집 절차는 다음과 같다.

- 사고와 관련된 시스템과 수집해야 할 증거들을 목록화 한다.
- 증거로써 인정될 수 있는 것들을 결정한다. 증거물로써 인정될지 아닐지 확실하지 않은 사항일 경우에는 수집 목록에 되도록 많은 사항을 포함 시킨다.
- 각 시스템 별로 휘발성이 강한 정보들부터 수집 순서를 정한다.
- 증거가 변경될 수 있는 외부 요소들을 제거한다.
- 휘발성이 강한 순서에 따라 증거 수집 도구를 사용해서 증거를 수집한다.
- 소요 시간을 기록한다.
- 수집한 것 이외에 어떠한 것들이 증거가 될 수 있는지 다시 검사한다.
- 각 단계별로 진행 과정을 기록한다.
- 디지털 증거 수집 작업을 한 사람들의 모든 행동을 기록한다. 누가 거기에 있었고, 무엇을 하였으며, 무엇을 획득하였고, 어떤 작업을 했는지 등을 기록한다.
- 수집된 증거들에 대해서 체크 섬 값과 전자 서명 값을 생성한다.

(2) 디지털 증거의 증거능력

디지털 증거의 증거능력을 인정하기 위해 대법원의 다수 의견(대법원 2015. 7. 16. 자 2011모1839 결정)은 저장 매체 자체를 직접 반출하거나 이른바 '복제본' 형태로 수사기관 사무실 등 외부로 반출하는 방식은 현장의 사정이나 전자정보의 대량성으로 관련 정보 획득에 긴 시간이 소요되거나 전문 인력에 의한 기술적 조치가 필요한 경우 등 범위를 정해 출력 또는 복제하는 방법이 불가능하거나 압수의 목적을 달성하기에 현저히 곤란하다고 인정되는 때에 한해 예외적으로 허용될 수 있을 뿐이라고 한다. 또한 저장 매체 자체를 직접 반출하거나 복제본 형태로 이용하는 것이 허용되는 예외적인 경우에도 이를 수사기관 사무실 등에서 복제·탐색·출력하기 위해서는 피압수자나 그 변호인에게 참여의 기회를 보장하고 혐의 사실과 무관한 전자 정보의 임의 복제 등을 막기 위한 적절한 조치를 취하는 등 영장주의 원칙과 적법절차를 준수해야 한다.

(3) 디지털 포렌식의 절차(증거 수집 → 증거 분석 → 증거 제출)

디지털 포렌식을 순서대로 서술하면, ① 증거수집 절차는 손상되거나 사라지기 쉬운 디지털 증거가 저장된 매체에서 데이터의 무결성을 보장하면서 데이터를 읽어내야 한다. ② 증거 분석 절차는 이렇게 얻은 데이터로부터 유용한 정보를 찾아내는 기술이며, 삭제된 파일 복구, 암호화 파일 해독 및 문자열 검색 기술 등이 주로 사용된다. ③ 증거 제출 절차에서는 디지털 증거수집, 운송 및 보관, 조사-분석 단계의 모든 내용을 문서화하여 법정에 제출하게 된다.

(4) 디지털 포렌식의 5대 원칙

가. 정당성의 원칙

획득한 증거 자료가 적법한 절차를 준수해야 하며, 위법한 방법으로 수집된 증거는 독수과실이론에 따라 법적 효력을 상실한다.

나. 무결성의 원칙

수집 증거가 위, 변조되지 않고 동일한 것임을 증명할 수 있어야 한다.

다. 연계 보관성의 원칙

증거물 획득, 이송, 분석, 보관, 법정 제출의 각 단계에서 담당자 및 책임자를 명확히 해야 한다.

라. 신속성의 원칙

시스템의 휘발성 정보수집 여부는 신속한 조치에 의해 결정되므로 모든 과정은 지체 없이 신속하게 진행되어야 한다.

마. 재현의 원칙(검증가능성)

피해 직전과 같은 조건에서 현장 검증을 실시하였다면, 피해 당시와 동일한 결과가 나와야 한다.

(5) 디지털 증거의 취급요령

① 시스템 내부의 부품을 옮기기 전에 시스템을 사진촬영 한다.

② 시스템과 모든 주변 기기의 플러그를 뽑을 때마다 각 부품에 꼬리표를 단다.

③ 장비를 다루기 전에 정전기 방지 손목 띠 또는 기타 접지 방법을 사용한다.

④ 운반을 위해 장비를 정전기 방지 가방에 넣는다.

⑤ 피해발생 시 피해사실을 증명하고 추적할 수 있는 단서확보가 급선무이다.

2-2 소셜 네트워크 서비스 디지털 증거 조사 기법

(1) PC

디지털 포렌식에 사용되는 정보에는 사용자의 개인정보, 위치정보, 정치사상, 사용자 인적 네트워크, 사용자의 평소 성격 등을 적나라하게 나타내주고 있다. 특히 소셜 네트워크 서비스(SNS)는 기존의 디지털 디바이스 내부에 저장된 정보를 통하여 서비스를 제공하는 저장형 서비스가 아니다. 이보다는 네트워크를 통하여 SNS를 제공하는 업체의 서버에 저장된 정보를 실시간으로 제공받는 실시간 네트워크 서비스이다. 따라서 실제로 PC에 저장되는 데이터는 저장형 서비스보다 적다. 이와 같이 SNS는 디바이스에 데이터가 저장되어서 서비스를 제공하는 컴퓨팅 서비스와는 다르게 SNS 서버와 데이터를 실시간으로 동기화하여 해당 데이터를 제공해주는 것이므로 컴퓨터 디바이스는 SNS 이용 로그 기록과 같은 증거의 효력이 미약한 정보만을 저장하고 있다. 하지만 네트워크를 통하여 SNS에 연결되어야 서비스를 제공받을 수 있기 때문에 SNS에 연결하는 연결 정보 또는 빠른 서비스 제공을 위한 실시간 메모리에 저장되는 임시 저장 데이터 등은 PC내부에 저장된다.

PC를 통한 SNS는 웹 브라우저를 통해 이루어지고 있다. 웹 브라우저는 웹 서비스를 제공함에 있어 보다 효율적인 서비스 제공을 위하여 제공하는 서비스에 대한 Cash, History와 같은 로그 기록을 남기고 있다. 따라서 이러한 정보들은 디지털 증거물로 충분한 가치가 있다고 할 것이다.

(2) 웹 브라우저 데이터 분석 기법

PC에서 SNS를 이용할 수 있게 해주는 어플리케이션인 웹 브라우저는 웹 서버와의 통신을 통해 저장된 웹 페이지 또는 파일을 연동하여 출력하는 응용 소프트웨어이다. 웹 브라우저에는 대표적으로 인터넷 익스플로러, 크롬, 파이어폭스, 사파리가 있다. 웹 브라우저에 대한 포렌식은 용의자가 웹 브라우저를 통하여 SNS를 사용할 때 PC내부에 저장되는 사용 흔적을 디지털 포렌식 기법을 통하여 분석해 내는 것이다. 따라서 PC내부에 저장되는 로그파일을 분석하는 기법이라고 할 수 있다. 웹 브라우저 포렌식 단계는 OS구분, 웹 브라우저 분류, 로그 데이터 수집, 로그 데이터 분석의 4단계로 구분할 수 있다.

가. 웹 브라우저 분류

수사관은 웹 브라우저 분석을 시작하면서 용의자가 SNS를 사용하는 웹 브라우저를 분류한다. 웹 브라우저마다 저장되는 로그 데이터의 형식과 위치가 다르기 때문이다. 이러한 웹 브라우저 분류는 사용자의 PC의 응용프로그램 설치 현황 분석을 통하여 설치된 웹 브라우저를 알아내고 사용기록 분석을 통하여 용의자가 주로 사용하는 웹 브라우저를 알아낸다.

나. 로그 데이터 수집

수사관은 용의자가 사용하는 웹 브라우저를 분류하고 난 후 웹 브라우저에서 남긴 로그 데이터를 수집한다. 이때 웹 브라우저 별로 로그데이터를 저장하는 곳의 차이점에 유의하며 데이터를 수집한다.

인터넷 익스플로러의 로그파일은 Cache, History, Cookie, Download로 구성되어 있다. 하지만 로그 파일 중 Download 파일의 경우에는 인터넷 익스플로러 V9부터 존재한다. 로그파일을 분석하면 실제로 범인이 SNS 서버에서 삭제한 범행동기, 목적, 수단, 인적 네트워크 등과 같은 수사와 관련된 많은 정보를 수집할 수 있다.

다. 로그파일 정보

1) Cache정보

웹 사이트 접속시 빠른 웹 페이지 로딩을 목적으로 사용자의 의도와 관계없이 다운로드 되는 파일이다(다운로드 URL, 다운로드 시간, 이미지 파일, 텍스트 파일, HTML파일, XML파일).

2) History정보

사용자가 방문한 웹사이트 접속 정보와 일별, 월별 방문 기록을 분류해서 저장한다(웹 사이트 URL주소, 접속시간, 접속 횟수).

3) Cookie정보

웹사이트 접속시 사용되는 사용자 데이터나 자동 로그인 기능을 제공한다.

4) Download List

사용자가 웹 브라우저를 통해서 다운로드한 파일 정보로서 Cache정보와는 다르게 사용자의 의도가 반영된다.

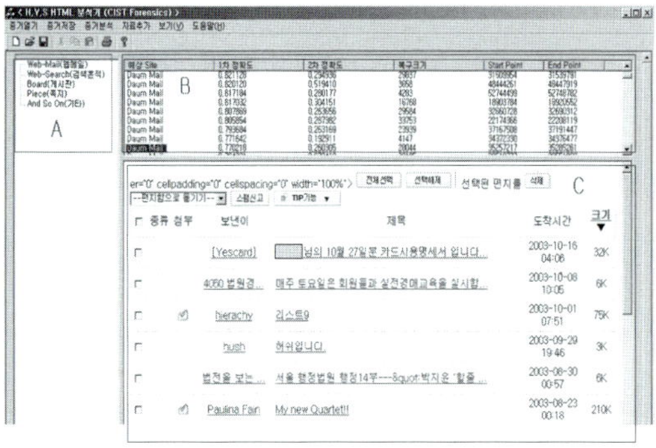

A : 복구된 HTML 조각을 분류
B : 정확도 측정 정확도를 백분율로 표시
C : 복구 결과 화면 저장매체에 남아 있는 웹 메일 흔적을 완벽하게 복구한 모습

[그림 14-20] CIST 웹 메일 복구 기술의 특징 및 사례

(3) 실시간 메모리(RAM) 분석기법

SNS를 사용하는 디바이스에서 실시간 데이터를 수집하기 위해서는 용의자가 SNS를 이용한 디바이스의 라이브 시스템 정보를 수집할 수 있어야 한다. 라이브 시스템 정보는 용의자의 디바이스를 압수할 당시의 부팅상태에서 운영체제에 의해서 동작하고 있는 온라인 상태 시스템 정보이다. 라이브 시스템은 방치하거나 시스템을 종료하면 사라지는 휘발성 정보를 메모리 또는 하드 디스크의 임시파일에 저장하고 있다.

휘발성 정보는 시스템이 종료될 경우 복구할 수 없기 때문에 디바이스를 압수하고 시스템 활성 상태에서 증거 자료를 수집하여야 한다.

○ 참고문헌

김윤섭·박상용 (2015). 형사증거법상 디지털 증거의 증거능력, 형사정책연구, 26(2).

김희수 (2006). "개인정보 수집·저장·이용의 적법성과 한계(정보인권 관점 등에서 본 형사사법통합정보체계)", 국가인권위원회 2006년도 연구용역보고서

신용녀·신승목 (2010). 대용량 디지털포렌식 서비스에 대한 실증적 연구, 「Internet and Information Security」 1(2).

양근원 (2005). "디지털 증거의 수집과 증거법상의 문제", 사이버테러대응센터 공동심포지엄.

이숙연 (2010). 형사소송에서 디지털 증거의 취급과 증거능력, 고려대 박사학위 논문.

임경수·박종혁·이상진 (2008). 디지털 포렌식 현황과 대응 방안 보안공학연구논문지 (Journal of Security Engineering), 5(6).

전상덕·홍동숙·한기준 (2006). "디지털 포렌식의 기술 동향과 전망", 정보화정책 13(4).

사이버전문가 포렌식 협회. www.cfpa.or.kr.

장유종 (2014). 「디지털 포렌식 기법을 이용한 소셜 네트워크 서비스 조사 방법론」 석사학위논문, 순천향대학교.

김학신 (2009). 「디지털 범죄수사와 기본권」 한국학술정보.

노명선·백명훈·방효근 (2017). 「디지털포렌식」 제5판, 고시계사.

제라드 요한센 (2021). 백명훈·이규옥 (옮긴이) 「디지털 포렌식과 사고 대응 2/e -사이버 위협에 대응하는 사고 대응 기법과 절차」 에이콘출판.

김지온 (2022). 「정보를 그리다- i2(Information Image)를 활용한 수사정보 분석-」 박영사.

I/N/D/E/X

(ㅇ)

(ㅈ)

(ㅊ)

(ㅋ)

(ㅌ)

저/자/소/개

이봉한

대전대학교 경찰학과 교수다. 경찰대학교 법학과를 졸업하고 동국대학교 경찰행정학과에서 '인터넷 사기의 피해자화 요인에 관한 연구'로 박사학위를 받았다. FBI 국립아카데미 연수(166기), 서울디지털대학교 법무행정학부 교수(2006~2009), 한국경찰연구학회 및 한국경찰학회부회장, 대전대 교수학습개발원장, 대전경찰청 손실보상심의위원회위원장, 세종선거방송토론심의위원회 위원을 역임했다. 저서로는 『범죄학강의』(공저), 『폴리스트렌드2020』(공저), 『피해자학』(공역), 『범죄학』(공역), 『폴리피아 수사』 등 7권이 있고, 논문은 '한국종교범죄의 분석: 범죄현황과 심리', '한국연쇄살인범죄의 특성과 테마 분석', '범죄피해자 진술청취시 공감적 조사기법 활용에 관한 연구' 등 20편이 있다.

도서출판 **그린**

과학수사 길라잡이

저자와의 협의하에 인지생략

1판1쇄 인쇄 ▶	2022년 8월 27일
1판1쇄 발행 ▶	2022년 9월 1일
저 자 ▶	이 봉 한
발행처 ▶	도서출판 **그린**
발행인 ▶	윤 덕 우
출판등록 ▶	제8-161호(1995. 5. 3.)
주소 ▶	경기 파주시 가람로116번길 107 운정한강듀클래스 411호 (우) 10896
전화 ▶	02) 333-2574, 2575
Fax ▶	02) 333-2561
E-mail ▶	greenpress@greenpress.co.kr
Homepage ▶	http://www.greenpress.co.kr

정가 : 28,000원

ISBN 978-89-5727-353-1